THE EVOLUTIONARY FOUNDATIONS OF ECONOMICS

THE EVOLUTIONARY FO

经济学前沿译丛

经济学的演化基础

[瑞士] 库尔特 · 多普弗（Kurt Dopfer） 主编
锁凌燕 译

DATIONS OF ECONOMICS

北京大学出版社
PEKING UNIVERSITY PRESS

北京市版权局著作权合同登记号　图字:01－2009－0927

图书在版编目(CIP)数据

经济学的演化基础/(瑞士)多普弗(Dopfer,K.)主编;锁凌燕译.—北京:北京大学出版社,2011.6

(经济学前沿译丛)

ISBN 978－7－301－16777－9

Ⅰ.①经…　Ⅱ.①多…②锁…　Ⅲ.①经济学－文集　Ⅳ.①F0－53

中国版本图书馆CIP数据核字(2011)第083875号

The Evolutionary Foundations of Economics, first published (0 521 62199 2) by Kurt Dopfer first published by Cambridge University Press 2005

书　　　名:经济学的演化基础

著作责任者:〔瑞士〕库尔特·多普弗(Kurt Dopfer)　主编　锁凌燕　译

策 划 编 辑:朱启兵

责 任 编 辑:马　霄

标 准 书 号:ISBN 978－7－301－16777－9/F·2782

出 版 发 行:北京大学出版社

地　　　址:北京市海淀区成府路205号　100871

网　　　址:http://www.pup.cn　电子邮箱:em@pup.cn

电　　　话:邮购部62752015　发行部62750672　编辑部62752926
出版部62754962

印　刷　者:北京飞达印刷有限责任公司

经　销　者:新华书店

730毫米×1020毫米　16开本　31印张　573千字

2011年6月第1版　2011年6月第1次印刷

印　　　数:0001—4000册

定　　　价:69.00元

撰　稿　人

彼得·M. 艾伦(Allen, Peter M.)　英国克兰菲尔德大学经济学教授、国际生态化技术研究中心主任

陈平　美国得克萨斯大学奥斯丁分校伊利亚·普里高津统计力学和复杂系统研究中心研究员

保罗·A. 大卫(David, Paul A.)　美国斯坦福大学、英国牛津大学万灵学院经济学教授

库尔特·多普弗(Doper, Kurt)　瑞士圣加仑大学经济学教授、经济学研究院(FGN)主任

乔瓦尼·多西(Dosi, Giovanni)　意大利比萨圣安娜高等研究院、经济学和管理学实验室(LEM)经济学教授

乔治·法焦洛(Fagiolo, Giorgio)　意大利比萨圣安娜高等研究院、LEM 经济学教授

约翰·福斯特(Foster, John)　澳大利亚昆士兰大学经济学教授

赫尔曼·哈肯(Haken, Hermann)　德国斯图加特大学理论物理学院、协同学研究中心物理学教授

杰弗里·M. 霍奇森(Hodgson, Geoffrey M.)　英国赫特福德大学商学院经济学教授

路易吉·马伦戈(Marengo, Luigi)　意大利特兰托大学经济学教授

斯坦利·J. 梅特卡夫(Metcalfe, J. Stanley)　英国曼彻斯特大学经济学教授、创新与竞争研究中心(CRIC)主任

乔尔·莫克尔(Mokyr, Joel)　美国西北大学经济学教授

理查德·纳尔逊(Nelson, Richard)　美国哥伦比亚大学国际与公共事务乔治·布卢门撒尔冠名教授、国际政治经济学亨利·R. 卢斯冠名教授

伊利亚·普里高津(Prigogine, Ilya)　比利时布鲁塞尔自由大学索尔维国际学

院物理学教授、美国得克萨斯大学奥斯丁分校伊利亚·普里高津统计力学和复杂系统研究中心主任(已故)

格拉尔德·西尔弗贝里(Silverberg, Gerald) 荷兰马斯特里赫特大学、马斯特里赫特创新与技术研究院(MERIT)经济学教授

赫伯特·A.西蒙(Simon, Herbert A.) 美国卡耐基-梅隆大学经济学教授(已故)

巴特·维斯帕金(Verspagen, Bart) 荷兰艾恩德霍芬创新研究中心(ECIS)研究员

西德尼·G.温特(Winter, Sidney G.) 美国宾夕法尼亚大学沃顿商学院经济学教授

乌尔里希·威特(Witt, Ulrich) 德国耶拿大学经济学教授、马克斯·普朗克经济系统研究所、演化经济学研究组主任

目　录

绪　论

I　本体论基础

A　演化物理学:通往经济学的非笛卡儿桥梁

目 录

目 录

目录

Ⅱ 演化分析的框架

A 演化微观经济学

目　录

目　录

目　录

目　录

绪　论

第1章　演化经济学：理论框架

3

库尔特·多普弗

1　引　言

在过去的二十年中，受演化论思想启发的经济学研究得到了蓬勃发展。以演化论为主题的出版物数量迅速上升，专注于这一主题的新期刊、新学术团体也不断涌现。他们所专注的这种"异端"研究本身并不是多么了不起的大事；事实上，持续挑战已经广为接受的观点正是所有"正常"科学理论发展过程的一部分。近来在这一领域的新发展——被笼统地归于"演化经济学"旗下——的鲜明特征就是基础理论的迅速、持续发展。理查德·纳尔逊（Richard Nelson）和西德尼·温特（Sidney Winter）于1982年出版的著作《经济变迁的演化理论》（*An Evolutionary Theory of Economic Change*）可谓现代演化经济学发展的破冰之作，在他们之后，这方面研究的早期发展可谓势不可挡。在本书收集的论著中，各位作者都没有离开演化经济学的一个最核心的问题：运用于技术和生产的经济知识本身所发生的变化。

有哪些因素可能造就了目前演化经济学的不断发展呢？如果我们考虑到传统经济学家每额外投入一单位研究精力或研究时间，其用理论新发现衡量的边际收益是递减的，再假定有创造力的头脑总是会被发展理论的新机会所吸引，并且将二者联系起来，那么我们可能就能够理解，为什么杰出的新古典经济学家正在逐渐转向与演化思想相关的研究领域。

另一种解释与演化这个概念本身的特殊含义有关。简言之,演化方法讨论的是基础性的问题:它不仅要求对新的理论空间进行深入探索,而且要求重新思考其本体论范式(paradigmatic-ontological)预设。其他的非传统方法与演化方法的主要区别就在于它们主要还是停留在一个较不抽象的理论层次上,通常是挑出经济世界的某一个重要方面作为其研究的主要对象。例如,制度经济学主要是围绕"制度"这个概念进行阐释,而凯恩斯(Keynes)传统则是凯恩斯主义宏观经济学(Keynesian macroeconomics)的主要特征。演化经济学也可以用某个特定的理论领域的术语来阐述,它的各种理论扩展形式也可以与某位特定的先驱联系起来。但是,"演化"这个概念已然超越了理论讨论的层面,而且其特色就是它所提出的一套建立在本体论范式之上的、可以区分不同研究领域的准则。

因此,"演化"与"非演化"二者在概念上的区别就在于它们不同的理论方法和范式基础。例如,制度经济学可以分为原始的"老"制度经济学和新近发展起来的"新"制度经济学,对前者而言,演化概念决定其研究范式,而后者则没有类似的范式导向。类似的,我们可以用范式这条界限来区分凯恩斯主义主流学派(其新古典或"新"综合)与强调不确定性、非均衡等概念的后凯恩斯主义方法,而后者恰恰与演化方法相关。事实上,范式也可以用来区分演化经济学领域之内的研究工作;一些理论工作虽然是围绕演化主题展开的,但是其本质上仍然是根植于机械物理主义(mechanistic-physicalist)。在界定一项理论工作是否属于理论经济学的问题上并不是没有争议,例如,对于演化博弈论和以均衡为基础的内生增长理论是否满足该领域的上述标准,目前并没有一致意见。

在本书以后的章节中,我们所说的演化经济学不仅是由一系列理论主题所界定的,而且有其独特的本体论范式基础。本书集中了18位学者对演化经济学的贡献,他们中的每一位在各自的研究领域内都是先锋人物,各篇论文都阐述了经济科学的演化——与非演化相区别——基础。

2 后验本体论

一套有效的经济学理论需要阐明其本体论范式基础这一观点并没有得到广泛的接受。尊崇实证主义的经济学家认为,经验观察与理论描述之间有直接的联系,任何对基础性论述的引用都会模糊理论形成过程的目标性,或者,根本是多余的。我们也许可以勉强承认这个观点是一个合理的出发点,任何可以取而代之的理论必须能够提出可信的论据来驳倒这一观点。究其本质,任何理论或一套系统的假设(H)都是对一系列特定的实际情况(R)的一般性表述。利用各种研究方法,从对许多个案的观察中提炼出一条一般性、最具普遍意义的命题,这一过程就叫做归纳(induction)。归纳这一过程不仅被运用于研究假设的拟定,而且被用于假设检验。因此,对现实的归纳在一般性概括之前和之后都会出现,理论形成的整个过程也就可以用图解 R-H-R 来表示。就最主要的推理过程应该是从 R 到 H 还是从 H 到 R 这个问题,向来都有方法论之争。维也纳学派的实证主义追随者认为 R-H 这一推理过程应该是最重要的,而由卡尔·波普尔(Karl Popper)领导的科学理论家们则反对这一推理路径,认为其有认知上的偏误。尽管这场关于方法论的争论持续了很久,我们也应清楚地看到前述的 R-H-R 图解已经表明,证实与证伪只是一枚硬币的两面。证实(作为一种假想)是事前的归纳,而证伪则是事后的归纳。然而,有一个方法论问题却仍然被人们所忽视,那就是理论归纳——无论是事前的或是事后的——是否能够得出有效的理论命题(theoretical statements),而这个问题更为基本。

实证主义者假定科学家都具有一种与生俱来的能力,能够在从业过程中保持客观的态度。科学家被认为掌握了一套遗传下来的规则,借此即可以得出有效的理论命题。然而,科学史家已经找出了大量的证据,表明科学家们在研究中所采用的规则本身就在随时间的过去而变化,对于何种问题与其研究是相关的或者何种方法论标准是可接受的这类问题,不同学派的本体论观念和理解之间存在实质性的差别。理论的形成过程并没有一个客观的先验标准。托马斯·库恩(Thomas Kuhn)认为,某一学派中的科学家是经由一种特定的“范式”组织在一起的,他们在科学实践中依赖于一套“学科型范”(disciplinary matrix),而这套型范则提供了用于标志该学派本质及其边界的“模板”。无独有偶,伊姆雷·拉卡托斯(Imre Lakatos)认为,科学家总是在某个“科学研究项目”范围之内工作,他们运用“正面探索”和“负面探索”的各项武器来维护这一项目的“硬核”。对实证主义者而言,这套规则是不变的,其对于推理过程的影响就像数学公式中的常数所发挥的作用那样,忽略不计并不会影响结果。一旦我们认为规则可能不同,我们就必须清楚地认识到推理过程中的某项演绎对理论的塑造有着重要的影响力。接下来的问题就已经不是我们是否要接受推理过程中的范式核心(paradigmatic core)的概念了,而是要关注何种标准能够证明推理过程的有效性,何种过程才能让我们找到在科学上可以接受的范式核心。 6

完成研究目标在方法论上一般有两条路径:先验的和后验的。前者是形而上的,但有趣的是,科学家们在处理范式或核心研究问题的时候也采取先验论的姿态。卡尔·波普尔(Karl Popper)在他近期的论述中清晰地指出了演化概念在研究范式上的重要性,但是他认为这一概念最终还是植根于形而上学中。

但是,从其自身的规则来讲,科学不能依赖于先验论的立场,它必须采用后验论的姿态。演绎方案,例如范式和研究计划,代表着就现实状态而言最抽象的观点。用哲学术语来讲,范式核心是由一系列本体论命题组成的。考虑到其经验性本质,用于推导科学理论之范式核心的方法,必须与推导理论本身的方法一样严谨。因此,我们认为在建立理论的本体论范式基础的推理过程中,也应该使用标准的演绎方法。这种超理论的推导可以称之为*范式归纳*(paradigmatic induction)。

归纳是建立在许多被观测到的个案或者猜想之上的。在理论的形成过程中,归纳总是与由某一特定学科所界定的个体观测所构成的数据库相联系的。在构筑范式时,归纳则必须涵盖所有科学学科的所有个案。范式归纳的目标并不是就某一类(由理论所定义的)客观现象得出一个普遍的结论。事实上,它所关注的焦点是“全部的”现实——所有的客观事实都具有的那种不变的东西:本体状态。当然,人类并不能审查所有的在统计上具有显著意义的个案;但是,要得到合理的归纳性结论,我们未必需要执行这项艰巨的任务。究其本质,范式归纳的本意是放开哲学和科学之间、科学的不同学科之间的思想讨论。以Charles Peirce、Alfred North Whitehead 和 Henri Bergsin 为代表的 20 世纪早期的当代哲学家曾致力于将本体论构筑于科学基础之上。相应地,也有一些不同学科的科学家曾经慎重考虑其科学发现,并认为应在后验基础上重建本体论。在本书所收集的伊利亚·普里高津(Ilya Prigogine)和赫尔曼·哈肯(Hermann Haken)的论著中,他们讨论当代物理学中的一些重大进步对我们的世界观所带来的影响。杰弗里·霍奇森(Geoffrey Hodgson)和赫伯特·A. 西蒙(Herbert Simon)研究了经济学和生物学之间的关系,并由此发现了二者所共有的本体论基础。本章以下的论述——受本书所收集的其他作者之论著的启发——将尝试着得出一套本体论命题来(ontological statements)。

7

3 机械论思维传统

在启蒙运动时代,艾萨克·牛顿(Isaac Newton)认为宇宙是无穷的,其中所有的恒星与行星——遵循某些外部规律——按顺时针方向运动。卡尔·林奈(Carolus Linnaeus)按照以肉眼能观察到的事物特征,对自然世界中的矿物、植物、动物和人进行了分类,并认为从矿物到人,复杂程度逐渐提高。科学上的进步总是与政治和技术革命所推动的剧烈社会变化相伴。1789 年法国大革命前欧洲的社会及政治制度,包括独裁专制、行会秩序、管制工资及管制价格等制度,逐渐瓦解,并让位于自由贸易和有活力的市场经济。蒸汽机和织布机等技术发明为人类历史上前所未有的经济增长和结构变化奠定了坚实的基础。

这些社会进步在某种程度上讲是自然科学进步所带来的成果的一部分,但同时,其本身也需要一种科学的解释,因此,在 18 世纪后半叶,现代经济学(当时称为政治经济学)诞生了。从一开始,自然科学的研究范式就成为了经济学这门年轻科学的范式原型。早期经济学的理论目标一方面是探索*协调*众多个人经济行为的看不见的规则(或看不见的"手"),另一方面则是想确立决定总资源的长期发展速度和分配的*运动规律*(laws of motion)。一般认为亚当・斯密(Adam Smith)的研究主要是与第一类问题相关,而大卫・李嘉图(David Ricardo)、托马斯・罗伯特・马尔萨斯(Thomas Robert Malthus)以及后来的卡尔・马克思(Karl Marx)主要是研究第二类问题。古典经济学家采用了十分广泛的视野,并使用大量的经验证据来充实他们的分析。在我们看来,他们过去的那些作品正是典型的跨学科研究,其知识基础本身就预示着古典经济学家不会采用某种狭窄的机械论视野,也不会使用简化论者的建模方法。这一点在他们主要应用经济学知识进行分析的研究中体现得尤为明显,例如斯密对经济和企业中劳动分工的分析。但是,正是由于他们的研究视野是跨学科的,他们也从牛顿物理学(Newtonian Physics)中得到了重要的启示。

近几十年来我们所称的"现代经济学"与*新古典经济学*一道诞生于 19 世纪后半叶。那个时期的经济学家批评他们的古典经济学前辈只关注总量研究并假定经济过程是"客观"的,而这种客观性是不可能存在的。他们对决定经济总量发展速度和分配的客观规律所蕴含的研究理念发起了挑战。他们认为,应该在更好地理解人类认知过程和行为特征的基础之上,来观察微观个体并重构经济学。如果说,有一种价值论能够解释市场协调并同时解决*斯密问题*(这是新古典经济学家的主要研究兴趣,在很长时期内甚至是其唯一研究兴趣),那么这种理论一定是主观性的。将研究焦点集中在微观个体上,似乎可以揭开经济学研究中的新篇章,但事实却并非如此。新古典经济学家批评古典经济学家并没有应用不变规律,只是在错误的地方寻找这些规律。究其本质,新古典派是希望通过将数学(主要是牛顿创立的微积分学)引入研究以超越其前辈,并倡导最大可能地实现研究的正规性和精确性。响应阿尔弗雷德・马歇尔(Alfred Marshall)的声明,机械论成为经济学领域的圣地麦加。当时人们可能并未完全认识到,这一方法也带来了*本体论*。无论如何,将个体的主观特征简化为机械论属性的尝试是大胆的。赫尔曼・戈森(Hermann Gossen)、里昂・瓦尔拉斯(Léon Walras)、亨利・杰文斯(Henry Jevons)、维尔弗雷多・帕累托(Vilfredo Pareto)和其他经济学家都经常使用机械论式的类比和隐喻。本书所收录的霍奇森所著的文章就讨论了从 19 世纪 80 年代至今经济学研究中所使用的机械

8

论类比,表明了生物学这个可能成为经济学圣地的领域是如何、又为什么被广泛地忽视。西德尼·温特在他的文章中描述了从古典分配理论到新古典边际主义生产函数的转变,并讨论了现行规划和行为分析等机械论范式在现代经济学研究中的应用。

勒内·笛卡儿(René Descartes)对古典经济学研究范式的哲学基础做出了重大贡献。伊利亚·普里高津在他的文章中回顾了笛卡儿二元论(Cartesian dualism)的本质和影响。笛卡儿二元论认为这个世界"一方面是可以由确定性规律描述的物质,即'广延之物'(res extensa),另一方面是与人类思想相联系的'广延实体'(tes cogitans)。物质世界与精神世界——人类的价值观世界——之间存在着根本性的区别。"有形的事物——所有的物理和生物现象——是可见的,可以定义的,其形状、大小或运动状态也是可以度量的;它们构成了现实的"硬"核。无形的事物——包括主观意识、思考、观点、意见、想象、信息、创造力和灵魂——是不可见的,不可延伸的,难以理解的,而且在时间和空间的度量范围之外;它们则构成了现实的"软"核。如普里高津和陈平所指出的,笛卡儿二元论的主要含义是,只有现实的"硬"核部分被认为经得起科学调查、经验分析和理论建构的检验。"软"核部分缺乏客观特征和"客观性",因此不属于科学的范畴;这一部分内容主要是艺术的基础。经典的科学学科,例如物理学、生物学以及仍存有争议的经济学,从其哲学核心而言就是硬科学。

那么,硬科学所研究的对象之本体论本质是什么呢?一种经典的简单解释是:物质-能量。然而,这种解释只对了一半,因此特别具有误导性。笛卡儿曾建议将科学数学化,同时,他指出如果科学的工作并不仅仅是罗列已经测度好的事实,那就意味着研究对象本身就具有某种一般性。可见物与不可见物的二分法并不排除两类事物具有某种共同特征的可能性。这也是亚里士多德(Aristotle)的基本立场,在他看来,所有的事物都具有两种属性:基本属性和偶然属性。基本属性是指事物的一般属性,而偶然属性则决定该事物的个体特征。柏拉图(Plato)对亚里士多德的这一分类进行了进一步的发展,他认为基本属性一定是与某种完美的概念相联系的,而个体的偶然属性主要是来自于对个案细节之认识的不完美。笛卡儿拒绝了柏拉图的唯心主义,他支持所有事物都遵从某种规律的现代观点。这就超越了形而上学,并向构建现代科学迈进了一步。但无论如何,其基本的本体论思想仍然是一致的:物质-能量的属性或行为模式——规律所研究的基本属性——并没有变化。

所有事物都遵从某种规律这种说法所蕴含的假设是,某种内生力量(informant agency)在促使事物按照某种特定的方式而不是其他方式行为。"informant"这个词用在这里,是想表明"行为"本身是在事物"之中"的。讨论到这里,这个词并没有任何因果关系上的或信息理论上的含义,只是单纯地意味着某种事情按某种特定的方式,而不是按其他方式发生了。如果在任何时间对所有事物来说都只有一种内生力量,我们就称之为*规律*,而古典科学就是这样理解的。如果内生力量随时间的过去发生变化,按照古典科学的说法,我们就不能称之为规律了。要分辨各种内生力量之间的差异,需要确定要比较的各种内生力量的本质。我们将此称为对内生力量*特性*(idea)的描述。我们可以利用一系列特性、在不同的内生力量——或者用古典科学的话来说,规律——的基础之上区分事物。古典科学假定规律是单一的、具有一般意义的,我们并不需要"特性"这个概念来区分不同的内生力量;所有的区别都可以用事物的物理表现来描述,而且都可以完全用量变来概括。必须注意到,我们有了一套用来谈论变化与不变的语言,但是仍然不知道如何解释这些现象背后的因果关系。

在牛顿物理学中,事物是由受重力影响的有质量的物质组成的。除非有外力施加其上,促使其改变运动状态,每一个对象或物体都维持其均衡运动状态或静止不动。不仅是牛顿重力法则维持不变,如果没有引入外力,这一法则所描述的各种事件也不会内生地发生变化。这一模型是*放之四海而皆准的*(universally deterministic)。给定初始及补充条件的完全信息,根据这一规律,我们可以准确地追溯事件的过去,并预测其未来发展。这一法则对所有物体都适用,而不论其质量、重量或大小。例如,一个 1 公斤重的物体与一个 10 公斤重的物体从相同的高度下落(在真空条件下),其降落速度是相同的。小物体可以被聚合为大物体,但是这种聚合并没有改变这些小物体的内生力量。

在将理论探讨扩展到某个学科的新领域时,牛顿模型特别适合作为范式基础。普里高津和哈肯讨论了 19 世纪中期热力学的例子,阐述了这一学科发展中牛顿模型所起到的独特作用。蒸汽机的实际工作情况和各种实验已经表明,粒子群之间初始的温度差异会随时间的过去而趋近于零,或者说,各粒子群的温度会趋近一致,达到热力均衡水平。一般而言,一个热动力群(在封闭的系统中)的自由能会逐渐趋近于熵的极小或极大值。这种热力学属性可以进行某种变形。粒子最初的相对运动状态可以被认为是一种*结构*,而其动力学的内在特性可以理解为一种不可逆转的*从秩序到混沌*(from order to chaos)的过程(在这里,混沌是指简单的无规则,并不包含混沌模型的预测性含义)。对熵的一个通俗易懂的解释就是内在的衰变。

"结构"这个概念引起了一个猜想,即可能存在某种规律,不仅适用于粒子个体,而且适用于粒子群整体。例如,我们可以假定,在某种热力条件下,粒子将会同时改变它们的行为模式,导致整体的解构,然后,这种效应又反馈到各个粒子个体,致使它们按照加速结构破坏的方式行为。这就是普里高津和哈肯在他们的非古典热力学模型中用来解释结构和演化发展的思路。在这个例子中，非古典热力学模型不能解释秩序的自我形成，相反却解释了混沌的自我组织机制。热力学中还没有一种能够解释秩序之形成的理论（事实上，还没有理论能够解释熵，只是能够从统计上描述熵），但是这里非常明确的一点是，这样的一种非古典观点将会为解释热力学中的规律打开巨观（macroscopic）视野。普里高津和哈肯在他们的文章中展示了19世纪的物理学是如何在描述个体粒子的运动轨迹的基础上、利用牛顿物理学来解释热力粒子群行为的。群整体可以被认为是单个粒子的聚合形式，随后，可以将群分解开来、计算各粒子的个体行为。

用部分来描述整体的这种理论方法需要为每一部分确定一个不变的内生力量——即经典规律，也因此不需要引入为确定部分在整体中的地位时所需的特性。路德维希·玻尔兹曼（Ludwig Boltzmann）所开创的这个方法非常有用，但是也有其缺陷。古典热力学为了计算上的方便所使用的概率分布和统计平均值可以用来描述结构性衰变（熵），但是如果用这些方法来解释结构的自我组织及其演化动态，却是注定要失败的。由普里高津和哈肯作为先锋的非古典热力学表明，在特定的热力条件下，巨观结构——例如耗散（dissipative）结构和协同（synergetic）结构——会出现，而群的动态变化则会以有秩序的波动、阶段转型和级联歧变为特征，从而导致连续的演化。非古典热力学的这些进步预示着，牛顿模型所表示的只是一个特例，而不是普遍情况。不可逆转性和时间非对称性在演化中扮演着非常重要的角色，正如普利高津所说，“我们所需要的并不是对现有自然规律的近似，而是要将这些规律进行扩展，以包括不可逆转性……自然规律不再只表示必然性，而且还表示‘可能性’”。依靠牛顿物理学和古典热力学，不能设计出一套既能够实现可拓展性的、在经验上也可靠的研究范式来。

12 既然经典的、或者说形而上的机械论范式是演化论范式的主要竞争者，那么我们似乎应该对这种机械论范式的特征进行一下总结。范式由一套本体论命题组成，构建研究范式是一项充满了野心的冒险行为，它需要有一条恰当的方法论路径。我们试图用公理（axioms）来阐述范式的本体论本质。本体论命题是指现实的状态，在这种广泛的意义上，它可以被认为是演绎推理的最后一个求助对象。然而，其本身并不能保证它的可接受性。我们前面曾经使用演绎推理的方法来证明本体论命题，并且认为这些命题必须值得（希腊语是“axio”）被认为是本体论命题。因此，人们不会去质疑本体论命题，不仅因为它们是推理阶梯的最后一级，而且因为我们认为它们在经验上的有效性是值得信赖的。公理常用于数学当中，但是，在数学中，认定公理有效性的标准是其用于正式分析中是否适当。本体论命题——作为经验公理——是难免有错误的,从其本质来讲是试验性的。

机械论范式的第一公理认为,现实是由物质-能量组成的“硬”存在,其行为是由不变规律决定的。机械论范式不会运用特性来区分不同的研究对象。第二公理认为,现实存在是相互独立的,各自使用其不变的信息。一个单独的个体不会使用其他个体的特性来为自己的内生力量添加元素,也不会因此改变自己的行为模式,更不会输出信息。如果各粒子是互相孤立的,在一个结构中各个体互不联系,这一规律就是有效的。最后,机械论范式的第三公理认为,系统不会发生内生变化。第二公理认为,并不存在结构,因此,第三公理表明结构不会发生变化,或者说,没有一种过程被定义为结构的变化。在系统中,只有连续的运动(动态)或者静止(静态);系统内部不会内在地、自发地发生变化。

4　走向演化本体论

1859年查尔斯·达尔文(Charles Darwin)发表了《物种起源》(*On The Origin of Species*),这本书的问世不仅对科学界的研究范式产生了颠覆性的影响,从某种程度上来讲,它还在整个社会范围内引发了一场“地震”。古典生物学假定物种是既定的,而且是不变的。事实上,“物种”(species)这个词是由希腊语*eidos*翻译而来,其本意就是事物的表象,如轮廓、形状或形式。在博学的生物学家谈论物种的时候,他们所使用的这个术语本身就意味着其讨论对象与某种不变的东西联系在一起。物种的不变性是古典生物学中毋庸争辩的基本原则。达尔文在他著作标题中,将“起源”和“物种”两个词联结起来,这种行为本身就对古典生物学提出了巨大的挑战。由于物种固定不变这一教条是与“上帝是造物主”这一观点相联系的,所以达尔文实际上是撼动了整个神创论的基础。　13

从根本上讲,达尔文的理论是建立在三项事实和一个简单结论之上的。其中一项事实是生物体各不相同,而这些多样的特征会由其后代继承。林奈的著作《植物哲学》(*Philosophia Botanica*)已经为长期存在的生命多样性提供了大量强有力的证据。达尔文在第一项事实的基础上加入了一个猜想,而这个猜想则标志着可能还存在着一项重要的、更为深入的事实:多样性会随时间的过去而变化,变化是存在的。生物体的特征是可变的。第三项事实是生物体所繁衍的后代数量大于能够存活下来的个体数量。任何一个孩童,只要曾经经历过因为家里养不起所有的猫而不得不把小猫杀死这种事情,他/她就会对有限环境中超强繁殖能力的后果有一个非常直观的感受。从某种意义上讲,这些事实是非常明显的,达尔文的天才之处是他看到了这些明显事实的重要之处,并用这些事实构建了一套能够被大家接受的理论。

从上述事实出发,能够直接得出这样一个结论,即一定存在某种"机制"使得一个物种群体与其生存的空间和食物供给之间取得平衡。生物体或者物种的哪些变化会被其后代继承呢?一个简便的解释是假设遗传是由偶然因素决定的,但是达尔文则给出了一个看起来更有道理的解释。为了生存,生物体必须适合它们所处的环境。在生物体随时间过去而变化的同时,环境——即生物体与其所处自然界之间各种复杂联系的一个整体——也在不停地变化。生物体必须适应不断变化的环境条件,在这里,"适应"这个词被赋予了一种动态的含义。这个假设使得达尔文向他的核心理论迈进了一小步。达尔文的关键理论就是,任何程度的变化对于任何物种的个体都是有利的,而这种变化将会使得该个体得以持续存在、并由其后代继承。为了给他的观点找一个合适的名称,达尔文注意到了人工选择的实践工作,通过在动植物身上积累细微的、但却有用的变化,可以使其变得更适合人类的使用要求。与此类似,达尔文把有利的细微变化的保存称为自然选择。

科学史家们注意到了达尔文在他的一本手札中所说的一句话;他说,他在阅读马尔萨斯的《人口学原理》(*Essay on the Principle of Population*),灵光一现,想到了选择理论。马尔萨斯认为,耕地的扩张或技术上的某种进步会增加食物供应量,从而会导致生育率及人口规模的增加。这又会降低人均粮食供应量,进而导致生育率的下降,甚至可能导致死亡率的提高,因此将系统带回到初始的生存均衡状态。这一循环周而复始,但是,考虑到资源是有限的,社会最终会陷入一个长期低水平均衡的"泥沼"。马尔萨斯对这一机制后果之不可避免性的描述,很可能就是达尔文的灵感源泉。

14

马尔萨斯很可能是第一位论述了反馈机制之作用的学者,这也进一步说明,如果只是将古典经济学当做一个简单的牛顿模型,那就一定是不恰当的。考虑到其复杂性,比较古典经济学和牛顿模型这二者的差异才更有启发性。马尔萨斯的研究是在总量层面上进行的,他认为食物总供应量和总需求量(指人口数与平均消费量之积)的平均变化率会决定经济的长期发展。马尔萨斯只是对他的理论进行了一般性解释,并没有考虑到要在此基础上进行某种变形或拓展,因此也就没有更进一步地在理论上探索适应与选择这些问题。在这个意义上,马尔萨斯模型中的"选择"——"总量选择"——是"机械论"含义的;而对达尔文来讲,选择是建立在多样性和各有区别的适应性之上的,是其理论的中心与基石。

达尔文并没有充分地解释突变与变异;他的理论是前孟德尔的(pre-Mendelian)。大体来看,达尔文理论主体在一开始就被生物学界接受了,但是与神创生命的本质相联系的"经典"问题——或者亚里士多德所称的"存在链"——在接下来的几十年中仍然主导着生物学的研究。霍奇森在他的论文中指出,直到20世纪40年代,生物学的新达尔文综合(neo-Darwinian synthesis)——将选择理论和孟德尔的遗传学综合在一起——并没有成为生物学中的一种新范式,尽管所需要的各种要素早就已经具备了。直到更近一些时候,霍奇森说,"战后的'演化论综合(evolutionary synthesis)'才赋予了达尔文自然选择观点新的生命力,并一直延续至今日"。

达尔文的思想撼动了古典教条的一些主要本体论立场。多样性(variety)意味着同一种类中存在着多个个体,而每一个个体都是一个独特特性的现实表现。一方面,有许多以物质-能量现实表现现实存在的个体,另一方面,也存在很多能够被现实化的特性。在生物学上,前一个概念被认为是种群,后一个则被定义为基因库(gene pool)。独特的表型(phenotype)这一概念颠覆了能产生出同源现实体的传统单一内生力量的概念。考虑到同一种类的各个不同现实表现,多样性这一演化主义概念假定特性是模糊的。正如本书收录的J.斯坦利·梅特卡夫(J. Stanley Metcalfe)的文章中所指出的,多样性与分类学的思想是相抵触的,分类学关注的是一套统一的规律、理想的类型和存在物的本质。与之相对应的,多样性所倡导的却是对种群的思考,"所关注的焦点是种群内部个体特征的多样性,而且,多样性观点并不是想试图掩盖最基本的事实而抹杀分类学观点;更确切地说,现实世界就是多样性的广泛存在,而多样性也是发生演化式变化的前提"。 15

突变(mutation)或变异(variation)是多样性的变化。在某个特殊的时点上,变异与一致性规律(the law of uniformity)相矛盾,而突变则是在连续的时间过程中与它的广泛存在相矛盾。牛顿描述了内生连续性规律,达尔文所呈现给世人的则是内生非连续性(endogenous discontinuity)规律。

适应(adaption)意味着在某一个特定的物种中,各实体之间是按照一种内生的、非任意性(informationally non-arbitrary way)的方式相互联系起来的。与之相反,传统观点主张相互隔离的内生力量在起作用,认为各生物体之间的关系是由不变的质量和力等物理参数决定的。

选择(selection)意味着并不是所有的关系都能持续存在,它是决定一个实体能在未来继续存在或者不存在的一个步骤。物质的创造与消亡完全不符合牛顿定律。选择是适应的必然结果,它与传统模型的观点是不相符的。选择界定了各单独实体之间联系的"相对存在性",而这种关系从其方向上来看绝不是任意性的。

保留(retention)是指某事物的持续。如果不加以特殊限定,这个保留的概念与经典物理学中的连续法则(law of continuity)是一样的。但是,与牛顿物理学或热力学中"连续"的概念所不同的是,达尔文主义所指的保留所描述的是有内生起源(endogenous origin)的持续。保留是从一系列的变化和选择过程开始的,它所描述的是在连续的时期内、为了保持选定的信息载体所需要的力量。如果这种力量没有遭到新的变化和选择的挑战,就可以说这个系统是稳定的。由于模型中已经明确地假定这种挑战存在的可能性,系统的稳定性就一直是受到威胁的,用普里高津、哈肯和陈平所使用的术语来讲,系统是亚稳定的(metastable)。

如果要用古典科学的语言表述达尔文主义命题的本体论本质,可以总结如下。

(1) 多样性:内生力量模糊性规律;

(2) 变化:非连续性规律;

(3) 适应:关联性规律;

(4) 选择:导向性规律;

(5) 保留:亚稳定规律。

16 以上定义的一系列非古典规律为演化理论提供了基本的建筑材料。从方法论来讲,"规律"这个概念一般是与法则学命题相联系的,而法则学命题是建立在不变性和时间对称性的假设基础之上的。然而,非古典理论却恰恰是说,没有什么是天生就遵从某种规律的。事实上,从非古典研究者的立场来看,规律是在颠倒事实。从演化论的视角来看,我们看到的是一个处于不断变化中的世界,创造性的进步接连出现并不断地表现为新形式。这个过程天生就是历史性的。大体来看,演化理论就是历史理论。我们所说的历史(经济学)理论,是指从各种(经济)现实的历史性中提炼出理论命题的理论。与历史分析不同,历史理论更倾向于形成一般性的概念或结论,而且,它也不会像历史分析那样就某一特定时点或空间的单个事实进行详细的考证。在一般化的过程中,历史理论采用了不可逆转性(irreversibility)、非遍历性(non-ergodicity)、非周期性(nonperiodicity)或路径依赖等研究标准。它研究的是考虑了真实现象历史性(histor-)的规律(nomo-),我们可以给这些理论命题起一个新名字,叫历史法则学(对应的英文为 histonomic,而不是饶舌的"histor-o-nomic")命题。这个新术语使我们能够围绕这个研究主题的一般性本质进行讨论,并避免了借用其他特定术语可能带来的不足。这也恰恰说明了一个现实,古典理论确立的原则非常强大,而非古典理论还没有一个被普遍接受的专有名词与"法则学"这个术语相对应。本书所收录的乔尔·莫克尔(Joel Mokyr)和保罗·大卫(Paul David)的论文致力于强调经济历史的重要性,这种努力可以称得上是经济学历史法则的重建(histonomic reconstruction)。

前述的一系列达尔文主义规律标志着演化过程遵循“历史的逻辑”。例如，突变是从变异开始，又发生在选择之前；而选择则是发生在保留之前。各种规律是同时发挥其作用的，但是演化过程各环节在时间上的次序依存性却是在本质上就被确定了的，而且是不可逆转地被“锁定”了的。理查德·纳尔逊、彼得·艾伦(Peter Allen)、梅特卡夫、乌尔里希·威特(Ulrich Witt)、格拉尔德·西尔弗贝里(Gerald Silverberg)和巴特·维斯帕金(Bart Verspagen)等人在他们的论文当中都曾多次强调经济演化的历史逻辑，并特别强调创新是选择和相关过程中的一个必要前提性条件。

演化体(evolutionary regime)可以被看做是一个从前述达尔文命题(1)到(5)的完整序列。一旦出现了从一个演化体到另外一个演化体的一种或多种转型(transitions)，演化就发生了。变化的分析单位是一次演化体转型，而后者可以被定义为从(5)发展到(2)的过程。不变性或亚稳定性是指(5)和(1)之间的联系是既定的。变化的开始是亚稳定状态中的多样性(1)，从初始状态经过(2)转化为一种新的多样性模式，这种过程就是变化。变化循演化体的各个阶段顺序进行，最终在阶段(5)形成一种新的多样化体系。

17

前述的各项原则或非古典规律是从达尔文模型中衍生出来的。我们也可以构想出其他的原则或规律。在下文中，我们会将其核心思想应用到其他的理论领域中，提出一个类似的理论框架；当然，我们构造这套理论框架的目的是为了使其适应于经济学的理论研究。更进一步地，为了对这些主要的理论框架进行区分以解释变化，我们会简要地讨论衡量有效性和实用性的标准。在这里，让我们首先简单地对演化本体论的一系列经验性公理做一个总结。

公理1指出，所有的真实现象都是信息的物理实现(physical actualizations of information)，或者说，以物质-能量形式现实化了的信息(information actualized as matter-energy)。它摒弃了笛卡儿将实体分为物质-能量和信息及其相关关系的做法。所有真实现象的现实状态都必然会具有双重性(bimodality)。公理1也排除了柏拉图的观点。举例来说，达尔文所说的生物表型(phenotype)并不是一个既定“特性”的现实表现形式(柏拉图认为如此)；正是由于存在这种表型，才能形成“特性”。“一般特性”是从许多种现存的表型中得出的，除此之外，别无他途。另外，如果从开始就没有一个先验的特性，那么也就没有一个先验的“完美特性”。类似的，一元论的唯物主义立场也是站不住脚的，因为内生力量的多样性需要我们确认特性的重要性，即便不是出于本体论方面的考虑，从实践操作的角度来看也是如此。

公理2则指出，存在是关联(relations)和联结(connections)。一般认为关联存在于特性之间(在这里,“特性”这个词是本体论术语,而不是认识论的)。关联构成了信息——更确切地说,构成了语义信息(semantic information),这与Shannon的观点形成了鲜明的对比。因此,信息力量并不是专指某种“规律”(一种统一的特性),而是各种信息关联(informational relations)。物质-能量实体——即信息的“载体”——被认为是互相联结的。物理上的联结可以在空间上扩展和度量。信息关联和物理联结二者被视为构成联系(associations)的两个方面。我们把一个实体中各种联系所构成的整体称为其结构(structure)。在以后研究宏观经济体系的“深”层与“表”层的时候,正确地区分信息关联和物理联结二者将会是非常重要的。

公理3指出,存在即过程(process)。过程可以被理解为联系集,或者是持续存在的结构(structure in time)。根据公理2,关联构成了(从语义上讲是独特的)信息。信息具体化在过程中,就是知识(knowledge)。因此,知识就是某一实体自身一直保有的信息。过程可以是联系集或结构的不断重复,也可以是无重复的一系列联系集或结构,这两类状态都是过程最原始的状态。如果承认这些状态的内生性,就意味着我们认为过程是自因的(self-caused)或者说自发的。自因性或自发性不仅在联系集(部分)或结构(整体)的信息关联层面起作用,而且同时影响着物质-能量粒子的联结。

18

简言之,三个公理分别是:

公理1:双重性公理

存在是物质-能量和信息的双重实现。

公理2:联系公理

存在由信息关联和物质-能量联结构成。

公理3:过程公理

同知识的构成一样,存在是持续的过程。

5 分析性语言

年轻的学科,例如演化经济学,往往不得不面对语言缺失(language deficit)所带来的困扰。学科语言是我们选用特定术语来界定被研究事实的前提,而如果能够就各个术语的含义达成共识,互相交流也就成为可能。语言的缺失不仅妨碍理论表达,而且阻碍了学术交流。现有的语言已经为我们提供了非常丰富的词库,我们面临的主要问题不是如何去发明新的词汇,而是如何界定这些词在我们的研究环境中的内涵为何。具体到现在,我们的研究环境是由我们所应用的理论决定的——更明确地说,是由演化经济学理论决定的。学科语言必须适合被用来表达和交流学科的理论内涵。我们已经看到,非古典物理学,尤其是演化生物学为我们提供了丰富的术语资源。经济学家没有理由忽视这些资源而耗费精力重新发明一套术语体系。利用现有资源也有一个问题,那就是这些术语本来是被用来说明物理学和生物学而不是经济学的专有理论内涵的。我们不能把这些术语连同其理论内涵一道直接拿来使用,否则,就只是在公共学科道路上骑同一匹马。因此,必须对已有的术语进行去理论背景化(theoretical decontextualization)。这意味着我们必须厘清一个术语的一般含义和专有含义。例如,一般意义上的演化、选择或种群用于生物学的研究,其专有含义可以是生物演化、生物选择或生物种群。我们把术语的一般含义称为分析性(analytical)术语。通过对术语进行去理论背景化,我们可以得到分析性术语,相应的,通过对分析性术语重新赋予理论背景(recontextualization),就可以得到理论术语。

19

在上述的过程中,分析术语的有效性(validity)是至关重要的。仅仅是经过了去理论背景化的分析术语并不是有效的。只有经过后验考核的分析性术语,我们才愿意接受其一般含义。有效性从根本上依赖于范式归纳(paradigmatic induction,见第 2 章)的过程。简言之,分析性术语必须具备本体论有效性(ontological validity)。因此,合用的分析性术语必须满足以下两个条件:其一,可以保证其本体论有效性;其二,它们应该是一般性的,所有理论均可采用。

当我们谈论某个术语的一般性含义时,总是将其与某种本体论内涵联系在一起的,认识到这一点十分重要。术语所承载的一般性和本体论内涵,可能会表现为不同的形式。例如,如果要满足一般性,它可以被表述为一系列必须满足的条件。梅特卡夫就是这样强调“演化”这个术语的一般性,他指出,“演化是生物学中的一个核心概念,但并不意味着它天生就是生物学概念。只要具备了演化过程发生所需的各种条件,演化也可以发生在其他领域”。类似地,大卫在他被本书所收录的文章中谈论了多种历史法则学术语,我们可以根据他的研究断定,考虑其一般性,“非遍历性”是一个分析性术语;而“路径依赖”这个主要描述经济现象的术语则是理论术语。分析性语言是理论研究的工具(而本体论语言主要是哲学家的工具),其适用性主要取决于它应用于研究时的便利性。由于分析性术语在实际应用中非常有用,而且便于我们使用生物学的各种类比——例如,可以将惯例称为“基因”(见本书收录的纳尔逊和温特的文章),以后我们还会介绍分析性术语的“规则”和“载体”。

理论背景的重新赋予要求我们恰当地考虑其中的复杂性,并合理确定不同理论之间的界限。举例来说,本书所收录的约翰·福斯特的文章很好地展示了“自组织”(self-organization)这一分析性术语是如何应用于——也可能是错误地应用于——不同复杂程度的各种理论领域中。在生理化学领域中,自组织主要讨论的是以能量为中心的结构化问题,强调的是外生决定的限制条件;而在生物学研究中,自组织考虑的是在给定的热力学外部条件下,信息流入与流出的内生结构。自组织这一术语应用于经济学研究又有不同的含义。福斯特认为,经济自组织中,“发展过程的界限仍然受到历史的有力影响,但是……机构所制定的各种前瞻性计划也会对其产生影响,而这种机构在生物学领域中是完全不存在的”。

20

本书所收录的论文中广泛地使用了把生物学理论语言去背景化后得到的许多分析性术语。总的来看,演化经济学的作品中广泛地运用了富有生物学色彩的语言,充满着类比和隐喻。而演化经济学家的研究兴趣差异,也可以用个体发育(ontogeny)与系统发育(phylogeny)之间的重要区别来反映。图 1.1 从分类(typological)法和通用(generic)法的区别出发,全面地描述了这些差异。分类法是与机械论的范式相联系的,以牛顿物理学和林奈生物学的思考方法为特征。与之相反,通用法是与演化论研究范式相联系的。“generic”这个术语十分有用,因为它规定了“ontogenetic”(个体论)和“phylogenetic”(系统论)这两个术语所属的语言类别。术语“gene”可以被视为生物学术语“gene”(基因)和“genesis”(起源)的词根。“ontogenetic”涉及的是一个个体,而“phylogenetic”这个词涉及的是许多个体。

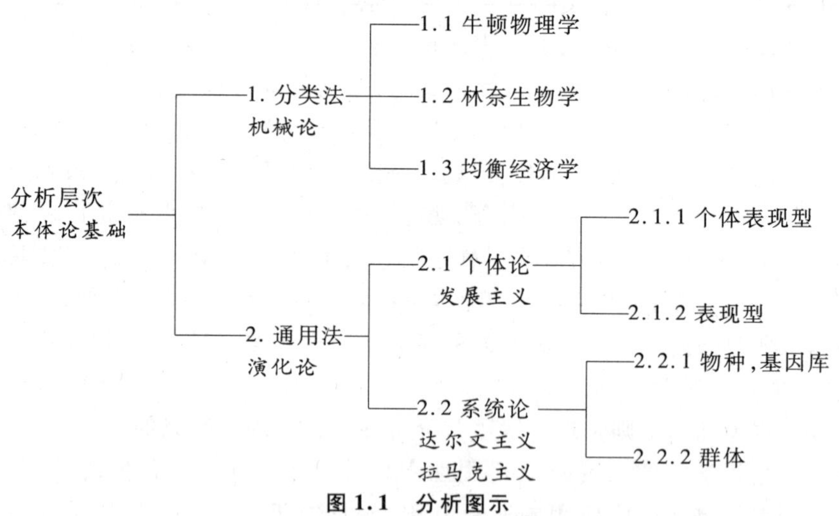

图 1.1　分析图示

个体论分析包括一般(生命)系统理论和特殊生物理论等各种方法。艾伦在他的文章中讨论了多种系统属性,并对机械系统、自组织系统和演化系统的各种不同类型进行了区分。一般来说,个体论分析所反映的是系统思考的方法,它主要是对系统的结构和发展进行分析,一般假定系统具有共同的“机械原理”、系统蓝图或知识基础。在生物学中,经常会对个体基因型(genotype)和表现型(phenotype)进行区分。这些分析性术语可被重新赋予理论背景,以便用于经济学理论研究,例如,本书所收录的纳尔逊和温特的文章中就将企业的组织蓝图视为个体基因型,并将企业采取的、学习到的、经选择后适应了的组织惯例(organizational routines)视为表现型。从分析的角度看,“表现型”这个术语常常用来描述在与环境发生相互作用的过程中发展起来的真实的生物体或系统。个体论分析也可以用来研究一个单独的经济体,本书收录的霍奇森的文章就使用了这种方法。 21

*系统论*分析的对象是同一种类的多个个体。在生物学中,经常会对*基因库*(gene pool)和*群体*(population)进行分析。基因库是指同一物种的基因型。群体是具有同一基因库中的表现型的所有成员。在经济学中,基因库可以是指惯例的集合——例如,行业经选择后适应了的各种技术或制度规范;而群体则可以用来指代行业中的企业集。同样的,企业的某一个部门也可以用该部门的惯例集合和群体来描述。梅特卡夫指出,系统论分析——以同一种类中的多个个体为分析对象——是以“*群体思维*”(population thinking)为主要特征的。如果根据前述一系列演化体的各个阶段或“规律”定义了一条演化路径,那就可以在此基础上分析表现型的动态变化。

下面的讨论可以分为三个部分:演化微观经济学、演化中观经济学和演化宏观经济学。这几个部分之间的区别关系到传统微观与宏观经济学之间的分野。前面讨论的分析图示(tableau)尽管十分简单,但是它也使得我们可以得出这样一个结论,即从微观到宏观这一步是不能直接跨越的。系统论的分析领域既不是微观的,也不是宏观的。也正是考虑到这一点,我们将这一领域定义为中观经济学。因此,微观经济学可以被视为中观经济学的一部分,而中观经济学又是宏观经济学的一部分。

6 失去的联系:理性经济人

我们认为*理性经济人*(Homo sapiens oeconomicus,HSO)是演化微观经济学的基本研究单位。理性经济人这个概念与经济人(Homo oeconomicus)概念之间的区别就在于,前者清晰地指明了人性的特征。

在这里,应该特别注意我们所采取的方法论立场。主流经济学家一般采取的是*工具主义*(instrumental)的立场。他们认为,只要各种假设能够被用来得出一套能预先断定其有效性(或只是一致性)的理论时,这些理论的经验内涵就是无关紧要的。然而,我们却相信,不同学科的经验基础工作会对重构更有效的经济理论起到切实的作用。这个立场并不是在说跨学科研究本身的好处。我们所采取的"现实主义"立场事实上在某种意义上也可以被视为"工具主义的",因为只有当其他学科的研究发现被认为是对经济理论的发展有用时,我们才会认为它们是有用的。因此,我们并不对这两种立场进行区分,而是称我们的方法论立场是工具实用主义的(instrumental realism)。

22 理性人这个概念表明了"理论假设符合现实主义"的重要性,并特别指出,为了解释经济现象,对复杂的人性的理论假设不能只是被简化为经济人。我们将会看到,帕累托对合乎逻辑的和不合乎逻辑的人类行为的区分,从其本质而言,在经验上是错误的。这并不是说将人性简化为"经济"属性是有问题的,问题的关键是其对于人性的基本假设是有纰漏的。因此,对经济人概念的重构就要从重新确定人的核心特征开始。不过,理性经济人这个假设被认为可以适用于经济学的研究,剩下的问题只是关于理性人(Homo sapiens)的假设如何能够作为研究工具应用于经济学理论的重建。

演化人类学、生物学和相关学科都对是什么造就了理性人提出了各种猜想和假设。人类区别于其他物种的最主要的才能就是制造工具的能力。理性人不光是一种使用工具的动物(其他灵长目动物也使用工具),而且是会制造工具的动物。人类积极地改变环境,而且他们(常常)对其行为在将来会产生的后果有清醒的预期。使得理性人优越于其他灵长目动物的第二种能力是自我感知和使用符号及口头语言的能力。符号语言的使用很可能是制造与使用工具的结果。无论如何,在演化的过程中,语言通过某种深奥的方式反作用于人类的认识能力。另外,语言也开创了社会交流的新形式,这些形式不仅更有效率、而且能更好地实现预期效果。这个物种的成员具有一种演化而来的生物倾向(biological predisposition),即可以通过和使用工具来解决复杂的社会问题,也可以用抽象化的语言进行社会交流。随着时间的过去,这种生物倾向不断演化并得以持续,正是因为这种能力在应付环境带来的各种问题时显示出了选择性优势。演化生物学和演化心理学都告诉我们,人脑是生物演化的产物,而正是这一点,使得文化的演进具备了可能性和可行性。

那么,我们应如何在理论上描述和解释工具、交流结构或生产性社会组织的演化呢?理性人的大脑皮质组织(cortical disposition)又是如何与文化一同演进的呢?我们把工具的制造、交流和社会组织等等视为包括规则在内的过程。例如,工具包括工具的规则,而语言也包括语言的规则,等等。因此,我们认为理性人是制定规则的动物,也是使用规则的动物。由此,理性经济人就是在经济背景(例如生产、消费和交易)中,作为制定规则和使用规则的动物的理性人。演化经济学的主题就是分析经济规则的演化。我们将规则定义为能够解释经济活动的演绎推理形式(deductive schemes)。在这里,"演绎推理"这个术语被 23

赋予了广泛的含义,包括直观推断法、设计、技巧、算法、逻辑推理方法、法律规则、战略等等。

个人与环境之间的共同演化循环(coevolutionary circuit)是一个非常重要的概念,正是在这个概念的基础上发展出了下面的分析所依赖的基本理论命题。图 1.2 对这一循环的整体结构做了一个概略的描述。在这里,关键的变量是行为,而行为与右边环形箭头所指的环境联系在一起。但是,这个行为也与个体内部环境相联系。为了与前面的提到的"外部"环境相区别,我们将后者称为"内部"环境。

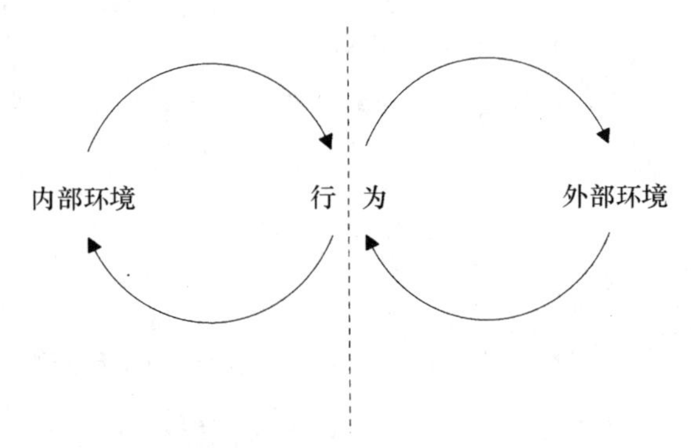

图 1.2　内部环境和外部环境中的人类行为

如果一个理性人模型能够为经济分析提供可能的解释,那么它就必须包括神经系统科学、认知科学及行为科学的内容。图 1.3 所展示的,就是一个整合了上述这三个领域的基本要素的理性人模型。现在,我们把图 1.2 中的内部环境看做是某个代理人承担认知和行为责任的大脑皮质组织。从神经生理学的角度来讲,这一组织是大脑的神经元结构体系。我们将大脑皮质粗糙地分为两部分,一部分是负责人体自动反应和负反馈(或者说自我防御)的古皮质区域(archetypical areas),它决定了内部行为(例如对血液、神经系统、新陈代谢等的调节);另一部分则是负责思考和意识的新皮质区域(neocortical areas)。由此,皮质结构一方面和内部行为联系了起来,另一方面也和认知联系起来。第三个循环联系是从外部行为到外部环境。我们认为这主要是由大脑的新皮质控制的。

新皮质是由旧皮质演化而来,又与旧皮质共同演化,二者本来就是通过神经联结在一起的,认识到这一点是必须的。从神经系统的角度来看,认知是植根在整个大脑皮质结构中的,它涉及内部行为和外部行为。丘脑皮质和相关的自动反馈行为创造了一个内部环境,我们可以认为这个内部环境使人具备了"躯体意识"。情绪、心情和感情影响人的认知。 24

图 1.3 中有两组方向相对的箭头，一组是将旧皮质和内部行为联系在一起，另一组是将新皮质与外部行为联系在一起，这说明了皮质之间的相互依赖关系。虚线覆盖的方形区域则表示新旧皮质在神经上是联结在一起的，这就非常明确地表明，为所发生的行为精确地确定相应皮质区域的做法是无效的，从而是不被接受的。

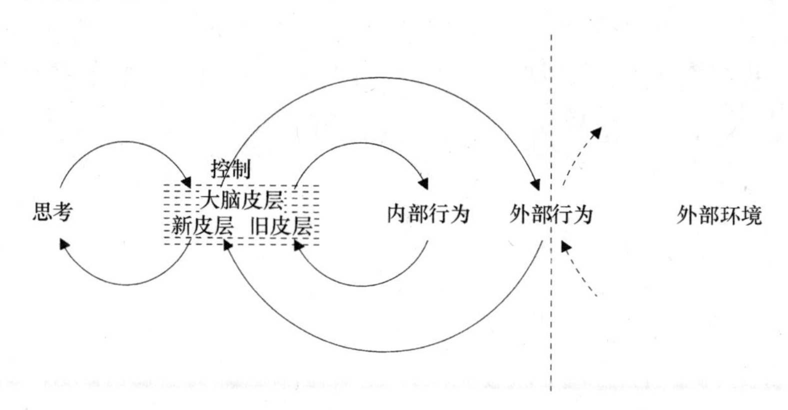

图 1.3　理性经济人的神经认知区域和神经行为区域

人类进化的一个独特成果是两个脑半球的机能分工。大脑新皮质的左半部分与右半部分各自承担不同的功能。可以认为，人脑皮质的机能分工是响应语言和工具制造的需求而发生的。由于需要解决越来越复杂的问题，对脑的要求也就越来越高，但是仅是扩充大脑皮质的容量是不能满足需求的，还需要对大脑皮质进行某种“劳动分工”，从而利用专业化的优势。左半球具有分析性、连续性、陈述性等功能，这些都是口头表达和计算所必需的能力。它为人们进行语言推理和加、减、乘等数学运算提供了可能。相反，大脑右半球的专长是几何学能力、综合能力、整合能力、图形处理能力和空间感。它使得人们可以将许多要素结合为一个整体，例如，将彩色的小方块组成一幅马赛克图画。右脑可以让我们在格式塔(gestalt)理论的基础上将单个的观察结果、形象或概念并列起来或进行比较。大脑左半球注重定位，将整体分解为部分；而右半球则将互相分离的实体看做一个整体的、互为补充的组成部分，以理解其整体特征。究其本质，经济体中知识分工和劳动分工的基础，就是这类既各司其职、又相互关联的能力。

25

大脑皮质的左右两侧容纳了两类与解决经济问题有关的基本能力。一类是新古典经济学的中心问题：效率。大脑左半球的分析与计算能力为解决各种经济效率问题提供了认知基础。我们可以将效率的衡量指标定义为两个可以量化的值之间的关系——例如，可以用投入-产出比来衡量生产效率。本书收录的乔瓦尼·多西(Giovanni Dosi)、路易吉·马伦戈(Luigi Marengo)和乔治·

法焦洛(Giorgio Fagiolo)的文章从复杂性理论的角度出发,讨论如何解决计算问题,他们指出,有大量的问题过于复杂,如果仅是使用遗传得来的“自然”推论法和计算方法,是不能得到圆满解答的,这种观点与西蒙的有限理性观点是一致的。第二个基本经济问题——所有的新古典经济学研究都未曾涉及过的——是*功效*(efficacy)。这里的问题是两个或更多的要素——比如说,A 和 B——是否能够很好地结合;换句话说,问题在于这些要素是否能够相互适应、共同完成互补性的任务或解决互补性的问题。单纯从效率的角度来看,要素 C 可能得分更高,但是,如果它不能满足必要的互补性要求,就缺乏可行性,也就没有理由认为它会具有更好的绩效表现了。新古典生产理论的出发点是可行的生产组合假设,而这一理论也可能会因此忽略最重要、也是最困难的经济问题。互补性标准的本质是定性的,无法用单值的定量指标来衡量。功效问题是演化经济学的中心问题,因为经济知识的结构和动态发展本身就涉及相互关联的各种现象。因此,要解决功效问题,其核心就在于借助大脑右半球的专业化能力。

人的大脑从整体上可以被视为是由旧皮质区和新皮质区组成的,而新皮质可以划分为两个专业化的半球。对于特定时间的特定类型的认知或行为,由某一个或其他区域主导相应的神经行为。然而,如果就此认为某一单一的专业化能力与特定的认知或行为模块之间存在孤立的联系,与神经生理学的经验又是相左的。将旧区和新区以及两个专业化相互联结起来的大脑皮质域才是认知或行为的主管者。神经元组织的一个特征就是丰富的丘脑皮质的内部联系,它就类似于一个网络集线器,大脑皮质的任何一点都可以与其他一个或多个点进行交流。相关证据表明,小脑不仅是协调身体动作的工具,而且是进行类似认知、学习和记忆的工具。大脑皮质和小脑皮质相互联结,特别是为大脑新皮质控制负责身体感觉功能和情绪的区域创造了条件。个体可以借助其认知能力恰当地识别、理解情绪(emotions)并将其工具化,然后将之作为某种形式的“智力”(intelligence)付诸使用。本书中艾伦的文章将“情绪智力”(emotional intelligence)与演化系统的需求桥接起来,他认为,“在长期内做出恰当的、有适应性的‘反应’的‘能力’,只能被认为是‘聪明的’,是反映了学习与变化能力的‘演化智力’(evolutionary intelligence),还算不上与智商(IQ)相对应的、一种理性并合乎逻辑的智力形式”。相反的,高阶的心智行为是嵌在可以产生富有情感色彩的旧皮质的神经结构中的。与新皮质相联结的旧皮质区域,特别是脑丘、小脑和海马组织,使得人们有了情绪和情绪智力。

26

在讨论大脑两个半球的分工定位时,我们也会看到类似的内部联结。左半球通过提供某些基本的语言符号和句法上的帮助,提高了右半球的绩效表现。相应地,右半球利用其卓越的空间感、联系能力和整合能力,对左半球实现其功能提供了有力的支持。任何一个半球都不能单方面地主导另一方——比方说，左半球不能凌驾于右半球之上；相反，它们是专业互补的（complementary specialization）。两个半球之间的相互联系产生了人类认知中基本的“模糊性”；但是，我们可以假定，这种认知过程中的不确定性恰恰是人类创造力的源泉。互相区别但又互为补充的专业能力相互作用，触发了作为创新的根本的想象力，并因之推动了经济增长和经济发展。本书所收录文章的各位作者都指出，任何被用来解释经济变化的经济理论都必须充分地认识到，创造力和想象力是革新、发现和新问题解决方案的源头。

互相联结的人类大脑皮质之各个部分容纳了各种专业能力。除此之外，大脑皮质还具有一种非专业能力，以维持其协调性（unity）。从已有的神经科学和哲学文献来看，自我认同和自我省思这类意识是由大脑皮质的哪一部分控制的，仍然是一个悬而未决的问题。埃克尔斯（Eccles）和波普尔提出了一套二元交互理论（dualistic interaction theory），认为意识本身是与人脑的左半球相互作用的。这套理论假定观念要素（自我）和生理要素（神经元组织）互相分离，而前面讨论的本体论假设认为所有的真实现象都是特性或信息的物质-能量实现，这二者无疑是矛盾的。现实化中的双重性否定了两个本体区域的分离。从理论上讲，二元交互理论也经不起神经生理学的质疑，因为人脑右半球所具有的整体性能力可以更好地解决协调性的问题。我们假定，图 1.3 中由虚线矩形区域所示的相互联结的大脑皮质不仅是各种专有工具性认知能力的活动中心，而且是产生各种非特定人类意识的地方。从一般意义上讲，意识是一种在生理上由相互联结的大脑皮质整体支撑的存在状态，它可能表现为某种不带特别含义的幸福的状态，也可以表现为其他多种实质性的意识状态。在这个意识定义的基础上，我们可以构建经验福利理论。

27

但是，意识也有其工具性意义。一方面，它是自我认定（self-identity）的基础，正是自我认定，使得个体成为人。总的来看，它使得个体自我认同成为可能，并为个体描绘自身与环境的边界提供了指导。另一方面，意识是目的性（intentionality）的存在基础。如果得到了意志力（willpower）的支持，目的性就具有了实践意义，而不只是空想。工具性意识为个体决策和个体选择奠定了基础。意识赋予了个人从事谨慎的、有意义的经济行为的自主能力（autonomy）。不同的意识状态所对应的神经元活动模式会随着相应大脑皮质区域的主导性神经行为改变。因此，大脑皮质主导性的强度和位置可能是处于不断变化之中的，这就使得某一特定时点上的人类自主能力会具有独特性。正如存在有限理性一样，也存在有限自主能力（bounded autonomy）。

理性经济人的大脑有许多特征，可以用做演化经济学中对人的认知与行为之假设的基础。前面的讨论是以“假设要符合现实主义”的方法论规则为指导的。不过,在很多情况下,对大脑皮质结构的认识可以为经济理论的构建提供有用的工具。下列关于理性经济人的定理就是从前述讨论中得出的;它们为指正新古典经济学经济人假设的根本性缺点提供了主要理由,也为后面的讨论提供了跨学科的理论基础。这些定理包括:

1. 控制人类认知与行为的大脑皮质和脑半球的不可分离性(non-separability)。 28

2. 大脑皮质各个承担不同专业功能之区域的非同质性(non-homogeneity)或多样性(variety),而这种多样性还与皮质各区域间复杂的双重内部联系交织在一起。

3. 起支配作用的、模糊地相互联系在一起的神经过程的非周期性(non-periodicity)。

第一,不可分离性定理从经验上击败了经济人一元模型。运算、计算和分析能力都带有情绪色彩,同时,这些能力又与大脑另一部分的持续模式生成能力相联系。如果联系到当代神经科学的研究成果,那么,将两个脑半球截然分开、只动用左半球而得出的“完全理性”就是难以理解的。新古典的分离性假设不仅会导致对理性这一概念的理解偏误,而且会忽视大脑皮质的相互关联所带来的模糊性,如果人们想找到创造力和独创性的源泉以解决复杂的经济问题,就会不得其门而入。

第二,非同质性定理为分析控制经济认知和经济行为的复杂多样性提供了一个出发点。本书收录的梅特卡夫的文章说明了分类学思维与承认变化与多样性群体思维之间根本的、本体论上的差异。新古典经济学中的“代表性行为人”看起来像是机器人(machine à l'homme),完全与神经生理学的证据不符。

第三,大脑皮质活动的非周期性定理表明,要想严格地重复任何特定的经过理性设计的经济行动,其成功的概率很小,这对于经济学研究具有理论和方法论上的指导意义。从理论上讲,重复进行某种经过理性设计的经济行动,每次行动之间必然会存在各种差异,这并不是反常,相反,这恰恰是正常现象。更进一步,大脑皮质相互关联所产生的模糊性也表明,施加于任何一个行为人身上的外部压力,都可能产生新事物、改变问题的解决方法。福斯特、陈平和艾伦在他们的文章中讨论了经济活动过程中自行产生的正向反馈的作用,由于环境约束日益突出,正向反馈促进了新问题解决方案的不断出现,进而排除了该经济活动不断重复的可能性。从方法论的角度来看,模型的有效性测试不能依赖于传统的可重复性准则,而是必须允许不可重复性,将异质性和变化作为正常状态的衡量标准。

29 最后,目的性和意志构成了大多数经济条件下认知和行为的基本假设。19世纪后半叶的新古典经济学家接受了个人进行选择的自主权,并对其进行了详细说明,从而为经济学和社会哲学的发展做出了重大贡献。但是,由于他们没有认识到大脑皮质的相互联结给所有的人类表达形式——包括意识和经济自由的表达——施加的内部约束(而不是外部约束),所以这一重要发现并没有成为科学上的突破。近期生理感觉研究的经验证据表明,无意识的认知往往会在有意识的认知行为之前闪现。这就对传统的、认为理性和目的性决定个人行为的立场提出了挑战。

7 微观经济学:一般性层面和操作性层面

与任何有生命的存在一样,*理性经济人*是处于某个环境中的。图 1.3 中,外部行为(由大脑皮质结构形成的内部环境控制)和外部环境之间的循环关系是由表示相互作用的圆形回路描述的。环境提出问题,个人能够利用其问题解决机制加以应对。前面的讨论表明,人类拥有高度发达的认知系统,能够适应于复杂的问题情境。这是一个非同寻常的演化成果,但它并不是人类独有的。各种实验表明,其他灵长目动物在面对需要使用认知技巧来解决的问题时,也表现出了惊人的能力。很明显,它们天生就可以对所面临的问题做出恰当的自然反应来解决这些问题。这些灵长目动物甚至可以在群体内部传播行为模式,表现出某种形式的学习能力,例如,使用棍棒获取猎物或在海洋里清洗水果;但是,它们并没有从这种单个的规则应用的事例中形成文化或类似的东西。这些灵长目动物的"文化"是与生俱来的,而且是基本不变的。在类似的情境下,处于发育早期阶段的人类的婴孩也拥有类似的认知反应。显然,在这些问题解决的过程中,并没有涉及什么先前的学习经历,也没有涉及先前采取的规则。与*经济人*一样,这些解决问题的行为人是真正完美的。这些掌握了支配权的行为人拥有某种*原始认知*(original cognition)和*原始行为*(original behaviour)。

植根于文化的人类解决问题的行为就与之截然不同。人所依赖的问题解决机制,主要是由*后天获得的规则*(acquired rules)所构成的。个人要解决问题,就必须依赖于先前的创造和经过选择后所采取的各种恰当的规则。根据奥地利学派资本理论,问题的解决必须经过一个"认知迂回"(cognitive roundabout)

30 过程,而这一过程离不开规则投资。在这里,认清认知和行为的*一般性*(generic)层面与*操作性*(operant)层面之间的区别是非常重要的。一般性认知和一般性行为是指创造、有选择性地采用、适应和保留解决问题的规则。相应的,操作性认知和操作性行为则是与经济活动——生产、消费和交易——有关,是建立

在后天获得之规则的基础之上的。这种根本性的区别为经济现象的演化分析奠定了基础。这种区别存在于以下二者之间:

1. **一般性层面**——一般性认知和一般性行为;

2. **操作性层面**——操作性认识和操作性行为。

究其本质,演化经济学的研究是在一般性层面上进行的,它关注的是一般性认知和一般性行为的动态变化,以及与其共同演化、处于不断重构和变化之中的经济体。

在传统经济学中,涉及规则演化的模型的分析单元并不成为一个问题。个体行为人在一个由机会集、无差异曲线、等成本曲线和相对市场价格所构成的环境问题空间中运动,其给出的问题解决方案是建立在完美认知和完全信息基础之上的理性选择。个人一般会对某个情境做出反应,但是不会去主动改变初始的或继发的环境条件。行为人不是主动的;初始的和继发的环境条件一直是*外生的*。经济过程的轨迹有着明确的方向:它起始于环境的推动,遵循理性的反应发展。在这个行为模式中,个体参与者只是停留在*操作性*层面上。初始的规则机制是由理性假设决定的,而所面临的外部环境则是“其他条件不变”。至于如何解释控制经济行为的规则,在传统经济学中找不到任何的线索。

从现实的角度来讲,如果一个或多个行为人用其进取心和想象力造成了一种可供选择的事物——例如,生产出一种新的消费品或新的生产技术,并将其引入市场,演化模型就开始起作用了。这个过程有其自发性,也有其自身存在的原因。经济行为人在既定的环境中调节个体需求量和供给量,但同时,他们通过在环境中注入新元素来改变环境结构,从而推动一般性变化。在这里,经济过程的轨迹也有着非常明确的方向:它从*人的活动*开始,沿着各种*反应*向前发展,最后到达某种*亚稳定*状态。演化模型试图解释这条一般性演化轨迹的三个阶段。

31

第一个阶段可以被认为是一般性过程的*起源*。它指的是规则的创造——能产生新事物的创造力和想象力。这个一般性过程主要是在人的大脑皮质中完成。尽管企业的研发(R&D)部门会为人的设计能力提供物质支持,但知识的生产最终是在个人的大脑皮质中发生的。第二个阶段是指新规则的*采用*,这一阶段主要是在两个环境区域完成。其一是内部环境,在这里,个体行为人通过学习和适应过程采用某一规则。另一个环境区域是外部的,在那里,除了原来那位采用者外,还有其他个体作为潜在的或实际的采用者参与整个外部采用过程。第三个阶段是指*保留*。保留是指规则的稳定化以及反复使用已采用规则的能力。同样地,保留过程可以发生在单个人的大脑皮质中,也可以发生在包括许多个人的外部环境中。

因此,演化动力学的分析单元包括与个体的一般性过程相联系的微观轨迹,也包括与外部行为人环境中的规则变化相联系的巨观轨迹。我们可以将微观过程轨迹的各阶段所遵循的主要逻辑总结如下:

阶段1:规则的起源

微观的:探索,由创造力和想象力推动,最终形成新的规则。

阶段2:规则的采用

微观的:内部选择,在给定的一般性知识基础之上学习并采用规则。

阶段3:规则的保留

微观的:记忆,信息恢复和规则的反复激活在行为上表现为习惯和惯例。

多西、威特、纳尔逊和温特等人都研究了为了完成上述三阶段的各种一般性任务,经济行为人所需要具备的各种认知能力。多西等人所讨论的模型考虑了各种认知规则类型,例如启发式规则、框架性规则、精神系统规则以及复杂问题求解算法规则等等,他们在文章中指出,所有的一般性问题求解过程中都存在与生俱来的复杂性。利用运算理论,他们在"可以通过非指数次数的一般递归程序解决的问题与不能这样解决的问题之间"划了一条"分界线",并得出结论认为,"对于那些理论可以合理假设行为人'自然'掌握恰当的问题求解算法的问题,其复杂性是有上界的,但是,许多经济领域的……决策任务……却恰好不属于这一类型"。运算理论和复杂性理论抽掉了无所不知的经济人赖以存在的理论基础。

32

巨观轨迹出现在容纳了多个行为人的环境中。要了解微观轨迹和巨观轨迹之间错综复杂的关系,厘清"载体"、"信息"和"知识"等概念是大有裨益的。行为人被视为是*信息的载体*;这样被"承载"的所有信息被称为*知识*。信息这个概念与其语义特征相关——它是被用于概念性或感知性规则中的概念。寻找购买或出售柠檬的机会,或者购买更便宜的微电子设备,意味着要收集操作性信息,获取操作性知识。如前所述,演化经济学分析的是经济过程的一般性特征,因此也就需要*一般性信息*和*一般性知识*。

只要一般性信息跨越了微观单位的界限,扩展到了外部环境,微观轨迹也就成为了巨观轨迹。作为创新者,微观单位是规则的出口方;其他行为人是规则的进口方。从经济学的视角来看,可以交易的和不可交易的信息之间的区别是非常重要的。如果信息是可以交易的,产权转移的同时,信息就会跨越边界,这正是市场交易和资源交换的核心。

根据演化主义者的观点,相关的一般性信息所形成的领域在范围上比市场更为广泛。这个领域既包括一系列广泛的文化知识和语言规范,也包括艺术和科学产生的丰富知识,所有这些对经济增长和发展动态都有实质性的影响。本书中西尔弗贝里和维斯帕金的文章指出,从文化上被“深层次”地“具体化了的资本”是经济增长的引擎。纳尔逊则将“理解体”相邻的各个方面视为企业和行业中的技术与经济集团取得实践上的成功的根本原因。

信息跨越边界的理论解释对于掌握规则演化的逻辑是必不可少的。究其本质,规则的演化逻辑这个问题涉及一般性信息的编码以及与该过程相联系的更深层次的人的素质。行为人所承载的一般性知识可以充当确立编码和解码规则的工具。从规则采用的角度看,被创造出来的规则只有在能够被编码为信息的时候,才是可行的。相应地,一条潜在的可行规则能否现实化,取决于行为人解读该规则中所包含信息的能力。可行性约束不仅作用于规则的发明者,也作用于规则的遵循者。

另一个问题涉及所谓的规则伦理(rule ethics)。作为制造规则和采用规则的动物,人类在进化过程中不仅获得了认知能力,而且在处理规则问题时获得了“规范”能力。西蒙在其文章中指出,从生物学的角度看,人类倾向于毫不藏私地向大众提供规则,而且不要求任何的物质或非物质回报。他们天生就具有一种非互惠式的利他主义倾向。因此,在一般性层面上,可以说个人默默地对他们所处的经济环境之发展做出了重大贡献。“新制度经济学”的一些流派认为人的利他主义只是近视的、在操作层面上追求互惠的结果,西蒙对此观点持反对意见。

在微观单位一般性界线的另一侧,还必须有一批行为人会相信被传播的信息。在这里,我们会看到另外一种人类的倾向性。西蒙认为,经济行为人都具有“顺从”(docility)的特性,从而能够以无限的信任进行交流、采用规则。莫克尔认为,因果关系往往是很难被直接观察到的,因此我们在大多数情况下只是简单地相信他人的陈述,这与西蒙的观点可谓是一脉相承。将非互惠式的利他主义与顺从联系起来的正是信任。在这一背景的衬托下,很多为我们所珍视的经济学概念或假设都会呈现出一种新面貌。西蒙因此强调,只有在与非互惠式的利他主义与顺从这些概念联系起来使用的时候,他所提出的开创性概念“有限理性”才有意义。

8　企业的演化理论

新古典经济学的微观分析单位是经济人。我们已经将这个概念与理性经济人进行了对比,并在工具实用主义的基础上从方法论的角度论证了理性人概念的有效性。然而,对现实主义的追求并不因为理性经济人假设的提出而终止。理性经济人这个理论架构,并不是指微观单位本身,而是经济分析的一个基本单位。在经济现实中,微观单位可以是一个单个的个人,这是新古典经济学中的假设。但是,在很多情况下,微观单位也可能是一个社会组织实体(socially organized entity):生产单位可以是一个由社会组织起来的生产单位,企业(firm);消费单位可以是一个由社会组织起来的消费单位,家庭(household)。

新古典经济学模型的确探讨了企业和家庭,但是其理论假设是所有的个人和由社会所组织的实体都是相同的。该模型认为,大脑皮质和社会组织以同质的方式控制微观经济行为;从行为的理性过程、决定变量和结果来看,人的大脑皮质和社会主体是没有实质差异的。

微观经济学的基本观点可以通过以下两种研究战略得到。一种是所谓的黑箱(black box)战略,即认为所有的微观单位都是以最大化为目标的行为人,并不考虑黑箱里面的各种操作层面上的决定因素。在求解最大化问题的时候,研究者会将不等式转化为等式,建立一个数学方程,在个人方程的左边和社会组织实体方程的右边分别乘以黑箱的零值。这种计算过程在数学上是说不通的,在经济学中也是毫无意义的。

第二种研究战略——引用本书中温特所著文章的观点——更为复杂,而其最终所归纳出来的微观经济观点仍然缺乏经验上的意义。这种研究战略的最终结果是将生产性知识简化为可以用数字度量的物理存在。温特讨论了线性行为分析的例子。这种分析方法将各种包括人的因素在内的"行事方式"转化为一系列"基本行为",而这些基本行为可以用技术系数向量来表示。在这个模型中,每一个生产要素都可以根据意愿按比例增加或减少,其结果也是可加的;生产要素之间的关系可以用某种物理模式来描述,而这种模式也可以通过按比例改变各要素的系数而改变。这些关系由计划来进行协调,但是,正如温特所说的那样,在这个模型中,"将各种可行的计划简单地加总所形成的计划本身也是可行的"。陈平在他的研究中提到了大卫·李嘉图关于现金加倍的思维实验(Gedankenexperiment),这一实验将相同的可加性逻辑运用到了宏观经济学领域。生产要素中所包含的人类知识的本质被视为一台机器,而协调各要素的任务被认为是由一台超级机器完成的,超级机器的运作又是由一些聪明的引擎——或者说,新古典经济学家——来策划和指挥的。

如果遵循演化论的思路,我们可以将企业视为一个生产性的社会组织单位(productive socially organized unit)。如梅特卡夫所言,企业就是一个"组织和技术的合成体","组织"在这里是与人类行为相联系的,而人类行为"被定义为一套共同组成知识基础的惯例"。从结构上讲,企业展现出了小规模的知识分工和劳动分工的特点。企业的组成部分是个人或由个人组成的群体,他们都是生产性知识的载体。更一般地说,企业就是由一系列从事特定任务的组成部分之间的关系所构成的域(domain)。单个的组成部分必须满足两个基本的功能要求。它必须具备适合完成特定的生产性任务的特定知识,而且它还必须能够将自己的工作与其他部分联系起来。 35

特定任务的执行与*效率*这个概念紧密相关。正如西尔弗贝里和维斯帕金、梅特卡夫、大卫和温特等人的文章中所述,规模经济和资本深化都可以带来效率的提高。无论是要达成何种层次的效率目标,生产单位的行为必须与其他单位的行为恰当地结合起来。这就涉及前面讨论过的*功效*问题。在市场上,是价格机制在引导互补性要素进行有效合理的配置。那么,在企业内部,又是什么机制在进行分工协调呢?特别的,企业内部是在协调什么?另外,能否举出一些协调机制的详细的例子呢?一方面,可以认为协调的过程涉及资源。在生产地A,资源被进行了某种形式的转化,随后又被运送到生产地B进行进一步转化,如此生产出一系列部分转化形式,直至形成最终结果。形成各生产组成部分之间的联系的工具是移动能力(locomotion)。从生产线这个具体例子中,我们可以抓住"移动性关系"的范式本质。在资源层面,信息以技术系数的形式进入,而其中的协调就类似于"管理"这些资源的艺术。传统的"工商管理"这个术语与前述物理主义者的观点非常类似。

如果生产行为涉及了人,那么各个生产组成部分之间的关系就不会是前述的机械论式的。生产关系是通过交流(communication)发生的。一种生产关系中所涉及的行为人交换信息,这些信息按照某些规则进行编码和解码,而这些规则的基本特点则决定了关系的功效。本书中纳尔逊的文章强调了企业中各"集团"(communities)的相关性,并对生产关系中扮演重要角色的"技术集团"和"经济集团"进行了区分。各团体都各自遵循自己的相关规则,这些规则又被进一步具体化,并分属于"*理解体*"(body of understanding)和"*实践体*"(body of practice)。企业内部人之间的生产关系是由合作过程来调节的,西蒙探讨了非互惠式利他主义和顺从在这种合作过程中的作用。本书收录的威特的文章谈到了"企业成员之间的认知一致性",并认为企业的组织"通常会形成一个互相之间紧密影响的集体",这一集体的成员"可能会遵守某种共同的行为准则,例如行为的社会共享模式"。

因此,有形资源的协调和人类行为的协调是迥然相异的。就有形资源而言,计划付诸实施的基本原理可能就与全自动生产线或传送带所依靠的协调装置之原理相似。如果涉及各个不同的生产单位之间的信息交换,此时要进行的协调——若要切实可行,就更为复杂和精细。管理层,或者更一般地,中央权力机构,可以确定一套有关交流途径和交流规则的计划,并明确其迫切要得到的东西,或者说目标或"成功函数",但它往往缺乏协调各种生产行为所需的细节 36

信息。正如温特所指出的那样,这种信息是一种"分散的知识;也就是说,具有相同功能的知识单位的互为补充的不同部分,而这些不同的部分为多个个体拥有,并通过协同配合的方式来使用——协调本书也是知识的一个关键方面"。

旧的产业范式在20世纪前半叶曾盛极一时,但是近几十年来却一直在加速枯萎,加之新的信息技术和通信技术的重大进步不断出现,建立一种新的产业范式可谓是恰逢其时。如果我们认识到了这一点,并且希望生产理论和微观经济学能够有坚实的经验基础,那么,建立企业的演化理论可以说是势在必行的。西蒙和多西等人在他们的论文中对作为新古典经济学之特征的被错放的"强有力的经验假设"提出了反对意见,并指出,经济学的重构需要重新考虑其基本的认知假设和行为假设。

企业的生产知识基础涉及一个连续的过程。知识必须是被创造、被选择性地采用、被学习、被适应并且被保留下来,以便能够在经济活动中被重复使用的。在前一节,我们已经概括介绍了理性经济人的一般性轨迹。这一轨迹选择可以进一步地拓展应用到企业中来:在这里,是企业的知识在不断演化。不同生产单位的知识在增长,它们相互联系并有效协调其行为的能力在不断增长。顺此思路,温特指出,只要是想把知识限定在某一个单独的大脑范围之内,就有可能错误地描述企业知识的本质。

企业知识演化轨迹的第一个阶段是探索经济机会或寻找有利可图的行为路径。企业家或管理层通过仔细观察企业内部情况,可以探索能够带来并最终发起组织变化的机会(威特)。建立在技术"理解体"基础之上的技术创造能力来自于企业的研发部门,但是技术创新活动是与"经济集团"联系在一起的,经济集团使用自己的选择标准来筛选技术上可行的项目,确定生产结果能够经受特定市场环境压力的可能性(纳尔逊)。在探索阶段,市场往往会面临"模糊前沿"(hazy frontiers)(温特),其决策和生产活动面临着巨大的不确定性。前述的人脑中神经元的相互联结所产生的"模糊性",常常就是环境模糊性的根源。

37

第二阶段涉及选择性知识采用的社会过程。多西等人指出,所有的认知范畴最终都"植根于行为人的集体经验以及行为人所处制度的历史"。他们讨论了各种可以从概念上描述企业演化理论的学习的认知和行为模型,并提出应该建立一种"统一方法",将认知经济学和行为经济学结合起来。多西等人和纳尔逊在他们的文章中描述了个人或集团在企业边界之内行为或面对选择性外部环境的挑战时是如何使用各种不同的选择标准的。大卫讨论了在经济背景下(例如在企业内部)路径依赖在选择性规则采用和学习过程中所扮演的角色。威特从整体的角度出发,强调了在一个为了改善X-低效率问题而需要积累各种相关知识的环境中,企业家在汇集生产性社会知识和赢得"认知领导能力"的过程中所起的重要作用。

企业知识轨迹的第三阶段是指知识基础的稳定和保留。在使用过程中,规则被记忆下来并且被重复使用。我们将那些稳定的并被保留下来以便被重复使用的规则称为“惯例”(routines)。个人所遵循的惯例可以与“习惯”这个概念联系起来。霍奇森在他的文章中讨论了制度经济学创始人凡勃伦的理论中习惯的作用。循着纳尔逊和温特这些先锋的传统,我们可以认为,社会组织单位的惯例,与企业惯例一样,是“组织惯例”的典型范例。个人惯例是在个人大脑皮质中实现稳定,并作为个人认知和行为模式被保留下来的。组织惯例则代表着以社会方式组织起来的、共同稳定并共同被保留下来的、个人的惯例或习惯的复合体。

在前文的叙述中,我们描述了企业内部知识和劳动的动态分工与协调,但并没有确定企业的边界。这些边界往往是由技术可行性标准来决定的。例如,为了将汽车的各种互为补充的零部件组装起来,汽车行业的生产线必须有一个特定的规模和一个特定的范围。不过,虽然卖半辆车是很困难的,但是,频频发生的外包却表明,技术标准并不是唯一的或最重要的决定因素,而其决定企业边界的情形也可能会日益减少。这意味着有很多因素都会在不同程度上、以不同的方式来决定企业的边界。

38

持续做出经济决策是企业的日常事务。例如,它可能决定在内部实施某项生产活动生产某一产品,也可能决定在市场上购买同样的产品。在操作层面上,可以用交易作为标准的分析单位,我们也可以进一步区分内部交易和外部交易。交易成本经济学所讨论的(有限)理性交易选择的结果会以一种明确的(随机的)方式决定企业的操作性边界(operant boundaries)。更进一步来看,在操作层面上,企业可以被视为“契约的组合”(nexus of contracts)。管理层进行经营决策,并在契约安排的基础上在企业内部、企业与消费者之间、企业与其供应者之间协调资源交易。是契约安排让管理层拥有了支配企业所雇用的行为人的认知和行为活动的权力。出于现实主义的考虑,我们假定个人行为人的忠诚度是有限的,其诚实程度也是有限的。因此,需要通过一套以激励和约束为手段的监督机制来为资源协调机制提供有益补充。经营治理结构(operant governance)的目标就在于将资源协调的需求与随后的生产社会行为协调统一起来。如果有一套有限理性的治理结构,就可以实现企业资源的次优(有约束条件的最优)协调。在所谓的新制度经济学中,被定义为交易和契约核心的企业被作为分析的基本单位,这与被普遍接受的部分均衡和一般均衡的新古典模型十分契合。从方法论的角度来看,企业的“有界性”是毫无意义的,但是其理论核心仍然具有一般的法则学上的意义,如果经济学的“微观基础”大讨论得以复兴,演化经济学的近邻均衡经济学就可能借助这个“新的制度单位”实现其进一步发展。

企业的持续经营是以其知识基础为根本的。它不仅要在操作层面上实现效率和有效性目标,而且在一般性层面上也是如此。如果治理结构将注意力集中在操作层面上,而忽视了一般层面的需求,那就迟早会杀掉下金蛋的鹅。为了在中长期内生存,企业需要有一般性治理结构(generic governance)。这种治理结构的目标就是控制一般性知识基础,关注企业的社会生产知识的创造、学习和持续的采用与稳定。协调是一般性治理结构的一个重要方面,但是,与传统的企业理论不同,在企业的演化理论中,协调是一个非常多变的过程,它是沿着前文述及的一般性知识轨迹运动的。一般性治理结构的建设需要企业家或管理层具备威特所说的“企业家的远见”。威特指出,企业家或管理层所引进的组织变化的类型对企业生产绩效的改善起着决定性的作用,而组织变化,包括从企业家控制的治理结构向管理层控制的治理结构的转变,可以被当做一般性层面上发生的变化。

39

在企业内部,知识是在复杂的、社会性的、高度结构化的网络(structured networks)中进行协调的。协调一般性知识的规划要取得成功,取决于是否能够正确地看出知识的非正式的、暗含的特征。温特和多西等人讨论了企业一般性知识基础的各种无形的、非正式的、暗含的性质。知识控制所面临的主要问题——除了企业内部的协调之外——就是如何将知识保留在企业的边界以内。知识在知识网络中被创造、被交换、被保留,而这种网络往往会超越企业的法律或经营边界。也正因为如此,一般性治理结构就是要评估移动和控制企业关于内部与外部整个知识基础的一般性边界的收获和损失。企业的一般性边界可能是模糊的,也可能是在不断移动的。当代的企业家和经理人已经充分地认识到了这个现象,也因此清楚地认识到了多个企业跨越单个企业的经营边界、进行知识合作的合理性。知识的动态本质所促成的这些理论上的发展正日渐为演化经济学者所接受,并促使一系列领域内的研究不断增加,例如对工业园区、区域知识集聚、区域学习、企业间行业组织、技术或地区中心、国家创新体系、弱联系或强联系网络、Linux或其他开源技术的支持团体等问题的研究。

这种类型的研究既不是微观的也不是宏观的,而是介于二者之间,往往被称为是中观的(meso)。由于复杂知识结构的控制、收益和要求权边界往往是模糊且处于移动中的,“中观”这个术语很适合用来描述对这类结构的分析。在已有文献中,“中观”这个词被以多种方式使用,其内涵的丰富性和模糊性正反应了其所针对的现实的本质特征。在下一节中,用于操作层面的分析时,我们将赋予这个词更一般的含义;此外,在进行理论分析时,我们也会更准确地定义

40

“中观”这个术语。

9　桥接微观与宏观:中观经济学

传统经济学是通过加总的方式将微观和宏观联系在一起。通过标准价格这种标量,可以将各种异质性商品的数量乃至其价值相加求和。只是,在这个加总的过程中产生了很多难题,科学界也达成了某种共识,认为这些努力都未能以令人满意的方式实现从微观到宏观的转换。所有试图从个人消费行为得出总需求的努力都饱受不可能定理的困扰,类似的,试图从个体企业行为得出总产出的努力也因为产出函数的数学属性所导致的各种难题而屡屡受挫。因此,无论是在货币层面,还是在真实经济层面,要如何实现理论综合,都还是悬而未决的问题。本书所收录的陈平的文章讨论了“理性预期”以及代表了当前“新古典宏观经济学”货币主义者的有关方法的一些本体论上的谬误。从演化论的角度看,加总过程的主要问题是在于结构的崩溃(collapse of structure)。如果我们看到一块金子,就可以依靠想象力为其找到无数种用途。依靠传统宏观经济学的经济学家制定了各种标准来分解经济的“整块金子”。统计上的便利和政策导向的临时性理论方针激发了他们制定这些标准的想象力。事后在总量上施加结构的做法,与传统宏观经济学的基本原理是一致的,因此也是可能的。

演化经济学家试图以一种新的方式来定义微观单位,以使得加总成为可能,同时又不需要在使用这一概念时排除结构因素,从而避免损及其理论。假定双重性(演化本体论的公理 1)成立,所有的真实现象都代表着某一特性以物质-能量的形式现实化。将本体论的双重性前提应用于微观经济学,就意味着一个微观经济单位代表着一种特性的现实化,因此,它在理论分析中也可以被认为是规则的“载体”。这个本体论前提给经济理论的构建过程施加了诸多限制。根据这个前提,如果行为人只是由一个单独的操作规则构成的,而且与其他行为人相分离、不能促进经济变化,那么,就不能以其为分析单位来构造微观理论。“特性”的实体化为模型注入了多样性和变化。现在,一个单独的个人不再是由一条单独的、不变的规则来控制了;它可以从一系列效率和功效各不相同的规则中选用。每一项规则——和特性一样——都是独特的,这也就产生了某一特定时期内和时间推移过程中规则的多样性。无论身处何时、也无论身在何处,经济人都是相同的普通的单一规则的载体。正如梅特卡夫所指出的那样,出于现实主义的考虑,传统的分类学研究计划舍弃了真实的行为人的个性特征,将不同的个人简化为处于静态平均水平上的“代表性行为人”。 41

双重性规则使得规则的多重现实化成为可能。每一项规则与其多重的现实表现一道被称为*中观单位*(meso-unit)。微观单位就是实现中观单位的规则的单独的载体,它是采取同一中观规则的所有行为人组成的*群体*中的一员。

图 1.4 给出了一个概括性的分类系统,在行的方向上列出了各种规则和载体的类型,在列的方向上则是微观、中观和宏观三个领域。建立在某一特性基础上的规则可以被一个单独的载体所采用。微观单位 g_j^i 可以被视为一个采取了规则 g_j 的单独的载体 a_i。这个微观单位也可以被视为一个表型 $a_i = a_i(g_j^i)$。称其为“表型”,意味着如果处于不同环境中的载体采用了规则 g_j,这项规则就会以不同的形式现实化。

领　域 \ 一般类型	规则“深层”	载体“表层”
微　观	规则 g_j^i	$a_i = a_i(g_j^i)$
中　观	规则库种群 g_j, 而 $g_j^i \in g_j : g_j(g_j^1,\quad ,g_j^n)$	群体 $a^* = a^*(g_j)$
宏　观	多个规则库 $g_1, \cdots, g_k$	多个群体 $a_1^*, \cdots, a_k^*$

图 1.4　各种领域中的规则和载体

中观领域是由一个*规则库*(rule pool)g_j构成的。至于中观规则是否是同质的,或者同一个规则库中的不同规则是否属于相同的类型——即其基本内容是否相同,都是经验问题。在生物学中,相关的经验证据促使研究者采用了基因库这个概念。在文化的演化过程中,我们可以认为规则是独特的,并以某种独特的、完美的形式自我实现。

42

那么,某种特定类型中的某一规则不具有多样性这一点,是否就排除了进行选择的可能呢?将出于*效率*不同所进行的选择与出于*功效*不同所进行的选择区分开来,对解决这个问题是颇有帮助的。前者假定同一个规则库的成员所采用的规则具有多样性,选择所依赖的前提是各种规则的效率不同。相反,基于功效的选择不要求效率的差异。变量 A 必须适合于环境中高度组织化的互补状态,如果 A 没有被采用,那么与其互补的 B 也就不会被挑选出来。只有符合 A 跟 B 共同变化所依赖的条件时,这两个变量才会被选择。此外,基于功效的选择也不需要群体的存在。它总是在起作用的,只不过在现实中,大多数情况下所针对的都不是一个单个的变量。

在很多情况下,文化规则可以解释同一种属中的多样性;而这也适用于常常以不同形态呈现的技术规则和社会规则。从(本体论)逻辑上来看,要把单个规则和规则库区分开来是极度困难的,因为这等于是要把不同特性区分开来。特性之间是有“距离”的,但是用来测度这种距离的工具却是定性的。所以,要设计一套标准来确定什么是“大”规则、什么是“小”规则——例如,大的技术发明和小的技术发明有什么区别——就必须要拥有天才的方法创新能力。要区分技术改良和革命性的技术发明,正是需要这种区分标准。有些时候,我们可能会把技术或其他规则的发明给发展带来的影响作为区分的基础。西尔弗贝里和维斯帕金、纳尔逊、艾伦、大卫和莫克尔等人的文章中所提及的不同流派的技术和创新研究正是在研究区分标准这个概念性问题。一般而言,中观规则 $g_j:g_j(g_j^1,\cdots,g_j^n)$ 是由载体群体来实现的。这些载体是目前采取某一规则的群体的成员。

宏观领域是由许多规则库 $g_1,\cdots,g_k$ 构成的,其结构安排取决于各规则库的互补性功能及其对应的群体 $a_1^*,\cdots,a_k^*$。在下一节中,我们将会回来讨论宏观经济结构的静态与动态的“深层”和“表层”。

上述的分类系统是由分析性术语构建的。“规则”这个概念可以在理论上加以明确说明——例如,在生物学中,可以是指基因,在经济学中,可以是指技术、认知和行为规则。由于“规则”这个概念是有本体论上的充足根据的,我们也可以使用一些类比,例如“经济基因”。不过,在理论层面上,生物学和经济学之间还是存在显著差异的。一个主要的区别就是,生物规则与整个生物体有关,而经济或文化规则是可以被分割开来的,并不一定涉及整个主体。在演化生物学中,“继承物”(heritage)意味着要对整个生物体进行完全的复制,如果只是采用一部分的单个基因,就不可能实现规则的传递。如果同时涉及两种方式的规则传递,达尔文主义的变化—选择—保留系统就可以作为一套通用的标准。本书所建议的起源—采用—保留系统是为经济学理论研究量身定做的概念框架。至于这个概念系统是否可以用来同时描述生物与非生物的演化动态体系的一般特征,还需要其他理论学科的研究者做出进一步的评估。目前这方面的分析并不坚持其理论框架在不同学科中的可推广性。沿着这一思路,我们的试金石就是采用这个概念;这个概念是否还有进一步的一般性用途,取决于有益于持续采用这个概念的一般化信息理论的未来发展。

43

中观轨迹与微观轨迹具有相同的分析轮廓,但是其所包含的现实化的多重性,意味着中观轨迹将延伸到巨观领域。“巨观”这个词一定不能够和“宏观”混淆起来;“微观”是指一次实现,而“巨观”则是多次实现。微观经济学和宏观经济学都会使用这两个分析术语。

中观轨迹的第一阶段是规则的起源(origination)。微观分析将研究的焦点引到了决定因素或者说规则的创造上,例如创造力、想象力、试错行为和研发行为等等。在中观分析中,所关注的重点是首次采用(primacy of adoption),这也是第一阶段的基本方面。规则的首次创造是与发明相联系的,而规则的首次采用则是与创新相联系的。这些代表着规则起源这枚硬币的两面。这里有一个重要的问题,即规则如何跨越边界,从发明者到达创新者。在认知学中,这种跨越是指从个人的大脑传到社会背景中去。更进一步讲,这种跨越是从一个社会组织单位——比如说,企业——传到该单位所处的社会背景或环境中去。规则的创造者不一定是规则的首位采取者。事实上,企业内的人所具有的知识很少转化为直接的个体的采用行为。类似的,企业可以出售专利,并不一定要——也常常不会——在自己的生产场所采用新的知识。

第二阶段是巨观规则采用。巨观采用(macroscopic adoption)的原型是复制者(replicator)模型。梅特卡夫、陈平、西尔弗贝里和 Verspangen 等人在他们的文章中讨论了 Lotka-Volterra 类型以及复制者模型的显著特征。陈平和福斯特引用不同形式的 logistic 曲线,讨论了巨观采用过程的统计特征。

44

中观模型往往被构建为涉及两个或两个以上规则的巨观采用路径。正如纳尔逊和梅特卡夫所指出的那样,多样性是选择过程的根本。梅特卡夫指出,“很明显,各成员必须具有某些共同特征,但是它们也必须具有差异性,否则选择就是不可能的。演化中的群体一定不是由相同的实体构成的。”

与一大类经济现象相关的选择的动态过程可以用路径依赖模型来描述。大卫所说的“路径依赖”是指“整个过程是非遍历性的(non-ergodic):拥有这种特性的动态系统不能摆脱过去发生的事件的影响,因此其渐近分布……是其自身历史的函数”。某一个单个的决策者是否会采取某一规则的概率是独立的,而这一概率将会在其所处群体的巨观采用频率变化过程中发生变化。当前的决策取决于过去的巨观层面的决策积累,决策一旦形成,又会影响未来的中观轨迹。正如大卫所说,在很多情况下,“一些随机的小事件,特别是那些在早期发生的事件,很可能会成为影响系统在一系列稳定状态或‘吸引极’中进行‘选择’的重要因素”。与此类似,艾伦和莫克尔在他们的文章中也指出了正面反馈对巨观采用动态过程的重要影响。

巨观轨迹的第三阶段涉及采用过程的衰竭。采用频率达到了最大值,这可以由 logistic 曲线的上确界描述。第三阶段描述的是稳定化了的、并被保留下来的集体认知、知识或行为。反复出现的巨观采用模式可以与制度(institution)的概念联系起来。我们在讨论组织惯例的时候,已经提到过制度行为。“组织”这个术语指的是被采用规则的语义方面的信息;“惯例”则是指规则的采用频率已经暂时稳定下来,而规则也在被重复使用。一般而言,“制度”这个词将其用途或应用背景的语义层面与其采用频率结合在了一起。纳尔逊-温特惯例就是指企业在经营中重复使用的生产规则,其使用频率处于亚稳定状态。

中观领域的动态过程并不因达到第三阶段而终止。事实上,支持系统的稳定状态的因素是新一轮动态过程的开始。规则——例如,一项技术——的采用频率的增加或达到最大值,不仅会使决策产生偏差,妨碍规模扩大所带来的收益的增加,而且使个体规则采用者所处环境中的机会与利润趋向于枯竭。因此,规则采用频率到达最大值的系统是不稳定的,普里高津和陈平在他们的文章中指出,这种系统是亚稳定的。陈平用 logistic 模型,在边际利润率趋近于零的条件下将价格竞争和市场份额整合在了一起,从而将传统的均衡和"生物学"的市场份额相对频率法结合了起来。约翰·福斯特采取了同样的思路,他解释说,"如果一个系统进入了 logistic 过程的饱和阶段,其进入不稳定状态或发生非连续的结构转换的可能性就会增加"。如果充满了有意思的谜团和发现的机会的池塘即将干涸,有创造能力的头脑所承受的认知压力就会增加;同样的道理,如果市场机会和利润率下降,企业家的不安也会增加。资本主义天生就是不会放松的,梅特卡夫无疑会支持这一论断。

45

微观与巨观采用过程之间的相互影响描绘了一个具有标度和范围两个维度的中观轨迹。总体的发展动态可以由复制者模型、轨迹的三阶段和描述性的 logistic 曲线来概括。在图 1.5 中,横轴反映的是中观采用过程的时间维度。在 t_1时刻,采用频率为 x_1,在 t_2时刻,频率为 x_2,其中 x 代表载体,如载体 a、载体 b 等,下脚标是在时间标度上的时刻 t_j所实现的中观轨迹三阶段中的某一阶段的序号,与群体的规则采用频率相关。这里所说的采用过程可以是新技术的引进,也可以是从市场中引入新的消费品,也可以是采用一项新的制度性规章。载体——例如,企业 a_1——在 t_1 首次采用了中观体系规则,中观轨迹由此起源。行为人 b_1 和 c_1 随后也采取了这一规则。就每个规则采取者而言,我们可以看到,从载体最初采取该规则到巨观范围内全部采用该规则所经过的时间是各不相同的。载体 b 在第一阶段采取该规则的时候,载体 a 已经处于第二阶段。由此,我们可以用阶段差异,即第一阶段/第二阶段来定义 t_2时刻的巨观采用过程的时间结构。每一个载体都有其自己的历史,而在某一个特定时间,巨观采用过程都有其特定的采用"深度"。巨观标度也因此具有了某种"范围"上的含义。范围涉及微观采用的全部 3 个阶段,如图 1.5 中阴影区域所示。可以看到,在巨观采用过程的时刻 t_3,载体 c 处于第一阶段,b 处于第二阶段,而 a 则处于第三阶段。t_3时刻的范围结构与此前及此后的皆不相同;用历史的眼光来看,此时的采用范围与过去和未来都存在差异。如果巨观采用过程具有这种动态结构、反应行为和正向反馈特征,其历史真实性(historicity)就是不言而喻的。大卫、莫克尔和福斯特在他们的文章中以不同的方法强调了经济过程——包括

46

看似简单的扩散和采用过程——中固有的历史真实性。

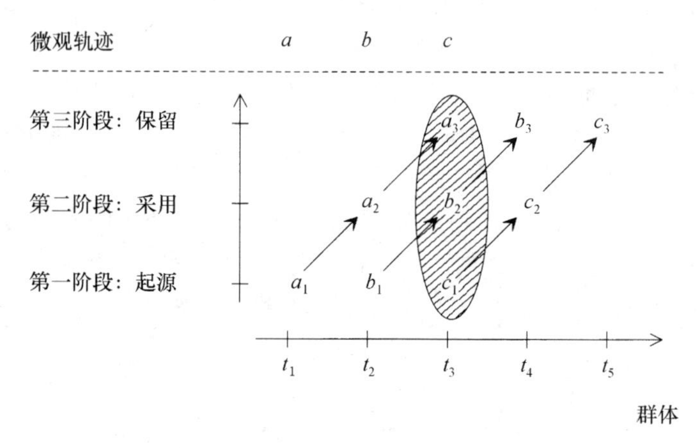

图 1.5　由微观轨迹构成的中观轨迹:时间标度和时间范围

将标度和范围整合在一起的中观轨迹模型为威特把个体论与系统论的方法结合起来、构建一套完整的企业演化理论奠定了概念性基础。通过在中观采用过程中引入各种内部或外部因素,我们可以通过多种方法对这一整合模型进行修正。从内部来看,可以对行为人的学习过程提出各种假设。多西等人引入了一系列模型,对包含了行为人学习过程及不包含行为人学习过程的巨观采用进行了区分,强调了群体层面的学习与个体层面的学习之间的差别。与个体模型相比,群体模型对进行学习过程的行为人的认识和行为特征的假设之"深度"不同。群体模型不再是建立在理性贝叶斯决策者的假设之上,而是假定行为人具有想象力、对未来持开放态度、有限理性、在适应性上各有不同。从外部来看,福斯特将 b 和 K 设为其他变量的函数,丰富了 logistic 曲线,进而使得我们能够为扩散系数和决定容量限制之因素的非常数性提供内生解释。福斯特的模型因此与协同模型(synergy model)密切相关。哈肯在他的文章中对协同模型进行了讨论。

47

如果将一般性的轨迹阶段动态过程(dynamic of the trajectory phases)应用到中观领域,那么仍然可以将之总结为:

阶段 1:规则的起源

中观的:首次采用,决定创新,载体对规则的首次采用成为新的规则群体之基础。

阶段 2:规则的采用

中观的:群体内的巨观采用,复制,环境选择,路径依赖,群体学习。

阶段3:规则的保留

中观的:采用过程衰竭,群体内的巨观保留及规则的稳定化,被采取的规则成为制度——例如,企业的组织惯例。

由规则、一群采用者及各自的中观轨迹所定义的中观体系(meso-regime),是宏观经济学的要素(component of macroeconomics)。它替代了传统经济学中由个体单位和总合单位——例如总消费和总产出——所构成的分析要素。作为宏观经济学的要素,中观单位可以很自然地被组合起来,并用各种不同方式加以改进。然而,无论是要构造何种理论变量,都必须同时考虑规则的概念上——即语义上的(semantic)——的性质,也要考虑其定量的一方面,即规则采用的统计频率(statistical adoption frequency)。演化宏观经济学是对经济的深层结构和表层结构进行整体分析。下面的分析将会对这一点进行明确的解释。

10 演化宏观经济学

相互联系的规则和相互联结的群体如果呈现出某种结构特征,就可以被看做是宏观领域。规则的每一个要素都是宏观结构的一种特性,也代表其语义上的一方面。宏观结构中互为补充的各种关系所遵从的逻辑可以用互相联系的规则来描述。规则作为特性,是无形的,我们可以将互相联系的规则的无形结构称为经济体系的"深层结构"(deep structure),它体现了经济结构的定性特征。经济体系的另一个层面涉及相互联结的规则载体群体的结构。这些有形的行为人的集合是可以从经验上被观测的,也是可以用统计方法来描述的。我们将这种经济体系的有形宏观结构称为其"表层结构"(surface structure),它具有定量特征,可以用规则采用群体的相对频率来从统计上加以度量。总结起来,我们有

1. 深层结构:无形的相互联系的规则;

48

2. 表层结构:有形的相互联结的群体。

应该注意到,表层结构和深层结构都是在经济体系的一般性层面上讲的,这一层面区别于操作性层面。经济活动是在不断演化的一般性层面的基础上进行的。因此,演化宏观经济学的焦点是系统如何变化,而不是系统如何运作。

宏观领域的结构确定了一种特定的互补性关系的过程状态。如果所有的互补性关系构成了一个完整的体系,我们就称这个结构是协调的(coordinated)。协调的动态过程可以用前面介绍过的一般性轨迹的三个阶段来描述。伴随着规则的起源,会形成一种新的结构性关系。在第一阶段,新的规则打乱了此前已经彼此协调的各种关系,构成了结构性不协调的潜在根源。在第二阶段,群

体采用了新的规则,开始了一个连续地打破旧有结构性关系的过程。然而,这个不协调的过程,却是与连续的再协调过程平行进行的。由于行为人采用了新的规则,新的结构性关系得以确立。第二个宏观阶段的过程是一个趋向于第三阶段的再协调的过程。尽管我们强调整个过程中不协调的一面,但是,演化方法的一个重要特性就是只有生存者才令人感兴趣。我们的分析注重于被选定的结构要素和被选定的结构性关系的动态变化。在第三个宏观阶段,再协调的过程得以完成,新的结构是协调的;也就是说,互相协调的被采用的各种规则被保留了下来,并处于亚稳定状态。

我们也可以将宏观领域内轨迹变化的阶段总结如下:

阶段1:规则的起源

宏观的:不协调。

阶段2:规则的采用

宏观的:再协调。

阶段3:规则的保留

宏观的:协调。

协调的动态过程既会发生在深层结构中,也会发生在表层结构中。深层协调涉及规则的概念性内涵,它构成了相关的、或者更狭义的(用"gene"这个术语)、一般性的协调(generic coordination)。表层结构的协调与规则载体之间的联结有关。表层协调描述的是群体之间或者相关群体采用频率之间的相互联结关系。我们将此称为联结协调(connective coordination)。

49

协调过程的三个阶段与各种一般协调和联结协调体系相对应。第三阶段可以作为协调充足(coordination adequacy)或协调失灵(coordination failure)的判断标准。一般性协调保证了经济运作的宏观功效。"一般性缺口"(generic gap)会导致一般性协调失灵。若必要的互补性存在小的一般性缺口,可能会对经济运行结果,特别是生产经营结果造成重大的影响。联结协调所针对的是相对采用频率之间的联结,"联结性缺口"(connectivity gap)会引致联结协调失灵。一般性协调失灵意味着,为了弥补一般性缺口,必须引入新的技术或其他规则;而要矫正联结协调失灵,则需要调整相对规则采用频率的定量指标。

经济体系内的数量变化可以被定义为巨观结构性相对规则采用频率的变化。互相联结的规则采用频率的增加,会导致系统的一般性容量(capacity)的增加。如果系统的联结性表层结构发生了变化,就可能出现各种规模经济。相应的,如果系统面临协调的、正面的规模经济,采用频率的变化会导致效率的增加;如果规模发展并不协调,则会导致功效的损失以及效率的下降。

假定一般性协调水平既定,协调充足和协调失灵都可能在操作性层面上发生。给定投资或技术水平,可以在不同规模条件下运用产能。如果各种进行中的经济活动可资利用的能力之间缺乏互补性,就会导致操作层面上的协调失灵。操作层面上的协调失灵可以被看做是新古典理论中所描述的市场失灵。

演化宏观经济学(可能会影响政策)可以被设计用来区分三种类型的协调失灵:

1. 一般性协调失灵

一般性联系之间不相称,缺乏规则之间的互补性。

2. 联结性协调失灵

相对规则采用频率之间的联结不相称,缺乏规则采用中的调节。

3. 操作性协调失灵

进行中的各种经济活动的相对规模不相称,缺乏能力调节。

经济的宏观结构是由中观要素组成的,而中观要素又是由微观要素构成的。因此,可以从不同深度的分析层次来研究宏观结构,根据我们要研究的理论问题,可以从理论上在一个或多个分析层次上进行探索。对经济宏观结构之动态发展的全面理论解析涉及全部的三个层次,首先从微观层次的探索和规则创造开始,其次是中观层次的群体内的规则采用,最后是宏观层次上的特定稳定结构的不协调问题。这样,我们可以透过各种过程的复杂性找到理论的焦点。将微观、中观和宏观层次与轨迹三阶段整合在一起的宏观经济学分析参考框架可以总结如下: 50

阶段1:规则的起源

微观的:创造性的探索产生了创新性的规则;

中观的:群体中的首次采用;

宏观的:宏观结构的不协调。

阶段2:规则的采用

微观的:基于个体或社会组织的知识基础,个体采用、学习并适应规则;

中观的:群体对规则的采用、选择和路径依赖;

宏观的:宏观结构的再协调。

阶段3:规则的保留

微观的:神经-认知方面的处理,在行为上表现为习惯和惯例;

中观的:规则在群体内的保留和稳定化,规则成为制度——例如,组织惯例;

宏观的:宏观机构的协调。

上述的分析框架正是前文所讨论过的各种局部领域理论研究的整合。本书所收集的各篇文章都涉及演化宏观经济学的一个或多个方面。一般来讲,演化宏观经济学可以分为对宏观静态领域的研究和对宏观动态领域的研究,这两个领域是紧密相关的。陈平和福斯特的文章指出,自组织的"静态学"和过程的"动力学"只是演化经济学的两个方面。基于这一认识,研究者们提出使用统一的自组织方法(unified self-organization approach)来找出真正的动力学的历史性,大卫和莫克尔的文章正强调了这一点。考虑到这些过程的历史性,我们无法找到可以用来对其进行预测的依据。正如大卫所说,"非遍历性的系统可以变成次优的'吸引域'(basins of attraction)……基础参数的扰乱和转移可以将之类系统推到相邻的、迥然相异的吸引域中去。"经济宏观结构动态变化的来源,就是有微观经济因素深嵌在其中的中观轨迹的三阶段。艾伦在他的文章中讨论了互相交叉的微观与巨观领域的多重动力学,并强调了在动态过程中发挥作用的两类领域之间关系的非线性和内生的反馈。特别的,艾伦提到,"非线性关系的多重标度正是演化中的经济体系内不断出现的结构的核心,而各种探索性的变化穿插在意外的正向反馈循环中,不仅得以放大,而且会导致结构的演化"。先决条件的模式为行为人进行中的行为施加了约束,而行为人的探索冲动又会不断改变这些模式和约束条件,从而成为经济过程不断演化、并带来潜在的福利提升的引擎。

51

那么,自组织和自生成(self-generation)又是如何带来长期的经济变化的呢?我们已经论证过,中观体系是演化宏观经济理论的分析单位。具有静态属性的中观体系将规则联系在一起,同时又将群体联结在一起,从而构成了宏观结构。而宏观结构中的各中观单位的任务或功能是互补的,也是协调的。中观单位又具有动态特征,因此它也代表着体系转型(regime transition)。一连串的转型所代表的是长期的中观变化,或者说是中观增长轨迹(meso-growth trajectory)。体系 R_{j-1} 之后的是 R_j,而后是 R_{j+1},下脚标 j 代表的是当时的时间,加号和减号分别代表未来和过去的时间。作为宏观经济学的分析单位,中观单位具有两维属性,因此可以被看做转型中的互补性单位(transition-cum-complementarity unit)。

在这类分析单位基础之上,可以构造两种一般模型:一种以结构为中心,另一种则强调其转型特征。这两种模型都是一般经济增长演化理论(general evolutionary theory of economic growth)不可分割的组成要素。梅特卡夫探讨了群体的动态变化和相对频率等问题,将经济增长的结构特征引入了我们的研究视野,认为"结构的转换是经济增长的核心事实"。考虑到各种中观体系彼此不同的演化路径,经济增长一定是一个不连续的过程。不同的演化中观模型和类似的微观模型可以为经济增长中结构的动态变化提供特定的解释。西尔弗贝里和维斯帕金讨论了一些涉及中观轨迹的一种或多种特征的模型,并在微观层面上将这些模型用不同的行为假设联结在一起。因其理论侧重点不同,在中观层次上,各模型主要是强调创新、学习和惯例等问题,而在微观层次上,模型考虑的是对个人或企业的认知与行为的假设。西尔弗贝里和维斯帕金强调了模型的多样性,并讨论了科学界为了提高模型的解释力而将大量因素整合在一起的努力所取得的进展,值得注意的是,研究者在整合的同时,也保留了一些可以满足数学加工和定量化等操作上的要求的属性。 52

运用奥卡姆剃刀(Ockham's razor),研究者的目标并不是要整合尽可能多的解释变量,而是要寻找能够解释大部分经济增长过程的一组关键变量。西尔弗贝里和维斯帕金在讨论了各类模型的基础之上,断定“它们并不能确切地洞察是哪些因素在增长的过程发挥何种作用”。这就使得演化增长模型与新古典增长模型相比处于劣势地位,但是,西尔弗贝里和维斯帕金也指出,“演化模型的目的之一就是要说明主流模型的精确性在某种程度上只是一种幻觉”。这一论断清晰地说明了这样一种一般情形:演化理论并不能完美地解释复杂的现实,而新古典理论精确而严密地描述的那个简单的世界显然是不存在的。如果我们承认工具现实主义的方法论立场(第5节),并要求达到最低程度的现实主义要求和最低限度的论证严密性(不管这在实际中意味着什么),我们就可以得到一个从科学角度来讲的“好”的理论;但是,必须非常明确的是,由于各科学家的观点会有不同,我们一定要预期到判断标准的差异,因此也就会有不同的“好”理论。

研究经济增长的演化经济学家一般认为,新古典模型所整合的对增长具有决定性作用之因素的数量不足——“新经济增长理论”中的内生变量因而越来越多,此外,由于新古典模型的资源配置机制是建立在生产函数和均衡的基础之上的,因此,这类模型本身就不能囊括那些能够描述微观和中观轨迹动力学的基本变量。只要新古典理论仍然推崇“代表性行为人”,改进经济增长理论的微观基础的种种努力,就无异于是在流沙之上搭建城堡,徒劳而已。一位创新型的企业家或者商业领袖就不是一般水平的行为人,没有多样性、具有同质性特征的群体不可能推动选择的动态过程,也不可能学习新的规则,因此也就不能推动结构性的动态变化,而结构性变化恰恰是经济增长的核心事实。

一般性的经济增长演化理论的主要组成部分包括什么呢?首先,必须明确规则的载体和规则本身。图1.2为我们提供了一个分析框架。占据了中心地位的行为与外部环境联结在一起,由右边的环状循环表示。从载体的角度来讲,一个人就是一个载体,而环境则代表着多个载体。环境可能是由同一类型的多个载体构成的,即实现同一规则(或者,如假设,是同一规则复合体)的载体 53

群体，这就是载体的中观单位，认识到这一点对于解释结构（作为结构的一个单元）和变化（局部来看，是轨迹的各阶段；总体来看，是一系列转型）而言都是基本的。更进一步的，“多个”这个词代表着有许多不同的规则，每一种都可以以多种形式实现。多个规则和多个群体是宏观结构的构成要素，其深层被定义为相互联系的规则，而其表层则被定义为相互联结的群体。

与行为人和环境的差异相似，行为可以被看做是个体行为，或者社会行为。个人应用规则来控制认知和个体行为。认知的内部行为也会参与决定外部行为，如图 1.2 中左手边的环状循环所示。认知需要采取认知规则。个人采用认知规则，一方面是为了制造工具和使用工具，另一方面则为了进行社会交流。个人的行为因此可以被解释为社会行为和技术行为。工具——例如机器、仪器或其他技术装备——就是工具规则的现实化形式。如果工具规则所涉及的是客观对象，那就构成了客体规则（object rules）；如果工具规则涉及的是一个或多个主体对象，那便是主体规则（subject rules），这两类规则必须区分开来。环境就是由许多结构化的客体规则和许多结构化的主体规则构成的。前者构成了所有形式的技术组织，包括企业组织和分工；后者则构成了社会领域或社会规则，若处于亚稳定状态就代表着制度。

工具或技术被认为是实现经济目的的手段，主要是在生产性背景下被用来完成复杂的生产任务。在增长理论中，通常会对物化在资本中的技术（capital-embodied technology）和无资本实体的技术（capital-disembodied technology）进行区分，西尔弗贝里和维斯帕金在他们的论著中对此进行了讨论。如果接受双重性公理，那么，严格来讲，就不存在无实体的技术，因为该公理认为任何特性——例如技术——都存在一个物质载体。这个物质载体可以是绘有技术蓝图的一张纸，这里载体就是信息媒体（information medium）。载体也可以是人，传统上将这种技术称为无实体的技术。用增长理论的语言来说，无资本实体的技术是与物化在劳动中的技术（labor-embodied technology）相对应的。在这里，简要地回顾一下历史将会是颇有启发意义的。在 20 世纪 30 年代和 40 年代，约翰·杜威（John Dewey）和其他美国实用主义者用涉身认知（embodied cognition）这个词来强调人类认知的身体的和神经生理上的本质。可以想象，早期经济增长理论的支持者会将这个词用来与物质资本类比。但是，物质资本是客体，而人体一定是与主体相联系的。我们在前文已经论证过，如果类比在本体论上是有根据的，它们就是有效的（第 4 节）。可以说，传统增长理论使用的表述方式传达了一个经验上无效的信息，选择这个类比反映的是措辞上的现实主义，而不是假设上的现实主义。在过去的几十年里，传统的增长模型将注意力集中在物化在资本中的技术因素上，运用的是年份法（vintage approach）及相关方法，

54

只是在 20 世纪 80 年代之后,才逐渐引入了脱离资本实体的技术。如西尔弗贝里和维斯帕金所述,在现代增长理论中,技术变化脱离了实体的一面,“相对于物化了的一面而言,仍然更像一个黑箱”。目前被普遍接受的各种模型中,被认为是黑箱的东西正是经济增长演化理论的基石。但是,所有的规则起源都归于主体,因此,促进增长的“引擎”也存在于主体中。主体往往是被以某种社会形式组织成一个单位,而这类单位就是结构化的宏观体系的基本要素。因此,从巨观的角度看,经济增长的源泉就是支持人类行为的社会和技术制度(social and technical institutions)。

循着演化经济学的发展进程,未来经济增长理论研究的重点——或者任何有关的经济变化理论(可以是更广义的或更狭义的)——将会从以资本为中心的方法转为以人为中心的方法,主要研究人的认知和人的行为。理性经济人将会是未来演化经济学家相关联的概念。传统的概念,例如物化和年份(vintages)等,可以在重构增长理论的时候作为工具使用,但是,其应用所必不可少的前提是从客体规则转向主体规则、把对象从资源转变为作为规则载体的人。例如,制造年份的概念可以与实用主义者的“涉身认知”和“具体化的行为”等概念联系起来使用,我们可以使用“认知年份”(cognitive vintages)和“行为年份”(behavioral vintages)等概念。同样地,客体规则的概念也可以被延伸,除了包括物化在资本中的技术之外,也可以包括各种类型的资源客体,特别是消费者产品,这种做法可能较不激进。相对于主体规则和个体及有社会组织的人而言,将客体规则及其载体的解释变量内生化在经济变化或增长理论中更为容易一些,这一点是可以提出证据加以证明的。但是,如果经济变化或增长的主要决定因素的内生解释尚未完成,只是未来研究计划的一部分,那么,应对这一理论挑战将是不可能完成的任务。

55

致　谢

引言这一章只参考了本书所收录的各篇文章。本书的参考文献——总共有 1 000 篇左右——会在每一章的末尾注明。衷心感谢为本文的撰写提出了有启发性的评论和批评的所有人,包括 Stefania Bandini、Gerog D. Blind、Hans-Jörg Brunner、Uwe Cantner、John L. Casti、Ping Chen、John Foster、Cornelia Friedrich、Simon Grand、Gerhard Hanappi、Stefan Hauptmann、Carsten Herrmann-Pillath、Geoffrey M. Hodgson、Elias Khalil、Matthias Klaes、Mauro Lombardi、Sara Manzoni、J. Stanley Melcalfe、Rainer Metz、Mark Perlman、Andreas Pyka、Klaus Rathe、Winfried Ruigrok、Jan Schnellenbach、Markus Schwaninger、Flaminio Squazzoni、Jean-Robert

Tyran、Jack J. Vromen、Ulrich Witt 和 Kiichiro Yagi。Jason Potts 一直是我灵感的源泉,目前我正与他在一起合作撰写一本教科书,并一道从事其他事业。Patrick Baur 在编辑方面提供了大量的帮助,Juli Lessmann 和 Mike Richardson 对本文的手稿进行了编修,我要对他们表示特别的感谢。当然,文责自负。

I 本体论基础

A 演化物理学：通往经济学的非笛卡儿桥梁

B 演化生物学：经济学的圣地麦加

C 演化中的历史：经济现实与理论的调和

A 演化物理学：通往经济学的非笛卡儿桥梁

第2章　价值观的重新发现和经济学的开放①

伊利亚·普里高津

1　开放的宇宙

“经济科学”作为一门学科,是到了19世纪才出现的。当时,西方世界盛行的是笛卡儿的二元论。根据这一理论,这个世界一方面是可以由确定性规律描述的物质,即“广延之物”(res extensa),另一方面是与人类思想相联系的“广延实体”(tes cogitans)。在物质世界和精神世界——由人类价值观组织的世界——之间存在着根本性差别,这一点已经是广为接受的了。1663年,托马斯·胡克(Thomas Hooke)为英国皇家学会起草了章程草案,规定学会的宗旨是要“增进有关自然界诸事物的知识以及一切有用的艺术、制造术”,而“无涉于神学、形而上学、伦理学、政治学、语法学、修辞学或逻辑学”。这一宗旨非常形象地描述了C. P. 斯诺(Snow)后来所称的“两种文化”之间的分野。两种文化之间的分界很快又具有了层级的意味,至少在科学家眼中是如此。一方面,我们有自然界的规律,牛顿第二定律(物体加速度与外力成正比)就是其典范。这些规律(包括今天的量子力学和相对论)大体上可以从两方面来看:它们是决定论的(如果你知道初始条件,就既可以确定未来,也可以推定过去),在时间上又是可逆的。过去和未来所起的作用相同。因此,科学是与确定性联系在一起的。

① 各节标题是本书编者加入的。

许多历史学家都认为,上帝在这种自然界的形成中发挥了基础性的作用,在17世纪,上帝更被认为是一位全能的主。在这一点上,神学和科学并没有分歧。正如莱布尼兹(Leibnitz)所写的:“只要有如上帝那般锐利的眼眸,就能在最微末的实体之中,辨明这宇宙间事物的整个序列,quan sint, quae fuerint quae mox futura trahantur(那些现有的、已有的和将来会要发生的)。”发现了自然界的这些决定性规律,便将人类知识引向了不受时间影响的神学观点。与经济或社会科学相关的其他形式的知识,地位则较低一些,因为它们所研究的,是包含了可能性在内的事件,而不是必然(certitudes)。

62

既如此,那么,约翰·斯图亚特·穆勒(John Stuart Mill)写下这样的语句也就毫不奇怪的了:“(关于人性的)科学远远不符合如今已经在天文学中已经实现的精确性标准;但是,这并不意味着它不应该是和潮汐学或者天文学一样的科学……”

但是,令人好奇的是,近几十年来我们却看到了相反的趋势。古典科学强调稳定和均衡;现在,我们看到的却是从宇宙天体学到化学和生物学等各个学科以及科学的各个层面上的不稳定性、波动和演化趋势。

怀特海(Whitehead)曾经指出,有两个目标塑造了西方世界的历史:其一是自然的可理解性,“构造一个一致的、合乎逻辑的、必要的体系,以便为构成我们经济的各种要素提供一般化的解释”;其二是人道主义的概念,这个观念与民主这一观点紧密相关,强调的是人类的自由、创造性和责任。人道主义这个观念意味着选择,因此也就意味着价值观。

但是,在很长一段时期内,这些目标似乎都是互不相容的。这最早可以溯源到公元前3世纪,伊壁鸠鲁(Epicurus)感到,我们所面临的是一个两难推理。作为德谟克利特(Democritus)的追随者,他相信世界是由原子和虚空组成的。而且,他断言原子以相同的速度平行地通过虚空下落。那么,它们怎么发生碰撞?与原子的组合密切相关的新奇性又可能出现吗?对伊壁鸠鲁来说,科学的问题、自然的可理解性问题以及人的命运问题是不可分离的。在确定性的原子世界里,人类自由的含义又是什么呢?伊壁鸠鲁在给梅内苏斯(Meneceus)的信中写道:“我们的意志是自主的和独立的,我们可以赞扬它或指责它。因此,为了保持我们的自由,保持对神的信仰比成为物理学家命运的奴隶更好。[②] 前者给予我们通过诺言和牺牲以赢得神的仁慈的希望;后者则恰恰相反,它带来一种不可抗拒的必然性。”

伊壁鸠鲁认为他已经找到了解决这个两难推理困境的办法,即所谓的

② 伊壁鸠鲁可能受到了斯多葛派的影响,斯多葛派信奉一种普遍适用的确定主义。

"倾向"(clinamen)。正如卢克莱修(Lucretius)所指出的,"当第一批物体因它们自身的重量而通过虚空直线下落时,在十分不确定的时间和不确定的地点,它们会稍稍偏离其轨道,称之为方向的改变是恰如其分的。"然而,没有任何机制可以解释这种倾向。毫不奇怪,它总是被看做是一种外来的、随意的因素。

63

在牛顿主义的世界观占据了上风之后,似乎已经没有考虑选择或者与之相伴随的价值观的必要了。在写给伟大的印度诗人泰戈尔(Tagore)的一封信中,爱因斯坦(Einstein)提到(爱德华·罗宾逊(A. Robinson)将之从德文翻译为英文):

> 如果月亮在其环绕地球运行的永恒运动中被赋予自我意识,它就会完全确信,它是按照自己的决定在其轨道上一直运行下去。
>
> 一个具有更高的洞察力和更完备智力的生物也会如此,注视着人和人的所作所为,并认为人可以按照自己的自由意志而行动这一错觉而微笑。
>
> 这就是我的信条,尽管我非常清楚它不完全是可论证的。如果有人发现了人能精确地知晓并理解的最终结果,那么,就几乎不会有能不受这个观点所影响的人类个体,只要其自爱不进行干扰。人防止自己被认为是宇宙过程中的一个无能为力的客体。但在无机界中多多少少地展露出来的各类事件的合法性,会因为我们大脑中的活动而停止发挥作用吗?

对于爱因斯坦而言,这似乎是能够与科学所取得的各种成就相容的唯一立场。但是,对于现代人来讲,这一结论就和伊壁鸠鲁的观点一样难以让人接受。

因此,大历史学家亚历山大·柯瓦雷(Alexander Koyré)写出下面的话也就不足为奇了:

> 然而,还有一些事情是应该由牛顿——更准确地说,不光是牛顿,而是普遍意义上的现代科学——负起责任的:即我们的世界被一分为二。我一直认为,现代科学打破了将天空和地球相分离的屏障,将二者结合起来形成了一个统一的宇宙。这是毋庸置疑的。但是,我也说过,为了实现这一点,现代科学将我们所热爱的、在其中生、在其中死的世界,一个讲求质量和感觉的世界,替换成了一个数量的、具体化的几何世界,在这个世界中,尽管万物皆有所归,但却没有人的立足之处。因此,科学世界——真实世界——便变得与生活世界疏远起来,并最终与之分离。科

学不能解释生活世界，甚至不能只是简单地因为它是“主观的”而一笔带过。

诚然，这些词是我们天天都在用的，甚至日益与实践相联结起来。但是，对于理论而言，将两个世界分隔开来的，是万丈深渊。

两个世界：这意味着存在两个真理。或者根本就不存在真理。

这就是现代思想的悲剧，尽管它“解决了宇宙之谜”，但它的解决方法只是把它换成了另外一个谜团：现代科学自身之谜。（Koyré，1968，pp. 128—139）

有趣的一点是，牛顿并不是牛顿主义者。相反，他相信世界是处于演化之中的。世界将会进入“混乱状态”，而“行为人”（上帝？）将会加以修复。

我想要强调的一点是，得益于近年来物理学和数学的发展，我们现在可以克服笛卡儿二元论的障碍，将怀特海所描述的西方世界的两个目标重新统一起来。这一点意义重大，因为它恢复了价值观念，并开创了经济学，将之与自然科学的距离拉得更近了。

64

2 自组织和“可能性定律”

19 世纪留给我们的遗产是相互冲突的：一方面，是确定性的、时间可逆的规律；另一方面，是与时间的单向性、与不可逆性联系在一起的熵的概念。如何协调这两个互相冲突的观点呢？那就是时间悖论（time paradox）。有趣的是，只是到了 19 世纪后半叶，时间悖论才被人们明确地提出来。正是那时，威尼斯的物理学家路德维希·玻尔兹曼尝试仿效查尔斯·达尔文在生物学中的作为，构建物理学的演化方法。但是，在当时，牛顿物理学的各项规律被普遍认为是反映了客观知识的理想状态，而这一共识也已由来已久。由于牛顿物理学的规律意味着过去和未来是等同的，任何想赋予时间之矢以重大含义的努力都会被视为是对理想的客观知识的威胁而被加以抵制。当时，牛顿定律被认为是其应用领域中不可更改的终极准则，这跟现在很多物理学家都认为量子力学是不可更改的有些类似。那么，如何才能在不毁坏人类思想的伟大成就的前提下引入单向的时间呢？

一个广受欢迎的解释是，正是我们本身，通过我们的渐近行为，造成了这些“明显”的不可逆的过程。为了让这个论点能站得住脚，第一步就是要说明第二定律的结果是微不足道的、是不证自明的。对于一个“信息畅通”的观察者——例如麦克斯韦尔（Maxwell）所想象的恶魔——而言，世界看上去是完全时间可逆的。我们是演化之父，而不是演化的产物。但是，近来在非均衡物理学和化学中的理论发展却指向了一个完全相反的方向。

让我们来简要地总结一下目前的状况。在均衡状态,有一部分热力学潜能(即自由能)是最小的。因此,外部或内部热力源的波动会受到抑制,其后的过程会将系统带回到该潜能的最小值。在均衡状态附近每单位时间的熵产出即是该最小值。这还是意味着稳定性,但是其中蕴涵着一个新的因素:不可逆性可能会成为秩序的源泉。这一点在经典实验——例如热扩散实验——中已经被清楚地证明了。取一个分为两格的盒子,我们加热一边,同时冷却另一边。这个系统会演化至一个稳定状态——一个格子是热的,而另外一边则是冷的。我们就有了一个不可能达到均衡的序贯过程(ordering process)③。正如P. Glansdorff和笔者已经表明的那样,总体上来看,任何潜能都不能达到极值,因此也就远不能达到均衡,也就无法确保稳定性。波动可能会被放大,并产生新的时空结构,如果这些状态与均衡状态之间的距离达到一定阀值,我就称之为"耗散结构"(dissipative structures)。耗散结构是一系列与长期的相互作用和对称破缺(symmetry breaking)紧密相连的、全新的连贯有序的状态(例如我们熟悉的化学钟和所谓的转弯结构)。当演化非线性方程的新解达到稳定状态时,系统就到达了"临界点"(bifurcation points),耗散结构就会出现。总体来讲,我们会有一系列的临界点,这就使得系统有了历史维度。在临界点上,系统一般会面临很多可能性,其中的一个会付诸现实,而这完全是随机的。因此,决定论坍塌了,即便是在巨观层面上也是如此。在这里,我们有必要引用在20世纪60年代得出的出现耗散结构的基本条件。它们是:

(1) 非线性演化方程

(2) 回馈(或催化)效应;如果物质X生成了Y,Y也会生成X

(3) 与均衡状态的距离

这些仍然是耗散结构出现的基本条件。现在我们已经知道了很多例子。非线性意味着存在多个解。在临界点,系统会在各种可能性之间进行"选择"。这就是"自组织"的含义——非均衡物理学中的基本概念。当然,"自组织"这个术语在此前就曾经使用过,但是,在这里,它被赋予了一个崭新的精确的含义。

我想在这里引用一段C. K. Biebracher、G. Nicolis和P. Schuster在一份给欧洲共同体(European Communities)的报告中的话:

> 究其本质,组织的维持不是——也不能——通过中央管理来完成的;秩序只能通过自组织来维持。能够自我组织的系统能够适应周围的环境,

③ 在1945年,笔者便指出了不可逆性的建设性作用(Prigogine,1945)。

换句话说，它们会对环境中的变化做出相应的热力反应，从而使得系统在应对外部条件的干扰时，变得非常灵活又非常稳健。我们想要指出的是，相对于传统的人类技术，自组织系统的优越性就体现在它们既能够避免复杂性，又能够分层次管理几乎全部的技术过程。例如，在合成化学中，不同的反应步骤互相之间一般是彻底地分离开来的，反应物扩散所带来的影响则被因使用搅拌反应器而被避免。一项全新的技术必须能够挖掘出自组织系统指导和管理技术过程的潜能。生物系统就可以很好地说明自组织系统的优越性。在生物系统中，再复杂的产品，都能够以无与伦比的精确性、效率和速度形成。

66

总而言之，我们看到了不可逆性具有重要的建设性作用；因此，我们所需要的，不是现有自然规律的近似，而是对这些规律进行扩展，以涵盖不可逆性。在这个新的构建过程中，自然规律不再是描述必然的，而是被用来表述“可能性”。本文的主要目的就是对这些新观念进行一个简要的介绍。首先要指出的是，我们需要对预期会发生不可逆过程的那些类型的系统动力学进行扩展。一个已经被充分证明的例子就是“决定性混沌”（deterministic chaos）。这些都是不稳定的系统，对应于不同初始条件的轨迹会随时间的推移按指数速度发散（这就导致了“蝴蝶效应”）。发散的速度被称为“Lyapunov 指数”。

众所周知，自吉布斯（Gibbs）和爱因斯坦的开创性成果问世后，我们就可以从两种观点出发描述动态过程。一方面，我们可以用古典动力学中的轨迹或量子理论中的波函数来对个案进行描述。另一方面，我们也可以利用概率分布 ρ（在量子理论中称为“密度矩阵”）来进行整体描述。对于整体理论的奠基者吉布斯和爱因斯坦而言，这一观点只是在不知道确切的初始条件下可以使用的一种简便的计算工具。在他们看来，可能性意味着无知，意味着信息的缺乏。此外，人们一直认为，从动态观点来看，不管是考虑个体轨迹还是概率分布，面临的问题都是一样的。我们可以从个体轨迹出发，然后得出概率分布的演化过程，反之亦可。概率分布 ρ 实际上对应的就是一系列相互叠加的轨迹。因此，我们自然就可以认为描述动态过程的两个层面——“个体”层面（与单个的轨迹相对应）和“统计”层面（与整体相对应）——是等价的。

事实总是如此吗？对于稳定的系统来说，我们并不会看到任何的不可逆性，因此这一点也总是成立的，吉布斯和爱因斯坦是正确的。个体观点（用轨迹来表示）和统计观点（用可能性来表示实际上是等价的。但是对于不稳定的动态系统——例如于决定性混沌相联系的那些系统——来说，这一点就不再成立了。通过概率分布，我们可以用一种新方法对动态过程进行描述，并且可以借之预测含有时间标度的整体的未来演化过程。因此，个体层面和统计层面之间的等价性就不复存在了。由于概率分布是“不可化约”的,也不适用于单个轨迹,我们要为其找到新的解。在这个崭新的架构中,过去和未来之间的对称性被打破了。

在本文中,我们将考虑混沌映射(chaotic maps)的例子,因为它们是可以用来说明不可逆性是如何从不稳定动态过程中产生出来的最简单的系统。映射是一个离散事件的动态过程,它可能来自于一个连续时间的系统,也可以用来描述每隔一个特定的时间段才有一次行为的过程,在各次行为中,该系统处于自由运动状态。我们也可以简单地认为映射只是一个用来说明动态过程之基本特征的模型。 67

最简单的混沌映射就是“Bernoulli 映射”(Bernoulli map)。我们有一个定义在0到1的区间上的变量 x,这个区间就是系统的“相位空间”(phase space)。在某一给定时步(time step),x 的值是前一时步的两倍,这一规则确定了 Bernoulli 映射关系。但是,为了使 x 留在0到1这个区间内,如果新的 x 值超过了1,则只保留其小数部分。因此,映射规则可以简明地写成 $x_{n+1}=2x_n(\mathrm{mod}\,1)$,其中 n 代表时间,且只取整数值。

这个非常简单的系统却有着不同寻常的属性:尽管 x 的一系列值是被确定了的,但是它们仍然具有相当的随机性。如果 x 是用二进制数表示的,那么要获得随后的一系列 x 值,就只需要去掉其展开式的第一位,把后面的各位数前移即可。这意味着,如果 x 的初始值是精确到 2^{-m} 位的话,那么,在经过了 m 时步之后,关于初始值的信息就进一步地被放大,使得我们可以知晓 x 的值是介于0到1/2之间,还是1/2到1之间。x 初始值的不确定性一经放大,要想得知其后一些时步的轨迹,在实践中就成为不可能的了。

这些事实表明,要考察混沌系统中的时间演化过程,一个更自然的方法就是观察由概率分布界定的轨迹整体。整体是由概率分布界定的,其演化过程是由一系列相互叠加的轨迹决定的。概率分布随后会因为算子(operator)的运用而发生演化,算子一般由 U 表示,被称为“Frobenius-Perron 算子”。为了得到时刻 n 的概率分布 $\rho(x,n)$,我们可以对初始分布 $\rho(x,0)$ 连续运用 n 次算子。因此,我们有 $\rho(x,n)=U^n\rho(x,0)$。与轨迹行为的不可预测性不同,概率分布的行为是完全可以预测的,而且,如果初始分布是“光滑的”,经过一定时刻后,概率分布会趋近于均衡状态。我们所说的光滑分布,是指不仅只代表单一轨迹的分布;如果某个概率分布只代表单一轨迹,那么它就只局限于某一单独的点上。接下来我们就要回到轨迹问题上来。

自从量子力学诞生以来,算子算法已经成为物理学的一个基本部分。在量子力学中,物理量是由算子表示的。作为函数的算子只是一种数学运算,例如对函数求导或积分。总之,它将一个函数变换为另一个函数。但是有一类称为 68

"特征函数"(eigenfunctions)的函数并不受其影响,你得到的结果只是原来的特征函数乘以某个常数,这个常数被称为"特征值"(eigenvalue)。特征函数和算子的特征值一并被称为它的"谱"。

算子的谱不仅取决于算子作用于函数的方式,而且取决于算子所作用的函数的类型。在量子力学问题中,算子被认为是作用于"漂亮的"可以规范化的函数上的,这些函数的集合就是所谓的"Hilbert 空间"。(Hilbert 空间就是常见的有限维空间的推广。)时间演化算子从传统上就是在 Hilbert 空间内进行分析的,在古典力学中亦是如此。在这里,有一类被称为"Hermitian 算子"的算子发挥着十分特殊的作用。这些算子只有在 Hilbert 空间中才会有实特征值。时间演化因而就可以表示为 $e^{i\omega t}$,由于 ω 是实数,这个式子就是一个纯粹的振动函数。为了得到一条明确的、可以由衰变方式 $e^{-\gamma t}$表示的趋向于均衡的路径,就必然要脱离 Hilbert 空间,以使得 Hermitian 算子可以有复杂的特征值。

以上我们偏离主题,讨论了一下算子理论,现在让我们重新回到混沌系统中来。这里的重点是演化算子的特征函数并不归属于 Hilbert 空间;用 Mandelbrot 的话来讲,它们呈"不规则的碎片形"(fractals)(更详细的论述,请参见 Prigogine and Stengers,1993)。这就是我们要为混沌映射获得不可化约为轨迹的解的原因。

所有这些都可以被推广到古典力学和量子力学中的不稳定的动态系统中去。在这里,基本的量是统计分布函数,而不再是牛顿学说中的轨迹,也不再是薛定谔的波函数。当然,对于稳定的系统而言,我们得到的是普通的结果。不可逆性看起来是一种新出现的属性。我们只能在整体层面上下定义,这有些类似于物态(states of matter)。一个孤立的分子既不是固体、也不是液体。物态也是新出现的属性。

3　历史性时刻:当物理学遇上经济学

在前文中我们所得到的结论,在应用于经济学所研究的复杂系统时仍然是有意义的,这在我来看是意义非凡的。政治、经济、社会这些领域一直被认为是互相独立,而今天,我们已经跨越了这些领域之间的人为分割。现在,社会系统是非线性的,而且(如同所有的生命系统)也是远离均衡状态的,而这都是稀松平常的。每一项行为都会带来负面的或者正面的反馈。很明显,出现耗散结构和自组织的前提条件也是具备的。经济系统也是不稳定的"混沌"系统。如果动态过程中的混沌实际上是出乎意料的现象(即单个的运动方程是确定的,但结果却是随机的),我们就一定会看到社会体系的不稳定,因为决策已经不再是

69

与某种确定性的规则相联结的了。每一项决策都意味着对过去的回顾和对未来的预测。现在,我们可以把这些要素组合起来,建立可以应用于经济系统的模型。在这里,我不想详加叙述;我的同事将会在本书的其他章节给出相应的例子。

决策过程使得物理系统和社会系统之间产生了根本性的差别。我们只能希望能够对经济或社会演化过程进行统计描述。但是,现在看来,演化却是植根于基本的自然规律中的。研究必然的"硬"科学与讨论可能性的"软"科学之间的鸿沟已经被填平了。当然,共同的时间之矢的存在只是一致性的必要条件。时间之矢出现在从宇宙天体学到人类文化的各个层面上,但是其形式会有所差别。整个世界看上去有些类似于《天方夜谭》(*The Arabian Nights*),这本书里所讲述的故事是环环相扣、故事套故事的:有一个学科叫宇宙天体学,宇宙天体学套着自然界历史,生命内含于物质,而人类社会又是生命史的一部分。

在每一层面上都会出现统计元素,意味着宇宙是由规律和事件(例如与临界点有关的事件)一道统治的。因此,我们有了各种选择,我们有了价值观。物理学家的能力已经远不足以描述人类价值观的起源和多样性了。一直以来,我所起到的作用是强调价值观的存在以及经济价值的存在是与我们现在所描述的物理世界相符的。要描述自然界、包括我们在自然界中的位置,我们正在寻找一条狭窄的道路——大约是介于通往孤立的确定性描述和不考虑人类理性的随机世界之间。

在所有的领域中,无论是物理学、宇宙天体学还是经济学,我们都已经走出了过去的互相冲突的必然性困境,进入了一个充满了质疑、充满了新机遇的时期。这可能是21世纪之初我们所面临的转折期的特征之一。

参考文献

Koyré, A. (1968), *Newtonian Studies*, Chicago: University of Chicago Press.
Prigogine, I. (1945), 'Etude thermodynamique des phénomènes irreversibles', *Bull. Acad. Roy. Belg.* **31**: 600.
Prigogine, I., and I. Stengers (1993), *Das Paradox der Zeit*, Munich: Piper.

第3章 协同学：从物理学到经济学

赫尔曼·哈肯

1 导 言

为什么像笔者这样的物理学者要撰写与经济学相关的东西呢？实际上，乍看上去，物理学和经济学二者之间存在着根本性的差别。我们先简要地讨论一下二者的差异。物理学研究的是相对简单的客体，而且是在各种条件都得到很好控制的前提下进行研究的，因此，其实验可以在相同条件下一次又一次地重复进行。实验人也可以通过改变一个或多个参数来详细研究它们对实验结果的影响。人们更相信物理学的规律是永远有效的，而且适用于整个宇宙。物理学规律的一个非常突出的特征似乎就是它们预测未来的能力。这一点已经被清楚地证实了，例如，在向月球发射火箭的时候。但是，下面我们将会看到，一些更新的研究成果表明，上述命题的一部分已经不再成立了。

现在，让我们转向经济学。经济学研究的系统远比任何物理系统都来得复杂。在经济学中，心理因素扮演着非常重要的角色，有很多的经济过程是由对未来事件的预期、希望和担忧所控制的。另一方面，对经济系统的未来进行科学的预测看上去是极端困难的。另外，从实践角度而言，要想在明确的客观条件下进行经济实验，那简直是不可能的。换句话说，经济学的特征就是它的历史性。

尽管物理学和经济学之间存在这些以及其他的区别，但是，在过去，就已经有将物理学规律运用到经济学中的例子。例如，热力学——特别是熵的概念——就曾被用来描述很多与越来越多的无序联系在一起的现象。或者,举另外一个例子,在描述定居点或城市形成过程的时候,人们也曾援引引力做隐喻。回顾过往,这些应用看上去相当肤浅,由此我们也可以理解,很多社会学家和经济学家并不愿意将物理学的规律转换运用到经济学中去。 71

那么,写这样一篇文章的目的何在呢? 事实上,物理学已经取得了一些新的发展,从而缩短了物理学与经济学之间的距离。与热力学不同,物理学的新领域研究的是开放的系统。在开放的系统中,不断地会有新的能量或原材料流入,各状态也因之呈现出新的特质,特别是会形成特定的巨观结构。此外,物理学研究的系统也越来越复杂。而且,有一点也变得非常明显,那就是物理系统中的可预测性也受到根本性的制约。在 20 世纪的前 25 年,人们在原子或者说微观层面上发现了这样的限制。但是,即便如此,人们还是相信,这样的规律并不会制约物理学中巨观事件的可预测性。现在,这个局面已经改变,特别是在协同学和混沌理论问世之后,这正是我们在下文中将要讨论的。相对于经济系统而言,物理系统仍然显得相对简单,但是,它们也可能足够复杂,足以被用来作为范式、隐喻或者模型。正如我在下文中即将说明的,协同学这一领域的兴起,使我们可以形成一些研究复杂系统的战略。这使我们可以利用其方法——至少是在很多情形下——来降低复杂性,确定能控制复杂系统行为的一般性的规律、概念和原则。

本章的结构如下。在第 2 节,我会对自己为什么要研究复杂系统给出一个简要的历史缘由;在第 3 节,我会把第 2 节中遇到的一些概念一般化;在第 4 节,我将会研究生物学及其他系统中的演化现象;在第 5 节,主要讨论协同学方法对社会学和经济学研究的意义;在第 6 节,简单地讨论协同的概念;在第 7 节,主要内容是学习,其中会讨论协同计算机;在第 8 节中,我将会考虑混沌理论;鉴于自组织在经济过程和管理理论的研究中的作用正变得日益重要;在第 9 节,将会讨论关于自组织的不同类型的概念。

2　协同学的两种范式:激光器与液体

首先我想要讨论的是,为什么在特定条件下激光器和液体所表现出来的物理效应会让许多物理学家大吃一惊。根据热力学和统计力学的规律,所有的物理系统在巨观层面上都应该趋近于一种无结构的状态,而在微观层面上则应该呈现出最大程度的无序——或者,换句话说,趋近于熵的最大值。这一点可以非常容易地通过由许多单独的原子或分子组成的气体来说明。如果我们成功地在某一特定瞬间把所有的原子排成了一条直线,并让它们以相同的速率沿相 72

同的方向移动,那么,在一段非常短的时间后,各原子的速率、方向和位置将会是随机分布的——也就是说,会出现微观的混沌运动,如果系统的总能量是固定的,那么原子运动的无序程度将会达到最大。这样,气体实际上就会均匀地充满整个空间,亦即不会有可见的巨观结构。

现在,让我们来仔细考虑一下被称为激光器(laser)的光源或者说灯。以一个充满某种气体的玻璃管为例。在这个玻璃管的两端,各装有一面镜子。通过气体传送的电流会增加各原子的能量,从而发射出光波。这就好像是往水中投入一把鹅卵石,我们会看到一片热烈跳跃的水面。与此类似,在我们现在所讨论的例子中,就灯而言,从微观层面上看,光场是混乱无序的,由众多的非耦合波列组成(图3.1a)。如果我们增强通过气体的电流,这些微观层面上混乱的光波可能会突然变得秩序井然,从而产生一束巨大的、高度稳定的光波(图 3.1b)。只有当发射光波的各个原子的发光过程变得高度协调的时候,我们才能理解这一过程。由于组成气体的各原子并不受外界控制,并不是在外力强制下进入这种高度协作的过程的,我们可以将此称为自组织行为。非常有趣的是,从灯到激光器的转变,是与效率的显著增加相联系的。因为这篇文章并不是写给物理学家看的,我在这里不会对形成这种自组织过程的物理机制详加说明;我想做的,是向读者介绍一些基础的概念。在激光光波生成之前,不同类型的波之间会有竞争发生,其中有一束波会赢得这场竞争并生存下来。这束波就好比在湖面上漂浮的小船所仰仗的水波。当然,小船的浮浮沉沉,是由水波的运动决定的。与此相似,在激光器中,激光光波会迫使原子中的电子根据激光光波的振动、以一种高度有序的模式运动。这样,气体原子中的电子运动变得有序。用协同学的术语来讲,激光光波可以被称

73

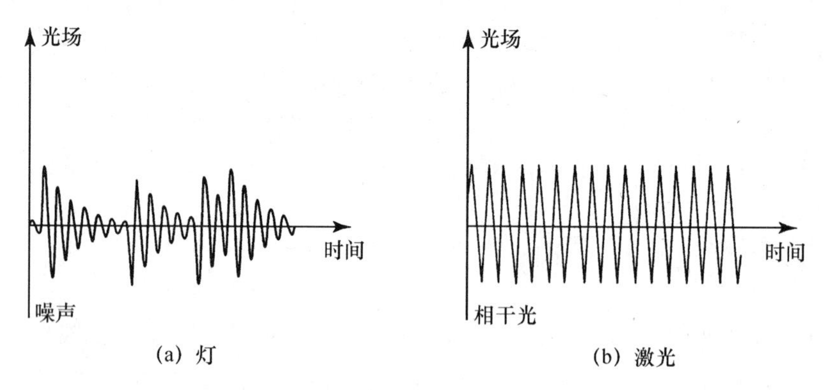

(a) 灯　　(b) 激光

图 3.1　光波的振幅与时间

a) 在灯的情形中,光波完全是不规律的。

b) 在激光的情形中,光波是相干的。

为有序参数(order parameter),而有序参数则统治着系统的各个组成部分。另一方面,原子中的电子就好像收音机天线,在我们所讨论的这个例子中,它们发出的光使光波得以维持。于是,在自组织系统中,有序参数决定了各组成部分的行为,但是,系统各组成部分也相应地维护了有序参数。

从被从底部加热的液体中我们也可以看到非常类似的关系。例如,当处于一个方形容器中的液体被从底部加热的时候,只要容器的底部和上部表面的温度差超过一个临界值,就会产生一种由向上和向下涌动的水流构成的旋转模式(图 3.2)。我们因而可以观测到巨观结构的自然生成。在激光器和液体的例子中,当外部控制参数达到临界值时,就会产生新的模式——激光光波或循环模式。在激光器的例子中,控制参数是电流;在液体的例子中,控制参数是前文所提到的温度差。与热力学的结论不同,在这两个例子中,都形成了巨观模式——与微观层面上的秩序相联系的模式。要解决热力学与上述种种现象之间的冲突问题,就需要认识到这样一种事实——热力学所研究的是能量封闭系统,而我们在这里所研究的,则是不断有能量注入的系统。

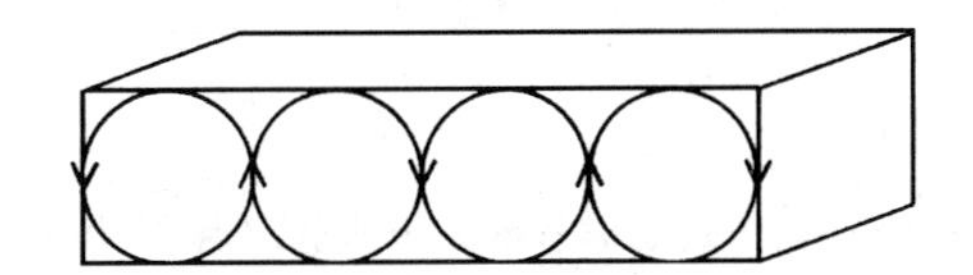

图 3.2　在被从下方加热的液体中,会出现旋转模式

这里我还要提一下有序参数的一些重要特征,以便在下文应用这一概念。有序参数的大小——即激光器例子中的光波振幅——服从特定的数学等式,比较图 3.3 至图 3.5,我们可以非常轻松地将这些数学等式的含义图像化。我们用向右的横轴表示有序参数的大小,用沿着山状地形的斜坡下滑的小球来表示有序参数的行为。如果激光器中的电流较小,山形就可以用图 3.3 中的曲线表示。非常明显,小球将滑到谷底,而谷底所对应的是等于零的有序参数。在前面提到的灯的例子中,偶然地自然发出的各束光波可以被看做是在温和地推动小球(小球停留在接近谷底的地方)。一旦电流被增强,山体就会变形,底部变得非常平坦。这将会带来两个有趣的现象。因为回复力非常小,在各推力的作用下,小球可以移动到远离均衡点 $q=0$ 的位置。我们称此为临界涨落(critical fluctuations)。同时,由于谷底是一个平面,小球只会非常缓慢地滚动到其均衡位置,这一点也非常明显,我们将此称为临界慢化(critical slowing down)。后面,我将会论证,这类现象在其他迥然不同的系统中也可以被观测到,例如在特定条件下的经济系统中。

74

75

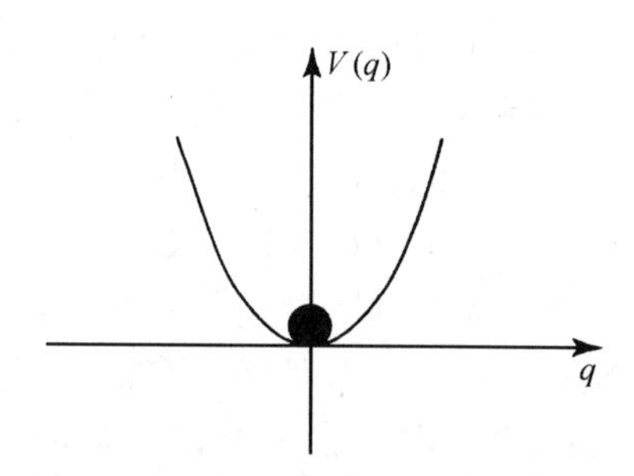

图 3.3　大小为 q 的有序参数之行为的图示，该参数用在山形中移动的小球来表示；在低于阈值的水平上，只有一个谷底

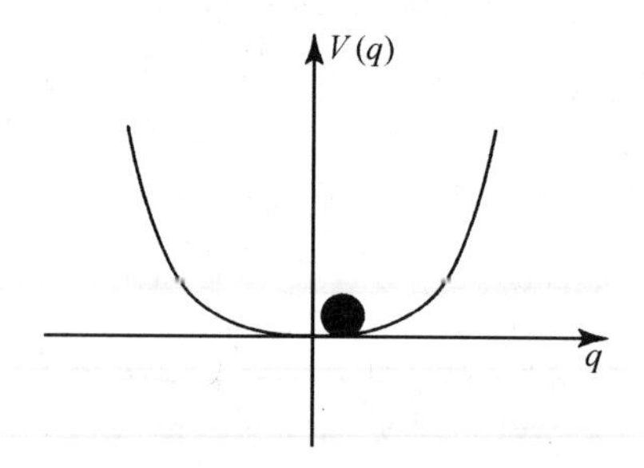

图 3.4　如图 3.3 一样，不过此时系统处于非稳定点上：谷底变得十分平缓

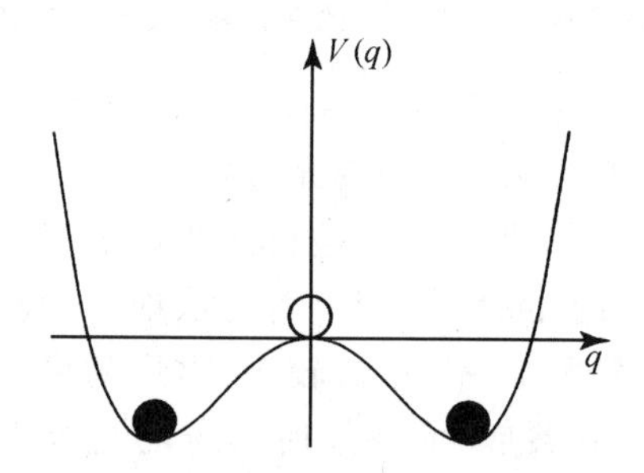

图 3.5　如图 3.3 一样，但是高于非稳定点：现在已形成两个谷底而不只是一个

当控制参数（电流）被进一步增强的时候，山体会再次突然变形，例如，变为有两个谷底。现在，这个系统有了两种有序参数可以占据的状态——两条山谷，但是又必须做出决策，决定到底是占据哪条山谷。我们这里所讨论的这种效应在物理学中被称为对称性破缺（symmetry breaking）。为了研究这一过程，首先考虑这样一种情形：小球在一开始就位于 $q=0$ 的位置，即两条山谷之间的山顶。然后，一股特定方向的温和的推力施加在小球之上，小球便滚落到相应的山谷中。这股推力是随机的，是系统中的一个小的波动，而它将最终决定系统会获得的巨观状态。微观的偶然事件将决定系统的巨观命运。

3 协同学的一般性概念

在上一节中,我通过简单的物理学例子,介绍了一些协同学的基本概念(Haken,1983,1984,1993)。但是,必须强调的是,我们可以通过更一般化的方式形成这些概念以及前述的各种结论,因为它们都可以通过一般性的数学关系推导得出。当然,给出这些数学定理已经远远超出了本章的范围;不过,我在这里要对相应的结果做一个综述。为满足一般性的要求,我将要研究的系统是由许多单独的部分或要素构成的。这些组成部分之间会相互作用,从而会互相影响各自的行为。在前面一节,激光器一例中,个体组成部分是各原子中的电子,液体一例中则是单个的液体分子。如果外部控制参数是给定的,那么系统就会拥有一个确定的状态——例如,静止的匀质空间状态。由此,如果控制参数被改变,原来的状态就会变得不稳定——即系统会倾向于离开原来的状态。在接近这个不稳定点的时候,系统各个组成部分的集体行为是由一个或数个有序参数控制的(我们已经举例讨论了单个有序参数的行为);同时,在靠近不稳定点时,会发生临界涨落和临界慢化。不同的有序参数可能互相竞争,也可能和平共处,也有可能互相合作。通过有序参数,对复杂系统的行为进行分类成为可能。例如,如果有一个有序参数,该系统就会趋向于均衡状态。这样,这个有序参数就可以被理解为亚当·斯密经济学理论中的"看不见的手"。如果有两个有序参数,系统可能会达到某个稳定的均衡点,也称为不动点(fixed point),或者出现有规律的振荡。如果有三个有序参数,除了可能会出现上述两种情况之一以外,还有可能处于第三种情况,即所谓的决定性混沌(deternimistic chaos)。此时,尽管从微观角度来看,有许多单独的组成部分会以同样的方式运转,但是,从巨观层面上讲,系统可能会表现出相当不规律的行为。 76

非常明显的是,系统各个组成部分受役于有序参数——简言之,役使原则(slaving principle)——意味着要对信息进行巨大幅度的化约。这样,我们只要描述少数几个有序参数的行为就足够了,而不需要描述各组成部分的行为。由于时间步长(timescale)的影响,有序参数和被役使的各组成部分具有一个重要的特征,可以这样解释:如果我们干扰有序参数,就会引起各组成部分的扰动,而有序参数的反应则会相对缓慢。后面,我将会用社会学的例子来明确地说明这种关系。

这些结果对于解决如何控制系统这个问题有直接影响,而这个问题也恰恰是控制论和协同学的根本区别所在。在控制论者看来(Wiener,1953),系统是由反馈机制来控制的，一个为大家所熟悉的例子就是控制房间内的温度：先测 77 量实际室温，然后与控制设备交流此信息，控制设备会据此打开或关闭相应的阀门，从而达到预定的温度。而在协同系统中，并不存在一个控制系统各组成部分的直接的控制机制；相反，系统是通过设定控制参数来间接控制的，其中的控制参数具体为何，又是不确定的。在激光器的例子中，我们注意到，电流对原子中的单个电子的作用是非常不明确的，而对液体加热，对各分子的作用又是完全同质的。无论如何，在上述两个例子中，系统都通过自组织找到了各自特定的结构。在经济事务——例如税收的形式——中，也存在着类似的控制参数，这一点是相当明显的。

我的这些评论也许可以说明这样一个事实，那就是应用协同学的原则来处理经济学问题，并不是建立在对物理学进行类推的基础之上的，而是以从数学关系中得出的结果为根基。在下文中，我想要通过一些例子来说明如何将协同学的一般性概念应用到本书所描述的许多过程中去。

4 演 化

演化这一概念是与达尔文和华莱士这些名字联系在一起的，它在生物学中扮演着十分重要的角色。然而，必须谨记的是，达尔文也受到了社会学与经济学理论的影响。现在，让我们先从生物演化开始。有序参数可以由物种中个体的数量来识别，每一个有序参数就对应着这样一个数字。这些有序参数会彼此竞争，在特定的情况下，这种竞争会使得某一个有序参数得以生存，这就是我们所观测到的选择效应。有趣的是，激光器和物种的行为之间有着高度的相似性，激光方程（Haken and Sauermann, 1963a, 1963b）和生物分子演化行为（Eigen, 1971）之间存在着一一对应的关系。在第 2 节中，我提到了偶然性事件效应。在这里，物种突变就好比偶然性事件，在基因突变的同时，产生了新的物种。我们可以观察到，有序参数之间也存在大量的合作效应，例如生物共生现象。由生态空间决定，有序参数也可以共存而相安无事，物种亦如是。

有序参数的增长率或大小可以表明本地或全球范围内最适合生长与繁殖的条件。协同学的一般性结果使得我们可以对不同的演化理论有新的了解。尽管有一种理论假定演化是在不变的环境条件——也可以说，控制参数取常数 78 值时——发生的，其他理论却假定，是特定的气候或其他条件的变化在影响生物演化，控制参数也以同样的方式影响系统——比如说物理系统——的自组织。

考虑到本书的主题，在经济系统和生物系统之间建立类比关系也许是值得我们关注的。例如,控制参数可以是税收,也可以是某一特定类型群体的数目,突变、振荡或偶然性事件可以被看做是发明或创新。Ruth Beisel 最近对一家汽车工厂做了一项十分有意思的案例研究,她研究了公司重组过程中协同学概念发挥作用的途径。

5　社会学和经济学含义

在本节中,我们想要通过一些社会学和管理学的例子阐述有序参数和系统各组成部分之间的关系。我完全明了,因为要使用"役使原则"这个术语,我的这些评论不会得到所有社会学家的好感,但即便如此,我仍然认为下面所讨论的这种关系值得更仔细地加以考虑。

我们首先从一个相对中性的例子——也就是语言——开始。一个民族的语言当然是远比该民族的任何成员都存活得久得多。婴儿出世的时候,他/她就受到父母所使用的语言的影响,然后学习这一语言,最终将这种语言传给下一代。非常明显,在这里,语言就是控制参数,而作为个体的人就是被役使的系统组成部分,而人的一生这一时间步长则起到了根本性的作用。相同的看法也可以应用到典礼与举行这种典礼的特定群体的成员之间的关系上。

当我们在谈论风尚的时候,我们可能会认为风尚比任何个人的生命都要短暂。在大多数情况下,这一点自然是毫无疑问的,但是,在谈论短寿的系统和长寿的系统时,我们必须明白自己是在用这些术语描述系统的哪一方面;人的意见可能迅速地改变,而与个人意见的迅速变化相比,风尚的寿命可能还更长一些。既如此,个人仍然是受风尚影响,而风尚可以被看做是有序参数。同样的道理也适用于公众意见的形成。有序参数和个体之间关系的另一个例子是公司气质或公司特征。

我甚至想再进一步,宣称道德是演化过程的有序参数。著名的经济学家弗里德里希·奥古斯特·冯·哈耶克(Friedrich August von Hayek,1949)就曾经清晰地表明过这一观点,他指出,道德是演化过程的结果,而在演化过程中,具有最恰当道德规范的经济系统才能得以存续。举例来讲,他非常明确地预言了苏联的解体,因为它完全地忽视了私有产权。

79

一旦确定了有序参数(上面已经列出了一些),就很难再改变它们。依照协同学的思路,一切变化实际上只有在外部控制参数发生变化的时候才会发生。例如,只是简单地命令各个成员互相友爱并不能改变公司气质,只能改变条件,例如可以改变个体成员之间的合作关系。当然,经济系统中的变化可能是由基础政治系统的变化导致的,前苏联所发生的各类事件已经非常清楚地说明了这一点。此时，我们再回想一下图 3.3 至图 3.5，在转型期会发生临界涨落和临界慢化，这种现象在前苏联十分明显。我认为，现在我们有必要把对称性破缺的影响考虑进来，这意味着自组织系统未必会趋向于某种独特的崭新的状态，但是却有可能面临不同的解，只是，某种解一旦实现，其他解就很难再取而代之了。在图 3.5 中，要改变该状态，就需要超越两个山谷之间的山峰，这需要一股非常强大的推力。另一个可以用来解释控制参数对经济系统作用的例子是多年前油价的迅速上升。一些人认为油价飙升会促使各经济体进入自组织过程，以开发出替代性能源，但这种努力所取得的成就显然是十分有限的。

6 协同性

在发生公司合并的时候，协同性这个概念起着相当重要的作用。当然，公司合并的根本主旨是，通过将两家公司集合在一起，甚或是结合在一起，提高合并所生成公司的效率。15 年前我曾经研究过将系统一一配对后的效率模型。使我感到惊讶的是，在同样一个统一的系统中，两种可能性都可能发生：一种情形是效率增加，另一种情形是效率——或者说，协同性——降低。这个结果与合并所采取的形式是无关的，相反，其结果取决于两个系统在合并时各自的初始状态。

80

公司合并未必会带来效率的提高，也就是说，协同效应未必会实现，这就是我想说的一般性结论。更确切地说，公司的组合需要非常详细地了解公司之间所交换信息的类型，其成功与否还取决于其他很多决策。

7 学　习

既然社会学家偶尔会宣称协同系统不能学习，我在这里就想举例说明协同系统中学习所起的决定性作用。同时，我也对下面这个问题感兴趣：当我们研究复杂模式时，有序参数和役使原则的概念能起到多大作用？记住，役使原则能够在很大程度上浓缩复杂系统中的信息，因为它是通过对少数量——即有序参数——的描述来说明系统中无数个组成部分的行为的。为了说明有序参数这一概念的能力，我们在协同学原则的基础上建造了协同计算机（synergetic computer），这种计算机可以进行模式识别。由于其他文献（Haken，2004）已经非常详尽地对协同计算机进行了描述，这里就不再对其细节多加赘述，而只是侧重于它的显著特征。这里的基本理念如下：一个特定的模式可以由其有序参数来描述，而造就了系统状态的役使原则是由有序参数所规定的。一旦一套特征——例如,眼睛和鼻子——被给定的话,系统就会生成它的有序参数,而这一有序参数继而会与其他的、控制其他眼睛和鼻子的有序参数进行竞争。最终,与现有鼻眼相联系的有序参数会赢得这场竞争。一旦这个有序参数赢得了竞争,它就可以恢复整个模式。每个有序参数之间的最初关系及其模式是由学习过程决定的。为实现这一目的,我们把要学习的面孔(或其他模式)反复地展示给计算机,计算机进而会确定原形及其有序参数。图 3.6 表示的是协同计算机学习面孔的一些例子。图 3.7 表示的是协同计算机如何恢复整个面孔,如有必要,还可恢复其姓氏。因此,这种计算机可以通过单个的特征来识别面孔,这一点是非常明显的。

图 3.6　学习过程中原型的发展

图 3.7　计算机学习面孔识别及由字母编码代表的其姓氏的例子

注:该识别过程发生在已有其他所有已学习到的模式之时。

可以说,有序参数的概念在建造新型计算机时是一种非常有力的工具,而新型计算机完全可以与我们正在讨论的神经计算机并驾齐驱,并成为其竞争对手。这里,我们有必要阐明神经经济系和协同计算机之间的相似性,特别是二者的区别。两个概念的目标都是要实现某种计算机结构,以便可以在其特定的基本单元中同时进行运算。在神经计算机中,这些运算单元只有两种内部状态,即开和关。如果其他单元所发出的输入信号超过了某个确定的阀值,就会发生从关到开的状态改变。协同计算机的运算单元可能拥有的状态之集合是一个连续统,其行为取决于其他单元的输入,而这种关系是平稳的、非线性的。与神经计算机不同,协同计算机有一套完整的学习理论,它们的性能也会产生独特的结果,而神经计算机仍然面临许多需要克服的困难——例如,所谓“假状态”的出现(spurious state)。

本节所报告的结果说明,协同系统在事实上是会学习的,而有序参数所控制的模式可能具有任意一种复杂程度。

8 混 沌

由于混沌理论在经济过程的理论研究中所扮演的角色变得日益重要,我要对这一领域的发展(例如,参见 Schuster,1988)做一些评价。最重要的是,我们必须分清微观混沌和巨观混沌,或者说决定性混沌。如果许多系统的个体组成部分以随机的,即无组织的方式活动,微观混沌就产生了。一个物理学的例子就是气体各部分的运动,或者大街上各人完全独立的活动。这绝对不是新近文献中所描述的那种类型的混沌;相反,这些指的是决定性混沌,学者们研究的只是其中很少一部分变量的行为。但是,如果通过少数变量来描述拥有许多变量的复杂的系统呢?这一点可以通过应用役使原则来完成,根据该原则,至少是在不稳定点附近,系统行为——即便是复杂系统的行为——可能是由少数变量控制的,即所谓的有序参数。因此,协同学的役使原则使得我们可以将混沌理论的结论——在明确定义的条件下——应用到复杂系统中去。

混沌过程最基本的属性就是它们对于初始条件的所谓灵敏度(sensitivity)。从某种意义上讲,这个灵敏度是违背直觉的,但是它也可以非常容易地被形象化。它是违背直觉的,是因为它与我们所熟悉的规律的概念——例如力学规律——相抵触。如果我们往地上扔一块石头,它会击中某一个确定的点;如果我们从一个稍有不同的初始位置扔出这块石头,它会击中地上的另外一个点,但是这次所击中的点会接近前次的点。因此,初始条件的小变化只会带来最终位置的微小变化。但是,再看下面的例子。假定一枚剃刀的刀片朝上放置,我们让一只小的钢球从其上方落下。如果这只钢球击中了刀片左边的边缘,它就会沿着一条远远伸向左方的轨迹运动;相反,小球的运动轨迹会远远伸向右方。83
即便是初始状态只发生了极小的变化,随后的巨观运动也可能会发生巨大的变化。这个例子的要领在于,事件的未来发展过程是不能预测的,因为我们永远不能确切地知晓初始条件。很多年来,我一直拥护这一观点,但是,即使是在这些新条件下,系统事件的过程也还是可以由施加在系统上的、或多或少连续的、温和又微小的控制性行为所影响。我的期望在最近的研究成果(Ott *et al.*, 1994)中完全得到了证实,这一成果表明,无论是从理论上讲,还是从实验证据来看,许多物理和化学系统都可以被控制,否则,就会处于无序运动之中。我们可以期待,至少这些控制机制中的一部分在经济学领域中也会起作用,不过我们也不能忘记,对于一些人来讲,经济活动具有赌博的特征。

9　不同类型的自组织

自组织绝不是一个新的术语。它的历史甚至可以追溯到古埃及(Paslack, 1991)。也许,我们应该强调的是,在现代科学中,有多种不同的自组织概念(有关管理活动中自组织现象的讨论,请参照 Ulrich and Probst, 1984, p. 2)。在这里,我想特别说明其中的两种。只是,这些考虑仍然是不完全的,这里的解释只是为了说明,当我们在使用“自组织”这个术语的时候必须谨慎,因为不同的科学家可能会把这个术语理解为不同的过程。这里,我想比较的是 Von Förster 和笔者的意见。Von Förster(1984)开拓性地使用了自组织这个概念,特别是他是在社会学背景下使用这一概念的,他所举的一个例子——这一点我记得非常清楚——是第二次世界大战中爆发于美国和日本舰队之间的中途岛战役。在那次战役中,美国的旗舰被击中,指挥官的命令无法传达到其他战舰。结果,每一艘战舰必须确立自己的攻敌战略。此时,由于团体中的个体成员表现出了主动性,自组织就发生了。而在协同学中,自组织的概念显得十分不同:在这里,团体的个体成员确立一个或多个有序参数,而这些有序参数决定了集体行为。当然这些概念之间可能会比目前的对比所表明的关系更为密切,不过,对它们关系的研究是要在未来完成的事情。

协同学中的自组织概念对于管理学而言意义重大(Haken, 1991),它们所主张的是水平式的、而非层次式的结构。84 它们所强调的,是通过适当的控制参数施加间接控制的重要性。但是,它们也表明,自组织中包含着一些陷阱,例如对称性破缺所带来的隐患。因为控制参数的变化而变得不稳定的系统可以有多个可能的状态,其中可能有我们想达到的状态,但也有其他我们所不愿意看到的状态。因此,比方说,在自组织过程之初就加以某种控制可能是非常重要的。

10 结 语

在本章中,我试着对协同学的基本概念做了一个概括性的介绍,试图让读者了解,如何将这些概念运用到经济学和管理学理论中去。这些概念中的一部分已经被用于一些相对较新的著作中(Zhang,1991;Beisel,1994),也对其他人的研究产生了一定的影响(Arthur,1994)。

参考文献

Arthur, W. B. (1994), *Increasing Returns and Path Dependence In the Economy*, Ann Arbor, MI: University of Michigan Press.

Beisel, R. (1994), *Synergetik und Organisationsentwicklung*, Munich and Mering: Rainer Hampp Verlag.

Eigen, M. (1971), 'Molekulare selbstorganisation and evolution', *Die Naturwissenschaften* **58**(10): 465–523.

Förster, H. von (1984), 'Principles of self-organization – in a socio-managerial context', in H. Ulrich and G. J. B. Probst (eds.), *Self-Organization and Management of Social Systems: Insights, Promises, Doubts, and Questions*, Berlin: Springer-Verlag, 2–24.

Haken, H. (1983), *Synergetics, An Introduction*, 3rd edn., Berlin: Springer-Verlag.

(1984), *Synergetics, The Science of Structure*, Boston: Van Nostrand-Reinhold.

(1991), 'Synergetik im management', in H. Balck and R. Kreibich (eds.), *Evolutionäre Wege in die Zukunft*, Weinheim: Beltz-Verlag.

(1993), *Advanced Synergetics*, 3rd edn., Berlin: Springer.

(2004). *Synergetic Computers and Cognition*, 2nd edn., Berlin: Springer.

Haken, H., and H. Sauermann (1963a), *Z. Physik* **173**: 261-275.

(1963b), *Z. Physik* **176**: 47.

Hayek, F. A. (1949), *Individualism and Economic Order*, London: Routledge and Kegan Paul.

Ott, E., T. Sauer and J. A. Yorke (1994), *Coping with Chaos*, New York: Wiley.

Paslack, R. (1991), *Urgeschichte der Selbstorganisation*, Braunschweig and Wiesbaden: Vieweg und Sohn.

Schuster, H. G. (1988), *Deterministic Chaos: An Introduction*, 2nd rev. edn., Weinheim: VCH.

Ulrich, H., and G. J. B. Probst (eds.) (1984), *Self-Organization and Management of Social Systems: Insights, Promises, Doubts, and Questions*, Berlin: Springer-Verlag.

Wiener, N. (1953), *Cybernetics*, New York: The Technology Press of MIT and Wiley.

Zhang, W.-B. (1991), *Synergetic Economics*, Springer Series in Synergetics, vol. 53, Berlin: Springer.

B 演化生物学：经济学的圣地麦加

第4章 达尔文主义、利他主义和经济学

89

赫伯特·A.西蒙

1 引言

随着时间的过去，经济系统，或者经济系统的组成部分，例如商业企业和行业等都在发生进步和变化，本书中的很多章节所讨论的，都是如何使用达尔文的演化论来形容这些进步与变化的问题。整个经济体可以被看做是一个处于演化中的系统，而熊彼特式的创新就是其突变机制（Schumpeter，1934）；或者，某个行业内企业之间的竞争可以用“赢利能力最强者生存”的机制、含义和结果等来描述（Nelson and Winter，1982）。可以说，这些及相关的将演化观点运用到经济理论中的途径在其他章节中得到了很好的展示。

但本章的目的却大不相同。本章所关心的，并不是如何将演化论的观点扩展到经济学中去，而是新达尔文式的生物演化过程对经济体中个体行为人之特征的直接影响，并通过这些特征来研究生物演化对经济体运行的影响。本章讨论的焦点是动机：首先，我要问的是，演化机制、特别是适者生存的选择机制，是否对于经济行为人的动机系统具有深刻的含义，随后，我将试着描述演化论认为将会被选择的动力系统会对经济行为造成的影响。

我们所关注的中心问题将是利他主义以及利他主义在经济行为中的作用。本章要完成的第一项任务——一项并不简单的任务——就是明确“利他主义”的含义；第二项任务是确定新达尔文主义该如何解释

人类社会中利他主义特征的演化;第三项任务是得出有关利他主义的结论对经济学特别是企业理论的意义。

2 利他主义的含义

利他主义在生物理论中的含义,与它在一般情况下,在经济事件和人类事务的讨论中所被赋予的含义,是截然不同的。我们需要将这些含义分类总结。

2.1 达尔文演化论中的利他主义

在新达尔文理论中,演化选择的的基本单位是基因,而选择的基础则是适应能力(fitness)(Dawkins,1989)。相同物种的不同成员各有差异,且可能会具有相应基因的独特版本(等位基因)。差异性源于突变,并在繁殖的过程中被保留下来。究竟某个特定基因的哪一种等位基因型最终会占据上风并迫使其他基因型消失,取决于其适应能力——也就是说,它和它的祖先所拥有的后代数量。即便是很小的适应程度上的差异,也会使一些世代某一基因的等位基因类型的相对数量产生巨大的差异。

整个物种适应程度的提高,是通过逐步选择其成员基因中适应程度更高的等位基因来完成的;而这一点则反映在它在与其他物种竞争过程中会赢得的居所的大小和范围上。

2.2 人类事务和经济学中的利他主义

在大多数对人类事务的讨论中,利他行为往往被用来和自私自利的行为做对比,但是,这种对比却使得事情变得模糊起来。如果我们遵循新古典的效用理论,那么,很自然的,我们就会认为个人的行为都是自私的,其目标是追求自身预期效用最大化——不幸的是,这个定义完全排除了利他主义行为存在的空间,至少对理性行为人来讲是如此。

我们先不考虑非理性,并承认人们的行为总有其理由。那么,要引入利他主义的概念,我们必须区分各种行为的不同理由,特别的,要厘清为行为人自身利益而采取的行为和为他人利益而采取的行为之间的原因差异。如果某种行为能够让我们感到愉悦,而且我们也愿意接受人类行为一致性这一必要假定,就可以将各种行为的理由嵌入到效用函数中去,也就是说,这些理由的满足可以产生不同大小的效用,这一思路既适用于自私行为,也适用于利他行为。采用这一方法,我们的经济理论就完全不能预测人是多么自私或者多么无私:人的行为完全取决于效用函数所包含的内容及其形状,特别是自私和无私因素的相对重要性。

在实践中,经济学研究及著作并没有采取这个中立的立场。首先,它们假定,不管其组成要素是自私的还是无私的,效用有其特定的内容——也就是说,效用来自于自身或他人的收入或财富(有时候,特别是公共选择经济学中,也会假定权力会产生效用)。因此,经济学观点的典型基础假定就是,人们的主要目标是自私地追求收入或财富的最大化,但是,他们的生活也有无私的一部分,这部分的目标是他人收入或财富的最大化。其次,大多数新古典经济学著作都认为无私的这部分之范围是微不足道的,甚或是不存在的,而只有"利他主义"是属于所谓的"互惠式利他主义"的范畴时,才会被引入正式分析中去,而这根本就不是利他主义(不是我所定义的那种利他主义),而是一种有长远眼光的自私自利。通过仔细阅读各类期刊和教科书,我们可以很容易地证实,这一点很准确地描述了经济学处理利他主义的方式。 91

插一句题外话,我观察到,经济学文献中很少讨论我们所谓的"宗教式利他主义"——即为他人的利益采取某种行为,并期望以后会获得相应的回报(犹太教/基督教/伊斯兰教经文中所提倡的利他主义的主要形式)。只要存在一定的宗教式利他主义,就必然会对当下的经济分析体系造成破坏性的影响,这跟存在相当规模的、完全不求回报的利他主义的效果是一样的。

从而,在实际中用来解决经济问题的经济理论包括一些非常强的有关效用函数内容的经验假设,进而几乎可以确定地得出这样的结论:个人会一门心思地追求财富的最大化,而企业则会追求利润的最大化。有时候,经济学研究者也试图通过论证某一类型的适应能力来为这些强经验假设寻求支持。就企业而言,他们认为只有能够最大化利润的企业才能生存;就个人来讲,他们指出(但是不那么频繁)财富会促成后代数量的增加。如果要说这两个论断存在经验上的证据,那么这种证据也是不足为道的。特别是,在现今的世界,还没有证据能够表明生物适应能力——用后代的数量来表示——与在积聚经济财富方面取得的成功之间存在相关关系。当然,如果阻止变革,出现了马尔萨斯所预言的某种黯淡前景,事情就会变得不一样。

在对商业企业经理人或雇员的动机假设方面,所谓的"新制度经济学"并没有显著地偏离新古典理论(Williamson,1975,1985)。它假定组织中各参与者之间的关系是由明示的或者默示的合同所调节的,而合同责任要履行到何种程度,则要看是否符合长期优势("互惠式利他主义"),或者是否是能够强制实施的。因此,相对于其他经济学科而言,新制度经济学的实际发展和应用,也没有为利他主义提供更多的空间。 92

如何对经济体以及我们所观察到的经济活动中各参与者的行为进行描述,主要取决于对于控制人类行为之动机的这一系列很强的经验假设。但是,让人惊讶的是,鲜有人来努力支持或驳倒这些假设,而这些假设恰恰是经济学描述或说明我们所处的这个社会的基础。

可惜的是,我也不能够系统地提供任何此类证据;但是,对日常生活的观察却让我对这些假设持怀疑态度,因为,尽管我所观察到的人类社会中,自私行为占大多数,但是,我也常常会看到一些行为,完全符合刚才给出的利他主义的定义。而且,这些现象并不是完全没有系统、客观的证据的。例如,我可以用美国大量慈善捐赠的数据作为证据,也可以用间或收集到的各种甘冒风险的英雄主义行为习惯数据来做证明(包括战争时期士兵的行为)。此外,我们经常可以看到,如果不用利他主义动机来解释,就很难理解投票行为以及其他很多与公共品相关的行为。

在本章中,我希望能够说明,相对于这些例子所能说明的,利他主义行为更为普遍,而且对于理解经济和社会行为而言相当重要。为了实现这个目标,我一定要重新审视新达尔文主义关于利他主义和适应能力之间关系的现有观点。

2.3 新达尔文演化论中的利他主义

演化论的相关文献已经强有力地证明,除了对非常亲密的亲属(直系后代和兄弟姐妹)会有利他主义行为之外,其他的利他性行为基本是不可能存在的。基本的论据非常简单。假定有一组个体,每个个体都有相同的适应能力 F。利他主义者会根据自身的适应能力,从事对其他个体有帮助的行为,并花费成本 c。所有的个体都会因为利他主义者的利他行为而受益,受益大小为 pa,其中 p 是有利他基因的个体在种群中所占的比例。那么,一位利他主义者的净适应能力就等于 $F - c + pa$,而非利他主义者的净适应能力为 $F + pa$,后者比前者大 c。随着时间的过去,利他主义者占种群的比例会趋近于 0 (Simon,1990)。

93

这个论据非常笼统,只要求利他主义者和非利他主义者共同分享利他主义带来的收益,同时利他主义具有某种成本(也就是说,采取利他行为要放弃一定的适应能力,反之则可以保留这些能力)。然而,这个论据并不是决定性的,因为它没有考虑关于人的条件的两个关键事实:个体的人是"有限理性"(bounded rationality)的,而且,人能够部分地从经验特别是从社会交往中学习。下面,我们将依次讨论这两个事实的含义。

3　有限理性

新古典理论的完全理性假设基本上与人类实际决策时所采取的方式之间没有什么关系。理由是，如果要具备其理论所要求的理性，人们必须拥有的信息量是无法想象的，而使用这些信息所必须拥有的智力水平和计算能力也是无法想象的（Simon，1955）。这一点已经被多次指出，几乎无法被驳倒。

如果说新古典理论无法确切地描述人类行为，我们也不可能证明这个理论至少是人类行为的一个好的近似。人类在进行选择的时候，并不会细致到去考虑效用函数（如果我们有一个效用函数的话）中的所有要素，也不会考虑到可供选择的所有可能的和实际的选项，更不会去考虑到每一种选项的所有后果及其发生的概率。

与之相反，我们在考虑决策时，所采用的参照系是特定的、相当狭窄的，而且会不断地随着我们实际观测到的环境条件以及这些特定条件所唤起的各种情绪发生变化。因此，对于任何一个决策环境，我们都只会使用我们记忆中所存储的有限信息、知识和推理技巧的一小部分，而即便这些记忆内容被全部唤起，所能给我们的、对我们所处世界的描述也是苍白的，而且是非常不精确的。

在面临选择时，我们一般只会考虑少数几种选项，有时候也会包括我们为了目标而生成的少量选项，但是大多数时候，我们所考虑的范围只是限定在那些已知并可用的选项之内。这些选项是在特定的目标或驱动力（即效用函数的特定要素）的促使下生成或被唤起的，因此，我们在饥饿时所产生的选项跟我们口渴的时候所产生的选项是不同的；我们在考虑科学问题时所产生的选项跟我们在考虑自己的孩子时所产生的选项也是不同的。对结果的评估同样也是选择性的，而且是围绕选择过程中被唤起的各种或多或少与目标直接相关的结果进行的。最后，由于我们对这个世界的无知，我们只能对恰好会考虑的那些结果发生的概率做出最为粗糙的、非常不准确的估计。与我们所注意的目标无关的间接结果——副作用——往往会被忽略，因为在决策过程中甚至不会考虑到它们。 94

为了让理论和现实世界中的种种密切联系起来，经济理论必须要考虑这些人类理性的严格约束，而我现在之所以要列举这些约束，并不是想要再次证明这一点——那已经足够可靠了。而本章的重点是非常特殊的，也更为精确：就经济行为中会体现出来的利他主义而言，有限理性对其重要性和类型都有深刻的含义，而利他主义对于经济体中的组织、特别是商业企业的角色和运作也有十分深刻的意义。

4 学习:经验的和社会的

人类与其他物种的区别在于它们通过学习修正其行为的能力的程度不同。许多——如果说不是大多数——动物王国中的物种都具有学习的能力,但是与人类的学习能力相比,其灵活性和强度都远远不足。

学习需要从环境中得到某种类型的反馈,以便把成功的行为与不成功的行为区分开来,并逐渐用前者来替代后者。我们不仅有能力从个体经验中学习,而且也可以从社会环境所提供的经验中学习,这种能力是人类学习的主要特征,大大提高了学习的有效性,也从根本上将人类的学习与其他所有物种的学习过程区分开来。人类是社会动物,到目前为止我们所知道并相信的东西中,绝大部分是由我们认为值得信赖的社会信息来源传递给我们的。非常重要的一点是,我们作为学习者,往往无法通过任何严格的方法来检验通过社会渠道获得的信息,从而也就无法确认或者否认这些信息。

我们中的大多数人都相信地球是圆的,它会围绕太阳转动,但是,我们当中又有多少人能够提出合理的论据,证明这一点符合事实呢?特别的,在我们最初开始相信这一命题的时候,有多少人能够给出这样的论据呢?我们当中有许多人相信,摄入胆固醇会倾向于提高血压,为此我们试图限制胆固醇的摄入量。但是,我们当中又有多少人能够从经验上证明胆固醇与血压之间的联系及其对健康的影响呢?我们认可这一关系,并据此行为,因为我们已经从"正规"渠道(例如医生或者援引权威医学信息的新闻报道)中了解到了这一点。

95

我们的知识是否是正当的,最终需要由对经验现象的观察来支持,但是,事实上,只有非常少的一部分知识是由个人通过这样的方式来证实的。我们对自己所具有的知识的认可一直是基于这样一种事实,即知识是从我们认为值得信赖的社会信息来源——家庭、同行、专家、社会的正规渠道——中获得的。显然,社会学习是人类学习中最重要的组成部分,而那些不能从社会信息来源中学习、或者非常抵制这种学习的人,其适应能力要比其他人低得多。

当然,并不是所有的社会学习都会传播正确的知识。人们学习到了各种类型的神话(例如,在不同的社会,创世传奇存在着广泛的差异,因此,这些传说不可能全都是真实的),也学习到事实。不管这些神话是什么,也不论对这些神话的信仰对我们的适应能力有什么影响,我们用来实现日常生存和取得各类成就的大部分东西是通过社会渠道获得的知识、信息和技能。

我将会使用"顺从性"(docility)这个术语来指代人类接受经由恰当的社会渠道得来的信息与建议的倾向性——但是在这里,这个词并不具有它在其他场合可能会具有的被动性含义和贬义。顺从者并不是被动的,他们只是能够接受社会所施加的影响,而对于他们而言,什么才是适当的社会影响,则是由所处的社会环境所规定的。

更进一步的,顺从的个人可能(有时候也可能不)使用相对复杂的标准来确定要信赖何种信息渠道。对消息提供者的自身利益进行评估就是这种标准的一个例子。我的父亲曾经给我提过一个非常好的建议,他说:“不要在推销员的面前叹气。”但是,尽管标准非常复杂,却并不影响这样一个事实,即我们所拥有的大多数知识是顺从的产物,而不是从个人经验中得来的。我们中的大多数并没有去摸过火热的炉子,但是却知道不能这么做。

尽管我们并不知道从生物学的角度来看顺从性是如何遗传的,但是,我们绝对有理由认为——因为顺从性对于生存非常有帮助——顺从性有基因基础。为了方便起见,我称之为“顺从基因”,不过这可能会涉及多种基因,而顺从性也可能因内疚和羞耻等机制——也有其基因基础——而加强。

96

5　带有顺从性的有限理性产生利他主义

现在可以提出我的核心命题了:

> 如果一个物种只有有限理性,而且具有可观的顺从性,如同人类那样,就会在其行为中表现出相当的利他主义。也就是说,该物种的成员会经常从事一种行为,即牺牲自己的一些适应能力以提高其他成员的适应能力。

那么,我们又如何将这一命题与新达尔文主义的“只有适应能力有意义”公理协调起来呢?我们的论证可以经由两阶段展开:第一,我会证明,在个人层面,利他主义是与适应能力兼容的;第二,我将会论证,在个人层面,群体的选择会加强利他主义的选择。

首先,我想对前面给出的适应能力代数式稍作补充,加入一个“顺从性”项。因为拥有顺从性,个人的适应能力得到提高,增幅为 d,即个人的适应能力现在为 $F+d$。但是,因为顺从的人们容易接受社会施加的影响,有时,如果给予他们的一些信息和建议实际上是有害于其自身适应能力却会提高他人的适应能力的话,他们的顺从性实际上被“课税”了。也许,他们犯了错误但是不可能会被抓住,但他们仍会被告知,诚实是最好的政策;或者,他们会被告知,为了拯救他人的生命,他们应该将自己的生命置之度外。

不足够顺从的人可能会看穿这些建议并拒绝接受,因而可以在某种程度上提高其适应能力。但是,拒绝顺从对于适应能力的净影响如何呢?现在,我们可以来比较一下顺从的人和不顺从者的适应能力。顺从的人,缴纳了总额为 t

的税,其顺从能力变为 $F+d-t+pa$,其中,如前所述,pa 是人口中顺从者(也因此是利他主义者)的百分比 p 乘以利他主义者对他人适应能力的贡献 a。不顺从者避免了税收,但是也因此不能得到由于顺从可以学习到的收益,其适应能力为 $F+pa$。我们可以非常容易地发现,如果顺从性对适应能力的贡献 d 大于对顺从性课征的社会"税收"t,顺从者的适应能力就会高于不顺从者,而在整个社会的演化过程中,顺从的(因此也是利他的)成员比重会不断增加。

但是,是什么机制导致社会体系通过鼓励特定类型的利他主义行为来向顺从者的顺从性"课税"呢?假定有两个社会是完全相同的,只除了它们对顺从性的税收政策不同——其中一个社会对顺从性课税,而另外一个则不。这就意味着,前一个社会的顺从性为 $F+d-t+pa$,而后一个社会的顺从性为 $F+d$。这样,如果 pa 大于 t(因为利他主义所贡献给他人的适应能力,大于利他主义者以适应能力所支付的成本),对适应能力课税的社会就会在与不对适应能力课税的社会的竞争中占据上风。如果有一个 p 的初始值使得前述不等式成立,那么,在利他的社会中,p 会逐渐上升到 1,从而增加这个社会的初始适应能力优势。

97

对这一命题也时有反对意见,主要是涉及智力在其中的作用。顺从者有时能够识别出来,他/她所接受到的特定信息或建议不是真的"为了你自己的利益",而是想要促使其利他主义行为。在这种情况下,顺从者能够拒绝接受这类信息或建议,避免这部分社会税收。这将会使得那些更为聪明的、能够更好地识别"课税"项目的人,比智商较低的个人拥有更高的适应能力,其结果是,社会的智力水平逐渐增加,而利他主义也会随之逐渐减少。

这种反对意见的谬误在于,假定适应能力方程中的智力和顺从能力之间的关系是独立的、可加的。实际上,我们所称的"智力"极大程度上是顺从性所产生的学习的产物。聪明的人会比其他人更顺从,而不是更不顺从,补偿了,或者说可能不止是补偿(其形式为顺从性所额外带来的适应能力)了他们探测"税收"的能力。更高的顺从性可能会采取不同的表现形式,例如,更容易受愧疚或羞耻感的感染,或者——用更容易被接受的话来说——更强烈的、遵循社会规则行事的责任感。

6 利他主义和经济学

我们已经证明了,利他主义行为与新达尔文主义是相当协调的,而相对于非利他的个人和社会而言,利他主义的个人和社会更具竞争力。现在,我们所要解决的问题是,何种形式的利他主义可能会被社会系统所采纳,不同形式的利他主义对社会系统的运作会产生什么样的影响。随机观测告诉我们,利他主义的一种特殊形式——对团体和团体目标的忠诚——看起来在人类行为中尤为普遍,对经济运行有着直接而显著的影响。因此,我们首先将会把注意力集中在团体忠诚上。

另外一个值得研究的问题是,为什么被认为植根于适应能力的自私,会如此频繁地表现为获取财富和/或权力的渴望?为什么人类行为中的常见经济动机会如所见的那样如此集中呢?我能对这一现象给出的(只是猜测性的)解释仍然是与利他主义相联系的。

6.1　团体忠诚的机制

98

人类的行为经常证明,他们会牺牲自己的利益,成就其所属团体的目标,这种团体可以是家庭、同年龄群体、雇佣他们的企业或其他组织、种族群体、宗教团体或民族团体,其类型不胜枚举。根据我们前面的分析,非常清楚的一点是,基于达尔文主义,所有社会中的利他税都是以提高该团体或征税(提供信息或建议的)团体的适应能力为主要目标的。也正因为如此,团体忠诚成为利他主义理论的一个直接结论。在简单的社会中,对于何种团体适应能力是重要的,并没有太大的不确定性;但是在更为复杂的社会中,这个问题本身就是非常重要的。现在,我们暂且忽略这个问题。

团体忠诚既有有关动机的因素,也有有关认知的因素,而前者更为明显。社会交流渠道试图通过引导使个人具备一种为提高团体适应能力——即团体生存、繁荣和增长的前景——而努力的愿望。同时,沉浸在团体事务中的个人所能接触到的信息也是经过选择的,他们将把注意力特别集中在会影响该团体的事件和那部分环境上。因为人只有有限理性,所以也就有必要只从实际情况中挑选出有限数量的变量加以关注,这也就使得决策环境高度偏向于团体自身的考量。个人对实际状况的框架性把握和描述将会被引向与团体有关的变量上去。

由于这些因素会导致人们的选择性关注(selective attention),那么,很“自然”地,团体中的成员将会从团体的角度出发来看待世界,也因此会采纳团体的目标和团体的世界观。由于选择性关注而产生的偏差以及随之产生的认知过程会进一步加强初始的动机偏差。

6.2　经济组织中的动机

我们所处的现代工业化生活常常被称为“市场经济”。这其实是一种名称的误用,因为我们的社会中,只有一小部分行为——甚至是经济行为——涉及通过离散的市场交易彼此作用的个人。人们的大多数行为是雇员行为或管理人员行为，而解释消费者的大部分行为的最好方法，不是将之解释为个人行为，而是解释为家庭行为。销售人员和买方代理人是根据各自所处的企业环境和企业目标行事的。在所有这些行为，包括严格意义的市场行为中，团体目标（商业企业、企业部门、家庭的目标）和团体对其所处状态的描述扮演着核心角色。

99

描述现代工业社会之运作的最佳途径是借助组织中发生的活动、市场中发生的活动以及这些类型的活动之间的彼此影响（Simon，1991）。现在，新制度经济学已经做出了勇敢的尝试，希望将组织中的活动与市场活动一样，作为企业行为的特例（Williamson，1985）。但是，这些例子是如此“特殊”，以至于我们需要一种大不相同的方法才能很好地对之加以分析。让我们首先看一下雇佣关系——这可能是对我们的研究目标最重要的一个例子。

6.2.1 雇佣关系

人们早就已经注意到，雇佣关系作为一种契约，有一个特征：它只是使用了非常宽泛和模糊的字眼来描述雇员应该提供的服务，而没有对这种服务进行精确的描述，只是规定，雇员应该完成组织所指派的、权力机构（经理人）命令或指示他/她去完成的“合理”行为（Simon，1951）。但是，这却类似于一张空白支票，有一些明确的约束，也有许多暗示的约束。其中暗含着的一层意思就是，雇员应该用他们的知识和技巧来完成各种指令，并与同事的活动相协调，以便尽可能有效地促进组织目标的实现。

新制度经济学一直都非常关心雇佣合同的执行问题（Williamson，1975）。为了找出在何种条件下，人们会偏好市场胜于组织，在何种情况下，人们会偏好组织胜于市场，新制度经济学指出，使用雇佣而不是其他类型的合同可以减少或者去除特定的“交易成本”；另外，雇佣合同所能控制的行为，只是那些能够被观测到、被评判的雇员行为，以使“正确的”行为（即促进组织目标的行为）能够得到奖励，而“不正确的”行为会得到惩罚。

用这种方法来看待问题，无疑使得组织和市场之间的界线变得十分细小和微妙，相应地也使解释组织，特别是特大型组织为什么能够在现代社会中占据优势地位变得困难起来。这类似于要抹杀雇员和独立承包人之间的差异。

100

如果我们进一步考虑了工人和管理人员接受企业或其他组织的雇佣时会导致的组织认知和动机特质，那么整个状况就变得更为明朗了。雇佣合同与买卖合同的差异并不仅仅是名称上的差别。它是一种关系，而且往往是一种长期存续的关系，它彻底地改变了人们描述决策条件的方式，改变了他们在决策过程中会考虑的信息，改变了他们在决策过程中会使用的方法和技巧。组织形成其特质的过程本身，就是以团体忠诚为表现形式、以利他主义为基础的，而这个过程正是雇佣关系的核心。

当然，确立雇佣关系并不能消除自私或者对竞争团体（例如家庭就是企业的竞争团体）的忠诚。确立雇佣关系所做的，是创造一种新的忠诚，这种忠诚既有认知因素，也有动机因素，在某些条件下，几乎可以支配行为（例如，如果我们相信很多报告的话，在一些日本工作团体中的确如此）。在其他条件下，除了那些可以被强制实施或加以奖励或惩罚的行为，忠诚几乎不会对行为产生动机性（与认知性不同）影响。"士气高涨"（high morale）这个术语经常被应用在那些组织特质（organizational identification）非常鲜明的情况下，关于何种条件会导致士气高涨或士气低落，士气的高涨与否对于生产率水平有某种影响，长期以来，特别是在第二次世界大战以来，我们已经积累了大量的文献。

6.2.2　组织边界

要对除雇佣契约本质之外的组织行为的许多其他方面进行现实的研究，也必须将对组织的忠诚纳入考量范围。例如，众所周知，组织分支机构的目标往往与组织整体的目标在局部范围内存在冲突——科室与部门之间、小组与科室之间也是如此。因此，管理人员和雇员的基本特质是与组织的哪一个层面相关联，这就成了非常重要的问题。我们不能只是单纯地假设，如果两个组织结合在一起（比如说，通过合并），它们就会像一个唯一的组织一样行事。合并将在何种程度上影响行为，取决于合并是否改变了组织的特质——这本身就是一个涉及许多变量的过程。

举另外一个例子。在很多情况下，会有两个组织通过契约关系联系在一起，这种联系非常复杂，使得这两个组织在很多方面的行为都表现得跟一个唯一的组织一样，而成功的基础则是成员统一起来共同努力，不是各自为政。例如，当一个组织为另一个组织的产品制造复杂的零部件时就会出现这种情况，此时，整个设计和制造过程都需要大量的协调工作。　101

6.2.3　所有制形式

人们不时会听到这样的说法，称组织的运行要有效率，利润动机是基本要件。为了对既存在私有制又存在公有制的行业中的企业进行效率比较，已经有很多人做了大量的努力，但是其结果却是非决定性的。证据表明，所有制形式并不会显著地改变效率。日常生活中的观察也告诉我们系统的结论。并没有明确的迹象，也没有什么可靠的证据能够表明，私有的非营利大学，其效率会高于或低于私人团体所办的学校，或者——再比如说——公立大学。

这些结论与我们的观察也是一致的，研究者对这类现象的观察至少可以追溯到 Berle 和 Means（1932），通过运用严格的经济学计算方法，同时不考虑组织特质,该研究指出,若现代公司中的经营管理人员只拥有少数股份,他们就几乎不会具备自私动机以使利润最大化和为股东利益服务。当观众逐渐注意到行政管理人员的高薪的时候,类似的有关动机的问题也被提出来了。

6.2.4 组织的生存和增长

如果我们给理论中附加了组织特质,我们就会看到,有很好的理由可以被用来解释为什么所有制形式并不是决定企业效率的主要因素。不管组织的目标是什么,它必须生存下来,而且往往只有其能够增长时才有可能实现这些目标。对所有组织而言,生存能力或适应能力要求它们能够获取足够的收入以弥补费用,而如果净收入只是勉强为正,经营管理人员的日子就变得艰难起来。

同效率一样,"组织的优点"也独立于所有制形式。在非营利组织中,盈余一般被用来扩大经营或者承担新的功能。它们是,也被认为是成功实现组织目标的证据。在私有公司中,利润一般是被用做再投资,以实现增长,而不是用来向股东分配。也许,它们的动机是不同的,但是,没有明确的证据来证明这一点。对于两种类型组织中的那些与组织目标一致的参与者而言,通过预算平衡生存是组织的"必须",而通过盈余的再投资实现增长则是一个重要的"优点"。

102

这些意见可以帮助我们解释,为什么收入和财富(现在我们所讨论的是组织而不是个人)常常被认为是经济活动的目标。金钱是一般等价物,企业为了掌握完成其目标所需要的资源,必须获得金钱(Simon,1952—1953)。收入相对于费用的正盈余是生存和成功的充要条件。

也许,在慈善组织看来,这一点是令人痛苦的(甚至是可怜的)。慈善组织常常要花费一大部分收入来完成募款活动。在这里,我们看到,为了实现组织及其捐赠者的利他主义目标,需要进行获取收入、谋求财富的"自私"活动。这个例子说明,把日常意义上的自私/无私之间的区别与演化理论中的自私/无私之间的区别联系起来,需要十分谨慎。

附带说明一下,同样的考虑也适用于政府机构。尽管这可能与大众观点相左,但是我还没有发现有经验证据能够表明政府在运用资源方面比具有相同目标的私人组织效率更低(在比较中,我们必须保持目标不变,因为目标的实现与否是否能够度量,对于效率有非常重要的影响)。

近年来的东欧经验,常常受到广泛的喝彩(至少在很短的一段时间之前是如此),被认为是证明利润导向型活动的决定性证据,但是,这些经验并不能提供很多有益的信息,至少有两个原因。第一,在其所涉及的大多数国家,大规模组织的有效管理层一直以来都没有得到广泛的发展。第二,并没有有效地运用甚至没有运用市场机制来为组织施加预算约束或协调组织之间的关系。

7　结　论

本章所提出的论点可以总结为以下五个简单的命题：

1. 人类行为中的利他主义（牺牲自己的适应能力以提高他人的适应能力）与新达尔文演化理论关于演化是由自然选择——即适应能力——决定的假设完全一致。

2. 在演化系统中，能体现出利他主义的物种具备两个特征，其一是有限理性，其二是从社会投入中学习的强大能力（人类）。接受社会影响所带来的适应能力的增加，会高于以利他行为的形式所支付的适应能力“税”。

103

3. 人类社会中的利他主义通常会采取组织特质和忠诚的形式，因为这种形式的利他主义会直接提高团体的适应能力，而团体的目标正是对行为施加社会影响。

4. 组织特质可以确保行为支持组织目标，是大型组织有效地从事经济活动的主要基础，其功效远高于强制执行和奖惩机制。

5. 雇佣关系是一种非常特殊的契约，其有效性取决于人与组织目标协调统一的倾向。如果这种统一性被创造出来并得以维持，雇佣关系就可以运作良好。而利他主义为创造并维持这种统一性提供了基本机制。

企业及企业演化理论要取得成功，就必须与一套正宗的研究组织中人的动机的理论结合起来；而后者的一个重要组成部分就是这样一个命题，即雇员和经营管理人员往往具有相当强烈的动机来确立与企业相一致的目标——提高他们所属的组织的适应能力。

在当今社会，新闻舆论对组织特别是政府组织和大型商业组织并没有什么好的评价，很可能是因为它们常常被拿来与完全效率的乌托邦理想状态来做比较。我们应该感兴趣的是在何种条件下我们的组织会更有效率，但是，我们并不能证明，去除了市场经济中存在的各种组织结构，市场机制能够实现当代工业社会已经实现的生产率水平。也没有证据能够证明，组织要有效运作必须要有利润动机。即便是在非营利组织中，只要有平衡预算约束，就仍然能够达到相同的结果，至少在生产率能够衡量时是如此。

参考文献

Berle, A. A., and G. C. Means (1932), *The Modern Corporation and Private Property*, New York: Macmillan.

Dawkins, R. (1989), *The Selfish Gene*, Oxford: Oxford University Press.

Nelson, R. R., and S. G. Winter (1982), *An Evolutionary Theory of Economic Change*, Cambridge, MA: Harvard University Press.

Schumpeter, J. A. (1934), *The Theory of Economic Development: An Inquiry into Profits, Capital, Credit, Interest, and the Business Cycle* (translated by R. Opie from the German edition of 1912), Cambridge, MA: Harvard University Press. [Reprinted in 1989 with a new introduction by J. E. Elliott, New Brunswick, NJ: Transaction.]

Simon, H. A. (1951), 'A formal theory of the employment relationship', *Econometrica* **19**(3): 293–305.

(1952–1953), 'A comparison of organization theories', *Review of Economic Studies* **20**(1): 40–48.

(1955), 'A behavioral model of rational choice', *Quarterly Journal of Economics* **69**: 99–118.

(1990), 'A mechanism for social selection and successful altruism', *Science* **250**: 1665 1668.

(1991), 'Organizations and markets', *Journal of Economic Perspectives* 5: 25–44.

Williamson, O. E. (1975), *Markets and Hierarchies: Analysis and Antitrust Implications*, New York: Free Press.

(1985), *The Economic Institutions of Capitalism*, New York: Free Press.

第5章　解构与增长：19世纪80年代至20世纪80年代间经济学中的生物学隐喻[1]

杰弗里·M.霍奇森

1　导　言

“演化”这个词在眼下的经济学中,可谓是炙手可热。从20世纪80年代起,把“演化”放在题目中的经济学著作与文章的数量迅速上升。[2]这场革命并不只是什么异端学说。一些重要的新古典经济学家,例如肯尼思·阿罗(Kenneth Arrow)和弗兰克·哈恩(Frank Hahn)等人都用生物学代替力学来作为未来经济学发展的灵感源泉(Anderson,1995;Arrow,1995;Hahn,1991,p.48)。

在过去的几百年中,生物学和经济学的关系已经相对固化,但也变得日益苍白;从其发展轨迹来看,可以称得上是双向的。尽管其中一些细节仍然存有争议,经济学家亚当·斯密和托马斯·罗伯特·马尔萨斯对查尔斯·达尔文的影响却已经是众所周知了(Hodgson,1993b,1995)。斯密和马尔萨斯著作中的竞争和奋斗思想不仅启发了经济学家,也为生物学提供了许多启示。

---

① 本文的早期版本发表于Hodgson(1999)。Royall Bradis、Paul Dale Bush、Bruce Caldwell、Kurt Dopfer、John Foster、Uskali Mäki、Richard Nelson和Malcom Rutherford等人参与了本文前期各稿的讨论,并提出了很多有益的评论,作者对他们表示感谢。

② 有关演化经济学以及各种互相竞争的所谓“演化”学说之演进的详细讨论,请参阅Hodgson(1995,1999)。

因此,在现代经济学理论的前景和背景当中,我们多少都可以看到生物学的隐喻。然而,更惹人注目的是,这些隐喻在不同时期的流行程度和用法多有不同。

新古典经济学兴起于19世纪70年代,其灵感来自于物理学而不是生物学(Mirowski,1989;Ingrao and Israel,1990)。但是,到了19世纪末期,经济学中的景象再一次被改变了。阿尔弗雷德·马歇尔写道:“经济学家的圣地麦加就是经济生物学”(Marshall,1890,p. xiv)。此外,一些重要的非正统经济学家则热情地接受了生物学,例如托斯丹·凡勃伦(Thorstein Veblen)。整体来看,1890—1914年间,生物学隐喻被经济学乃至社会科学的各个领域广泛援引。[③]

但是,在20世纪20年代末,经济学和社会科学已经不再热衷于应用生物学和进化论的各种类比。从那时起,人们不再继续探究如何将进化论思想运用到经济学中去,直到1950年阿门·阿尔奇安(Armen Alchian)发表了一篇著名的论文,这种局面才得以改观。考虑到最近——特别是在纳尔逊和温特在1982年发表其经典著作以来——“演化”思想的重现,我们有必要解释为什么在20世纪中叶的大部分时间生物学上的隐喻一直被忽视。

这里有一个不大引人注意的情节。在两次世界大战之间,美国经济思想中运用生物学隐喻的情况逐渐减少,通过关注这一点,我们可以对美国制度经济学的急速衰落给出更深入的解释。在20世纪20年代,制度经济学事实上是美国经济学的主流范式,但是到了1950年,它开始边缘化,逐渐让位给热衷于数学的新古典理论。此外,制度经济学从来没有在英国占据显著位置,但是,对生物学的抛弃却对马歇尔思想的发展具有非常重大的影响。

本章的目的就是讨论这些问题,特别是通过对这一时期的科学和意识形态背景的检视来讨论这些问题,所关注的焦点是英美经济学,但是其他国家的重要影响——特别是来自德国的——也会被考虑进来。

很明显,现代经济学家——例如纳尔逊和温特——对生物学隐喻的典型运用与19世纪的作家所涉及的生物宿命论、甚至种族主义和性别主义相去甚远。在社会经济背景下使用生物学隐喻,并不意味着要相信我们的行为在很大程度上或者全部取决于我们的基因。

然而,对1880—1990年这段时期的研究表明,社会科学对生物学类比的接受程度,与两个因素紧密相关,其一是生物科学的整体影响力,其二是学界对人性的生物基础的认可程度。相应地,19世纪末期西方世界有机生物类比广为盛行,与之紧密相关的,就是当时一个非常突出的现象,即人类行为在很大程度上

---

③ 有关马歇尔、凡勃伦、斯宾塞、熊彼特、门格尔、哈耶克及其他学者的详细讨论,请参见Hodgson(1992,1993a,1993b)。

可以由生物学提供解释。[④] 卡尔·代格勒(Carl Degler)(1991)指出,在维多利亚时代末期,社会科学家们已经广泛承认,人性有其生物学基础。　107

此外,社会科学家在 20 世纪初的几十年中排斥对人的性格和行为给出生物学解释的做法,因此,他们骤然放弃了生物学思想,相应的,生物学和演化论的隐喻也被拒之门外。这种排斥的状况一直持续了几十年,甚至到今天还有一些领域坚持这种态度。到 20 世纪 70 年代,生物学隐喻在社会科学中的应用更为自由,应用范围也更为广阔,这要归功于生物学和人类学中讨论更为多元化、更关注问题的多重原因或者说非化约主义的倾向。因此,生物学隐喻再一次在经济学和其他社会科学中取得了合法地位。采用此类隐喻,并不一定意味着要回归到生物学的化约主义中去。

然而,必须强调的是,在科学研究中使用隐喻,除了要注意在文学表达上要选择何种类比或方式之外,还有更多问题需要关注。已经有几位哲学家指出,隐喻在科学中扮演了建构者的角色,而不仅仅是"文学修饰"(Black,1962;Hesse,1966;Maasen,1995)。因此,经济学理论所选择的隐喻之本质以及与之相关的研究领域之特征似乎会对理论发展产生深远的影响。现代生物学和现代经济学的发展历程近距离平行,这意味着隐喻在科学发展的深层次上发挥了作用,影响其进程,尽管其践行者未必都意识到了这一点(Hodgson,1997,1999)。

生物学隐喻的运用这一问题与三个重要的哲学问题相关。

第一,有关本体论的问题。对于一些人而言,使用*有机生物*(organism)做隐喻的做法一直是与*有机主义者*(organicist)的本体论联系在一起的。根据有机主义者的本体论,实体之间的关系被看做是内部的,而不是外部的:一个要素的基本特征被认为是其与其他实体之间关系的结果。因此,在社会科学中,个人被认为是由其与其他个人之间的关系塑造的。与之相反,正如希腊原子论者或牛顿物理学中所描述的那样,在*原子论者*(atomist)的本体论中,各实体拥有与其同其他实体之间关系相互独立的属性。因此,个人被认为是既定的,新古典经济学和古典的自由政治思想即是如此。有机主义不认同原子论者,而后者的既定的出发点是,认为个人往往选择与环境相互作用的细胞或生物体作为隐喻。[⑤]

第二,化约主义的方法论存在问题。化约主义有时会涉及这样一种观念,即整体一定可以由其基本的组成部分完全解释。更一般地讲,化约主义可以被　108

④　正如 Bowler(1983)所讲的,达尔文的思想在 1880—1914 年间实际上已经不再流行了。直到 20 世纪 30 年代之后,达尔文思想才在与基因学的综合过程中得以重振。现在,大家普遍认为,现在被指责的"社会达尔文主义"中的很大一部分更接近于 Spencer 或 Sumner 的思想,而并非达尔文自己的观点。

⑤　要了解经济学中的有机主义思想,可以参阅 Winslow(1989)。

这样理解,即一个复杂现象的各个方面都一定能够由一个层面或者说同一个类型的个体解释。根据这个观点,除了这一根本基础之外,就不存在其他独立的分析层面,而且也没有什么新的属性可供其他分析层面作为基础。在社会科学中,从1870年到1920年间,化约主义盛行,而它往往以生物学的形式出现。相应的,也有人试图用人的生物学特征解释人和团体的行为。即使是在今天,化约主义依然广泛地存在于社会科学中,但是它主要是以方法论上的个人主义形式出现,坚持要解释社会结构和制度,必须完全依赖于个体层面进行。无独有偶,从20世纪60年代起,也一直有人在努力为宏观经济学寻找"可靠的微观基础"。然而,还存在着一些其他形式的化约主义,包括认为应该用整体解释部分的"整体论"(holism)。与化约主义相反,有一种观念认为复杂的系统展示出不同层面上的突现属性(emergent properties),因而不能完全地简化到某一个层次上,也不能用某一个层面完整地加以解释。⑥

第三,是经济学与社会科学中数学模型的应用及其影响力的问题。从20世纪30年代起,经济学中的数学建模现象急剧增加。但是,多个国家数千位经济学家60年的努力只产生了一些零散的结果。即便是假定偏好函数固定,事情也是极端复杂的;而在大家看来,要推翻此类已经确定的基本假设,事情会变得更为复杂。因此,之所以要把个人看成是具有固定偏好的、社会的原子,一个原因就是要提高进行数学处理的可能性。尽管生物学领域内已经产生了正式的数学建模实践,但是,随着越来越多的人认可了生物系统的开放性和复杂性,更倾向于推理论证的方法反而得到了保护。

生物和演化论隐喻在社会科学中的应用已经有相当长的历史了。但是,我们所关注的时期是从19世纪末期开始的。一个世纪以来的故事是复杂多面的,这里必须对其做一个概略性的说明。请恕我要对如此复杂的故事做这样初步的概括介绍,只因本文是专门讨论20世纪20年代起经济学中的演化论和生物学类比陷入衰退、又在1945年后得以复兴这一问题的首批作品之一。⑦

109

2 1914年前德国社会科学中的生物学隐喻

查尔斯·达尔文和赫伯特·斯宾塞(Herbert Spencer)在英格兰成为新星之前,在德语世界中,社会科学领域中的有机生物类比是十分常见的。Michael

⑥ Bhaskar(1975,1979)强调了出现突现属性的可能性。有关方法论上的个人主义问题,请参阅Hodgson(1988,1993b)。想了解寻找微观基础的工作所遭遇的失败,请参阅Kirman(1989)和Rizvi(1994)。

⑦ 也有部分例外,见Degler(1991)和Persons(1950),他们对经济学的涉及相对很少。

Hutter(1994)指出,此类有机生物隐喻在德国的根基可以追溯到18世纪乃至18世纪以前。许多德国社会科学家对生物组织和社会组织进行了广泛的比较。随着德国历史学派的兴起,对有机生物隐喻的严重依赖可以说是显而易见的。这一点在卡尔·克尼斯(Karl Knies, 1853)、威廉·罗塞尔(Wilhelm Roscher, 1854)、保罗·冯·利林费尔德(Paul von Lilienfeld,1873—1881)和艾伯特·谢夫莱(Albert Schäffle, 1881)等人的著作中尤为明显。

在德语世界中,有机生物类比采取了许多种形式,跟多种命题联结在一起,包括对有机主义本体论的描述、对个人所受社会影响的认同、对整个社会经济体系中的系统相互依赖的认识以及明确参照有机生物体成长过程的历史"阶段"理论。与之广泛相连的另一个命题是,在对社会经济系统进行分析时,可以认为它有自己的意志和想法,而这种意志和想法凌驾于个人的意愿之上,就好比有机生物体的大脑和神经系统高于其个体器官和细胞一样。[⑧]

1883年卡尔·门格尔(Carl Menger)出版了他的《社会科学方法论》一书,开始了方法论(Methodenstreit)上的热烈讨论,这使得历史学派在德国和奥地利的影响达到了巅峰。这里,我们无须深入探讨这场著名的论战。我们只需要注意到一点,即门格尔所针对的对象并不是有机生物或生物学类比的运用,而是这样一种观点,即独立意志或目标可以归因于"社会有机体"。这个观点深深地吸引了门格尔的批判性笔墨。尽管生物学类比不是门格尔的主要焦点,但是,他的评论却使得德国社会科学中的生物学类比大幅减少。

110

门格尔指出,一些制度是个人有意识地创造的,但是许多其他制度却不是。他强调,社会制度往往会脱离众多相互作用的个人的有目的的行为,进行无意识的演化。必须摒弃社会制度是建立在"社会意志"之上的这种解释,因为考虑到个人有目的的行为,这种解释无法自圆其说。因此,门格尔被当做"整体论"的批判者和方法论个人主义的早期建构者为世人铭记。

《社会科学方法论》一书的破坏力是如此之强大,以至于在它盛行的20年内,对有机生物隐喻的应用在德国和奥地利变得不再流行,一直到20世纪初期。取而代之的,是一些方法论个人主义者的涌现,例如约瑟夫·熊彼特(Joseph Schumpeter)。历史学派本身从这一打击中存活了下来,但是它对生物学类比的应用变得更为有限。更形式主义的、更倾向于机械论的模型取得了胜利。正如Hutter(1994, p. 306)所说的,第一次世界大战之后,在德国和奥地利,"经

---

⑧ 值得注意的是,在1873年至1881年间,Lilienfel曾指出,社会实际上是一个有机生物体,而Schäffle在1875年至1881年的作品则有不同,后者将有机生物类比看成是恰当的,但不只是文字上的。在Schäffle看来,无论是从生物学意义上讲,还是从生理学来看,社会都不是一个有机生物体,但是其象征意义上的和技术上的一贯性使得它具有了类似于有机生物体的属性。在此基础上,Schäffle将准达尔文主义原则应用到了社会经济系统当中,和其他人一样,他把集体而不是个人看做是被选择的单位。

济学思想中充斥着机械论的范式”。德语国家中对演化论思想的反对浪潮如此汹涌，以至于连熊彼特(1934, p. 57)都在1912年承认，“目前，在我们所处的领域中，演化论思想已经失去了信任”。[9]

3 赫伯特·斯宾塞、阿尔弗雷德·马歇尔、约翰·霍布森和英国的生物学隐喻

在英国，1870—1920年间，生物学的化约主义十分常见。大家普遍相信，社会进步最终取决于人类的基因遗传。这类观点不仅流行于自由主义者中间，也流行于保守派内部。1912年，在伦敦举行了首届国际优生学大会(International Congress of Eugenics)，英国的自由主义思想家如约翰·梅纳德·凯恩斯、哈罗德·拉斯基(Harold Laski)、西德尼和比阿特丽斯·韦布(Beatrice Webb)等人都自认为是优生学运动的追随者。20世纪二三十年代，优生学在美国社会科学家中间也有大量的追随者。

111 在19世纪的最后30年，赫伯特·斯宾塞对社会科学和生物科学都产生了巨大的影响。他试图构造一套完整的思想体系，将自然科学和社会科学都囊括进来。他在大众当中和知识界所产生的影响都是巨大的。至少在19世纪的最后30年中，他的声望甚至很可能超越了达尔文。

斯宾塞建立了一套社会演化理论，而这套理论深受德国理论家的影响。相应的，斯宾塞也对一些德国理论家产生了有力影响，特别是谢夫莱(Bellomy, 1984, p. 141)。这里我们所关心的并不是斯宾塞有关社会经济演化过程的观点，而只需要注意到他的观点与达尔文的自然选择学说在某些关键方面有所不同(La Vergata, 1995)。斯宾塞强调的是有机生物对环境的适应过程，而不是环境选择有机生物体的过程，在这一点上，他更接近让·巴普蒂斯特·拉马克(Jean Baptiste Lamarck)而不是达尔文。

斯宾塞常常将社会比作一个活着的有机生物体。但是，严格来讲，它的本体论并不是有机主义的；只是在社会和生命体之间做一个类比，并不足以称之为有机主义。个人主义者和原子论者的观点并不一定需要拒绝社会概念，也不需要否定人类之间的重要的相互作用。斯宾塞的理论始于个人，并得出了个人主义的结论。他从社会中看到的，只是有限种类的不变性。社会仍然是用机械论的术语来描述的。他认为，社会只是追求各自目标的、自我约束的个人之间

---

[9] 熊彼特并不信奉生物学隐喻。他写道，“求助于生物学毫无用处”(Schumpeter, 1954, p. 789)。然而，熊彼特仍然极具洞察力，并对现代演化经济学家产生了重大影响，例如纳尔逊和温特。要详细了解熊彼特的所谓“演化经济学”，请参阅 Hodgson(1993b)。

的相互作用,加上连接这些个人的社会安排。[⑩]

总之,斯宾塞关于社会经济演化过程的观点是个人主义的、决定性的(deterministic)和化约主义的(Burrow,1996;La Vergata,1995)。他并没有讨论突现属性,也没有讨论更高的、不可化约的分析层次。他的思想实际上属于19世纪维多利亚时代的个人主义思潮,在那里,科学上的声望服从于机械论思维,正如阿尔弗雷德·诺思·怀特海(Alfred North Whitehead,1926,p. 128)所说的,甚至连生物学也在盲目地模仿"物理学的举止"。

很多理论家都对马歇尔产生了影响,但是最初也是最重要的莫过于斯宾塞(Hodgson,1993a;Thomas,1991)。此外,马歇尔曾数次访问德国,讲德语的经济学家对他的影响是广泛的(Streissler,1990;Hodgson,2001b)。包括黑格尔、生物学家恩斯特·赫克尔(Ernst Haeckel)和前面提到的谢夫莱等人在内的德国学者都对他有一定的影响。在这些形形色色的思想基础上,马歇尔建立了自己的一套新古典经济学理论。　112

马歇尔的《经济学原理》第一版出版于1890年,当时斯宾塞的声望正处于最高峰。马歇尔看到了生物学类比与经济学的相关性,但是他还是没有将之全面发展。Thomas遗憾地总结道:经济生物学"仍然只是一种期望,而非现实"。

从《经济学原理》的第五版开始,马歇尔在每一版的前言中都重复着他那句著名的"经济学家的麦加圣地"。但是,他推迟了计划中的有关经济动力学的《经济学原理》第二卷的出版。1903年,斯宾塞与世长辞,在此后一些年中,大家对他的观点失去了兴趣。马歇尔失去了他的指路明灯。事实上,斯宾塞哲学(Spencerian)的影响阻挠了演化分析的充分发展。马歇尔生物学的斯宾塞哲学特征意味着,在斯宾塞身后,他的追随者能够相对容易地用更接近于牛顿力学的概念将这些斯宾塞哲学特征替换掉。斯宾塞的大部分追随者并不像他本人那样对力学模型持保留态度,也不像他那样对从生物学圣地那里寻找启示和灵感的行为心存担忧。

虽然马歇尔从生物学中得到了许多启示,但其目标并不是推动经济动力学方面的跨学科研究项目,因此,他的观点也就被大家所忽视了。正如Nicolai Foss(1991,1994b)和Neil Niman(1991,p. 32)所指出的那样,马歇尔后来的追随者忽略了马歇尔思想中的生物学部分,并放弃了沿着这类思路重塑经济学的所有努力。作为马歇尔的非常有影响力的继承人,阿瑟·庇古(Arthur Pigou,1992)并没有沿袭马歇尔的思路,而是转为从物理学中寻找灵感,在他那里,代

---

⑩ 正是他思想中的这一面,促使埃米尔·迪尔凯姆(Emile Durkheim)在1893年出版的《社会中的分工》(*The Division of Labour in Society*)一书中对斯宾塞做出了堪称经典的批判。有关迪尔凯姆如何使用有机生物类比,参见Hejl(1995)。

表性企业成为机械均衡中的企业(Pigou,1928)。Scott Moss(1984)指出,均衡概念的建立和发展是与异质经济行为人的存在这一事实不相符的。生物学轻松地就被从马歇尔学说体系中抹去,并为经过强化的力学隐喻所替代,这说明马歇尔在他的《经济学原理》一书中只是在很有限的范围内引入了生物学的观点,而且这种引入本身也是存有缺陷的。

与马歇尔不同,约翰·霍布森(John Hobson)一直被英国的主流经济学排除在外,也从来没有在大学中任过教职。而与马歇尔相似的是,霍布森也深受德国经济学家有机生物体类比的影响。但是,霍布森的有机论更为有力,也更为持久。与马歇尔不同,他受到了托斯丹·凡勃伦的影响。他从自己的有机论中得出了一些有力的方法论上的、反化约主义的结论,他写道:"一个有组织的单位或整体,并不能通过分析其各组成部分得到充分的解释:它的整体性是一个全新的产品,尽管从某种意义上讲其属性是从其组成部分中衍生出来的,但却是不能从其组成部分中探知的"(Hobson,1929,p.32)。霍布森由此提出了突现属性的观点,指出存在更高的、不可化约的分析层次。

113

霍布森可以说是激烈地拒绝了力学隐喻,认为这类隐喻"挤出了人性",并否定了人的创新性和创造力(Freeden,1988,pp.89,173)。他毫无顾忌地忽视了门格尔《社会科学方法论》中的观点,认为制度(例如国家)是和有机生物体类似的。霍布森明确地指出,此类制度可以像形容有机生物体那样进行描述,与生命体一样,制度也有自己的意志。凯恩斯(1936,pp.19,364—371)很晚才泛泛地认可了霍布森的重要性,而除此之外,他的观点在很大程度上一直被经济学家所忽视。

1924年,马歇尔逝世,而在那个时候,经济学家和生物学家之间的对话实际上已经停止,至少在英国大学的围墙之内是如此。Gerald Shove(1942,p.323)为纪念马歇尔诞辰100周年撰写了一篇著名的文章,他在文章中指出,主流经济学中,有"一种抵触生物学方法、向力学回归"的趋势。凯恩斯革命并没有扭转这一趋势,下文将对此进行详细的说明。

生物学隐喻应用的减少,并不只是因为马歇尔的研究。为了给出一个全面充分的解释,我们必须要考虑20世纪前30年中社会科学的一些重要发展,特别是在美国取得的发展。

4 生物学类比和制度主义在美国的兴起

1914年以前德国大学对美国学术界的影响不应该被低估(Herbst,1965)。在世纪之交,"大多数较为年轻的美国经济学家都去德国接受博士后教育,在那里,德国历史学派的成员向他们传授知识技术”(Morgan,1995,p. 315)。斯宾塞在美国的影响也是十分巨大的,并得到了美国经济学的奠基者的明确认同,例如 Richard Ely(1903,pp. 6—7)。跟他的许多同行一样,Ely 也曾经游学德国。

此外,一些崭露头角的美国社会学家,例如威廉·格雷厄姆·萨姆纳(William Graham Sumner)、莱斯特·弗兰克·沃德(Lester Frank Ward)和弗朗兹·博厄斯(Franz Boas)对这一代人也产生了深刻的影响。尽管萨姆纳、沃德和博厄斯的理论和政策建议各有不同,但是他们都信奉进化论(evolutionism)。美国新古典经济学家约翰·贝茨·克拉克(John Bates Clark)也遵循了这一方式,用从斯宾塞生物学中取得的有机生物体隐喻和形象装点他的《财富的哲学》(1885)一书。如同在英国和德国一样,有机生物体隐喻被广泛地采用。像霍布森那样,最主要的社会理论家,例如 Ward(1893)、Franklin Giddings(1896)和 Henry Jones Ford(1915)等都将国家或社会看做是一个有机体,有些时候甚至有自己的意志。 114

实用主义哲学家,例如查尔斯·桑德斯·皮尔士(Charles Sanders Peirce)和威廉·詹姆斯(William James)等人,也受到了生物学之发展的影响(Scheffler,1974)。1890 年,詹姆斯的《心理学原理》(*Principles of Psychology*)一书出版,在这本颇具影响力的著作中,他指出,许多人类行为是由被继承下来的本能所决定的。在之后的数年中,本能理论在英国和美国都占据了优势地位。本能心理学在 William McDougall(1908)那里得到了更进一步的发展。[11]

正是在这种背景下,凡勃伦于 1898 年在《经济学季刊》(*Quarterly Journal of Economics*)上发表了他的演化论声明,他提出了这样一个问题:“为什么经济学不是一门演化科学?”这篇文章利用达尔文主义,奠定了美国制度主义的基础。在他随后出版的《有闲阶级论》(*Theory of the Leisure Class*,1899)中,凡勃伦提出,达尔文的多样性、遗传和选择原则应该被应用到经济学中去,而制度——建立在人类的本能和习惯的基础之上——就是被选择的单位。他赞同用达尔文主义的演化隐喻替代力学式的类比,彻底重建经济学。Richard Hofstadter(1959,pp. 152—155)这样评价他:

> 其他经济学家在达尔文科学中看到的只是一系列能够用来证实传统假定和规则的、看似有理的类比或新奇的修辞用语,而凡勃伦却认为,可以从达尔文科学中获得重新织就经济学所需的全部纤维材料。

值得注意的是,与大多数同时代人不同,凡勃伦的方法既是相互作用的,又

---

[11] McGougall 曾在剑桥大学和牛津大学任教,随后在哈佛大学担任教授。

是反化约主义的。[12] 他信奉相互作用观点,强调"在任何时点上,行为人及其所处的环境都是上一个过程的结果"(Veblen,1898,p.391)。尽管凡勃伦承认社会生活的生物基础,但是,他却反对人类行为可以简单地纯粹由基因遗传来解释这一观点(Veblen,1909,p.300)。

115

> 如果……不是所有的人都在制度结构所提供的传统阵地上根据传统价值观行事,而是完全直接根据非传统的倾向和遗传下来的人的自然特性所决定的行为基础和价值观行事,那么,也就不会有所谓制度和文化了。

前面这些话及凡勃伦的其他言论表明,他承认存在不同的、不可化约的分析层次,并拒绝生物学的化约主义。

尽管凡勃伦为一个新的经济学思想流派提供了灵感,他的追随者们只是轻微地推进了他建立演化经济学的理论研究计划。约翰·康芒斯(John Commons,1934)草率地对待量子物理学的隐喻和演化过程,认为此类类比只有非常有限的作用。特别地,对于康芒斯(pp.99,119)来说,将社会和有机生物体进行比较只是一个"错误的类比"。康芒斯和其他制度主义者遇到一个共同的困难,即当时的演化生物学发展得还十分有限。而实际上,生物学正在经历一场危机。达尔文没能解释清楚遗传机制,也无法解释生物多样性的来源。一直到1940年以后,将孟德尔的遗传学和达尔文生物学结合起来的新达尔文大综合取得了胜利,这一缺陷才得以弥补。

5 美国社会科学界对生物学的反对

生物学内部存在的问题并不是唯一受争议的地方。人们的另一个担忧是对科学的意识形态上的滥用。例如,在美国,20世纪初遗传学的建立刺激了对人类性格和行为的种族主义和男性至上主义解释。一些科学家和思想家认为天资和行为的多样性在很大程度上甚至全部决定于基因。在反对这种观点的过程中,这种从以生物学为基础的社会科学中得出的种族主义和男性至上主义解释,日益成为美国学术界自由主义者的困扰。[13]

来自于德国的犹太移民、人类学家博厄斯深深地受到了自由主义和强烈的

---

⑫ 本章谈论了两种形式的相互作用观点。第一种认为,行为人和结构相互作用,并互为条件,因此,单纯从行为人或者结构出发对之进行解释是没有理由的。第二种观点则认为,社会经济系统与它们的生物基础相互作用,因此(a)单纯基于生物学的解释是不合适的,而(b)一些社会经济现象的完整解释可能会涉及生物学因素(Hirst and Woolley,1982)。这两种形式的相互作用观点是相互一致的,而且共同反对化约主义。

⑬ 这一节中的许多信息和观点来自于Degler(1991)。

反种族歧视观点的鼓舞。他把文化和社会环境视为影响人类性格和才智的主要因素,并认为其对一些生理特征也有显著的作用。值得注意的是,博厄斯是在现代学术和人类学意义上首先使用“文化”这个术语的学者之一。[14]

116

主要是受到博厄斯研究的影响,许多重要的美国社会学家推翻了本性比环境因素更为重要的观点。在1900—1904年间,一些主要的社会学家,例如查理斯·埃尔伍德(Charles Ellwood)、卡尔·凯尔西(Carl Kelsey)和霍华德·奥德姆(Howard Odum)等人放弃了用与生俱来的生物因素解释人类行为的观念,认为人的特性是可以锻造的,而环境对其影响最为重大。在第一次世界大战接近尾声的时候,已经有很多社会学和人类学的教科书在宣扬博厄斯的观点。

博厄斯并没有否认生物因素对人的身体和精神特征的影响。他只是发现社会文化更为重要。但是,博厄斯的学生阿尔弗雷德·克鲁伯(Alfred Kroeber)走得更远。他在1910—1917年发表于《美国人类学家》(*American Anthropologist*)杂志上的文章中指出,社会科学无论在方法上还是在内容上,都应该与生物学分隔开来。在克鲁伯看来,生物遗传在人类历史中没有什么作用。要理解“文化”这个概念的含义和应用,取得对生物学的独立是必不可少的。

在19世纪90年代,生物学家奥古斯特·魏斯曼(August Weismann)有力地论证了后天获得的性状的非遗传性,这对拉马克主义(Lamarckism)和斯宾塞主义(Spencerism)来说是重重一击。1916年,克鲁伯利用魏斯曼的主张来支持自己的文化概念。魏斯曼认为有机体及其基因遗传之间存在某种障碍,这个观点给了克鲁伯很大启发,他由此认为生物学不能解释社会和文化上的成就。

但是,种族主义并不是拉马克主义的必然结论。对于19世纪的思想家,例如莱斯特·沃德(Lester Ward)而言,拉马克主义认为后天获得的性状有可能遗传的这一观点,在早些时候曾经是反种族歧视的理论基础(Degler,1991,p.22)。拉马克主义的有机体可塑性观点表明,环境会影响人的本性。与此相反,克鲁伯用对拉马克主义的驳斥(refutation)来批驳种族主义和人类的适应性。讽刺的是,拉马克主义的有效性或其他方面对于这一意识形态的争端并无任何帮助。

然而,这中间潜在的理论变化却是巨大的。对于沃德而言,人体和人类社会都会发生变化。但是,对于克鲁伯来说,可以控制的是文化,而不是人体。为了达到这个结论,克鲁伯断言文化比基因遗传更为重要,同时将生物学和社会

---

[14] 在较早一些时候,这个概念就已经得到了发展,特别是Sir Edward Tylor(1871)和Lewis Morgan(1877)在这一方面颇有建树。但是,这两位作者都信奉文化发展的目的论和单线论。Morgan在为文化发展提供心理和生理解释的道路上退缩了,而Tylor只是模糊地暗示了文化本身也在经历演变或者表观变化。

科学彻底区分开来,这一点争议也更大。长期以来,这一争论的重要性都没有减弱。

博厄斯的另一位学生玛格丽特·米德(Margaret Mead)延续了克鲁伯的论证思路。1928年,她出版了《萨摩亚人的成年》(*Coming of Age in Samoa*)一书,提出了证明文化优于生物学的经典例证。到20世纪20年代,美国的社会学家已经广泛地接受了博厄斯关于智力成果(intellectual progeny)的观点。博厄斯的另一位学生鲁思·本尼迪克特(Ruth Benedict)于1934年出版了同样十分有影响力的著作《文化的模式》(*Patterns of Culture*),进一步巩固了这一胜利(Degler,1991,p.206)。

117

生物学和社会科学已经是各行其道。整个西方学术界都体会到了这一转变的影响。那些坚持认为生物学可以解释人类行为的某些差异的人,在这场学术争论中落了下风,也因为对种族主义和性别歧视的谴责而被视为在道德上败坏的群体。随着法西斯主义在欧洲和东亚肆虐,这种理论立场在自由的西方学术界越来越难以为继。[15]

无独有偶,在同一个时期内,社会科学中占据优势地位的对研究方法的看法也发生了变化。越来越多的人认为,社会科学必须取得其"科学"证明,而这一点应该通过模仿那些被认为可以在自然科学中发挥作用的、经验论和演绎派的方法实现。"社会达尔文主义"中对生物学思想的滥用被看成是一个严重的警告。对于许多人、包括马克斯·韦伯来讲,这些现象都在促使他们努力使社会科学成为"不受价值观影响"的科学(Hennis,1988)。在这种气候下,孔德(Auguste Comte)建立的实证主义哲学便在青睐中成长起来。在20世纪20年代末期,孔德的实证主义又被颇具影响力的"维也纳学派"(Vienna Circle)的逻辑实证主义所取代。

心理学领域也有一些相关的类似发展。19世纪90年代,威廉·詹姆斯诉诸达尔文主义,主张许多人类行为都是由本能决定的,而前面提到的人类学和社会学中的趋势却侵蚀了这一观念。早在1909年,美国心理学协会(the American Psychological Association)主席查尔斯·贾德(Charles Judd)便批评了詹姆斯和麦克都克尔(McDougall)的研究以及本能这一概念。主流心理学家认为,本能所提供的解释都不能通过实验来证明。以本能为基础的人性理论没有可信的经验证据,又明显难以通过实验手段加以验证,这在一个对实证主义的追求甚嚣尘上的学术氛围中无疑会为其招来毁灭性的谴责。

---

[15] 将个人比作为国家这个有机生命体服务的细胞,意味着国家的福利优于个人,20世纪30年代,这一隐喻被用来为法西斯主义服务。但是,如果只是因为其容易被滥用而反对所有的生物学隐喻,那也是站不住脚的。例如,斯宾塞就曾用类似的隐喻来支持个人主义的政治哲学。

到了20世纪20年代早期,连人类和其他有机生物的性本能的存在性都受到了批判。伯克利大学的心理学家郭任远(Zing Yand Kuo)断言,一切性欲都是社会条件作用的结果。在一份极端性的环境主义者立场声明中,郭任远声称,所有行为都是环境刺激的直接结果,而不是遗传因素的表现(Degler,1991,pp. 158—159)。 118

1913年,约翰·沃森(John Watson)建立了行为心理学,在动物实验的基础上指出,条件是主要影响因素,而本能只是次要的。他认为环境很有可能会影响行为,这一观点可谓十分激进。行动主义者对意识和反省等"不科学的"概念进行了批判,认为这类概念没有实验基础,因此,它们必须被从科学当中剔除出去。对目的、意识和认识力的考虑被视为"形而上学",从而被轻蔑地抛弃了:"在科学研究中,仅仅是提到这些应该被遗弃的词语都可能会立刻失去关注和听众"(Matson,1964,p. 174)。行动主义者所关注的是可以用经验证明的行为。与此相联系的,是科学家们日益增长的对实证主义的坚持。行动主义(behaviourisim)对可度量性和对实验的依赖使其拥有了不受感情影响的客观性意味(Lewin,1996)。

行动主义的兴起并不直接意味着心理学和生物学的分裂。实际上,受达尔文和其他人的精神性唯物主义(mental materialism)和反二元论的启发,早期的行动主义者认为,人和其他动物的心智能力之区别只是程度上的差异而已。这与詹姆斯和麦克都古尔的本能心理学不同,后者认为人的智力是一系列特定功能的才能和本能的集合。与此相反,"心智一致性教条"(doctrine of mental continuity)则是在鼓励利用对鸽子和老鼠的实验来研究人类特征。然而,最终心理学和生物学之间的分歧加深了,行动学者高度强调环境条件的作用,以至于漠视了每一个有机生物体特别演化出来的能力。学习被看做只是环境刺激的问题,演化所赋予人类的各种各样的心智能力完全被忽视。生物学和心理学分道扬镳。

抗议的声音显得单薄并在逐渐老化。McDougall(1921,p. 333)辩称,一旦人类的本能被成功地从心理学理论中清除出去,就会导致"向19世纪中叶的享乐主义的功利主义(hedonistic utilitarianism)这一社会哲学的回归"。Whitehead(1926)指出,科学错误地将个人看做没有真实目的性或创造力的机器,但他的论证只是徒劳。但是,随着行动主义在20世纪20年代的兴起,人类的本能行为这一观点被边缘化了。William James达到其巅峰后仅仅30年,本能这个概念实际上就从美国心理学中消失了。

1880年至1920年间,另一个发生了重大变化的方面是最普遍的关于科学的概念。到20世纪20年代,沃森的追随者都信奉实证主义,并将所有不能直 119

接度量、不能用实验检测的事物看做是不科学的而拒绝接受。科学似乎回避了形而上学,而进入了一个实证主义者和技术统治论者的时代。

在这里,我们不可能讨论影响这些思想转变的所有因素。不过,以前的研究已经发现了一个非常有力的意识形态因素。例如,为了解释行动主义为什么会在心理学领域取得胜利,Lauren Wispé 和 James Thompson(1976)指出,这与美国人崇尚自由主义、民主和个人自由的意识形态有关。对于美国人来说,这些价值观意味着他们可以塑造自己的个人命运。另一方面,达尔文的进化论似乎又在暗示,基因或本能已经为个人编好了程序,而他/她并不能控制基因和本能。Degler(1991,p. viii)在对各种证据进行了广泛的审视之后,也认为美国思想界的这种转变跟美国社会中的个人主义和强烈的上进氛围有莫大的关系。

> 已有证据表明,坚信世界可以变得更自由、更公正的这样一种思想或者说哲学信念在从生物学到文化的转变中起了十分重要的作用。科学,或者说至少是一些特定的科学原则或创新性的学识也在这种转变中发挥了作用,但却是有限的。最主要的推动力来自于人们建立这样一种社会秩序的愿望,即天生的、不变的生物性不会影响社会团体的行为。

更进一步地,社会科学对生物学和进化论思想的排斥往往也是出于另一个原因,即人们担心可能会因此而纵容种族主义和其他反对思想。因此,Donald Campbell(1965,p.21)指出,之所以在很多年里社会学都回避演化思想,是因为“在早期,演化观点就已经被主张殖民主义的特权阶级和种族至上主义者的反动政治观点污染。”

20 世纪的前 40 年中,种族主义流行,法西斯主义也日渐兴起,在这种背景下,上述的发展是容易理解的。[16] 但是,必须承认的是,这些发展是由意识形态因素推动的,而没有明确的科学证据支持。没有人曾决然地推翻基因遗传会影响人类特性和行为这一观点,直到今天也没有人做到这一点。如同 Steven Rose 等人(1984)强烈主张的那样,事实可能是,限制我们的成就的是社会因素,而不是基因因素。但是,这并不意味着基因对我们的本性与行为的影响就不存在。更确切地说,它意味着生物决定论是没有根据的,而仅只是用生物因素来解释人类各种现象的做法也是行不通的。

120

⑯ 生物决定论激怒了美国和欧洲的左派及自由主义者。两次世界大战之间,人们对生物决定论的抵制不光可以解释美国行动主义的兴起,也可以解释苏联的斯大林偏好 Lysenko 的拉马克主义理论、反对达尔文主义这一事实。

6 生物学的凋敝和美国制度主义的衰落

在19世纪末期的"黄金时代"之后,社会科学中的演化主义在20世纪日渐滑落到了 Stephen Sanderson(1990,p.2)所称的"黑暗时代"。

> 在这一时期,演化主义受到了严厉的批评,开始被认为是一种过时的方法,有自尊心的学者不应该认真对待它……即便是说到"演化"这个词语,也会让自己的学术声誉面临严重风险。

然而,在19世纪,社会科学中的演化主义并不总是以生物学为基础的,而它也只不过是时代的受害者。对在社会科学中引入生物学的反对意见十分广泛,其另一位受害者是马歇尔的"经济生物学"。更为戏剧性的是,美国经济学界对生物学和演化主义的全面反对,甚至促使制度主义被边缘化,并帮助新古典主义获得了胜利。人们已经注意到,凡勃伦建立演化经济学的计划因为1900—1940年间达尔文生物学所遇到的问题而受阻。因为没有能够建立起一套足以与新古典主义或马克思主义相抗衡的理论体系,制度主义危如累卵。

此外,因为对科学方法论的主流认识发生了转变,制度主义也受到很大影响。在世纪之交,以科学的名义,美国社会分析领域主张化约主义和方法论上的个人主义的呼声很高。1907年,社会学家比昂·斯莫尔(Albion Small)因为他的"社会力错误"(social forces error)而饱受攻击。正如多罗锡·罗斯(Dorothy Ross,1991,p.341)所指出的,许多批评家,例如

> 爱德华·C.海耶斯(Edward C. Hayes)……希望社会学能够采取"严格的科学方法"来研究可以观测的行为,而不是去研究精神状态。把动机当做"社会力"实际上是想要寻找一个形而上学的解释,更类似于求助于生物学中的"生命力"。到1910年,他在一些社会学会议上对"社会力错误"发出了全面的攻击,一位评论者认为他的行为无异于是在鞭打死马,徒劳而已。

这是美国式的方法论。有机生物体类比的流行程度日益降低,促使思考方式向化约主义转变。思想界的这一趋势聚集了抵制所谓"社会相互论者"(social interactionists)的力量。于是,在1927年,社会学家 Floyd Allport 宣布,"'自然科学的方法论'要求社会学同时放弃'团体'和'制度'的概念"(Ross,1991,p.433)。社会相互论者也做出了反应,他们认为,相对于团体而言,个人只不过是一个相对固定的单位,而社会中的刺激和社会关系会影响社会行为。尽管受到这类抵制,化约主义的思想——认为"科学方法论"的权威性是虚假的——还

121

是给制度主义者带来了莫大的打击。约翰·康芒斯的"集体行动"概念看起来更是尤为脆弱。

在20世纪20年代的美国,实证主义的胜利和本能心理学的退出流行,都给制度经济学的实用主义基础造成了沉重的打击。Peirce和詹姆斯的实证主义观点是塑造制度主义的重要力量。但是,实证主义的兴起意味着Peirce在方法论上超越演绎和归纳的计划被搁置了。Peirce式的和其他形而上的本体论推断不再流行了,并且被证据和实验所取代,而后者所凭借的是对其无须协助的权威性的、近乎天真的信任。本能心理学的迅速衰落也给制度经济学带来了很多严峻的挑战。由于失去了此类心理基础,制度主义学者对理性行为人范式的批判受到了严重的损伤并大大削弱。考虑到其核心理念遭受到了这样的冲击,凡勃伦和康芒斯的制度主义还能持续那么久,的确是让人惊异。

除了制度主义以外,习惯这个概念也跟着本能的脚步被放逐。习惯的概念曾经在迪尔凯姆·韦伯(Durkheimhe Weber)的著作中占据了首要地位,但是,在20世纪初左右,这个概念被有目的地从社会学中剔除了(Camic,1986)。由于行动主义心理学家试图进行概念上的同化,而大家将重点放在了环境条件的作用上,甚至到了要否认人的力量的地步,将习惯这个概念剔除出去,正是针对这种现象所做出的防御性反应。习惯这个概念与本能的联系被认为过于紧密。要将社会科学与生物学彻底分隔开来,需要去除行为人概念的心理学和生物学基础。制度主义者保留了习惯这个概念,这让他们在社会科学家中显得十分孤单。[17]

122

在两次大战之间,制度主义通过对其部分传统的轻描淡写得以持续存在。如果你观察那些较晚期的、在两次大战之间接受教育、并在第二次世界大战之后成名的制度主义者,就可以得到很好的注解。这其中最重要的、也是最有影响力的制度主义者就是Clarence Ayres。[18] 与当时的其他制度主义者不同,早在1921年,Ayres(1921,p.561)就发现关于本能的文献"在很大程度上是自我否定的"。他对本能心理学的反对持续了一生。因此,Ayres(1958,p.25)后来宣布,本能这个概念"在科学上已经过时"。

当时,观察者对制度主义的整体印象就是它应该变得"科学"——也就是

[17] 但是,在这个概念得以保留的同时,在批评新古典理论的理性行为人范式并构建新范式方面并没有显著的进展。Ayres的研究(参见下文)赞同文化决定主义,并没有另外提出一套新的、有关个人行为人的制度主义理论。Ayres甚至说(1961,p.175):"实际在某种意义上……并不存在个人这回事。"由此,习惯就变得只是一种肉身的表现形式,是可能驱动所有经济和技术变化的神秘的文化力量的贮藏室(Ayres,1944)。

[18] Tool(1994,p.16)指表示:"Ayres和他的学生在20世纪后半叶对制度经济学的发展做出了非常重要的贡献。"

说,它应该是建立在与自然科学类似的经验研究方法的基础之上(Rutherford, 1997,1999,2000)。但是,20 世纪 20 年代的实证主义风潮却将制度主义者推向了天真的、难以维系的经验主义。他们曾经一度充分利用过这种实证主义情绪,坚持认为经济理论的基本原理需要经验基础。仍然在世的最有影响力的制度主义拥护者之一 Wesley Mitchell 变得越来越热衷于统计研究。大约就在那个时候,他说了下面的话,支持用统计学拯救制度主义(转引自 Ross,1991,p. 321):

> 我想要尽可能接近地证明事物,而证据往往意味着要诉诸事实——以统计数据的形式记录的最理想的案例中的事实。把主张或敏锐的观察写成书,并不能说服那些已经习惯于坚持其他看法或用不同视角看待事物的人……我经常发现,唯一的一个真实的答案就是要做大量的统计研究。

尽管其他人拒绝向统计方法转变,但是 Mitchell 心意已决,他坚定地支持经验研究的重要性,并在 1925 年他就任美国经济学会(the American Economic Association)主席时的演讲中强调了这一点。由于受到 Jacob Viner 和其他批评家所带来的压力,Mitchell 感觉到,如果要以一个明确且一致的理由来发扬他的知识发展的经验主义观点,还是存在一定难度的(Seckler,1975,pp. 110—116)。在 1927 年美国经济学会的一次圆桌会议上,"包括 Mitchell 在内的八位杰出的经济学家和统计学家就统计学在经济学中的作用展开了一场辩论,Mitechell 的七位同行一致反对他的观点,认为统计学提供了一个有用的经验分析工具,但是却不能用来重建理论"(Ross,1991,p. 415)。罗斯将这一事件看做是制度主义命运的"转折点",认为这表明了批评家们因为看到这个流派没有能够发展出一套系统的理论来而失去了耐心。在新的思想氛围下,尽管相对于先验论经济学家而言,制度主义者因为信奉实证主义在一开始就获得了某种优势,但是,制度主义最终还是落败了。向实证主义的转变并没有推动制度主义发展自己的理论体系。总之,由于制度主义已经放弃了自己的许多哲学和心理学传统,构建理论体系的任务变得更为艰巨。

123

值得关注的是,制度主义也开始像人类学那样,更为关注文化这个概念。这种转变并不是与制度主义格格不入的,例如凡勃伦本人就在他的《有闲阶级论》(1899)一书中对文化进行了开拓性的研究。实际上,从制度主义发端之始,文化就是其关键概念之一(Mayhew,1987,1989)。但是,早期的证据也表明,它的解释性地位也发生过改变,Malcolm Rutherford(1984)对此有详细的阐述。

尽管凡勃伦从来没有彻底地放弃过本能的遗传观点,"他后期作品中对本能理论的应用却显著地减少了”(Rutherford,1984,p. 333)。[19] 在凡勃伦之后,主要的美国制度主义者开始转而认为人的特性和行为完全是由文化决定的,这与凡勃伦这位制度主义奠基者的观点截然不同。虽然 Mitchell(1910)早些时候认为本能是解释人类行为的核心,但是他后来也“做出结论,认为凡勃伦所说的制造物品的本能不可能是一个纯粹的可遗传的特征,最多只能是由文化经历塑造并传承下来的一个稳定的特性”(Ross,1991,p. 384)。制度经济学家 Allan Gruchy(1972,p. 43)明显地表现出了他对实证主义的推崇,他以赞许的态度解释道:“Mitchell 并没有追随凡勃伦去强调人类行为的本能基础,因为我们不能够客观地分析本能。”在随后的年月中,制度主义放弃了凡勃伦传统中令人尴尬的那一部分,这一点已经十分明显。Mitchell 似乎已经丧失了用达尔文主义和本能心理学作为制度主义基础的信心,他写道:“达尔文主义的观点应当在人的头脑中被取代:本能—习惯心理学会让步于一些其他的关于人性的概念”。后来,Ayres(1958,p. 29)强调自己已经完全放弃了任何有关人性生物决定论的观点。“没有任何像这样复杂的行为模式符合‘天生’的字面含义,这一点现在已经是相当明确了。现在,我们知道这种模式完全是文化决定的。”人的头脑被看做是空的容器,或者说是白板(tabula rasa)一张,它会被其所处的文化和环境填满。这就处理掉了这样一个问题——一个使凡勃伦和其他学者深受困扰的问题——即逐渐演化的人的头脑的生物能力及其与文化和制度的关系问题。然而,在这种背景下,制度主义者们已经不只是以妥协的态度来接受这种强调不受生物性干扰的文化概念了,他们成为了这种概念的最为热情的追随者。[20]

124

尽管对文化作用的日益重视似乎并没有阻碍或破坏制度主义的发展,但是,这一思想流派还是因为与之伴随的生物学与社会科学的分隔而受到了影响。因此,即使凡勃伦的信奉者没有放弃他们建立“后达尔文主义”和“演化”经济学的研究计划,这一计划也因受到了连累而大打折扣。虽然“文化”这个一

---

⑲ 在 Hodgson(1992,1993b)中,我指出凡勃伦已经放弃了本能是可以在生物学意义上遗传的这一观点,实际上这种说法是错误的。感谢 Malcom Rutherford 帮助我改正了这一点。

⑳ 与此相反,凡勃伦坚持认为团体的基因传承可以在一定程度上影响文化。Ayres(1952,p. 25)甚至将此描述为凡勃伦的种族主义。“也许,最糟糕的是他可能对种族主义上瘾。在某种程度上,他已经被说服,‘高个的白肤金发碧眼人种’(dolicho-blond race)拥有某种特殊的特性,这种特性塑造了其文化——大多数当代的人类学家会毫不犹豫地拒绝这个观点。”Tilman(1992,p. 161)指出,这个判断不仅忽视了凡勃伦时期的意识形态与科学背景,更为重要的是,它忽视了凡勃伦从来没有在他的著作中对任何种族表示出憎恶的事实。凡勃伦著作中对种族差异的假定从来没有被他看做是种族歧视或种族压迫的理由。事实上,这种推理是不合理的,因为无论是从关于人的差异的实证命题出发,还是从关于人的特性或行为之原因的理论命题出发,都不能合乎逻辑地推理出关于人权的规范性命题。1990 年,塞缪尔(Samuels)在他对凡勃伦(1919,p. ix)的介绍中,也批评他有“种族歧视”,这种指责同样是不恰当的。这中间的暗示是,认为不同的种族群体具有不同特性的命题都是种族主义的,而否认此类区别的就是反种族歧视的。恰恰相反,无条件的反种族歧视并不需要否决或主张任何经验的或理论的命题,而这远比有条件的反种族歧视的立场来得更坚定。

般性的概念本身并不成为问题,但是,由于焦点转移到文化上去的这种思想氛围,系统制度理论的进一步发展变得更为困难。[21]

这场危机与1929年大崩盘(the Great Crash)接踵而至。冈纳·缪尔达尔(Gunnar Myrdal)的个人回忆录可以特别贴切地说明这一点。20世纪20年代末,他去了美国,当时制度经济学仍然被很多人看做是"未来的潮流"。但是,就在那个时候,缪尔达尔正处在他自身发展的"理论"阶段,他对经济学的这个发展方向"特别挑剔"。他"甚至与计量经济学会(Econometric Society)的创建有一定关系,而成立这个学会的目标就是防备制度主义的壮大"(Myrdal,1972,p.6)。缪尔达尔还接着说明了美国制度主义衰落过程中的一个关键事件(p.7)。[22] 125

> 我认为世界范围的经济萧条将它扼杀在了萌芽状态。面对这一巨大的灾难,我们这些习惯了用简单的宏观模型进行推理的"理论"流派的经济学家,觉得自己已经掌握了情况,但是制度学家仍处于困惑之中。正是在这个阶段,推崇凯恩斯革命的经济学家开始根据时代的需求调整他们的理论模型,而这使得我们的"理论"方法赢得了更为广泛的胜利。

看起来那些强调经济现象的复杂性、强调认真的经验研究的必要性的制度主义者,已经被推崇数学方法的凯恩斯主义者彻底理论化了。这一群年轻的、有数学头脑的制度主义者转投到凯恩斯主义旗下,在保罗·萨缪尔森(Paul Samuleson)等人的领导下,建立了一些现在看起来特别简单的宏观经济学模型。 126

---

[21] 虽然制度学者不再流连于生物学,但是他们仍然将自己描述为"演化"经济学家和"制度"经济学家。不过,这与Ayres(1944,p.155)的一个观点有更直接的关系,他认为,关于"制度经济学"这个术语"异乎寻常地不幸"。他抱怨说,"'制度主义'总是被误用"(Ayres,1935,p.197),因为他发现,制度往往是被看做是对进步的负面约束,而从来没有促成过进步,"我们注定要从永远不停地尝试着从制度这个坏东西那里把自己解脱出来"(Ayres致Dewey的信,1930年1月29日;转引自Tilman,1990,p.966;也可参见McFarland,1985,1986)。对Ayres来讲,推进人类进步的是"技术",而不是制度,他的观点与凡勃伦和康芒斯的观点正好相反。凡勃伦和康芒斯认为制度对于行为不仅有建设性意义,而且可以使行为成为可能,在某些情况下甚至是文明进化的标志,并承认制度可能产生保守的约束性效应。采用非传统的"演化"标签,是在强调经济变化的动态概念,这与新古典经济学的均衡思想截然不同。如熊彼特所做的那样,"演化"并不意味着一定要涉及生物学。对美国的制度主义者而言,"演化"和"生物学"这两个标签都仍然会使他们感到不安。Royall Brandis曾经向笔者做出这样的评论:当制度学者的演化经济学会(Association for Evolutionary Economics)在20世纪60年代晚期创建自己的期刊时,就是由于"制度"标签的支持者和"演化"标签的拥护者相持不下,才使得这份期刊最终起了一个乏味的名字,即《经济问题期刊》(*Journal of Economic Issues*)。

[22] 多年后——在20世纪40年代——缪尔达尔转投制度主义,并随后获得了诺贝尔经济学奖,这个事实使得他之前所做的陈述更为惹人注目。制度主义者Ayres(1935,p.173)似乎在某种程度上确认了缪尔达尔的分析,他在同一时期发表的一份报告中指出,"'新古典经济学家'和'制度主义者'之间的分歧似乎是,后者不能论证目前经济秩序的混乱,而他们却希望能够控制经济秩序"。"历史上前所未有的大萧条使得制度主义者发现自己无能为力,不能提出任何有裨益的见解——他们偏离了正确的路线,他们的分散行为被扭曲",反对制度主义的批评家如果注意到这一点,他们也会得出非常相似的观点(Robbins,1932,p.115)。

这一方法之所以具有吸引力，一方面是因为它技术上的魅力，另一方面也是因为它可以为当时所面临的紧迫问题提供简单明了的解答。看上去，只需要增加变量 G 的值，就可以减轻失业问题。这个“解”简单明确，而且披着数学和“科学”的盛装，在技术统治论的氛围中，这类表述往往可以得到热情的尊重。[23] 值得注意的是，罗斯也明确支持这种论调，并且没有提及缪尔达尔。

> 制度主义运动……成为大萧条和凯恩斯主义补救措施的受害者。在这一历史性变革中，那些自称信奉制度主义的专家没有对大萧条提出比他们的新古典主义同行更好的见解，这是一个相当大的缺陷。特别是 Mitchell，跟其他人一样，他预测这次衰退在一到两年之内就会自行好转，但事实证明了他的谬误，这使得他更加投入到了他的经验研究计划中。至于更权威、更正宗的历史制度经济学家是否可以做得更好，我们不可能说清楚。像那些左翼的自由主义经济学家那样，制度主义者也加入了对新古典主义进行凯恩斯主义修正的行列中。

弗兰克·奈特(Frank Knight)认为自己是一名制度主义者——尽管只是一名独行侠。在 20 世纪 30 年代，他就身处于芝加哥这个至关重要的城市里。他也得出了相似的结论。他断言，制度主义“在很大程度上已经被对大萧条或者说对繁荣与萧条的讨论，特别是有关凯恩斯革命的论著所淹没”(Knight，1952，p. 45)。[24]

当然，兴起于 20 世纪 30 年代的“凯恩斯主义”与凯恩斯经济学在几个方面都存在重要区别。20 世纪 30 年代和 40 年代，阿尔文·汉森、约翰·希克斯、萨缪尔森和简·丁伯根等人为凯恩斯主义的发展做出了突出的贡献，他们改造了凯恩斯的观点，使其能够用数学工具来处理。Benjamin Ward(1972)和 Terence Hutchison(1992)指出，这可以算得上是跟凯恩斯革命一样的“形式主义革命”。然而，有证据表明，凯恩斯本人高度怀疑计量经济学和在经济学中使用数学模型这种做法。20 世纪 30 年代，的确出现了新凯恩斯主义综合的基础，其主要依据就是新古典微观经济学取得的一系列关键进展，还有凯恩斯学派的近亲

127

---

[23] 具有讽刺意味的是，这个占据了统治地位的观点忽视了这样一个事实，即要将增加政府支出的政策付诸实践，其前提是要详尽地了解政府、金融及其他制度的运作方式。因为制度学者关心这类细节，他们受到了数学技术论者的攻击。但是，制度学者在这个领域的专长，也可以在一定程度上解释他们为什么会在罗斯福时代，在政府机构中站到执行准凯恩斯经济政策的前沿阵地。

[24] Biddle(1996，p. 144)指出，早在 20 世纪 30 年代中期，对 Mitchell——当时最主要的制度主义者之一——作品的引用就已经出现了实质性的减少。

建立的宏观经济模型机械论体系。[25]

制度经济学家并不敌视凯恩斯革命。事实上,正如 Rutledge Vining(1939, pp. 692—693)所说的那样,“凯恩斯就业理论中的大部分都可以从凡勃伦的制度学说中发掘出来”,特别是从凡勃伦的《企业理论》(*Theory of Business Enterprise*)中。此外,凯恩斯主义的兴起与从英美的自由放任观点向政府干预和计划的观点之转变是同时发生的。在 20 世纪 30 年代,美国制度主义者积极地参与了富兰克林·罗斯福(Franklin Roosevelt)新政的构思、制定和推动(Barber, 1994;Stoneman,1979;Wunderlin,1992)。富有同情心的经济学家,例如 William Jaffé 和 Ely 等人意识到凡勃伦和凯恩斯的研究是类似的,他们共同成就了罗斯福的政策(Tilman,1992,pp. 111—112)。从理论上看,制度主义自行与凯恩斯主义综合在一起,它较少关注数学模型,并用有机论者的本体论来解释凯恩斯思想(Dillard,1948;Gruchy,1948)。

生物学并不一定是与机械论模型相对立的,而在 20 世纪 20 至 30 年代,它也并没有采取这种对立姿态。长期以来,生物学内部就一直因为正式分析和推理式分析二者相持不下而呈现出紧张的局面。生物学在社会科学中的地位下降,本身并没有直接引起向机械论模型的转变。更确切地说,生物学没有能够在 20 世纪的前三分之一为制度主义提供理论工具,这使其核心理论研究项目搁浅。在一段时期内,“演化经济学”变得不再流行,同时也丧失了实质性的、用以区别于其他科学的理论内涵。制度经济学内部的这一理论空缺,为一度颇为流行的计量经济学家、建模专家和数学家提供了大展拳脚的空间。

甚至在微观经济理论领域,制度主义者也输掉了这场战役。20 世纪初,制度主义者似乎拥有坚实的经验基础,认为新古典的最大化行为假设与现代心理学不兼容,但是,萨缪尔森(1938)和其他学者却开始坚持认为,经济学应该只是建立在“显示偏好”(revealed preference)的基础上,而并不需要借助任何有关人类行为的心理学理论(Lewin,1996)。社会学与心理学分手了,主流经济学也迅速地步其后尘。尽管制度主义者认为最大化行为假设在心理上是不现实的并加以反对,但是,这种反对因为主流经济学与心理学的分隔而在很大程度上变得毫无意义。主流经济学认为自己独立于一切心理因素。由于生物学和社会科学在此前已经分隔开来,从而使得这种立场成为可能。

128

早在希特勒于 1933 年在德国掌权之前,美国的制度主义已经输掉了一些

[25] 凯恩斯本人对数学模型的观点在他于 1938 年 7 月 16 日写给罗伊·哈罗德的一封信中表达得非常明确。“在经济学中,……将一个模型转化为定量的公式,实际上是破坏了模型作为思考工具的有用性”(Keynes,1973,p. 299)。想了解更多凯恩斯对计量经济学和数学模型的批评,请参阅 Moggridge(1992,pp. 621—623)。

关键的理论战役,而法西斯主义在欧洲的传播更是转移了人们的眼球。随后,纳粹大屠杀使得英美学术界的各类包含生物学的社会科学销声匿迹。在1914年之前,优生学及其他类似观点不仅为自由主义者普遍接受,也为保守主义者广泛认同,但是,到了这个时期,这种观点被认为是与法西斯主义和种族压迫紧密相关的,因而被认为是十分危险的。社会科学必须去除掉所有与生物学相关的部分。任何持相反观点的人都极有可能被视为种族主义者或法西斯主义者。这一来势凶猛的政治变迁最终终止了1880年后长期存在的、社会科学与生物学之间的纠葛。到了1940年,在英美学术界,这类观点到达了有史以来的最低谷。

7 生物学的零星回归和演化经济学的再造

第二次世界大战之后,社会科学的局部领域又重新出现了生物学的身影。这一转变是由分别发生于20世纪40年代和70年代的两项生命科学的新进展推动的。它们对社会科学的影响是显著的。在这两次生物学的新发展之后,经济学中马上出现了两股引人注目的"生物学"思潮,一次是在20世纪50年代,另一次是在20世纪70年代。这并不仅仅是巧合。实际上,20世纪70年代的新发展,就直接而明确地提到了当时生物学的新进展。

第一股推动力是生物学中发生的新达尔文综合。在此次大综合发生之前,各类要素早就已经具备,但直到20世纪40年代,新的范式才得以完全建立。一群活跃在英国和美国的达尔文主义者(主要是Theodosius Dobzhansky、Ronald Fisher、John B. S. Haldane、Julian Huxley、Ernst Mayr、George Gaylord Simpson、G. Ledyard Stebbins、Bernhard Rensch和Sewall Wright)完成了自然选择理论和孟德尔基因学说的综合。只有到了那个时候,孟德尔的基因理论才被完全地整合到了演化理论当中去,从而为后代变异和物种选择提供了可行的解释。达尔文和其他所有19世纪的生物学家都没有能够实现这一点。正如Mayr(1980, pp. 39—40)所指出的,"1937年到1947年间所发生的……是以前不能彼此交流的研究传统的大综合。"战后的"演化论大综合"使得达尔文的自然选择思想重获新生,直到今天仍未丧失其生命力。

129

因此,阿尔奇安在1950年发表的那篇著名的文章可以说是恰逢其时。依靠新达尔文生物学的胜利,他明确地倡导使用自然选择隐喻。但是,他并没有提到凡勃伦的早期研究:早期演化论者的冒险经历已经被遗忘。阿尔奇安认为,要给出科学的解释和预测,并不一定需要假定企业会公然采取最大化行为。阿尔奇安指出,是否能够成功地经受选择,取决于行为和结果而不是动机。即便企业在实际上从来没有试图最大化利润,充满了选择和模仿的“演化”过程也会确保更具赢利能力的企业生存下来。

斯蒂芬·恩克(Stephen Enke, 1951)采纳了这一演化观点,并对其进行了修改,他指出,如果竞争强度足够,那么在“长期内”,激烈竞争的结果就是只有那些采取最优化行为的个体才能够生存下来。米尔顿·弗里德曼(Milton Friedman, 1953)把这个结论往前更推进了一步,他认为,如果以“自然选择”为基础,就可以假设行为人在行为时“仿佛”是在最大化,而不用担心企业或个人是否真的如此。他用“自然选择”来为最大化假设辩护,这比阿尔奇安走得更远。

大约在同一时期,善于创造的非正统经济学家肯尼思·博尔丁(Kenneth Boulding)出版了他的著作《经济学的重建》(*Reconstruction of Economics*,1950)。在这本书中,他借用了生态学中的“群体思维”(population thinking)方法及相关模型,用不同年龄的人组成的群体来表示资本品,把投入资本金比作物种中有机生物体的出生和死亡。[26] 此外,在这本书中,博尔丁强调经济学是生态系统的一部分,并取决于生态系统,他是主张这一观点的首批学者之一。

演化理论中的这场骚动很可能是由20世纪40年代生物学取得的重大进展推动的。与20世纪70年代的那次相比,从生物学的角度来看,战后来自生物学的第一波推动力意义更为重大,但是对经济学和社会科学的影响较小。第一股较大的来自生物学的冲击对社会科学的影响在很大程度上被削减了,这一点很容易解释,因为它紧跟着纳粹大屠杀出现,而20世纪20至30年代间,社会科学界对生物学思想的反对情绪十分高涨。

130 这一波演化思想对经济学的影响之所以被大大削弱,还可以找到理论上的解释。为了回应阿尔奇安和恩克,Edith Penrose(1952)指出,生物学类比用在经济学中是不恰当的。颇具讽刺意味的是,她的批评意见正是建立在对新达尔文主义生物学更准确的理解基础之上的,当代的新达尔文演化论将目的性行为和获得性特征(acquired characteristics)的遗传都排除在外。然而,这两个特征在社会经济背景下却是非常有用的。而且,在经济演化过程中,并没有像基因那样能够长期持续的可以沿袭下来的单位。严格地讲,至少用最广为人知的生物学理论进行类比是行不通的。Edith是对的。要在某些方面拉近生物学和经济学的关系,需要对生物学理论进行进一步的发展。[27]

---

[26] 想了解“群体思维”——来自达尔文生物学的概念——的本质和相关性,请参阅Foss(1994a)和Metcalfe(1988)。

[27] 要深入了解此处涉及的各种概念性问题,请参见Khalil(1993)、Depew and Weber(1995)和Hodgson(2001a)。

弗里德曼在1953年的介入对经济学家具有特别的影响力,因为这成为对新古典最大化假设最经典的辩护。制度学派和行为主义者对该核心理念一直存有质疑,弗里德曼利用演化生物学的新权威性反驳了他们的观点。然而,除此以外,在随后的20年中,经济学中就很少有人用到生物学类比了。

弗里德曼使用自然选择的隐喻,支持了机械论范式的一个重要要素,并驳倒了制度学派阵营中的“演化”经济学家,这无疑也是具有讽刺意味的。在这个具有决定性意义的1953年,Gregor Sebba(1953)发表了一篇文章,从牛顿和力学思想中找到了理性和均衡概念——新古典经济学的核心概念——的出处。实际上,弗里德曼是单纯应用被达尔文生物学半同化了的观点,强化了新古典经济学的机械论范式。11年后,温特(1964)证明,即便是从演化论的角度来看,弗里德曼论点的适用性也是非常有限的。[28]

在其他社会科学领域,战后生物学的重新兴起更为明显。第二次世界大战刚刚结束,心理学界就重新开始了自然/营养的论争,而在1948年,人类学家克莱德·克拉克洪(Clyde Kluckhohn)又宣称,生物学和文化一样,都可以用来解释人类行为。在20世纪50年代,甚至克罗伯(Kroeber)也转变了他的观点,表示愿意承认人性有其生物学基础(Degler,1991,pp. 218—221)。

“本能”这个概念也开始缓慢地复苏,而这一进展背后的原动力主要来自欧洲。在20世纪30年代,奥地利动物行为学家康纳德·洛伦兹(Konrad Lorenz)就已经发表了多篇有关本能行为的学术论文。1951年,英国牛津的动物行为学家尼古拉斯·丁伯根(Nikolaus Tinbergen)出版了他的《本能研究》(*Study of Instinct*),在这本书中,他指出大多数人类行为都是出于本能的。到20世纪60年代,本能这个概念在美国心理学界重获新生。1973年,由于对本能行为的出色研究,洛伦兹、丁伯根与卡尔·冯·弗里希(Karl von Frisch)一道获得了诺贝尔奖(Degler,1991,pp. 223—224)。

131

此外,行为主义心理学(behaviorist psychology)受到了攻击。在20世纪50年代,哈利·哈洛(Harry Harlow)在猕猴身上进行了一系列著名的实验,结果表明,猴子的行为不仅仅是应激反应。幼猴更愿意黏在一个柔软的人造母猴上,而不愿意靠近一个会流出乳汁的、用金属丝捆扎而成的“代理妈妈”。这种明显是自我损害的行为,其背后一定是有某种本能驱动在支撑的。J. 加西亚(Garcia)和R. A. 库林(Koelling)在1996年所做的另外一套实验则表明,老鼠不会因为电击的震慑而不去碰调味水,但是,如果老鼠喝完水之后就被诱发呕吐的话,它们就再也不去碰这种水了。这意味着,应该有一种具有专门功能的本能,其

---

[28] 参见Boyd and Richerson(1980),Schaffer(1989)和Hodgson(1994)。

作用就是避免会引致呕吐的物质,这一结论又侵蚀了一般性的条件反射概念的基础。行为主义通过自己的一系列实验进攻而提升了自己的地位。另外,Noam Chomsky(1959)和Cyril Burt(1962)对行为主义的批评则宣告意识的概念重新回到了心理学中,也因此危害到了该领域中实证主义的霸权地位。[29]

领先的生物学家自己也认为,社会科学不能忽视人类生命的生物基础。例如,Dobzhansky(1955,p.20)这样说道:“人类的演化完全可以被理解为是生物因素和社会现实互相作用的结果。”人类学家Alexander Alland(1967,p.10)也支持相关的观点。

> 究竟是环境还是遗传在有机生物体的发展过程中占据主导地位,是一个没有答案的问题,现在的生物学家都同意这一点。现在,大家普遍认为,只能把有机生物体的功能和形式理解为一个高度复杂的、相互作用的过程的结果。

到20世纪70年代早期,一些社会学家(例如Bruce Eckland)和政治学家(例如Albert Somit)已经指出,应该重新建立生物学和社会科学之间的联系。 132
1970年,政治学家Thomas Thorson指出,达尔文的进化论对于发展完善社会和政治转型理论是非常有帮助的。他认为,从生物学角度来理解人类事务,要比从物理学角度来理解好得多。1975年在巴黎召开的一次国际会议大大鼓舞了生物学和政治学之间的对话,有很多美国社会科学家参加了这次会议(Degler,1991,pp.224—226)。

战后向生物学的回归在一些关键方面呈现出独特的形式。特别的,20世纪40年代新达尔文综合取得胜利、1953年克里克(Crick)和沃森(Wastson)发现了DNA的结构,这些使得人们重拾信心,相信化约主义可能成立。人们相信,如果有机生物体的行为可以用基因代码来解释,那么,所有其他科学应该都可以仿而效之,用部分来解释整体。当然,并不是所有的生物学家都持这一观点,也有许多人将有机生物体看做是基因与环境相互作用的产物。不过,那些将整体分解为各组成部分的学者似乎享有更高的声望。

因此,在1972年,作为对门格尔1983年观点、海耶斯1910年观点和奥尔波特(Allport)1927年观点的回应,人类学家乔治·默多克(George Murdock)批判了“社会总体”而不是个人是“更为可取的研究单位”这一观点。他指出,文化

---

[29] 更一般地讲,尽管在20世纪前半叶,实证主义在美国科学界的流行程度大大增加了,但是,1951年Quine的论文《经验主义的两个教条》(*Two Dogmas of Empiricism*)(在Quine(1953)中重印)却对阻止并扭转这一趋势做出了很大贡献。Quine有效地削弱了科学和非科学在逻辑实证主义上的区别,并否认可以单纯依据感官经验来判断命题的正误。“这篇论文在1951年的发表,是导致逻辑实证主义瓦解的关键事件之一”(Hoover,1995,p.721)。

这个概念有严重的瑕疵。是个人创造了文化,而不是文化造就了个人。将注意力集中在个人身上并以之作为研究单位,将会使人类学与生物学相一致(Degler,1991,p. 235)。对于一些人来说,生物学的回归,意味着要否认文化是行为的决定因素,也意味着化约主义在科学界取得了胜利。对于他们,这就好像时光倒流到了 1890 年。幸运的是,并不是所有人都采取这一立场。

下文将会谈到,1975 年,生物学对经济学的影响出现了转折。在此前的 20 年中,鲜有经济学家提及生物学。但是,在 1955—1974 年间,却有几个值得关注的例外。Morris Copeland(1958)沿袭制度主义传统,试图唤醒大家对凡勃伦的演化研究的兴趣。Jack Downie(1958)则将多元化和“群体思维”引入了企业竞争理论当中,从而在马歇尔经济学中恢复了生物学类比的使用(Nightingale,1993)。弗里德里希·哈耶克(1960,1967a)开始大量提及演化生物学,这预示着他自己的思想也发生了重大转变。[30] Mitchael Farrell(1970)的贡献则相对独立一些,主要是在数学领域。

133

在经济学中,1954—1974 年间受生物学启发而出现的最重要的著作是尼古拉斯·乔治斯库-洛根(Nicholas Georgescu-Roegen)所著的《熵法则和经济过程》(*The Entropy Law and the Economic Process*)(1971)。他断定,生物学类比与热力学类比一样有意义,并独树一帜地建立了“生物经济学”。随后,纳尔逊和温特(1973,1974)描绘出了崭新的经济演化理论的基础框架,这显然独立于制度主义、哈耶克和乔治斯库-洛根。[31]

1975 年出版的《生物社会学:新综合理论》(*Sociobiology: The New Synthesis*)在学界掷下了一枚炸弹。即使是在该书问世之前,生物学的回归已经在进行中了。但是,这本书的出版却使得人们对所谓人类行为的生物基础的兴趣变得更为持久。自它问世以来,这本书就饱受抨击,社会科学家和生物学家都纷纷向其发难。然而,它还是将生物学提上了经济学的议事日程。

新的生物社会学迅速对经济学产生了影响。Gary Becker(1976)发表论文,根据新古典的模式建立了人类行为的基因决定模型。Jack Hirshleifer(1977,1978)和 Gordon Tullock(1979)则马上按照类似的思路,将经济学与社会生物学结合在一起。[32] 值得注意的是,这些提法是个人主义的,也是化约主义的,强调

---

[30] Lawson(1994)和 Fleetwood(1995)分析了哈耶克思想转变的哲学基础。

[31] Nelson(1994)认为他自己是在 1964—1968 年间转变为一位“成熟的演化理论者”的。

[32] 这些思路早就已经受到了注意。生物学家 M. T. Ghiselin(1974)已经引入了主流经济学家“方法论上的个人主义”这一概念,在生物学领域中仿效“自然的经济”这一古老的隐喻。生物学家 D. J. Rapport 和 J. E. Turner(1977)运用经济学中的无差异曲线和其他分析工具,分析了食物选择、“捕食者转换”(predator switching)和其他生物现象。值得注意的是,生物学家 J. Maynard Smith(1982)还将博弈论——原本是由 von Neumann 和 Morgenstern(1944)建立起来的经济学理论——引入了生物学。在 Maynard Smith 创造了“演化稳定战略”概念之后,这个观点又被 Sugden(1986)带回了经济学。

自私和个体竞争,认为这些特征不仅存在于经济世界,也存在于生物界(Gowdy,1987)。

尽管纳尔逊和温特最初的演化思想框架早在1973年便已问世,但是他们(1982,pp,42—43)也认识到了Wilson的研究的重要性。他们所著的《经济变迁的演化理论》(*Evolutionary Theory of Economic Change*)与生物学声望的日渐提高和社会科学领域中生物学类比的重新引入有莫大的关系,但是,他们的研究却与Becker-Hirshleifer-Tullock流派的研究有很大差异。纳尔逊和温特并不认为基因会全部或部分决定人类的行为。他们的观点是复杂的,并强调各因素间的相互影响,涉及选择的不同层次和不同单位,关注的是个人、制度及其所处的社会经济环境之间的相互作用。

134

大约就是在这一时期,博尔丁(Boulding,1978,1981)也发展出了一套演化论方法。这套方法的基础是他早期对生物学类比的研究(Boulding,1950),但是,直到20世纪70年代晚期他成熟的演化理论才得以形成,这一点是十分值得关注的。这一发展比其他社会科学领域里取得的进展都要晚,特别是相对于人类学领域而言,在20世纪60年代,"演化"这个概念在人类学中就已经相当常见了。1915—1964年间,经济学的相关研究成果中,标题或小标题中出现"演化"或"演化的"字样的只有14项。在1965—1974年的十年中,又新增了13项,在1975—1984年间新增了29项。[33] 在1984年之后,这一数字上升为三位数。

在"演化论"术语的应用重新流行起来之时,奥地利学派的经济学家们抓住了潮流。20世纪60年代之前,与整个经济学界一样,奥地利学派的经济学家很少在其作品中涉及生物学。[34] 哈耶克在他生命中的最后30年中,将演化论隐喻带到了奥地利学派的经济学著作中。但是,因为他自己在早些时候反对社会理论中的"唯科学主义",指责社会理论"盲目地效法科学的方法和语言"(Hayek,1952b,p.15),这一点在后来束缚了他的手脚。但是,哈耶克(1967b,p.viii)随后又改变了他对"唯科学主义"态度的调子,并将之归因于Karl Popper的影响。

---

[33] 需要注意的是,即便使用了"演化"这个词,也不一定就意味着该文献使用了生物学隐喻。1915—1980年间的文献中出现此类字样的包括Alchian(1950)、Boulding(1978)、Edgell(1975)、Haavelmo(1954)、Harris(1934)、Hayek(1967b)、Hunt(1975)、von Mises(1957)、Nelson and Winter(1973,1974)、Robbins(1970)、Sowell(1967)和Tang *et al.*(1976)。这些文献中,有三项继承了凡勃伦的思想,其中两项是由著名的奥地利经济学家所作。至于其他的文献,思想渊源则各有不同。若有兴趣了解此处省略掉的信息,可以联系作者。需要强调的是,以题目中出现"演化"字样作为衡量标准无疑是相对粗糙并松散的,特别是,这种标准会使得我们忽略乔治斯库-洛根(1971)。

[34] 门格尔的"演化"概念是有限的,对这一概念的分析,请参见Hodgson(1993b)。需要指出的是,哈耶克的《感觉的秩序》(*Sensory Order*)(1952a)一书是批判行为主义心理学的重要著作,而这本书就提及了生物学,只不过它不是严格意义上的经济学作品。

毋庸讳言，这并不仅仅是一个“调子”的问题，面向生物学类比的大门逐渐敞开了。

哈耶克最早明确提出“演化论”方法的著作主要是发表于20世纪60年代（1960，pp.40，42，58—62；1967b，pp.31—34，66—81，103—104，111，119），不过在此之前的作品中已经有了对此类方法的暗示；他20世纪70年代的作品中，也零星地涉及了演化理论（1982，vol.1，pp.9，23—24，152—153；vol.3，pp.154—159，199—202）。但是，直到20世纪80年代晚期，哈耶克才完整而明确地阐释了自己的演化概念（1988，pp.9，11—28）。因此，我们不能说奥地利学派一直乐于在经济学中使用生物学隐喻。哈耶克在20世纪60年代的主张在这一学派中并不常见，在1955—1974年间，也很少有其他声音出现。但是，这些主张也标志着哈耶克自己的思想发生了转变，他自己放弃了早期对“唯科学主义”的反对。从某种意义上讲，哈耶克也随波逐流了。[35]

135

生物学对社会科学的影响越来越强烈，而要断定哪种“演化经济学”或“经济生物学”会胜出，现在还为时过早。然而，经比较即可看出，现在的演化理论与19世纪90年代所盛行的那些理论存在非常重要的差别。例如，受W. Brian Arthur（1989）、Paul David（1985）和许多其他文献的影响，现在人们已经普遍承认路径依赖的重要性，这实际是在否定演化一般会产生最优或类似最优结果这一观点。生物学家，例如Stephen Jay Gould（1989）也采取了类似的立场。

8　总结与结论

坦率地讲，这一章涵盖的内容十分广泛，并没有充分地谈论相关细节。但是，本文希望呈现的，是一幅很多人没有见到过的画卷，我们需要先把这幅画卷整体呈现给大家。本文就生物学和经济学之间的关系给出了很多意见和评论。这里，我们有必要对其中一部分做一总结。

在20世纪，生物学从很多不同方面影响着经济学。第一种作用模式可以概括如下：对社会经济现象的解释可以完全被简化为生物层面上的现象，社会经济现象最终可以由生物现象加以解释。在第一次世界大战之前，斯宾塞等理论家接受这一观点，但是也有学者反对，例如凡勃伦。在两次世界大战之间，人们普遍否认生物现象对社会的影响。1945年后，生物学思想又回归到了经济学和社会科学中，其标志就是，有观点指出并强调人类行为具有其基因基础（Becker，Hirshleifer and Tullock），相反，也有学者回避了生物学的化约主义（Nelson

[35] 对哈耶克演化概念的讨论，请参见Hodgson（1993b）。

and Winter)。

第二种作用模式可以在隐喻层面上加以概括。[36] 凡勃伦在 1898 年赞成“后达尔文”经济学,阿尔奇安在 1950 年采用演化论类比,纳尔逊和温特随后建立了他们的理论体系,这至少在部分程度上表明,生物学中的概念被用来以一种截然不同的模式重塑经济学。通过隐喻使经济学和生物学相互作用,与承认社会经济系统的自主性和否认生物学的化约主义这些观点是相互兼容的。这一模式要求对概念进行仔细的考察和修订,要确定能否将特定的概念从一个学科转移到另外一个学科。对隐喻的公开、自觉的使用,需要严格的比较,而不是盲目的模仿(Hodgson,1997,1999)。 136

但是,在两次大战之间,经济学和其他社会科学放弃了生物学思想,意味着同时放弃了上述两种分析模式:隐喻模式和化约模式。特别的,要详细阐述以生物学为灵感之源的演化经济学变得极端困难。

Degler(1991)和其他一些学者指出,在 20 世纪的前 40 年中,是意识形态而不是科学证据在很大程度上导致了生物学的式微。美国经济政治力量的上升是与相对自由、追求个人主义的意识形态相联系的。在学界当中,这种意识形态在 20 世纪初期发展出了某些反种族歧视的属性。它强调个人的成就,认为个人成就是不受生物遗传特征约束的。

自由的左翼思想组织促使美国制度经济学在学界中兴起,但是,因为放弃了生物学,制度经济学在其理论发展的关键阶段被大大削弱。[37] 因为社会科学放弃了生物学,而生物学自身也存在明显的理论困难,凡勃伦学说的拥护者们想要建设后达尔文演化经济学的计划受到了阻碍,这些理论困难直到 20 世纪 40 年代实现新达尔文综合时才得到解决。那时,美国的制度主义已经遭到了严重的打击。新古典和“凯恩斯主义”的模型获得了胜利。 137

此外,在 1929 年之前,制度主义都没有能够发展出一套系统的理论,这使其在大崩盘(the Great Crash)和随后的经济萧条面前显得杂乱而虚弱。数学建模专家们只用很少的几个方程式建立起来的相对简单的模型看起来更为明晰,也更具吸引力,特别是对那些想要将自己的理论用于实际和人道主义用途的学

---

[36] 关于隐喻在经济学中的作用,请参见 Hodgson(1993b)和 Klamer and Leonard(1994)。

[37] Copeland(1931,1958)的作品一直试图提醒美国的制度主义者们,他们的思想原本是与生物学相联系的,但是这种努力只是非主流的。因此,20 世纪 30 年代初,制度主义陷入危机,Copeland 写道:“经济学是一门生物科学——它研究经济人这一类有机生命体所组成团体之间的关系。同样的,要对这些关系加以概括,就需要与一般化的生物演化理论调和起来”(1931,p.68)。但是,50 年之后,Copeland(1981,p.2)又写道:“社会经济演化过程中似乎没有什么能够与自然选择相对应”。具有讽刺意味的是,他似乎完全放弃了自然选择隐喻,而就是在一年之后,纳尔逊和温特又成功地使这一隐喻重获流行。

者而言，这些模型可以很好地弥补制度主义的缺陷。现在，人们已经没有那么信任这种模型的好处了（Ormerod，1994；Lawson，1997），但是，在那样一个极度崇尚技术的时代里，数学模型似乎是经济问题的科学解答。

因此，形式化开始在经济学中日益盛行，给这门学科加上了“孔雀尾巴”。[38] 20 世纪 30 年代就是其转折点，这一时机把握得恰到好处。制度主义的不足并不是形式化过程的唯一推动力，制度主义者失去了战略上的主动性才是关键所在。[39] 对五种最主要且长期存续的经济学期刊中有关数学内容的研究可以为这一转变提供长期证据（George Stigler *et al.*，1995，p. 342）。从 19 世纪 90 年代至 20 世纪 20 年代之间，文字阐述一直占所有发表文章的 90% 以上。1940 年之后，对数学的应用大幅上升，完全使用文字阐述的文章所占比重稳步下降，到了 1962—1963 年间，这一比例下降到了 33% 以下。到了 1989—1990 年间，这五种期刊中，有不低于 94% 的论文是以代数式、微积分和计量经济学的内容为主的。完全利用文字来阐述问题的文章只占很小的一部分。

138

也有学者指出，20 世纪中经济学和生物学关系的变化是与科学本身的概念变化紧密相关的。实证主义在 20 世纪 20 年代获得了更高的地位，这也使得对隐喻的自觉应用被边缘化了。此外，化约主义的日渐流行对经济学和生物学之间关系的影响也十分复杂多变而且难以把握。

我们可以得到几个结论。不过，这里只挑选出值得特别关注的两条。第一，要特别注意，将意识形态与科学混同在一起是十分危险的。对人性和人类行为原因的考察——无论它们是生物性的还是社会性的又或者二者都是——是科学研究的范畴，而不是意识形态问题。总的来讲，我们不应该根据理论看上去所支持的意识形态来对理论进行选择。相同的理论，往往可以用来支撑不同的意识形态。就比如新古典一般均衡理论，在 20 世纪 70 至 80 年代，这一理论常常被用来支持市场导向的政策，而在 20 世纪 30 年代，奥斯卡 · 兰格就是

---

[38] “孔雀尾巴”这个精彩的隐喻来自于 Allen 和 Lesser（1991，p. 166）。他们充满智慧地指出，经济学的演化过程与孔雀尾巴的演化过程类似，都是锁定机制的特例。两套基因——让雄性孔雀长出美丽的尾巴，使其具有了性吸引力，从而可以吸引雌孔雀——是互相增强的，由于其后代会更优秀，所以这两套基因都会被选择。但是，孔雀尾巴并不具备什么实用的功能，既不能提高其适应能力，也不能帮助孔雀找到食物或者躲避捕食者。类似的，在经济学中，在相互竞争以争取被发表或者被任命的机会时，正式的模型和数学表达式被选中了，这使得随后的学者们更偏向于数学。

[39] 还应注意到，还有一些其他因素也将美国经济学推向了数学形式主义。首先，20 世纪三十至四十年代间，从欧洲大陆来到美国的难民学者英语水平有限，而他们使用数学工具的能力要高得多，同时，美国学者往往缺乏足够的外语技巧。因此，用数学工具进行交流更为便利。此外，在第二次世界大战之后，美国国家科学基金会（the US National Science Foundation）似乎更偏好于数学化了的经济学，认为其更为科学（作者的这些评论得到了 Royall Brandis 的帮助）。伴随英国作为世界经济学学习中心的声望相对衰落，英国逐渐开始模仿美国。此外，在 1945 年之后的一些年里，欧洲大陆由于受到太多毁坏，无法迅速重建其学术地位，而这段时间对于数学形式主义确立其地位至关重要。

用完全类似的理论来支持社会主义的中央计划政策。相应的,不同的甚至是互相矛盾的理论也可以被用来支持同样的意识形态。例如,前面已经提到,拉马克生物学和反拉马克生物学都曾被用来反对种族主义。

意识形态和科学不可避免地会被捆绑在一起,但是它们并不相同。将二者混同在一起——完全根据意识形态来评判科学——不仅是在贬低科学的价值,而且会危害到科学自身。科学家们不能避免意识形态的影响。实际上,他们也应该致力于创造一个更美好的世界。科学家们有责任去实现其信仰,但他们不仅仅是思想家。根据表面上的政策结果来决定选择或是拒绝某一理论,是对科学关键的评价性要求的忽视,并将导致教条在科学层面和意识形态层面上的强化。因此,将科学和意识形态相混同,会同时贬低二者的价值。

第二个结论是,正如科学和意识形态相互联系并在不同层面上发挥作用一样,生物学和社会科学也应该如此。将生物学和社会科学完全分隔开来是站不住脚的,因为,人不能够完全地与他们的自然天性基础隔离开来,这是不争的事实。相应的,将社会科学和生物学混同起来、使其合二为一,也会带来很多危险,前面已经分析过一部分。彻底的隔离和完全的一体化都是不可取的。我们需要在两个学科之间确立一种更为复杂的联系。[40]

重建生物学和社会科学之间的联系,并不意味着要将后者融入前者之中。可以论证,我们有可能在经济学和生物学之间清楚地界定这样一种关系,即二者各自扮演自己的角色,而没有哪一个学科会占据上风而将另一学科排除在外。这样一种关系可能会极大地启发对隐喻的使用。至于这些方法论和本体论观点是否能够被用来发展新的演化经济学——即延续并完成一个多世纪之前凡勃伦开始进行的研究课题——还并不明朗,我们须拭目以待。

139

参考文献

Alchian, A. A. (1950), 'Uncertainty, evolution and economic theory', *Journal of Political Economy* **58**(3): 211–221. [Reprinted in Witt (1993).]

Alland, A., Jr. (1967), *Evolution and Human Behavior*, New York: Natural History Press.

Allen, P. M., and M. Lesser (1991), 'Evolutionary human systems: learning, ignorance and subjectivity', in P. P. Saviotti and J. S. Metcalfe (eds.), *Evolutionary Theories of Economic and Technological Change: Present Status and Future Prospects*, Reading: Harwood, 160–171.

Anderson, P. W. (1995), 'Viewpoint: the future', *Science* **267**, 17 March, 1617–1618.

Arrow, K. J. (1995), 'Viewpoint: the future', *Science* **267**, 17 March, 1617.

[40] 例如,参见 Bhaskar(1979)和 Jackson(1995)对"批判自然主义"(critical naturalism)的讨论。

Arthur, W. B. (1989), 'Competing technologies, increasing returns and lock-in by historical events', *Economic Journal* **394**: 116–131.

Ayres, C. E. (1921), 'Instinct and capacity – I: the instinct of belief-in-instincts', *Journal of Philosophy* **18**(21): 561–565.

(1935), 'Moral confusion in economics', *International Journal of Ethics* **45**: 170–199. [Reprinted in W. Samuels (ed.) (1988), *Institutional Economics*, Aldershot: Edward Elgar, vol. 2.]

(1944), *The Theory of Economic Progress*, Chapel Hill, NC: University of North Carolina Press.

(1952), *The Industrial Economy*, Cambridge, MA: Houghton Mifflin.

(1958), 'Veblen's theory of instincts reconsidered', in D. F. Dowd (ed.), *Thorstein Veblen: A Critical Appraisal*, Ithaca, NY: Cornell University Press, 25–37.

(1961), *Toward a Reasonable Society: The Values of Industrial Civilization*, Austin, TX: University of Texas Press.

Barber, W. J. (1994), 'The divergent fates of two strands of "Institutionalist" doctrine during the New Deal years', *History of Political Economy* **26**(4): 569–587.

Becker, G. S. (1976), 'Altruism, egoism, and genetic fitness: economics and sociobiology', *Journal of Economic Literature* **14**(2): 817–826. [Reprinted in Hodgson (1995).]

Bellomy, D. C. (1984), 'Social Darwinism revisited', *Perspectives in American History*, New Series, **1**: 1–129.

Bhaskar, R. (1975), *A Realist Theory of Science*, Leeds: Leeds Books. [2nd edn., 1978, Brighton: Harvester.]

(1979), *The Possibility of Naturalism: A Philosophic Critique of the Contemporary Human Sciences*, Brighton: Harvester.

Biddle, J. E. (1996), 'A citation analysis of the sources and extent of Wesley Mitchell's reputation', *History of Political Economy* **28**(2): 137–169.

Black, M. (1962), *Models and Metaphors: Studies in Language and Philosophy*, Ithaca, NY: Cornell University Press.

Boulding, K. E. (1950), *A Reconstruction of Economics*, New York: Wiley.

(1978), *Ecodynamics: A New Theory of Societal Evolution*, Beverly Hills and London: Sage.

(1981), *Evolutionary Economics*, Beverly Hills and London: Sage.

Bowler, P. J. (1983), *The Eclipse of Darwinism: Anti-Darwinian Evolution Theories in the Decades around 1900*, Baltimore: Johns Hopkins University Press.

Boyd, R., and P. J. Richerson (1980), 'Sociobiology, culture and economic theory', *Journal of Economic Behaviour and Organization* **1**(1): 97–121. [Reprinted in Witt (1993).]

Burrow, J. W. (1966), *Evolution and Society: A Study of Victorian Social Theory*, Cambridge: Cambridge University Press.

Burt, C. (1962), 'The concept of consciousness', *British Journal of Psychology* **53**: 229–242.

Camic, Charles (1986), 'The matter of habit', *American Journal of Sociology*, **91**(5): 1039–1087.

Campbell, D. T. (1965), 'Variation and selective retention in socio-cultural evolution', in H. Barringer, G. I. Blanksten and R. W. Mack (eds.),

Social Change in Developing Areas: a Reinterpreation of Evolutionary Theory, Cambridge, MA: Schenkman Publishing Co., 19–47.
Chomsky, N. (1959), 'Review of *Verbal Behavior* by B. F. Skinner', *Language* **35**: 26–58.
Clark, J. B. (1885), *The Philosophy of Wealth: Economic Principles Newly Formulated*, London and New York: Macmillan.
Commons, J. R. (1934), *Institutional Economics – Its Place in Political Economy*, New York: Macmillan. [Reprinted in 1990 with a new introduction by M. Rutherford, New Brunswick, NJ: Transaction.]
Copeland, M. A. (1931), 'Economic theory and the natural science point of view', *American Economic Review* **21**(1): 67–79. [Reprinted in W. Samuels (ed.) (1988), *Institutional Economics*, vol. 2, Aldershot: Edward Elgar.]
(1958), 'On the scope and method of economics', in D. F. Dowd (ed.), *Thorstein Veblen: A Critical Appraisal*, Ithaca, NY: Cornell University Press, 57–75. [Reprinted in Hodgson (1995).]
(1981), *Essays in Socioeconomic Evolution*, New York: Vantage Press.
David, P. A. (1985), 'Clio and the economics of QWERTY', *American Economic Review* **75**(2): 332–337.
Degler, C. N. (1991), *In Search of Human Nature: The Decline and Revival of Darwinism in American Social Thought*, Oxford: Oxford University Press.
Depew, D. J., and B. H. Weber (1995), *Darwinism Evolving: Systems Dynamics and the Genealogy of Natural Selection*, Cambridge, MA: MIT Press.
Dillard, D. (1948), *The Economics of John Maynard Keynes: The Theory of a Monetary Economy*, London: Crosby Lockwood.
Dobzhansky, T. (1955), *Evolution, Genetics and Man*, London: Wiley.
Downie, J. (1958), *The Competitive Process*, London: Duckworth.
Durkheim, E. (1984), *The Division of Labour in Society*, translated from the French edition of 1893 by W. D. Halls with an introduction by L. Coser, London: Macmillan.
Edgell, S. (1975), 'Thorstein Veblen's theory of evolutionary change', *American Journal of Economics and Sociology* **34**(July): 267–280.
Ely, R. T. (1903), *Studies in the Evolution of Industrial Society*, New York: Macmillan.
Enke, S. (1951), 'On maximizing profits: a distinction between Chamberlin and Robinson', *American Economic Review* **41**(3): 566–578.
Farrell, M. J. (1970), 'Some elementary selection processes in economics', *Review of Economic Studies* **37**: 305–319.
Fleetwood, S. (1995), *Hayek's Political Economy: The Socio-Economics of Order*, London: Routledge.
Ford, H. J. (1915), *The Natural History of the State*, Princeton, NJ: Princeton University Press.
Foss, N. J. (1991), 'The suppression of evolutionary approaches in economics: the case of Marshall and monopolistic competition', *Methodus* **3**(2): 65–72. [Reprinted in Hodgson (1995).]
(1994a) 'Realism and evolutionary economics', *Journal of Social and Evolutionary Systems* **17**(1): 21–40.
(1994b) 'The biological analogy and the theory of the firm: Marshall and monopolistic competition', *Journal of Economic Issues* **28**(4): 1115–1136.

Freeden, M. (ed.) (1988), *J. A. Hobson: A Reader*, London and Boston: Unwin Hyman.

Freeman, C. (ed.) (1990), *The Economics of Innovation*, Aldershot: Edward Elgar.

Friedman, M. (1953), 'The methodology of positive economics', in M. Friedman, *Essays in Positive Economies*, Chicago: University of Chicago Press, 3–43.

Georgescu-Roegen, N. (1971), *The Entropy Law and the Economic Process*, Cambridge, MA: Harvard University Press.

Ghiselin, M. T. (1974), *The Economy of Nature and the Evolution of Sex*, Berkeley: University of California Press.

Giddings, F. A. (1896), *The Principles of Sociology*, New York: Macmillan.

Gould, S. J. (1989), *Wonderful Life: The Burgess Shale and the Nature of History*, New York: Norton.

Gowdy, J. M. (1987), 'Bio-economics: social economy versus the Chicago school', *International Journal of Social Economics* **14**(1): 32–42. [Reprinted in Hodgson (1995).]

Gruchy, A. G. (1948), 'The philosophical basis of the new Keynesian economics', *International Journal of Ethics* **58**(4): 235–244.

(1972), *Contemporary Economic Thought: The Contribution of Neo-Institutional Economics*, London and New York: Macmillan.

Haavelmo, T. (1954), *A Study in the Theory of Economic Evolution*, Amsterdam: North-Holland.

Hahn, F. (1991), 'The next hundred years', *Economic Journal* **404**: 47–50.

Harris, A. L. (1934), 'Economic evolution: dialectical and Darwinian', *Journal of Political Economy* **42**(1): 34–79.

Hayek, F. A. (1952a), *The Sensory Order: An Inquiry into the Foundations of Theoretical Psychology*, London: Routledge and Kegan Paul.

(1952b), *The Counter-Revolution of Science: Studies on the Abuse of Reason*, Glencoe, IL: Free Press.

(1960), *The Constitution of Liberty*, London and Chicago: Routledge and Kegan Paul, and University of Chicago Press.

(1967a), 'Notes on the evolution of systems of rules of conduct', in F. A. Hayek, *Studies on Philosophy, Politics and Economics*, London: Routledge and Kegan Paul, 66–81. [Reprinted in Witt (1993).]

(1967b), *Studies on Philosophy, Politics and Economics*, London: Routledge and Kegan Paul.

(1982), *Law, Legislation and Liberty*, 3-volume combined edition, London: Routledge and Kegan Paul.

(1988), *The Fatal Conceit: The Errors of Socialism, the Collected Works of Friedrich August Hayek*, vol. 1, edited by W. W. Bartley III, London: Routledge.

Hejl, P. (1995), 'The importance of the concepts of "organism" and "evolution" in Emile Durkheim's *Division of Social Labor* and the influence of Herbert Spencer', in S. Maasen, E. Mendelsohn and P. Weingart (eds.), *Biology as Society, Society as Biology: Metaphors*, Sociology of the Sciences Yearbook, vol. 18, Boston: Kluwer Academic Publishers, 155–191.

Hennis, W. (1988), *Max Weber: Essays in Reconstruction*, London: Allen and Unwin.

Herbst, J. (1965), *The German Historical School in American Scholarship: A Study in the Transfer of Culture*, Ithaca, NY: Cornell University Press.

Hesse, M. B. (1966), *Models and Analogies in Science*, Paris: University of Notre Dame Press.

Hirshleifer, J. (1977), 'Economics from a biological viewpoint', *Journal of Law and Economics* **20**(1): 1–52. [Reprinted in Hodgson (1995).]

(1978), 'Natural economy versus political economy', *Journal of Social and Biological Structures* **1**: 319–337.

Hirst, P. Q., and P. Woolley (1982), *Social Relations and Human Attributes*, London: Tavistock.

Hobson, J. A. (1929), *Wealth and Life: A Study in Values*, London: Macmillan.

Hodgson, G. M. (1988), *Economics and Institutions: A Manifesto for a Modern Institutional Economics*, Cambridge: Polity Press.

(1992), 'Thorstein Veblen and post-Darwinian economics', *Cambridge Journal of Economics* **16**(3): 285–301.

(1993a), 'The Mecca of Alfred Marshall', *Economic Journal* **417**: 406–415.

(1993b), *Economics and Evolution: Bringing Life Back Into Economics*, Cambridge and Ann Arbor, MI: Polity Press and University of Michigan Press.

(1994), 'Optimization and evolution: Winter's critique of Friedman revisited', *Cambridge Journal of Economics*, **18**(4): 413–430.

(ed.) (1995), *Economics and Biology*, Aldershot: Edward Elgar.

(1997), 'Metaphor and pluralism in economics: mechanics and biology', in A. Salanti and E. Screpanti (eds.), *Pluralism in Economics: New Perspectives in History and Methodology*, Aldershot: Edward Elgar, 131–154.

(1999), *Evolution and Institutions: On Evolutionary Economics and the Evolution of Economics*, Cheltenham: Edward Elgar.

(2001a), 'Is social evolution Lamarckian or Darwinian?', in J. Laurent and J. Nightingale (eds.), *Darwinism and Evolutionary Economics*, Cheltenham, Edward Elgar, 87–118.

(2001b), *How Economics Forgot History: The Problem of Historical Specificity in Social Science*, London and New York: Routledge.

Hofstadter, R. (1959), *Social Darwinism in American Thought*, rev. edn., New York: Braziller.

Hoover, K. D. (1995), 'Why does methodology matter for economics?', *Economic Journal* **430**: 715–734.

Hunt, E. K. (1975), *Property and Prophets: The Evolution of Economic Institutions*, New York: M. E. Sharpe.

Hutchison, T. W. (1992), *Changing Aims in Economics*, Oxford: Basil Blackwell.

Hutter, M. (1994), 'Organism as a metaphor in German economic thought', in P. Mirowski (ed.), *Natural Images in Economic Thought: Markets Read in Tooth and Claw*, Cambridge: Cambridge University Press, 289–321.

Ingrao, B., and G. Israel (1990), *The Invisible Hand: Economic Equilibrium in the History of Science*, Cambridge, MA: MIT Press.

Jackson, W. A. (1995), 'Naturalism in economics', *Journal of Economic Issues* **29**(3): 761–780.

James, W. (1893), *The Principles of Psychology*, 2nd edn. New York: Holt.

Joravsky, D. (1970), *The Lysenko Affair*, Cambridge, MA: Harvard University Press.

Keynes, J. M. (1936), *The General Theory of Employment, Interest and Money*, London: Macmillan.

(1973), *The Collected Writings of John Maynard Keynes*, vol. XIV, *The General Theory and After: Defence and Development*, London: Macmillan.

Khalil, E. L. (1993), 'Neoclassical economics and neo-Darwinism: clearing the way for historical thinking', in R. Blackwell, J. Chatha and E. J. Nell (eds.), *Economics as Worldly Philosophy: Essays in Political and Historical Economics in Honour of Robert L. Heilbroner*, London: Macmillan, 22–72. [Reprinted in Hodgson (1995).]

Kirman, A. P. (1989), 'The intrinsic limits of modern economic theory: the emperor has no clothes', *Economic Journal* **395**: 126–139.

(1992), 'Whom or what does the representative individual represent?', *Journal of Economic Perspectives* **6**(2): 117–136.

Klamer, A., and T. C. Leonard (1994), 'So what's an economic metaphor?', in P. Mirowski (ed.), *Natural Images in Economic Thought: Markets Read in Tooth and Claw*, Cambridge: Cambridge University Press, 20–51.

Knies, K. (1853), *Politische Ökonomie vom Standpunkt der geshichtlichen Methode* [*Political Economy from the Perspective of the Historical Method*], Braunschweig: Schwetschke.

Knight, F. H. (1952), 'Institutionalism and empiricism in economics', *American Economic Review* **42**(2): 45–55.

La Vergata, A. (1995), 'Herbert Spencer: biology, sociology, and cosmic evolution', in S. Maasen, E. Mendelsohn and P. Weingart (eds.), *Biology as Society, Society as Biology: Metaphors*, Sociology of the Sciences Yearbook, vol. 18, Boston: Kluwer Academic Publishers, 193–229.

Lawson, T. (1994), 'Hayek and realism: a case of continuous transformation', in M. Colunna, H. Haggemann and O. Hamouda (eds.), *Capitalism, Socialism and Knowledge: The Economics of F. A. Hayek*, Aldershot: Edward Elgar.

(1997), *Economics and Reality*, London: Routledge.

Lewin, S. B. (1996), 'Economics and psychology: lessons for our own day from the early twentieth century', *Journal of Economic Literature* **34**(3):1293–1323.

Lilienfeld, P. von (1873–1881), *Gedanken über zur Sozialwissenshaft der Zukunft* [*Thoughts on the Social Science of the Future*], Hamburg.

Maasen, S. (1995), 'Who is afraid of metaphors?', in S. Maasen, E. Mendelsohn and P. Weingart (eds.), *Biology as Society, Society as Biology: Metaphors*, Sociology of the Sciences Yearbook, vol. 18, Boston: Kluwer Academic Publishers, 11–35.

Marshall, A. (1890), *Principles of Economics*, London: Macmillan. [8th edn., 1920, London: Macmillan. 9th variorum edn., 1961, London: Macmillan.]

Matson, F. W. (1964), *The Broken Image*, New York: Doubleday.

Mayhew, A. (1987), 'The beginnings of institutionalism', *Journal of Economic Issues* **21**(3): 971–998.

(1989), 'Contrasting origins of the two institutionalisms: the social science context', *Review of Political Economy* **1**(3): 319–333.

Maynard Smith, J. (1982), *Evolution and the Theory of Games*, Cambridge: Cambridge University Press.

Mayr, E. (1980), 'Prologue: some thoughts on the history of the evolutionary synthesis', in E. Mayr and W. B. Provine (eds.), *The Evolutionary Synthesis:*

Perspectives on the Unification of Biology, Cambridge, MA: Harvard University Press, 1–48.

McDougall, W. (1908), *An Introduction to Social Psychology*, London: Methuen.

(1921), 'The use and abuse of instinct in social psychology', *Journal of Abnormal Psychology and Social Psychology* **16**: 331–343.

McFarland, F. B. (1985), 'Thorstein Veblen versus the institutionalists', *Review of Radical Political Economics* **17**(4): 95–105.

(1986), 'Clarence Ayres and his gospel of technology', *History of Political Economy* **18**(4): 593–613.

Medvedev, Z. (1969), *The Rise and Fall of T. D. Lysenko*, New York: Columbia University Press.

Menger, C. (1883), *Untersuchungen über die Methode der Sozialwissenschaften und der politischen Ökonomie insbesondere*, Tübingen: Mohr. [Translated by F. J. Nock (1963), *Problems of Economics and Sociology*, Urbana, IL: University of Illinois Press.]

Metcalfe, J. S. (1988), 'Evolution and economic change', in A. Silberston (ed.), *Technology and Economic Progress*, Basingstoke: Macmillan, 54–85. [Reprinted in Witt (1993).]

Mirowski, P. (1989), *More Heat Than Light: Economics as Social Physics, Physics as Nature's Economics*, Cambridge: Cambridge University Press.

Mises, L. von (1957), *Theory and History: An Interpretation of Social and Economic Evolution*, New Haven, CT: Yale University Press.

Mitchell, W. C. (1910), 'The rationality of economic activity', *Journal of Political Economy* **18**(2–3), parts I and II, 97–113 and 197–216.

(1937), *The Backward Art of Spending Money and Other Essays*, New York: McGraw-Hill.

Moggridge, D. E. (1992), *Maynard Keynes: An Economist's Biography*, London: Routledge.

Morgan, L. H. (1877), *Ancient Society*, Chicago: Charles Kerr. [Reprinted in 1964 with an introduction by L. A. White, Cambridge, MA: Harvard University Press.]

Morgan, M. (1995), 'Evolutionary metaphors in explanations of American industrial competition', in S. Maasen, E. Mendelsohn and P. Weingart (eds.), *Biology as Society, Society as Biology: Metaphors*, Sociology of the Sciences Yearbook, vol. 18, Boston: Kluwer Academic Publishers, 311–337.

Moss, S. J. (1984), 'The history of the theory of the firm from Marshall to Robinson and Chamberlin: the source of positivism in economics', *Economica* **51**(August): 307–318.

Myrdal, G. (1972), *Against the Stream: Critical Essays in Economics*, New York: Pantheon Books.

Nelson, R. R. (1994), personal communication to G. M. Hodgson, 21 September.

Nelson, R. R., and S. G. Winter (1973), 'Towards an evolutionary theory of economic capabilities', *American Economic Review* **63**(2): 440–449.

(1974), 'Neoclassical vs. evolutionary theories of economic growth: critique and prospectus', *Economic Journal* **336**: 886–905. [Reprinted in Freeman (1990).]

(1982), *An Evolutionary Theory of Economic Change*, Cambridge, MA: Harvard

University Press.
Neumann, J. von, and O. Morgenstern (1944), *Theory of Games and Economic Behaviour*, Princeton, NJ: Princeton University Press.
Nightingale, J. (1993), 'Solving Marshall's problem with the biological analogy: Jack Downie's competitive process', *History of Economics Review* **20** (Summer): 75–94. [Reprinted in Hodgson (1995).]
Niman, N. B. (1991), 'Biological analogies in Marshall's work', *Journal of the History of Economic Thought* **13**(1): 19–36. [Reprinted in Hodgson (1995).]
Ormerod, P. (1994), *The Death of Economics*, London: Faber and Faber.
Penrose, E. T. (1952), 'Biological analogies in the theory of the firm', *American Economic Review* **42**(4): 804–819.
Persons, S. (ed.) (1950), *Evolutionary Thought in America*, New Haven, CT: Yale University Press.
Pigou, A. C. (1922), 'Empty economic boxes: a reply', *Economic Journal* **128**: 458–465.
(1928), 'An analysis of supply', *Economic Journal* **150**: 238–257.
Quine, W. van O. (1953), *From a Logical Point of View*, Cambridge, MA: Harvard University Press.
Rapport, D. J., and J. E. Turner (1977), 'Economic models in ecology', *Science* **195**: 367–373. [Reprinted in Hodgson (1995).]
Rizvi, S. A. T. (1994), 'The microfoundations project in general equilibrium theory', *Cambridge Journal of Economics* **18**(4): 357–377.
Robbins, L. (1932), *An Essay on the Nature and Significance of Economic Science*, London: Macmillan.
(1970), *Evolution of Modern Economic Theory*, London: Macmillan.
Roscher, W. (1854), *Das System der Volkswirtschaft* [*The System of the Folk-Economy*], Stuttgart: Cotta.
Rose, S., L. J. Kamin and R. C. Lewontin (1984), *Not in Our Genes: Biology, Ideology and Human Nature*, Harmondsworth: Penguin.
Ross, D. (1991), *The Origins of American Social Science*, Cambridge: Cambridge University Press.
Rutherford, M. H. (1984), 'Thorstein Veblen and the processes of institutional change', *History of Political Economy* **16**(3): 331–348. [Reprinted in M. Blaug (ed.) (1992), *Thorstein Veblen (1857–1929)*, Aldershot: Edward Elgar.]
(1994), *Institutions in Economics: The Old and the New Institutionalism*, Cambridge: Cambridge University Press.
(1997), 'American institutionalism and the history of economics', *Journal of the History of Economic Thought* **19**(2): 178–195.
(1999), 'Institutionalism as "scientific economics"', in R. E. Backhouse and J. Creedy (eds.), *From Classical Economics to the Theory of the Firm: Essays in Honour of D. P. O'Brien*, Cheltenham: Edward Elgar, 223–242.
(2000), 'Institutionalism between the wars', *Journal of Economic Issues* **34**(2): 291–303.
Samuelson, P. A. (1938), 'A note on the pure theory of consumer's behaviour', *Economica*, New Series, **5**(17): 61–71.
Sanderson, S. K. (1990), *Social Evolutionism: A Critical History*, Oxford: Blackwell.

Schaffer, M. E. (1989), 'Are profit-maximisers the best survivors? A Darwinian model of economic natural selection', *Journal of Economic Behaviour and Organization* **12**(1): 29–45. [Reprinted in Hodgson (1995).]

Schäffle, A. (1881), *Bau und Leben des socialen Körpers* [*Anatomy and Life of the Social Body*], Tübingen: Lapp.

Scheffler, I. (1974), *Four Pragmatists: A Critical Introduction to Peirce, James, Mead, and Dewey*, London: Routledge and Kegan Paul.

Schumpeter, J. A. (1934), *The Theory of Economic Development: An Inquiry into Profits, Capital, Credit, Interest, and the Business Cycle* [translated by R. Opie from the German edition of 1912], Cambridge, MA: Harvard University Press. [Reprinted 1989 with a new introduction by J. E. Elliott, New Brunswick, NJ: Transaction.]

(1954), *History of Economic Analysis*, Oxford: Oxford University Press.

Sebba, G. (1953), 'The development of the concepts of mechanism and model in physical science and economic thought', *American Economic Review* **43**(2): 259–268. [Reprinted in Hodgson (1995).]

Seckler, D. (1975), *Thorstein Veblen and the Institutionalists: A Study in the Social Philosophy of Economics*, London: Macmillan.

Shove, G. F. (1942), 'The place of Marshall's *Principles* in the development of economic theory', *Economic Journal* **208**: 294–329.

Sowell, T. (1967), 'The "evolutionary" economics of Thorstein Veblen', *Oxford Economic Papers* **19**(2): 177–198. [Reprinted in M. Blaug (ed.) (1992), *Thorstein Veblen (1857–1929)*, Aldershot: Edward Elgar.]

Stigler, G. J., S. M. Stigler and C. Friedland (1995), 'The journals of economics', *Journal of Political Economy* **105**(2): 331–359.

Stoneman, W. (1979), *A History of the Economic Analysis of the Great Depression*, New York: Garland.

Streissler, E. W. (1990), 'The influence of German economics on the work of Menger and Marshall', *History of Political Economy* **22**, Annual Supplement, 31–68.

Sugden, R. (1986), *The Economics of Rights, Co-operation and Welfare*, Oxford: Blackwell.

Tang, A. M., F. M. Westfield and J. S. Worley (eds.) (1976), *Evolution, Welfare and Time in Economics: Essays in Honor of Nicholas Georgescu-Roegen*, Lexington, MA: Lexington Books.

Thomas, B. (1991), 'Alfred Marshall on economic biology', *Review of Political Economy* **3**(1): 1–14. [Reprinted in Hodgson (1995).]

Tilman, R. (1990), 'New light on John Dewey, Clarence Ayres, and the development of evolutionary economics', *Journal of Economic Issues* **24**(4): 963–979.

(1992), *Thorstein Veblen and His Critics, 1891–1963: Conservative, Liberal, and Radical*, Princeton, NJ: Princeton University Press.

Tool, M. R. (1994), 'Ayres, Clarence E.', in G. M. Hodgson, W. J. Samuels and M. R. Tool (eds.), *The Elgar Companion to Institutional and Evolutionary Economics*, Aldershot: Edward Elgar, vol. 1, 16–22.

Tullock, G. (1979), 'Sociobiology and economics', *Atlantic Economic Journal*, September, 1–10. [Reprinted in Hodgson (1995).]

Tylor, E. B. (1871), *Primitive Culture*, 2 volumes, London. [Reprinted in 1958, New York: Harper.]

Veblen, T. B. (1898), 'Why is economics not an evolutionary science?', *Quarterly Journal of Economics* **12**(3): 373–397. [Reprinted in Veblen (1919).]
(1899), *The Theory of the Leisure Class: An Economic Study in the Evolution of Institutions*, New York: Macmillan.
(1904), *The Theory of Business Enterprise*, New York: Charles Scribner's. [Reprinted in 1975 by Augustus Kelley.]
(1909), 'Fisher's rate of interest', *Political Science Quarterly* **24**(June): 296–303. [Reprinted in T. B. Veblen (1934), *Essays on Our Changing Order*, edited by L. Ardzrooni, New York: The Viking Press.]
(1919), *The Place of Science in Modern Civilisation and Other Essays*, New York: Huebsch. [Reprinted in 1990 with a new introduction by W. J. Samuels, New Brunswick, NJ: Transaction.]
Vining, R. (1939), 'Suggestions of Keynes in the writings of Veblen', *Journal of Political Economy* **47**(5): 692–704.
Waller, W. J., Jr. (1988), 'Habit in economic analysis', *Journal of Economic Issues* **22**(1): 113–126. [Reprinted in G. M. Hodgson (ed.) (1993), *The Economics of Institutions*, Aldershot: Edward Elgar.]
Ward, B. (1972), *What's Wrong With Economics?* London: Macmillan.
Ward, L. F. (1893), *The Psychic Factors of Civilization*, Boston: Ginn.
Whitehead, A. N. (1926), *Science and the Modern World*, Cambridge: Cambridge University Press.
Wilson, E. O. (1975), *Sociobiology: The New Synthesis*, Cambridge, MA: Harvard University Press.
Winslow, E. A. (1989), 'Organic interdependence, uncertainty and economic analysis', *Economic Journal* **398**: 1173–1182.
Winter, S. G. (1964), 'Economic "natural selection" and the theory of the firm', *Yale Economic Essays* **4**(1): 225–272.
Wispé, L. G., and J. N. Thompson (1976), 'The war between the words: biological versus social evolution and some related issues', *American Psychologist* **31**(5): 341–351.
Witt, U. (ed.) (1993), *Evolutionary Economics*, Aldershot: Edward Elgar.
Wunderlin, C. E., Jr. (1992), *Visions of a New Industrial Order: Social Science and Labor Theory in America's Progressive Era*, New York: Columbia University Press.

C 演化中的历史：经济现实与理论的调和

第6章 经济过程中的路径依赖:对动态系统背景下政策分析的意义

保罗·A.大卫

1 引言:信条与背景

我相信,经济学作为一门极富启发性的学科,未来势必要成为一门历史性的社会科学。作为经济历史学研究者,我所做的大部分工作都是希望通过进行应用型研究、关注微观及宏观层面上的随机过程的各种行为,向大家传递这样一种强烈的感觉,即在经济事务中"历史有多么重要",在这些过程中,那些紧密联结的最终结果都可以说是缘于路径依赖的。之所以要用"路径依赖"这个词,我是想说,这个过程是非遍历性的(non-ergodic):拥有这一属性的系统不能摆脱过去所发生的各种事件的影响,因此,其渐近分布(描述其如何向最终结果收敛的趋势)也就是其自身历史的函数。

尽管动态资源配置过程中的路径依赖不能用一阶马尔可夫链来描述,但是,在一些随机系统中,如果转移概率是严格地状态依赖(state-dependent)的(一阶马尔可夫过程),换言之,在这些系统中,存在多种吸收状态(absorbing states),那么路径依赖也可以用马尔可夫过程描述。在此条件下,随机发生的小事件——特别是那些在路径发展早期就发生了的事件——会将显著地影响到系统如何在一系列稳定均衡态或者说"吸引子"(attractors)之间进行"选择"。虽然我们无法预期特定选择本身的属性,但是,这并不意味着我们无法根据事前就知道的多种均衡态来预测特定的均衡形式。我们将会看到各种各样的非遍历性随机过程,有一些结果是可以预测的,而另外一些则不能。因此,如果能够找出那些可预测结果的关键性的结构特征,那么,即便系统的历史仍然在演化过程之中,我们仍然能够对经济政策分析提供一些令人感兴趣的建议。

152 早些时候,在一些场合①中我曾经指出,当前的经济分析已经越来越广泛地承认了局部正反馈(local positive feedback)机制——以及相应的来自于多种来源的多重均衡(multiple equilibra)——的存在,那些跟我一样相信历史的重要性的经济学家应该能够因此对我们这个学科的未来发展更具信心。经济学家开始不再因为多种均衡状态所带来的不确定性而去一味回避多重均衡模型了,他们越来越倾向于采取一种更开放的做法,认为一些偶然的、似乎只是暂时性的影响——包括只是会在特定历史条件下出现的小的扰动——对最终结果的形成而言也是不可或缺的。现在,大家已经在越来越仔细并广泛地应用概率理论中的可用方法、借助于随机过程来研究经济中自我强化式的变化所遵循的机制,因此,经济理论家和经济历史学家应该开始通力合作,以提出有用的研究成果。

我撰写本章的主要目的是想继续努力促进经济理论研究者与信奉历史的经济学家之间的合作。因此,我希望特别强调经济中动态问题的多样性和丰富性,由于在局部正反馈的条件下个人选择是互相依赖的,这些问题都具有相同的结构,也因此使得这些问题本身可以应用考虑历史偶然性的研究方法来研究。在第2节中,我不会用特别详细的历史案例来表述自己的观点,而是希望能够用更抽象、更具启发性的语言来更充分地表述自己的论点,至于这么做的原因,很快我就会提到。第3节以一个非常简单的路径依赖均衡体系为例来进行阐述,这一系统本身可以被做多种不同的经济解释。第4节会分析这个系统的正式属性。在随后第5节和第6节中提出了一些可以应用历史研究方法的主题,包括因为供给方面的外部性引致的交换与投资方面的协调难题所产生的宏观经济现象,公众意见形成中的"潮流"和寡头勾结垄断行为(卡特尔)的产生等等。不过,因为在特定学科中专注于某一领域是有其价值的,我也将会把

153 更多的笔墨放在此类模型在技术变化问题(第5节)和制度的产生(第6节)上,

① 例如,可参阅 David(1988)。这份技术报告是根据我在社会科学中的数学研究所(Institute for Mathematical Studies in the Social Sciences, IMSSS)暑期研习班(1988年8月)的系列讨论会中的演讲改写而成,演讲的主题是经济资源配置中表现出路径依赖特征的历史过程。也可以参阅 David(1989b),这是我于1989年6月27日在西班牙桑坦德举行的国际计量历史学会(International Cliometrics Society,ICS)第二次会议上发表的论文,这篇论文被收录在《ICS 第二次会议学报》(*Proceedings of the Second ICS Meetings*)中。

这些问题都是经济历史学家面临的核心问题,也是其长期以来一直关注的焦点问题,实际也是所有关心经济发展的长期过程的人关注的重要问题。

究竟是什么——如果有的话——在促使我们向“历史经济学”转变?这个问题意味着,人们才刚刚开始考虑我们这个学科进行政策分析的方法。显然,这个问题非常重要,从而被赋予了高度的重要性,也正是因此,我在对第 7 节之主题所做的初步思考,其重要性就要相对低得多。尽管后者相当有针对性,前文中对网络行业中技术标准形成过程中的路径依赖所做的讨论也为之提供了坚实的基础,但本文还是提出了一种可能更为有用的、更一般化的方法范式,这种范式强调的是决策时机的重要性,而不是是否应对市场配置过程进行干预。结论部分(第 8 节)对于路径依赖对未来经济分析的意义做出了一些更为广泛的思考。

2　具体、抽象以及历史偶然性的重要性

过去,我一直在试图通过经济历史学家惯常使用的实例,用一个非常具体的形式来传递这样一种观点,即遥远的历史事件对于随后经济变化的方向会产生十分重要的影响。我的想法是,通过特定的“好的作品”来传播这种信念——所谓好的作品,就是那些明确地建立了可以用来解决经济历史中具体问题的非遍历性模型,并确实运用了这些模型的作品。

当然,要想说明所谓“路径依赖均衡分析”在实践运用中应该是什么样子的,同时还要确保这种说明是可信的,就一定要深入地钻研某种真实的历史背景。但是,要完成这种类型的经验调查,需要借助于大量的有关技术和制度的专业知识,面对这样的研究,即使是经济学家们那些最富宽容心的听众也会不胜其烦。姑且不论其好坏,在我们所处的理论领域中,要从基本事实中发现火花,必须经过缓慢、单调而乏味的工作。

也正因为此,我开始怀疑,如果我只是在这里对过去的这类工作——包括我自己的研究和其他人的类似历史研究——做一个简单的概括,是否会有什么更大的好处。事实上,我曾经发现,从工业生产的随机“干中学”过程得出的局部技术变化模型[②],可以很好地解释 19 世纪英美学术界针对技术进步的速度和方向所存在的分歧,不过,把这个老旧的模型再翻出来讲,是否能给我们一般性的启示,我还是持怀疑态度。我刚刚提到的这个模型包括了证明(非遍历的)历史重要性的所有基本要素,这一点是千真万确的;该模型表明,在投入要素价格

154

② 参见 David(1975,第 1 章)。

不断波动的条件下,如果只是毫无远见地在局部范围内"干中学",那么,即使是该经济体要素定价史中发生于很久之前的特定事件,也会让这一区域的制造业只是"锁定"在某一条可能的技术轨迹上。但是,这个模型的音高只适合于一首曲子,那些特别热衷于用非新古典的方法重塑"Rothbard-Habakkuk 命题"的人可能已经听过这首曲子了,即使没有听过,他们也能毫不费力地找到它。[③]

在将 Atkinson 和 Stiglitz 1969 年的局部技术进步(localized technological progress)模型和 Rosenberg 1969 年对现有生产技术扮演技术进步的"调焦器"的方式所提出的观点综合起来的时候[④],所用的分析框架也考虑到了引起变革性创新的、基础科学或工程学知识所发生的变化。这可能会开启出一些新的技术发展轨迹,沿着这些轨迹,"学习"速度会更快,技术应用范围也会更为广泛,因此也就有可能会扰乱已经长期存在的局部学习环境——也就是那些在之前通过连续采用许多在技术上相互关联的小的子系统而逐渐被建立起来的复杂系统。不过,我们仍然很难在理论上解释用这种方式研究技术变化过程的有用性;而且,那些准备要进入特定领域进行研究的人很可能会发现,他们要使用的方法,跟我进行农业机械化、当代工业历程与机器人技术应用过程的并行、农业机械的发展和采用的历史经验等各种研究时所使用的方法是一样的。[⑤]

更晚一些时候,我对一段大家都十分熟悉但却引人注目的技术和经济史做了一些简单的说明:20 世纪初发生的打字机键盘的标准化是一段建立在理性基础上的历史(histoire raisonnée)。[⑥] 尽管我对 QWERTY 键盘故事的理解,启发 Brian Arthur、Yuri Ermoliev 和 Yuri Kaniovski[⑦] 就特定类型的路径依赖随机过程(也就是 Polya 罐过程)的属性取得了一些有力的理论结果,但是,它本质上只是一个故事,故事讲述的是在历史偶然性占据支配地位时,"坏事"如何"接踵而至"。之所以这么说,我是希望大多数人把它当做某种寓言故事来读——实际上也的确是给出了一个富含道德意义的"中心思想"作为结论。我认为,如果认真地研究我们为什么会集体坚持使用次优的 QWERTY 键盘布局,那么,其结论就会很好地说明我的方法论的要点,也就是必须要在研究特定类型的经济现象时引入历史方法。这一点得到了相当多的关注,因为其简明性增加了人们通读

155

③ 若希望了解更新一些的研究以及支持我在 1975 年提出的观点的计量证据,也可以参见 James and Skinner(1985)。

④ 参见 Atkinson 和 Stiglitz(1969),这些观点后来在 Stiglitz(1987)和 Rosenberg(1969)中又有更详细的论述。

⑤ 参见 David(1975,第 4 章和第 5 章,1986a,1944c)。

⑥ 参见 David(1985,1986b)。另一个关于早期交流电与直流电系统之争的案例研究:参见 David(1991)以及与之相关的 David and Bunn。David(1987)讨论了实际技术接口标准的出现等问题,对此观点做了更为正式的扩展,并将应用范围进一步拓宽。

⑦ 参见 Arthur *et al.*(1986)。

全文的可能性。

但是,要抓住非本专业人士的眼睛,还有另外一个"诱惑手段":告诉现代经济学家,动态市场过程使得每个人被"锁定"在非效率的技术上,这一方法十分可靠,至少可以暂时吸引他们的注意力。[8] 不过,幸运的是,之后进行的对于其他案例的研究也表明,"锁定"现象具有普遍性,[9]最初怀疑 QWERTY 的故事(只)是一套奇谈怪论的人也开始接受这个理论,认为 QWERTY 可以用来比喻那一类可能产生帕累托次优结果的多重均衡过程——动态协调博弈。不过,QWERTY 键盘被当做路径依赖现象的象征(或例证),却并非研究者所愿,而这也有其"不利的一面"。它使得一些经济学家和经济史学家错误地认为,经济过程中的路径依赖之特征属性就是市场均衡的次优性。[10]

156

虽然应用微观经济学家们对技术兼容性和标准化所产生的工业组织问题产生了浓厚的兴趣,但是,到目前来看,并没有多少经济学家在切实地把"剩余动量"(excess momentum)和"锁定"机制的分析拓展到该技术背景中去。[11] 也许,正是因为其过于专业,所以才没有很多人能够认识到应该在这种问题与经济史分析方法——比方说,Thomas Schelling 提出的开创性的"倾覆行为"(tipping behavior)静态模型(参见 Schelling,1978)——之间建立更深层次的联系;也使得很多经济学家没有能够前进一大步,看到 QWERTY 键盘式的动态过程对于我们理解其他类型的分散决策问题有什么意义——在分散决策的场合,嵌在社会非正式网络中的个体行为人受到类似的正反馈力的影响,这种力量可以导致集体选择过程向一个极端或另一个极端倾斜。

---

⑧ 在这个过程中,我真的收到了来自国际 Dvorak(键盘)学会主席的邮件,邀请我参加一场颇具吸引力的午餐会。正如大家所预期到的那样,并不是所有人都被说服了:有人宣称 20 世纪 30 年代中期研发出来的 Dvorak 键盘从人体过程学的角度来看是最佳选择,但 S. J. Liebowitz 和 S. E. Margolis(1990)表示并不赞同这一观点;而理想键盘(ideal keyboard,19 世纪晚期研发出来的,与 QWERTY 同一时代的键盘)也很可能更为优越。在 Liebowitz 和 Margolis 看来,这使得我在 1985 年所描述的该历史片断的特征变得可疑起来。但是,他们的讨论有一个基本预设,即存在一种比 QWERTY 键盘成本更低、效率更高的键盘,如果有企业将这种键盘介绍到市场上,就可能能够赚取利润——这种立场没有能够正确地区分事前和事后的效率,并否认在这种背景下、网络外部性和"用户基础效应"会跟创新型企业的赢利能力有关系。

⑨ 可参阅 Cowan(1990,1991)和 Cusumano *et al.* (1990)等。

⑩ 更糟糕的是,这种错误被进一步强化了。Liebowitz 和 Margolis 一直坚持驳斥有关 QWERTY 的故事,认为有学者在路径依赖和滞后现象的基础上对市场资本主义发起了新的攻击,而为这一攻击提供基础的 QWERTY 键盘的故事只是一个"神话"。David(2001)找出了——并很有希望消除——Liebowitz 和 Margolis 作品中的这种歪曲以及其他对路径依赖的概念混淆与误解。纠正这些作者(1990)对 QWERTY 键盘历史地位的曲解这项任务已经被拖延得太久,2001 年在格拉斯哥举行的经济历史学会大会的托尼讲座上宣讲的论文《历史是重要的,QWERTY 键盘也是重要的》就是想要完成这项任务,在本章成稿时,这篇论文即将发表。

⑪ 在这一方面,最近发表的有影响力的作品包括 Farell and Saloner(1986)和 Katz and Shapiro(1986)。请参阅 David and Greenstein(1990)以获取更多的相关参考文献信息。

无论其原因为何,聪明的人们仍然按照其字面意义来看待这些详细的故事,也正是因此,他们问道:"你是说,历史只是通过技术变化的路径依赖性质而不是制度或品位的形成来影响今天的经济生活的吗?"当然,事实恰好相反:我想要说的是,各种动态过程有着相同性质的基础,这一基础在所有这些领域中都起着作用。很明显,现在的问题是如何把我的主要分析简单并有效地传递给大家,从而使得其他人都能够一起来考虑,这种不同寻常的经济学研究方法有何更重要的含义。下面一节将会使用一种非传统的、相当抽象的讲解风格,这种风格正是理论驱动型学科所偏爱的。

3 网络、互相依赖和历史:一个探索性的模型

我始终相信,通过研究"网络背景"下个人选择和分散决策的过程,经济学家们能够更深刻地理解,这类结构对于使人了解历史事件之影响,或者我所说的"强历史"(strong history)会起到什么样的作用。[12] 我所关注的网络环境,并不仅局限于那些因为生产技术的相互关联所产生的网络;在现实中,经济主体活动的范围涉及多种类型的网络——社会网络,亲属网络,以及商业交易网络和技术网络。个体行为人可能被卷入以上任何一种充满着相互联系和直接强化条件的网络之中,而这些网络正是历史剧上演的舞台。

157

因此,我将借助于一个完全基于假设的例子来传达我的基本意见。由于我自己的技术是有限的,也为了让其他人都能够充分地理解,我所设计的经济模型实际上将会是一个非常简单的玩具。不过,这可能也正好是该模型的优势,人们能够更迅速地把握其结构(越缺少修饰,越不会像实际情况那样复杂),其他更擅长于构造严谨模型的人可以对其进行改造、为其补充细节——最终,可以在研究很多类型的经验问题时发挥一些有益的作用。毫无疑问,经济分析的历史在很大程度上对人造模型的吸引力提供了有力的证明:最为成功的、成为思维范式的模型,往往恰恰是那些非常朴素的、被明确说明不能直接运用到实际情况中去的模型。

我所选来用来说明自己观点的问题,是 Schelling 在撰写他的《微观动机与宏观行为》(*Micromotives and Macrobehavior*)一书时已经深入思考过的问题(我几乎可以肯定这一点)。不过,我还没有发现,他或其他所有具有相似倾向的人

---

[12] 参见 David(1988,第 2 节),该文根据历史所发挥的作用强度不同,对相关模型做了分类。

是在哪里解决了这个问题。[13] 我将其称为“铲雪问题”(the snow shovelling problem),并在下文中展开相关讨论。

3.1　“铲雪问题”

(1) 在一个城市中,有这样一座街区,其临街的部分都是商店;一场大雪正在进行过程当中:雪正在轻轻地、连续不断地降落。

(2) 如果看管商店的人能够不时地出门铲雪,那么,每家商店门前的人行道都能保持在可通行状态。换句话说,如果拥有铲雪技术,每一位店主都很有可能赶上这场温和的大雪的脚步——清扫自家门前人行道上的积雪。

158

(3) 当且仅当某一代表性店主看到其紧邻的店铺中至少有一家门前的人行道是可通行的时候,他/她才会确实相信,清扫自己门前的积雪是会有正的净收益的,因为此时顾客才能走到自己门口来。为简单起见,我们只考虑其两侧都有其他商店的店铺;如果你愿意,还可以描述街区四边都有商店的情形。[14]

(4) 但是,当隔壁的人行道被阻塞时,商人能获得的私人净收益又不足以促使其雇用一些人来铲除这一障碍,也不足以促使其费心与隔壁的店主进行一场辩论,以说服他/她的邻居去铲雪。

(5) 由于忙于接待顾客或其他事务,店主并不会不停地去查看人行道上的积雪状况。作为一种替代性措施,每一位店主都会采取这样一种策略,即在他们有空闲的时间才出去查看,而这种空闲是随机出现的。但是,这些空闲之间的间隔却恰好足够短,如果他/她想在整场大雪期间(一段较长的时期)维持自己门前的人行道畅通无阻,他/她还是能够赶上降雪的速度的。[15]

如果店主恰巧往他/她的门外头看了一眼,他/她的反应模型将会是这

---

[13] 在《微观动机与宏观行为》一书的第214页提到,“在你的房屋前面铲出一条人行道”是一种涉及二元选择的决策问题,行为人本身在计算其成本和收益时,这种决策所带来的影响是外在的,但是对其他行为人而言,其影响却是内在的。该书给出的其他例子包括:接种疫苗;携带枪支,或拥有责任保险;戴曲棍球头盔。Schelling对这类问题的正式分析基本上是集中在宏观环境对微观决策的正向反馈作用中,不过,正如下文中将会提到的,他的讨论也揭示了局部相互作用效应(外部性)的意义。

[14] 如果假定在大雪开始之前商店中就已经有潜在顾客,而其他人也可以通过街道来到人行道上,那么,铲除自己门前人行道上的积雪产生正的私人净收益的前提条件对系统中的每一个商店都适用。注意,商店的物理位置也会对其产生影响。如果这个系统有边界,那么,边界上的各种条件也会对结果产生特殊的影响。Schelling(1978,p.214)提出了这个观点,他举了一个例子,在这个例子中,如果人们及其邻居都打开灯,那么他们就可以阅读,但如果其邻居关了灯,他们也会跟着这么做。如果整个群体被排成一个圆圈,就会存在两种可能的均衡状态;但是,如果他们被排成一条直线,位于两端的人在任何情况下都不会开灯,所以整个系统都处于黑暗中。

[15] 为了确保这个样本选取过程与合理的个人决策战略是兼容的,我们可以假设存在一些特殊的条件。例如,假定相对于降雪的速度及其变化性,每一个商店都可以采取一种强大的铲雪技术(比方说,一大群孩子?),而每份“工作”都有一个固定成本,而无论其要铲除的积雪量有多大。这样,不管上次铲雪之后已经过去了多长时间,每次铲雪的成本(以及店主的预期净收益)都会是相同的。

样的：

159 (a) 假定他/她自己门前的人行道是畅通的，因为此前他/她的决策是铲雪。如果他/她发现两边的人行道都是畅通的，那么他/她将会决定保持自己门前的人行道畅通。如果他/她两边的邻居门前的人行道都堆满了积雪，那么他/她也就会任由大雪在自己的门前不断堆积。但是，如果他/她发现有一侧的邻居门口没有积雪，他/她就会扔（均匀的）硬币来决定是否继续去铲雪——其假设也很合理，即潜在顾客可能从左侧或右侧任何一个方向来到他/她自己店门口的概率是相等的。

(b) 还有另外一种情况，假定在某时点之前，他/她决定不去铲雪。立即铲除自己门口人行道的积雪会带来的收益，与已经被考虑过的情况下可能获得的收益相同：取决于其邻居做了什么。因此，如果他/她看到自己的两个邻居都不铲雪，那么他/她仍然会坚持来原来采取的策略（在这种情况下，是不铲雪）；如果自己的行为与邻居的不一致，他/她就会改变策略（从而选择去铲雪）。如果他/她从邻近的人行道状况中得到的是"混合信号"，他/他会放弃（或继续）先前策略的概率是50%。

现在，你的脑海中大约已经形成了一串疑问。随着大雪的继续，在这个街区将会发生什么事情呢？会不会有几段人行道一直保持畅通，而另外几排商店门前的积雪堆积如山？会不会到最后是整个人行道都不能通行，或者相反，系统达到另一个更令人高兴的宏观状态——整个人行道都畅通无阻，生意兴隆呢？我们有没有什么方法能够成功地预测哪种情况最终成为现实呢？经济学的直觉会告诉你什么呢？

3.2 铲雪、马尔可夫随机域和更广阔的世界

在继续寻找答案之前，我对于前面进行的各个步骤有四个评论。其中三个是技术方面的观察，第四个涉及这一基本结构的可推广性——从而，这些方法是否适合用来分析更广范围的经济现象。我会依次简短地阐明这些观点。

第一点需要注意的是，在每一个随机（"抽样并决策"）时间点，个体店主的转移概率是严格依赖于状态而非路径依赖的；其当前"状态"表现为三重态，包括他/她自己门前的人行道、左边和右边邻居门前人行道上的积雪状况（是否铲了雪），因此其转移概率是完全可以被确定的。因此，可以说他/她的铲雪策略遵从一阶马尔可夫链。注意，很多微观经济决策问题都涉及二元（或离散的多项）选择，若这些选择会因为行为人所处环境（当前状态）的变化而改变，将这种微观行为构建为一阶马尔可夫链就是经济学家所惯用的手法。

160

第二点是，我们刚刚描述的行为过程是与另外一种更为简单的策略完全等

价的。这些店主不久就会意识到,他/她不需要同时看两侧邻居门前的人行道,然后在两侧情形不同时扔(均匀的)硬币来决定怎么办,而是只需要扔一枚(同样,均匀的)硬币来决定只看哪边邻居门前的积雪情况。如果他/她过去采取的铲雪策略与他/她所选择去看的那一侧邻居此前所采取的策略不同,他/她就会转而采取和这位邻居相同的策略;如果他们两人此前的策略相同,那么他/她将会继续照原定策略进行。但是,无论如何,他/她的战略最终会变成:在任意一个时间点,随机选择一个邻居,采取其最近采取的策略。

现在,第三个观点已经很明显了。如果我们转移到宏观层面,来研究由该街区中所有店主所组成的这个系统的属性,他们的集体行为可以被看做是由一系列可加的、相互作用的马尔可夫过程所构成的随机过程,或者,我们也可以说,是一系列"在局部范围内存在正反馈的、相互依赖的马尔可夫链"。后一个说法对我们的研究是非常有帮助的,因为在互相作用的马尔可夫链和马尔可夫随机域(Markov random fields)等方面,我们已经有了大量相关的统计理论方面的文献可供经济学家参考。[⑯]

为了更清楚地说明为什么后面这些衡量标准是相关的,我们在这里要给出一些正式的定义。用图形表示函数 $G=G(A, E)$,其中 $A=(a_1, a_2, \cdots, a_n)$ 为顶点或节点,而 $E=(e_1, e_2, \cdots, e_n)$ 为连接这些点的边或最短的直线。有限集合 S 中的元素被以(螺旋)结构 x 指定给 A 的每一个点。在我们的例子中,可以把"铲雪"和"不铲雪"的策略分别表示为 + 和 -,并定义 $S=(+,-)$;将 + 或 - 指定给图(图6.1中的水平基线)中的每一个商店所在的位置(节点),这一结构可以描述我们的街区。商店 a 的邻居 $N(a)$ 是 A 中所有点 b 的集合,而 (ab) 就是"边"(这里我所使用的符号来自于 Kindermann and Snell,1980b)。

现在我们可以说,随机域 p 是所有结构 x 所构成的集合 X 的概率测度 $p(x)$,对于任意 x,都有 $p(x)>0$。如果下列条件成立,随机域 p 便可被称为马尔可夫随机域:

$$p[x_a = s \mid x_{A-a}] = p[x_a = s \mid x_{N(a)}]$$

也就是说,给定整体结构 A,要预测节点 a 会达到的值(位于 a 的店铺的策略状态 + 或 -),我们只需要知道 a 的邻居达到的值(此前的策略状态)。

在我于第3.1节所提出的智力游乐场中使用个人的直觉,不仅仅可以满足人探索知识的好奇心。尽管"铲雪"模型是人工构架的,也被故意设计得十分简单,但是,这个模型中包含了很多自然的、更为复杂的、涉及协调均衡(coordina-

⑯ 例如,可以参见 Spitzer(1970)和 Griffeath(1979),这些文献在技术层面上远远超过了我。Liggett(1985)是近期较为全面的论述。还有一些近期进行的调查参考了大量的前期文献,这些文章看起来可能不会那么让人望而生畏,例如 Liggett(1980)和 Kindermann and Snell(1980a,1980b)。

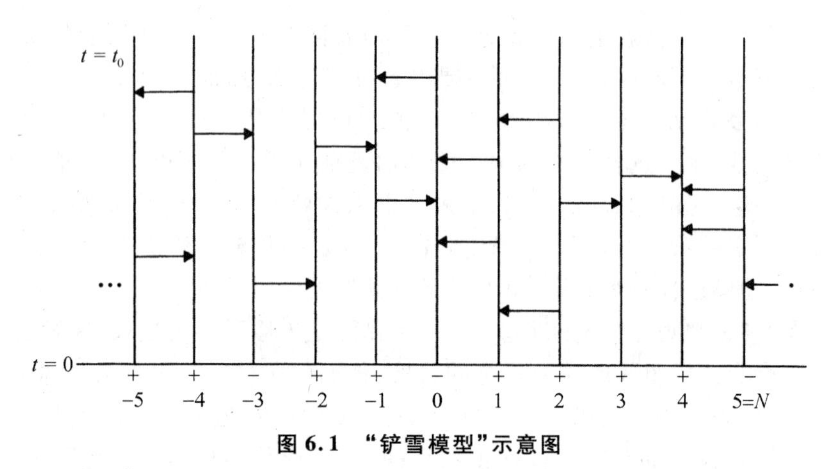

图 6.1 “铲雪模型”示意图

注释:该图使用了 Harris 式的示意图(改编自 Kindermann and Snell,1980b),它说明了在时间间隔具有指数分布的情况下,每一个商店会如何修改其策略——采用随机选定的邻居所采用的策略。

tion equilibria)的动态过程的核心特征。在宏观经济学、研究寡头垄断行为的产业组织经济学、技术竞争与标准化的微观经济学和社会惯例与制度的经济分析[17]中,都会见到这种过程。仅就目前来看,认识到这种更为广泛的相关性已经可以为我们提供足够的动力继续了。在完成这个简单的说明性模型之后,我们能够更容易地把握这些联系的一些细节。

162

4 相互作用的马尔可夫过程:模型的属性

Clifford 和 Sudbury 于 1973 年、Holley 和 Liggett 于 1975 年曾在不同场合[18]介绍过我们在前面谈到的这个相互作用的马尔可夫过程的结构,从那之后也有人对该结构做过详细的研究。Ross Kindermann 和 J. Laurie 曾使用 Harris 所做的一个简洁的图表研究过该结构的动态属性,这里我将借由他们的工作简单地讨论相互作用的马尔可夫过程所具备的动态特征。

图 6.1 是在城市街区四周连续排列的各个商店(点)所构成的线性图——

---

[17] D. K. Lewis 在早期就在涉及协调均衡和社会惯例的博弈与建立在支持惯例中的历史先例基础上的预期之间建立了重要的关联。在他的书(1969,p.42)中,“惯例”被定义为行为人在面临不断重现的协调问题时其行为所表现出来的规律性,它实际是每一个行为人都会达成一致的“常识”(从技术意义上讲,这些事情,人们知道大家会去知道、知道大家知道要去知道……以此无限类推),同时也会预期其他行为人会达成一致,因为如果其他人都同意,不与大家达成一致不会使自己的境况变得更好。要了解近期对这些及相关观点的讨论,请参阅 Sugden,1989 和 Elster,1989。

[18] 参见 Clifford and Sudbury(1973)和 Holley and Liggett(1975)。也可参见 Harris(1978)和 Kindermann and Snell(1980b)。

各商店位置如横轴上的点所示。图中显示了11家商店,以商店0为中心,左右各5家(一般而言,我们可以认为一般化的图形中包括 $-N, -N+1, \cdots, 0, 1, \cdots, N$ 这些点,而图6.1只是 $N=5$ 时的特例)。当 $-N<i<N$ 时,点 i 上的商店——此时该商店不会位于该图的左右顶点——的参照集(其邻居)包括其相邻的点(商店) $i-1$ 和 $i+1$。由于我们已经将街区的四周展开成了一条直线,因此,N 的邻居实际就是 $N-1$ 和 $-N$,而 $-N$ 的邻居则是 $-N+1$ 和 N。

在图6.1中,时间是由在代表各商店的每个点上与横轴垂直相交的直线与基线(在基线上,$t=0$)的距离表示的。假定店主每次重新评估邻近人行道上的积雪状况距上一次评估之间的时间间隔服从均值为1的指数分布。为了表示这一点,我们可以在每一时点上随机地画出指向右侧邻居的水平箭头,并使这些箭头之间的距离服从均值为2的指数分布,然后以相同的方式绘制指向左侧的水平箭头。

163

现在,我们可以很容易地确定店主铲雪策略在初始状态之后的动态演化过程:沿着商店的时间轴线向上移动,直到遇到一个指向该商店的箭头为止,此时,商店将会采取箭头起始端店铺的铲雪策略。由此,整个过程就可以用一个有限状态的连续时间马尔可夫链来描述,其状态结构可以由 $x=(+ \; + \; - \; + \cdots + \; + \; 1)$ 来表述,其中 $x(i)$ 为第 i 位店主采取的铲雪策略。结构 x^+ 和 x^-——所有店主达成一致,全部采取铲雪或不铲雪行为——就是这一过程的吸收状态(absorbing states)。一旦该过程到达这些状态,就不会再发生策略变化,这一点是不证自明的。

因此,现在,对于风雪一直无尽地持续下去之时应该预期到什么情形,我们就有一个非常好的直观印象:正向或反向铲雪策略的完全标准化,可以用系统会被推入的动态域的稳定吸引子来描述。事实上,随后我们就可以用非常简单的证据来证明这样一个命题:对于任何初始状态(初始结构) x 而言,该马尔可夫链最终都一定会到达吸收状态 x^+ 和 x^-。注意,吸收状态的多重性意味着该过程一定是非遍历性的,因为它不能总是偏离所有的初始结构。如果在一开始该街区的所有人都会走出店门铲雪,那么此后也会一直保持这种状态;类似的,如果一开始每个人都选择不铲雪,除非看到其邻居也这么做,此后也依然会保持这种不铲雪的状态。当这一博弈真实发生时到底会发生哪种结果,并不能在一开始就完全确定。不过,非常明显的一点是,如果整个过程不受任何干扰,通过初始的铲雪策略结构和之后各店主所随机选择的检查近邻门前积雪状态的时间间隔,就可以确定最终均衡状态的特性。

4.1 极限宏观状态的可预测性

结果将是两种极值解中的任意一种,这是确定无疑的;比这一点更有趣的是，如果系统的初始状态并不是所有商店都会采取完全一致的策略，而是更具一般性的初始结构，系统的渐近状态也是可以预测的。事实证明，对连续时间的有限状态马尔可夫链进行事前预测是可能的，而下述的命题不仅在直觉上是合理的，而且也可以证明其确实成立：从结构 x 开始，该马尔可夫链最终到达稳定状态的概率 x^{+} 等于初始状态中采取 + 策略的店铺所占的比例。

164　Kindermann 和 Snell 应用 Harris 提出的简单的图形工具说明，可以很容易地确认该命题的成立：图 6.2 是对“铲雪过程”所代表的渗透基础结构(percolation substructure)的对偶图(dual graph)。只需要逆转图 6.1 中各箭头的方向和时间轴的方向性，就可以画出对偶图。

要确定图 6.1 中从策略结构 x 开始的店铺 0 在经过时间 t_0后采取策略 + 的概率，我们只需要参照上述的对偶图，从 t_0时刻起追溯过去发生的各个事件，直到到达时刻 $t=0$。也就是说，从店铺 0 所在直线上表示时刻 t_0的那一点开始向下移动，在遇到起始于该店铺的箭头会再沿箭头所指方向移动、再继续向下移动，直到 $t=0$ 时为止。通过上述步骤，最终可以发现店铺 0 所采取的，正是图 6.2 所示的该移动路径的终点上店铺所采取的策略(+)。

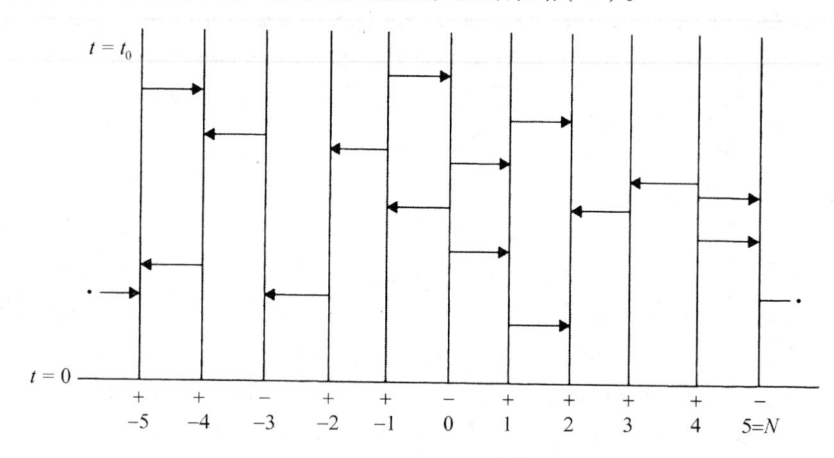

图 6.2　铲雪过程的对偶表示

注释：本图逆转了图 6.1 中各箭头的方向。通过追溯商店 0 在此前的随机行为，可以发现，该商店在时刻 $t=t_0$(t_0很大)时采取策略 + 的概率，会逐渐接近初始策略结构中 + 策略所占的比例。

上述的随机路径，是连续时间的随机游走的结果，而该过程的状态被(总体上)定义为由从 $-N$ 到 N 的整数；它按均值为 1 的指数时间向下运动，然后可能以 1/2 的概率向左移动一步或以 1/2 的概率向右移动一步。我们知道，在 t 趋近于无穷大时，根据这个(对称的)随机游走过程的极限分布，达到从 $-N$ 到 N 之间所有可得状态的概率是相等的。因此，对偶图中店铺 0 所经过的向下的路

165

径到达采取+策略的终点的概率,恰好就等于 $t=0$ 时起始结构中采取+策略的店铺所占的比重。不过,在原过程中,这代表的是在很长一段时间后,店铺0的店主会采取+策略的概率。

现在,我们来考虑位于两个不同地点的商店,并提出这样一个问题:“在某个时刻 t,这两个商店同时采取+或-策略的概率是多少?”回到图6.2所示的对偶图中,我们可以从这两个店铺的 t_0 时刻出发,得出两条随机游走路径。很明显,这两条路径不会是相互独立的;一旦它们相交,二者就会合并成为一条随机游走路径。但是,(根据Polya定理[19])我们知道,在无限时间内,处在同一维度的两条对称的随机游走路径——以及二维空间中的随机游走路径——相交的概率为1。因此,我们现在所面临的问题的答案可以直接从前面那个问题的答案中得出:在一段较长的时期之后,两位店主同时采取+策略的概率会接近于初始结构中采取+策略者的比重。

这个论断可以直接被加以推广,进而得出这样一个结论:在较长一段时期之后,位于所有(有限数目的)地点上的商店都采取+策略的概率——也就是 x^+ 成为极限结构的概率——恰好是初始结构中+策略的采取比例。类似的,x^- 成为极限结构的概率就是初始结构中非+策略的采取比例。总的来说,结果表明,极限结构中既包括+策略又包括-策略的概率为0。

在无限时期中,二维空间中的随机游走路径与一维空间中的随机游走路径一样会以概率1相交这一事实意味着,这些渐近属性对于定义在二维图形中的马尔可夫随机域也同样成立。方点阵(square lattice,或测试板阵列)可能是最容易被描绘的二维网络设计:在这种阵列中的各个决策单位的位置由节点(或单元)来表示,而每一个节点都有四个距离最近的邻居——东西南北各一个。[20]在与紧邻店铺的、可加的相互作用过程中所做出的连续二元决策在极限状态下会趋向于一种或另一种一致性结构;正如我们已经看到的那样,只需要知道初始结构中某一项策略被采取的比例,我们也可以预测结果。

4.2　模型可推广性的不足

166

从直觉上,我们不会指望沿上述方向对模型做进一步推广之后这些结果仍然成立。原因是在三维或更多维的空间中,随机游走路径是否会相交是不确定的。如果行为的决策受到“网络外部性”(network externality effects)的影响,而

[19] 关于Polya定理的公式与证明,可参见Feller(1969,pp.360—62)。

[20] 在图6.1所示的一维阵列中,每一个商店都属于三个三方局域网络;在我们刚刚描述过的方点阵中,每一个行为人都会是五个“局域网络”的成员——在其中一个网络中,他/她占据中心位置,在其他四个网络中,他/她的四个近邻则分别占据中心位置。在二维点阵上的六边形结构中,各行为人位于六边形的顶点位置,他们各自分属于七个互相交叠的局域网络。

这种外部效用又非常复杂,不能被简化到能用二维空间的图形来表示,那么,就不能保证各行为人的策略在长期内会完全相关;对于任何一个特定的行为人的有限集合来讲,所有可能的策略组合在极限意义下都具有正的概率。但是,在三维空间的情形下,我们仍然可以预期会出现很强的相关关系。[21]

如果将前述模型沿另一个方向推广,我们会发现,模型最终将不再会锁定于极值解,而我们也不能再根据某个“初始”或“中间”结构来预测其结果。因为这些属性只在行为人个数有限的严格条件下成立。然而,对于一些非常庞大的系统,尽管其成员数目不是无穷的,但是用无穷多成员的群体——店主的连续统——却能更好地描述其行为。在连续统的情形下,随机游走可能经历所有的实整数,人们发现,系统不会在任何时点之后停留在某个吸收状态之中[22];当大雪接近其极限状态时,该过程会在完全相关的策略极值之间来回摇摆——在某一时刻,所有的人行道上都没有积雪,而在另一时刻,所有的商店门前都积雪如山。[23]

如果在极端庞大的、存在正的局部外部性的网络中,集体行为的演化会与群体成员数目无穷大的情形类似,我们又可以做何种猜想呢?即便是在不变的结构条件下,我们也不会指望这样的群体一定会“锁定”在某一个局部稳定均衡状态之中。但是,正如下文中将会指出的那样,它们可能会在这些状态附近停留许多时期。

167

那么,对于由互相作用的决策者组成的较小的集体来说,如果它们不受外界干扰,其内部的结构关系也没有被扰乱,其宏观行为又会具有什么性质呢?如果各行为人的行为发生“自发的”改变(即不是由系统宏观状态所发出的信号或相互作用导致的变化)并不是此类集体中的固有倾向,这些系统就会非常容易展示出历史所能发挥的最有力的影响:趋近于一个以完全相关的个人策略选择为特征的、不确定的、持续存在的均衡(即“锁定”)。此外,因为在整个历史过程中会发生一连串特定的小事件,系统只会偶然“选择”前面所讨论的占主导地位的集体策略或者说行为范式。由于在这种条件下所实现的策略很可能是

---

[21] 尽管在三维空间中,系统最终并不一定会“锁定”在某个极端(一致的)结构中,但是,在极限意义上,网络成员所达成的策略间仍然会存在很强的相关性。进一步的讨论,请参见 Kindermann and Snell (1980b, pp. 79—80)和 Bramson and Griffeath(1979)。

[22] 参见 Kindermann and Snell(1980, p. 11)。

[23] 此类的定性结果经常出现在系统的一般动态模型框架中,在此类模型中,粒子受到自发的随机性再定位力量(在本文现在所用的隐喻中,是铲雪策略的更改)的影响,而该力量又受到可加的局部相互作用的影响。在磁化的动态二维“Ising 模型”的系列相关研究(从 Ising, 1924, Peierls, 1936 和 Griffiths, 1964 开始)中,这一框架得到了广泛的研究。Durlauf(1990, 1993)首开先河,用随机 Ising 模型框架来描述微观投资协调和宏观经济增长之间的联系。David, Foray and Dalle(1998)对可能可逆的自旋系统的亚稳定性进行了分析,并将之运用到了要素市场一体化不完全条件下空间系统的技术选择模型中。

完全无效的——事实上，从集体角度来看甚至是灾难性的，因此，从历史来看，一些小的社会经济相互作用系统更有可能会趋于灭亡，或被更大的系统吸收。

在动态模型中，个体粒子的方向（比如说，+或-）会受到连续的自发随机扰动的影响，来自系统宏观状态（比如说，系统整体中呈现+和-方向的粒子所占比重的差别）的正反馈也会对其产生一定的作用，如果（有限）系统中的粒子数目增加，系统在其局部均衡状态附近所进行的各次转变之间的预期时间间隔也会迅速增加。[24] 对这一尺寸效应，我们可以给出这样一个直观的解释：系统微观单位的自发性随机扰动，会将其推出势能最小值的邻域，超出不稳定点，在那里，它可以移动到另外一个具有局部最小势能的点。在较大的群体中，有足够多的独立分布的随机扰动呈现出正相关的可能性较低，因而可能不足以产生这样的"震动"。这就好像我们可以把一大群马拴在一起以避免马群在有限时间内跑得过远，但是，随便一个牛仔都知道，如果把一小群马拴在一起过夜，那么在日出时分，马群很可能就跑出视线外了。

168

5　对模型的重新解读和直接运用

我们可以很容易地对前述的模型进行几种松散的重新解读，而这种解释可以说明这些方法和结果对于多种类型的经济学家正在从事的应用研究计划所具有的一般性意义。我在这里只是指出一部分类型的经济学家：

（1）关心所谓"贸易外部效应"、"投资溢出效应"和"凯恩斯协调问题"之含义的宏观经济学家[25]；

（2）研究与影响资源配置的社会习俗和社会制度之"有机"或自然形成相关的经典问题[26]的微观经济学家；这里所指的经典问题包括调节长期贸易和雇

[24] Weidlich and Haag（1983，pp. 37—50）研究了这类模型的显式解，结果显示两个具有最低势能的点之间会呈现"以波动为主要形式的运动"，而转换时间是系统中单位数目的指数增函数。

[25] 参见 Diamond（1982，1984）、Howitt（1985）和 Heller（1986）等。Durlauf（1990，1993）研究了确切的动态随机过程所具有的时间序列属性，从而在这一领域大大超越了前人的研究。

[26] 我在这里将这些问题称为"经典"，实际是暗指卡尔·门格尔在《经济学与社会学问题》（*Problems of Economics and Sociology*，F. J. Nock 1960 年译本，第130页）中的这样一段名言：

> 因此，有机生物体个体的功能和发展是以其组成部分的协调为前提的；而后者协调的前提则是使部分组成更高一级单位的联系……我们可以从一系列普遍的社会现象和特别的人类经济体的许多方面得到类似的观察结果……类似的，我们也可以从大量的社会制度观察中发现，这些制度对社会整体而言的功能性是相当明显的。但是，更深入的思考却表明，仍然不能证明它们是追求此目标的意图的结果，即不是全社会成员达成一致意见或积极立法的结果。对我们而言，它们（在特定意义上）更像是"自然"结果，是历史发展无意识的结果。

有关信息网络范式与社会组织和文化制度之关系的进一步讨论，参见 David（1994a）。

佣关系的非强制性契约及组织形式制度化的重要历史过程[27]；

(3) 那些对消费者偏好形成的外生因素、有关政治经济问题的公众意见形成过程中各种细微的经济心理社会力量的相关作用、特别是公众就"集体保守主义"观点达成一致的过程等问题感兴趣的经济学家[28]；

169 (4) 研究寡头垄断动力学以及维持隐式合谋或卡特尔合作——特别是对卡特尔行为规则遵守情况的监督不完备时——的战略行为[29]的产业组织经济学家；

(5) 关心"网络"产业中技术兼容性标准、特别是以"采用的报酬递增"为显著特点的非传统技术的竞争扩散和事实上的标准化等问题[30]的应用经济学家。

尽管前面提到了很多不同类型的研究问题，但是，我们仍然能够清楚地发现它们的共性所在，那就是，在行为人所处的环境中，协调的或协同的行为会带来重大的收益，而个体决策者都（出于各种原因）被限定为只考虑总体当中的特定参照组或"重要他人"的子集成员的行为，因此，行为人为了追求自己的个人利益而相继进行的选择之间是互相依赖的。但是，就像我们在铲雪问题中所看到的那样，所关注的参照群组一般并不是没有交集的；因为某个行为人的"邻居"也是其他一些行为人的"邻居"，因此，相互交叉的局部关系网络间接地将个体单位的决策联系在一起，其影响得以传播和交流。

我并不想详细地阐释在所有这些情形下如何使用模型的结论，而是希望由那些深入研究每个不同的专业领域的学者来完成这样任务。秉承着这种精神，我将把余下的讨论集中在备择技术之间的竞争、备择组织形式和制度形式之间的竞争等微观经济问题上。在其他地方，我一直回避详细讨论这一特定模型对于兼容性标准经济学和事实性标准化等经济学问题分析的适用性，因为我认为

---

[27] 参见 Wright(1998)、Murrell(1983)和 Sundstorm(1988)等文献。Romer(1984)对影响雇佣关系中对"社会习俗"的遵循程度的微观信仰会产生的宏观结果及其强化条件进行了研究，虽然与这里提到的各研究有所不同，但是也有一定程度的相关性。

[28] 参见 Granovetter(1978,1985)和 Kuran(1987)等文献。Kuran(1988)对这一方面的问题做了非常重要的文献回顾，其中给出了很多参考文献。

[29] 参见 Kreps *et al.* (1982)、Kreps and Spence(1985)、Green and Porter(1984)和 Abreu *et al.* (1986)等。Kreps and Spence(p. 364)谈到，建立不完全信息博弈的技术，以及在假定每个博弈参与者的行为都以其所获信息为前提时、得出卡特尔博弈的非合作均衡解的技术，"成功地表明了历史的重要性。在博弈的中间点上，参与者用他们竞争对手的行为来推断他们原本并不确定的事情……由于竞争对手在明天将会（如果可能的话）回过头来看你今天做了什么，所以今天你应该往前看，来估量你的行为会对明天的竞争产生什么样的结果。"铲雪模型限定行为人只能通过观察其邻居的行为来获取相关信息，从而使得历史确实发挥了重要作用。David(1988，第5节)明确地说明了这一点。

[30] 下面所提及的研究都对这些内容进行了正式和明确的动态研究：Arthur(1989)、Farrell and Saloner(1986)、Katz and Shapiro(1986)、David(1987)和 Puffert(1991，尤其是第2—4章)。

路径依赖是技术系统和社会制度的逐渐演化过程的唯一特征[31];但是,在这里,我们并不需要考虑这一猜测,因为我觉得自己可以更自由地应用该模型。170

要运用前面提到的模型,在存在正的网络外部性的条件下分析技术采用的动态过程,我们马上可以想到二元策略选择和二元技术选择之间的相似性。前面一节的分析——以 Holley and Liggett(1975)所描述的"投票模型"之结构为基础——与 Kuran(1987)关于就公共政策达成一致意见之过程的理论之间的相关性也是非常明显、不证自明的,这里也无须赘述。在我看来,唯一有一点不是非常明确的,是它与特定组织实践的制度化——例如,在终身制体系中向大学教授授予程序权,在这种系统中,是否拒绝向教授授予这项权利——在很大程度上取决于有多少面临相同状况的其他组织(即用做比较的邻近集合)选择了这样做这一动态过程的相关性。

同样明确的一点是,技术网络外部性的"局部有限"性会侵害消费者的选择。电话服务的使用者可能只关心自己与家庭成员、朋友和业务伙伴的直接交流是否方便,而并不关心自己与从整个社区中随机抽取的某个人的交流情况;计算机用户可能只关注是否能够与可识别身份的同事共享某种专业软件程序和技术信息。早期对存在网络外部性正反馈条件下技术竞争动态过程的理论研究中,并没有明确地考虑——在我看来——这种形式的局部或邻域"有限性"。Arthur(1989)讨论了另一种类型的"有限"递增收益的 Polya 罐过程的属性:在每一时刻,向罐中加入一种颜色、而非另外一种颜色的小球的概率,被认为是当时该颜色小球占罐中所有小球比例的函数,而该函数的斜率将会在概率分布函数的支撑集上递减到0。尽管 Arthur 已经证明,这种过程会到达某种极限状态,在该状态下,可以用占罐中所有小球数目的比例来描述一种以上颜色小球的多少,但是,这一结果对于我们在这里所讨论的局部范围内相互作用的粒子在一维和二维系统中的行为却没有任何启发意义。不过,这个结果与三维空间内有限粒子系统——扰乱每个粒子的随机扰动能够压倒局部正反馈效应——的行为大致相似。将模型扩展到二维空间,就可以很自然地描述影响兼容性和"连通性"的技术选择决策形成的空间背景。例如,Puffert(2002)就已经运用这种方法建立了一个动态随机模拟模型,来描述从分散的、地区性铁路建设的轨距选择中形成大型标准轨距铁路网络的过程。[32] 与此相反,近期有关非171

[31] David(1994b)一方面研究了影响技术发展的路径依赖过程之间的相似之处和区别,同时也研究了社会组织和制度的形成及演化。该分析应用了 Kenneth Arrow 在费尔斯讲座(参见 Arrow,1974)中提出的有关历史在企业和其他多行为人组织内部运作中的作用的观点,这一观点虽然十分重要,但是往往被人们所忽视。

[32] Puffert(2002)利用空间网络模型解决了这个问题,而该模型比这里提到的随机模拟方法要复杂得多。

传统技术在各种网络外部性条件下竞争扩散的动态过程的研究中,大多数都认为系统宏观状态的正反馈会直接影响微观决策;例如,他们都假定,盒式磁带录像机(VCRs)的个人购买者在决定选择索尼大尺寸磁带录像系统还是家用录像系统(VHS)时,会权衡比较自己的固有偏好和每一种竞争技术在整体市场中的相对份额。类似地,在构建公众投票和人群行为的"小费动力学"和"潮流动力"模型——在此类模型中,个体自身的偏好首先被认为会屈从于大多数人的意见,并最终会因为认识到占主导地位状态的优点而被加以修改(以最小化认知上的不一致)——时,一般也会做相同的简化。[33]

因为铲雪模型所关注的是从微观策略变化过程中产生的宏观动力学,所以它可以直接被用来分析设备折损之后技术的选择问题。[34] 大多数研究竞争扩散的文献都是通过假设备择技术是承载于无限耐用的资本品中来对复杂的现实进行抽象的。在这类模型中,所有已安装要素中每一个变量的份额发生变化的唯一途径就是增加存量,而且新增存量中的变量分布与已有存量的变量分布不同。例如,Arthur 在 1989 年建立的竞争技术系统的序贯交付模型所遵循的就是这个思路。但是,无限期的耐用性假设是不现实的,而且它还掩盖了历史上事实上的标准化实现方法的重要方面。

172

要得出存在正局部外部性条件下的分散选择过程最终会"锁定"在某个极值解——完全标准化为技术的某一种形式——这一结论,不一定要求技术交付具有严格的不可逆性,也不一定要求技术具有某种程度的耐用性。已经证明,这种"锁定"是前面讨论的铲雪模型的属性,在该模型中,策略变更的指数时间过程可以直接被重新解释为替换随机折旧的耐用品(体现着技术的某种形式)的指数过程,在该过程中,耐用品的预期使用年限是单一的。[35]

不过,铲雪模型并没有说明全面"替换市场"(replacement market)是怎么形成的。一个更为全面但却比较程式化的解释也许能够描述不兼容新技术——比方说,P(加)变量和 M(减)变量,可以分别代表普通个人计算机和苹果计算

---

[33] 与 Stephen R. G. Jones(1984)一样,Kuran(1988)援引 Leon Festinger 的《认知失调论》(*Theory of Cognitive Dissonance*),指出微观层面(口味的形成)的机制会通过潮流动力学促使社会(或,在 Jones 的研究中,是工作组)中一致意见的迅速达成。Kuran(1988,pp. 32—33)还从较长真实时期的角度出发,指出通过教育和非正式影响使新一代人社会化的过程,将会加强过去对新一代人的影响力。但是,正如我们常常会在发生了革命性变革的体制中看到的那样,利用再教育和"再社会化"这两种工具,可以使得社会摆脱历史的影响——可能变得更好,也可能变得更坏。

[34] 先前安装的技术完全折损——因此必须被整体替换——这一假设,是从"转换成本"或"变换成本"中抽象出来的,而这种成本是因为生产者实体资产组合中的技术上的相互关联性而产生的。例如,如果主计算机的使用者考虑要转而使用另一套设备,该设备的操作系统不同于已安装系统,那就必须重新编写特定应用程序的代码,这自然会带来巨大的"转换成本"。可参见 Greenstein(1998)等文献。

[35] 这样一种商品与 Oliver Wendell Holmes 回忆录中著名的"单马两轮轻便车"十分类似:这种交通工具散架之前一直运转得非常好。

机——的使用者格局最初的、可能还有些混乱的形成过程。例如,我们可以对前述的铲雪模型稍做修改,在一开始添加一个新阶段,并在该阶段中向图 6.1 的横轴上额外插入一些离散的点(代表店主或计算机用户),每一个点都被指定了反映其固有偏好的初始策略。

然后,想象一下新的 P 和 M(+ 和 -)策略采用者的“出生”或“进入”过程,它们在循环图中随机占据各自的位置——其行为时间间隔服从指数分布,但该指数分布的均值小于策略变更(或技术替换)过程的单一均值。只要这个迅速的进入过程一直持续,群体就会相应地无限制地增加,而其中 P 和 M 策略采用者在不断增长的总成员中所占的比例也会倾向于在极值之间随机波动。

173

但是,如果新进入系统者的抵达时间之间的间隔均值随着时间的推移而逐步增加,那么它最终就会超过指数更新过程的时间间隔均值,并改变系统的动态属性,使其最终逼近我们前面所描述模型的属性。如果此前系统达到了临界点,在该点上(有限的)群体变得足够大,而成员新进速率也变得足够低,以至于只有随机更新过程在推动 P(或 M)策略采取者的比例发生进一步的变化,而这一比例会准确地预测最终这两种变量技术中的哪一种会成为统一标准。自然的,随着因新进成员而导致的已有 P(或 M)策略采用者的比重波动逐渐减弱,系统到达临界点,根据现有基础上的分布对最终竞争结果进行预测的准确度也会大大提高。

在这一阶段,预期的形成就会成为一种有力的新的正反馈机制,特别是当个体行为人尽快达成一致意见会比更晚达成一致有更高收益的时候。[36] 如果个体行为人能够通过结盟以迅速达成一致而获益,而且他们知道根据当前可观测到的结构能够预测极限相关结构的特征,那么,密切注意描述系统宏观状态(也就是,P(或 M)策略采取者的比例)的各统计量就是一件值得去做的事情。此外,在一系列对个人行为的合理假定之下,在此基础上形成的预期会推动系统更快地“选择”更有可能出现的均衡。[37]

6　历史框架的进一步扩展

很显然,在有限群体的场合,对于其邻居(在风雪刚刚开始的时候)会采取

[36] 在本文所使用的店主的例子中,由于重新思考策略的时间间隔服从指数分布,所以很有可能会发生这样一种状况,即使某一家商店两侧都有相当长一段人行道上没有积雪,但它的大门在相当长的一段时期内都被积雪阻隔(因此该商店也就失去了商业机会)。因此,如果能够确定可能实现的其他一致意见达成的概率,就可以形成相对于根据对邻域中随机出现的信息的近视考虑所产生的战略更好的选择战略。

[37] 关于此类动态随机系统中预期自我实现的作用,参见 David(1987)和 Arthur(1988)。

174 行为的先验观点会决定最终的结果。David Lewis(1969,pp. 33 ff.)提出了一个更为一般化的观点,即创造出一个稳定的、对行为人偏好、理性和行为的相互预期结构能够实现协调问题的理性(非武断的)解。如果群体中的个人很难通过直接讨论其所面对的问题来使其行为协调一致,那么,共同的历史经验、对其共同经历的过去的清醒理解就无可非议地成为他们形成稳定相互预期的主要途径。根据 Schelling(1960)的经典结论,假如不能彼此交流的个人面临一个纯粹的协调问题,他们将会努力达成某种"显著"的协调均衡——这一均衡与其他可能的均衡状态相比,具有某种独特的、不同寻常的特征,达到该均衡具有其内在价值。[38] 因此,在这种条件下,先例就成为显著性的重要来源:只要协调博弈的某个解曾经是博弈者共同经历过的历史的一部分,这个解就获得了"显而易见的独特性"——因为他们记得在早前类似的情形下曾达到这个解。

这样,通过相互预期的加强,"历史中的偶然事件"可能会在人类的社会安排中呈现出惊人的持久性。就像 Lewis(1969,pp. 39,41—42)所说的:

> 以前类似的均衡状态下为什么会实现协调一致并不重要。即便它是碰巧发生的,我们仍然可以追随这一先例安排……每一次新的遵守惯例的行为都增加了我们对普遍做出一致行为的体验。在先例的力量之下,我们过去普遍达成一致的经历,会让我们进一步预期未来大家也会做出类似的行为。而我们对未来大家会达成一致的这种预期,就成为继续与大家保持一致的理由,因为在其他人都保持一致的前提下,自己也追随其后,可以实现协调均衡,并满足自身的偏好。所以,事情就成了这样——我们之所以在这里,是因为我们过去在这里,这又是因为我们此前在这里,因为我们之前在这里。这个过程一旦开始,我们就有了一个亚稳定的、偏好、预期和行为的永续系统,这个系统可以无限期地延续下去。

在我们一致讨论的这个假想中的协调问题里面,如果普遍深入的公民意识——"身处该街区的自豪感"或其他——足以使每一位店主都能至少开始在是否铲除门前积雪这个问题上采取正策略,那么这种意识形态显然就会发挥重要的作用。当然,这种社区精神还会因为皆大欢喜的实质性结果而得到进一步加强:无论是从个人还是从集体角度来看,一致信奉该意识形态的街区内的商

175 人在整个雪季内都一定能持续营业,而其他缺乏一致性的社区将会被积雪围困。但是,对于历史学家来说,要解释(预测)这类情形下的集体行为结果,只是单纯地把全体共同的意识形态作为一致相互预期的根源这种方法并不能让人满意。这种意识形态一开始是怎么形成的呢?此外,为了跟上经济帝国主义精

---

[38] 参见 Schelling(1960,pp. 83—118,291—303)。

神的步伐,经济学家必然应该努力去分析和解释集体意见形成的动态过程(此类研究的例证,可参见 Kuran,1987,1988)。我们为什么又要如此坚定地将意识形态的起源(或衰落)置于系统之外、让其不会因我们前面讨论的动态资源配置过程之微观和宏观经济结果而得到加强或削弱呢？如果我们能够有方法描述技术选择(技术标准化)中微观行为的共同演化,或者遵守社会规范(习俗和传统)及意识形态或其他带有规范性力量的信仰(主观盲目的因袭)的相关模式,经济学家用来研究技术和社会制度长期发展趋势的解释工具肯定会变得更为有力。[39]

上文所叙述的这类系统,其美妙之处就在于其简洁性,从而可以很容易地被套入或"嵌入"到更大的历史模型之中去;这个历史模型假定,一段较长的风雪期中所产生的宏观结果或微观结果的分布情形,会影响下一时期中行为人的初始策略选择。当然,我们可以选择将这些连续"时期"之间的转变看成是严格马尔可夫式的(状态依赖的)、进而将各时期之间的联系模型化,也可以选择考虑采取更具历史感的视角,认为处于不断演化中的、社会对其既往的共同知识引导着这个变化过程。

7　政策干预的困境:以网络技术标准为例

本章前面所做的理论探索揭示了网络技术行业的政策制定者所面临的三类一般性问题。在这一领域,网络外部性的存在扮演着双重角色。首先,这类外部性会导致非凸性,而这又可能导致资源配置点位于竞争性市场均衡的左侧,从而产生非效率的结果。而这可能会成为公共干预的理由,这一点已经广为人知。其次,此类外部性会促使动态变化过程自我加强,进而导致系统中的路径依赖,因此,我们就必须深入考虑进行活动和采取政策行为的时机把握问题。

176

对时机问题的考虑常常倾向于忽视微观经济政策干预的一般经济分析。可以确信的一点是,在网络行业研究中,技术标准和标准化福利经济学采用的主流研究方法本质上仍然是静态的,这种研究将继续忽视微观干预所引起的很多难题。为了让其中的三个问题变得至少更引人注意,本文下面要进行的一个简要回顾将为它们贴上彩色的标签。

---

[39] 关于在研究中考虑被诱发的、自我加强式的规范性信息具有什么样的重要性、群体中某些部分中的理性化和约束性的行为趋势如何,参见 Fuchs(1985)。David and Sanderson(1986)研究了19世纪避孕技术和性别意识的共同演化过程。

窄窗、瞎眼巨人和愤怒的孤儿所构成的世界范围内的管理难题

从逻辑顺序来讲，首先要解决的就是我所称之为“狭窄的政策窗口悖论”(narrow policy window paradox)的问题。[40] 采取过程中正反馈效应的存在，给适度资源成本的有效公共政策干预留出了可资利用的“窗口”。这种干预可能包括通过税收和/或补贴操纵——伴有很高的杠杆效应——私人部门的技术采用决策，被设计用来塑造对其他行为人未来技术采取决策之预期的各类信息、计划和通知等。就此而论，将政府采购决策公之于众也可以作为一种有效且成本相对低廉的政策工具。

但是，对于公众的代理人而言，趁着这些“窗口”还开着的时候好好利用这个机会并不是一件容易的事情。在自然条件下，这些干预措施能够对网络技术扩散和发展过程发挥产生最大杠杆作用的点，趋向于被限定在该动态过程的最开始，其延续的时间并不确定，而且一般是短暂的。当然，说政策干预拥有最宽阔的改变分散技术采取决策的空间的这一阶段是短暂的，只是相对的说法——这里所说的参照物是市场竞争确保一个系统或另一技术进步成为行业事实上的统一标准的过程。实际中，这个时段会持续多久，取决于系统的使用者根据第6节中的模型所描述的模式接续采纳某一网络方法的实际速率。 177

那么，到底是什么决定了这些政策行为之“窗”并使其变得狭窄呢？影响新用户系统选择决策的因素有很多，不过，从本质上讲，起决定作用的正是人们对网络外部性（由已安装的技术基本要素的分布决定）的日益重视。Arthur(1988,1989)用无限期耐用品的连续采用决策构建的 Polya 罐过程首次进行了这类模拟试验，生成了每一种备择技术系统的用户所占比例的随机时间路径，其结果是很惹人注目的。当然，这些都表明，在系统整体状态的正反馈条件下，不管是哪一项技术赢得了竞争而成为统一标准，它都会被“锁定”——即赢得市场主导地位的概率为1。如果用户数量增加到足够大，使得系统采用收益的相对规模的变化取决于使用者在两种网络之间分布情况的变化，而不是整个使用者群体的绝对扩大，就会发生技术“锁定”。在扩散过程肇始之际，每一种网络的用户数量都很低，网络外部性收益对新加入用户的序贯决策的影响较低，不是决定性的，而处于竞争之中的各标准所占的总体市场份额也有一个较大的变动空间，可以不断波动而不会碰触到会致使其被“锁定”或“彻底挤出”的边界值。

如果新顾客进入市场的速率是可变的，而且不能被精确地掌握，我们就难

---

[40] 本节的讨论主要引自 David(1987)。

以预测这些边界所决定的"窗口"会以什么样的速度关闭起来。但毫无疑问的是,由于可能会在大家毫无预警的情况下出现一种在技术上更为优越或者在经济上更具诱惑力的网络方法,新的窗口也可能会非常突然地就砰然打开。对于那些技术政策的制定者来说,一个显而易见的启示就是,与其花时间琢磨怎么跟在已经发生了的"系统争战"后扫尾,或者如何管理已经进入晚期的竞争,还不如多花一些时间研究新生的网络技术,以便提前规划如何迎接很有可能出现的、处于动态变化中的竞争性系统。

这又直接引起了我对下一个问题的关注,我把这个问题称为"盲眼巨人困境"(blind giant's quandary)。之所以要使用这个短语,是想概括这样一种窘境:公共代理机构在对自己应该做什么所知最少的时候,也恰恰是它们能够对网络技术的未来轨迹发挥最有力影响的时候。它们需要获取的重要信息涉及多个方面,例如要识别用户最终会认为最有价值的特定技术的特征,要找出可用变量在将来因连续的增量创新而产生技术改进的可能性之间是否存在差异。为"盲眼巨人"制定行为准则十分困难,充其量只能说是一项充满了不确定性的事业。

178

不过,"抵抗"(counteraction)还能算是值得我们考虑的一种战略。对于一位信息不足的公共代理人而言,防止"政策窗口"在政策制定者们能较好地了解他们未来面临的各种选择之前就砰然关上,算得上是一个恰当的目标。这就要求他们能够采取积极的行动以保持其在系统竞争中的优势地位,避免已有变量中的任何一个被作为标准牢固地确立下来,从而使其可以收集更多有关技术机会的信息,虽然这么做可能会导致运作效率的直接损失。就公共代理机构而言,尽管不确定性可能会影响深远,但是不确定性的充斥并不一定意味着要采取被动的"等着瞧"的态度。如果只是一味观望的话,私人部门就只能在一无所知的情况下做出采取特定政策的决策。如果正的网络外部性很强,相应的,市场也迫切地需要技术标准,政府的被动性态度就会给那些以获取利润为目标的不同标准的支持者们以及(一般)由不同行业控制的私营标准制定机构留下政策真空。

在美国,被普遍采取的公共政策立场就是要避免制定法定标准,而鼓励组成具有广泛代表性的委员会来制定自愿技术标准;但是,考虑到前面提到的观点,如果这种做法只会更经常地导致技术接口标准的早早发布,那么,该立场就会将我们引入歧途。然而,自愿标准的编写工作并不会迅速地会聚到一个点上——特别是在技术的科学和工程基础被认为是处于迅速变化之中的时候。追求自身利益的不同标准的支持者们不能完全把这个缺点归咎于委员会的政治过程和战略行为。作为一项工程性任务,技术标准的编写涉及各种努力之间持续不断的相互作用,人们一方面希望该标准在目前来看是成本有效的,另一方面又野心勃勃,希望"推动技术发展水平",因而在这个过程中,自然就会有人提出一些新的设计,即便他们提出这些设计的用意并不是想将其作为新生的竞争参与者。所以,在这样的环境中针对各种被意识到的机会所做出的发明性和创新性反应会有一种副作用,即造成自愿标准编写组织工作的延迟。[41]

179 不过,目前的状况表明,这种方法为了获取更多的信息会推迟标准的确立,因而并不可靠,我们可能需要一些别的方法。我们可能应该促使政府机构采取购买或其他政策,以防止领先的、更受喜爱的系统一直被阻隔在"用户基础竞争"之外。这种抵抗策略可以采取这样一种特殊形式,即只补贴第二顺位的系统:当领先者障碍缠身的时候,可能会产生道德风险问题,因为其必须设法避免自己变成第三名或者在排序上更落后,而该策略则考虑了此时的道德风险。那么,一旦公开了这一策略,又会对排名第一的系统采用率产生什么样的影响呢?领先技术的采用未必就会被延误。相反,我们还可以猜想,如果在一定条件下,大家知道了政府干预的直接目标是为排名第二的系统创造机会,那么,结果可能是大家会采取相应的战略,以加速一流系统取得胜利的步伐。这个问题十分复杂,需要更为详细的研究,而这里只能是给出一个简单的描述。

除了次级系统的公共补贴计划可能会对现有系统变量的动态竞争产生的影响之外,避免政策窗口被关闭的各种努力还可能会鼓励私人部门继续进行研发活动,以创造出新的系统变量,或从根本上改进旧有变量。只要正在进行的竞争还胜负未分,胜者是谁越不明朗,追逐利润的企业投资对技术机会的空间进行更基本研究的激励也就越强烈——而不是更弱。

这看起来似乎是一个非常荒谬的论断,私人部门对基础研发工作的投资因其经济报酬的不确定性很高而大大受限,这一点现如今已经是老生常谈了。但是,如果我们意识到,市场状况不仅要从已有竞争者的角度来进行衡量,可能进入市场的潜在竞争者对市场的看法也很重要,那么,这个悖论也就得到了解决;如果没有一个现有竞争者能够拥有很大份额的用户基础,也不能认定一项较差技术被"锁定"是大概率事件,那么,潜在的竞争者——例如,开发一项新网络技术的出资者,其在某一方面(可能是在成本或绩效方面)高人一筹——认为自己最终会占据市场的预期也就更强烈。假如市场扩张的收益递增,而该市场实际

180 还没有到达报酬递增阶段,系统出资者和潜在的出资者所面临的收益结构就有些类似于锦标赛。市场最终一定会被某一系统主导,意味着拥有排他性知识产权——至少拥有一项对胜出系统互补要素的知识产权——的企业可以预期能

[41] 例如,可以参阅 David and Shurmer(1996),他们对电信技术领域中标准编写组织的政治经济学进行了更深入的讨论。

获取某种垄断租金,作为其赢得锦标赛的奖励。但是,为了更了解网络技术开发的可能途径而不停地尝试去削弱已安装技术基础的优势,这种做法的社会成本非常高昂。据推测,尚有未被充分挖掘的正的网络外部性,而向标准化和完全的系统一体化发展,可以实现这种外部性。因此,即便最终我们无法证明有一种系统变量具有明确的技术优越性,我们也不能忽视这样一种现实的前景,即所有理性进行的公共干预政策都会要求拔除领先系统赢得市场主导地位的障碍。但是,在这个被熊彼特称为"竞争风暴"(competitive gale)的过程中,由于被战胜的竞争系统的供应商和出资者只能自行捍卫疆土——而且也有可能消失,他们在市场中的收缩或消失有可能造就一些"孤儿"用户——他们所使用的网络技术现在已经不能再得到支持了。

"愤怒的技术孤儿"有可能会公开地抱怨,政府行为为他们的技术预期提供了虚假的信息,这不仅会带来经济问题,也会造成政治问题。从经济角度来看,那些希望保护其沉没投资价值的企业所提出的技术管理政策,倾向于将资源配置向非市场行为倾斜。而从政治角度而言,这些企业可能会发现,它们可以更为容易地组成游说团和压力集团,促使这些政府计划一直延续下去以保护自己免受伤害,可是这些政府计划本来只是被设计用来防止标准化"过早出炉"的(无论是从事实上来看还是从法律角度而言)。如果只考虑经济效率而没有顾及公平(例如我现在就是这样),那么过去就只是过去——当然,除非对过去的记忆会延续到现在,并且成为影响未来效率的行动的基础。

因此,我们不能避开这第三个政策困境。如何对待竞争风暴过后留下的"愤怒的孤儿"呢?这里的目标并不是公平,而是要维持政府所宣布的未来技术政策的可信度。系统采用者在进行技术选择的时候,已经面临着相当的风险,为了维持政府政策的可信度,人们还必须努力寻找出一种恰当的解决方案,避免再新增加未来网络出资人的道德风险。

181

由于这项任务不光在政治上是微妙的,完成起来也有相当的难度,公共代理机构可以采用的一种合理的做法是在"孤儿"问题发生之前就采取行动,降低社会对其的热衷程度,这样至少可以降低实用硬件或软件因为与最终行业标准互不兼容而被抛弃所造成的社会成本。政府对研发活动的支持可以集中在"门户技术"(gateway technology)上,例如物理适配器、代码编译器和电子网关设备等,这些技术可以在事后将各种不同的系统变量整合为更大的网络系统。

如果没有公共干预,追求利润的企业也会拥有开发我所称的"门户技术"及转换技术的动机。不妨回想一下19世纪晚期交流电与直流电的"系统之战",这场战役最终得以建设性地解决,其中"旋转变流器"(rotary converter)的作用不容忽视。旋转变流器是Edison公司的前雇员Charles S. Bradley于1888年在美国发明的,他随后很快就建立了自己的公司来制造这一装置。[42] 由于有了旋转变流器,我们可以用交流电发电厂和传输线为已有的直流电电机马达供电,因此,通用电气和西屋电气公司很快就把旋转变流器作为可以进行进一步技术创新的领域,并把制造旋转变流器看做有利可图的业务。我们还有一些更新的例子能证明市场仍然在发挥作用,例如在计算机软件领域,每隔一段时间都会出现新的转换器技术,再如适用于个人计算机网络的通用文件服务器。不过,问题的关键在于,我们是否能够相信市场运作足以产生恰当数量的"门户"创新。

对于前面所提议的公共干预模式,我们仍然有机会质疑其原因及基础。私人系统的出资者有理由对向顾客提供通往其他系统的、低价的"门户"这一做法保持警惕。就这一点而言,先前在公开竞争阶段依照二流系统资助原则(如前文所述)进行的公共管理,可能会产生附带收益。它可以在事后为市场的新进入者提供额外的市场激励,以促使其提供缺失门户的供给;通过将用户群体集中在相对较少种类的系统中,可以降低制造系统间门户的成本,而任意一种特定类型的门户设备的潜在顾客数量也会因此而扩大。

182 但是,希望降低兼容性的继承成本的公共政策制定者们也必须认识到,即便考虑到这一层因素,也会出现"太多、太快"的情形。如果相关系统的某一部分在事后成功地获得了兼容性,就可能会使得它更容易被"接管",这就可能使得少数用户的偏好给大多数人带来损失,因为这大多数人可能并不具有这种偏好,但是却要被迫分担成本。更有甚者,为了迎合不同用户的需要而为已有的不同系统提供便利的连接,还有可能促进技术专业化,而不利于各个不同的系统进一步拓展其性能。至于旋转变流器的出现是否很好地解决了交流电和直流电之争,我们仍可进一步讨论,因为这个装置中止了对开发使用直流电的综合电气系统可能性的基础研究,也延迟了高压直流电传输技术的研发工作(参见 David and Bunn,1988)。所以,对于处在这个环境及其他环境下的技术政策制定者而言,在马上可以实现的成本节约和"推动技术发展水平"之间进行权衡取舍,一直是一个不可回避的问题:过早地削减门户成本,可能会阻碍人们投入研发资金、确立系统相对于其竞争对手的优势地位,进而产生不可预估的经济损失。

前面的讨论中所关注的一系列特定的技术标准政策,并没有考虑到"标签"的可靠性,也没有考虑到最低质量保证。相反,这些政策所关注的,是如何通过控制产品"接口"的特征来提升当期及未来的经济福利水平——这些接口的特

[42] 更多的参考文献,请参见 David and Bunn(1988)。

征影响着现有及潜在"网络技术"的亚元件的兼容性。这种类型的公共政策干预措施可以间接地引导以市场力量为主导的微观经济资源配置过程,使其不至于左右新兴技术的发展和扩散轨迹。

我们在一开始给本文的讨论确立的界限,完全将公共政策制定者所关心的更大一部分内容排除在外,这使得我们无法了解政府行为对技术创新的产生和扩散所产生的影响,是其有意识的结果,还是无心之作。技术"进步"可能产生的再分配效应提出了许多道德问题和政治问题,可是这些问题恰恰被"排除在外";同样被排除在外的,还包括一个难以解决的长期性问题,即新技术一方面会创造新的工作职位,另一方面也需要裁掉一些工作岗位,它对短期内宏观经济表现的各个方面——例如失业和价格稳定——所产生的影响也是双向的。虽然电信领域中的接口标准问题也会对国防、国力和主权维护等问题产生非常重要的影响,但是这些问题却往往被人们所忽视。不过,就算是这些危险警示灯一直在那里闪烁,我们要考虑的主题仍然十分复杂——特别是考虑到我的分析能力,以至于前面的讨论还远不够全面,也更不具有决定意义。坦白地讲,前面的讨论中大部分是猜测性的。大家一定已经发现,这里所讨论的与技术标准相关的公共政策选择问题,已经被过分地简单化了,而且有可能会使人产生误解。不过,我不想为此而道歉,我想做的,只是想告诉大家,这些问题显然具有很高的重要性,希望能够吸引那些更有能力成功解决这些问题的人的注意力,而这也是本文的价值所在。[43]

183

8 路径依赖与"历史经济学":一些更为广泛的含义

前面我偏离主题,讨论了经济思想和政策分析的历史,这种讨论对你来说可能是振奋人心的,也可能是极度让人气馁的,完全取决于你对路径依赖的感觉。对一些人来说,它以一种近乎荒谬的、自我参照的方法确切地表明,对与路径依赖有关的"锁定"现象的分析警示我们,有一些表面迹象说明现在正有人从根本上重新思考经济学,而我们应该对这些迹象保持怀疑态度——或者,至少应该采取保守的乐观态度。承认存在那么多迹象并不意味着我们(一起)所走过的研究道路一定是经济学知识进步的"最佳途径"。我们知道,尽管路径依赖既不是市场失灵的必要条件,也不是充分条件,但是,非遍历性系统可以一直停留在"吸引盆"(basins of attraction)之中。我们也知道,基础参数的波动和移位可以将这类系统推到其他迥然不同的吸引子的邻域中去。因此,我认为,我们

[43] 不过,大家还是可以从 David(1987)、David and Steinmueller(1990)和 David(1994a)中找到关于技术标准的政治经济学更深入的讨论。

完全有理由相信,对研究物理和社会系统中产生多重稳定均衡结构的这一类自我强化的动态过程的研究,也会让人理解,我们有可能正在见证一场重大的研究"体系变革",这场变革正在使我们远离与历史无关的经济学。有很多因素支持这一论点,这里只做简单的引述。

184 第一,在过去的20年中,物理学家和物理哲学家们越来越重视物理学理论中的因果关系,也更加强调区分某一效应的数学推导与产生该效应的归因过程的重要性。[44] 今天的物理学家不仅希望了解发生了什么,还想知道为什么它会发生,而且似乎希望他们了解的东西具有一定的一般性。现在,即便是一套完整并"现实"的均衡关系推导过程,也不足以用来说明某一效应产生的过程。推导过程可能可以借似乎任何一个在这类过程中发挥了重要作用的因素,但是并没有描述其中的前因后果。因此,历史叙述的重要性得到了高度的评价,并且已经替代了早期物理学中解释概念——后者只是简单地将特定事件归到某个"覆盖率"(covering law)或一般规律之下。

经济学理论也开始比以前更为担心因果关系——这一点在大家对竞争性一般均衡理论中所设想的人造"摸索"过程表示不满时[45]表现得尤为明显。原因是先前就已存在的状态中发生的"事件"或变化,会引起其他变化,我们将后者称为"结果"。那么,如果系统中没有可以察觉到的变化,根据事实,也不会有可以被感知的因果关系。Robin Cowan 和 Mario Rizzo(1991, pp. 9—10)已经提醒大家注意,主流理论家认为大家可以继续前行,就好像经济系统的历史上从来没有发生过任何"事件",这种观点会产生意义深远的后果。他们写道:

> 很多当代的新古典思想都没有考虑变化,因此也没有把因果关系考虑在内。其研究计划的部分隐含目标就是要"证明",那些看上去像是内部变化的东西其实并不是内部变化。实际变化和潜在变化都是欺骗性的,因为经济系统总是处于均衡状态……对于假定的非均衡现象(行为人遇到了意料之外的变化,因此改变了他们的观念),新古典理论所做出的反应是,在分析中加入一个以前被忽视的市场(往往是信息市场),结果该现象仍然是均衡的。

对序贯行为因果关系的解释以及经济均衡预测性理论的非均衡基础(参见Fisher,1983)的忽视,使得当代经济学变得十分贫瘠,也导致理论研究和实践研究被分离开来。经济学的研究者们必须做出各种努力,将结果中可能存在的路径依赖纳入研究范畴,必要的时候也可以寻求外界的激励。例如,一般而言,在

185 标准的埃奇沃思盒状图的分析当中,如果我们允许在非均衡价格上发生帕累托

---

[44] 有关科学哲学的相关研究,参见 Cowan and Rizzo(1991)。

[45] 参见 Arrow and Hahn(1971)和 Fisher(1983)。

改进,就不需要去证明,消费者最终会停留在交换契约线的哪个位置,并不是完全由行为人的偏好及其初始禀赋所决定的。对系列(非均衡)交易的干预细节,也会对最终达到的价格与数量的实际均衡结构产生决定性影响。[46]

第二,经济学家们原本一直坚持关注对线性——或者是被线性化——系统的研究,在这种系统中,如果均衡存在的话,一般一定是唯一的;经济学家也利用自然科学来强化这一思路,但是,这种思路的基础却已经被大大削弱了。在过去的10年中,自然科学家和工程师们已经开始越来越多地注重对"自加强"或"自催化"的复杂动态系统的分析——特别是在化学动力学、统计力学及其他有关的物理学分支、理论生物学和生态学中。[47]

经济学家们并不能指望从Ising铁磁学动态模型、或者Belousov-Zhabotinskii振荡化学反应模型、抑或"孤波"(非消耗性的波现象)理论、又或是产生了象征决定性混沌的Lorenz"蝴蝶"路径的"奇异吸引子"模型之中找到什么现成的、完美的研究范式,虽然这些现象令人着迷。与这些物理系统不同,我们的正反馈系统中包括有自身意志的行为人,其行为会反映他们根据自身预期形成的各种意图,因此,我们必须形成自己的研究范式。不过,毫无疑问的是,自然科学一直会产生一些"溢出",特别是概念方法和研究技巧。所以,我们需要注意的第三个有利的外部因素就是"计算机革命"对定量研究的影响。计算能力的提升以及计算机程序的改进——在很大程度上是由其他科学领域的进步所引致的技术进步——为研究并以图形描述复杂的非线性动态系统提供了可资利用的工具,相形之下,构建具有唯一实数根的数理经济模型,以便用纯分析法揭示其性质的做法,开始逐渐丧失其吸引力。

简言之,经济学界整体的思想氛围已经发生了变化,大家开始给历史进程的细节赋予新的重要性——与此同时,大家也开始对跨域多个学科的非线性动态过程兴趣渐浓,从而出现了所谓的"复杂性科学"(sciences of complexity)。[48]这场理论骚动可能会逐渐侵蚀以前的非历史性路径的稳定性基础,而我们所处的这一特定学科已经在这条非历史性路径上(应该说,非常心安理得地)徘徊了一个世纪。但是,经济学界对正反馈问题的各种研究也已经达到了"临界数

186

---

[46] 我们可能应该强调一点,在存在路径依赖的条件下,从初始资源配置结构出发能达到的(契约集合中的)所有均衡都是帕累托有效的。更深入的讨论,请参见David(2001)。

[47] 详细的考察,请参见Haken(1983)、Prigogine(1990)、Prigogine and Stengers(1984)和Stein(1989)等。

[48] 参见Stein(1989)等。"复杂系统"这个术语并没有标准含义,它也有多种不同的用法。一些作者用它来表示确定性混沌动态系统;还有一些人用它来指代元胞自动机(cellular automata)、紊乱的多体系统、"神经"网络、自适应算法、模式形成系统以及其他各种系统。Daniel Stein(1989,p. xiv)观察到,复杂系统会做出令人惊讶的、出乎意料的行为,而这种属性似乎是系统的整体特征。因此,"复杂性研究"的一个共同特征是应用协同学的方法,而不是化约主义的方法。

量”,这一点也同样重要,如果我们不能确切地说它更为重要的话。

由于对新颖事物的热情,我们往往极容易忽略对我们所熟悉的事物的观察和评价。因此,我必须说明,我认为,“历史经济学”最终要想获得令人满意的进展,就一定要将非传统的观点和以前已经得到的有关(线性)系统的知识整合起来,在该类系统中,随机扰动往往在“平均之后即消失”,而系统也一定会收敛到唯一的均衡解。毕竟,经济生活包括很多方面的内容,行为人之间(通过市场和社会交换的其他渠道)的相互作用并不会被可以察觉到的正反馈效应所主导。历史在系统中发挥强有力的作用,产生系统分岔,或因某些偶然事件而“锁定”,其前提是均衡的多重性,可是,如果经济活动的报酬递减或不变,或者持续时间过于短暂而无法确保习惯的形成,或者具体情形还没有经过深入仔细的探索从而不能提供实验学习的有效范围,就不可能产生这种均衡多重性。

因此,我们仍然有很多重要的工作要继续,以从经验上确认那些传统的“收敛”理论已经用线性模型很好地解释过的资源配置过程的特征,用更简单的形式对这些过程进行历史描述,并确保在这种描述中,初始条件对该过程的影响——因为易耗投入的沉没成本所导致的——只是暂时的,而这样的历史描述将会是与长期的*遍历性*行为相吻合的。这样,最终,我们所研究的系统将会摆脱其过去的影响,而有关历史影响的经验问题就变成了:“不过,多长时期才能算是长期?”

187

到现在,我终于可以按照承诺来描述,想象中的大量的“历史导向的经济学家”想把他们的同行吸引到一条什么样的新路径上去。我们可以通过分析路径依赖方法的采用对经济现象的研究所具有的一般性启示来完成这项承诺。

(1) 因为暂时的状况和“事件”会留下持续存在的影响(滞后作用),所以我们不能忽视有关时机和背景的细节,也不能只是简单地将之作为说服人的工具,这些细节正是叙述史的核心所在;如果经济模型不能确切地描述在均衡位置以外的地方所发生的事情,也不应予以重视。因此,实证研究应更关注行为人面对预料之外的环境变化时所做出的反应会具有什么样的特征。

(2) 在特定的时刻,个别的小人物也能够对历史的长期进程产生实质性的影响,因此,在存在正反馈的条件下,事实证明“有主见的”企业家的人格和公共政策制定者的意识形态信念对最终结果的潜在影响力,比其他条件下的影响力更为强大;所以,我们更应该关注信念的多样性以及行为人的显式偏好中“主见”——而不是“他见”——的成分到底有多高。在正反馈占据主导地位的系统中,正是那些有主见的行为人会对系统的运动产生与其自身所占比重不成比例的影响,而那些缺乏主见的行为人最终会倾向于采取周边人群的观点(参见 Haltiwanger and Waldman,1985,1988)。

(3) 结构的突然转变,是与演化生物学有关"间断均衡"(punctuated equilibria)的新概念相对应的,我们可以用解析的方式在非线性正反馈系统中来解释这种转变。这可能会开创一种构造与发展的"阶段理论"相兼容的动态模型的方法。从前,阶段理论在经济学中并没有什么好名声,因为它们不是在做简单的分类,就是在做同义反复。

(4) 如果一个随机过程是非遍历性的,而且会向多个稳定吸引子中的唯一一个收敛,那么,对这种随机过程的分析会表明,在整个动态路径中的早期发生的、相对较弱的"震动"会在实际上"选择"最终的结果(参见 Arthur,1989 等)。不过,在后来,当系统跌入某个"吸引盆"时,它就会获得足够的动力,要重新改变其运动方向的话,就需要采取经济成本非常高昂的行为。这意味着,在处理社会及经济事务时,要让公共干预措施有效,更重要的是把握最佳时机,而不承认历史作用的当代福利分析还没有充分意识到时机的重要性(参见 David,1987)。采取在财政上和管理上都可能的行动,以使系统的演化沿特定方向进行的机会稍纵即逝。所以,对历史以及决定"吸引盆"的位置和吸引盆之间"分水岭"(分界线)的基本结构性条件的研究,是政策分析不可或缺的一部分,因为这种研究能够帮助我们预测并识别行动的有利时机。

188

(5) 我刚才提到的那份列表中还需要加上另外一条,它与可预测性有关。"复杂性"作为动态随机系统的一项属性,意味着理性预期理论与实践的相关性严重受限,Mordecai Kurz 已经用一套复杂的条件公式说明了这一点。[49] 问题的要点在于,一些动态结构永远不可能产生足够长的时间序列去让行为人用其形成对世界未来可能状态的一致性概率估计。如果我们希望理解过去那些被迫在 Knight 不确定性条件下做出选择的行为人,就需要更加注意学习他们所需要的认知模型,各行为人正是利用这些模型来解释他们看到的社会过去的景象,并形成对未来的预期。即便是对经济学家而言,"思想状态(mentalité)也是十分重要的"。

(6) 最后,也可能是所有启示中最为异端的一个,经济理论家们应承担的核心任务需要重新定义。如果承认资源配置机制和物质生活结构与生物机制类似——从历史角度来说,它们都是通过一系列离散的适应过程演化而来的,也就为重新定义该任务提供了正当的理由。Francis Crick,1988,pp. 109—111,138—141)指出,理论家根本不可能"仅是通过思考,便得出一组生物学问题的解",因为自然选择让那些形成"自然界对问题的解"的各种机制处于不断的演化之中,而这些机制往往过于偶然也过于复杂。"如果人们几乎没有希望能够在没有任何帮助的情形下得出正确的结论。"Crick 说,"那么,应用那些关于系

---

[49] Kurz(1996,1997)收集了一系列挑战"理性预期均衡"理论的相关论文,这些论文正是更一般性的概念"理性信任均衡"衰落的例证。

189 统的已知本质的一般性论断来看哪种理论不可能是真的，也就更为有益。”在这方面，经济学（很多对经济学影响十分深远的贡献可以、在一些场合中也已经被表述为“不可能”命题）也许可以在生物学而不是物理学基础上建立其模型。

为了进一步强调这一点，我想，最好的方式是重复 Crick 对此所做的更深入的评论，作为结论，出于编辑方面的考虑，我在恰当的位置插补了个别词句（1988，p. 139）。

> 物理学家[以及模仿它们的经济理论家]极容易错误地将其结论一般化，所建立的理论模型也往往过于简洁、过于强大也过于整洁。毫不奇怪，这些模型很好地与实际数据相吻合。要提出一套真正好的生物学[或经济学]理论，人们必须努力透过演化带来的混乱，找出隐藏在混乱之中的基础机制，并清醒地认识到，基础机制很可能会被其他的、次要的机制所覆盖。在物理学家看来让人绝望的复杂过程，在生物界[技术、制度和文化的历史演化过程]中看来却是最简单的，因为生物界[这些演化过程]只能[或在很大程度上]建立在已有事物的基础上。

参考文献

Abreu, D., D. Pearce and E. Stacchetti (1986), ‘Optimal cartel equilibria with imperfect monitoring’, *Journal of Economic Theory* **39**(1): 251–269.

Arrow, K. J. (1974), *The Limits of Organization*, New York: Norton.

Arrow, K. J., and F. Hahn (1971), *General Competitive Analysis*, Edinburgh: Oliver & Boyd.

Arthur, W. B. (1988), ‘Self-reinforcing mechanisms in economics’, in P. W. Anderson, K. J. Arrow and D. Pines (eds.), *The Economy as an Evolving Complex System*, Santa Fe Institute Studies in the Sciences of Complexity, Reading, MA: Addison-Wesley.

(1989), ‘Competing technologies, increasing returns and lock-in by historical events’, *Economic Journal* **394**: 116–131.

Arthur, W. B., Y. M. Ermoliev and Y. M. Kaniovski (1987), ‘Strong laws for a class of path-dependent urn processes’, in V. Arkin, A. Shiryayev and R. Wets (eds.), *Proceedings of the International Conference on Stochastic Optimization, Kiev, 1984*, Lecture Notes in Control and Information Sciences no. 81, Berlin: Springer-Verlag, 287–300.

Atkinson, A. B., and J. E. Stiglitz (1969), ‘A new view of technical change’, *Economic Journal* **315**: 573–578.

Bramson, M., and D. Griffeath (1979), ‘Renormalizing the 3-dimensional voter model’, *Annals of Probability* 7: 418–432.

Clifford, P., and A. Sudbury (1973), ‘A model for spatial conflict’, *Biometrika* **60**: 581–588.

Cowan, R. W. (1990), ‘Nuclear power reactors: a study in technological lock-in’, *Journal of Economic History* **50**(September): 541–568.

(1991), *Sprayed to Death: On the Lock-in of an Inferior Pest Control Strategy*, Research Report no. 91-23, C. V. Starr Center for Applied Economics

Research.

Cowan, R. W., and M. J. Rizzo (1991), *The Genetic-Causal Moment in Economic Theory*, Research Report no. 91-13, C. V. Starr Center for Applied Economics Research.

Crick, F. (1988), *What Mad Pursuit: A Personal View of Scientific Discovery*, New York: Basic Books.

Cusumano, M. A., Y. Mylonadis and R. S. Rosenbloom (1990), *Strategic Maneuvering and Mass-Market Dynamics: The Triumph of VHS over Beta*, Consortium on Competitiveness and Cooperation Working Paper no. 90-5, Center for Research in Management, University of California, Berkeley.

David, P. A. (1975), *Technical Choice, Innovation and Economic Growth: Essays on American and British Experience in the Nineteenth Century*, Cambridge: Cambridge University Press.

(1985), 'Clio and the economics of QWERTY', *American Economic Review* 75(2): 332–337.

(1986a), 'La moissonneuse et le robot: la diffusion des innovations fondées sur la micro-électronique', in J.-J. Salomon and G. Schmeder (eds.), *Les Enjeux du Changement Technologique*, Paris: Economica, chap. 5.

(1986b), 'Understanding the economics of QWERTY: the necessity of history', in W. N. Parker (ed.), *Economic History and the Modern Economist*, Oxford: Basil Blackwell, chap. 4.

(1987), 'Some new standards for the economics of standardization in the information age', in P. Dasgupta and P. L. Stoneman (eds.), *Economic Policy and Technology Performance*, Cambridge: Cambridge University Press, chap. 8.

(1988), *Path-Dependence: Putting the Past into the Future of Economics*, Technical Report no. 533, Institute for Mathematical Studies in the Social Sciences, Stanford University.

(1989a), *Information Technology, Social Communication Norms and the State: A Public Goods Conundrum*, paper presented at the Centre de Recherche en Epistémologie Appliquée conference on standards, norms and conventions, 27–29 March, Ecole Polytechnique, Paris.

(1989b), *A Paradigm for Historical Economics: Path-Dependence and Predictability in Dynamic Systems with Local Network Externalities*, paper presented at the second meeting of the International Cliometrics Society, 27–29 June, Santander, Spain [reproduced in the *Proceedings of the Second ICS Meetings*].

(1991), 'The hero and the herd in technological history: reflections on Thomas Edison and the battle of the systems', in P. Higgonet, D. S. Landes and H. Rosovsky (eds.), *Favorites of Fortune: Technology, Growth, and Economic Development Since the Industrial Revolution*, Cambridge, MA: Harvard University Press, chap. 2.

(1994a), 'Les standards des technologies de l'information, les normes de communication et l'Etat: un problème de biens publics', in A. Orléan (ed.), *L'Analyse Economique des Conventions*, Paris: Presses Universitaires de France, 219–248.

(1994b), 'Why are institutions the "carriers of history"? Path dependence and the evolution of conventions, organizations and institutions', *Structural Change and Economic Dynamics* 5(2): 205–220.

(1994c), 'The reaper and the robot: the adoption of labour-saving machinery in the past and future', in F. M. L. Thompson (ed.), *Landowners, Capitalists and Entrepreneurs: Essays for Sir John Habakkuk*, Oxford: Clarendon Press, 275–305.

(2001), 'Path dependence, its critics and the quest for historical economics', in P. Garrouste and S. Ioannides (eds.), *Evolution and Path Dependence in Economic Ideas: Past and Present*, Cheltenham: Edward Elgar, 15–40. [Also available as Working Paper 00-011 from http: www.econ.stanford.edu/faculty/workp/.]

David, P. A., and J. A. Bunn (1988), 'The economics of gateway technologies and network evolution: lessons from electricity supply history', *Information Economics and Policy* **3**: 165–202.

David, P. A., D. Foray and J.-M. Dalle (1998), 'Marshallian externalities and the emergence and spatial stability of technological enclaves', *Economics of Innovation and New Technology* (Special Issue on Economics of Localized Technical Change, ed. C. Antonelli), **6**(2–3): 147–182.

David, P. A., and S. Greenstein (1990), 'The economics of compatibility standards: an introduction to recent research', *Economics of Innovation and New Technologies*, **1**(1–2): 3–41.

David, P. A., and W. C. Sanderson (1986), 'Rudimentary contraceptive methods and the American transition to marital fertility control', in S. L. Engerman and R. E. Gallman (eds.), *Long-Term Factors in American Economic Growth*, Chicago: University of Chicago Press (for the National Bureau of Economic Research), 307–390.

David, P. A., and M. Shurmer (1996), 'Formal standards-setting for global telecommunications and information services', *Telecommunications Policy* **20**(10): 789–815.

David, P. A., and W. E. Steinmueller (1990), 'The ISDN bandwagon is coming – but who will be there to climb aboard? Quandaries in the economics of data communication networks', *Economics of Innovation and New Technology*, **1**(1–2): 43–62.

Diamond, P. A. (1982), 'Aggregate demand management in search equilibrium', *Journal of Political Economy* **90**(5): 881–889.

(1984), *A Search-Equilibrium Approach to the Micro Foundations of Macroeconomics: The Wicksell Lectures 1982*, Cambridge, MA: MIT Press.

Durlauf, S. N. (1990), *Locally Interacting Systems, Coordination Failure, and the Behavior of Aggregate Activity*, Technical Paper no. 194, Center for Economic Policy Research, Stanford University.

(1993), 'Nonergodic economic growth', *Review of Economic Studies*, **60**: 349–366.

Elster, J. (1989), 'Social norms and economic theory', *Journal of Economic Perspectives*, **3**(4): 99–118.

Farrell, J., and G. Saloner (1986), 'Installed base and compatibility: innovation, product preannouncements, and predation', *American Economic Review* **76**(5): 940–955.

Feller, W. (1969), *An Introduction to Probability Theory and Its Applications*, 3rd edn., New York: Wiley.

Festinger, L. (1957), *A Theory of Cognitive Dissonance*, Stanford, CA: Stanford University Press.

Fisher, F. M. (1983), *The Disequilibrium Foundations of Equilibrium Economics*, New York: Cambridge University Press.

Fuchs, V. R. (1985), *A Note on Prices, Preferences, and Behavior*, Memorandum, National Bureau of Economic Research, Stanford, CA.

Granovetter, M. (1978), 'Threshold models of collective behavior', *American Journal of Sociology* **83**: 1420–1443.

(1985), 'Economic action and social structure: the problem of embeddedness', *American Journal of Sociology* **51**: 481–510.

Green, E. J., and R. H. Porter (1984), 'Noncooperative collusion under imperfect price information', *Econometrica* **52**(1): 87–100.

Greenstein, S. (1988), *Computer Systems, Switching Costs and Organization Responses: The Federal Government Experience*, Technology and Productivity Workshop paper, Economics Department, Stanford University, CA.

Griffeath, D. (1979), *Additive and Cancellative Interacting Particle Systems*, Lecture Notes in Mathematics no. 24, New York: Springer-Verlag.

Griffiths, R. B. (1964), 'Peierls' proof of spontaneous magnetization in a two-dimensional Ising ferromagnet', *Physics Review* **136**: A437–A439.

Haken, H. (1983), *Synergetics, An Introduction*, 3rd edn., Berlin: Springer-Verlag.

Haltiwanger, J., and M. Waldman (1985), 'Rational expectations and the limits of rationality: an analysis of heterogeneity', *American Economic Review* **75**(6): 326–340.

(1988), *Responders vs. Nonresponders: A New Perspective on Heterogeneity*, working paper, Department of Economics, University of California – Los Angeles.

Harris, T. E. (1978), 'Additive set-valued Markov processes and percolation methods', *Annals of Probability* **6**: 355–378.

Heller, W. (1986), *Coordination Failure with Complete Markets in a Simple Model of Effective Demand*, Discussion Paper no. 84-16, Department of Economics, University of California, San Diego.

Holley, R., and T. M. Liggett (1975), 'Ergodic theorems for weakly interacting systems and the voter model', *Annals of Probability* **3**: 643–663.

Howitt, P. (1985), 'Transactions costs in the theory of unemployment', *American Economic Review* **75**: 88–100.

Ising, E. (1924), 'Beitrag zur Theories des Ferrogmagnetismus', *Z. Phys.* **31**: 253–258.

James, J. A., and J. S. Skinner (1985), 'The resolution of the labor-scarcity paradox', *Journal of Economic History* **45**(3): 513–540.

Jones, S. R. G. (1984), *The Economics of Conformism*, Oxford: Basil Blackwell.

Katz, M. L., and C. Shapiro (1986), 'Technology adoption in the presence of network externalities', *Journal of Political Economy* **94**(4): 822–841.

Kinderman, R. P., and J. L. Snell (1980a), *Markov Random Fields and their Applications*, Contemporary Mathematics, vol. 1, Providence, RI: American Mathematical Society.

(1980b), 'On the relation between Markov random fields and social networks', *Journal of Mathematical Sociology* 7: 1–13.

Kreps, D. M., P. Milgrom, J. Roberts and R. Wilson (1982), 'Rational cooperation in the finitely repeated prisoners' dilemma', *Journal of Economic Theory* **27**: 245–252.

Kreps, D. M., and A. M. Spence (1985), 'Modelling the role of history in industrial organization and competition', in G. R. Feiwel (ed.), *Issues in Contemporary Microeconomics and Welfare*, London: Macmillan, chap. 10.

Kuran, T. (1987), 'Preference falsification, policy continuity and collective conservatism', *Economic Journal* **387**: 642–655.

(1988), 'The tenacious past: theories of personal and collective conservatism', *Journal of Economic Behavior and Organization* **10**(2): 143–171.

Kurz, M. (ed.) (1996), 'Rational beliefs and endogenous uncertainty: a symposium', *Economic Theory* **8**(3).

(1997), *Endogenous Economic Fluctuations: Studies in the Theory of Rational Beliefs*, Berlin: Springer-Verlag.

Lewis, D. K. (1969), *Convention: A Philosophical Study*, Cambridge, MA: Harvard University Press.

Liebowitz, S. J., and S. E. Margolis (1990), 'The fable of the keys', *Journal of Law and Economics* **33**: 1–25.

Liggett, T. M. (1980), 'Interacting Markov processes', in W. Jager, H. Rost and P. Tautu (eds.), *Biological Growth and Spread*, Lecture Notes in Biomathematics, vol. 38, New York: Springer-Verlag, 145–156.

(1985), *Interacting Particle Systems*, New York: Springer-Verlag.

Menger, C. (1883), *Untersuchungen über die Methode der Sozialwissenschaften und der politischen Ökonomie insbesondere*, Tübingen: Mohr. [Translated by F. J. Nock (1963), *Problems of Economics and Sociology*, Urbana, IL: University of Illinois Press.]

Murrell, P. (1983), 'The economics of sharing: a transactions cost analysis of contractual choice in farming', *Bell Journal* **14**: 283–293.

Peierls, R. E. (1936), 'On Ising's ferromagnet model', *Proceedings of the Cambridge Philosophical Society* **32**: 477–481.

Prigogine, I. (1980), *From Being to Becoming: Time and Complexity in the Physical Sciences*, New York: Freeman.

Prigogine, I., and I. Stengers (1984), *Order Out of Chaos: Man's New Dialogue with Nature*, Boulder, CO: New Science Library.

Puffert, D. J. (1991), *The Economics of Spatial Network Externalities and the Dynamics of Railway Gauge Standardization*, Ph.D. dissertation, Department of Economics, Stanford University.

(2002), 'Path dependence in spatial networks: the standardization of railway track gauge', *Explorations in Economic History* **39**: 282–314.

Romer, D. (1984), 'The theory of social custom: a modification and some extensions', *Quarterly Journal of Economics* **98**: 717–727.

Rosenberg, N. (1969), 'The direction of technological change: inducement mechanisms and focusing devices', *Economic Development and Cultural Change*, **18**(1). [Reprinted as chapter 6 of Rosenberg (1976).]

(1976), *Perspectives on Technology*, Cambridge: Cambridge University Press.

Schelling, T. C. (1960), *The Strategy of Conflict*, Cambridge, MA: Harvard University Press.

(1978), *Micromotives and Macrobehavior*, New York: Norton.

Spitzer, F. (1970), 'Interaction of Markov processes', *Advances in Mathematics* **5**: 246–290.

Stein, D. (ed.) (1989), *Lectures in the Sciences of Complexity*, vol. 1, Santa Fe Institute Studies in the Sciences of Complexity, Redwood City, CA: Addison-Wesley.

Stiglitz, J. E. (1987), 'Learning to learn, localized learning and technological progress', in P. Dasgupta and P. L. Stoneman (eds.), *Economic Policy and Technological Performance*, Cambridge: Cambridge University Press, chap. 5.

Sugden, R. (1989), 'Spontaneous order', *Journal of Economic Perspectives* **3**(4): 85–98.

Sundstrom, W. A. (1988), *Institutional Isomorphism: The Standardization of Rules and Contracts in Business Firms and other Institutions*, working paper, Economics Department, Santa Clara University.

Weidlich, W., and G. Haag (1983), *Concepts and Models of a Quantitative Sociology*, New York: Springer-Verlag.

Wright, G. (1988), *Historical Processes in Land Tenure and Labor Market Development*, Summer Workshop paper, Institute for Mathematical Studies in the Social Sciences, Stanford University, CA.

第7章　经济史理论存在吗?[①]

乔尔·莫克尔

1　理论和历史

经济史理论存在吗?在三十多年前,约翰·希克斯(John Hicks)在他所著的《经济史理论》(*Theory of Economic History*,1969)一书中提出了这个问题。希克斯注意到,很少有学者敢于回答这个问题。回过头看看那些在卡尔·马克思(Karl Marx)和奥斯瓦尔德·斯宾格勒(Oswald Spengler)处于巅峰时曾经试图回答这个问题的人,我们就会了解个中缘由。很简单,这个问题很难回答,在历史(更不用说经济理论)中经常被提及的希克斯并没有怎么注意到当时已经数量颇丰的经济史文献。他不愿意为细节而烦恼,因为他只对一般倾向、趋势和具有特殊价值的时刻感兴趣。在希克斯看来,少数不在他的趋势曲线上的观测值并不会让他困扰,因为他所研究的并不是我们这个时代所理解的"理论":严格地合乎逻辑的命题被表述为定理,只要有一个反例就能将其推翻。那样的理论在经济史中并不存在,也不会存在。不过,希克斯关注的是其他东西。

希克斯所说的经济史理论,在某种程度上和马克思的意思类似,即从经济学中总结出一些一般性的观点,然后将这些观点应用到历史当中,以便为他所看到的历史提供历史之外的解释。重读希克斯的著作,我们会发现他——最多——只是部分地完成了这项任务。尽管

① 本章部分参照了 Maokyr(2002)。

在那本书中有很多有见地的观点和简洁的故事，但是，书中的很多内容，只要是头脑冷静的历史学家，即便没有写过《价值与资本》《凯恩斯先生和“经典”》这样重要的经济学作品，也完全可以写得出来。这本书中包括一系列充满机智的短文，其主题涉及市场的出现、君主的资金来源、城邦的重要性等等，虽然有我们这个领域中最伟大的头脑拥有者之一的经济学观点来丰富这些文章，但是，几乎没有证据表明，这些文章中有正式理论的影子。他的书中有很多非正式理论，但是，在目前看来，非正式经济理论可能只是一套自相矛盾的说辞。马克思的确构造了一套包罗万象的理论，但是，希克斯与马克思不同，他的书并没有履行其诺言。

196

在该书出版之后的30年里，就有数千篇经济史论文运用了某种正式的经济史理论来研究经济史问题。但是，却很少有人致力于撰写经济史的一般理论（这与艰巨的“欧洲奇迹”大综合不同），试图这么做的那一小部分人不是被当成喜欢做同义反复的怪人[②]，就是被认为过于关注某一特定方面，是在防止其他理论成为综合性的“经济史理论”。[③] 如果说，过去寻找植根于现代经济分析中的经济史理论的工程是让人失望的，那么，其首要的原因就是经济史的范畴比经济理论的要大——而且大出许多。

产生这种差距的根本原因在于，经济史的根基是事实，而不是“程式化了的”社会过程的逻辑结构。在近几十年中，这一主张在人文科学中饱受攻击。[④] 经济史学家们一直对数据所说明的东西以及同时代的人如何解读这些数据有相当的怀疑，但是，他们却似乎对后现代主义所谓的“事实并不存在”这一概念完全免疫。例如，我们可能并不能确切地知道，到底是谁在20世纪后期的欧洲制造出了第一座机械钟，但是我们的确知道有人做了这件事。经济史学家们可能不会就1688年英格兰的国内生产总值（GDP）达成一致意见，但是，我们却一致认为，在那一年间，英格兰生产的商品和服务之数量是有限的，也是可以计量的，如果我们能够衡量该数量，也可以确定那些商品和服务的价格，也就可以计算那个GDP值。当然，在目前情况下，经济史的任务是尽可能精确地计算这些数值，给出这些数值的合理近似值或其所处的区间——如果不能给出精确数值的话。经济史中所包含的这种“近似”史实，数量十分庞大，而且每天都在增加。

---

② 例如Snooks(1996,1998)。

③ 欲了解近期的研究，请参见Diamond(1997)和Landes(1998)。

④ 在一些反对后现代主义的极端分子来看，事实和叙述本身就是社会结构；书写记录的人对于他们在描述和报告的事物有特定的意见，而这些记录又会被受社会环境影响的人阅读和解释。我们开玩笑地把自己说成是“事实”，这种行为实际上就是“表达”——反映权力结构、偏见、无知、贪婪等等。所幸的是，历史虚无主义没有对经济史造成多大侵害。Kitcher(1993)对这一问题进行了很好的考察和评论，Appleby *et al.* (1995，第6章)专门针对历史做了评论。

197 “理论”的任务就是搞清楚这些事实的含义,以帮助我们从中拣选。数据和事实淹没了经济史学家,包围他们的,是“怎样”、“为什么”这种重要问题。理论建立联系。但是,没有哪一种理论能够单枪匹马地在所有我们感兴趣的事物之间建立联系。我们能做的,最多就是选出一个特定的问题,然后找出看上去最适用的理论,帮助我们理清各种证据、建立模型。我所说的“模型”,是指抓住了一部分历史现实、将内生变量和外生变量联系在一起的逻辑结构。不过,在历史上,很少有——一些人也许会说根本没有——变量是真正外生的。因此,我们不可避免地要把历史割断成易于处理的片断,这样,在分析时刻 t 上所发生的事件时,我们可以假定,不需要对时刻 $t-1$ 上发生的任何事件做进一步的解释。这种处理方法是无法回避的,但是,它使得我们很难构建一套真正一般性的经济史理论。例如,如果我们追随 David Landes(1998),认为西方世界的经济成就是因为不同的文化,我们就必须假定文化是外生的。如果我们还想继续解释渴望占有、富有冒险精神的西方国家文化——比方说,把这种文化与马克斯·韦伯(Max Weber)和林恩·怀特(Lynn White)的传统中的犹太教和基督教的宗教信仰联系起来,我们就必须解释那些传统。在希克斯的著作发表一年之后,我的新同事 Jonathan Hughes(1970)用术语“综合问题”(colligation problem)来指称这个无休无止的回归问题。也许,只有像马克思的历史唯物主义或阿诺德·汤因比(Arnold Toynbee)的“挑战—应战”理论那样无所不在的某种理论,才能最终提供一套可以适用于所有状况的一般性工具,但是这看起来不大可能。希克斯是他所处时代中最为杰出的理论家。如果他都不能找到一种可以作为一般性经济史理论之基石的正式理论模型,我们是否能够做得更好呢?

在希克斯的著作发表后的30年里,标准经济理论帮助历史学家的能力降低了。1969年,大部分经济学的基础还是一个拥有一些可靠属性的世界。根据这些属性——实际上是一些先验性的假设,个人决策者是理性的,他们所处的技术环境具有一些特定的特征,所以,在大多数情形下,都存在一个稳定的、唯一的均衡,而该均衡往往是一个“好”(即有效率的)结果。这种传统哺育了计量历史学派的经济史学家,他们因而据此选择和解读相应的事实。所以,当他们看到英国的企业家采取基本炼钢过程的步伐十分缓慢,或者美国的农民没有迅速采用收割机,就可以用迄今还未观测到的约束来对之进行解释。经济史学

198 家们特别乐于发现这些约束,他们说服彼此和他们的学生,经济史证实了经济学家长期以来的观点。就像亚历山大·蒲柏(Alexander Pope)所说的,无论过去发生了什么,都是好的,在足够长的长期里,竞争的力量保证非效率会最终消失。因此,分析倾向于集中在市场和类似市场的现象上。

在1969年之后的一段时期里,经济学变得更具灵活性,在很多方面也更符

合现实。不过，也正是因为如此，我认为，历史学家从经济学中找到希克斯曾经寻找的、非历史支持的可能性变得更低。从很多种不同的趋势中，我们逐渐了解到，观测到的结果——即便它们是均衡状态——并不一定是帕累托最优的，也有可能根本不是合意的；有很多现实条件会导致多重均衡的产生，而只有一种——最多只有一种——均衡可以被认为是有效的。大家越来越认识到，即便是非常相似的初始条件，也会产生大不相同的结果，因此我们不能证明历史结果是"合乎逻辑的"，更不能证明其是"不可避免的"。经济学关注的重点一直处于变化之中，而且已经偏离了存在大量竞争者、最终会在系统各方面都实现效率的市场过程，现在，经济学关注的是战略行为的博弈论或信息理论模型以及以多重均衡为常态的协调问题（例如 Bohn and Gorton，1993）。经济学中的重点问题还包括各种递增收益的新宏观增长模型、学习的不同形式、强有力的互补性、外部性和其他形式的正反馈。[⑤] 理论得到了现实性，却丧失了简洁性。经济史仍然在从理论工作中寻求指引，但是，我们选择能从理论中得到的帮助似乎已经不再那么简洁而清晰，相反却更不明确。很多不同的历史结果可以被解释为协调失灵、委托代理问题或某种博弈的纳什均衡。

2　超越经济学

也许正是因为这个原因，经济史正在试图脱离经济理论来寻找理论支持。我可以用三个例子来说明这一点。第一个是有关生活水平的难题。我们如何才能对两个在时间、技术、文化和制度等各方面都互相分隔的社会之间进行经济福利的比较呢？Dasgupta（1993，第4章及第5章）和 Sen（1987）两人都指出，一些非经济学的变量能够满足理论要求：身体健康、预期寿命、政治自由、人权和经济安全等都是明显应该被包括其中的变量。任何想要通过考察 GDP、真实工资、人均消费、甚或某种局部性的指标（如人均糖消费量）来衡量生活水平之长期变化的做法，最终都会遇到非常严重的理论问题和度量问题。[⑥] 因此，近来经济史学家们对衡量营养状况的人体指标、传染病的减少、生育控制和婴儿死亡率等诸如此类的指标显示出越来越浓厚的兴趣。[⑦] 但是，该类文献中所涉及的理论问题很快就超出了经济学的范围。尽管将身高作为经济福利的衡量指标会激起人的高度兴趣，但是，经济史学家们对于控制生长激素的脑垂体又了

199

⑤　相关的文献数量众多。Aoki（1996）和 Copper（1999）对其中的大部分做了总结。

⑥　在英国工业革命的史料编纂过程中，出现了大量的此类文献。Mokyr（1998）对这些文献做了简要的总结。Gallman and Wallis（1992）是美国学界生活水平问题研究的一个实例。

⑦　近年来，有关人体测量历史的文献大量涌现。若想阅读有关的总结和有代表性的文集，请参阅 Steckel（1995）、Komlos（1994）和 Steckel and Floud（1997）。

解多少,他们又是否知道脑垂体对营养缺失更敏感还是对传染性疾病的入侵更敏感?在这里,经济学理论帮不上任何忙;经济史学家需要寻求内分泌专家的帮助。或者我们也可以考虑用婴儿死亡率,事实上这个指标被广泛地看做一个很好的生活水平衡量指标:婴儿死亡率在20世纪的急剧下降被广泛地当做是生活水平相较于100年前大大提高的证据,因此,它被看做是令人满意的生活质量的代理变量(Williamson,1982)。但是,事实证明,19世纪婴儿死亡率最重要的决定因素是母乳喂养(Imhof,1984)。为什么一部分妇女会选择较长的哺乳期呢?怎样才能说服她们回心转意?经济史学家可以从经济学特别是Becker对妇女时间机会成本的分析以及Shelly Lundberg and Robert Pollak(1996)提出的家庭内部谈判模型中找到部分答案。Glenn Ellison and Drew Fundenberg(1993)分析的社会学习的正式模型,也可以帮助经济史学家研究如何让妇女信服母乳喂养的好处。但是,一旦我们涉及妇女在社会和家庭中的社会角色,也就必须考虑使用或发明其他类型的理论(例如,可参见Fildes,1986)。

经济史超越了经济学的第二个例证是制度变化。今天的大多数经济史学家都同意,工业革命之前的大部分经济增长以及工业革命之后经济增长的相当一部分,都与经济博弈中所采取的各种规则密切相关。道格拉斯·诺思(Douglass North)和曼库·奥尔森(Mancur Olson)这两位先锋人物,一直在孜孜不倦地倡导和宣扬将制度变化更明确地加入到经济史中的重要性。[⑧] 其历史意义是明确无疑的。在所有过去的社会中,资源的配置都很没有效率。在近代以前,存在市场安排的时候,市场安排的运作还算理想,但是,遗憾的是,在大多数情况下,它们不是不完全,就是受到政治过程和暴力的约束和包围,更不用提其所受的信息约束。因此,在那个时代,人们完全有机会通过贸易赢利甚至要素流动性的微小变化和土地配置的改进来获取高额利润。大约到1650年左右,与安达卢西亚或波兰的贫穷相比,荷兰或英格兰的财富几乎完全能够以更好的制度和市场来解释,而更好的制度和市场则是以较好的产权制度、可强制执行的契约和不确定性的减少为基础的。

200

但是,这又将我们带回到了综合问题。我们的制度理论是否能够解释为什么不同地区的制度会以不同的方式演化呢?用重复博弈中的均衡来定义制度这种观点并不新颖,不过Avner Greif(1993,1994,1997,2004)首次将这个观点应用到了一个特定的历史情形当中。Greif在应用重复博弈结构中的战略行为进行分析的同时,还引入了一致性分析(consistency analysis)的概念——更确切地说,就是博弈本身做出的反馈以及其表现会如何强化该结构,对于解决综合

⑧ 这两部非常重要的著作是Olson(1982)和North(1990)。Drobak and Nye(1997)收集了这一研究传统的相关论文,是一部非常优秀的文集。

问题而言可谓是迈出了一大步,但是,为了做到这一点,Greif不得不依靠社会学和社会心理学的成果,使用诸如"信任"、"价值"和"文化信念"之类的概念。换句话说,为了让他的理论能够解决他所感兴趣的历史问题,他也必须超越经济理论的视野。无论如何,Greif的制度分析只能告诉我们,为什么特定的历史结果在实现之后能够得到延续,但并不能说明,如果某个特定状态并不是以前种种的逻辑结果,为什么它又会从所有的可能结果之中脱颖而出。他的分析仍然是归纳性的,只是在构建分析的方法中借助了一些历史之外的力量——与希克斯的设想非常相似。

不管Greif对他所关心的这个问题的分析深度如何,也不管他的研究对经济史(以及政治学和社会学)产生了什么样的影响,他所涉及的制度范围还是有限的,离一般性的经济制度理论还相去甚远。例如,我们怎样才能把Greif的"历史和比较制度分析"应用到诸如腐败、专制、代表政治制度、利他主义和济贫、贸易协会、婚姻契约、作为配置机制的家庭、代际合约、人身依附关系、全能银行的出现等问题中去呢?经济史学家们做了很多令人振奋的研究,但是到目前为止,还没有出现一套像供求曲线那样能普遍适用于所有市场分析的多功能的理论工具,能满足所有自发变迁的分析要求。有趣的是,我们注意到,经济变迁的制度分析的倡导者诺思现在正在尝试利用认知科学来理解制度。[9]

第三个例子与技术进步及其在近代经济史中的独特作用有关。也许直到工业革命发生之后,技术进步才成为经济增长的动力来源,但是,它却一直是变化的催化剂。在过去的两个世纪里,经济增长和"实用知识"(不仅包括科学知识,也包括很多实用的操作方法和纯粹的经验事实与规律性)之间的关系一直是近代经济增长的重要基础,Simon Kuznets(1965, pp. 85—87)曾指出过这一点。[10] 不过,就像经济史学家们在很久以前就已经知道的,技术就是知识:某种存在于人的头脑中的事物。虽然它常常与各种社会安排和制度交织在一起,但是在最后的分析中,它并不是一种社会建构。从根本上讲,技术只存在于人的头脑之中。它涉及对自然现象、规律性以及如何操控这些现象和规律性为人类的实质利益服务等方面的认识与理解。它是与自然博弈的结果。本节余下的部分将对此加以解释。

---

⑨ North(2004)指出,制度确立了社会中的激励结构,但是,人们是在报酬的基础上做选择。他们理解这些报酬的方法,是他们的头脑解读其所获得信息之方式的函数。"因此,我们的注意力必须集中在人类的学习……和信念与偏好随时间变化的增量过程上"(p.6)。

⑩ Kuznets直截了当地写到,近代经济增长的基础就是实用的或者说"经过检验"的知识之存量的加速增长。他指出,"人们可以用以科学知识运用的增长为基础的生产系统的扩张来描述近代经济增长"。这一点对Kuznets而言是十分明显的,因为,"科学是在各种条件都得到有效控制的前提下,对我们所处世界的观察结论,(在这个世界中)经济生产是对可观测的现实事物进行操作的过程,它有一个特殊的目标,就是专门提供人们所期望的商品和服务"。

正式的、演绎式的经济学在知识理论方面并不能为我们提供太大帮助，知识理论与信息理论截然不同。有关信息与知识之区别的争论很多，这里也不想再卷入这场辩争；但是，十分明显的一点是，大多数人都同意信息可以存在于任何地方，例如在DNA分子中，而知识却是与我们和我们的头脑有关。对那些关注新技术对增长和社会水平之影响的经济史学家来说，重要的是新技术是怎么形成的、如何传播的、如何被人们所采信、又如何说服各家庭和企业改变其行为、转而采用某些形式的新技术的。经济学家一致关注新技术知识所面临的困境和权衡取舍问题：这样的知识是纯粹的公共品，其生产成本却并不为零。知识是纯公共品，把知识传授给其他人并不需要花费我任何成本，但是，获取知识并不总是无成本的。没有任何一个单独的个人能够知道所有事，获得另一项知识所需支付的准确的边际成本也难以衡量。即便我们能确定边际成本，我们又该怎样确定一套选择机制，以便让决策者来决定知识的取舍与应用呢？

202

因此，用模型来描述实用知识在经济史中的出现是一个难题（Mokyr，2002，2004）。我们再一次需要彻底在经济学之外为其寻找主要的理论基础。毫无疑问，遍布各处的聪明的经济学家们——例如 Gary Becker and Kevin Murphy（1992）——正在试图解决这个问题，他们指出，这个约束恰恰就是现代制造业中专业化和分工的潜在原因。Philip Kitcher（1993）试图用模型来表示在某个社会背景下，检验程序尚不完美时，采用特定知识的成本与收益，我们也可以从他和其他哲学家所做的正式分析当中学到很多。

3 演化与经济史

演化认识论（evolutionary epistemology）——由 Donald Campbell（1960）和 David Hull（1988）开创——的研究和文化演化理论——例如 Boyd 和 Richerson（1985）以及 Luigi Cavalli-Sforza（1986）的研究——提出了一种非常不同的研究方法。这些模型表明，可以建立新知识增长的演化模型，其中知识是某种类型的随机过程的产物，由一系列“过滤器”来决定，哪些知识会被立即采用，哪些知识会被“贮藏起来”以便将来使用，又有哪些知识会被拒绝并遗忘。在我们的逻辑结构中，过滤器会在特定时间作用于可资应用的新观点上，而我们并不关心那些“导致”知识增长的“外生”变量。当然，选择是达尔文主义的决定性特征，它也是描述实用知识随时间演化之理论的基本要素；它不能解释所有的经济史，但是，它可能可以帮助我们理解经济史中实用知识的历史增长过程——这就已经很是很大的帮助了。

203

盲目地使用生物学的类比——或者，更糟糕地，以含混、定义不清的方式来使用“演化”术语——当然不能构建出一套经济史理论来。[11] 不过，下面我所要描述的，并不是一个生物学的类比，我认为它是一套更具一般性的演化理论。达尔文和生物学家最早提出了进化论，但是，他们的工作更多地还是对生物学进行改造，并没有突破生物学的范围，而希克斯的《价值与资本》则更多地停留在古典物理学的窠臼中。

将一种科学的范式应用到另一种科学中去，是一件风险很高的事情。用进化论来分析经济史，需要假定某种均质论（uniformitarianism）成立；必须证明，达尔文主义所关注的那一类系统所固有的动态过程生来就是相似的，即便这些系统会遵从迥然不同的规则，其时间尺度也相去甚远。换句话说，必须假定在自然系统中成立的一些基本原理在社会系统或知识系统中也成立。如果人们对这种同态性存在的条件要求过严过多，一旦发现明显差异，就很可能要否定同态性。这里并不是想说技术在某些方面与生命体有多么“相似”，而是想说，达尔文主义的模型已经超出了生物学的范畴，实际上，演化生物学只是一套范围更宽、含义更广泛的、试图解释特定类型的系统如何随时间的推移而演化的模型的一个特例。[12] 达尔文主义模型并不仅仅是解释经济人如何起源于类人猿或者恐龙是怎样、又是为什么会消失的模型，它们是关于历史的理论，研究的是为什么会产生一些可以被人观测到的“结果”、而不是其他结果。餐桌礼仪或音乐风格等文化特征虽然与技术并不是一回事，但是却与技术具有同样的特征。

204

从经济角度来看让人感兴趣的（“实用的”）知识有两种形式。一种是纳尔逊和温特开创的技巧（technique）或“例行程序”（routine）的概念。这种*说明性知识*（prescriptive knowledge）表现为一种规则系统——即一套暗示的或者明示的操作指南，如果遵守这套指南，就会有所产出。由社会中所有可行技巧构成的、庞大的整体集合用 λ 表示。如果有人在实际上从这个集合中选取了某项技巧并执行了操作指南，就可以说这项技巧被“选择”了，可以认为这类似于某个有机生物体“存活了”。另一种形式是*基础知识*（underlying knowledge），是技巧的基础——将自然现象归集到一起，并找出彼此之间可以预测并可资利用的关

⑪　尽管很多生物学家（例如 Stebbins，1982，p. 432，Vermeij，1995，p. 144，Mayr，1988， p. 259 和 Vogel，1998，pp. 298 ff.）和系统论者（例如 Cohen and Stewart，1994，p. 330 和 Kauffman，1995， p. 202）一直赞同在自然史和技术史之间做类比，但是，有些人仍然对此持怀疑态度（例如 Gould，1987）。最近，Forster（2000）对这种类比提出了有力的批评，这与早先 Prerose（1952）提出的质疑同出一辙。不过，很多此类批评所针对的，是像阿尔奇安和弗里德曼在 20 世纪 50 年代曾提出的那样，对发生在企业层面的选择做出的类比，而不是纳尔逊和温特所倡导的、针对认知单位进行的选择。对技术史学家（特别是 Vincenti，1990，Basalla，1988，Petroski，1993 和 Constant，1980）而言，演化推理的吸引力是显然的。要了解理论界对技术分析中演化模型的应用的各种不同观点，请参见 Ziman（2000）。

⑫　之所以这么说，主要是沿袭了 Campbell（1965，p. 26）的论点。他提出了一个简单的主张，认为他的“文化积累”模型本身并不是建立在和有机生物体之演化的类比基础之上的，“而是来自于一个描述适应性或准技术过程的一般性模型，有机生物体的演化只是一个特例”。

系。我将此称为命题性知识(propositional knowledge)集合 Ω,不过这个术语可能会有一些让人迷惑。[13] 如果我们略加思考,就会发现,“科学”是该知识的一个子集,不过我们能够证明,在大部分历史进程中,科学只是它的一个相当小的(虽然还在增长中)子集。[14] 这个集合不应该只被看做是对自然界的“见解”,我们也不应该用化约主义的方法,认为它只是在根据自然现象的组成要素来研究自然界的工作方式。形成“实用知识”的大部分工作只是观察、编目和度量。这些也许不能构成“令人满意的科学”(尽管 Francis Bacon 并不赞同这一点),但是,它们可以为技巧提供非常有益的支持。Ω 是一个社会中存在于人的头脑或存储设备中所有知识片段的组合。

这一分类与认识论一脉相承。[15] 我们可以做一个生物学的简单类比,实用的知识好比基因型,而指导性的知识就好比表现型,但是,这个类比似乎没有什么用。不过,有一点十分明显,那就是对于任何工作技巧,都可以在实用知识中找到其存在的、最低限度的基础。[16]

205

选择是这个模型中的关键部分。[17] 没有不含变化的选择,也没有不涉及创新的变化。因此,将注意力集中在选择上,意味着要对演化历史理论的其他要素进行抽象化处理。但是,为什么会有变化?又是什么在经历选择呢?达尔文认为,选择是不可避免的,因为物种繁殖得过快,超出了自然界的容纳能力——即所谓的繁殖过剩(superfecundity)。[18] 不管繁殖过剩是否能在知识系统中找到一个对应物,我们都很清楚,条条大道通罗马,只是选择某种技巧而不是另外一种会产生机会成本。历史、地理学、文化和偶然性加在一起,导致技巧集合 λ 具

---

[13] 详细论述请参见 Mokyr(2002)。Arora and Gambardella(1994)也做了类似的区分,他们把 Ω-知识称为“抽象的一般性知识”。

[14] 许多现代技术建立在对力学、热能、动植物行为和地理学的基本认知的基础之上,这种认知可能还算不上是真正的“科学”。可以说,在 1800 年以前,化学品的生产在没有化学的情况下一直在持续进行,我们没有冶金学,但是仍然在炼制钢铁,没有热力学,还是在生产能量。毫无疑问,这一历史纪录表明,即便没有、或只有很少科学知识的指导,我们仍然能够取得巨大的进步。

[15] 二者都反映了某种形式的知识,因此也会遭遇知识与技术经济学所面临的相同困难。不过,知识集可以根据知识的类型进行分割。Polanyi(1962,p. 175)指出,这种区别可以被简单地归结为,Ω 可以是“正确的或者是错误的”,而“行动只能是要么成功、要么失败”。他还注意到,专利法承认这种区别的存在,它会给发明(会扩大集合 λ)而不是发现(会扩大集合 Ω)授予专利,当然,一些新的技巧是不能取得专利的。从某方面讲,Ω 和 λ 的二分法与 Ryle(1949;也可以参见 Loasby,1996)对“是什么”的知识与“怎么样”的知识所做的区分是类似的。我们可以说,λ 只是 Ω 的一个子集,但是却没有理由把某一项技巧作为知识的一种形式。

[16] 在极限情况下,如果一项发现确实是偶然的,关于该技巧我们一无所知,只知道它能“起作用”,此时,这个基础便消失了,而这样的技巧可以被称为“独身”技巧。

[17] 已经有人多次指出,在演化生物学中,选择是只是一个比方,实际中并没有一个自觉的选择过程。显然,这并不符合技术系统的情形:企业和家庭根据已被其明确理解的标准,自觉地选择技巧。

[18] 关于繁殖过剩对于维持达尔文系统的逻辑一致性有多大的必要,尚有一些争议。达尔文本人清晰地表明了这个想法,所以他向马尔萨斯表示感谢,这一点众所周知。不过,Lewontin(1970)曾撰写过一篇经典论文,概括了演化系统的特征,并明确地否认了繁殖过剩这一概念的重要性。

有高度的可变性。人类创造力和人类愚行也有参与其中。例如，驾车从辛辛那提到堪萨斯城有很多路线，人们只会选择其中一些特定的路线。有人可能会假定，驾车者会选择最短、最快或者最便宜的线路，但是，这取决于驾车者所知道的信息及其喜好，当然还有道路实际状况，这些因素都会变化。不过，我们可以合理地相信，最终被驾车者选择的路线不会经过费城。随后，可以用一套选择标准来衡量该结果，从而可以决定这个特定的技巧会不会被再次使用，这就好比自然选择标准挑选出一些活着的物种，然后决定选择哪种生存和繁殖技巧，随后将之保留在基因库里。

很难否认，经济史学家们的确从生物学所面临的类似问题中学到了很多。如果环境是处于变化中的，选择就是使适者生存的工具。但是，在一个不变的环境当中，系统中是否会有选择，取决于是否会连续出现新的技巧。如果创新的供给枯竭了，每一个选择者就只能挑选一项符合他/她的标准的技巧，除了随机噪声之外，不会再有进一步的有效的选择，当然，系统还是具有可变性，因为不是所有的环境都相同。用 Lewontin 的话来说，“选择就像是一炉由炉内燃料维系的火……除非定期有人添薪加柴，演化过程几乎是在一开始就停止了”(Lewontin,1982,p.151;也可参见 Sober,1984,p.159)。选择和创新是历史过程的互为补充的两部分。没有创新，选择就只是发生在已经存在的实体之上，不管变化会在什么时候发生，其最后的结果要么是消失，要么就是凝固在没有竞争的小生境中。没有选择，创新不是会彻底消失(如果一项新的技巧从来就没有被选中——也就是被实施——的机会，新点子就会干涸)，就是会变得毫无秩序、一团混乱(如果所有新技巧都会被自动采取)。

206

注意，在技术系统——就像在生命体系统中一样——中，可变性会从一个地区移动到另外一个地区，从而为社会提供新的选择，即便那些社会自己并没有太多创新。从历史上来看，选择在其他地方发明出来的技巧一直是促成历史性变化的重要动力之一。各个社会都曾经受其他社会所做出的选择的影响，现在也是这样。它们选择这种新技巧的能力和意愿，是地区间——比方说，阿富汗和韩国——经济绩效差异的主要原因。之前演化轨迹的差异意味着，即便在局部范围内没有太多的变化，在全局范围内也是易变的。近几十年间的全球化过程使得世界范围内的可变性在逐步降低，若全球化发展到极致，整个系统会倾向于采取同一项技巧，局部与全局的所有差异都会消失，迁移效应也会因此而丧失。生命系统中也存在着迁移效应，只不过远距离的移动较不容易，在很多情况下，大海和山脉都曾经是不可跨越的自然障碍。[19]

---

[19] 在该过程中，经济人的干预曾经起到过深远的影响，在许多过去曾经是被自然屏障庇护的小生境中，当地的植物群和动物群都被来自其他地方的、生长更为迅速的(或者更适合该环境的)物种替代。

通过决定特定技巧会被付诸实施的可能性,选择过程在很大程度上规定了整个系统的历史方向。正如 Nelson(1995,p.55)曾经指出的那样,理论的力量取决于其明确说明这些选择标准之准确内容的能力。一般认为,从历史上看,选择标准是偶然的。将所有的选择标准都归结为利润最大化动机固然让人赏心悦目,但这却是一种愚蠢的做法。例如,一些社会——比方说19世纪的美国——强调价格和生产效率高于一切,而其他社会——例如法国——却选择抵制大规模生产和大工厂,只要有可能,就更愿意采用来自于传统个体手工业的技巧。

207

说服力和偏好对于选择而言同样重要。当然,有时候,我们可以很容易地说明新技巧的优越性:瓦特的双作用式蒸汽机的效率明显大大高于传统蒸汽机,说服人们转而使用瓦特蒸汽机,可能比现在说服人们放弃针式打印机转而使用激光打印机更为容易。但是,在许多技术选择过程中,并不是这么容易就能证实其结果,特别是当结果只是一些预期值的时候。从核能的采用,到转基因农作物的种植与消费,说服受众都是问题的核心所在。在医疗技术中更是如此。在发现微生物理论之后,用了很多年才说服人们改变其家用技术和家庭习惯(Mokyr and Stein,1997)。社会过程以说服的形式决定了技术的结果。

到目前为止,我只讨论了技术选择(technical choice)的问题——即,假定(前提是有一定的认识基础,该基础已经反映在指导性知识之中)有一张罗列了各种技巧的单子,选择者可以从中进行选择。但是,是否要在 Ω 的层面上进行选择呢? 一旦技巧被人"使用",它就被"选中"了。至于 Ω 的一个单元被"选中"了意味着什么,含义则更为模糊。能够被包括在 Ω 中的知识必须存在于某个人的头脑里或者某个存储设备里,这样它才能被找出来。与生物系统不同,Ω 是一个体外存在——也就是说,在知识系统中,被储存的信息不一定要由体现该信息的技术所专有。因此,"过剩繁殖"到底意味着什么,并不明确。只有当社会作为一个整体能承载的信息面临某种实体约束的时候,选择才是必要的。而只有发生了某种形式的知识拥塞或者存在知识的存储成本时,一个社会才会除去一些知识,以取得并选择更好的。对于一个具有有限记忆力的个人来说,存储约束无疑是可能的;不过,对于一个社会而言,这就不是那么明显了,社会的知识是所有存储在记忆储藏所、图书馆、硬盘等存储介质中的知识的总和。

固然,在千兆字节时代之前,人类历史中的大部分时期,这种信息拥塞都是客观存在的现实;在印刷术发明之前,书籍极其昂贵,即使是在印刷术出现之后,书籍的价格有所下降,但直到工业革命之前,其价格仍然不菲。除了人类记忆之外,其他形式的存储介质,例如博物馆中的绘画、模型和人工制品,也都价格高昂。因此,在过去,可能发生过 Ω 层面上的选择。但是,当存储成本降低到

208

了可以忽略不计的水平时,实体上的拥塞消失了,这使得选择问题变得不是那么紧迫了。图书馆中装满了陈旧的科学和工程学书籍,也有载有炼金术、占星术和其他形式的有关自然界规律性的知识的书籍,其中的知识都可以提取出来。不过,知识储存能力增加的同时,产生新知识的能力也在增加,即便是现在,我们也必须处理掉一些看起来是多余的知识,因此选择仍在进行。也许,与选择同样重要的是可及性(accessibility)——发现并提取已经被保存起来的知识的成本。

演化认识论对知识选择的含义给出了一个不同的解释。选择可以被看做是一些人选择相信特定有关自然现象的理论和规律性并拒绝其他的过程。[20] 有一些关于自然界的观点会跟其他观点相抵触,这就意味着如果我们要接受一些理论,就必然要拒绝一些其他理论,但即便如此,这些被拒绝了的理论也未必就一定会彻底消失,从技术角度讲,我们仍然可以获取这些理论。因此,直到现在,人们仍然"理解"体液致病说,但是,这个学说已经不再是现代医学中说明性技巧的来源了。"被接受"了的科学理论一般都是那些与正在使用中的技巧相对应的理论,而那些被拒绝了的理论则进入休眠状态,只为知识史学家所知,或者只是被储存在图书馆的藏书里。如果认可安东尼·拉瓦锡(Antoine Lavoisier)的研究,就意味着我们必须放弃燃素论(phlogiston theory),但是却并不需要毁灭该理论的一切痕迹。哥白尼和托勒密对宇宙的看法同时存在于Ω之中,当然,它们所处的位置必然不同。

但是,这个定义也不能完全令人满意。由于Ω的不同子集之间还存在对立,人们必须在这些子集之间做出选择,为了做到这一点,人们会——如果可能的话——在某种意义上对这些子集进行排序(Durlauf,1997)。出于多种考虑,我们也许会想要区分"被广为接受"的知识(一致意见)和被普遍认为是错误的知识。于是,就像大多数演化认识论的支持者(例如 Campbell,1960 和 Hull,1988)已经指出的,Ω-知识——或者,用他们的话来说,被我们称为"科学"的Ω的子集——会对达尔文主义的分析提供巨大的帮助。但是,从在用技巧的角度来看,接受与拒绝之间的区别并不重要,除非它会导致这些不同的知识片断被映射到在用技巧中的速度发生差异。也许,今天的钢锭制造并不需要燃素论的支持,但是,建立在中国的宇宙真理二元论——即所谓的阴阳说——或基督教科学基础上的医疗行为以及根据星辰预测未来的做法,仍然是很常见的技术行为,而它们都能从Ω找到"有效的"基础,即便本书的大多数读者都会拒绝

209

[20] Hull(1988,p.445)指出,哥白尼天文学出自于托勒密天文学,只是在很久之后,一种理论最终战胜了另外一种,成为一门有竞争性的理论。他指出,这种选择会在组织的多个层级发生。

这些基础。[21] 在这里,认识论中的绝对性,例如“真理”和“谬误”等,是没有任何助益的,因为“真理”最多只是专家达成的一致意见。一些受到质疑的或者边缘的自然观也有可能是被应用于实际的技巧的认识论基础。[22] 那些相信蚊子可以传播艾滋病病毒的人,会采取各种可能的预防措施防止自己被蚊子叮咬。在每一个时点上,都有很多关于自然界的观点仍处于“争议”或“疑问”之中,很明显,那些一直支持 Ω 的某个特定子集的人,正是将这种知识映射到技巧中并选择这些技巧的人。

我们也可以换一种说法:知晓跟相信是两码事。信念本身也会因人而异。拒绝和接受 Ω 的某些部分,绝对是社会现象。知识的*严密性*(tightness),即劝说其他人接受该知识的容易程度,取决于一致意见的形成机制以及能够用来区分该部分知识与备择知识的、具有说服力的工具。严密性在实践中颇为重要,而令人感兴趣的是,社会能接受的传统说服手段能在何种程度上说服大家,某种事物是“真实的”,或者至少是“经过检验的”。“严密性”衡量的是意见一致的程度和人们对知识的信心,还有——对技术史学家而言最为重要的是——人们遵照知识行事的意愿。这样的传统说服手段有很多种,可能是“亚里士多德说过”,也可能是“实验表明”,也可能是“估计系数为 2.3 乘以其标准差”。这些标准无一例外地是由社会规范确立的。什么才能算是合乎逻辑的“证据”？在统计检验中,什么样的统计功效才是可以接受的？在检验一种新的化合物时,我们一定要坚持双盲实验吗？在大多数人认为实验结果是可靠的之前,我们需要重复进行多少次实验？知识的严密性主要是社会关系的函数,例如在该主题上,“谁是权威”,谁指定了这些权威,非专家们挑战权威的频率如何。如果某部分知识并不严密,在互相竞争的知识中进行选择很可能就会成为模仿、说服和潮流这样一个过程,就像 Steven Durlauf 所指出的那样。[23]

210

当然,这种选择是怎么产生的、为什么会发生,只是科学史核心问题的一

---

[21] 中国科学的发展,是与西方科学的发展进程相独立的,而中国科学的确产生了一种完全不同的世界观。但是,根据这里所描述的演化标准,它也没有产生被广为接受的世界观:西方世界并没有采取中国科学的主要命题,例如物质世界受两种基本力量(阴阳二气)的推动,而世界的基本元素是金、木、土、水、火,即所谓五行。相反,中国到处都在教授并实践西方的科学、工程学和医学。

[22] 例如,卫星所使用的计算机程序,采用的是托勒密范式,即认为太阳围绕地球转动。

[23] 我们可以举一个例子来说明这一原则。一位名叫约翰・布朗(John Brown,1735—1788)的苏格兰物理学家在他所处时代的医学界中掀起了一场革命,造就了所谓的“布朗主义”(Brownianism),这个系统假定所有的疾病都是环境使神经肌肉系统过于或不够兴奋的结果。布朗并不热衷于放血,相反,他用鸦片、酒精和高刺激性食物的混合物来对所有病人进行治疗。他具有国际性的声望:本杰明・拉什(Benjamin Rush)将他的体系带到了美国,在 1802 年,他的颇具争议的观点在德国的格丁根引发了一场医学院学生的动乱,甚至需要出动军队来平息。这无疑是一场发生在充满了激进变革的时代中的医学革命。他所产生的影响很好地说明,同一时代的人在进行技巧选择时所面临的困难,也说明在这个领域中失败的可能性极大;有人断言,布朗杀死的人,比法国大革命和拿破仑战争中所有死亡的人数总和还多。

半，对于演化的成功在多大程度上与“进步”或“真理”的某种指标相关，不同的学者意见各有不同（参见 Hull，1988 和 Kitcher，1993）。问题的另外一半是，选择者用来选取技巧的“菜单”，在一开始是怎么形成的，为什么有些技巧在单子上，有一些却不在。[24]

因为不管是在什么时候，Ω 的很大一部分都与实际应用行为无关（即使在之后，又变得相关了），因此，除非各种表述显然是矛盾的，否则在该层面上的选择都是不必要的。地球不可能同时既是平的又是球形的，但是疾病可以有多种原因，像“存在着”这样的表述可以被无限地采纳。[25] 即便在必须要做出选择的时候，这个选择也可能并不重要。如果一项关于黑洞结构或二叠纪大灭绝的新理论战胜了其他理论而取得了胜利，这种改变也不大可能会反映为不同的技巧，因此对我们要做的事情而言是无关紧要的。对于 Ω 中的大部分内容，选择者可以说“我不知道，也不关心”，这种说法是有效力的，也是毫无成本的。但是，如果技巧和惯例的使用是有风险的，对 Ω 进行选择就是非常重要的。在两种技巧之间进行选择时，假定其他条件都一样，我们将会更偏好于那种建立在我们认为是正确的理论基础上的技术。

211

知识的自然选择模型有一个很有意思的特征，那就是这些模型意味着 Ω 的严密性和 λ 的严密性是会互相加强的。如果可以证明 Ω 中的知识对应的技术确实会发挥作用，该知识就会更严密。因此，当生物学家在 19 世纪 90 年代发现昆虫可能成为致病微寄生物的携带者时，灭虫技巧被广为接受。这些技巧在根除黄热病和疟疾方面所取得的成功，是疾病传播机制假设成立的最好的证明，并使得这些技巧得到了广泛的支持。另一个例子是航空学与建造飞行器的技巧之间的关系。[26] 毋庸讳言，要说服我们相信科学是可靠的，就要让我们清楚地看到，科学的建议确实会起作用（Cohen and Stewart，1994，p. 54）。化学是有用的：它可以制造出尼龙紧身衣和聚乙烯片材。物理学是有用的：飞机可以飞

---

[24] 有关这方面问题的一些推测以及经济史演化模型中反事实研究的应用，请参见 Mokyr（2000b）。

[25] 地球不可能同时既是平的、又是球形的，这个观点在我们看来是如此自然，但是它本身也是一种社会建构。非西方社会对于正确的表述意味着什么，具有完全不同的观点。例如耆那教信奉或然论（*sy-advada*），该理论可以被总结为：“世之表象，可是，可非是，可亦是亦非是，可难以名状，可亦是亦难以名状，可亦非是亦难以名状，最终可亦是亦非是亦难以名状。”转引自 Kaplan（1999，p. 45，该文中已加着重记号）。

[26] 乔治·凯利（George Cayley）早在 19 世纪初就提出了基本原理。工程学这一分支的大部分知识都是实验性的而不是纯理论性的，即要列出每一种机翼形状各个角度的升阻比。莱特兄弟依靠他们所处时代中已发表的研究（特别是奥托·李林塔尔（Otto Lilienthal）的研究）列出了自己的公式，但是最后还是与当时一流的航空工程师奥克塔夫·夏尼特（Octave Chanute）进行了密切的合作，夏尼特不断地为莱特兄弟提供建议，直到他们在基蒂霍克首次成功地完成飞行。他们的最终胜利，为当时还相当粗糙的对航空学的理解提供了有力的支持，并激励路德维希·普朗特（Ludwig Prandtl）将该学科进一步推向前进（Constant，1980，pp. 104—106）。

翔，压力锅可以蒸熟米饭。每一次都是如此。严格说来，这并不是一个正确的推论，因为一项有用的技巧有可能是来自于错误的知识（尽管这并不常见）。同时，技巧被“选择”的理由，可能正是因为它们是一套正在获得公认的知识的题中应有之义。这一点在某项技巧的功效很难被直接观测到的时候，尤为重要，在这种情况下，我们必须相信要求使用该技术的知识，心理分析中就是如此。没有任何一位吸烟者能够直接准确地观察到吸烟和疾病之间的因果关系；在这里，我们必须相信其他人的知识。

4 结 论

应用达尔文主义的理论框架并不能回答经济史中的所有问题。费奥多西·多布然斯基（Theodosius Dobzhansky）曾经写过一段非常著名的话，他说，在生物学中，除了进化论之外，没有任何其他东西是有意义的，这可能是真的；但是，这一点在经济史中显然不成立，在经济史中，来自价格理论、金融学、国际贸易和宏观经济学中的模型都取得了重大的胜利。但是，在研究技术、物质文化和我们应对环境之方法的长期发展时，这些方法却没有什么用处。达尔文主义的观点是颇具启发意义的，但是，它也会让人清醒：至少可以搞清楚我们不能知道的是什么。[27]

212

演化观点可以在哪些问题上为经济史学家们提供启发呢？在过去的一个世纪中，一直处于经济史研究日程最前列的一个问题是工业革命。我曾撰写了很多文章，试图应用前面提到的术语和概念来重新审视工业革命为什么会发生、为什么会在那个时候发生等问题（Mokyr，1998，2000a，2002，2005）。关于是否真的发生过工业革命、经济史是否会而且会在多大程度上像自然界那样从不进行突变式发展这等问题，一直存有争论，有趣的是，这种争论与生物学家之间的争论十分相似。还有一个更大的问题是，工业革命以及随后的一系列事件为什么会发生在西方，而不是发生在其他地方，比如说中国。如果我们对实用的指导性分析与那一类不仅会促进创新、而且会提升社会采取该创新之意愿的环境这二者之间的相互关系进行演化分析，可能就会得出一套条理分明的有关技术发展的故事。需要附加说明的是，这种分析并没有直接使用演化生物学家

---

[27] Lewontin（2000，p.213）写道：“我们又回到了演化遗传学中需要解释的最原始的问题……我们试图借助一组不牢靠的、相互作用的原因力来解释一个独特的、充满了历史偶然性的历史序列，而要推断这些力是如何发挥作用的，最好的方法是做一个历史假设。在这种情况下，群体遗传学最多只能寄望于形成一个能确定合理解释之界限的正式结构，以及一套根据经验修正过的、关于生命体的历史过程中实际发生事件的主张。若想要求更多，就会导致对现象本质和观察界限的误解。”我们只需要把这段话中的“遗传学”这个词替换掉，就可以将其用于长期经济史了。

的工具箱,而是开发出了自己的工具。自然选择模型并不是生物学所专有的,即便它们首先被成功应用于生物学,但是这并不是不再考虑这些模型的理由,就像我们不能只是因为均衡概念来自于与古典物理学的类比就拒绝这个概念一样。

演化历史所发现的一个主要结论就是,历史是无情的;过去曾经发生过的,并不一定还会发生。不管是无所不能的"看不见的手",还是实质性的生产关系,都不能排除掉历史中的偶然性。无论是在生物体的演化过程中还是在技术的演化中,都存在着很强的路径依赖,我们所观测到的结果在事前是不确定的,并在很大程度上取决于偶然性事件。在本文前面所描述的那类模型中,偶然性至少可以发生在三个不同的层面。第一,Ω所包含的知识具有偶然性。[28] 第二,即便有基础知识存在,也不必一定要将该知识映射到λ——换句话说,产生发明。[29] 第三,即便产生了发明,仍然不能确定它们是否会被选择,因为这在很大程度上取决于社会的偏好和信念。[30] 这种偶然性是现代演化思想的重要组成部分,不过很少有人愿意像史蒂芬·杰伊·古尔德(Stephen Jay Gould)那样走得那么远,此人极度相信不确定性。[31]

213

作为一种历史工具,进化论不仅用生物的组成部分(DNA)、也用它们在变化的环境中的历史发展过程解释了生物的形成。实体就是它本身,即使时光流逝,这一点也不曾改变。无论我们考虑的是大事——例如核反应堆的发展(Cowan,1990),还是小事——例如拉锁的发明(Petroski,1993,chap.6),其中的故事总是这样的:有一张写好的、罗列了各种选项的单子,然后,企业和家庭从中选择。这其中有一个历史顺序,不过,选择常常会对未来选项列表的编写产生重要的反馈作用。演化模型接近于开放的时变系统,这种系统连续不断地与

---

[28] 下面的例子可以很好地说明这个问题。欧洲人发现美洲大陆,是西方社会历史上实用知识集合最伟大的一次扩充。很难相信,地理大发现本身——相对于时机的掌握——就是偶然的;如果哥伦布没有进行那次旅行,考虑到1490年间欧洲的航海和造船技术水平,其他人早晚也会这么做,而美洲仍然会处于它本来所处的位置。那么,对于物理学和化学法则、对于我们对传染性疾病的理解——甚至进化论本身而言,事情是否还是这样呢?大多数自然法则和规律性"事实"是不是一直躲在一旁?或者,这些"事实"是不是真的像许多人文科学学者所说的,是社会建构呢?如果除了西欧之外还有另外一个社会发现了"现代科学",在世界上占据主导地位的集合Ω(假定存在这么一个集合)看起来可能会更接近中国科学,或者其他非常不同的东西。

[29] 导致这种"技术创造"的条件得到了广泛的讨论,例如Rosenberg and Birdzell(1986)和Mokyr(1990)。

[30] 这一方法让人想到经济史中的一个特殊话题,即技术进步的政治经济,它研究的是小利益集团在理性条件下对那些于社会有益的创新的抵制。参见Mokyr(1998)。

[31] Gould(1989,p.283)宣称,历史的核心原理就是偶然性。历史解释并不能依靠对自然法则的直接演绎,而是要以一系列不可预测的初始状态为基础,这个序列中任何步骤的任何重大变化,都会改变最终的结果。这是Paul David的路径依赖概念的一个更为极端的版本;路径依赖将结果归因于在某些特定情况下(这可能是非常常见的,但并不是普遍存在的)所选择的轨迹。

214 环境发生相互作用,而且最终未必会汇聚到一点。由于只有充分边界条件,无法准确地用能够正确进行预测的公式来表示这些系统。此外,正如 Ziman (2000)指出的,由于封闭系统——例如物理学——反映的是数学期望值,它们倾向于成为统计系统;而自然选择系统——不管是何种类型——则倾向于放大罕见事件(例如成功的突变或一个出色的点子)。因为这些"罕见"事件本身是无情的,而大家也不知道这些事件中的哪一个或哪些会真的被选择过程以某种理由放大,它们为系统注入了无法抑制的、不确定性元素。然后,我们可以假定一起确实发生过的"罕见事件"并没有发生,而继续进行反事实研究。

总而言之,经济史过于庞大,因而并不适合作为一门单独的理论。它的主题是过去所有的物质文化。要写出一整套命题,以帮助我们把所有重要的东西挑选出来而不需要进行任何荒唐的假设和简化,似乎已经超出了我们力所能及的范围。也许我们可以用系统的概念来阐述——如果不能证明的话——某类沿袭了哥德尔定理之精神的不可能定理。奇怪的是,我发现那让人安心。除了马克思之外,没有人能够成功地说服读者,他拥有所有问题的答案,而考虑到他的理论的记录以及该理论的追随者,也许任何人都不应该试着去寻找所有答案。历史应该被分成易于处理的单元来进行分析,各单元的大小不应过大。

参考文献

Aoki, M. (1996), *New Approaches to Macroeconomic Modeling: Evolutionary Stochastic Dynamics, Multiple Equilibria, and Externalities as Field Effects*, Cambridge: Cambridge University Press.

Appleby, J., L. Hunt and M. Jacob (1995), *Telling the Truth About History*, New York: Norton.

Arora, A., and A. Gambardella (1994), 'The changing technology of technological change: general and abstract knowledge and the division of innovative labor', *Research Policy* **23**(5): 523–532.

Basalla, B. (1988), *The Evolution of Technology*, Cambridge: Cambridge University Press.

Becker, G. S., and K. M. Murphy (1992), 'The division of labor, coordination costs, and knowledge', *Quarterly Journal of Economics* **107**(4): 1137–1160.

Bohn, H., and G. Gorton (1993), 'Coordination failure, multiple equilibria and economic institutions', *Economica* **60**(239): 257–280.

Boyd, R., and P. J. Richerson (1985), *Culture and the Evolutionary Process*, Chicago: University of Chicago Press.

Campbell, D. T. (1960), 'Blind variation and selective retention in creative thought as in other knowledge processes', *Psychological Review* **67**: 380–400. [Reprinted in G. Radnitzky and W. W. Bartley III (eds.) (1987), *Evolutionary Epistemology, Rationality, and the Sociology of Knowledge*, La Salle, IL: Open Court, 91–114.]

(1965), 'Variation and selective retention in socio-cultural evolution', in

H. Barringer, G. I. Blanksten and R. W. Mack (eds.), *Social Change in Developing Areas: A Reinterpretation of Evolutionary Theory*, Cambridge, MA: Schenkman Publishing Co., 19–47.

Cavalli-Sforza, L. L. (1986), 'Cultural evolution', *American Zoologist* **26**: 845–855.

Cohen, J., and I. Stewart (1994), *The Collapse of Chaos*, New York: Penguin.

Constant, E. W. (1980), *The Origins of the Turbojet Revolution*, Baltimore: Johns Hopkins University Press.

(2000), 'Recursive practices and the evolution of technological knowledge', in J. Ziman (ed.), *Technological Innovation as an Evolutionary Process*, Cambridge: Cambridge University Press, 219–233.

Cooper, R. W. (1999), *Coordination Games: Complementarities and Macroeconomics*, Cambridge: Cambridge University Press.

Cowan, R. (1990), 'Nuclear power reactors: a study in technological lock-in', *Journal of Economic History* **50**(3): 541–568.

Crosby, A. (1986), *Ecological Imperialism: The Biological Expansion of Europe, 900–1900*, Cambridge: Cambridge University Press.

Crouch, T. (1989), *The Bishop's Boys: A Life of Wilbur and Orville Wright*, New York: Norton.

Dasgupta, P. (1993), *An Inquiry into Well-being and Destitution*, Oxford: Oxford University Press.

Diamond, J. (1997), *Guns, Germs and Steel: The Fates of Human Societies*, New York: Norton.

Drobak, J. N., and J. V. C. Nye (eds.) (1997), *The Frontiers of the New Institutional Economics*, San Diego: Academic Press.

Durlauf, S. N. (1997), *Reflections on How Economic Reasoning can Contribute to the Study of Science*, Working Paper 97-05-043, Santa Fe Institute, Santa Fe.

Ellison, G., and D. Fudenberg (1993), 'Rules of thumb for social learning', *Journal of Political Economy* **101**(4): 612–643.

Fildes, V. (1986), *Breasts, Bottles and Babies: A History of Infant Feeding*, Edinburgh: Edinburgh University Press.

Foster, J. (2000), 'Competitive selection, self-organization and Joseph A. Schumpeter', *Journal of Evolutionary Economics* **10**(3): 311–328.

Gallman, R. E., and J. J. Wallis (eds.) (1992), *American Economic Growth and Standards of Living before the Civil War*, Chicago: University of Chicago Press.

Gould, S. J. (1987), 'The panda's thumb of technology', *Natural History*, **1**, 14–23.

(1989), *Wonderful Life: The Burgess Shale and the Nature of History*, New York: Norton.

Greif, A. (1993), 'Contract enforceability and economic institutions in early trade: the Maghribi Traders' Coalition', *American Economic Review* **83**(3): 525–548.

(1994), 'Cultural beliefs and the organization of society: a historical and theoretical reflection on collectivist and individualist societies', *Journal of Political Economy* **102**(5): 912–950.

(1997), 'On the interrelations and economic implications of economic, social, political, and normative factors: reflections from two late medieval societies', in J. N. Drobak and J. V. C. Nye (eds.), *The Frontiers of the New Institutional Economics*, San Diego: Academic Press, 57–94.

(2004), *Institutions Theory and History*, New York: Cambridge University Press.
Hicks, J. R. (1969), *A Theory of Economic History*, Oxford: Oxford University Press.
Hughes, J. R. T. (1970), *Industrialization and Economic History*, New York: McGraw-Hill.
Hull, D. (1988), *Science as a Process*, Chicago: University of Chicago Press.
Imhof, A. E. (1984), 'The amazing simultaneousness of the big differences and the boom in the 19th century – some facts and hypotheses about infant and maternal mortality in Germany, 18th to 20th century', in T. Bengtsson, G. Fridlizius and R. Ohlsson (eds.), *Pre-Industrial Population Change*, Stockholm: Almqvist and Wiksell, 191–222.
Kaplan, R. (1999), *The Nothing That Is*, Oxford: Oxford University Press.
Kauffman, S. A. (1995), *At Home in the Universe: The Search for the Laws of Self-Organization and Complexity*, Oxford: Oxford University Press.
Kitcher, P. (1993), *The Advancement of Science: Science without Legend, Objectivity without Illusions*, Oxford: Oxford University Press.
Komlos, J. (ed.) (1994), *Stature, Living Standards, and Economic Development: Essays in Anthropometric History*, Chicago: University of Chicago Press.
Kuznets, S. (1965), *Economic Growth and Structure*, New York: Norton.
Landes, D. S. (1998), *The Wealth and Poverty of Nations: Why Some are so Rich and Some so Poor*, New York: Norton.
Lewontin, R. C. (1970), 'The units of selection', *Annual Review of Ecology and Systematics* **1**: 1–18.
(1982), *Human Diversity*, New York: Scientific American Books.
(2000), 'What do population geneticists know and how do they know it?', in R. Creath and J. Maienschein (eds.), *Biology and Epistemology*, Cambridge: Cambridge University Press, 191–214.
Loasby, B. (1996), *The Organization of Industry and the Growth of Knowledge*, Lectiones Jenenses no. 7, Max-Planck-Institute for Research into Economic Systems, Jena, Germany.
Lundberg, S., and R. A. Pollak (1996), 'Bargaining and distribution in marriage', *Journal of Economic Perspectives* **10**: 139–159.
Mayr, E. (1988), *Toward a New Philosophy of Biology*, Cambridge, MA: The Belknap Press.
Mokyr, J. (1990), *The Lever of Riches: Technological Creativity and Economic Progress*, Oxford: Oxford University Press.
(1998), 'Editor's introduction: the New Economic History and the Industrial Revolution', in J. Mokyr (ed.), *The British Industrial Revolution: An Economic Perspective*, Boulder, CO: Westview Press, 1–127.
(2000a), 'Knowledge, technology, and economic growth during the Industrial Revolution', in B. Van Ark, S. K. Kuipers and G. Kuper (eds.), *Productivity, Technology and Economic Growth*, The Hague: Kluwer Academic Press, 253–292.
(2000b), *King Kong and Cold Fusion: Counterfactual Analysis and the History of Technology*, unpublished manuscript.
(2002), *The Gifts of Athena: Historical Origins of the Knowledge Economy*, Princeton, NJ: Princeton University Press.
(2004), 'Long-term economic growth and the history of technology', in

P. Aghion and S. Durlauf (eds.), *Handbook of Economic Growth*, Amsterdam: North-Holland.
(2005), 'The intellectual origins of modern economic growth' [presidential address], *Journal of Economic History*, forthcoming.
Mokyr, J., and R. Stein (1997), 'Science, health and household technology: the effect of the Pasteur revolution on consumer demand', in R. J. Gordon and T. Bresnahan (eds.), *The Economics of New Products*, Chicago: University of Chicago Press for the National Bureau of Economic Research, 143–205.
Murmann, J. P. (2003), *Knowledge and Competitive Advantage*, Cambridge: Cambridge University Press.
Nelson, R. R. (1995), 'Recent evolutionary theorizing about economic change', *Journal of Economic Literature* **33**: 48–90.
North, D. C. (1990), *Institutions, Institutional Change and Economic Performance*, Cambridge: Cambridge University Press.
(2004), *Understanding the Process of Economic Change*, Princeton, NJ: Princeton University Press.
Olson, M. (1982), *The Rise and Decline of Nations*, New Haven, CT: Yale University Press.
Penrose, E. T. (1952), 'Biological analogies in the theory of the firm', *American Economic Review* **42**(4): 804–819.
Petroski, H. (1993), *The Evolution of Useful Things*, New York: A. Alfred Knopf.
Polanyi, M. (1962), *Personal Knowledge: Towards a Post-Critical Philosphy*, Chicago: University of Chicago Press.
Rosenberg, N., and L. E. Birdzell (1986), *How the West Grew Rich: The Economic Transformation of the Industrial World*, New York: Basic Books.
Ryle, G. (1949), *The Concept of Mind*, Chicago: Chicago University Press.
Sen, A. (1987), *The Standard of Living*, Cambridge: Cambridge University Press.
Sober, E. (1984), *The Nature of Selection*, Cambridge, MA: MIT Press.
Snooks, G. D. (1996), *The Dynamic Society: Exploring the Sources of Global Change*, London: Routledge.
(1998), *Long-run Dynamic: A General Economic and Political Theory*, New York: St Martin's Press.
Stebbins, G. L. (1982), *Darwin to DNA, Molecules to Humanity*, San Francisco: W. H. Freeman.
Steckel, R. H. (1995), 'Stature and the standard of living', *Journal of Economic Literature* **33**(4): 1903–1940.
Steckel, R. H., and R. Floud (eds.) (1997), *Health and Welfare during Industrialization*, Chicago: Chicago University Press.
Vermeij, G. J. (1994), 'The evolutionary interaction among species: selection, escalation, and coevolution', *Annual Review of Ecological Systems* **25**: 219–236.
(1995), 'Economics, volcanoes, and phanerozoic revolutions', *Paleobiology* **21**(3): 125–152.
Vincenti, W. (1990), *What Engineers Know and How They Know It*, Baltimore: Johns Hopkins University Press.
Vogel, S. (1998), *Cats' Paws and Catapults: Mechanical Worlds of Nature and People*, New York: Norton.
Williamson, J. G. (1982), 'Was the Industrial Revolution worth it? Disamenities

and death in 19th-century British towns', *Explorations in Economic History* **19**: 221–245.

Ziman, J. (ed.) (2000), *Technological Innovation as an Evolutionary Process*, Cambridge: Cambridge University Press.

Ⅱ　演化分析的框架

A　演化微观经济学

B　演化中观经济学

C　演化宏观经济学

A 演化微观经济学

第8章 走向演化生产理论[1]

西德尼·G.温特

1 引言

从亚当·斯密、弗朗索瓦·魁奈(Francois Quesnay)和大卫·李嘉图开始,经济学家就一直在努力将他们对经济组织的理论分析建立在对真实生产活动之本质的正确评价基础之上。所有这些工作都必须在两种互相冲突的顾虑之间取得平衡。一方面,生产活动在经济生活中显然扮演着基础性的角色,因此要求我们对其做非常准确的评价,这可能要以非常详细的观察为基础。另一方面,往往是在保持相当距离的情况下,对经济生活之特性所做的粗线条描述,能更好地实现经济科学研究的目标。毕竟,经济科学的研究目标,跟工程学或业务管理的目标迥然不同。

在主流新古典理论中,第二方面的考虑明显占据了上风。在这种传统下发展起来的生产理论,具有很强的理论一般性,其处理生产的方式非常便于新古典分析的使用。由于采取了这种做法,生产理论只能部分地解答有关生产及其在经济组织中作用的相关问题,不过它也同样注意避免去碰触那些被经济学家认

---

① 本章广泛地引用了我1982年的文章《生产理论评论》(Winter,1982),特别是有关思想史的内容。本章还参考了近期我与Gabriel Szulanski一起进行的合作研究,这些研究中有一部分已经发表,参见Winter and Szulanski(2001)和Szulanski and Winter(2002),还有一些研究仍在进行中。感谢乔瓦尼·多西和库尔特·多普弗对我撰写本章所提供的鼓励和指导。

为不会产生多大成果的问题。它树立了一座界碑,在界碑之内是经济学所关心的生产问题,而在界碑之外,则是工程师、管理者和技术专家要关心的问题。

224

显然,演化经济学要在这两种考虑之间取得新的平衡。演化论思想认为,生产问题与协调、组织和激励问题之间存在紧密的互惠关系。另外,生产活动是植根于——如今更甚以往——多种知识创造的过程中的;理论需要为这种联系留出余地。主流理论的一个主要缺陷就是,它与组织知识的实际是分隔开来的。而演化经济学家关心的首要问题就是变化,而不是一个被假定为静态的世界中的资源分配原则。

本文下面将会谈到,对生产理论历史发展过程的回顾,会得出这样一个结论,即在其发展的每个阶段中,做出主要贡献的经济学家所持的分析目标塑造了整个进程。眼下,生产函数式在生产理论中独占鳌头,因为它们为计量经济学的应用提供了便利的基础,而且那些需要更一般的工具来解决的问题已经不再像几十年前那样突出了。

当代主流经济学主要利用生产函数工具来处理技术变化,也是一种“熊猫的拇指”现象;它反映了路径依赖演化过程的内在逻辑(Gould,1980)。出于多种不同的原因,这套工具得以被创造和发展,于是,当我们遭遇到技术变化问题的时候,工具变得唾手可得。我们只需要对技术变化进行各种正式的处理,然后用其扩展和补充基本工具,最简单的方法就是在其中引入一个乘子 A,将生产函数写成 $Q = Af(x)$。至于在现实世界中,各种可行的机制所产生的知识变化效应是否与这一形式严格对应,我们并没有去关注;在这里,处理上的便利性而不是微观层面上的逼真性②,才是我们选择这种形式的原因。还从来没有人花大力气去建立一套真正以知识为基础的、适用于对变化问题进行严密分析的生产理论。不过,近些年来,至少已经有人开始尝试这么做了。

本章将会对这些早期工作进行简要介绍,并试图确立这些研究与主流生产理论和实际现象之间的联系。第 2 节会对生产理论的历史发展进行回顾,以证实前面所提出的各项主张。第 3 节指出,应用于生产活动的那一类“知识”——此后我们将称之为*生产性知识*(productive knowledge)——具有一些特定的属性,从而使之与其他背景下被称为“知识”的事物大不相同。第 4 节将研究一些围绕看似简单的“空间复制”(spatial replication)概念——即,相同的知识可以被用于多个地方——所产生的一些深层次问题。第 5 节讨论的是生产理论在演化经济学框架中的地位,并会指出一些需要提上日程的研究任务。

---

② Atkinson and Stiglitz(1969)关注了这方面的问题。但是,他们的分析可能会让人们对中性技术进步确实能找到实例这一观点的信心进一步削弱。

2　生产理论的起源和种类

225

现在被我们看做是生产理论的一部分的这些话题，主要是在讨论分配问题时被提出来的，而分配问题本身则被看做是揭示社会产品在经典的“生产要素”——土地、劳动力和资本——之间如何划分。只是到了19世纪末期，新古典经济学出现之后，我们现在所能发现的生产理论的主要用途——分析生产可能性对决定相对价格和有效配置资源的作用——才获得了今天的重要地位。在古典经济学中，研究者关注的核心是边际生产率变化律，而不是生产函数或成本函数，所研究的问题不是“从这些投入品中最多可以得到多少产出”，而是“增加某一特定投入品的数量并保持其他投入品的数量不变，产出将会增加多少”。

从我们今天的理论立场来看，我们承认，除非我们能够解释可变投入品的微量增加会如何为实际生产所用，否则，后一个问题的提法就不尽如人意。我们对该问题的标准解读，是认为原始投入和新增投入一道被用来在现有的“技术水平”之下生产最大限度的产出——即，又回到我们之前提到的那两个问题中的第一个。但是，在传统的理论处理中，“报酬规律”(laws of returns)并不是明确地建立在技术效率这个概念的基础之上的。显然，投入品的微量增加，被认为是以合理的方式加以使用了，但是，并没有任何迹象表明，这件事需要或得到了认真的考虑。这里的重点是，古典概念中的类似经验法则的边际生产率变化律并不会提出一些让人烦恼的问题，具体来说，它并不要求我们解释，我们是怎样知道所用的方法确实用给定的投入实现了产量最大化。换句话说，这个概念并不要求理论研究者去详细阐明“技术水平”到底是什么，考虑到现代人在解释生产函数的过程中赋予“技术水平”的重要性，阐明这个概念无疑是一项巨大的挑战。

在早期新古典学派对生产问题的讨论中，分配问题和边际生产率变化律一直占据着首要位置，其中，菲利普·威克斯蒂德(Philip Wicksteed)的著作《分配规律的同位论》(*Essay on the Coordination of the Laws of Distribution*, 1984)具有特殊的重要性。他的书名规定了他的任务，也就是要证明，借助计算每一种生产要素的微量增加能增加多少边际产出的古典方法得出的单独的分配规律，实际是相互调和的，最终各要素所占的份额加起来刚好可以耗尽总产出。正是在介绍这个问题的时候，他首次用以下方式在经济分析中明确提出了生产函数的概念：

226

产出是所有生产要素的函数，我们有 $P=f(a,b,c\cdots)$。

不管是在这句话中，还是在威克斯蒂德之后进行的分析里，都没有任何迹象能够表明，这样一个方程有概念上的问题；它只是一个数学表达式，所表达的观点也已久为人知，那就是，如果投入品的数量发生变化，产出品的数量也会随之变化，而且变化的方式具有某些特定的特征。

即便是在今天，教科书和课堂上对生产函数及要素替代的介绍都常常会在很大程度上遵循李嘉图学派的思路，使用同样的农业生产的例子。这一方法之所以有效，原因就是在农业生产中，改变生产投入要素的比例看起来是可行的，而且它用简单的、常识性的论据确立了单个投入发生变化时，产出做出的反应会具有的一般性特征。理解其结论的唯一前提条件，就是对一项相对简单的、大家都会碰到的生产技术略知一二。但是，这个优点也是本文前面提到的这类方法之缺点的来源；由于对技术的讨论是松散而不严密的，我们很可能会模糊生产性知识、生产函数与技术效率之间的联系。

生产函数在经济分析中一亮相——采用前面引用的威克斯蒂德之语中所用的方法，很快就被限定为一次齐次函数。这是威克斯蒂德分配规律同位论——即，投入品按其边际产出获得报酬时，分配完成后总产出恰好耗尽——的基础。在开始研究规模报酬不变假设的有效性之前，威克斯蒂德说道（p. 33）：

> 现在，我们必须承认，如果生产一定数量的小麦或其他任何产品的物质条件得以完全重复，其结果也会是完全重复的，一方的成比例增加会导致另一方成比例增加。

威克斯蒂德在详细地阐述这一命题时清楚地说明，重复是指要使各种投入227品的每一个细节都一模一样；否则，我们就不是在完全重复初始条件。随后，他继续处理这样一种事实，即经济分配规律总是会涉及生产"纯物质产品"的物质条件之外的东西，不过他的方法却有些混乱。他并没有停下来说明——但是推测起来，他应该在自己的脑海里面这么做过——被"完全重复"的"物质条件"不仅包括所处环境的特征，而且包括生产方法的特性。这种假定的确使得结果显而易见，就好像在各种条件都得到完美控制的前提下重复某个物理实验，一定会得到相同的结果。眼下，值得关注的是① 考虑到现代经济学对生产函数的理解，即假定有一系列方法可供选择，这种解释是不合适的；② Wicksteed 的研究回避了描述可用方法集合或"技术水平"之特征的问题。

从某个时点起，经济学界开始强调生产函数概念与技术效率的关系。我们可以在苏逊·卡尔森（Sune Carlson）的《纯生产理论研究》一书中找到下面这条明确的声明（1956, pp. 14—16；着重标记如原书），该著作于 1939 年出版第一版。[③]

> 如果我们希望在给定服务组合的前提下，生产函数只会给出一个产出值，那么，我们必须对该函数进行限定，使其所表示的是在现有技术知识条件下，投入组合能够得出的**最大产出**。因此，我们可以说，生产函数定义本身已经解决了最大化的**技术**问题。

不管对这一点的认识可以追溯到历史的哪个阶段，有一点似乎很明显，那就是：由于生产理论中出现了一些直接考虑生产方法、而不是将之“放在生产函数里”的研究方法，使得这种关系变得极为突出。这些新方法包括生产的线性模型以及这一族模型的后代与亲属，如过程分析、非线性规划和博弈论。这些方法曾出现在 1936 年至 1951 年间冯・诺伊曼、里昂惕夫、库普曼斯（Koopmans）、摩托罗维奇（Kantorovich）、丹茨格（Dantzig）等人的作品中。[④]

库普曼斯建立的线性行为分析框架与这里的讨论联系最紧密。这个框架对古典经济学所称的“技术水平”——也就是前面所引用的卡尔森的那段话中所称的“现有技术知识条件”——做了一个可行的、抽象的描述，并将其引入了经济学。首先，该框架用“基本活动”描述了生产性知识，生产性知识被正式表示为技术系数向量，同时被认为是与可以确认的具体的“做事方法”相对应的。随后，该理论又引用了一套基本原理，来描述由基本活动所代表的生产性知识可以如何在范围上被扩展、如何被组合、又如何被修改。这些原理的核心假设是，在维持投入和产出之间的比例关系不变时，基本活动可以随意地被按比例增加或减少，而同时进行的活动之结果是可加的。如果这些假设成立，那么，所有的技术上的可能性就都可以用所涉及的基本活动来描述。特别的，这意味着，假定某个生产过程只有一种产出，如果能够对所有的基本活动给出具体的数字形式，那么，从原则上讲，我们可以确定某个特定的投入组合所能生产的最大产量。如果有数据，而问题也不至于过于庞大而超出了我们的计算能力约束，线性规划的求解算法将会使我们不光是能够从原则上，而且能在实践中确定其产量。 228

随着阿罗、德布鲁和一些其他人（Arrow and Debreu, 1954； Debreu, 1955）所发展起来的现代一般均衡理论的演进，另一种技术可能性的抽象表达模式在经济理论中逐渐流行起来。这种方法直入事情的抽象核心，从而将先前的模型进

③　卡尔森认为这一观点来自于弗朗西斯・埃奇沃思，但是他所引用的埃奇沃思的那段话却相当不明确。

④　有关引文与讨论，请参见 Koopmans（1977）。

一步一般化。商品产出的数量由向量 $q=(q_1,q_2,\cdots,q_M)$ 表示，投入品数量由向量 $x=(x_1,x_2,\cdots,x_M)$ 表示，这些投入品可能或不可能生产出上述产出品。如果 x 可以生产出 q，那么，投入-产出组合 (x,q) 就“处于生产集合中”（或“生产可能性集合”中）。在这种表述中，所有已知的或被认为是可以接受的技术知识结构的属性，都被看做是生产集合属性的基本因素。例如，如果假定生产集合是由有限的基本行为加上行为分析假设下可能出现的组合和修正等构成的，线性行为模型就只是一个特例。

我们应当注意在从线性行为分析转到一般生产集合的过程中的得与失，这一点十分有用。得到的是一般性；对于那些结构与行为分析之假设不相符的知识状态，会有一种简单的抽象表述。很自然地，失去的是特性——以及潜在的经验含义。以前的研究表明，通过考察世界中的“基本行为”，可能能够全面总结技术知识真实状态的全部特征，但是，现在我们不再能够得出此类结论了。特别的，对于我们如何检验在“给定既有技术知识状态条件下”、不能实际观测到的特定的投入-产出组合是“不可能实现的”这一命题，该方法不能提供任何指导。因此，我们前面的讨论中所提到的、表示每一投入组合“可以实现的最大产出”的生产函数概念，仍然没有得到任何经验上的解释。这并不是说生产函数作为纯逻辑结构的地位受到削弱；给定其他常被施加其上的数学限制，我们可以用一个基础生产集合来表示技术知识状态，并在此基础上定义这样一个生产函数，这在逻辑上是可能的。这样定义的结构可以用于进一步发展理论，也因此可能会在最终与经验数据相联系。

229

这种情形可以由下面的术语来总结。在当代正式理论中，生产集合（production set）概念代表经典的“技术水平”或“现存技术知识状态”的概念。阿罗和哈恩有一个简单的说法（Arrow and Hahn, 1971, p. 53）：

> 因此，生产可能性集合描述了企业所具有的有关转换产品可能性的知识状态。

假定生产集合具有某些特定的属性——例如，具有与现行行为分析模型相一致的属性——就是在间接地将类似的属性归因于生产集合所描述的“知识状态”。这里，我的意思是，这种间接方法可以被理解为是理论历史发展的反映。在经济学的现代综合中，生产集合是一个基本概念，生产函数是一个派生建构，边际生产率变化趋势则是生产函数的默示属性。然而，从历史上看，这些概念出现的顺序恰好是相反的。边际生产率最早出现（李嘉图），随后是生产函数（威克斯蒂德），再然后是生产集合（库普曼斯、阿罗和德布鲁）。在现代理论的“最终”结构中，后提出的概念在逻辑上是先出现的概念的先辈。而近期来新的竞争性概念的发展则受到了既有理论结构中其逻辑地位的强烈影响；它们并没有什么机会能够开展自己的新生活。

于是,对于理论家来讲,描述生产集合与生产函数的逻辑联系,变得比解释生产集合理应表示的主旨——知识状态——更为容易。对生产集合之独立概念定位的忽视,不仅阻碍了人们认识其局限性,也妨碍了其他补充性的、对生产知识进行处理的方法的研究。下面一节将通过研究这个核心概念本身来展开此类处理方法的讨论。 230

3　生产性知识的本质

在一开始,我要指出的一点是,"生产性"这个词在这里并不只是"生产性知识"这个术语中一个简单的修饰词,这可能是颇有裨益的。事实上,由于本研究确实是有关生产的,它是否完全是关于"知识"的讨论,是一个语义上的问题,可能还有讨论的余地。对大多数人而言,"知识"和"知晓"所代表的概念之特征核心是个人的头脑。书、手册、计算机文件和其他的符号记录是人的记忆的补充和扩充,但其本身并不参与"知晓"行为。人们也不认为团体或组织会是"知晓"的主体。但是,本研究的一个重要含义是,仅将焦点局限于人的头脑可能会严重地妨碍我们去理解组织生产产品时所发生的事情。在这里,那种理解力却是十分现实的,因此,术语"生产性知识"的范围就被看做是可以根据需要扩展的,它可以涵盖需要被理解的所有东西。

生产性知识的主题与其他知识领域有多种重要的区别。下面将依次予以讨论。

3.1　实用有效性(pragmatic validity)

在人类历史上,对知识的追求是哲学家、神秘主义者、科学家、工程师、船长和实业巨头共同关心的问题。不同类型的知识追求者对知识所赋予的含义和用途却是大不相同。不过,所有人都意识到了有效性(validity)这个问题。人们早就已经认识到,在知识的每一个领域中,都有一些错币在流通,而将其与真币区分开来也是一道难题。在关于有效性的层面上以及用何种检验来确认有效性这些问题上,不同类型的知识追求者又一次分道扬镳。哲学家一般最为关心的是对确定性的追求,必定要严格仔细审查各种主张的有效性,总是在问我们是否能知晓、怎么能知晓、如何知道我们知晓。总体来看,他们的结论并不让人安心。同时,其他类型的知识追求者的特有想法则让他们对确定性的需求较低,因此他们可能会使用被哲学家嗤之以鼻的有效性检验方法。而另一方面, 231
这些知识追求者的观点之间的差异也值得重视;实验性的科学家对有效性问题

的看法与神秘主义者的看法相去甚远。

对于工程师、生产管理者和公司战略家来说，有效性问题可见的那一面是时空上的可转移性的问题。现在，这个过程运作良好；但是，明天是否会依然良好呢？如果我们在一个遥远的地点建立了相似的设施，是否也能够满怀信心、认为该设施也会运作良好呢？影响这些问题突出性的关键因素就是这些问题的答案看起来在多大程度上是有疑问的。如果根据经验感觉好像能够确认正在使用的知识在时间和空间上的可转移性，这种知识很快就获得了"可以认为其是当然要发生的"这种特征。一旦问题出现，注意力就会被引导到该问题上，直到其"从实践意义上"被解决为止。在上述两种条件下，哲学家和科学家都不会做出如上的判断，因为他们对有效性问题的关注都是为了自己的好处，但是从事实践工作的人就会这样判断，因为他们需要把工作完成，并面临一些其他需要他们予以关注的紧急需求。

在一些领域，生产活动实际上类似于（就像威克斯蒂德所暗示的那样）是在重复某种各类条件控制得很好的科学实验，因此生产性知识的有效性就类似于以实验科学为基础的知识的有效性。不过，生产行为的范围很广，在这个宽广的领域中，有效性的问题会以各种不同的方式出现。在某些领域，科学实验这个隐喻可谓是毫不相干。[5] 考虑农业的情形：从史前社会开始，农业生产结果的不确定性就一直是一个重要的、常常处于核心地位的人类生活中的现实。人们用多种多样的方法来应对不确定性，而生产方式也反映了那些各不相同的看法。用恰当的仪式来抚慰当地的神明重要吗？还是仰仗精确的立法来挑选最佳种植时间重要？要在庄稼收割之后烧掉地中残留的秸秆吗？要努力去种植杂交品种或控制当地动物的交配吗？在选择要种植庄稼品种的时候，是要以气象部门的长期天气预报为依据，还是以《农业年历》（*Farmers' Almanac*）这本刊物为基础呢？

现如今，人们可能会打消一些想法，并放弃相应的实践做法，认为它们是过于迷信、没有良好基础的，不过，迷信与实践性知识之间的区别却很难认定。民间医学的传统为一些有效的治疗方法做出了重要的贡献，例如用奎宁来治疗疟疾的症状，不过也伴随着很多神秘的疑团和有害的错误。同样的，农业生产中特定的民间做法可能会反映出真实的经验规律，这些规律至少能够在其所处的实际背景中产生实践价值。例如，对基因遗传现象的原始看法决定了过去数千

232

⑤ 在用实验科学来确定抽象连续统的高有效性极限的时候，我实际上是出于简洁的目的对情况做了过度的简化。在科学的社会学中有大量的文献都记载了这样一种事实，即我在这里将之与（部分）生产性知识领域相联系的有效性问题在实验科学的（部分）领域中也同样存在（例如，参见 Collins，1985）。不同领域之间的区别是确实存在的，但是并没有像我在这里所指出的那么鲜明。

年中人们种植作物、饲养动物的方法。在文化上被认同的实践基本原理可能会、也可能不会仔细考虑民间实践做法的实际贡献。相反，将现代科学和工程学思想用来制造新的杀虫剂这一事实也并不能保证负面效果就一定不会出现，例如，可能会对当地生态环境造成意外的后果。

总的来看，这里能得出的一般性结论是：在我们并没有完整地认识和理解的、极具动态复杂性的自然系统中，农业生产极易受到具体环境的影响。正因为此，农业中生产性知识的特征与重复科学实验模式相去甚远，而现代农业研究也没有完全消除这一差距。[⑥] 对某种可靠的实践方式的信任，最多只具有偶然的有效性，其前提是环境保持不变，而现有的"实验控制"工具肯定不能保证这一点，同时这些条件可能在不同程度上并没有被识别出来、没有经过分析，也可能是无法观测的。在最坏的情形中，这些想法可能会导致严重的误解，并形成永久性的、严重反生产的做事方式。

尽管农业生产明显会受到环境的重要影响这一点并不寻常，但是，环境依赖性这个问题在实际中却是十分常见的。例如，从是否受到环境影响这个角度来看，半导体生产至少在表面上跟农业生产处于相反的另一极。半导体工厂（所谓的"fab"）及其操作程序可以被看做是一种成本高昂的巨大努力，其目标是为半导体装置的生产过程施加有力的"实验控制"，从而获得持续的高回报。但是，之所以会进行这种非凡的努力，是因为它在经济上来看是合理的，而它之所以是合理的，是因为半导体生产过程具有特别的敏感性。尽管在控制上做出了巨大的努力，敏感性仍然一直是生产工程师所面临的严峻挑战（Flaherty，2000）。因此，我们也许可以假定在这样一个处于严格控制中的环境中，已经完全理解了作为生产基础的各种物理原理，"食谱"也高度可靠，这种假设看起来是有道理的，但是事实却恰恰相反。有时候，提高并保持收益的努力的确招致了一些带有迷信色彩的做法，而不是科学实践方法。[⑦] 可能会（在表面上）显得有些迷信的要素甚至会出现在已经成为具体规章的组织行为中，例如在英特尔（Intel）的"copy EXACTLY"技术转移政策中（Mcdonald，1998；着重符号如原文）。

233

⑥ 当然，结果的可变性本身并不一定是与生产性知识的有效性和可靠性相抵触的。事实可能是，可变性只是体现了一种额外的随机扰动，为决定最佳方法这一问题增加了困扰，却并没有影响其中的因果关系。这正是统计学家可能会做出的假设，但是这并不是"随机性"在各种决定性却复杂的动态系统中实际作用的方式，而后者更接近于我们所熟悉的现实。

⑦ 例如："尽管在事实上半导体硅可能是地球上被研究得最为透彻、为人所充分了解的固体材料，但是，当我们要用其大量生产集成线路板的时候，那些穿戴纯白衣帽的生产线工人倒不如穿上绘满了那种装饰魔术师袍子的星月图案的衣服……产品缺陷的原因往往并不为人们所理解，即便理解各种缘由，也很难对其进行控制"（Robinson，1980）。

> 所有可能会影响过程或运作方式的东西都必须巨细靡遗地复制下来，除非从物质上看不可能这么做，或者引进变化会产生压倒性的竞争优势。

这一政策为转移决策建立了一种主张者负举证责任的环境，而这很可能会导致人们仔细地从"仪式主义"的角度出发去复制所有细节，哪怕有些细节根本无关紧要。当然，这种做法的真实基础并不是迷信，而是一种对现实的高度理性的适应过程，因为我们对什么确实有用的理解是有限的。比如在医疗或农业中的民间做法的例子中，没有有关实践细节的一致性的科学原理，并不一定意味着无法确立实用有效性。

当然，一般常识表明，信心的基础是经验而不是科学。但是，这说的是那种被认为是"想当然"的情形下所具有的信心。正如大卫·休谟（David Hume，1999，最初发表于1748年）所做的经典评论，自然经验本身并不能解决因果关系上的不确定性；经验的数量本身并不足以弥补其不足以说明因果关系的性质。虽然说这还不能称得上是一般性的推理结论，但是对于复杂生产过程中所展现出来的知识而言，这一点具有特殊的力量。在此类生产活动中所使用的知识主要表现为个体技巧和作为个人技巧补充的、多人层面上形成的组织惯例。技巧是在个人当中形成的，而组织中的惯例很大程度上是从"干中学"中形成的。它们在特定的环境中发展，并满足该环境中实用有效性的标准。下文将会谈到，这种学习过程所形成的技巧或惯例的有效性，主要取决于其发展环境的特征，而环境发生作用的途径也多有不同。很多这些依赖关系可能并不明显，在学习过程中可能也没有被注意到——特别是所依赖的条件在学习环境中不会随时间的推移而发生变化，只是会随应用环境的不同而发生改变的时候。因为技巧和惯例反映的学习过程依赖于环境，而且在部分程度上是无意识的，不管是从时间范围内来看还是从空间范围上讲，它们不可避免地是模糊不清的。新地点的新环境——或者只是崭新一天的早晨——是否会非常不同，从而会对技巧和惯例造成破坏性的影响，这一点是很难在事前确认的。

234

最后，生产性知识的有效性还面临一个重要的障碍，农业和半导体生产的例子并不足以说明这一点：有人涉及其中。人扮演生产性角色，其所完成的工作不仅包括按流程实际操作工具、完成工作，而且包括对信息进行的简单和复杂的处理。行为人能够产生的特定物质效果取决于其自身的体格特征，例如力量、身高；而信息处理则依赖于他们的感觉器官和头脑。不消说，从这些属性来看，人与人之间的差别是相当大的，在很多情形下，这些属性也很难观测。这些顾虑极大地限制了重复控制条件实验模型的相关性。此外，在生产过程中，人除了作为投入服务的源泉之外，还会以其他方式"涉及其中"。人们还会作为顾客、消费者和生产成果的最终裁决者介入。如果产品是玉米或计算机芯片，那么我们就可以合情合理地认为在产品出现的时候,“实验”就已经结束了,并将消费者的反应置之一旁,作为一个单独的问题来处理。但是,如果产品是教育、商业咨询、医疗护理、老人护理或托儿服务、娱乐或只是“晚餐的经历”的话,又将如何呢？毫无疑问,生产出这些产品的安排和过程应该是属于一套有用的生产性知识理论的范围之内:不仅国民收入统计家会将它们看做是产出,它们总体也在GDP中占据一个相当的份额！但是,如果生产性“实验”结果的真实定义包含在消费者的状态之中,那么,很明显,可能需要考虑另一类更广范围的环境影响——相应的,高有效性的前景也变得黯淡下来。

作为实用有效性讨论的结论,很有必要强调能够将经济生产环境和实验科学区分开来的经营激励所具有的本质区别。在经济生产背景下,直接的回报是产出,而不是理解问题的深度。当然,从实验结果中进行科学推断的过程本身也面临众所周知的危险,即便是有一套很具说服力的理论能够描述是什么因素在影响结果,该理论也在指导人们勤奋工作、控制各种影响因素。在生产性知识的条件下,从“目前为止它一直在起作用”中进行推断的危险更是特别大,因为从一开始,占据主导地位的动因和焦点就是某种东西是否在起作用,而不是为什么起作用。根据理性且令人满意的基本原则,应该推迟为了理解其缘由而需做的投资,直到有迹象表明有麻烦需要解决。如果整个过程步伐很快,竞争压力强烈,这种推延甚至可能会包括抑制人们对主流做法的普通怀疑言论。荒谬的是,“从事实际工作的人”受到约束、因而容易受到欺骗,而高标准的证据则成为一种奢侈品,只有象牙塔住户中的一些特定的小圈子才能享用。

235

3.2　朦胧的前沿(hazy frontiers)[⑧]

在上文中,我们将有效性的操作性层面界定为现有知识在时空范围内的可转移性。如果试图做出的行为本身是一种新类型的行为,对可行性的判断就会受到很多风险和不确定性的影响,而这些风险和不确定性远不止参与此类转移的那些。在知识版图中,靠近前沿的那部分具有特殊的重要性,而且具有特殊的特征,需要单独关注。

这一部分之所以具有特殊的重要性,是因为它在经济竞争和历史变化现实中的地位。竞争,无论其目的是赢利还是生存,都会推动组织去寻找新的、更好的做事方法。即便是对那些地理位置类似、所做的事情大体相同、所用的方法也大略一致的企业来说,竞争的成功或失败通常是在于它们之间的细微差别上,而那些差别往往反映的是各自在增量创新上所付出的努力。在其他条件

⑧　或者,可能应该说是“模糊的前沿”(fuzzy frontiers)。“朦胧”可能更为形象,但是“模糊”却能够——非常恰当地——使人想起“模糊(生产)集合”的概念。

下,创新竞争是竞争的核心事实。如果尝试推动重大的进步,企业一定会发现它们自己是在已知技术的边缘区域内活动。在这些区域中,在经济动机和先进知识的中心,存在着经济增长的源泉。正是在这些区域中,主流生产理论所提供的观点——其典型形象为一种静态的"状态",有效知识由有明确定义的生产集合所表示——被大大扭曲、容易令人误解。正如经济学家们经常强调的那样,"激励十分重要"——但是,在这一区域,激励所产生的影响,很难与技术即会持续的、依赖于过往路径的演化过程所产生的影响清晰地区分开来。

236 资源配置决策会影响知识进步的路径,而我们必须在这条路径的每一点上,根据当时可以应用的有限知识做出资源配置决策。从这样一个位置上来观察可用的知识,就好像是在一个大雾天里俯视地形一样。有一些事物足够近,我们可以看得很清楚,但是还有一些其他事物太远,以至于根本看不到。要界定某个特定位置上可见性的边界,或者某特定特征的可见性状态,要么需要有一套裁定标准,要么需要对观测目标进行准确的描述。它取决于人们从一系列看似合理的、可供选择的选项中选择了什么来作为"可见"的定义。类似地,某种事物是否被认为是"已知的",往往取决于人们所选择的"抑制"的含义,以及人们为什么关心这一点;最终来看,它取决于事物有关细节的不确定性在多大程度上被认为与"已知"事物相一致。

可以证明,相对于一般可见性而言,生产性知识领域中的可见性是一个更为复杂的现象。明确定义的知识状态这个概念明白地揭示了这样一个命题,即整个生产问题领域可以明显地划分为两部分,一部分是可以在事前明确其解决方式的,同样明确的是,另一部分在事前无法解决。然而,事实上,在所有领域中,实践性知识是由大量的表示如何去为以前没有遇到过的问题寻找解决方式的内容组成的,包括将旧的解决方案拼凑起来解决新问题的技巧。这类知识并不能让我们在事前清晰地区分可以被解决和不能被解决的问题,跟知识只是一份很容易读取的、描述已有解决方案的文件时的情形没什么差别。此外,至于可用问题解决技巧是否能在各种情况下都确实发挥优势,其可能性怎样,也可以有一系列可靠性大为不同的评判标准。

因此,在知识边界附近做决策,对于细节可谓是一头雾水,而对于整个事情将会如何演化也有很多不确定性。决策者一般都知道,最好的、往往也是唯一的能够知道前景如何的方法就是沿着这条路往前走。从特定位置评估进步的可能性所需付出的努力有其机会成本,即要牺牲进步本身——正因为注意力和认知力是稀缺的。所以,决策之所以是在模糊状态下做出的,一方面是因为外生的约束,但另一方面也是决策者的选择,他们认识到需要在思考和实干之间、在分析前景和做出成绩之间做出权衡取舍。

这里还有一个密切相关的问题就是可能性和不可能性知识之间的关系。在标准理论中，生产集合具有明确定义的边界，缺乏用 x 来生产 y 所需要的肯定性知识，从逻辑上相当于"(x,q)不在生产集合中"，因此也相当于"(x,q)在技术上是不可能的"。将清晰的边界换成了模糊的前沿，一些新的问题就会出现。一方面可以高度自信地宣称具有可能性，另一方面又完全可以高度自信地宣称没有可能性，而这之间还有广大的空间。因为一些经济命题取决于对可能性的肯定性假设，而也有一些命题则以不可能性假设为前提，所以二者之间的区别是十分重要的。例如，用套利说来证明某些价格关系无法观测是一种常见的运用，它只取决于是否有可以参照的套利行为——例如，在这里买，从这里运到那里，然后在那里销售。相反，考虑这样一种预测：监管部门介入，要求根据消费者的一般要求修改产品，会导致成本的上升。对这样一种结论有信心，是因为对企业所不能做的事情有把握。这个论断是说，如果企业能够以零新增成本实现所要求的改变，"他们早就会这么做了"——因为购买者认为这种变化具有正的价值。如果有人关心该预测具有什么样的置信水平，并承认生产前沿是模糊的，那么他们就会注意到，在两类不同的命题中评估可信度的方法是截然不同的。特别的，上述监管的例子需要我们去评估监管要求的变化会如何影响企业在模糊区域探索以前未曾尝试过的方法的动机。这个问题是"诱致创新"(induced innovation)这个重要话题的一部分。人们有时曾以多少有些主流的方式来讨论这个话题。标准生产理论一方面削弱了这个话题的普遍性和重要性，另一方面则为这个问题提供了一个分析框架，该框架在很大程度上沿袭了生产理论本身的局限性。[⑨]

237

3.3　分布性特征(distributed character)

生产性知识的第三个特征是，它常常存在于工作团队或组织当中，而不是局限于个人。这并不只是简单地等同于有多个不同的个人拥有相同的知识，尽管这种共有知识可能会发挥重要作用。而用多个不同个人具有互补的技能、并在按"菜谱"行事的过程中相互协调这种情景来描述该特征，也不尽全面，因为这个菜谱——或者，至少是其执行过程中所需的大部分知识——往往只有在团体做出实际行动时才会被唤起。它是一个分布性知识的问题，即同一个功能单元知识的互为补充的各个部分由多个不同的个人拥有，这些人协调工作、应用这些知识，而协调本身则是知识的关键方面。这样一个"功能单元"可能会包括

238

⑨　参见 Vernon Ruttan(1997)和 Dosi(1997)之间的交流。Dosi 支持用演化方法来研究诱致创新问题，并对之做了令人印象深刻的总结。

全体机组人员让飞机安全抵达目的地的能力[10]、外科手术组进行开胸手术的能力、弦乐四重奏乐团和钢琴演奏者共同演奏舒伯特的"鳟鱼"四重奏的能力等等。这些类型的组织知识的功能单元及其表现具有明显的重要性,而这也使得我们不可避免地要面对分布性知识的概念。如果一套理论不适用于这种情形,或者假称其中不涉及知识问题,或者只是承认实施过程中的知识内容而不能回答知识存在于什么地方,又或者是固执地坚持在此类情形中所有的知识都存在于某个单个个人的头脑中,我们就会发现这样的理论是没什么用处的。从某种意义上讲,承认知识可以存在于团体当中这一观点是"被迫之举"。

生产性知识存在于团体而不是个人的头脑当中这个概念,既不新鲜也不神秘。原始人在很长时间内都是用集体狩猎法,由不同的个人扮演各自专业化的角色。至于这种分布性知识如何会出现于团体之中,有多种答案,但是其中有一个特别明确而直接:这种知识是大家共同的经验学习的产物。正是因为实践使得个人能够通过改进团体中的协调来改进复杂技巧的实施,所以团体的共同经历导致了多人协调行为模式的产生、改进和稳定。在这两种情况中,"程序记忆"(procedural memory)——在很大程度上,由于新出现的行为本身而产生了一系列信号,进而相继唤起了微观反应——是学习的关键机制(参见 Squire,1987 和 Cohen and Bacdayan,1994)。在个人的情形中,随着神经冲动、包括运动感觉从感官系统向大脑移动,这些信号在个人内部移动。在团体的情形中,信号在个人之间移动,而这些信号既包括口头信息,也包括相互之间的观察。虽然个人的头脑是分布性知识的主要存储地点,但是,有序地固定下来的知识的功能单位是发生在团体层面上的现象。团体行为中个体的角色分化得越是鲜明,没有哪个个人能知道团体所知晓之事这一点也就越明显。无论一个由不同专业的专家所组成的团体能够在某种知识的功能单位之发展和保留中取得了什么样的地位,任何个人头脑都不能与之匹敌,只有另外一组具有相同专业的团体才能与之竞争。

239

分布性知识这个现实以及产生了分布性知识的共同经验学习过程看起来既明显又无可争议。例如,审美学推崇人与人之间的高度协调,这也是欣赏一支伟大的球队踢足球或打篮球的乐趣的一部分。但是,关于生产性知识的这一明显而重要的观点却常常受到抵制。知识界对化约主义的偏爱无疑是部分原因。在现实中,这样一种哲学观倾向被大幅放大,即分布性知识这一现象很难用简单的分析框架来囊括,它要求将历史引入研究视野,意味着要充分描述个体行为者的行为,不仅需要记录他们在过去做了什么,而且要记录他们是跟谁

---

[10] 参见 Hutchins and Klausen(1996)就机组人员所做的人种学研究。在该书当中还有一些其他有用的研究,特别是 Shaiken(1996)就"技巧的集体性本质"所做的研究。

一起做这些事情。这种复杂性与标准生产经济学理论形成了鲜明的对比，后者假定投入品都是同质的，这种假设非常方便；但是标准理论也因此不得不采用一种令人尴尬的补充性假定，即在一个具有丰富经验的、投入品供应者所组成的团队中，分布性生产知识存在于团队之外的某个地方。

然而，在近些年里，生产性知识存在于团体当中而不是个人头脑中这一事实得到了来自企业和非经济学学者的越来越多的重视。由于知识经济的日渐兴起，实业界对这些问题的兴趣日渐浓厚，而企业的兴趣与学界的关注相互加强，其影响程度令人惊讶。

因为个人拥有知识这一点是千真万确的，分布于团体中的生产性知识具有多种类型。从面对适定问题(well-posed problems)时协调出击、实现组织惯例的高度"自动化"实施——类似于个人的心智技巧应用，到针对非适定问题时表现出高度的创造性、提出解决方案，生产性知识的范围十分广泛。如果实际情况更需要高度谨慎和/或创造性的反应，团体成员之间口头交流的重要性也就越高；而如果反应是自动做出的，则根本就不需要进行口头上的交流。在后一种情形中，团体层面上的知识表现为其行动中可以看到的协调性，但是，在对创造性要求较高时，口头交流的功效就是确立和评价团体知识的要害。能够很好地进行交流的团体可能会做出更好的行为选择；团体知识不仅体现在决策之前的交流中，也体现在选择本身当中。 240

有关这一点，我们可以给出下面这样一个简单的示意性模型。假定团体Ⅰ由个人 A_1、B_1、C_1…组成，该团体必须就问题 Z_N 做出一系列行动，而据观测，他们所做的大部分事情是"对之进行详尽的商议"。团体Ⅱ由个人 A_2、B_2、C_2…组成，他们也面临问题 Z_N。两个团体此前都没有遇到过 Z_N。但是，团体Ⅰ在过去的很长一段时间内，解决过大致相同的问题 Z_1、Z_2…等，更不用说相似程度更低的问题 X_1、X_2…和 Y_1、Y_2…了。团体Ⅱ的成员与团体Ⅰ的成员有些类似，特别是，他们说同样的母语，具有行动所需的非口头技巧，从个人层面来看，他们对 Z_N 中所表现出来的各种问题都具有相同的经验，团体内部成员的熟悉程度相同，人际关系的质量也一样——只是没有共同的解决问题的经历。很明显，在解决 Z_N 这个问题上，团体Ⅰ似乎会比团体Ⅱ更有效率。成员共同拥有某种经历，使得他们具有了共同语言，对问题也具有了共同的概念导向——或者换句话说，对于如何将日常语言运用到该情况中，都有了准确的共同认识。尽管他们在之前并没有遇到过与 Z_N 完全相同的问题，但是他们经受过就类似问题进行互相交流的挑战，而且可能已经从那种交流过程中克服了许多障碍。因为这种"克服"是在解决一系列特定问题时在特定个人之间发生的，其细节会反映出具体问题和所涉及行为人的具体属性，因而会在很多方面都各不相同。

人类学的研究为上述模型提供了有力的支持，但是，从其本质来看，人类学研究并不会从上述谨慎的描述所要求的实验控制中得到什么好处。Julian Orr 对施乐公司服务代表的工作进行了详细的人类学研究（Orr,1996），这一研究具有特殊的影响力。由于修理故障复印机的要求十分紧迫，施乐公司服务代表工作的时间和内容都是高度不可预测的。不过，大多数修理任务都不成问题，要么是因为其解决方法能在公司的指导文件中找到，要么其所需要的技巧都是技工“经常使用”的，或者两种原因都有。[11] 而要排除一些较不常见的故障时所要运用的知识则具有不同的特征。Orr 详细地描述了技工是如何运用历史事件来形成并加深对自己所面临的复杂的复印机表现出来的不明确行为的集体理解的。该专有知识的整体存在于技工团体中，被个体技工或一小组技工用来解决难题。团体的地位在一定程度上取决于其对共有知识集合所做出的贡献以及对知识集合内容的认知。

241

知识存在于“实践团体”中这个观念一直具有高度的影响力，一部分原因是 Brown and Duguid（1991,2000）对其做了进一步扩展，并有效地将之传递给了更广泛的听众。[12] 这个观念之所以重要，部分原因是它与组织面临的知识问题中特别重要的一部分有关系，还有部分原因是它包括丰富的心理学、社会学和组织学观点。还有一个重要问题尚未得到解答，那就是管理层是否可以经过周密的安排创造出一个有效的实践团体来——许多公司都试图想做到这一点——或者说，实践团体是否一定是自发的、非正式的，而管理层最多只能是接受既定现实、提供一些便利。无论如何，实践团体都只是范围更广的分布性知识现象的一个子集，不过其重要性较高。

除了向大家展示组织知识分布在实践团体中这样一个现象之外，Orr 的研究还记载了其他一些与这里所说的生产性知识的一般观点相一致的内容。组织的较高层面并不能很好地理解技工的工作，尤其是修理指南的创造者不能很好地理解技工工作。实质上，组织的运作取决于管理层并没有意识到的生产性知识，以及与管理层意图控制行为的反生产措施相抵触的实践。尤为让人震惊的是，管理层似乎并没有认识到让他们的顾客保持满意是技工工作中非常重要也是极富挑战性的一部分内容，Orr 认为这部分工作内容应该与修理机器所带来的挑战区分开来。与上述讨论一样，这里的结论是，服务生产过程的真正终点不是在机器的状态上，而是在消费者的头脑中。也许，如果管理人员能够认

---

[11] Orr 注意到（p.109），有经验的技工在解决大部分常见问题时，并不会参考公司的指导文件，这与 Zollo and Winter（2002）就技术使用频率所提出的观点是一致的。

[12] “实践团体”这个术语一般是与 Lave and Wenger（1991）相联系的；也可参见 Maanen and Barley（1984）所做的有关“职业团体”的研究。在介绍 Orr 的著作时，Stephen Barley 评价道：“Orr 为 Lave 和 Wenger 的实践团体概念加上了日常生活中活生生的现实。”

真思考这个问题，他们就会同意，要保持客户满意，就必须要对这个问题多加注意，甚至会在修理指南中增加一两页的相关内容；但是，在实践中，他们似乎并没有从这个思路来看待技工的工作。

4 复 制

242

正如上文曾提到的，生产性知识的实用有效性问题，根本上是某个知识的功能单位的应用是否能够在时间和空间上加以扩展的问题——也就是说，生产活动是否可以重复，或者说，是否可以在不同的地点实现相同功能的实践成果。它倾向于达成一个肯定性的结论；标准生产理论无疑会压制住相关的疑问，也许“常识”这个论断也会达到同样的效果。但是，让相关的疑问重新出现在大家面前却可以让我们学到很多东西。

要得到在时间和空间范围内进行复制“明显”可行这个结论，首先需要把真实生产情形中往往是十分重要的伴生因素抽象掉。标准理论假定投入品可以方便地分为几种类型，每个类型内的要素都是同质的、也可以很容易地加以验证，从而去除了很多伴生因素；而其他理论去除伴生因素的做法，则是假定生产性知识的中心（虽然并不明确）位置在某种程度上与企业本身有内在的联系，然后简单地忽略其他问题。也许，这背后暗示着，生产性知识的本质是“重复进行的科学实验”，而且/或者我们并未提到的、条件发生变化时能够填补知识缺口的问题解决能力十分重要。至于判定某种知识为“常识”，可能只需要人们能够经常在不同地点看到类似的操作——并不需要在很近距离观察，当然也不需真正对它是否是正在使用中的“同样”知识做出评判。在用演化方法来研究生产问题之出，我们有必要更为仔细地研究知识在这些“简单”的时空复制问题中发挥作用的方式，并有必要将其摆在一个突出的位置。

4.1 标准理论

在标准生产理论中，在对生产集合的属性进行正式的公理性处理时，会出现某种类似于有关复制问题的明确讨论的东西。更特别地说，在试图应用可加性（additivity）假设的命题中，会出现这种讨论，如果对这种标准分析进行仔细研究，不仅会发现演化方法的起点，也会找到两种方法的差别。

可加性是说，将可行的生产计划加和这种做法本身是可行的。如果已经知道如果用投入品向量 x^a 来生产产出向量 q^a，也知道如果用投入品向量 x^b 生产产出向量 q^b，那么，我们就知道如何用 $(x^a + x^b)$ 来生产 $(q^a + q^b)$。在 $x^a = x^b$ 且 $q^a =$

243 q^b的特殊情形中，可以得出结论认为可以用$2x^a$来生产$2q^a$——将可行生产计划翻倍，仍然是可行的生产计划。这种形式的命题往往是在较不正式的研究中被提出来的，例如，威克斯蒂德在他的一段关于严格重复某项特定的小麦生产计划的论述中提出了这一点，弗兰克・哈恩(Hahn, 1949)说过的下面一段话也提出了这一点。

> 复制某个特定的工业过程会使产出翻番(附带地还要复制企业家或企业家职能)这个常识性假设是无可争辩的……
>
> 如果两个同样的企业家建立了两家相同的工厂，雇用了相同的劳动力，来生产相同的商品x，那么，这两家工厂所生产的x之产量加起来是单独一家工厂产量的两倍。

肯尼思・阿罗和哈恩(Arrow and Hahn, 1971, p. 61)也具有同样的自信，他们说道："可加性假设……总是能够成立，从根本上讲它实际就是同义反复。"

在这里，潜伏在表面之下的是一些涉及知识可加性与生产行为空间分布可加性之间关系的重要问题。首先应注意的是，无论是哈恩所说的两个完全相同的工厂，还是威克斯蒂德所说的"严格重复"概念，指的都是在空间上独一无二、在其他方面却别无二致的景象。因为人们所理解的生产包括投入流和产出流，或指定时期的资金总和，产量的翻倍必须被理解为是在同一时期复制了行为——而不是，比方说，不停地重复去做同样的事情。现在，这一点就十分明了了——第二家制造工厂获得的第二片麦田不能和第一家工厂或第一片麦田位于相同的地理位置上，如果想把两倍的行为挤在同一个物理空间内进行，就不是在复制原始行为。简言之，必须将可加性公理所描述的事实理解为在不同地点进行的行为结果之总和。哈恩提出的两家工厂的例子非常清楚地说明这才是正确的解释。从这个意义上来讲，可加性公理所说的只是"做加法"，这可能就是阿罗和哈恩认为它"实际就是同义反复"的原因吧。

不过，这里还有一个对地点"不同"之程度的限制，哈恩并没有强调这一点。因为一般情况下，地点会对生产有一定影响，不同位置的空间上的差别可能会具有重要的经济意义，这样的话，将不同地点的产量加起来可能就不是那么有意义了。对经济学家而言，将加利福尼亚的柠檬和意大利的柠檬产出加起来是错误的，就好像众所周知的"苹果和橘子"不能加起来一样。如果因为运输距离很短或其他原因，相对于投入和产出的价值而言，运输成本很低，那么加法就是合理的。[13] 但是，如果距离非常之近，那么，由于各生产地点之间会有实质性的冲突，结论的有效性也有可能被削弱。生产是否对当地的环境——包括空气质量、噪声、震动或其他对周边的类似行为有影响的因素——造成了什么影响呢？因此，除了要考虑它与当地经济的隐含关系（意味着距离较短）之外，可加性公理还与"外部性"这个话题有一定联系（意味着，距离可能不能太近）。 244

可加性公理是将很多隐含的东西理论化，打包成为一个小小的公理。但是，隐藏在其中的复杂性却解释了一个更为基础的要点：要研究"知识状态"和生产可能性之间的关系，常见的正式的生产集合理论并不是一个很有用的工具（前面的历史性研究指出，考虑到标准生产理论的发展轨迹，这个结果是可以理解的）。真正成问题的命题是，现有生产性知识的使用是否可以在地理范围上加以拓展。从表面上看，这个想法颇具合理性，因此人们往往将其视为自然而然的事情，而且认为它对于理解经济体的历史发展和当前运行都十分关键。因此，它是那种值得深入仔细研究的命题。可加性命题是一个肤浅而又不完美的抽象概念，它并没有很好地解释相关的各种问题，却更多地遮蔽了这些问题。

4.2　复制带来的挑战

为了更仔细地研究这些问题，最好来直接面对问题的核心。让我们先把那种找出万事皆有可能（而不管它是否在发生）之结构的特征的宏大野心搁置一边，而是从这样一个预设开始，即与(x,q)相对应的某种生产活动在地点A确实被成功地实施了。那么，在地点B取得类似成功的可能性又意味着什么呢？更确切一点说，这里的问题是在地点B取得类似成功的成本是否会因为（在某种意义上）所需知识已经显然得到了很好的发展，并且在地点A被用于实践而有所降低。 245

这种成本降低的可能性被作为"非竞争性"的特性，成为大多数有关信息（或知识）的基础教学的固有内容。在地点A进行生产活动所需要的知识并不会因为要在地点B使用而耗尽或退化。问题是这个命题与在地点B取得实际成功有什么关系，对于完成该项任务的成本有什么影响。要在分析上把扩展知识使用范围所带来的具体问题隔离开来，这里需要做出这样一个假设，即在某种初始阶段之后，在B地点的生产所涉及的特有资源会与A地点所使用的完全不同（例如，这并不是让在A工作的核心工作人员在B做第二班工作）。此外，本讨论还要关注在时间上进行复制的问题；总的来说，时间上的复制所提出的

---

[13] 吉拉德·德布鲁的经典之作《价值理论》就反映了对这一观点的认识，他提到，在"初级地区"交通成本可以忽略不计（Debreu，1959，p. 29）。例如，经济统计专家在提供有关波兰全国水泥产出的数据时，实际上是在把整个国家作为这样一个地区看待。德布鲁可能会对这一点持怀疑态度。

问题,只不过是空间复制中所发生的同样问题的减弱版本。最后要明确的是,如果没有管理层有组织的推动,这种复制是不会发生的;相关的行为人被称为“高级管理人员”。之所以要使用“高级”这个词,只是想说明一般而言,在启动复制活动的这一层次之下,还有其他层次的管理人员,而这些管理层往往会削弱高官对具体操作细节的知识的掌握。

前面有关实用有效性的讨论表明,生产活动在地点 A 成功实施的预设对于理解生产性知识在地点 A 的状态只具有有限含义,特别是在因果关系的理解方面。对于成功地将知识从 A 转移到 B 的可行性,这个预设能提供的帮助更少,因为生产知识具有分布性特征。很多组织知识在很大程度上并不是明确显示出来的,这有些类似于个人技能的隐含性;在高级管理人员并没有“清醒认识”的情况下,很多事情就已经被完成了,不过在较低层面,知识却可能是相对明确的。即便组织会在将各类知识编纂成文方面做出大量系统而复杂的努力,但是,能涵盖的细节却总是不全面的,这一点无法避免。一些个体工人可能知道其中的很大一部分,也可以对之做出描述,但是他们的同事、主管或经理却未必知道这些知识。其他知识可能是已知的,但是却是隐含其中的——也就是说,无法用对学习者有益的方式将其描述出来。还有一些知识可能是秘密,因为会使工作变得更为容易而被珍视,还有一些可能会与占据主导地位的正式规则相抵触。最后,心理学文献中已经广泛地明确,可能会有“无意识的学习过程”;人们可能会学会如何有效地改变自己的行为来适应不同的外界刺激,而并不需要清醒地认识自己所面对的刺激条件或他们适应刺激的这种事实(Stadler and Frensch,1997)。我们没有什么理由怀疑这种类型的学习过程会像在心理学实验室里面那样,在经营活动的自然环境中继续下去。

246

因此,如果管理层希望在地点 B 复制他们曾经在地点 A 取得的成功,首先需要面临的挑战就是设计出一套方法,将自己没有意识到的所有细节都转移过去,这中间也包括某些从没有人意识到的东西以及某些各方面“从未受到过影响”的信息。这将是一份很长的命令,不可能被全部完成;而转移中的缺口将会由独立的再发明来填补。

有关情境认知(situated cognition)的文献指出,在地点 A 使用的生产性质与地点 A 发生的行为环境有着非常密切的相互关系,这种联系可能是被设计出来的,也可能是偶然发生的。在这里,工作中所使用的装备具有特殊的重要性。在现代的工作环境中,最为关键的知识往往就内嵌在机器装备中,而在局部环境中对机器功能运作的理解只是局限在工具层面。计算机和软件是最为普遍也最为人熟悉的例子,但是也可以举出一些“低技术”的例子。微观层面上的行为的空间组织形式,会影响到相互作用和交流的模式,而这又可能会影响到结果，但具体作用方式还没有被完全地认识或理解。

于是，这里又有了第二种挑战。在高级管理人员试图在地点B建造一个与地点A相同的局部环境之时，会遇到很多种障碍。也许是因为新地点与交通线路相对位置的关系，新地点的格局可能不得不与旧址不同。也许，新一代的计算机和软件已经超越了在地点A安装的那些计算机和软件。后来者可能代表了技术的进步，最终会在经济上占据上风，但是，如果是要再用地点A中所存在的生产性知识来获得经济效率，那么，后来者可能就不具优势了。对再发明、再学习以及——可能还有——创造性的需求又一次成为题中应有之义。

另外，在有关有效性的讨论中，涉及了多种生产活动与其外部物理环境的关系。根据特定活动的特性，天气、空气质量和大气压强、噪声和震动水平、电磁辐射环境等等各类因素都可能会产生显著的影响。[14] 如果这些影响在地点A保持不变的水平，那么人们很可能会忽略其中因果关系的重要性。如果地点B的环境有很大的不同，那么，从地点A移植过来的生产性知识的相关性就会被神秘地削弱，至少在一开始是如此。这就需要学习和问题解决能力。

247

最后，地点A上活动的成功取决于那里从事交换的各方之属性和行为——顾客、雇员和供应商。虽然这些行为人可能会受到价格（工资）、规范和监督安排等因素的影响，但是对这些影响因素做出的特定反应最终却是由交换各方而不是焦点企业来决定的。人们可能会对控制这些反应的某些因果关系原理有粗糙的理解，谨慎的监督可能能够有效地限制可变性。无论如何，重要的细节往往都是相当模糊的，虽然企业和学界都为解决这类问题投入了大量的研究精力。消费者会阅读商品上有关有害化学物质的警告标志并遵守其提醒吗？他们会完全按照推荐的使用方法来使用产品吗？装配工会按图纸装配产品吗？他们能按图作业吗（参见Bechky，2003）？如果组织处于危难境地，而雇员却可以选择辞工另谋高就，逆选择就是不可避免的，那么，这种逆选择又会有多严重呢？在地点B的经营活动会带来不同交换参与者之间的互动（他们必然会这么做，至少就雇员来看是如此），而不同的交换者群体的存在就是事物在地点B的运作会与在地点A不同的另一个原因。在地点A成功经营的能力仍然不能确保其拥有应对地点B所具有的不同环境所需要的那种知识。而这又要求开始新的学习过程。

在某些情形下，高层管理人员可能完全不会意识到这样一个事实，即这些

---

⑭ 阿尔弗雷德·马歇尔将“土地”作为生产要素的特性描述是这里的一个要点。他承认，发挥作用的不只是土壤，而是所涉及的特定地点的所有物理属性：“正在被讨论的该地点的空间关系、大自然每年会赋予该土地的阳光、空气和雨水。”（Marshall，1890，p. 147）要研究非农业生产过程中环境影响的潜在相关性，则需要列出一张更长的属性列表。

不同种类的考量都与是否能取得成功息息相关。例如,人们会无意识地学习到的程序细节就是如此。但是,在很多时候,活动的成功与否都以各种方式取决于其所处的环境,这一点是非常明显的。管理层可能会很明白这一点,例如,他们明白雇员的技能和个性会对结果产生不可忽略的影响。但是,可能不为他们所知的是可容许偏差区间的大小和相互关系——雇员的速度变得多慢或者他们多么难以控制的时候,会确实地影响到成功的结果?这个一般性的问题有一个抽象化的表述:在由环境变量所组成的多维空间中,有一个可以取得成功的区域,但是在初始位置上的经营既不能给定也不能揭示该区域的边界在哪里。从绩效的角度来看,如果环境变量——以高可靠性——能留在可能取得成功的区域中,那自然是一件好事。但是,为成功提供支持的可靠性,其因果关系却是模糊不清的。如果我们的目标是理解整个过程,那么最好是能够经历一下变量发生广泛变化时的情形。

248

被选中的新地址往往与原来的地址在很多方面存在高度的不一致性,因为人们期望这些新地址会在其他方面具有优越性——例如,某些地点可能有好的客户流、客户收入水平也较高,但是,在这种地方,很难用企业可以接受的薪资水平吸引到合适的雇员。这意味着人们对因果关系的理解还只是肤浅的,而这些因果关系就隐藏在地点 A 的成功经营经验中,对它们的理解不深入,很容易就会使适应新地点新环境的努力受到挫败。

4.3 实践中的复制

前面的讨论表明,复制可能是极富挑战性的活动。但是,人们并不一定这么看。管理人员似乎常常对这种挑战抱有一种十分轻松的态度。当然,在某些情况下,这种轻松的态度是有其依据的,但是,可以论证,许多管理人员在这方面仍然有很多需要学习的东西。[15] 当特殊的环境促使管理层关注半导体生产(英特尔公司)的技术特性,或者麦当劳追求统一的客户体验经历的战略设想等问题时,我们就会看到,管理层的行为会与上文中所描绘的情景相一致。

英特尔公司的 Copy EXACTLY! 政策的例子特别有意义,因为它恰好是植根于这样一种认识,即获得的高收益中还暗含着很多生产性知识,但是组织不能完全理解所用方法中包含的广泛的因果关系。这项政策为理查德·纳尔逊和温特(Nelson and Winter,1982,pp. 119—20)所提出的、依靠现有成就之"模板"中的内嵌知识这一概念提供了一个几近完美的例证。因为它把回避修改和改进作为政策的实质,这种方法可能会被认为与前文所提到的、要进行成功复

---

⑮ 参见 Winter and Szulanski(2001)。Szulanski and Winter(2002)对这个问题进行了更深入的表述,并给出了更具观点性的意见。

制就必须要进行新的学习和寻找新的问题解决方法的观点互相冲突。但事实根本不是如此;这里的重点是要控制新的学习和问题解决方法的数量。即便是执行这项政策,但是,每一个要在不同地点之间造成某种差异的决策都会产生一系列意料之外的、不为人知的差异。相互作用效应可能会使复杂性随着所面临差异的数量呈指数速度上升;我们最好将差异的数量保持在尽可能少的水平。要解决的问题从不嫌少。

249

复制中存在问题的一些方面往往会被人们忽视,其中的原因有好几个。可以肯定的是,一个基本的原因是,在初始地点对已有知识的探索很少能真正做到极致。尽管复制和新的问题解决过程混杂在一起,但是,这当中的目标只是在新的地点进行成功的经营,重要的只是这个混合过程的时间和成本。在新的地点开发更新技术的机会往往会让平衡点偏离完全的复制——或者看起来是要做到这一点。此外,不同地点之间存在的差异会降低人们对新地点上能取得成就的期望水平,因此,人们可能不会有理由去怀疑复制是否取得了成功。

对复制过程的经验信息相对而言是稀少而分散的,但是这种信息却非常一致地说明,该过程涉及相当大的成本和管理上的挑战。Szulanski 对美国银行 Banc One 的研究(Szulanski,2000)给出了有关时间、成本和挑战的细节。更重要的是,它用一个非常独特的系统性、综合性视角,研究了美国银行业中空间复制战略——在这个例子中,是通过将新的关联银行转化为银行控股公司的普通系统和产品——的发展和应用中所涉及的特定过程。在所研究的时期中,无论从其成功实现转化的能力,还是从其通过应用公共系统来改进营收的能力而言,Banc One 都是当之无愧的行业领先者。新关联银行的整体转换过程大概需要六个月,但是从消费者的角度来看,整个过程只是在一个令人兴奋的周末达到顶点,这个周末是关联银行"之前"和"此后"身份的分野。除了关心转化实施与否的那些人,对于所有人,特别是消费者而言,一次成功的转化只是一件"大肆宣传但却没有什么影响的事件"。Banc One 取得了多次成功,但是也经历了一些挫折,而这些不完美的转化正是学习的关键时期。Szulanski 看到,Banc One 不断学习并为其转化过程建立了相应的惯例,而这家银行也变得越来越有野心,它的转换规模开始逐渐增加,但是它并没有完全认识到有限转化能力所带来的进度问题。最后,一次大的转化行动遇到了多处障碍,这导致该银行开始在范围和进度问题上付出精力,开始新的学习过程。

5　生产理论的演化

使用不会让知识和信息枯竭,这是一种经济魔法;虽然多种多样的稀缺性给这门“不乐观的科学”带来了一个不怎么样的名声，而这一点却是一个让人愉悦的例外。让这个魔法在经济发展过程中扮演核心角色这种观点是完全准确的——但是这个魔法却不仅仅是魔法。要在时间和空间上扩展现有知识的使用，并不是人们通常理解中的微不足道的事情。前面对复制的讨论所说明的第一个要点就是诸如“学习”、“问题解决”、“创造力”和“管理”等词语在现实讨论中发挥作用的方式——甚至与此相关的问题，这可能是生产性知识经济学中所有重大问题中最简单的一个了。这些词语所表示的，是经济学家们常常会忽视的成本和组织能力，以及同样被忽视了的获得竞争优势的潜力和在竞争中处于劣势地位的可能。

250

要认识空间复制这个“简单”的概念中所隐含的、开展新的学习和问题解决过程以及施展创造力的空间，就需要去认识这些问题的演化建构与严格区分“已知”和“未知”技巧的标准装备之间的概念上的差距水平。一方面，行为是习得的、被实践的，另一方面，行为又可以是即兴之作或是计划好的——但是在任何一种情形下都不会付诸实施，这两个方面之间存在根本性的差别。总的来说，对于演化经济学而言，这种区别是十分重要的，对于演化生产理论则尤为重要。演化研究中的很大一部分内容就是描述这种区别、思考这种区别、研究这种区别的各种错综复杂的特征。

关于复制的讨论所强调的第二个要点就是个体的生产机能单位——用统计学用语来说，所谓“机构”(establishment)——的作用是充当生产性知识的所在地和储藏室。在开始讨论组织能力的时候，纳尔逊和温特(1982，p. 97)在一个警戒性的脚注中指出，他们所提出的概念可能在机构层面而不是在由多个单位组成的企业层面更有意义。但是，在其他条件下，演化理论(非常恰当地)与“企业是生产性知识的储藏室”或“企业是知道如何做事的组织”这种概念联系在一起(分别参见 Winter，1982，199，本文为其增加了强调标志)。这里有一个问题，我们的待做事项只取得了有限的进展。总而言之，那种进展可能会支持脚注中警告的有效性，表明演化经济学迫切需要研究将机构和企业作为知识储藏室的相对重要性。企业内部各机构所使用的方法是同质的这一事实并不一定是必然要发生的事情；只有当管理人员为实现这一目标努力工作并为之投入大量资源的时候，这种现象才会发生。英特尔和麦当劳的经历都给了我们这样的经验，而最近对“最佳实践的内部转移”的热情也给了我们这样的启示。就后者而言，整个过程的起点是对组织内部自然出现的多样性进行观察；经验表明，我们常常能够充分利用这种多样性，并通过实践行为的传递改善平均水平，但是做到这一点却并不容易(Szulanski，1996)。为机构层在生产性知识问题中找到恰当的地位，并不是要否认企业层面的重要性，但是它的确意味着，要恰当地

251

平衡各方、展示实际状态的多样性，的确是一项重大的挑战。在机构之间，存在着一个活跃的市场，有时候机构还会组成商业单位或者完整的企业，这只会增加该挑战的影响和难度。

演化生产理论所面临的所有问题，当然远比本章所研究的领域要广泛得多。根据本文讨论的一贯精神，我们应该进行的下一步似乎应该是研究生产中的规模报酬不变问题——从本质上讲，它意味着生产中的报酬递增问题。在对“行端举正”的生产情境进行公理化的处理过程中，这些现象被可分性(divisibility)假设(或者，更直接地说，“规模报酬的非递增”假设)排除在外。如果有人认为可加性公理具有某种符合常识的合理性，那么，采用同样的分析态度，他/她也会认为可分性公理根本上曲解了事实——但是，像可加性那样，可分性可以被看做是一种近似，在某些情况下更为适用。作为上述有关复制问题讨论的补充，以某种正在进行的、从 x 成功生产出 q 的活动作为起点，问要如何增加产能，才能用 $3x$ 生产出 $3q$。一种答案是：创造出原本的两个复制品——这项任务会面临前面提到的多重风险和限制。问题的关键在于，如果增加了生产规模，是否会相应地有额外的设计自由。如果复制或者部分复制是可能的，额外的设计自由会打破平衡、实现报酬递增——当然，毫无疑问，这会受到很多的限制。这种情景对应很多经验现实这种说法几乎无从辩驳(参见 Levin，1977 和 Scherer，1975)。这里要做的分析中，很重要的一部分就是要研究设计自由的来源和本质，以及复制为其发挥提供补充的方式。分析的主要目标包括：更好地理解报酬递增对生产率提高的作用、报酬递增与技术变化的关系以及在各种活动中存在多样性的原因。

越过一系列中等规模和复杂性的主题，我想简单地描述一下演化生产理论的建设者应该看到的一个非常重大的问题，并以此作为结论。对环境的关注，特别是对全球气候变化问题的关注，引发了设计监管干预措施、估计这些干预措施可能带来的经济反应等一系列问题。对大多数这类问题而言，相应的时间范围(我们希望)是相当长的——尽管它并没有长到足以让我们安心。对环境问题的考虑所引发的问题涉及大规模的“诱致创新”问题，这种创新需要在经济、技术和科学系统中的很多层面、很多地方进行，为政策、管理和制度设计带来了许多挑战。分析复杂问题的能力对于解决此类问题非常关键，而这种能力就位于“模糊的前沿”所界定的区域中，在那里，技术前景处于演化之中，不确定性掺杂在内，经济激励也在不断变化。也许，这种能力是不可或缺的。到目前为止，经济学在建立这种能力的过程中并没有起到什么作用；而标准经济学维护其边界、排除异己的做法更是限制其发挥作用的重要因素。相反，演化理论中很少有——如果有的话——被其他学科的理念或事实置于严重危险中的事

252

情。正如本章试图说明的，演化理论的边境是开放的，它与其他学科一道存在于一个相同的世界中，而且可以通过交换获得丰厚的收益。为了解决进步给这个星球带来的种种问题，演化方法提供了其所需要的一种经济学，也应该提供能解决问题的这种生产理论。

参考文献

Arrow, K. J., and G. Debreu (1954), 'Existence of equilibrium for a competitive economy', *Econometrica* **22**(3): 265–290.

Arrow, K. J., and F. Hahn (1971), *General Competitive Analysis*, Edinburgh: Oliver & Boyd.

Atkinson, A., and J. Stiglitz (1969), 'A new view of technical change', *Economic Journal* **315**: 573–578.

Bechky, B. A. (2003), 'Sharing meaning across occupational communities: the transformation of knowledge on a production floor', *Organization Science* **14**: 312–330.

Brown, J. S., and P. Duguid (1991), 'Organizational learning and communities-of-practice: toward a unified view of working, learning and innovation', *Organization Science* **2**: 40–57.

(2000), *The Social Life of Information*, Boston: Harvard Business School Press.

Carlson, S. (1956), *A Study on the Pure Theory of Production*, New York: Kelley and Millman.

Cohen, M., and P. Bacdayan (1994), 'Organizational routines are stored as procedural memory: evidence from a laboratory study', *Organizational Science* **5**: 554–568.

Collins, H. M. (1985), *Changing Order: Replication and Induction in Scientific Practice*, London: Sage.

Debreu, G. (1959), *Theory of Value*, New York: Wiley.

Dosi, G. (1997), 'Opportunities, incentives and the collective patterns of technological change', *Economic Journal* **444**: 1530–1547.

Flaherty, M. T. (2000), 'Limited inquiry and intelligent adaptation in semiconductor manufacturing', in G. Dosi, R. R. Nelson and S. G. Winter (eds.), *The Nature and Dynamics of Organizational Capabilities*, Oxford: Oxford University Press, 99–123.

Gould, S. J. (1980), *The Panda's Thumb: More Reflections in Natural History*, New York: Norton.

Hahn, F. H. (1949), 'Proportionality, divisibility and economies of scale: comment', *Quarterly Journal of Economics* **63**: 131–137.

Hume, D. (1999), *An Enquiry Concerning Human Understanding*, Oxford Philosophical Texts series, T. L. Beauchamp (ed.), Oxford: Oxford University Press.

Hutchins, E., and T. Klausen (1996), 'Distributed cognition in an airline cockpit', in Y. Engestrom and D. Middleton (eds.), *Cognition and Communication at Work*, Cambridge: Cambridge University Press, 15–34.

Koopmans, T. C. (1977), 'Concepts of optimality and their uses', *American Economic Review*, **67**(3): 261–274.

Lave, J., and E. Wenger (1991), *Situated Learning: Legitimate Peripheral Participation*, Cambridge: Cambridge University Press.

Levin, R. C. (1977), 'Technical change and optimal scale: some implications', *Southern Economic Journal* **2**: 208–221.
Maanen, J. v., and S. R. Barley (1984), 'Occupational communities: culture and control in organizations', in B. M. Staw and L. L. Cummings (eds.), *Research in Organizational Behavior*, Greenwich, CT: JAI Press.
Marshall, A. (1890), *Principles of Economics*, London: Macmillan (8th edn., 1920, London: Macmillan; 9th variorum edn., 1961, London: Macmillan).
McDonald, C. J. (1998), 'The evolution of Intel's Copy EXACTLY! technology transfer method', *Intel Technology Journal* (4th quarter), http://www.intel.com/technology/itj/941998/articles/art_2.htm.
Nelson, R. R., and S. G. Winter (1982), *An Evolutionary Theory of Economic Change*, Cambridge, MA: Harvard University Press.
Orr, J. E. (1996), *Talking About Machines: An Ethnography of a Modern Job*, Ithaca, NY: ILR Press/Cornell University Press.
Robinson, A. L. (1980), 'New ways to make microcircuits smaller', *Science* **208**(May): 1019–1026.
Ruttan V. W. (1997), 'Induced innovation, evolutionary theory and path dependence: sources of technical change', *Economic Journal* **107**: 1520–1529.
Scherer, F. M. (1975), *The Economics of Multi-plant Operations: An International Comparisons Study*, Cambridge, MA: Harvard University Press.
Shaiken, H. (1996), 'Experience and the collective nature of skill', in Y. Engestrom and D. Middleton (eds.), *Cognition and Communication at Work*, Cambridge: Cambridge University Press, 279–295.
Squire, L. R. (1987), *Memory and Brain*, Oxford: Oxford University Press.
Stadler, M. A., and P. A. Frensch (1997), *Handbook of Implicit Learning*, Thousand Oaks, CA: Sage Publications.
Szulanski, G. (1996), 'Exploring internal stickiness: impediments to the transfer of best practice within the firm', *Strategic Management Journal* **17**(winter special issue): 27–43.
(2000), 'Appropriability and the challenge of scope: Banc One routinizes replication', in G. Dosi, R. R. Nelson and S. G. Winter (eds.), *The Nature and Dynamics of Organizational Capabilities*, Oxford: Oxford University Press, 69–98.
Szulanski, G., and S. G. Winter (2002), 'Getting it right the second time', *Harvard Business Review* **80**: 62–69.
Wicksteed, P. (1894), *An Essay on the Coordination of the Laws of Distribution*, London: Macmillan.
Winter, S. G. (1982), 'An essay on the theory of production', in S. Hymans (ed.), *Economics and the World Around It*, Ann Arbor, MI: University of Michigan Press, 55–91.
(1991), 'On Coase, competence and the corporation', in O. E. Williamson and S. G. Winter (eds.), *The Nature of the Firm: Origins, Evolution, and Development*, Oxford: Oxford University Press: 179– 195.
Winter, S. G., and G. Szulanski (2001), 'Replication as strategy', *Organization Science* **12**: 730–743.
Zollo, M., and S. G. Winter (2002), 'Deliberate learning and the evolution of dynamic capabilities', *Organization Science* **13**: 339–351.

255

第9章　在演化环境中学习[1]

乔瓦尼·多西
路易吉·马伦戈
乔治·法焦洛

1　引　言

用最一般化的语言来说，当行为人对他们所处的世界理解不全面时——不管是因为缺少相关信息，还是因为一个更根本的原因，即对该世界结构的知识不够准确，当他们只掌握解决问题所需知识的有限的一部分时——相对于无所不能的观察者能够拥有的全部知识而言，或者，当他们对于自己的目标和偏好只有一个模糊并且处于变化之中的理解时，学习就会发生，而且学习会发生在各种情境中。

显而易见，这样定义的学习是大多数经济和——一般而言——社会环境中普遍存在的特征，只有那些非常极端的经济模型——例如假定理性预期（RE）或正则对策性均衡的模型——形式所假定的情形除外。但是，即便是在这些例外情形中（不考虑其基本假定的经验现实主义问题），我们也很自然地会提出这样一个问题，即行

① 非常感谢国际应用系统分析研究所（International Institute for Applied Systems Analysis，ILASA-奥地利拉克森堡）、意大利国家研究理事会（Italian National Research Council，CNR）和意大利科研部（Italian Ministry of Research，"MURST，项目的40%"）对本研究的支持。Giovanna Devetag、Daniel Friedman、Luigi Orsenigo、Oliver Williamson以及1996年6月2—5日熊彼特学会大会与会者们对本文早期各稿的意见，让作者受益良多，他们中的一位在1996年5月于巴黎第一大学所做的讲座也使作者受益匪浅。

为人最先是怎么学习到——例如——理性预期架构中世界的“真实模型”或特定博弈的推广形式的。而且,在存在多种均衡的普遍情形下,行为人又是如何在其中进行选择的呢(即,他们怎么知道如何趋向均衡中的某一个)?

当然,学习在明确的演化(evolutionary)环境中具有更高的重要性,在这类环境(我们认为这种环境实际上是一般情形)中,① 异质性的行为人表现出各种不同形式的“有限理性”,这种表现是系统性的;② 会多次出现新的事物,这有可能是外生冲击,也有可能是行为人自身的技术、行为和组织创新的结果,而后者更为重要;③ 市场(以及其他的相互联系安排)充当选择机制;④ 因为相互作用关系是非均衡的,所以主要会呈现出整体的规律性(更详细的讨论,请参见 Dosi and Nelson,1994,Nelson,1995 和 Coriat and Dosi,1998)。

256

本章的目的是就目前经济学中大量的有关学习过程的文献做一个选择性的导读,所涉及的文献至少都抓住了前述演化性特征的某些方面。很明显,这不会是一个详尽的考察。更确切地说,我们只是想就每一种流派(genre)举出几个例子来,尝试去发现它们之间的联系和区别,并将它们与假设的、理想的关于“人们愿意理解的有关学习的内容”之框架进行比较。这也可能会让我们更容易地描述一项广泛的、在很大程度上还没有被系统地考察过的研究计划。本章将会特别强调学习模型,讨论它们的基本正式结构,但是我们也常常会提到关于相同研究对象的非正式理论(非正式理论一般更为丰富)。

毋庸讳言,在这里,我们唯一关心的是学习的实证(即描述性)理论:标准的“理性选择”模型更适合被作为规范性工具。

在第 2 节中,我们会在描述了常见的决策理论原型之后给出讨论的情境,并给出多种令人信服的原因,来说明人们为什么要突破这一原型,才能解释大多数学习过程。但是,一旦我们这么做,也就失去了一套中肯的、统一的——尽管可能是不相关的——研究范式。学习会发生在不同的认知和行为领域,拥有不同的对象,而且极有可能通过相当不同的过程发生。相应的,我们提出,新兴的代理理论应该囊括非经济学学科——从认知心理学到社会学——关于认知、决策和学习的一些基本的经验规律性(第 3 节)。一些分类学方面的工作会有助于我们介绍这一观点;而这些都会在第 4 节中体现。对学习的动力学及其领域所受的限制进行分类研究,有助于我们将不同类型的学习模型加以归类和评价。特别的,一个有用的分类标志是该模型是否保留了 Savage 所原创的“小世界假设”(small world assumption,Savage,1954)——从本质上讲,这个假设所说的是,在一开始,进行学习的行为人“头脑”中就存在着一份详尽的对象列表,而这个列表是有限的——中的某些元素。如果学习是通过“演化博弈”和其他环境强化的适应机制表现出来的,那么这个假设就是成立的。相反,如果学习过

程所处之领域的限制更低，状态空间的维度也更低，就可能会产生无限制的演
257 化动态过程，其中不仅包括适应过程，也包括发现和新事物的产生；在第 5 节中，我们会沿着这些不同的脉络对不同的正式研究方法进行比较。

这一论点以及本研究的核心要点在于，学习一定会伴随建设性的认知活动和心智模型及行为模式的改变，而在信息不完备且可能存在风险的时候，这些很难被简化为明确的选择问题。

第 6 节在这一视角下概括了目前已有学习模型的一些成就和局限性，并概括性地讨论了一些其他较为宽泛的话题——例如演化模型中学习和选择之间的关系、个人和集体学习之间可能存在的平衡关系、组织学习的特征等。

2 超越"理性选择"和贝叶斯学习：一些初步的尝试

众所周知，标准的决策理论模型把代理关系（首先是经济代理关系）描述为一个选择问题，理性的行为人从一系列备择选项中选择出一种可以生产出（他们所预期的）最大产出的行为，而产出则是由某种效用标准来衡量。该模型假定行为人知道"自然界"中会发生的所有可能的事件，可以采取一切可能的行为，而且他们知道所有事件与行为搭配之后会产生的名义结果——或者，至少是在经过某种学习过程之后，他们会知道结果。很明显，就行为人所拥有的或可以得到的知识——这些知识几乎不能用于复杂的、处于变化之中的环境——而言，这些假设的要求是非常严苛的。事实上，仅是从定义来看，它们就无法适用于所有可能会发生某种创新——无论该创新是否与技术、行为存量或组织安排有关——的环境；正如肯尼思·阿罗曾经一度提醒过我们的，如果一项创新确实是创新，那么，在创新实际发生之前，它一定不在所有行为人都能预期的系列事件之内……

此外，决策过程中所涉及的有关程序理性（procedural rationality）的默示假设也同样严苛。为了举例说明这一点，我们以普通的决策理论序贯为例，这个序贯从① 对环境的表述/"理解"（有赖于任何可用的"信息"）开始，随后是② 评估/判断，③ 选择，④ 行动，最终由行动与"自然事件"和/或其他行为人的行动之间的随机配对决定⑤ 结果。

258 我们曾在其他地方（Dosi *et al.*，1999）用更长的篇幅说明，要让其中"理性主义者"的观点成立，至少有两个假设是非常关键的。

第一，该序贯必须是严格线性的。也就是说，必须排除所谓程序序贯逆转的可能性。例如，个人的偏好和对环境的表述不可能会为顺应已采取的行为而改变，同样，我们必须假定结果不会影响偏好（即偏好不是内生的）。

第二，在该过程中的每一个步骤中，行为人一定会被赋予或有能力建构解决手头任务——这项任务可以是对环境进行表述、评估备择行为、选择行动过程或其他任何东西——所需要的恰当的运算法则。

事实上，将这些假设作为理论起点可能会让所有学习和选择的实证理论误入歧途，这中间有一些相当有说服力的理由。

2.1　复杂性和程序理性

纯粹从理论角度来讲，复杂性理论在那些可以通过非指数时间里的递归过程就可以解决的问题和不能通过这种方式解决的问题之间给出了某种类型的分界线（有关讨论及结果，参见 Lewis，1985a，1985b；Casti，1992；Adnersen，1994；Dosi and Egidi，1991 和 Dosi *et al.*，1999）。我们可以用这类标准来确立问题复杂性的上界，在该上界之内，理论可以假定行为人"自然地"拥有恰当的、可以解决问题的运算方法（或可以在有限时间内获得相应算法）。但是，经济领域内外的许多决策任务却恰好不在此列（Lewis，1986；Dosi *et al.*，1999）。

我们并不是要过分强调这一点。毕竟，行为人每天都在处理高度复杂的难题（从可计算理论的角度来说），也会取得不同程度的成功。但是，我们确实想说明，要理解他们是如何、在何时做到这些的，对任何一种认知和学习理论而言都是一种重大的挑战，如果假定行为人在一开始就具有名义上无边界的程序理性，就无法把这些理解完整地写出来。[②] 注意，所有这些都同样适用于决策过程和学习过程的"程序理性"。学习过程的"理性"意味着存在某种能够从环境信号中抽象出"正确"信息的推论方法（贝叶斯法则就是其中之一，也可能是其中要求最为苛刻的一种，因为根据该法则，行为人必须在一开始就知道有关世界"真实"情况的所有备择假设）。但是，我们前面的讨论也显示，并不能单纯地断言这样的推论方法是正确的。实际上，这种行为人在事先就知道其结构的"小世界"领域本来就相当特殊，而可计算理论的一些不可能性定理告诉我们，在此领域之外，不存在、也不会存在一般性的推论过程（关于这一点的更多讨论，请参阅 Dosi and Egidi，1991，Dosi *et al.*，1999 和 Binmore，1990）。

259

截至目前，我们所说的内容主要显示出，对学习和决策过程的正统的"理性"解释在应用上有其局限性。这里的关键在于，它要求在事先就熟知环境和行为人的"算法禀赋"（algorithmic endowments），而除了一些极其简单的决策问

② 就这个角度而言，读者必须注意到，这里所提出的观点暗示着要偏离完全"理性"决策理论，从某种程度上看，这种偏离比赫伯特·西蒙开创性的"有限理性"研究（Simon，1976，1981，1988）更为激进，它不仅需要一套关于行为人建立其表述方式和行为准则之程序本身的建设性理论，而且它还必须考虑到持续存在不一致程序的可能性。下文会对此做更多的讨论。

题之外，即使是从大体上而言，这一需求都无法得到满足。

那么，我们怎么样才能从理论上描述代理关系和学习过程呢？

2.2 理性行为的“as-if”式解读

一种可能的战略是仍然保留经济交往的“理性”微观基础，同时对理性状态假设本身进行彻底的重新定义。

“理性”（不管是如何定义的）被认为是均衡状态下行为的所谓“客观”属性，而不是对有目的的、具有相当尖端的认知能力的行为人之经验行为的近似；另外假定（大多数）被观测到的行为实际上都是均衡行为；最后，假定个人的适应过程或群体间的选择动态过程会引导行为人到达均衡状态。由此，人们可以得到著名的“as-if”（因为……如果）假设的某种版本，Milton Friedman（1953）就曾提出此种假设，近期有一些研究试图将其结果恰好是一开始时所假定的“理性”的学习/适应过程正式化（持此类信条的典型例子可以参阅 Sargent，1993 和 Marimon，1997），他们又用不同的方式为该假设赋予了新的活力。

西德尼·温特曾在多篇文章（例如 Winter，1971）中对“as-if”认识论进行过细致和确切的讨论，感兴趣的读者可以参阅（也可参见 Silverberg，1989； Andersen，1994 和 Hodgson，1988）。

260

为了我们的研究目的，本章仅关注以下内容：

（1）严格来讲，任何有关理性的“as-if”假设都一定会涉及相当多的限制，这些限制类似于本文在前面简单概括过的更具“建设性”的理性行为所受的限制类似，只不过是将其转换到了一个更“生态学”的维度——可以是头脑、观点、组织、群体或其他任何事物的“生态学”。换句话说，正统的狭义的理性概念假定人们是通过有目的地使用恰当的程序或通过有目的地、按部就班地学习恰当的程序来进行决策和行为的。很明显，对于行为人必须清楚地知道的关于环境、他们的目标和达成目标的过程等方面的内容，所有类型的“as-if”假设都无一例外地放松了要求，但是，在同时也必须假定在幕后存在某种机制能产生可用的备择选项——其中必定会包含“正确”的选项。这种可能性固然是一条捷径，但是，如果对具体机制没有更进一步的了解，这样的可能性仍然是靠不住的，在需要仔细察看的备择选项个数是无限的时候，这种机制更是几乎不可能存在的。

（2）对于理性的“现实”解读将大部分的解释任务归于行为人与生俱来的认知力，而“as-if”式解释则将之转移到了选择的动态过程上——无论是否受行为强化（例如让巴甫洛夫的狗分泌过量唾液）或群体内遗传特征差异化繁殖的驱动。③ 但是,这一观点的支持者因此又需要证明,至少会有某种在经验上成立的选择过程能够支持强收敛性。在我们看来,按现在的情况,还没有发现那样的过程。相反,除了非常特殊的结构之外,演化博弈或其他形式的分散交互行为中存在大量的反面结果。无论是在生物学中还是经济学中,我们都不能轻易地消除掉路径依赖;循环性的受限行为可能会发生(参见 *Posch*,1994 和 Kaniovski *et al.*,1996),等等。新的事物会随时间的推移而产生,从这个意义上讲,环境是处于演化之中的,而所有这些似乎无法为这种环境提供解释。

261

当然,即便是"as-if"理论构架最异想天开的表述也不会为自己造成任何虚假的挑战。似乎所有以观测结果为基础的有关行为假设的学科都会被轻蔑地看做是"马后炮"。因此,"人们做了什么、他们学到了什么"这个问题一般会被转化为另一个问题,即所谓的"给定任何一种行为,并已知这一行为当然(?!)是均衡行为,我——理论家——怎样才能自圆其说,证明它是某种适应过程的结果?"(潘哥拉斯(Pangloss)博士*和神学家可以很容易地解决这类问题……)

2.3 有限理性

另一种主要观点坚持认为认知和行为假设必须具备某种经验基础,因此,如有必要,这些假设可以解释记忆、问题解决算法之复杂性的最大水平和计算时间所受的限制。大体而言,这种观点就是由西蒙的研究(Simon(1986)可能对这些研究做了最好的概括)所开创的有限理性(bounded rationality)方法,而这一方法又被以各种迥然不同的方式加以发展,例如组织研究(从 March and Simon,1958 和 Cyert and March,1992 开始)、演化理论(以 Nelson and Winter,1982 为基础;也可参见 Dosi *et al.*,1988;Andersen,1994 和 Hodgson,1993)和"演化博弈"(Weibull,1995 在这方面做了一个颇具技术性的总结)对此都有拓展。Kreps(1996)对有限理性和博弈做过一些总体性的、颇具洞察力的评论,而在相当正统的宏观经济学中也有类似评论,例如,可以参见 Sargent(1993)。④ 这里

---

③ 顺便提及一下,可以证明,纯粹"巴甫洛夫"式——即行为强化驱动,并没有自觉的意识——和"贝叶斯"式——显然是复杂而理性的——动态过程的结果在有些时候是渐近等价的(Suppes(1995a,1995b)的评论发展了行为主义心理学更早期的直觉——例如 Bush and Mosteller,1995)。但是,要让等价关系成立,强化必须是与贝叶斯推论机制同方向的,而这又是一个难以满足的需求。演化博弈里常见的动态调整过程中的所谓"弱单调性"条件上这一效应的必要非充分条件。另外,就渐近结果的解释性价值而言,还有一个微妙的问题:经验观察的有限时间属性告诉了我们什么?后面我们将会再对此问题进行简要的讨论。

* 译者注:潘哥拉斯博士是伏尔泰小说《老实人》中的人物,他是一位乐观主义哲学家,其名言为:我们生活在所有可能允许的最好世界中。

④ 但是,要注意,在某些评注中——包括 Sargent 和第 4 节中会讨论的其他评注——有限理性行为被认为主要是会导致向某种已经预设好的均衡结果的趋近。因此,它们最终证明是某种动态学的主要的工具性基础,而这种动态学可以像其支持者所期待的那样证明"as-if"之说是正确的。

并不是对众多的文献进行全面回顾的好地方。不过，还是需要给出一些评论。

理性有其“界限”这个观点本身就意味着，至少是在有限时间之内，代表性行为人不能一直做出本质上理性的行为，而所谓本质上理性的行为则包括——但不限于——① 对有些可能情况的完全了解；② 对整个决策树的详尽的考察；和③ 对所有行为、事件和结果的配对的效用评价有正确的认识（Simon，1986，1988）。

鉴于此，我们要考虑的第一个问题就是关于如何描述“有限性”本身的起源和性质之特征的问题。有限性是否与行为人过去记忆的局限性、或者确定对（预期）结果之偏好的能力有限性、或者其他任何事物有很大关联，跟这个问题有莫大的关系。或者，更激进地说，有限性是否是因为行为人的认知从根本上是错误的（如对环境的表述有误等等）？

262

现在，这套理论来到了一个不太明显却又十分关键的十字路口。一种选项（不幸的是，这种选项在经济模型中，特别是——但不限于——博弈论中过于常见）是在极其随意的状态下选择有限理性假设，而令人不解的是，这种假设十分适合作者所了解的数学和他想得到的结果。我们自己与那些公开指责这一做法之“规则”的人是处于同一阵线的。另一种选项需要承认人们施加于行为人所谓理性上的限制服从某种经验规则（empirical discipline）。毫无疑问，我们希望在这里提倡程序在科学上的稳健性，但不可避免的是，我们可能要遭遇到认识和行为“现象上”的多样性。换句话说，“理性”是否是“有限”的、是怎样受限的，可能要取决于所面临的决策问题、决策者所处的环境、行为人已有的学习技巧等等。因此，不可避免地要进行分类研究，虽然其名声似乎有些尴尬。不过，借用基思・帕维特（Keith Pavitt）提出的一个隐喻，这有一点类似于拿古希腊化学和现代化学做比较。前者建立在四种元素的对称性的基础之上，非常优美，但是其所依据的哲学原理却是毫不相关的，就我们今天所知来看，其原理基本上是错误的。后者看起来有些笨拙，有很多分类学的内容，而且在很长一段时间内（直到量子力学出现）都缺乏根基，但不可否认的是，从其描述能力和操作性来看，它都更为有力。

第二个主要问题与程序理性有关。就像上文中所定义的，给定“实际的”理性代理关系有边界，那么，我们在什么时候、在何种限度下能坚持假定行为人有一致的目的性和逻辑算法的一致性？[⑤] 大体而言，西蒙的方法就暗示着这样一种理论信条（它对于这种学习和问题解决过程所需的建设性程序的识别做出了重大贡献）。但是，即便是程序上的一致性也可能根本不是经验行为人（当然包

⑤ 注意，程序理性要求前面提到的所有“线性假设”（也有例外，例如状态依赖偏好）成立，还要求一贯的启发式搜索（例如，承认任何决策树上的评估规则至少会在概率上指向“正确”的方向）。

括我们!)的普遍属性。大多数社会学科中的很多证据也似乎是在指向同一个方向(后面我们会继续这一讨论)。

263 第三个相关的问题是,“有限理性”这个概念本身从一开始隐含着这样一层意思,即“完全理性”是潜在的比较标准。类推下去,这就意味着我们可能可以找到某种衡量标准来度量和评估“有限性”和动态的学习成果。在很多情形下,这一点能够得以富有成效地实现⑥,但是,在其他情形下,它可能是无法付诸实践的,甚至在原理上就讲不通。特别地,这适用于复杂功能空间中的探索和学习(就像经济学领域及其以外的很多问题往往都是如此)。⑦ 当然,对于很多涉及发现和/或适应新事物的问题而言,情形也是如此。

既然这些问题在演化环境中表现得十分典型,就可以得出一个推论,即我们可能需要大大超越“有限理性”这样一个受约束的概念,有限理性只不过是假想中的“完全”理性——在这种情况下,我们甚至不能给它精确的定义——的一个不完美的近似。

但是,我们还要面临这样一个问题,即我们该如何描述这种情况下的学习中的代理人呢?

3 演化学习理论的基石:认知和社会科学中的“特征事实”

我们提出,演化理论应该更多、更系统地应用其他认知和社会科学中的经验证据作为其对认知、学习和所采取行为之假设的“基石”,这种建议似乎有些激进。我们已经充分地认识到,这一观点几乎不可避免地会导致研究者放弃决策与选择理论的那些不变的公理。但是,用 R. Thaler(1992)的观点来看,这个问题可以简单地归结为在“模糊地正确”和“清楚地错误”之间进行选择:毫无疑问,我们支持前者(但是,Marimon(1997)却持相反观点)。

从这个角度来讲,纳尔逊和温特(Nelson and Winter, 1982)对作为演化模型的基本行为假设——惯例(routines)的讨论是我们所考虑的研究方法的一个很好的示例,不幸的是,随后的演化研究中并没有充分地继续这种讨论(有关这一领域中的最新讨论,请参见 Cohen *et al.*,1996)。

264 不过,经济学中的学习实证理论还可以借助很多其他领域的支持,包括认

---

⑥ 对问题解决探索过程之正式结构的更好的理解可以为我们提供更有意义的结果,例如,可以参见 Pearl(1984),Vassilakis(1995),Cohen and Bacdayan(1994)——这个研究富有启发性,而且是以经验为基础的,Egidi(1996),也可参见下文。

⑦ 例如,在 Dosi *et al.* (1994)中,我们考虑了相关案例中的数量和价格确定问题。

知和社会心理学以及人类学和知识社会学。

3.1 认知层次和问题的解决

学习过程的一个关键方面就是*认知*(cognition)——即决策者为了弄清楚某种过于复杂、难以完全理解的现实而形成并修正其对事实之表述的过程。因此,必须承认行为人的认知能力和"现实"(无所不知的观察者才能完全掌握现实)之间存在(并持续存在)系统性的差距。这样的差距至少会表现为两种形式,而这两种形式往往是相互关联的[⑧]:第一,*知识差距*(knowledge gap),包括对环境的不完全的、模糊的甚或是错误的表述;第二,在*解决问题*(problem solving)方面的差距,指行为人所面临问题的复杂性和他们完成这些任务的能力之间的差距。

由于这两种差距的存在,演化学习理论可以因为有关*认知层次和心智模型*(categories and mental models)之本质和变化的研究(Johnson-Laird(1983,1993)、Lakoff(1987)、Holland *et al.*(1986)和 Margolis(1987)提供了不同角度的研究,Mayer(1992)介绍了一些其他的新理论)而受益良多。如果我们承认任何一种"心智模型"观点,学习就不能再被简化为信息获取(可能还包括对信息的贝叶斯处理)的过程,而是要集中在新的认知层次和"世界模式"的建设上。经济学中只有少数几个明确地采用这一思路的研究:Tordjman(1996)试图用这个框架解释金融市场的动态变化,是其中一个较有意义的尝试(也可参见 Marengo and Tordjman,1996 和 Palmer *et al.*,1994)。

也有有力的证据表明,认知层次并不是轮廓鲜明的建构,其边界并不清晰,而是一道被置于完全相容的解释性模型当中。更确切地说,它们似乎会在某些被认为具有指导意义的"原型"周围表现出(在我们所有的头脑中!)因固有的模糊性而变得朦胧不清的轮廓线,而这些轮廓线在结构有问题的系统中被组织在一起,只是通过许多默认的层级在发挥作用(关于这些观点,参见 Lakoff,1987;Holland *et al.*,1986;Tversky and Kahneman,1982;Kahneman and Tversky,1986;Griffin and Tversky,1992;Marengo,1996;Margolis,1987;Marengo and Tordjman,1996 和 Einhorn and Hogarth,1985)[⑨]。

265

---

⑧ Heiner(1983)引入了类似的概念,他将之称为"C-D(能力-难度)差距"。在他的定义中,这种差距反映了行为人正确处理可用信息并做出可靠行为的能力是不完美的。Heiner 的 C-D 差距并不完全属于认知差距的范畴,但是,它却很好地抓住了其行为后果。

⑨ 直观上,"原型化"是很容易理解的:为了举例说明什么是鸟,你会拿麻雀而不是企鹅来当例子……但是,通过这个例子,我们也更容易理解在默认状态下边界和类别归属的不确定性与模糊性。人们会怎样看待鸭嘴兽呢?把它当做哺乳动物吗?或者,我们是不是应该创造一个新的单独的类别——卵胎生动物?Tordjman(1996)讨论了这类问题对经济判断和行为的含义。

3.2 架构与社会嵌入

通过架构(framing),信息被加以解读精练、成为对决策者的操作有意义的内容,而认知层次则是与框架构建的不同机制联系在一起,这一点已经是被反复证明了的(参见 Kahneman *et al.*, 1982; Borcherding *et al.*, 1990; March, 1994)。

实际上,架构似乎是决策和学习过程中普遍存在的特征。人们所理解的内容会经过其所拥有的认知层次的过滤,而要用到的问题解决技巧集合则取决于问题本身采取了何种架构。也就是说,架构效应会出现在决策过程中的任何一个阶段——影响人们对问题的表述、判断和行为的选择(参见 Kahneman *et al.*, 1982;有关专业技巧的激活模式,参见 Ericsson and Smith,1991)。

正如 James March(1994,p.14)所说:

> 决定所要研究的问题、必须收集的信息及必须评估的维度的信念框定了决策。决策者采取相应范式来告诉自己对某个问题应采取何种观点、应该提出什么问题、应该用什么技术来提出这些问题。这种架构集中了决策者的注意力,并简化了分析。它们将注意力指向不同的选项和不同的偏好。如果问题被设定为维持利润,所采取的决策是一回事;如果问题被设定为维持市场份额,所采取的决策又是另外一回事。如果某种情况被认为关乎"创新的价值"而不只是"因为会让人丢面子而重要",它也会导致不同的决策。

注意,在这一观点中,"架构"包括一套(未必是一致的)有关"问题是什么"和需要达到目标的信念、被认为适合于该问题的认知层次和一系列相关的可能行为集合。

此外,架构机制会出现在认知和行为观察的不同层面:它们会出现在非常基本的判断和选择行为中,同时也是社会经验和集体互动的一般性组织原则。 266

我们也能从直观上意识到架构过程和认知与行为的社会嵌入(social embeddedness)之间的联系。[10]

长期以来,社会学和人类学的文献(不管人们用什么名义来指称这些文献)中都认为架构——根据上面给出的广义定义——的基础是行为人的集体经历

---

[10] "社会嵌入"这个概念来自于当代经济社会学,有关这一概念,请参见 Granovetter(1985)和 Smelser and Swedberg(1994)中的一些作品。Tordjman(1996)中的相关讨论与我们这里提出的论点有非常密切的联系。

和行为人所处制度的历史。[11]

实际上,嵌入似乎经历了一段相当长的历程,甚至影响到了基本认知层次的理解和使用,例如人类采取诸如推论、一般化和演绎之类的基本操作的起因和过程本身(Lakoff,1987; Luria,1976)。

3.3 判断和学习过程中的直观推断

我们在前面提到过决策和学习过程中程序一致性(procedural coherence)的问题(这里重申一下,程序一致性与程序本身的复杂性——从记忆和计算能力的角度而言——截然不同)。有压倒性的证据表明,依赖经验的行为人广泛地使用直观推断法(heuristics),而跟"理性"决策理论模型的预测相比,这种方法很可能会导致判断和行为选择中的系统性偏差(参见 Kahneman *et al.*,1982; Kahneman and Tversky,1986; Slovic *et al.*,1989; Borcherding *et al.*,1990; Thaler,1992; Shafir and Tversky,1992)。

广义地讲,直观推断是引导——比如说——对问题的表述、判断和行动的方法、规则或标准,它们不仅包括简单的经验法则,而且还包括那些明显会涉及心智范畴的更为复杂的方法。

这里不可能对这一领域中的研究发现给出详细的描述(经典的参考文献是 Kahneman *et al.*,1982)。我们只是要回忆一下有关直观推断的几个方面,比如代表性(representativeness,即用其与某种原型或范本的距离来评价所有观测到的现象)[12]、可得性(availability,即"你所想的就是你所见的")和锚定(anchoring,初始条件,可能与问题提出的方式有关,也可能与行为人的经验影响最终决策的方式有关)。其他被观测到的现象——感动、归属感、代表、选择以及后者会带来的主观效用——包括现状偏差(status quo biases,在存在风险的条件下进行选择时,由于现状偏差的存在,在面临净收益时,人们是风险厌恶的,而在面对损失时又是风险喜好的——Kahneman 和 Tversky 将其正式化为"前景理论(prospect theory)")、过度自信(overconfidence)和控制感(illusion of control,与个人对自身能力的高估和对潜在相关外部信息的忽视相联系[13]),以及更为一般化的、与所有以效用为基础的不确定性下决策经典模型相比表现出来的系统性"不一致"。

267

注意,所有这些认知和行为规律都同样适用于(果断采取的)决策和学习过

---

[11] 在浩如烟海的文献中,很多社会学研究都受到了 Talcoot Parson 的作品或经典的 Pierre Bourdieu (1977)的影响;有关人类学研究,可以参见 Karl Polanyi(1944,1957)和 Glifford Geertz(1963);有关"嵌入"的讨论及其他文献,也可参见 Robert Edgerton(1985)。

[12] Tordjman(1996)讨论了这方面的猜测性预期。

[13] 参见 Kahneman and Lovallo(1993)和 Dosi and Lovallo(1997)。

程(例如,代表性直观推断会导致学习模式与贝叶斯预测不一致;而控制感可能会使得人们在面对不理想的结果时对信息进行删节,并强化其承诺)。

有一点是非常直白的,就是那些认知和行为模式公开地与“程序理性”相抵触——如前所述,程序理性是标准代理决策理论的充分必要条件。

还有一点很值得注意,那就是前面提到的各类证据在相当大的程度上来自于一些非常简单的实验,这些实验会提供相应的“正确的”决策理论式解答(即,程序上保持一致性,最大限度地利用可用信息,并与一些所设想的基本偏好公理相一致)。[14] 实际上,人们一直非常重视所有这一切导致的、相对于传统规范标准的偏差。但是,结合此类(非常重要的)用实验来证伪的做法,我们得到的印象是,在发展非传统认知和行动理论方面,人们过去所做的是不够的(Kahneman 和 Tversky 的“前景理论”是在整个更广阔的背景下的少数例外之一)。事情还不止于此:在相对简单的决策结构中出现的所谓“偏差”,可能会透露出人类决策者(无论是个人还是组织)在常见的其他所有真实的演化环境中的认知和行为的特征。毕竟,在极端情形下,人类文化的集体演化并不是来自于对不能预测之事的反复测试,而是有赖于相当分散化的多种经历,不过,这些经历都具有一些共同的、独特的特征,我们的认知和信念将会从这些特征之中找出一些未经证实的认识——从森林中的各种危险到亲戚的死亡,从亲属间突如其来的暴力到火的发现。[15]

268

3.4 内生偏好

这一节的内容与前面的观点之间的界限有些武断;实际上,前面提到的直观推断和行为模式往往伴随着依赖于状态的偏好。现状(status quo)偏差就是一个范例:参照点并不是什么不变的效用水平——不管是如何定义的——而

---

⑭ 附带说明一下,鲜有人会在此提及这样一个问题——遗憾的是,我们在这里也不能讨论这个问题,那就是,决策和学习的“理性”是应该在整个过程中发生的每一步按程序进行评估,还是要将这个过程看做一个“黑箱”,只是根据最终(预期效用/显示偏好)结果的一致性来进行衡量。这个问题有些类似于“as-if”式的讨论,也接近于心理学中“行为主义者”和“认知论者”观点间的争论(不管是较为“激烈”的 Chomsky 式的争论,还是较为温和的 Johnson-Laird 或 Lakoff 式的)。我们并不赞同某些经济学研究者傲慢地、随便地从一种方式转换到另一种方式的做法。但是,要注意,直观推断等实验的结果,会对这两种观点的持有者论证标准理性带来同样的不利影响。例如,我们可能不仅会发现存在“认知不协调”,而且所揭示出来的行为也会表现出“悲观主义”(!)、而不是效用的“最大化”(Herrnstein and Prelec,1991)。

⑮ 就我们(有限的)所知,只有少数的解释性文献试图去说明“理性偏差”非常有助于解释认知模式,Margolis(1987)是其中一例。另外一篇文献(Dosi and Lovallo,1997)也秉承了理性偏差不应该被作为反常现象而简单地将其忽视的理念,提出它们在实际上可以在集体演化中起到关键的作用,至少对某种特定的偏差来说是如此——即,过度自信和控制感。也可参见下文。

是“……在 $t-1$ 时刻,我在何处、我有什么,等等……”。[16] 此外,已有文献证明,问题的架构决定了显示偏好(市场营销领域中有大量文献的结论都指向这一点,而若想了解具有特殊关联性的实验,可参见 Kahneman *et al*.(1990)和 Milgram(1974),后一篇文章中的实验与权力关系有关)。

内生偏好往往来自于想减少遗憾和认知不协调的努力(参见 Festinger, 1957):也就是说,就好像 Dosi and Metcalfe(1991)引用 20 世纪 60 年代前一首流行歌曲的歌词、开玩笑地所说的那样,“如果你不能跟你所爱的人在一起,就去爱跟你在一起的人吧!”当然,最后,偏好的内生性可能是来自于社会中的模仿和其他形式的社会中的相互作用(例如凡勃伦所说的“炫耀性消费”和“虚荣效应”等;对此问题的早期讨论,参见 Leibenstein,1950)。[17]

269

3.5 集体信念、行为和学习

大体而言,在此之前我们所说的有关认知、判断等的内容也适用于一切个体行为人可以被近似地认为是像互相隔离的实体那样行动的结构之中(当然,尽管他们都有着完整的社会化经历)。不过,其他的环境明显一定是社会化的;多个行为人的共同决策(例如“团队”的要求)、经济组织和其他机构都属于这一类型(更详细的讨论,参见 March,1988a,1988b,1994)。

要对这一领域中繁多的出版物进行全面的回顾,也很难取得成果。我们在这里只是给出一些评论。

第一,证据表明,如果说有什么的话,那一定是集体决策过程会倾向于强化集体信念、行为和学习过程,而抑制前面所提到的判断“偏差”(比如说,通过某种类似于“大数定律”的规律)相反却并不会产生强化的效果(Lovallo,1996; March,1994)。

第二,信念、行为和结果之间的关系是“不透明”的,这使得第 2 节开头所概括描述过的传统的线性序列不再适合用来描述多个行为人的选择问题。相反,Purkitt and Dyson(1990,p.363)中的观察却与一般情形契合得相当好,他们——描述了古巴导弹危机中的决策过程——注意到,“信息与对问题和问题相应的感觉之间”一般都缺乏一种“明显的联系”(!)。与此相反,典型的决策过

---

[16] 当然,这显然是与所有标准的、以效用论为基础的决策理论方法相抵触的,在标准方法中,偏好被认为是根据水平而不是依赖于历史的变化来定义的,而且,偏好发生变化的时间大大长于决策和随机“自然”事件发生所需的时间。

[17] 在经济学领域,偏好形成的经验研究曾是 20 世纪 50 年代至 60 年代间一个非常活跃的研究领域(参见 Katona,1951,1968),但是,新一代的信奉预期效用理论的研究者们却绕开了这个话题。只有很少的当代文献讨论这类问题并建立了处理问题的正式模型,参见 March(1988a,1988b)、Akerlof and Dickens(1982)、Kuran(1991)和 Brock and Durlauf(1995)。

程——以及典型的动力学习过程——可能与垃圾桶模型(garbage can model)相当契合(Cohen *et al.*,1972)。也就是说(p.20):

> 垃圾桶过程假定没有外生的、会依据时间出现的选择机会、问题、解决方案和决策者。问题和解决方案附着于选择之上,也因此是相互联系的,这不是由于手段与目标之间的固有联系,而是因为它们在时间上是接近的。例如,在极限状态下,几乎任何的解决方案都是与任何的问题相结合的——假定它们是在同一时间被唤起的。

第三,多重(也可能是互相冲突的)信念、目标和身份可能会导致系统性的决策不一致,而这类环境中的学习和适应过程很可能会"路径依赖式"使这些不一致性本身得到加强(March,1988a,1994)。

所有这些都适用于组织的个体成员和组织整体本身具有多重目标的情形(相关的更为详细的讨论请参见 Dosi,1995a)。 270

3.6 规则、组织惯例和能力

更一般地讲,组织学习(organizational learning)的问题包括对组织规则(rules)和行动模式(action patterns)[18]随时间变化之过程的理解。这里,来自组织研究中的相关证据——即使还远称不上"没有瑕疵"或毫不含糊——都表明,组织虽然是相当不活泼的行为实体,但是在外部逆境或者内部冲突的压力下也能够改变(会表现出路径依赖)(这一领域有大量的已发表的文献,可以参见 March and Simon,1958;March,1988a;Nelson and Winter,1982; Levinthal,1996b,1996a)。从这个角度来讲,识别组织惯例(organizational routines)的本质(即组织环境中重复发生的、往往是十分复杂的、接近于自动化的行为模式)及其变化就成为一项特别重要的分析任务;在我们看来,惯例的发现、确立和修改实际上是组织学习的一个基本组成部分(有关所有这些问题,参见 Cohen *et al.*,1996)。因此,可以说惯例会存储并再生产出相当数量的组织解决问题的能力,以及组织在发展过程中习得的管理成员间潜在利益冲突的模式(Nelson and Winter,1982;Coriat and Dosi,1995)。

3.7 走向代理关系和学习的"演化"观?

以上我们简要提及的各种发现、猜想和"特征事实"之间存在深刻的联系。事实上,我们敢说,最终,这些内容都会被很好地容纳于某个代理关系和学习的

---

[18] 注意,如果"规则"是指组织中明确地加以说明的操作程序,而"行为模式"是指组织的成员在实际中的所作所为,这两点可能完全不一致。

“演化”观之中，虽然这种观点尚未完全形成。不过，我们已经可以开始讨论该观点的一些基本特征了。[19]

271 如我们所见，这样一种观点会包括以下“基本模块”：

• 强调认知层级和心智模型之动态变化的认知基础；

• 以直观推断作为决策和学习的一般过程；

• 就解释性模型和决策规则而言，存在环境依赖（context dependence）以及相应的社会嵌入；

• （可能会不一致的）目标和偏好具有内生性；

• 凭借自身力量的组织是行为实体（behavioral entities，组织的持续存在和学习模式无疑也取决于组织成员的所做所学，但后者并不能完全代表前者）；[20]

• 倾向于引导问题表述和行为（不完全地）的学习、适应和发现的过程，包括（或主要是？）发生在持续变化的环境中的问题表述和行为（因此，即使人“不可能在同样的河流中游两次泳”，他/她还是会试图对河流本身确立某种有力的表述方式，并对游泳做出直观上的判断）。

我们可以很容易地理解，这种观点与传统的决策理论观点存在根本性的分歧。

第一，它放弃了“小世界”假设；实际上，它的核心是某种开放世界（open world）假说（世界中，天地之间有比任何人的人生观都更多的东西——因此，人们总是会面临令人惊讶的事物，人们试图在这样的世界中生存并希望活得有意义）。这一观点显然有一个缺陷，那就是，在实践中、从本质上讲，不管是我们想要描述的行为人也好，还是理论家也好（只要不是可以就所有可能的历史无限地积累知识的神[21]），都不能给“理性”决策过程是什么下一个定义。实验证据验证了上述的假定，实际上，即便在某些时候的确存在理性决策，而且相当简单，我们中的大多数还是会背离这个过程。不过，这些“偏差”可能正是我们在本来就存在知识缺口和问题解决方法缺口的环境中试验性地确立认知层次、寻找直观推断和决策准则之方法的珍贵迹象。这个观点的优势在于，人们还可以272 对似乎不太可能的、推测性的思想实验（thought experiments）中的认知层次进行重新组合，用 March *et al*.（1991）中的话来说，是“从一个或更少数量的样本中

---

[19] 我们之所以称其为“演化观”，是因为它在经济学中兴起的时候是与演化研究相吻合的。其他学科很可能会用不同的标签来定义相同的观点。例如，我们在这里称为“演化”的内容，可能与认知心理学和人工智能科学研究中的“适应性学习”及“心智模型”在很大程度上是重叠的。也可参见下文。

[20] 事实上，Dosi（1995a）将这一论点推向深入，并提出，对于很多研究目的而言，制度而不是个体的“理性”和偏好应该被当做分析的基础。

[21] 注意，这个无限完备知识的条件并不只适用于真正的演化世界；只要在某个环境中，给定的并为人所理解的基本运动规律表现出非线性、并对初始条件敏感依赖——例如混沌动力学，这个条件也同样成立（Dosi and Metcalfe（1991）和其中的参考文献对此有一些更深入的评论）。

学习”！

第二，在我们看来，演化观点并不遵从任何程序上的一致性；它把理解充满错误的发展过程作为关键性的分析任务，而不是把认知和行动的规则装在黑箱里。

第三，它默认了公理化路径——即一般性的描述理论——的失败，并选择了一条没那么优雅的建构理论（constructive theory）路线，因此几乎毫无疑问地要沾染上现象学的规范和限制。

社会经济变化的“演化微观基础”研究中存在很多的挑战和巨大的困难，这对于每一位读者来说都是显而易见的。而因为相关社会学科（例如心理学、社会学等）中可靠的分类系统、模型和可以一般化的“过程经历”往往非常缺乏，这些困难又进一步被放大了。实际上，在理想条件下，为了建立微观经济假设，有演化/制度主义趋向的经济学家应该能够从这些学科中得出一些“零级”（level zero）的、相当近似的属性——例如，有关认知、社会适应、集合学习等。[22] 不幸的是，这几乎从来都没有成为现实。更糟糕的是，我们看到，正统的决策理论公理已经严重地入侵到了许多其他社会科学软弱的腹地之中（其结果，人们发现，分娩、投票行为、毒品上瘾以及——无疑，马上就会有——阴部扣锁法成为有远见的理性选择的均衡结果……）。[23]

273

不论是要以何种方式完成经济学对代理关系和学习的研究，该研究都一定不会只是在单纯地应用“特征事实”和其他学科中的可用原则。对我们而言，当务之急是将我们在研究演化过程之微观基础时所遇到的大量的谜题呈现给其他学科的研究者们，并在可能的情况下学习他们的某些研究技巧。[24]

相对于全面的综合研究而言，从某种基本的分类学研究开始，可能更为有

---

[22] 这有一点类似于物理学和化学之间的关系，可以说，量子物理学提供了化学规律的所谓“微观基础”；或者可以更中肯地说，有些类似于化学和生物学之间的关系。虽然我们不可能仅是从化学规律中推导出牛是什么的概念，但是，至少对牛的描述应该是与化学规律相一致的，在最理想的情况下，化学规律应该能够为牛发展的建构理论提供“零级”基础。Fontanna and Buss（1994）对不同生物组织不同层次的生殖过程做了精深的讨论，其讨论可能对我们这里所关心的问题有一定的参考意义。

[23] 在这里，我们不可能来讨论这种现象出现的原因，而这些原因一定是与其他因素一起发挥作用的，包括：当前认知论对那些原则的放松；假设明显强化并十分精简，而“经济学帝国主义”占据了优势地位（这又使得出现严格错误的可能不可避免）；最后、但并非最不重要的一点，社会中的时代潮流使得今天“明显而直接”地成为效用最大化行为的解释因素，而在三个世纪以前，美德/诱惑/神谕（Divine Providence）引导人的行为。（就后者而言，Hirschman（1965）介绍了一幅有关现代文化历史的大幅壁画，全面地讨论了加里·贝克尔及其信徒的观点；更近一些时候，Hodgson（1988）讨论了相同的学科主题；Barron and Hannan（1994）讨论了目前经济学和社会学之间的互相交换；还有一些作者对这些主题中的观点进行了较为详细的概括，如 Dosi（1995a））。

[24] 如果把这些问题列出来，篇幅显然会是很长的：例如，这份列表会包括，个人和组织学习过程中可能的不变性、认知和行动“规则”的本质和演化、对个人行为之社会嵌入的更深入的说明。Cohen and Bacdayan（1994）和 Egidi（1996）对惯例和学习的讨论是我们所设想的跨学科研究的很好的例子。

用、也更为谨慎。

4 学习过程:分类研究和探询式理论

说学习的前提是所知道的比理论上能知道的要少,这只是同义反复而已。当然,对学习过程最简单的表述——所有受过经济学培训的人都很熟悉——使用的是对信息分割的改进、更新概率分布、估计某种模型的参数或对竞争模型的统计一致性比较等字眼。

但是,如果我们接受上文描述的有关认知和问题解决的观点,就还需要打开"程序的黑箱",并在不同类型的问题和学习背景中描述不同的学习过程。下面,我们将从一些互为补充的角度来研究学习过程。

4.1 实质性的和程序的不确定性

观察学习过程的一种角度是从认知和问题解决复杂性(cognitive and problem-solving complexity)的水平以及复杂性的原因出发。

有必要区分两类不同但是却相互联系的让问题变得"困难"的原因,而这个分类与我们早前所区分的知识差距和解决问题方面的差距是相似的。一般而言,知识差距产生的原因是环境与行为人关于环境的模型之间缺乏同态性(isomorphism)。这就是所谓的——Dosi and Egidi(1991),沿袭自赫伯特·西蒙——实质性的不确定性(substantive uncertainty)。相应的,我们也可以进一步区分弱不确定性(即可以用概率分布来描述的风险)和强不确定性,后者涉及真实的屈指以及完全描述环境结构的行为人心智模型的固有缺陷。

274

相反,问题解决方面的差距所伴随的是不同程度的程序不确定性(procedural uncertainty),它可能伴随也可能不伴随实质性的不确定性(表 9.1 对这些分类进行了概括)。这种区别是显而易见的,例如,考虑魔方这类谜题。在这里,问题的结构相当简单,规则是已知的,没有实质性的不确定性:但是,解决这个问题本身是一项困难的任务,其中涉及相对复杂的分解问题的技巧和精密的逻辑技巧(Dosi and Egidi,1991)。相同的考虑因素也同样适用于定理证明等活动,而——更接近于经济学家所关心的话题——对于许多跟技术创新相关的任务来说,新产品和新流程的设计与实践也适用。

这种区别还可以帮助我们解释相关的学习过程会表现出某种不同性质的事实。在存在程序不确定性的情况下,学习过程主要集中在问题解决技巧的发展和直观推断上。

表 9.1　实质性的和程序的不确定性:问题的分类

275

<table>
<tr><td colspan="2">实质性不确定性
程序不确定性</td><td>确定性</td><td>“弱”不确定性
(风险)</td><td>“强”不确定性</td></tr>
<tr><td colspan="2">确定性</td><td>微不足道的最大化问题(例如,在确定赢得1美元和确定损失 1 美元之间进行选择!)</td><td>彩票以及标准的不确定性条件下决策理论所考虑的大多数其他结构</td><td></td></tr>
<tr><td rowspan="2">程序
不确定性</td><td>决策树是有限的</td><td>魔方一类的谜题</td><td>大量的博弈论问题;静态环境中相对简单的经济决策</td><td></td></tr>
<tr><td>决策树是无限的</td><td>定理的证明;
在已知的物理/化学原理的基础上进行技术创新等</td><td>无法使用递归方法计算的博弈</td><td>演化环境中的适应和创新</td></tr>
</table>

相反,如果后者可以被简化为非常简单的、为人们所充分理解的算法规则,但不确定性却主要是实质性的,那么,学习过程基本上就集中在问题的表述和架构上。[25]

4.2　学习和“适合性逻辑”

我们已经提到,在大多数情况下,知识差距和问题解决方面的差距是相互关联的。

首先,它们可能会同时出现在演化环境中;创新将会连续出现的可能性意味着“强”的实质性不确定性,这是一个合乎逻辑的假设,但是,相应地,这个假设也意味着系统性的程序性不确定性。(我该如何面对一个改变了的环境?我自己又该如何创新?)

此外,心理学的证据表明,有关问题“结构”的知识和我们的问题解决能力彼此之间会产生强烈的相互影响:我们理解问题结构的方式在很大程度上取决于我们所使用的问题解决技巧之类型,反之亦然,我们所发展出来的问题解决技巧是由我们架构问题的方式塑造的(Lane *et al*. (1996)对有关特定表述和特定专业技能之间的相互纠葛进行了讨论,该讨论与这里所关注的问题紧密相关)。

276

这种现象暗示我们,决策和学习具有一种更具一般性的属性,March 将之称为适合性逻辑(logic of appropriateness)。在作为原型的决策过程中,决策是在

---

[25] 要顺带提及的是,要注意标准决策理论工具包处理的主要是实质性不确定性(“弱”不确定性的情形),但是,它较不适合用来处理问题解决程序的学习。

对各种选项会对效用产生的影响进行评估的基础上做出的(即"结果逻辑",logic of consequences);与之相反,根据适合性逻辑(March,1994,pp. 57—58):

> 个人和组织根据身份行事,他们遵守在他们看来适合于具体情况的规则或程序……他们在正常情况下所持的偏好和对未来结果的预期都不会直接进入他们的算法……
>
> 可以想象,决策者被(明确地或暗示性地)问到了三个问题:
>
> 1. 有关识别(recognition)的问题:这是哪种类型的情况?
>
> 2. 有关身份(identity)的问题:我是哪种类型的人?或者这是哪一类组织?
>
> 3. 有关规则(rules)的问题:像我这样的人、或者同类组织在这种情况下会做什么?

注意,按照我们这里定义的适合性逻辑,学习的一个很重要的组成部分就是理解适合的规则并将之付诸实施,并——更广义地讲——带来身份、问题表述和规则的共同演化。

我们相信,适合性逻辑确实反映了有关个人和组织行为的大量内容,而我们的一个结论就是,将这个逻辑正式引入演化理论的构建是眼下的当务之急。

4.3 信息、知识和学习[26]

对当代演化理论做出过贡献的很多人都对信息和知识做了根本性的区分。前者是对有关① 世界的状态(例如"天在下雨")、② 自然属性(例如"A 导致了 B")、③ 其他行为人的身份(例如"我认识 X 先生,他是一个骗子")和④ 明确的如何做事的规则系统等内容做出的表述恰当、系统化的陈述。[27] 相反,我们在这里所定义的知识则包括① 认知层次、② 对信息本身的翻译规则、③ 隐含技巧和④ 无法化简为定义明确的算法规则的调查和解决问题的试探性方法。

因此,举例来说,对费马大定理(Fermat's last theorem)的长达几百页的证明会被标志为"信息"。我们已经说过,实际上只有几十位数学家具有理解和评价该定理的知识。另一方面,如果把相同页数的信息摆放在黑猩猩面前,它可能

277

---

[26] 这一节主要引自 Dosi(1995b)。

[27] 这四组内容与 Lundvall 对就什么、为什么、谁、怎么样的所知进行的系统化分类一一对应(Lundvall,1995)。

只是想要吃掉这些纸;而大多数人则是会处于这两个极端之间[28]……与此类似,一本关于“如何生产微处理器”的手册是“信息”,而知识则是指读者已有的、理解并执行手册中所包含的各项指令的能力。此外,根据这里的定义,知识包括隐含的、有些无意识的技巧,例如操作某台特定的机器或者驾驶汽车赶上另一辆车(不需要先停车来解出合适的微分方程组!)。

最后,它还包括“想象力”以及定义不明确的搜寻规则,这在科学发现的大多数活动以及技术和组织创新(例如,证明一条新定理、设计一种新型汽车或找出金融市场上出现的某种新骗术的行为模式)等活动中都存在。

根据这个定义,知识在不同程度上是隐含的,至少行为人本身,甚至是久经世故的观察者也会发现很难清楚地描述信息编码、行为模式形成、问题解决等的程序序列。

事实上,就像温特(1987)所指出的那样,隐含的不同程度与其他维度一起(参见表9.2)提供了一种对不同类型的知识进行分类的标准。

278

表9.2 知识资产的分类标志

隐含的	——	可以用语言表达
无法教授的	——	可以教授
无法用语言表达的	——	已经用语言表达过
无法在使用中观察	——	可以在使用中观察
复杂的	——	简单的
系统的一个元素	——	独立的

资料来源:Winter,1987,p.170。

从这个角度来讲,学习有三种互相关联的含义。

第一,它可能会包括——和传统观点的看法一致——获得更多的信息(取决于正确解释信息的能力),这一点相当明显。

第二,它伴随着各种不同形式的严格意义(stricto sensu)上的知识增加(这很可能与是否获得了新的信息无关)。

第三,它可能会涉及以前存在的隐含知识的表达和系统化(在这里,学习包括所谓的“比你所知道的掌握得更多”)。

---

[28] 这一论点与所谓的(后凯恩斯主义)Shackle-Vickers观点在很大程度上是重合的,根据Shackle-Vickers观点,无知是经济生活中的一种事实,其原因在于人不能预知未来(参见Shackle,1955,1969和Vickers,1986)。因为未来的某些方面是人类今天的活动所导致的,意料之外的事物会——而且常常会——出现(Davidson,1996)。这个想法正是Shackle最重要的实验分析的核心:如果一项决策会永久性地改变经济环境,以至于相同的条件不会再重复出现,这项决策就是关键性的。Katzner(1990)也借助企业行为强调了这种行动过程的“独特性”,这种独特性是与决策的不可逆转性这个概念严格相关的(参见Lesourne,1991)。

特别的，这第三方面在近期引发了一场激烈的辩论，辩论所围绕的主题就是新型信息技术是否加快了知识系统化的步伐，是否从根本上颠覆了当代经济学中“信息”和“隐含知识”之间的相对重要性（关于这一点存在不同的观点，例如，可以参见 Foray and Lundvall（1996）和其中收集的一些文章以及 Hicks（1936））。

4.4 知识积累和创新的探询式理论

我们已经谈论过的大多数问题——关于决策、知识、学习过程等等——都具有某种水平的一般性，这使得我们的主张非常接近于演化环境中有关认知和代理理论的主要基本问题。但是，具有演化主义倾向的学者在近期将很多（具有高度互补性的）努力投入了以经验为基础的“探询式”理论（使用 Nelson and Winter（1982）的定义），在技术和组织学习领域中尤为显著。因此，在广义的“创新经济学”领域中，关于经济体中的知识增加和传播的过程的多样性，我们所知道的，比 30 年前要丰富得多；相关的主要文献包括 Christopher Freeman（1982，1994）、Nathan Rosenberg（1976，1982，1994）、Keith Pavitt（1984）、Richard Nelson（1987，1993）和 Paul David（1975，1985）。

（探询式理论的）第一个主要属性（这一点对于非经济学家来说可能并不出乎意料，不过它具有深远的分析方面的含义）就是不同技术和不同部门中学习方式和知识来源的多样性。例如，在某些活动中，知识主要是通过非正式的“干中学”和在与顾客、供应商的“交往中学习”等机制积累起来的。在其他活动中，可能会涉及一些更为正式的搜寻活动（例如在研发实验室中采取的行为）。在一些领域，知识主要是内部生产的，并且具有专有的特定用途。而在其他一些领域中，知识则更多地直接来源于学术研究和科学进步。近期的研究表明，学习模式的多样性可能是行业结构（例如，企业规模的分布、企业的出生率和死亡率、企业多元化等）演化模式多样性的主要决定因素。

279

要从“解剖学”意义上理解当代的生产和知识积累系统，其中一个很重要的步骤会涉及分类学方面的工作（例如 Pavitt，1984），以便将根据其创新性知识的来源和典型的创新程序详细地描绘各种类型的技术和部门。同时，也有人试图找出不同技术、不同学习模式（“技术范式”、“体制”和“技术轨迹”等这类概念都属于这一分析范畴）和这些模式的描述性指标之间可能具有的某种共性（例如 Dosi，1984）。相应的，与每一种技术范式相联系的“创新机会”水平、技术进步所表现出来的“累积”程度等变量对于解释人们所观测到的特定创新“轨迹”之决定因素也特别有用（Malberba and Orsenigo，1996）。

第二，在现代经济学中，企业是主要的、却不是唯一的*知识库*（repositories of

knowledge)。个体的组织各自具有解决问题的专有方法,而且这些方法往往很难在其他组织中进行复制,甚至在组织内部也难以复制。因此,组织知识——如前所述——在很大程度上是存储于操作程序("惯例")和更高水平的规则(例如,"当事情发展有误时该做什么"或者"如何改变较低层次的惯例"等)中的,而这些程序和规则是企业在生产、研究、营销等领域解决问题时制定出来的。

从动态角度看,技术知识的修改和增加一部分是在企业内部实现的,另一部分则是通过与其他企业(竞争者、用户、供应商等)和其他机构(大学、技术协会等等)的交往实现的。在这些领域,已经有越来越多的有关组织潜能和能力的文献在研究特定组织惯例集合与组织知识和公司战略的类型之间的联系(参见 Teece and Pisano(1994)对《行业与公司变迁》(*Industrial and Corporate Change*)关于这些问题之特刊的介绍、Lundvall(1996)、Winter(1987,1988)、Montgomery(1995)以及 Dosi and Marengo(1994)中一些更为理论化的讨论)。

280

第三,根据前面谈到的技术学习的本质和企业整合知识的方式所具有的各种属性,一些学者已经开始探索采用一种明确的共同演化式的观点,认为组织和制度的本质塑造并制约着技术知识的积累,而知识需求则起源于组织和制度,技术知识的积累可能会引发公司组织以及更广义的制度的变化(Nelson,1994;Kogut,1993;Coriat and Dosi,1995)。

4.5 从探询式理论到正式模型

正式理论又能在多大程度上抓住前述的有关集体学习的"特征事实"、类型以及以历史为依据的概括性原则呢?

为了找到答案,让我们把前面提出的有关分类的直觉重新用一种更接近于模型化解释的语言进行表述。

回想眼下本文开头提到的决策过程的正统步骤(即表述、判断、选择、行动、结果)。在用来说明学习过程的时候,这些过程中的每一步骤都定义出某种探索的状态空间(state-space)。相应地,不同类型的学习模型可以根据学习所发生的状态空间的不同维度加以区分。

4.6 学习过程的对象和状态空间

学习是关于什么的?

学习的对象(objects of learning)主要有四种类型:① "世界的状态"(跟与自然的博弈中的定义类似)、② 其他行为人的行为(与策略博弈中的情形类似)、③ 如何解决问题(此时学习的对象不是预测而是设计规则)和④ 自身的偏好(即行为人要学习所谓的自身特征和身份)。

第一点要注意的是,完整的演化模型(尚未出现)应该能够考虑所有这四类对象,而且——更有甚者——能够生成有关不同学习过程间相互联结的动态变化的、可以经得住经验检验的假设来。

第二,不同的学习对象很可能还会包含不同的搜寻和学习机制(据我们所知,关于这个问题,目前还没有可靠的一般化解释;这是另一个需要和认知心理学家、社会学家等专家一道将其拣选出来讨论的问题)。

281 一般假定会出现学习的状态空间所具有的维度可以正式地表述为① 对世界的表述或模型空间、② 给定模型的参数空间、③ 行动空间和④ 已实现绩效结果空间,而这种学习对象的分类部分地与之相对应。[29]

在最前面的情形中,学习被解释为一种搜寻行为人所处环境的更好表述的过程。行为人被认为明确地(比如心理学和人工智能科学中的以规则为基础的模型中)或暗含地(如在联结主义模型(connectionist models)中)掌握着环境模型,而学习被定义为是对模型本身的结构性修正(而不仅仅是参数的微调)。注意,在"更好的表述"这个短语中,更好(better)可以具有两种截然不同的含义:它可能是指更好的执行模型——即产生更有效的行为,也可能是指知识更为渊博的模型——即能够产生对环境状态更好的预测。如果"更好"是指"更好的执行",行为人就会被假定为仅根据其所能得到的报酬调整行为;假若一种完全错误的表述会在实际经历的世界之状态下意外地产生有效的行动,那么,尽管某个"几乎"正确无误的表述非常"接近于"真实模型,但它却只能在某种同样的状态下产生较不有效的结果,我们还是不得不更偏好于那个错误的表述。但是,如果"更好"是指"更好的预测",同样的问题也会出现,不仅因为——同样的——相比于预测水平更差的好表述,人们会偏好能产生好预测的坏表述,而且因为对于什么是好预测的理解就取决于模型本身。例如,当世界的状态从 s_i 变成 s_j时,若某个行为人的信息分区中 s_i和 s_j属于同样的类型,他/她就可能不会认为状态发生了变化,因此,行为人就会认为该模型并没有降低自己的预测能力(也可参见下文)。

在参数空间中的学习假定有关世界之模型的功能结构是给定的,并且与真实情况等价,或者至少是同构的,学习只是改进一些未知参数的估计。一个典型的例子就是贝叶斯式学习,其中,正在学习的行为人会在一个给定的、不变的、构成真实世界一部分的范畴中更新他的概率估计。

㉙ 此时,人们排除了——跟大多数正式文献所做的一样——目标和偏好之间的内生变化,从这个意义上讲,与前述分类的这种对应关系也是不准确的。

相反,在行动空间中的学习假定对世界的表述要么是不变的,要么根本就不存在。正如我们将会看到的,其典型情形就是简单的刺激-反应(stimulus-response)学习模型和大部分的演化博弈模型,其中学习被简单地解释为可选行动之空间中的选择过程。 282

最后,学习可以被解释为已实现绩效结果空间中的动态过程,该模型不会去描述实际的学习过程,而只是用绩效参数空间来描述其结果。典型的例子是技术学习模型,其中的学习是生产率系数空间中的随机过程。

很明显,①包含着②,②又包含③,③又包含着④:表述空间中的学习也包括在给定结构中进行参数估计的可能和在可能行动中进行选择的过程[30],而且——显然——会导致绩效结果空间中的某种运动。因此,那些还停留在较高级的描述层面上,并且不明确讨论"更深刻"的认知搜寻和行为适应过程的建模策略,要么会假定后者已经被"解决"了(例如,已经找到了"正确"的信息分区),要么会更为节俭地假定——承认这些较低层次的相关性——模型采取"简化形式"。

4.7 学习过程的范围和约束

给定学习的基本对象,或者用更正式的语言说,给定学习动态过程所处状态空间的维度,我们会假定学习过程本身的范围会受何种约束呢?

这里,在一开始所有行为人就可以接触到的固定的可能性选单中的搜寻/适应,与在总是有可能发现真正的新事物的开放式动态过程(open-ended dynamics)中的搜寻/适应之间是有区别的,而这一区别至关重要。正如我们在下文中将会说明的,这一区别是各种可选建模框架之间的十分重要的分水岭。

如果在一开始就已知学习集合中的所有概念性元素,就可以假定行为人会对每一元素及其结果都给出相应的概率,因而可能会使用某种推断程序以调整其行为(这里,基本的研究范式是贝叶斯模型)。或者,可以假定一个静态的环境,仅是知道群体内所有可能的行为,就可以描绘出整个环境的景象,而此时可能很难定义在实际中推动适应过程的动力及相关的均衡("演化博弈"的哲学与这一精神非常接近),这种假设往往也可以达到相同的效果。相反,只要新事物会持续出现,对概率的更新就可能会成为十分不妥的学习步骤,因为惊奇和出乎意料(实际上,是不可预测)的事件会不时涌现,已经不能有效地划分状 283

[30] 注意,行动可能被认为是表述的一部分,例如,当表述被解释为条件-行动规则时就是如此。

态空间。[31]

与此相对应,在以群体为基础的适应框架中,新事物系统化的出现也意味着,报酬矩阵在不断扩张,而其与新事件和新策略之间的相互作用会使该矩阵持续变形。[32]

4.8 学习的机制

在常见的用法中,“学习”这个概念本身意味着存在某种参照标准来衡量认知、预测能力、由集体评价的绩效、私人评估的效用等方面的“改进”——不管是如何定义的。

可以大体假定那些相同的标准就是推动学习过程的标准。即便如此,人们还是很可能会发现在实际中还存在迥然不同的机制(相应的,也存在截然不同的正式的“运动规律”)。例如,“学习”可能就只是对群体层面上的选择机制进行简略的特点描述,通过该机制,具有不同行为、组织或技术特征的实体(例如,在经济学中是企业)进行差异化的再生产。或者,学习可能意味着由刺激-反应调整所推动的适应过程,而没有任何明确的基础认知过程。或者,它还可能是以行为人所特有的预期机制、信用的内部关联等为基础的。在对学习对象最简单的描述中,这三类动态过程很可能是(渐近)等价的,它们也可能在简单的学习过程中、在有限时间(finite-time)属性上表现出重大差异,在更复杂的演化环境中,发现和适应的长期结果更是如此。

就建模框架而言,一个极端是,刺激-反应适应过程(有或没有环境选择)意味着行为人没有什么明确的“推理”、记忆或推断法则来引导他们根据行动结果修正未来的决策规则。在另一个极端,行为人可能被看做是有远见的、最佳可用信息的使用者(至少在他们的有限能力许可的范围之内如此)。

285

在一些特别简单的情形下,可以证明这两种明显相反的学习机制会产生相同的极限结果(这往往看起来有些类似于对老鼠实行电击会导致老鼠的行为趋近于那些面临同样环境的、具有“理性预期”的老鼠预期会采取的均衡行为)。[33]

但是,在大多数其他结构中,对学习机制的说明的确会大不相同:很不幸,在这个领域中,根据我们的知识,人们还没有什么在经验上可靠的一般性结论

---

[31] 概率决策过程允许在信息分区中引入“宇宙的互补品”(即“所有其他事件”)以使分区闭合,但是,在存在真实的新事物的时候(即,有“强”的实质性不确定性,如上定义),要为一个连决策者也无法想象的、没有边界的事件集合假设相应的概率分布就是不合理的,也是过于牵强的,这一点是毫无疑问的。有关主张用非概率方法处理不确定性的学者和概率论范式的支持者之间的争论,也可参见 Dubois and Prade(1988)和其中的参考文献。

[32] 在生物学模型中,这对应于无法在事前确定其适应性最大限度的内生环境。

[33] 这恰好是 Lucas(1986)在提出理性预期假设时所使用的趣味性行为证据。

能够被很容易地翻译为正式模型的假设。

根据前面提到的各种区别,表9.3对目前建模文献的每一流派的示例做了示意性的分类。用正式的语言来说,学习过程中的这些区别可以被看做是在统一基本表述基础上的变化和限制。这是我们在下一节中将要做的事情。

5 一个基本的模型及各种详细讨论

让我们考虑这样一个标准的决策问题,行为人所面临的环境属于一个由基本结果构成的可数集合:

$$S = \{s_1, s_2, \cdots, s_i, \cdots\}$$

在大多数相关的经济学问题中,行为人并不知道整个世界状态的集合S(对其中的因果关系所知更少),但是,他会对其有一个不准确的、片面的表述:

$$\Theta^t = \{\vartheta_1^t, \vartheta_2^t, \cdots, \vartheta_j^t, \cdots\}$$

其中$\vartheta_j^t \subseteq S$而且$\Theta^t \subseteq 2^S$。

每一个ϑ_j都包括ϑ_j中的一个或多个基本结果发生时,行为人认为可能的或不能清晰地辨别的、所有的世界状态。(注意,在大多数经济学模型中都假定$\Theta^t = S$,意味着行为人"知道"世界的结构;或者,Θ^t至少会被假定是S的一部分。)假定更一般的情形,$\Theta^t \subseteq 2^S$,我们对以下概念进行表述: 286

1. 完全无知:对于任意$i = 1, 2 \cdots n$,$\vartheta_i^t = S$;

2. 对于某些世界状态所知不全面,若$U_i \vartheta_i^t \subset S$(即,行为人可能会因为他没有想过的某些事件而感到"惊讶");

3. 假设的层级和/或部分重叠的假设:$\vartheta_i \subset \vartheta_j$或者,更一般的$\vartheta_i \cap \vartheta_j \neq \varnothing$,而且$\vartheta_i \neq \vartheta_j$;

4. 系统性错误,即某种结果被认定会发生时却没有发生,而当人们认为它不可能时却真实地发生了。

随后,让我们假定行为人的禀赋包括一个可能行动的不可数集合:

$$A = \{a_1, a_2, \cdots, a_j, \cdots\}$$

在任何时点上,行为人都拥有一个由A所包含的基本"原子"行动构成的有限的行为技能集合,而这个集合会被加以修改、修正和重组。注意,一般而言,我们应该考虑到行为人只知道从A衍生出来的完整概念库的子集的情形。我们称在时刻t已知的技能集合为

$$\Xi^t = \{\xi_1^t, \xi_2^t, \cdots, \xi_j^t, \cdots\}$$

其中$\xi_j^t \subseteq A$,$\Xi^t \subseteq 2^A$。

表 9.3　学习的维度和学习过程所受约束：(建模)文献导览

学习空间

		行动/策略	表述/"关于世界的模型"	已实现绩效	偏　好
学习过程的范围和约束	"固定选单"	• 博弈论结构中的学习 • "演化"博弈 • 多臂吃角子老虎机问题中的适应性学习(例如 Arthur,1993) • Lesourne(1991)式的自组织模型 • 罐模型和其他类型的创新采用模型(参见 Arthur *et al.*, 1987; Arthur and Lane,1993;Kirman,1992 等) • 演化模型的特例(参见 Winter,1971) 静态环境中的(固有)适应模型(例如 Arifovic,1994;Marimon *et al.*,1990)	• 博弈中信息不完全性的贝叶斯化简	• 干中学以及通过使用给定的最佳实践技术学习(例如 Silverberg *et al.*, 1988; Eliasson,1985)	• 社会塑造的偏好(例如 Kuran, 1987; Brock and Durlauf, 1995; Akerlof and Dickens, 1982)
	"不受限制"的学习对象集合	行为搜寻,参见 Lindgren(1991)、Silverberg and Verspagen(1995b)、Andersen(1994) • Marengo and Tordjman(1996)和 Dosi *et al.* (1999)	• 不受限制的技术搜寻,例如 Nelson and Winter(1982)、Silverberg and Verspagen(1994)、Chiaromonte *et al.*(1993)、Dosi *et al.*(1995)		

必须指出,Θ^t 和 Ξ^t 不仅通过确定行为人的范畴是多么清晰或多么粗糙,来反映行为人解释来自环境之信息的锐利程度(用标准决策理论的行话来说,就是“信息处理能力),而且嵌入了行为人施加给世界的“认知次序”。特别的,Θ^t 包含着行为人认为与环境中未分化信息流的表述问题相关的变量和范畴。

因此,除了非常简单和特殊的情形之外,Θ^t 和 Ξ^t 都需要有某种决定合法认知和行为结构的基本原理(grammar),而这些结构是可以经过抽象生成的。真正具有建设性的认知和问题解决模型应该能够处理一些 ϑ 本身就是结果的功能空间中的搜寻过程。因此,例如,“我们处于状态 ϑ_i”这个假设是通过给行为人在 ϑ_i 下解释的环境状态中所接受到的信号赋予某个语义值的认知活动产生的。正如我们将要看到的那样,非常不幸,我们离实现这项研究任务还非常遥远(不过,可参见 Fontana and Buss(1996),其中提出了一个可能可以用于解决这些问题的十分迷人的框架)。 287

在时刻 t 所“意识”到的历史集合包括一些已经意识到的世界状态的有限长度的历史,以及在时刻 t 之前已经发生的被人们认识到的行动:

$$H^t = \{h_k^t\}, \quad k = 1, 2, \cdots, t$$

其中 $h_k^t \in \Theta^k \times \Theta^{k+1} \times \cdots \times \Theta^t \times \Xi^k \times \Xi^{k+1} \times \cdots \times \Xi^t$。

我们已经反复强调过,要对学习过程有一个令人满意的理解,需要依赖于能够给已经意识到的历史提供因果关系结构(“解释”)的认知层次和“心智模型”。在这种正式结构中,解释或模型可以被看做是为已经意识到的历史赋予因果关系含义的规则,或者是历史的子集。称这种“模型”为

$$\Phi^t = \{\varphi^t(h), h \in H\}$$

这里有三点需要注意:第一,在特殊情形下,行为人对其表述和行动的记忆正处于消散之中;第二,单个行为人在每个时刻 t 都可能用于多个(而且可能是互相抵触的)模型;第三,从最近的模型来看,一种未经实验的“透明度假设”提出了解释阶段(“每个人都知道实际上发生了什么”)。

决策规则就是如下定义的解释和行动技能集合之间的对应关系:

$$r_i^t: \Phi^t \to \Xi^t$$

下文将要讨论的模型一般会考虑这样一种特殊情形,即对应关系 r_i^t 定义了行动技能集合上的概率分布。

因此,行为人在时刻 t 的决策能力可以用其所拥有的决策规则的(有限)集合来表示:

$$\mathscr{R}^t = \{r_1^t, r_2^t, \cdots, r_q^t\}$$

当行为人根据环境采取行动时,它会得到一个“反应”(或结果),而该反应来自于可能反应的集合 P: 288

$$p^t: S \times A \to P$$

但是,通常来讲,行为人只知道这些结果的某种不准确的、片面的表述。此外,它很可能会随着时间的推移而改变其评估标准(用标准语言来说,即是指它的“偏好”)。根据某种合意性标准(可以是效用、心灵的安宁、成功解决问题、死亡率、快乐与痛苦、最低限度的遗憾等),我们可以把这种评估标准称为报酬(pay-offs):

$$U^t = \Psi^t(p^t)$$

因此,我们可以定义这样一个报酬函数:

$$\pi^t : \Theta^t \times \Xi^t \to U^t$$

这是对决策模型的一个非常一般化的简略描述,借助这一描述,我们可以重新审视前面更偏向定性分析的讨论中所关注的学习的不同轨迹(loci)。不过,为了指出这项工作中一些基本的要点,从一些极端的例子入手可能会是比较好的做法。

首先要注意的是,我们最为熟悉的经济学决策模型会假定:

① 各 Θ 是 S 的真子集;

② 存在一个已知的、而且往往是不重要的行动技能集合 Ξ,因此,Ξ 与 A 之间的区别是没有必要的(有这样一种事实可以为证:经济学家和决策理论家一般更愿意使用博彩之类的隐喻,在博彩之类的情形中,任何一只猩猩都能够完成该项行动——指出集合的对象,而不需要制造计算机,也不需要证明定理等);

③ “解释”往往与“真实”的事件完全一致,因此,规则 Φ 又成为多余;

④ 对结果的评估准则是不随时间的推移而变化的,因此,我们可以放心地假定促进学习的报酬函数不变。

总而言之,在这种情形下,如果能够就关于映射关系 $S \times A \to R^*$ 的学习过程给出详细的说明,那么其中也就涵盖了所有我们需要知道的东西。

在另一个极端情形下,一个常常被讥讽的“社会学”意义上的个人很可能会断言:

① 大体上,Ξ 是不会随时间的推移而变化的(即,“你会做你被期望应该做的事情”);

② 结果总是“好的”(潘哥拉斯博士的幸福乐观主义法则:我们生活在所有可能世界的最好状态;为了简单起见,U^t 总是处在某个 $\overline{U}$ 的领域中,并且与 p^t 无关——“无论如何,总是喜欢你所得到的”);

289

③ 学习的基本内容是表述、解释以及维持 Ξ 和 U 不变的“效用”的内生发展。

毫无疑问,在正式文献中,人们对待前面那个为人讥讽的模型要比相对后者而言更加认真。但是,从描述意义上讲,我们倾向于认为后者更接近现实。

---

* 原文如此,疑为 $S \times A \to P$。——译者注

5.1 关于世界状态的学习[34]

这显然意味着表述 Θ^t 是处于变化之中的。而且,这些变化中的表述可能就仅仅只是在参数空间中的搜索,或者更基本的、世界本身模型的结构。

例如,可以假定 S 服从某个随机过程。行为人可能知道是何种随机过程生成了世界状态序列(例如,为了便于说明,是马尔可夫过程),只需要"学习"对参数的正确估计(例如,马尔可夫转移概率)。或者,他可能会忽略随机过程本身的性质,甚至彻底否认存在这样一个随机过程。[35]

同时要注意的是,决策者学习 S 中随机过程的可能性取决于他所持的表述 Θ^t:只有后者区别对待不同类别中序列 s_1、s_2,…,s_t,……中的状态时,行为人才会有机会正确地学习其中的随机过程。但是,反之也可能成立:如果拥有多种状态,可能会更容易地找出看似随机序列的确定性模式。

随机过程不确定性的本质和程度还取决于环境中的一般因果关系结构。特别的,我们可以区分:

- 没有反馈的、与自然界之间的相互作用;
- 有反馈的、与自然界之间的相互作用;
- 多行为人的策略性相互作用(包括标准博弈论中的结构)。[36]

就我们的研究目的而言,行为人本身的行动产生新的、原来的理论集合 S 中不存在的世界状态,是一种十分重要的情形。创新性行为即是相关的典型例子:新的环境机会被内生地创造了出来,因而也使得对 S 的探索与对 A 的探索之间的显著区别成为一阶近似的。[37] Dosi and Egidi(1991)指出,在这种创新性环境中很可能会出现这样的情况:① 集合 S 失去了可数性;② 即便是在一开始就对 S 具有完备知识的行为人也必须修改自己对问题的表述。 290

5.2 关于行动空间的学习(改变技能集合 Ξ)

反映行为人"技术"的行动技能集合 Ξ^t 可以通过时间得以更改。人们可

---

[34] 在这里以及全文中,我们可能会暗示一些模型具有某种近似的基本结构,因此,这些模型的详细形式和对假设的修订在总体上不可避免是相近的。若对模型作者有所误解,我们在此表示歉意。

[35] 有大量的经验证据表明,概率匹配会导致人们忽视由随机过程所产生的数据,而这正是一种典型的判断偏差,甚至在决策专家的行为中也会出现。

[36] Marimon(1997)中也做了类似的区分。

[37] 尽管如此,我们仍然坚持认为这个一阶近似是有用的,这里我们跟那些积极倡导"社会建构主义"的人是处于同一阵线的(在这里的正式研究框架中,这也意味着问题表述被拆解为行动)。用具有讽刺意味的话来讲,虽然我们认为原子弹导致了一系列与没有原子弹的世界中不同的(而且更多的)事件,但是,我们还是坚持认为,问题解决空间中的探索——不管其"社会建构"多么完美——不大可能会违背万有引力定律或行动的时间可逆性。有关技术知识的"社会建构"的一些讨论,请参见 Rip *et al.*(1995)。Lane *et al.*(1996)从另一个不同的角度讨论了集合学习过程。

能会发现在行为人之前的技能集合中没有的新的行动,已有的行动也可以被以新的方式加以组合:就前面讨论过的问题解决空间中的探索(以及习惯的程序不确定性)而言,这两种情况都是同构的。

5.3 关于报酬函数的学习(改变映射关系 π^t)

如果行为人不知道 S 和 A,并因此只具备不准确的片面表述,那么,对于报酬函数——如前定义——与“客观”结果的对应关系,他就更有可能会只具备不准确的、片面的知识。有必要指出,大多数知识规则(learning algorithms)在建模的时候把学习看做是在修正对世界的表述和行动库;在行动库中,处于学习过程中的行为人适应具体环境,对各种事件和行动确定准报酬等价(quasi-pay-off-equivalent)分类——即可以反映报酬函数之规律性,而不是基础状态和行动之规律性的分类。因此,在某些条件下,适应性学习规则可能会产生优于集合 S 和 A 的有关报酬函数的知识。

还要注意的一点是,内生偏好和认知不协调的减少等(参见上文)同时涉及 π^t 和 Θ^t 中由过去已实现结果所决定的动态变化过程——而我们在所有现有的模型当中都找不到这些动态过程,不管该模型是否是演化模型。

291

5.4 关于决策规则的学习(改变规则集合 $\mathscr{R}^t$)

规则搜寻之状态空间的维度是一个需要解决的基本问题(而这一问题在很大程度上还未得到解决)。根据上文的讨论,该维度应该涉及某种行为人内心中对 $\Theta^t\times\Xi^t\times\pi^t$ 上映射关系的(比喻性的)表述。然而,现有模型一般都持更为简单的观点(简化形式——或者,更确切地说,平凡化形式?),初始时给定一系列固定的规则,并给出三套可能互相重叠的学习机制。首先,有用来修正赋予每套规则的权重、从而改变选择某套规则付诸行动之概率的某种选择机制;其次,有修正应用某套规则之领域——即使用该规则的既往历史集合之子集——的机制;最后(往往很难和前两种区别开来),产生过去不存在的新规则的过程,可能是对已有规则进行某种修正或重组而完成。

我们目前能找到什么样的正式模型和结果呢?在本节后面的部分中,我们将会简要地讨论一些主要的模型类型。在对经典的贝叶斯学习模型进行概括性的描述之后,我们会考虑一类演化模型,这些演化模型会明确地提及某种类型的学习及调整的动态过程,尽管它们研究的主要问题是适应、而不是严格意义上(*stricto sensu*)的演化。换言之,这些模型仍然保留着一些关于 S、A 等的“小世界”假设,而且,它们一般倾向于排除(也有一些值得注意的例外)环境(或认知)情境中的所有内生性,而表述、行动和决策规则都是在这样的情境中被选择的(这一领域中的大多数研究都冠有“演化博弈”的标题)。

5.4.1 贝叶斯学习:无反馈时单一和多个行为人的情形

让我们把不存在环境反馈时,单一和多个行为人情形中的贝叶斯学习作为讨论的起点。假定世界的状态是由某种随机过程决定的,行为人在每一个时点 t 都需要选择一种正确的行动,这是一种典型的情形。因此,行为人必须对随机过程进行估计,并计算某种行动过程可能产生的预期效用。一位"主观上理性"的行为人拥有某种先验的分布 μ,而且他还会通过贝叶斯法则来更新这一分布,即在观察到随机过程的具体实现和所得报酬之后计算后验分布。

在多个行为人的情形中(Kalai and Lehrer,1993),先验分布涉及其他行为人的行动(他们的"类型")。例如,与文献中所做的对理性战略的假设不同,此时的先验分布并不要求掌握其他行为人之报酬矩阵的相关知识,而只要求掌握自己的报酬矩阵;不过,S 和 A 必须是常识。 292

此时,如果后验分布序列趋近极限分布,贝叶斯更新过程也会表现出强烈的向 S 的真实分布无限趋近的态势(Blackwell and Dubins,1962)。但是,这只有在先验分布为所有可能性都赋予正的概率,并且 S 之子集的基础随机过程也都具有正的概率的情形下才会发生。这相当于要求假定对所有可能的事件都在事先具有完全的知识。Kalai and Lehrer(1993)用一个 $n \times n$ 阶的无反馈博弈证明了这一结果,在该研究中,他们假定行为人对于其他行为人的空间及策略的知识是不完备的,而且他们并不具备同质的先验分布,不过他们的先验分布必须"与事实兼容"——也就是说,他们必须为所有的可能赋予正的概率,而且只考虑会以正的概率发生的事件(即所谓的"有道理"(grain of truth)条件)。

此外,Feldman(1991)指出,如果集合 A 是不可数的,那么就不能保证后验分布会趋近于真实分布。

5.4.2 随机学习模型

当然,贝叶斯学习对行为人在一开始就需要具备的先验知识提出了非常高的要求(目前,一些在其他方面倾向于接受某种学习过程"理性主义"公理的学者也承认这一点)。

在当代的文献中还有一种要求低得多的介绍学习的方法,那就是假定在一个有限的可能行动集合中,存在着某种形式的选择过程。一方面,模型可能会假设存在一群行为人,每一位行为人采取一种行动,[38]并考虑在整个群体层次上发生的学习/选择过程。另一方面,每一位行为人都可以用一套行动加以模型化,而其搜寻的能力则被比做是选择过程(参见 Fudenberg and Kreps,1993 和 Kaniovski and Young,1994)。这一区别远超出了该隐喻本身的含义,但是——

---

[38] 这与基本模型中所引入的术语是一致的;在基本模型中,我们使用术语"行动",而不是此类模型中更常见的"策略"。

正如我们将要看到的那样——却会对建模策略产生某些实质性的影响。

293 首先,考虑对标准演化模型的表面解释。演化模型实际上并不考虑任何有关世界状态或行动的表述问题,而且——可以说——将决策规则的学习看做是在给定行为库的集合中进行选择(并进一步假定这样一种选择过程是由环境外生驱动的)。行为人没有认知能力,但是却具有两种基本职责:承载系统的"记忆"(即充当某种类型的"复制者")、(通过随机的突变)引入某种探索行为。

用标准的表述来讲,演化博弈模型(参见 Maynard Smith(1982)的开创性研究以及后来的经济学的一些有关研究,例如 Friedman(1991)、Kandori *et al.*(1993)、Young(1993)和 Weibull(1995))假定存在一个由 N 位行为人组成的群体,并存在一个行动 a_1、a_2、…、a_k的有限集合。如果我们用 $n_i(t)$来表示采用策略 a_i的行为人数量,就可以把基本的选择原则表述为

$$\frac{n_i(t+1)-n_i(t)}{n_i(t)} > \frac{n_j(t+1)-n_j(t)}{n_j(t)} \tag{1}$$

当且仅当 $\pi^t(a_i,s_t) > \pi^t(a_j,s_t)$。

因此,这一基本选择原则就意味着,群体中的行为人会越来越多地尝试那些能产生更高报酬的行动。该选择原则往往(尽管不是一直如此)会采取复制者动态方程的特殊形式,这最早见于生物学的观点中(参见 Maynard Smith(1982)和更早一些的研究——Fisher(1930)),但是也广泛地应用于经济学模型之中——尽管其以下论据较不令人信服:[39]

$$n_i(t+1) = g(\pi^t(a_i,s_t) - \bar{\pi}^t)n_i(t) \tag{2}$$

其中 $\bar{\pi}^t$ 是群体中的平均报酬水平。

学习是由选择原则的作用和变异机制——即,通过随机变异持续引入搜寻过程,借此过程,行为人可以以某种给定的(小)概率改变其策略——共同推动的。

变异最初被认为是一种尖锐的、孤立的现象(Maynard Smith,1982),从而被

294 看做是研究均衡的演化稳定性的工具而引入研究。如果某种均衡一旦达到,就不会因为群体中出现一小部分的突变异种而被打破,这种均衡就会被称为是演化稳定的。随机演化博弈的更近一些时候的发展(例如,参见 Kandori *et al.*,1993;Foster and Young,1990 和 Fudenberg and Harris,1992)已经把变异作为一个连续过程引入其中了;因此,均衡一般会表现为某种动态过程的极限分布(不过,在某些情形中会丢失遍历性——例如在 Fundenberg and Harris,1992 和 Kaniovski and Young,1994 中)。

---

[39] 很多新近的模型都采用了一种更具一般性的框架,考虑了更多类型的选择规则,而不只是严格的复制者动态学(例如,可以参见 Kandori *et al.*,1993 和 Kaniovski and Young,1994)。

关于式(2)中选择过程的性质,也有更进一步的研究。实际上,选择过程的动力学可以建立在过去的相互作用史之上,比如可以用群体中行动的相对频率和/或过去报酬的某些样本来概括。循着这些思路,Young(1993)考虑了复制机制的一个随机形式:某种行动会在根据过去几期中所获得的报酬样本在群体间扩散。与此类似,还有一类模型(特别是 Milgrom and Roberts,1991;Fudenberg and Kreps,1993 和 Kaniovski and Young,1994)考虑了知识更为丰富的行为人,为行为人赋予了某种形式的记忆,以使其能够明确过去行动的结果和其他行为人的反应。学习因此成为了一个在构成对代表策略的一系列最好反应的行动中进行选择的过程(Kaniovski and Young,1994),而且可能会导致"习俗"的出现——即行为的稳定模式(这至少是局部稳定纳什均衡;Young(1993)用很简单的记忆力禀赋情形证明了这一点)。

5.4.3 具有自加强性的随机模型

在演化博弈中,通常会假定过去绩效更好的行动会在博弈者群体之间更快地扩散,而选择机制本身要么是一个复制者函数,要么是被构造为由每次迭代时行为人之间无限频繁的互动所驱动的适应过程(例如 Kandori *et al.*,1993)。其他类型的模型所考虑的扩散机制则有所不同,根据该类机制,行为人根据某种简单的运算规则来选择其行动,例如多数决定原则——即,选择群体中被观测到的样本行为人中的大多数所采取的系统。

首先,如果我们考虑一个由博弈者构成的有限群体,那么,在时刻 t 选择行动 a_k 的行为人数量就可以定义一个马尔可夫链,其中转移概率取决于群体中各行动的实际频率。例如,假定一个群体由 N 位个人组成,$A=\{a_1,a_2\}$。行为人 i 在时刻 $t-1$ 选择行动 a_1,并在时刻 t 转向行动 a_2 的概率为

295

$$P_t^i(a_1 \rightarrow a_2) = \alpha \frac{n_2(t)}{N} + \varepsilon \tag{3}$$

其中 $n_2(t)=N-n_1(t)$ 是选择行动 a_2 的行为人个数。参数 α 衡量的是选择过程中自加强成分的权重,而 ε 则是与其他行为人的选择相独立的部分。[40] 可能可以证明极限分布的存在:参见 Kirman,1992,1993、Orléan,1992 和 Topol,1991。群体会根据 α 的取值在两种状态之间来回振荡,而其极限分布本身确定了在极限状态下,系统会被观测到的处于每一状态下的平均频率。

另一种建模策略考虑的是无限增长中的群体,每隔一个时步 t,一位新的行为人都会做出一个采取行动 a_k 的"一局定江山"式的选择,而其概率取决于过去选择的相对频率。在这些模型中(例如,可以参见 Arthur *et al.*,1987; Dosi and

---

[40] 如前所述,我们在这里略过了所有的技术细节——例如,在标准单纯形上一贯地保持式(3)中所表示的动态学,难度并不低。

Kaniovski,1994; Kaniovski and Young,1994 和 Fudenberg and Kreps,1993 等),学习主要是发生在群体层面上的(行为人不能改变他们的决策),而且是以典型的“增量”模式出现的。

群体的动力学可以用这种类型的方程来描述:

$$x_k(t+1) = x_k(t) + \frac{1}{N_t}\{[f_k(x_k(t+1) - x_k(t)] + \varepsilon(x(t),t)\} \tag{4}$$

其中 N_t 是在 t 时刻“新行为人”到达之后群体的规模,$x_k(t)$ 是群体中已经选择了行为 a_k 的行为人所占比重,而 $\varepsilon(x(t),\ t)$ 则是与 t 独立的、均值为 0 的随机项。

函数 f_k 中包含着可能的自加强机制,而其函数形式也决定了不动点的数量和稳定性属性。在存在多重均衡的情形下,整个过程往往是非遍历性的(即,会表现出路径依赖),最终会收敛到何种均衡状态则取决于初始条件和“早期”选择序列(参见 Arthur *et al.*,1987 和 Glaziev and Kaniovski,1991)。

值得指出的一点是,在前面讨论的那种有限群体模型中,在极限状态下,群体也可能是仍然不断在状态之间振荡,并在每种状态下停留一小段时间。模型只能预测极限分布,也可能能预测在极限状态下具有正概率的每种状态下,群体所花费的平均时间。[41] 在后一种研究无限扩张群体的模型中,群体的规模在极限状态下趋向于无穷大,而系统几乎肯定要进入某种吸收状态。但是,如果吸收状态是多重的,最终会选择哪一种,则取决于初始条件和系统在有限时间内遵循的路径。[42]

296

此外,上述两类模型都假定,行为人将自己的决策建立在已经观测到的频率基础之上。因此,如果要用这些模型来代表分散的、以行为人为基础的学习,就必须要求他们可以在一定程度上接触到这类信息。例如,对 Arthur *et al.*

---

[41] 在确定了当 $t\to\infty$ 时的极限分布后,可以将其分解为一种度量指标——进一步假定 $\varepsilon\to 0$ 时与其中一种均值相对应的整体(即“误差”或者说“搜寻”项消失了)。但是,对于我们而言,这似乎主要只是在展示技术层面上的精湛技巧,并没有太多的解释性附加价值。从这个角度来说,我们还需要注意,如果要认定 $\varepsilon\to 0$ 这个假设是符合现实的,那么,我们相应地也就必须承认向“好”均衡收敛的速度趋近于 0。

[42] 还需要注意,人们常常利用 Polya 罐过程来将有限群体情形正式化(相关的调查和应用,参见 Dosi and Kaniovski,1994),而有限群体情形更容易产生动态递增报酬。从形式上看,后者可能有些等价于某种可能无边界的递增潜力函数(potential function)。但与此相反,我们所意识到的所有有限群体情形都是由不变的守恒定律(conservation principle)的某种等价形式驱动的。正如我们所见,学习经常会包含动态递增报酬;例如,即便是最微不足道的搜寻的努力,一旦成功,也会产生相对简单的复制(而且,边际成本接近于 0)。其中一个非常直观的含义就是,历史的作用不容忽视,而随着过程的继续,历史的作用会变得越来越重要。在有限群体的情形中,我们必须在形式上依赖于不随时间变化的马尔可夫过程,这一事实往往会导致——因为模型本身的正式属性——这样一个结论,即在极限状态时,系统也可能会在不同的行动模式(或者不同的集合表达系统)之间波动。毫无疑问,我们承认这一结论在有限递增报酬时(例如,源自于对金融市场的信息依赖的报酬)对直观推断所具有的价值,但是,对于知识收益在哪些情形下大体是无限的,我们还有高度的限制。

(1987)的一种可能的解释就是,频率是免费的公开信息(可能会有噪声扰动),而 Dosi, Ermoliev *et al*.(1994)则假定,行为人通过观测群体的一个样本来估计频率。

最后要注意的是,在无限群体模型中,在单个行为人的层面上不会有学习发生,而单个的行为人也不能去修正他/她所做出的唯一的、也是终局性的决策,而在有限群体模型中,会发生某种简单形式的个体学习过程,行为人会根据对他人行为的观察来修正自己的行动。

事实上,所有这些都暗示着一个更具一般性的问题,也就是所谓的"历史的重要性"和行为人从中提取信息的能力之间的交互关系。例如,Arthur and Lane (1993)研究了一个在两种技术 A 和 B 之间进行选择的模型,并假定过去的采取决策和选择标准之间存在反馈机制。世界的状态代表了这些技术的属性 $S=\{s_A, s_B\}$;这些对于行为人而言是未知的,他们只知道先验分布 $N(\mu_A, \sigma_A)$ 和 $N(\mu_B, \sigma_B)$。在每一时点 t,某位行为人会采取两种技术中的一种以使其预期效用最大化:

297

$$E[U(c_i)] = \int U(c_i)\pi(c_i \mid X)\mathrm{d}c_i \tag{5}$$

其中 U 为效用函数(风险回避系数不变),$\pi(c_i|X)$ 为按以下方法计算的后验概率:当行为人做出选择的时候,它会从已经做出选择的行为人中抽出 τ 位作为样本。因此,X 就是一个 τ 维向量,每一个分量就是样本中的一个观测值,并假定其服从有限方差的正态分布:

$$x_j = c_i + \varepsilon \quad \varepsilon \approx N(o, \sigma^2)$$

通过进行贝叶斯更新,行为人可以计算后验分布,并选择具有更高预期效用的技术。

有趣的是,可以证明,在这些情形中,尽管存在行为人的程序"理性",动力学也可能导致集体锁定在"差"的选项中(但是,值得注意的是,Lane and Vescovini(1996)指出,从集体的视角来看,较不"理性的"决策规则却在动力学上更有效)。

注意,这个模型与单个行为人且有环境反馈的学习模型是等价的:在每一个时点 t,行为人观测到世界状态的 τ 个实现,每一观测值是因为 A 还是 B 而产生的概率在一开始是相等的,并在随后经由贝叶斯更新而改变。但是,正是这个学习过程会产生对世界状态的反馈,从而改变行为人在接下来的时步中进行抽样的分布。(顺带需要注意的是,从这个角度讲,行为人在经验上趋向于表现出比这里所假设的更少的程序理性,因此,即便是在十分简单的确定性环境中,也会出现系统性的误解:参见 Sterman,1989a,1989b。)

5.4.4 考虑局部学习的模型

前面讨论的模型假定行为人将自己的行动建立在对群体或该群体的样本的整体观测(或反馈)基础之上。另一种观点所描述的则是不同的结构:行为人对群体给定子集之特征的某种局部性观测做出反应。行为人只观察子集的"邻居"(例如,可参见 Kirman,1997;David,1992 和 Dalle,1993,1994a,1994b),而"邻居"则是根据对距离的某种空间或社会经济度量指标来界定的。设 $d(i, j)$ 为行为人 i 和 j 之间的距离,d^* 是一个给定的阀值;行为人 i 的邻居所构成的集合即可做如下定义:

$$V_i = \{j \in I : d(i,j) \leqslant d^*\}$$

298 如果集合 V_i 不是互相分离的,学习和适应的局部现象(即,在既定的邻里间的内部学习和适应)就可能会扩展到整个群体。

为这种过程构造模型的一种方法是以马尔可夫场(Markov fields)为基础(例如,可参见 Allen,1982a,1982b、An and Kiefer,1995、Dalle,1994a,1994b、Durlauf,1994 和 Orléan,1990),并假定行为人会根据其邻居的行动或"状态"随机地选择自己的行动。例如,假设报酬会随与邻居的协调程度的增加而增加。集体结果将取决于激励的强度(而不是每一行为人的某种"内部"动机):如果激励不够强,就会持续存在高水平的异质性;相反,如果对协调一致的导致的报酬增加足够大,系统就会在大部分时间内都处于最大限度协调的状态(尽管它可能会在不同的协调状态之间来回摆动,参见 Kirman,1993)。[43]

另一类模型则假定行为人选择行动的方式是确定性的(参见 Blume,1993,1995;Berninghaus and Schwalbe,1992,1996;Anderlini and Ianni,1996;Herz,1994 和 Nowak and May,1992,1993),其方式基本上与简单的细胞自动机是同构的,每一个行为人的状态则——按照某种确定性法则——取决于其邻居的状态。

当然,对于解释适应性学习过程中的异质性和路径依赖而言,拥有某种根据"特定行为人所属"的空间来描述学习机制,是一件富有成效的进展。[44] 但是,还需要注意的是,就学习是如何发生的这个问题而言,固定的"螺旋"结构实际上意味着应当从现象学上论证"结构"——这里的结构可以是地理、技术或文化空间上的;相反,不幸的是,我们常常会发现模型会被不经意地引入二维点阵、环面或其他。

---

[43] 不过,从行为人用来选择行动的算法规则和群体的规模来看,这样的结果似乎并没有体现出很高的可靠性;参见 Föllmer(1974)和 Hors and Lordon(1997)。

[44] 这些模型有一个重要的局限性,那就是对邻近区域结果的定义有些僵化。但是,Kirman *et al.*(1986)、Ioannides(1990)和 Bala and Goyal(1998)也已给出了一种更为一般化的表述,用随机的方式来修正图形的结构。

就目前已经讨论过的观点而言，局部学习的随机和确定性模型都将学习看做是在固定系列的行动之间进行选择。但是，另一种解读方式则指出，这些模型也可以以某种方式来描述（固定）表述空间中的学习过程。

试考虑二维图形中的 N 个行为人，它们在 k 种可能的行动之间进行选择，并进一步假定：

299

- 世界的状态是由图形中所有 Nk 个可能结构给出的（假定相应的行为人所采用的行为描述了节点状态的特征）；
- 行为人对这样的集合 S 的表述是不全面的，因此它们只观察到了世界状态的一部分——即是由他们的邻居之状态所给出的那一部分。

行为人的邻近区域代表着其可以借以观察世界的一种窗口，而行为人也只能观察世界的一部分；因此，行为人试图通过这样的窗口观察来推断整个图形的状态。

但是，根据这种解释，我们将看到，学习会包括一种渐近式的“窗口的扩张”过程，行为人因此可以对世界进行更为完整的描述。一些研究结果表明，图形中的相互关联性如果高于一定阈值，所有的行为人就会整体地收敛到一种状态，在那里，他们实际上可以接触到系统中所有的可用信息（参见 Bala and Goyal，1998；Hammersley and Welsh，1980 和 Grimmett，1989）。但是，（给定相互关联性的本质不变，行为人之间以及过去和现在之间的）“窗口的宽度”和学习过程的渐进性的关系却似乎并不具有单调性。

5.4.5　群体层面上的学习与行为人层面上的学习

我们已经注意到，解释标准演化博弈的一种方法是将行为人看做是简单的复制者，其作为个人并没有真正学到什么：只有群体在学习。更为复杂的模型（例如，可参见前面已经提到过的 Young，1993）则采取了不同的路线，不过也同样想要考察行为人的某种（有限理性的）认知能力，例如对过去时间的某种记忆和一些简单的决策规则。[45]

但是，很明显的一点是，如果将由个人组成的群体——每一位个人都以一个单独的行动为特征——替换为一个通过适应学习如何从一套可由自己支配的可能行动中进行选择的个人，这些类型的以选择为基础的模型也可以在经过某种修正之后，成为个体学习模型，从而即刻具备相当的吸引力。适应性信念的随机渐近模型就试图朝这个方向努力。这些模型中蕴藏的基本理念可以用以下方式描述：假设处于学习过程的行为人有一个行动集合 $A = \{a_1, a_2, \cdots,$

[45] 通过对行为人进行分类，可以向行为人层面上的学习模型更进一步（参见下文将会介绍的局部学习模型）。

$a_n\}$;他并不知道世界状态 s^1 已实现的状态,不过却能察觉到实现了的报酬 π^t。

300 在这种情形下,理性的贝叶斯决策者会对所有可能的报酬矩阵形成先验的看法。相反,一位适应性的学习者会根据他自己对各种行动所赋予的某种效能在行动之间进行随机选择。用 F_k^t 来表示在时刻 t 赋予行动 a_k 的效能。该效能根据如下规则进行修正:

$$F_k^{t+1} = F_k^t \frac{f^k(\pi^t(s^t, a_k))}{\sum_h f^h(\pi^t(s^t, a_h))} \tag{6}$$

对行动的选择是随机的,在时刻 t,行动被选中的概率是

$$P^t(a_k) = \frac{F_k^t}{\sum_i F_i^t} \tag{7}$$

这种选择机制会产生一个关于不同规则被赋予的效能的随机过程,我们可以研究该随机过程的渐近行为。

可以在多个文献中找到这种及类似的选择机制,例如 Arthur(1993)、Posch(1994)、Easley and Rustichini(1995)、Fudenberg and Levin(1995)和 Marimon *et al.*(1990)。特别的,Easley 和 Rustichini 的模型将群体层面和个体层面上的演化论观点巧妙地联结了起来。在他们的模型中,Easley 和 Rustichini 认为个体决策者面临着一个未知的环境,该环境由一个随机变量表示。行为人并不会对可能过程的集合形成某些看法并根据贝叶斯方法对该看法做出修正,相反,他从一套行为规则 $\mathscr{R}$(与我们在基本模型中所指的属于同一类型)中进行适应性的选择,选择依据就是式(6)中所规定的效能修正规则和式(7)中的随机选择规则。这使得行为人可以研究规则 r_i 的效能所产生的随机过程,该过程可以用下式给出:

$$F_k^{t+1} = \prod_{z=0}^{t} F_k^z \frac{f^k(\pi^z(s^t, a_k^t))}{\sum_h f^h(\pi^z(s^t, a_h^t))} \tag{8}$$

如果对关于世界状态的基本随机过程之特征(平稳性和遍历性)和选择动力学(单调性、对称性和独立性)做出更进一步的假设,就可以证明,应用此类适应性选择动力学,个人最终会像一位客观的预期效用最大化者那样行事,而且,这种动力学所选择的规则集合与复制者动力学中会被选择的规则集合相对应。

301 以下要列出的是对这些模型的重要性和局限性的考虑。第一个要注意的是,这些方法说到底就是纯粹的适应/选择模型。这样简单的选择机制有时(但不总是如此)的确能够选出酷似规范理论中所描述的最优化行为的行为规则,这一结果是很令人鼓舞的,但是,这种行为被选中当然也有条件,即此类行为首先必须存在。群体中必须包括从事最优化行为的个人,从而使得选择的复制机

制会选中这些个人。类似的,酷似预期效用最大化行为的规则必须存在于决策者的行为规则禀赋中,从而使得效能修正过程会趋向于选择这些规则。可以说,通过从最优化行为的标准模型向适应性学习的随机模型转变,我们也走出了一个行为人被假定天生就具有正确的世界观模型的世界,并来到了一个行为人天生就具有正确的行为规则(这也确定了一个模式的世界观模型)的世界,但是,这些正确的行为规则是与错误的规则混杂在一起的,必须通过一个适应过程才会显露出来。很明显,后面这个假设相当于是在将此类规则是如何形成并被修正的这种认知问题置于假设之外。特别是在复杂并处于不断变化中的环境里,这是一个相当牵强的初始假设。实际上,基础选择环境的稳定性是一个合理的假设,无论在什么时候,人们都可以合理地假设收敛到给定基本原则的速度比基本原则本身的变化速率要快一个数量级。在这里,遍历性也随之成为一个现成的附属属性:如果遍历性不成立,则需要就初始条件和调整过程给出更多的细节。

与此相关的另一个重要问题是,选择过程需要延续多长时间才能够选中好的规则。[46]

第二,而且是与前面提到的观点(例如 Easley and Rustichini,1995 中的观点)相关的是,假设在适应性学习过程的每一个阶段,都会根据各规则在已实现状态中所取得的报酬修正所有规则的效能。当且仅当进行学习的行为人的行动不能决定对环境的任何反馈,而且行为人也知晓这一点时,这一假设才是合理的。如果情况不是如此,就只会更新实际被使用了的规则的效能,因此,锁定现象和非遍历性就很可能会出现:开发与探索和"K 臂赌博机"一类的困境就是不可避免的。　302

这些十分基本的问题实际上提出了一些一般性的问题,后者在成熟的演化环境中会更加明显。实际上,为了研究这些问题,有人在所谓的"人工适应性行为人"(artificially adaptive agents,AAAs)的基础上构造了一个理论框架,下一节会对之做简要的介绍。

5.4.6　人工适应性行为人

如果我们放弃先前关于行为人自然就具有所处环境之正确模型的假设,研究的基本问题就转变为关于世界的模型和表述是如何产生的、行为人又是如何存储并对之进行修改的。一方面,就像我们已经指出的,这种考虑要求某种行事的认知和心理学基础。另一方面,它也为将人工智能(AI)中发展起来的各类

---

[46] Arthur(1993)中对这一问题做了一些研究,他提出,收敛的速度十分容易受到不同行动的报酬方差的影响。当然,收敛的过程越长,环境的静态性假设也就越不合理。

模型,特别是将选择和变异机制作为学习之基本驱动力的那一类人工智能模型应用于经济学提供了新的可能。

对这些类模型的关注,主要是因为其中涉及的动力学是开放的、没有限制的,无论其建模的对象是多个行为人之间的相互关系动力学,还是个体学习。[47]有学者对经济学中的AAA观点进行了全面的概括,例如,可以参见Arthur(1993)和Lane(1993a,1993b)。

开放的动力学是AAA观点的两项坚定的理论使命的结果。第一,AAA模型并不局限于纯粹的选择动力学,而是会考虑引入新事物、创新和新行为模式的产生,并将之作为学习和适应过程的基本驱动力。因此,这种动力学永远不会真正地停留在均衡状态。

第二,AAA观点将行为人之间的异质性和交互模式的复杂性(在集体交互模型中,指的是行为人之间的相互作用模式;在个体学习模型中,指的是行为规则之间的相互影响)作为建模时考虑的关键因素。实际上,在AAA方法中,行为人之间的异质性(表现在表述、预期和学习路径上)是常态,而同质性才是例外;因此,表面看起来会一直持续的均衡实际上更接近于是暂时的"生态"稳定性的短期状态,而小的变异会引发非线性的自我加强效应。

303

Lindgren(1991)总有一个关于AAA的有趣的原型示例。他考虑的是一个经典的由给定博弈者群体进行的重复囚徒困境问题。每一位行为人都被一种策略所界定,而该策略则确定性地将博弈的有限长度历史(在这里表述为博弈参与者及其对手所进行的"战胜"或"合作"行动序列)和行动(战胜或合作)对应起来。随后,可以用考虑可变长度基因组的扩展式遗传算法来处理该群体。将以可变长度的历史为基础的策略考虑在内,使得群体中可能物种的数量趋向无穷大、搜索空间也趋向无限。因此,演化不再是在一个由有限选项构成的封闭空间中进行选择的过程,而是"可以被看做是一个可能是无穷多维的动态系统中的瞬变现象。如果这些瞬变现象一直持续下去,我们就称之为是*开放式演化*(open-ended evolution)"(Lindgren,1991,p.296;着重号如原文)。

策略本身的维度和复杂性成为演化选择和变异过程的两个基本要素。这一观点丰富了标准演化博弈框架中所暗含的策略这一概念。在演化博弈中,"策略"往往被缩减为一个给定可能性集合中的某种行动,而在AAA模型中,演化"策略"容易被解释为是一系列基本算子、层次和变量所构成的处于变化中的

---

[47] 虽然,在实践中AAA模型被日益广泛地用来证明向传统均衡(往往是以均衡状态时表面上十分"理性"的前瞻性行为为显著特征)的适应性收敛。当然,我们并不否认适应性AAA学习可能会在有些时候实现传统均衡。但是,我们认为,将AAA模型用于寻找那些表现出此类极限属性的适应性过程(往往还需要特别地提供有关学习的假设),在某种程度上实际是对AAA建模技巧的不恰当使用。

组合。(但是,AAA 模型中仍然没有将学习看做是对这一系列基本算子、层次和变量以及环境状态探测器的修正,只是设定它们源自于系统最初所具有的各种基本元素的某种组合。)根据我们早前讨论过的基本模型,这种差异意味着要针对将"内部"表述和行动模式联系起来的算法进行明确的搜索过程(在 AAA 模型中),而不是(像大多数演化模型那样)将该过程放到行动本身的适应性选择"黑箱"中。

这种区别在更为明确的以规则为基础的 AAA 模型中更加明显。以规则为基础的 AAA 模型与前面一节介绍的随机模型的区别至少表现在两个基本方面。第一,它们将学习看做是行为规则的生产、复制、选择和修正过程的共同结果。由于行为规则的空间可能是无限的——即便是在相对简单的问题中,而且搜索空间本身定义不明且容易改变,新规则、新表述和新行动的产生成为学习和适应的基本机制。 304

第二个方面与第一个方面有一定的相关性,即除非是在研究静态环境中的非常简单的问题,学习过程的结果都不能被限定为是某一单独的行为规则,而是要被看做是一个完整的规则的"生态"系统,而该系统则构成了对环境的表述(关于所谓的"计算生态学",也可参见 Huberman and Hogg,1995)。因此,AAA 模型中出现的行为模式可能比纯粹选择模型所预测的更为丰富。在这里,学习会明确地出现在表述空间/世界模型和行动库中。[48]

所谓的"分类系统"(classifier systems)就是以规则为基础的学习模型的一个典型例子(参见 Holland *et al.*(1986);有关该概念在经济学中的实际运用及可能运用,参见 Arthur(1991,1993)和 Lane(1993b);有关该概念的一些具体运用,参见 Marimon *et al.*(1990),Marengo(1992)和 Marengo and Tordjman(1996);Hoffmeister and Bäck(1991)对运用情况做了一个全面的考察)。

分类系统中的学习具有以下一些一般性特征:

① 学习发生在表述空间中。在一个复杂的、永远处于变化的世界中,行为人必须根据其行动的目的来界定好他们认为是等价的状态集合。换句话说,为了发现可以充分用于行动的规律性,他们必须建立有关世界的表述。这些表述具有实用主义的本质,并因所追求路线的特定目的而定。

② 学习一定是由追求更好绩效的搜索驱动的。进行学习的行为人因此必须使用某种绩效评估系统。

③ 如果必须选择、增加、修正或抛弃行为规则,就一定要有规则有用性评估

---

[48] 从这个角度讲,有一个特别有趣的问题,即尽管这些模型都伴随着可能的认知复杂性,但是在一些情况下的确会出现简单的行为模式。Dosi *et al.*(1995)指出,如果行为人相对于变化中环境的复杂性存在能力上的差距,这种情形往往就会成为现实。

的程序。如果只是把系统的绩效作为相互依存之规则的一个长期的复杂序贯的结果加以评估，这个问题可能并没有一个明确的解。

305 让我们再来考虑前面介绍的基本决策模型，并假定相同的行为人会重复面临该模型。决策者利用他/她先前各阶段博弈中的经验，可以对未来世界的状态进行预测并选择他/她认为适合的行动。在一开始，博弈参与者既不知道报酬矩阵如何，也对决定环境变化的"规律"一无所知。因此，决策过程包括两个基本要素：有关环境之知识的状态，由行为人的预测能力表示；给定预测时选择行动的规则。

用最基本的语言来讲，分类系统就是一套被平行处理的条件-行动规则。每一种规则都规定，特定系统的实施取决于行为人对特定世界状态的理解。

分类系统的第一个特征要素就是正在学习的行为人从环境中获得的信息（信号）。这种信息必须被加以解读，然后根据世界模型与随之发生的行动联结起来，而世界模型会在学习过程中被加以修正。该信号一般会被编码为给定长度的二元字串：

$$m_1\ m_2\ \cdots\ m_n \quad 其中\ m_i \in \{0,1\}$$

学习被视为是一套被平行处理的条件-行动规则。每一条规则都使有关世界现状的某一条件得以满足，成为特定的行动的前提。因此，条件部分实际是由与信息长度相同的字串构成，可以被编码为自然状态的子集，当最后检测到的世界状态落入这样一个子集的时候，该条件就会被激活：

$$c_1\ c_2\ \cdots\ c_n \quad 其中\ c_i \in \{0,1,\#\}$$

当 $c_i = m_i$ 或 $c_i = \#$ 时，条件就得以满足。也就是说，符号"#"就是一个"无须担心"符号，对环境信息的对应部分不会施加任何约束。

因此，与前面一节所讨论的框架相一致，条件集合确定了幂集合 S 的子集。注意，每一种条件都确定了一种行为人所持的关于世界的主观状态，并确定了其与世界客观状态的关系，这一点非常重要。对于决策者而言，这种关系总是未知的，而决策者也只"知道"主观状态。

306 相反，行动部分是某种可以为可能的行动编码的符号系统（往往是二元的）上长度为 p（行为人可能行动的数量）的字串：

$$a_1\ a_2\ \cdots\ a_p \quad 其中\ a_i \in \{0,1\}$$

决策者因此可以由这些条件-行动规则的集合来表示：

$$R = \{R_1, R_2, \cdots, R_q\}$$

其中

$$R_i : c_1\ c_2\ \cdots\ c_n \to a_1\ a_2\ \cdots\ a_p$$

$$c_i \in \{0,1,\#\}, \quad 而\ a_i \in \{0,1\}$$

此外,每一个规则都被赋予了某种“强度”和“特异性”(或者其对应的“一般性”)指标。强度(strength)主要衡量规则过去的有用性——即规则在过去付诸实施后每次积累的报酬(减去其他数额,后面将会详细说明)。特异性(specificity)衡量的是条件的严格性;如果条件中不包含任何符号“#”,该规则就会被赋予最高的特异性(或最低的一般性)值,因此,只有特定的世界状态出现时才会有最高特异性值,相反,如果条件全部是由“#”组成的,该规则就会被赋予最低的特异性(或最高的一般性)值,因此,最低特异性值的条件在任何世界状态发生时总是能够得到满足。

在每一个模拟的开始,一般都假定决策者对于环境的特征绝对是一无所知;因此,在开始的时候,所有的规则都是随机产生的。同时,还假设决策者具有有限的计算能力;因此,系统在每一时刻所储存的规则数量总是常数,相对于要解决问题的复杂性而言,规则的数量也相对很“小”。

在整个模拟过程中会通过以下步骤来处理规则的集合:

① 条件匹配(condition matching):从环境中得到一条信息,告知系统世界的最新状态。该信息会被拿来与所有规则的条件进行比较,与之匹配的规则——即适用于这一世界状态的规则——进入下一阶段。

② 匹配规则之间的竞争(competition among matched rules):条件得到满足的所有规则互相竞争,以便制定出被允许付诸行动的规则。为了进入这一竞争,每一规则都根据其强度和特异性给出一个报价。换句话说,每一匹配规则的报价都与它过去的有用性(强度)和它与现状的相关性(特异性)成正比。　307

$$\mathrm{Bid}(R_i,t)=k_1(k_2+k_3\mathrm{Specificity}(R_i))\mathrm{Strength}(R_i,t)$$

其中,k_1、k_2、k_3是常数系数。赢得竞争的规则是被随机选中的,被选中的概率与此类报价成正比。

③ 行动和强度更新(action and strength updating):赢得竞争的规则按照其行动部分所示执行行动,在“真实”的世界状态下,其强度根据其报价水平削减,并因行动所获报酬而增加。如果第j条规则是竞争中的赢家,我们有

$$\mathrm{Strength}(R_j,t+1)=\mathrm{Strength}(R_j,t)+\mathrm{Payoff}(t)-\mathrm{Bid}(R_j,t)$$

④ 新规则的产生(generation of new rules):系统不仅必须能够选择最成功的规则,而且要能够发现新的规则。为了保证这一点,可以应用“遗传算子”(genetic operators)将已有的非常成功的规则之要素进行重组和转变,引入可能提升系统绩效的新规则。这样,新的规则会被不断地注入系统,而新探索的范围也得以持续存在。

遗传算子产生的新规则将现有的最为成功的规则的“基石”进行了重新组合,并仔细地考察了其附近的其他可能性,进而去发现决定该规则成功的主要

因素,并更为充分地加以利用;这种搜索并不完全是随机的,而是受系统过去历史影响的。这样产生的新规则会替代最弱的那些规则,因此,规则的总数会保持不变。

一般会使用三种类型的遗传算子。前两种是在相反方向运作的简单突变:

a. 特异化(specification):一种增加母条件特异性的新条件被创造出来;无论母条件在什么情况下表现为“#”,都将会以给定的(小)概率变为“0”或“1”(随机选取)。

b. 一般化(generalization):新的条件会降低母条件的特异性;无论后者在什么情况下表现为“0”或“1”,都将会以给定的(小)概率变为“#”。

第三种算子是一个标准的交换(crossover)算子,它反映了将成功规则的条件中有用的基本要素(“基石”)重新组合以产生新条件的思想。在具有较高强度的规则中,根据某种概率选择两种母规则,然后对每一条件部分选择一个随机的交换点,交换点之上的字串被进行对换。

308 例如,如果两条母规则的条件是

aaaaaa

AAAAAA

其中 $a, A \in \{0, 1, \#\}$。如果 2 被随机地抽取为交换点,就会产生以下两个子规则

aaAAAA

AAaaaa

前面提到的利用分类系统分析多行为人交互问题的经济学模型,主要研究的是“表述生态学”的出现。异质的行为人会适应性地修正他们的世界模型,以便获得更好的绩效,静态的环境则倾向于产生相对稳定的生态均衡,但是——一般而言——行为人不会收敛于同质的模型,而只是会趋向于在某种程度上与实际发生的特定世界状态相“兼容”的模型。实际上,相同的环境能够支撑迥然不同的非分割表述(non-partitional representations):学习过程中的随机要素与系统的高度路径依赖性相结合,很可能会产生高度多元化的表述,即便我们是从完全同质的行为人开始研究的。此外,学习实际上永远不会停止,遗传算子的应用总是会引入探索新可能性的基本要素,从而会打破暂时的生态均衡。

Marengo(1992,1996)将这一模型用于研究团队决策过程中共有知识基础的出现,其研究表明,不同类型的环境能够在知识的同质性和异质性上产生截然不同的平衡。Palmer *et al*. (1994)、Vriend(1995)和 Marengo and Tordjman(1996)研究了一群在人工市场中活动的以规则为基础的 AAA,研究指出,市场可以保持行为人世界模型之间的高度多元性,同时还会产生出一种与真实市场

投机现象具有多种共同特征的价格动力学。

还有一种稍微不同、但与前述策略的基本精神颇为一致的建模策略，它使用了“遗传编程”方法（Koza，1993）；与标准的遗传算法和分类系统不同，搜索不是发生在固定长度的二元字串表述空间中，而是在可变长度的函数空间中进行，而这种函数可以由一套既定的、简单的算子和运算数产生。这里的表述不再仅仅是主观世界状态子集的集合，而是更为复杂的函数关系，通过数学和逻辑算子将变量和行动联系起来。Dosi *et al*.（1994）将这种方法用于研究寡头垄断市场中企业的定价决策。[49]

309

总的来看，这些模型都跟“人工生命”方法一样，是在模拟“人工经济”；在Langton（1989）和Langton *et al*.（1991）中，分析不再是建立在均衡概念和搜索收敛及稳定性条件的基础上，而是在研究集体新生属性——即相对有力且持久的整体规律性（也可参见Lane，1993a，1993b）。

有一组有趣的“人工经济”模型分析了局部的学习现象。例如，Epstein and Axtell（1996）研究了二维空间上的一群行为人，某些资源（如食物）也（不均匀地）分布于其上。行为人被赋予了一套简单的算法规则，以控制其动作、对可用资源的使用以及接近其他可能遇到的行为人的行为。适应会发生在两个不同的层面上：① 在环境层面，行为人会向他们更容易实现其目标的地点移动；② 就其邻居而言，他们会形成一种局部的交换组织（即他们可以交换货物，并实现资源的帕累托优化配置的市场）。所有这些可以被看做是对一套模型的初步的象征，在这套模型——还尚未完全成型——中，经济学理论的命题（例如，向下倾斜的需求曲线、一价定律等）可以被作为分散化交互过程的新属性被推导出来。

5.5 结果空间中动力学的学习

我们目前讨论过的各种学习模型都试图在不同长度上为一些动力学提供某种解释，例如行为人对世界所知的动力学、人们从不同行动中进行选择之方法的动力学等。

相反，非传统的建模策略则明确地将学习/决策过程“黑箱化”，即将这些过程统统归于行为人可能碰巧所处的各种可能状态的动力学。于是，在某些方法中，这个“黑箱”必须被看做是一个基础的、认知、问题解决等方面的更为丰富的动力学的简化形式（reduced form），而这正是其他方法中所考虑的有关学习的几乎全部内容。

310

---

[49] 特别的，该研究指出，定价惯例会内生地出现，这正是适应非静态环境的演化形式。

这种新的观点在心理学中的应用由来已久，它被用来建立刺激-反应过程的正式模型，最早的应用至少可以追溯到 Estes（1950）和 Bush and Mosteller（1955）。（注意，到目前为止，“状态”——强化效应通过状态来驱动行为人——是行为上的反应，这种建模哲学在很大程度上与前面简要讨论过的“演化博弈”思想相重叠。）

Suppes（1995a，p. 5）对其中的基本观点做了一个很好的总结：

> 有机体可以通过一系列试验来描述，在每一项试验中，有机体会做出一种反应，而该反应只是多种可能的选择之一。在任意一个特定的试验中，都假定存在一个刺激的集合，有机体会在每一次试验开始之时从中抽取一个样本。同时还假定在每一项试验中，每一个刺激最多只是以一项反应为条件。对于任意试验都做出某一既定反应的概率被设定为以该反应为条件的样本刺激的一个比例，除非该样本中不存在有条件的刺激；如果样本中不存在有条件的刺激，就会有一个每一反应的“猜想”概率。学习会以以下方式发生。在试验的最后，会出现一个强化事件，该事件会确认可能反应中的某一种是正确的。样本刺激如果还不是以该反应为条件的话，那它就会以某个固定的概率变成以该反应为条件的，而有机体就会开始一个新的条件反射状态……

注意，在这里，我们在前文试图理清的 Θ、Ξ、R 和 π 上的所有动力学都被纳入了刺激分布和反应间转移条件概率的黑箱。

以下是一个简单的只考虑两种状态的示例（Suppes，1995a），一种状态是以正确的反应（C）为条件的，另外一种状态没有条件，该过程就是以下这类马尔可夫过程：

	C	U
C	1	0
U	C	$1-C$

该矩阵的元素正是转移概率。毫不意外的是，“学习就是向吸收状态的收敛”。

此外要注意的是，这套基本方法要求具备一个基本的“小”/静态世界假设（在一开始就必须对所有的状态有一个正的概率度量），而该方法主要是在寻找模型的渐近特征。[50]

5.6 技术学习

311

许多研究因技术进步导致增长和行业变化的模型普遍采用一种大不相同的“黑箱化”做法,这与许多当代演化理论的精神更为接近。在这里,学习动力学一般会被作为某些技术系数空间中的变化加以描述。

阿罗(Arrow, 1962)的早期介绍可能是对“干中学”的最为简单的正式表述了,随后,又有一些经验研究为之提供了进一步的佐证,指出了成本(生产率)是累积产出的函数,并且是递减(递增)的这样一个“类规律”(quasilaw)。[51]

Silverberg *et al.* (1988)通过使用一种 logistic 型的动力学,刻画了企业专有的、依存于使用新技术后的当期及累积产出(分别是 x_i 和 X_i)的技巧(s_i),从而把学习如何有效使用一种新型的物化在资本中的技术(即一种新“范式”,参见前文)正式化了。

$$s_i' = B_1 \frac{x_i}{X_i + C} s_i(1 - s_i) \qquad \text{如果 } s_i \geq s_p$$

$$s_i = s_p \qquad \text{其他情形}$$

其中 s_i' 是时间导数项,C 是一个与资本存量成比例的常数;s_p 是行业总体可用的技巧水平,它会产生一种动态的、在行业范围内来看是外在的变化:

$$s_p' = B_2(\bar{s} - s_p)$$

其中 $\bar{s}$ 是企业专有技巧的加权平均。[52]

此外,很多演化模型都是从纳尔逊和温特(Nelson and Winter, 1982)的开创性研究开始的,它们都会明确地对技术搜寻所伴随的不确定性做出解释,而且往往都会考虑到未来的发现对过去已经获得的知识的依赖性。作为最后一招,为技术空间中的学习建模也可以只是详细地描述驱使行为人从一种技术转向另一种技术的随机过程。

312

---

[50] 在一些简单的实验中,刺激-反应模型也会对收敛路径做出预测,这一点是确信无疑的。但是,这并不是一般情形,特别是当刺激取样并导致条件反射的域没有一个直截了当的心理学解释时(表述的建立和问题的解决是相关的两种情形)。因此,人们会想要理解,Suppes,1969 中“主定理”的经验内容到底是什么,根据该定理,“给定任意有限的自我行动,都存在这样一个刺激-反应模型,即在合适的学习条件下,该模型会趋向于与有限自动机同构。”这实际上与所有有建设性的、符合经验的学习概念都相去甚远……

[51] 有些类似于 $c_t = c_0 X_t^{\beta}$,其中 X_t 是累积产出,$-1 < \beta < 0$,c_0 是单位产出成本。

[52] 当然,$\bar{s}$ 和 s_p 一定会小于或等于1(1 代表的是给定资本寿命充分发挥其用途的各种技术特征的“最佳”能力)。Eilasson(1985)用类似的精神为一些更为复杂的学习模式建立了相应的模型。对“干中学”和规模经济驱动这一 Verdoorn-Kaldor 法则的学习,加强了 Verspagen(1993)模型的基础。Granstrand(1994)还介绍了系统层面的确定性学习动态学。

例如，在纳尔逊和温特（Nelson and Winter, 1982）所介绍的一个模型中，学习发生在两个可变的投入系数 a_1 和 a_2 所构成的空间中。在某种重整化之后[53]，假定每一个企业在 t 时刻的技术是随机成对的 U_t、V_t；搜寻的结果由随机对 (G_t, H_t) 表示，指的是企业在 U 和 V 个维度中所采取步骤的数目[54]，其中 (G_t, H_t)——在最简单的结构中，与 $(U_{t,1}, V_{t,1})$ 独立——分布在一个有限的支撑集上（Nelson and Winter, 1982, pp. 177—179）。这个依赖于时间的随机过程，加上一条在主导投入品价格下对 $(U_{t,1}, V_{t,1})$ 和 (U_t, V_t) 进行简单对比的选择标准，意味着技术序列是一个马尔可夫链。[55] 创新成果的分布是以企业占优势的生产率为中心，而在更为一般的结构中，技术可能性并没有外生约束（Nelson and Winter, 1982, p. 285），不过的确面临一种与内部能力相关的约束条件：在给定数量的搜寻期中，人们的所知限制了其成就。

其他类似的表述包括：Silverberg and Lehnert（1994），其中创新的出现服从泊松分布，并会增加设备在新技术时期的生产率；Chiaromonte and Dosi（1993）与 Chiaromonte *et al.*（1993），其中"机器"生产和机器使用（劳动）系数的概率分布取决于时刻 T 上每一企业的已实现状态；Dosi *et al.*（1994）和 Dosi *et al.*（1995），他们为企业从泊松分布中不同变量所获得的"竞争性"之动力学建立了模型；Kwasnicki（1996），介绍了有关搜索驱动以及现有知识基础之重组和变异的更为复杂的动力学。

在其他类型的演化模型中，会假定学习机会（是对科学进步等的隐喻）会随意移动，且移动是被外生决定的。例如，在纳尔逊和温特（Nelson and Winter, 1982）的另一个模型中，企业从服从对数正态分布的资本生产率值中取样，而资本生产率值的均值是随时间的推移而递增的。与此类似，Conlisk（1989）假定生产率增长是由服从正态分布（均值为正）的随机样本驱动的。

313

最后，有一些演化模型也对通过模仿的学习进行了解释，即每一企业通过接近每一时刻上已有的最佳实践或最佳实践与任意普通在任者当下所知的技术之组合的集合进行学习，而这种接近是随机的（参见 Nelson and Winter, 1982; Chiaromonte *et al.*, 1993; Silverberg and Verspagen, 1994, 1995b 和 Kwasnicki, 1996 等）。

需要注意的第一点是，大多数把技术空间中的学习过程正式化之努力所遵

---

[53] 以使精确的维度是 $U = \log(a_2/a_1)$ 和 $V = \log(a_2 a_1)$。

[54] 约束条件为 $u_1 \leq U \leq u_n$。相反，V 本身是投入品生产率的代理变量（在演化模型中），其变动区间是 $-\infty < V < +\infty$。

[55] 参见 Nelson and Winter（1982, pp. 179—192）。还需注意，在这个纳尔逊-温特模型中，就投入的相对强度而言，这个过程界定了一个有限的、非时变的马尔可夫过程，而在 V 维空间上，状态的数量从理论上是无限的，系统可以实现更高的生产率水平（尽管在给定状态下可能只能接近有限水平）。

循的思想，基本上都具有“现象学”的色彩；正式的表述试图抓住特征事实、基本的动态规律等等，相对于前面讨论过的认知、问题解决等“基本”过程而言，这里的描述层次更“高”（也更综合）（我们很快会回来讨论这两个层次之间的关系）。但是，在这个更现象学的层次上，目前我们还远没有满足这样一个要求，即所称动力学的经验可靠性（empirical robustness）[56]：例如，我们要在何种经验基础上来证明泊松到达过程假设的正当性？为什么不是其他随机过程呢？我们选择用马尔可夫过程来描述搜索的驱动力，这采取的是什么准则？诸如此类的种种问题……

在这个领域中，演化模型的建立者一定会因为“归纳式的”统计练习所形成的更准确的见解而受益，比如对创新的微观经济过程、生产率增长等的统计练习。

第二点要注意的是，即便所考虑的学习发生在具有上确界的“知识状态”集合中（例如 Silverberg *et al.*，1988），在开放式的知识动力学中，分析的焦点——明显地——总是瞬时现象、而不是极限属性。

Silverberg *et al.*（1988）给出了一个有关创新扩散及通过使用两种技术学习的例子。大体而言，给定初始条件等，可以找出极限状态的属性。但是，该研究的注意力主要集中在系统有限时间内的属性和个体行为人有限时间内的学习概况上。

314

更重要的是，对于开放式的学习动力学——即随着时间趋向于无穷大，行为人可以采取的状态数量也趋向于无穷大——而言，所有这些都适用，即便如此，最有可能的情形是（取决于给定的知识水平），在有限时间内，只有有限数量的状态能被到达的概率为正。[57]

第三点要注意的是，在我们看来，有一点非常明显，即把低维度空间上的学习描述为技术（或者，就此而言，“组织”）状态之间的不断变化只不过是极高维度空间（类似于前面更具“建设性”的关于认知和问题解决层次之讨论所处空间）中基础学习过程的简化形式。[58] 但是，兼容性问题以及不同层次的描述之间的对应关系问题就变得十分关键了（更不用说要从“较低”层次直接推导出“更高”层次，如果没有大量的更深入的现象细节和约束条件，这很可能成为不可能完成的任务）。

---

[56] 事实上，我们所有曾经建立演化模型的人都应该做自我批评……

[57] 未来面临的一个重大的分析方面的挑战涉及如何刻画极限情形下这些开放式过程的某些预期（平均）属性（Sidney Winter、Yuri Kaniovski 和奥地利国际应用系统分析研究所的研究者们正在辛勤地进行这些工作）。

[58] 集体学习实体，例如“企业”，会更进一步地探索搜寻/适应空间。

5.7 技术学习的行为与认知基础

当然,为技术空间中的学习提供认知/行为基础的最简单的方法是假定它是完全理性(并且是前瞻性的)行为人之选择的直接结果。实际上,这正是"新增长"理论所遵循的路线——如果它们的微观基础是流于表面的(参见 Romer, 1990; Grossman and Helpman,1991 或者 Aghion and Howitt,1992——后者给出的是随机描述)。[59]

但是,如果我们接受前面的论断,那么,对于技术搜寻和创新而言,完全"理性"决策模型就不具有适用性:相反,这恰恰是我们最有可能发现强烈的、大量的程序不确定性、惊人之事、错觉和出人意料的成功的领域(对这一领域中经验证据的回顾,参见 Dosi,1988)。但是,我们也因此又回到了这样一种境地,即需要研究学习过程的现象学解释和基础认知及行为程序之间的关系……

315

在这一方面,纳尔逊和温特(Nelson and Winter, 1982)提出了一种很有前景的探询式理论(appreciative theory),将技术学习(及其部分属性,例如技术进步可能的累积性、"搜寻"的局部性等等)嵌入了一套组织学习理论当中,而该组织学习理论——在很大程度上——建立在组织惯例的确立、再生产和变化之上。

此外,纳尔逊和温特——以及 Cyert and March(1992,但初次发表于 1963)的更早期的颇具启发性的研究,后来遵循这一演化传统的许多模型——在正式模型中把去往变化的"通路"看做是由某种程式化的决策规则触发或驱动的。

要把握联系行为领域与明显"无须行为人"的学习动态的桥梁,一种方法是假定有某种相当简单的"为搜寻配置资源"的规则(例如"将营业额的 X 个百分点投资到 R&D 当中去")——的确有管理经验能够为该规则提供有力支持,而其随后可以将进入的概率正式化为依赖于这些搜寻工作的创新性(或模仿性)学习。

这样一个二项分布

$$P(\text{inn}=1)=a\cdot\exp\ (b\cdot \text{R\&D})$$

是对该一般性观点的一阶近似(其中 a 和 b 两个参数实际可以说明"客观的"机遇及企业独有的竞争力;例如,可以参见 Nelson and Winter,1982 和 Chiaromonte *et al.*,1993)。[60]

因此,学习动力学被作为是一个两阶段随机过程的结果,第一("有关行为的")阶段主要取决于信念、预期和行动模式(即我们前面式子中的 ϑ 和 ζ),而

[59] 例如,这一点同样适用于创新与扩散、"专利竞赛"等博弈论模型(Stoneman(1995)对此进行了详细的总结)。

[60] 对于模仿而言也是一样。

第二阶段则试图描述学习过程本身的一些形式方面的属性。[61]

还有一些研究对行为和学习模式之间的互相影响做了正式化的表述,典型的代表是“触发效应”,由此,比方说,只有在实际绩效低于某一特定阀值的时候才会发生变化和搜寻。[62]

316

在很多分析中,行为规则(例如 R&D 规则)在每一位行为人的历史中总是给定且不变的这一假设,就是一个完全合理的近似(这个假设也抓住了组织管理的相对惯性)。到目前为止,这也是许多演化模型中的常用假设。

事实上,可以用两种方法来理解不变的搜寻规则(或恒定的变化“超规则”),即① 理解为以经验为基础的“特征事实”或② 理解为一种有用的、对现实的一阶近似假设,而准确的现实状态也可以被理解为是行为学习的互补过程。两种理解都有其道理;但是,若要在前一个层面上更深入一步的话,就必须要获取更多有力的微观行为证据[63],而在后一个层面上,就必须证明外生的适应过程是否并且会怎样导致相对持久的(亚稳定的)搜寻规则。Silverberg and Verspagen(1995a)已经开始在做后面这种分析,他们假定规则是不变的,但是其参数可能会通过一个随机过程发生适应性的改变(Kwasnicki 用基于一般算法的不同建模工具研究了类似的路径)。

另外,人们也许会想要用一种更具建设性的方法来研究行为搜寻和适应过程,但是,到目前为止,却都只是在将行为人所处的环境做进一步的简化(例如在 Dosi *et al*. (1994)中,类似涨价等的“惯例”实际被证明是——正如我们已经提到的那样——内生的、作为结果的属性,但人们完全忽视了技术/问题解决领域中的学习)。

更一般地,要评估演化环境下学习理论的发展水平,技术学习可能是最具启迪性的观察切入点之一。但愿大家对于技术(以及组织形式和制度)是经济演化的主要领域这一点没有什么怀疑。在技术变化及其他少数几个领域中,人们广泛认为经验研究和探询式理论所采取的方法论,特别是正式模型都追随了那些明显受到演化论启发的思想。而对于所有那些想认真研究微观基础的学者来讲,它也一直是一项严峻的挑战。正如目前所见,要如何为人们和组织在对未来几乎一无所知时的行为提供有力的认知、决策和学习基础(至少在经济

---

[61] 套用我们前面所列的式子,这是为外界评估的(或“市场评估”的)行动与“世界状态”各种组合的绩效做了一个综述。还有一点十分重要,即我们需要注意到,这里所用的一般性假设是,行为人不知道也无法知道映射算法规则。

[62] 参见 Nelson and Winter(1982),也可参见 Cyert and March(1992),后者的研究超出了技术领域。

[63] 非常有趣的是,对这一证据的搜集在20世纪60年代几近停滞,部分原因是研究者正在寻找的东西跟理论所具有的那种不言自明的莽撞性(例如,忽视了有关定价行为的研究发现;Winter(1975)对此给出了一个简短但却中肯的讨论)相互冲突。

317 学中),可能是一项严酷的试炼。从这个角度来讲,"理性的"形式化在有些时候听起来有些令人绝望地愚蠢(例如,假定石器时代的人对于直升飞机有理性预期,或者 IBM 的首届高级总裁们知道个人电脑是什么并对其影响有先验的概率分布……)。但是,与理性预期相对的其他解释也面临着同样让人望而生畏的挑战,即需要发展出与描述公司、行业、社区或整个国家中学习之经验模式的"高级"模型相一致的"零级"理论。

考虑到本文的目的,我们必须注意,关于在较高的观察层面人们所谓的"知识基础"、"组织竞争能力"、"直观推断"等事物的建构性理论将会让我们往前推进一大步,此类理论可以说明基本的"知识片断"或者惯例或基本行动是如何在能自持续的高级实体中结合在一起的。但是,Fontana and Buss(1994,1996)在生物学领域已经给出了令人信服的论证,即这要求具有一种关于组织的建构性理论,但是,这种理论往往只是假定组织存在,而不去解释组织为什么存在。[64]

6 还未得到回答的问题兼结语

本章的一个重要目的就是对那些在正统的理性决策和理性学习模型之外、以不同方法分析认知、行动和学习的不同研究路线做一个全面的描述。其中的基本观点——也正是我们努力想论证的——是:演化环境中的实证代理理论的基础与标准模型之基础一定是迥然相异的。

篇幅所限,我们还是不得不遗留下了一些相关的问题。就让我们在结尾中把这些问题指出来,并就我们认为演化理论研究中非常关键的部分给出一些更进一步的研究问题。

318
6.1 学习和选择

当然,除了学习之外,演化理论中的另外一个主要宗旨就是选择;即,某种集体机制会对不同特征(例如行为、管理、技术或其他)给出不同的报酬和惩罚

---

[64] 当然,在经济学中,委托/代理模型以及交易成本理论就试图想解释为什么组织会存在。不过,委托/代理模型的做法是将其简化为某种具有附带现象性质的"面纱",而这只是理性行为人之间合同之整体的集体性名称。相反,交易成本模型的确完全承认组织作为实体存在,但是,在我们看来,这种模型仍然没有为组织本身规定某种运作"哲学",而在组织之中,治理程序和用于问题解决的知识是会随时间的推移而再生产并得以修正的。类似的评论,请参阅 Padgett(1997),这位研究者向大家展示了一个简单的、可以用来概括相互调和的技巧之"生态关系"出现过程的"超循环模型"。也可以参见 Warglien(1995)有关组织学习之演化过程的研究,在该研究中,组织学习的演化过程被看做是一个嵌入在层级之中的、在"项目"之间进行选择的过程。

(也包括不同的扩散及生存概率),其中行为人是所谓的特征"携带者"(carrier)。[65]

更一般地,我们认为几乎所有的社会-经济变化动态都是位于"纯学习"(pure learning)和"纯选择"(pure selection)这两种极端情形中间。"纯学习"对应的是极端主义者的决策理论或博弈论模型:所有的行为人都最大限度地利用其可用信息,而且天然地拥有相同的信息处理算法等(代表性行为人的理性预期模型就是最惹人注目的例子)。很明显,在这里,选择没有起到任何作用,因为每一位行为人都可以毫无差异地得到各种机会(即,有些类似于他们都具有相同的"环境适应能力")。相反,在与之相对的"达尔文式"的典型情形中,没有人会去学习,推动系统变化的是选择过程,而选择过程的基础是在盲目状态下生成的行为、技术等变量(按照其字面意思,这也可以看做是对理性行为的"as-if"式解读)。正如我们在前面曾经简单讨论过的那样,除去非常特殊的情形外,在其他所有给定的环境下,这两种过程的结果都是等价的。总的来说,学习和选择之间的平衡和相关关系不光影响过程在有限时间内的属性,而且影响其长期结果。

这就意味着,选择机制的性质和强度跟学习模式并不是正交的。这里可能会有一些微妙的权衡取舍的过程。如果选择压力较弱,就很可能会导致"懈怠"和"无效率"的行为持续存在(无论"效率"在特定情形下是如何定义的)。另一方面,过于强大的选择压力可能会妨碍学习,以至于平均来看,学习中的试错过程很可能难逃失败的命运。March(1991)把这种两难困境称为"开发与探索"(exploitation vs exploration)问题。

它也可以被看做是一个有关时间尺度的问题:学习和选择很可能会以不同的步伐向前推进。因此,例如,即便是在最为严酷的选择环境中,也可能会有个体学习的空间,只要选择相当于搜寻/学习而言是一项低频率事件。在生物学中,选择是在代际间发生的。因此,这里的权衡取舍关系就非常明确:长寿的有机生物体喜欢进行个体学习,而寿命较短的生命体和频繁的世代更新更有利于集体的进化。相反,在社会领域中,情形会更为复杂一些:环境(例如市场)不仅是基本的选择机制,而且是促进学习过程的反馈的基本源泉。 319

低频率的反馈可能会减缓并阻碍个体学习的过程,而频繁并密集地使用选择的力量也会大大压缩实验和创新的空间。此外,需要注意一点,在经济制度中,知识和行为在文化意义上的再生产过程会导致学习和选择之间的关系具有

---

[65] 对社会-经济演化中之选择过程的一般性讨论,可以参见 Nelson and Winter(1982)、Hodgson(1988)、Dosi and Nelson(1994)、Witt(1992)、Metcalfe(1994)、Nelson(1995)、Silverberg(1988)和 Winter(1988)等。

明显的“拉马克式”(Lamarckian)特征。

另外一个相关的问题是个体学习和集体学习之间可能存在的张力:例如,一些会持续存在的、个体会犯的错误(例如决策偏差)很可能会明确地影响到集体(Dosi and Lovallo(1997)用商业企业的进入过程对此进行了解释,但是,要系统地研究这一猜想的价值,还有更多的研究需要进行)。

6.2 学习、路径依赖和共同演化

学习过程具有一个相当普遍的属性,那就是它们往往都具有路径依赖特征。即便是在十分传统的学习机制中,路径依赖有时也仍然成立[66],在演化环境中则更是如此。当然,路径依赖意味着初始条件和/或学习路径的早期波动会塑造长期内的结果。此外,如果学习需要发展一些具有相当大惯性的认知框架和惯例化的行动准则,人们也的确应该预期到,“行为人所学到的”事实本身必然会具有惯性和“锁定”性质。

以上,我们已经讨论了一些即使是在非常简单的环境下也会产生路径依赖、锁定等的模型,例如技术学习模型,而路径依赖的结果是某种形式的动态递增报酬或社会适应过程所导致的。那些因为认知、行为或组织特征之间的相互关联而导致的路径依赖性结果,在生物学中被归结为上位相关性(epistatic correlation),这是一个更为复杂也更具魅力的问题(Levinthal(1996a)用探索性的方法对组织“惯性”进行了分析,其研究颇具启发意义)。[67] 这里,基本的直觉十分简单。比方说,假定认知和行为的全部技能类似于被层层折叠的包裹——可能是因为其内部相关性十分紧密,也可能只是因为在一开始它们就随机性地碰巧一起出现了。例如,在前面的正式研究框架中,假定表述/行动集合被证实是已经被“学会”了的,而该集合中包括将对世界的“理解”($\vartheta_1, \vartheta_2, \cdots$)与各种程序($\xi_1, \xi_2, \cdots$)相联系起来的映射规则 r_p。同时假定该规则碰巧“胜出”,因为在一个“真实”状态被用 ϑ_i 来认识时,程序 ξ_i 就会被已经获得的报酬所加强。但是,在某些其他状态(比方说,被认定是 ϑ_j 并触发了 ξ_j),决策规则惊人地不利。当然,如果没有特征相关性,行为人会坚持原来那部分将 ϑ_i 和 ξ_i 联系在一起的规则,并将技能集合的其他部分与表述 ϑ_k 和预期的行动 ξ_k 合并起来,以修正技能集合。但是,假定第一个“包裹”几乎无法被打开,而另一个“包裹”也是如此:其中 ϑ_k 和 ξ_k 在另外一种“模型”中相互关联,以至于在被认知为 ϑ_i 的状态

320

---

[66] 例如,如果行为人所赖以形成其先验概率的事件集合不同,而且在有限时间内行为人在面对不同的样本路径时都保持系统的先验概率,那么贝叶斯学习中也就有了路径依赖。而贝叶斯行为人为了在不同选项之间做出决策而对其他行为人进行抽样时,其所处环境的极限属性正是路径依赖(参见 Arthur and Lane,1993)。

[67] 人们普遍承认,Kauffman 的生物演化模型是灵感之源(Kauffman,1993)。

下产生了“不利”的反馈。从直觉出发，人们会发现某些系统的相互关系能够轻易地产生惯性和锁定（参见 David（1992），该研究也讨论了十分令人关注的技术和制度系统之间类比关系）。

必须注意，相互关系和特征相关性远称不上是理论珍品（curiosa）。相反，它们更接近于是所有那些表现出相对连贯的内部结构的实体的固有属性。这适用于知识系统、企业组织和其他各种制度（对这一相关性的更深刻的理解，会让我们回到前面提到的、发展关于这些实体本身的建构性理论的挑战问题）。

这一点的含义甚至更为广泛，它与学习是一个共同演化的过程这一观点相联系。从我们之前的讨论中可以直接得出一个结论，即我们所提出的、关于学习的一般观点依赖于认知表述、行为技能集合和偏好的共同演化。总而言之，这意味着相互适应这个观点不仅适用于从人们认为自己知道什么到人们在做什么（根据人们认为什么对自己更好来判断）过渡的正统序列，也适用于另一种反方向的路径，即从人们在做什么到人们必须去相信什么以证明已经完成的是正当的、人们从中得到了自己所喜欢的事物。　321

6.3　偏好和预期

我们已经在前面对如何就心智模型和行动技能集合的相互演化做出正式的表述给出了一些试验性的观点，即所谓的预期信息和内生偏好。但是，到目前为止，这些内容在很大程度上是被忽视了的。就预期而言，目前研究所处的状况相当不幸——人们往往是被卡在理性预期范式（主要是假定行为人已经知道了他们应该去学习的内容）和各种不同的推断性预期机制之中。在这两种范式之间，演化模型的建模者——恰当地——选择了后者作为一阶近似（例如，可参见 Chiaromonte *et al.*，1993），但是人们迟早会发现，他们应该试着在模型中把行为人塑造为会详细阐述有关“世界结构”及其参数之猜测的、并用经验来检验这些猜测的主体。用更为准确的话来说，这正好是适应性学习模型所做的事情（例如 Hollan *et al.*，1986 和 Marengo and Tordjman，1996），但是，其缺点就在于人们要么是在做“纯预测”模型（其中，被触发的“行动”就是预测结果本身），要么就是在做预测和行动选择（例如，关于价格水平、买卖等的选择）混杂在一起的模型。在我们看来，如果能够发展出某种将对世界状态之预期的空间中的搜寻跟行动空间中的搜寻分离开来的模型，就是往前迈进了一大步[68]。一种结果

---

[68] Riolo（1990）就此进行了初步的尝试。

是我们可能要处理在一定程度上相互冲突的信念系统和行动模式共存的问题[69],而且还需要为诸如认知失调等现象给出明确的解释(有关经济学方面的应用,参见 Festinger,1957;Hirschman,1965 和 Akerlof and Dickens,1982)。[70]

322 这就直接引向了内生偏好问题。最近,在把偏好构造为受社会交往所影响的事物方面已经取得了一些进展(例如,可以参见 Juran,1987 和 Brock and Durlaus,1995)。可能已经到了将这一问题往前再推进一步的时候了,研究者们应该直捣基础代理模型,将评估表述、行动和"报酬"之标准的内生性解释为社会模仿以及根据已实现结果调整"愿望"之行为的结果。(有一句很可能是杜撰约瑟夫·斯大林(Joseph Stalin)的名言,其中提到了他将"纯粹的欢乐"定义为"预期和现实的完美对应"[!];当然,他的确是想完成前一项任务……)到目前为止,适应性学习模型忽视了这些现象;事实上,我们非常不满意的一个方面就是人们常常假设有一个不变的报酬函数,而该函数则通过提供认知/行动结果的批判标准来推动学习进程。与此相反,我们的建议是——用我们之前的语言来说——是让 π 函数成为内生的,这意味着我们需要把"效用"作为理论的基本单位之一来处理,并运用行为人具有适应性特性这一观点,这更类似于许多来自社会学的直觉。

6.4 共同演化的惯例和其他组织特征的决定因素

在较高层面的描述中也还是会出现同样形式的问题。例如,Nelson(1994)在其探询式理论模型中所提出的技术、商业组织和相关制度的共同演化;或者问题解决和冲突治理之程序作为惯例的复合属性(Coriat and Dosi,1995)。在这些情形中,组织学习都是被多种的、可能相互矛盾的选择机制推动的(例如,创新搜寻中的成功也会抑制机会主义或冲突者行为的可能性、组织的政治"一致性"等)[71]。有很多经验证据支持这些,人们开始形成某种探询式理论;也许,我们也有必要开始系统地研究一些简单的正式模型,将组织学习与集体共享的认知模型和从各种角度来看都"有意义"的行动技能集合联系起来(这也意味着组织成员所"知道"的、所做的和所认为是自己兴趣所在的东西都会一道共同演化)。

---

[69] 例如,我们可以考虑一下那些即便与行为人所持的理论相抵触,但是因为确实"有用"而仍然被持续实施的行动模式。既包括规则("只要是牛市就买入")也包括预期("市场将要崩溃")的投机行为就属于此类。

[70] 信念系统和行动系统在一定程度上是相互交织的这一事实,一般会伴随着通过修正信念系统以使其适应于行动模式,进而减少认知失调的不完美的努力。例如,每一位吸烟者都熟悉这样的事情!有鉴于此,我们计划把这类模型(也就是我们要建立的模型)称为"精神是强大的、但肉体却是虚弱的……"(?!)

[71] Dosi(1995a)中有一些更深入的评论。

所有这些的一个重要含义就是,学习的演化理论可能会导致按层级组织的、对学习过程的描述[72],而这些过程可能会与不同的学习实体相联系。在一个 323 极端,人们只是开始探索所谓“无代理人”之组织的动力学,其中,推动学习的是建立在许多惯例、技巧等之上的选择性压力所致的演化(Marengo(1996)和Padgett(1997)对此进行了初步的研究)。在另一个极端来看,研究明确地以行为人为基础的模型似乎也具有同样的前景:不同的实体体现出不同的知识片段,而某种内生的网络机制将这些实体联系起来,从而产生了集体知识。[73]

在这两个极端之间的某个地方还有一个重大的挑战,即如何将那些不能完美地学会如何适应(从技巧、行为和目标的角度而言)现存制度的行为人纳入模型,并且使得适应过程的不完美本身就是制度变迁的基本源泉。[74]

这里有很多精神食粮。在我们看来,现在,人们面临着跨学科构建一套关于代理行为及学习的实证理论的机遇,这套理论的应用范围将远远超出常见(理性)决策理论性模型的适用性。人们第一次开始将理论工具打造得更为“结实”——同时能够生成与那些建立在更为正统的理性概念上的模型有明确交互关系的、正式的“玩具模型”(toy models)(不过,在我们看来,它永远不能体现出像传统模型所具有的那种不言自明式的“强度”,尽管其经验内容是零测度的,并剥去了现象学方面的所有限制)。

作为经济学家,我们很希望能够给这种新兴的方法加上“演化”或“制度主义”的标签。但是,在其他学科中,类似方法的名称却大不相同。此外,即便是在经济学家的活动范围内,还有一些“修正主义者”在“有限理性”的基础上提出了所谓“远离均衡的学习”等理论来挑战这些观点。当下,有一点很明确,即要断言是追逐“新托勒密综合”更能得到丰富成果,还是追随与之相反的、更为激进的、在很大程度上尚未成熟的观点更有意义,还为时尚早。从本章中,我们应该能够清楚地看到我们的倾向。在任何情况下,不管是否能够成功,都应该 324 确立某种等价的类别,以便在问题和不同方法所使用的正式工具之间建立一定的对应关系。建立这种桥梁,也是我们试图通过本章所实现的部分目的。

---

[72] Warglien(1995)对此进行了系统研究。

[73] 这无疑会使哈耶克关于资本主义制度(包括市场)是分散知识的协调机制这一论述具有更强有力的基础(也可参见 Egidi,1996 和 Lane *et al.*,1996)。

[74] 我们很容易就可以发现,这一点是将演化理论和制度主义者对把团结并改变社会结构的机制之分析连接起来的重要纽带(Hodgson,1988 详细讨论了与之相关的许多问题)。在这个含义广泛的领域中,还有许多非常困难但却引人入胜的问题,例如,制度和经济行为之间不断变化的联系、信任和权力的角色等。

7 跋(2000年10月)

尽管这一章的主体是在1996年写作完成的,但是我们仍然决定不对其进行大幅度的改动——只是对一些参考文献进行了更新。这篇文章能够维持自己的内部一致性,但是,它不能跟上近几年飞速增加的文献;要想跟上研究的新发展,必须要撰写一篇全新的文章。

在这里,为了方便读者,我们为大家指出一些有前景的、与我们已经讨论过的内容重合或者能够补充或改进前述内容的研究方向。

第一,越来越多的人已经在关注一般性博弈和试验博弈的学习过程;可以参见 Erev and Roth(1998,1999)、Camerer(1997)和 Camerer and Ho(1998,1999)。

第二,决策和行为中的经验性规律——特别是系统性偏离正统"理性"理论之预测结果的规律——至少是产生了一种新兴的关于跨期选择、金融投资和消费等的"行为"观点;Loewenstein and Elster(1992)是这方面的早期研究,也可以参见后来的 Browning and Lusardi(1996)和 Rabin(1998)等。

当然,关于是否应该去解读人们已经观察到的决策和行为模式,则是一个重大而颇具争议的问题。一种思路是将选择"再公理化",改变其性质,以使理论假设与经验不至于有过大的冲突(例如,用双曲线而不是指数贴现的方法来将跨期选择的证据理性化,就是对这一思路的最佳说明)。

另外一种解决我们所观测到的"偏差"问题的思路是,论证它们在事实上根本不是偏差,而是知识演化适应过程的相对比较巧妙的形式(例如 Gigerenzer *et al*.(1999)、Gigerenzer(2000)以及 Gigerenzer and Selten(2001)中收集的部分文章)。

第三,也是另外一种方法,与前面一节所讨论的一些推测可谓是步调一致,它要求大家努力去探索并研究推理和认知、动机及行为所依赖的"心智模型"的基础本身;参见 Girotto *et al*.(2000)、Goldvarg and Johnson-Laird(2000)、Johnson-Laird(2000)和 Johnson-Laird and Byrne(2000)。

325 对于我们所说的"偏差"以及似乎"无偏"的行为还有另外一种解读方法,这种方法实际上是在提示大家,需要对"人性"本身(不管它意味着什么)进行更深刻的猜想。在这里,我们无法讨论涉及学习和环境选择间纠结关系的诸多争议,只提出下列三个关键问题。

1. 人类的认知和行为在多大程度上与一些基础性的"遗传"倾向有"硬连接"?

2. 这些证据——如果有的话——主要是与语法和推断规则(例如我们进行演绎推理、肯定前件假言推理(modus ponens)与否定后件假言推理(modus tollens)、演绎与归纳等的相对能力)有关吗?或者,它侵害到了行为模式(例如我们内心最深处的自私、服从、利他主义等倾向)的主旨吗?

3. 我们是否可以把某些最优属性归结为各种可能的"人类的不变"规律——如果有的话?

在阅读了前一节之后,我们对 Dawkins(1986)式的"强硬连接"的深刻怀疑应该不会让大家感到吃惊了。当然,这种怀疑伴随着根深蒂固的对显示结果的演化最优性的推定,这一点更不会让人意外(Cosmides and Tooby,1994,1996 中的论证十分具有感染力,但是,在我们看来,也是容易误导读者的范例)。

对于"硬连接"的各种倾向,我们的前述讨论所持的态度是十分不明确的,并没有对其存在的可能性给出结论,但是,总的来说,我们假定:① 基因和各种全然不同的文化表达方式之间存在一个很长的控制链;② 普遍缺乏支持潘哥拉斯博士式的盲目乐观态度("存在即最优、至少在局部范围内如此,否则它就不会存在")的证据。

实际上,我们非常担心潘哥拉斯博士和尚未成熟的演化理论之间日益频繁的遭遇,这种遭遇会对现状给出一些毫无根据但却往往是灾难性的解释,而现状的最优性被认为是建立在基因基础上的。

支持这样一种理论观点的方法之一是通过我们所认为的对演化博弈的不当应用。正如我们在前面所暗示的,这种博弈是研究那些主要由集体适应驱动的演化过程"化约形式"的重要工具,Dosi and Winter(2002)在社会经济领域对此进行了详细的论证。但是,我们坚定地认为,将"基因"和"文化模因(culture memes)"等同是大胆的,但在此基础上的各种应用却是牵强的,而将社会经济适应过程所发生的选择背景一味简化的做法也是值得怀疑的。

第四,在今天,我们会发现对内生偏好的讨论更加丰富,在几年前还不是如此。的确,可以从很多不同角度来研究内生偏好。在局部范围内,有人开始试着研究偏好、行为和心智模型之间相互联系的动态过程(例如,可以参见 Aversi *et al*.(1999);Devetag(1999)对相关证据进行了讨论,该研究十分重要)。一些其他学者也循着不同的研究方向,试图去掀开隐藏在偏好动力学后面的"理性"的神秘面纱(参见 Elster,1998)。 326

第五,在过去几年中,有很多研究尝试着去理解组织能力和组织学习:可以参见 Dosi *et al*.(2000)等。同时,一些研究者还试图将组织本身的问题解决动力学正式化,其所采取的方法自然是来自于赫伯特·西蒙所做的开拓性研究,但是,他们可能进一步放松了西蒙模型对程序理性和问题的准可分解性要求;

参见 Levinthal（1996）、Levinthal and Warglien（1999）和 Marengo and Lazaric（2000）。

即便如此，本章所提出的许多有关未来实证代理理论的很多问题显然还远未得到解决。但是，5 年前的研究和今天的状况之间的对比，则绘出了一幅真正令人鼓舞的图画。毫无疑问，世间还普遍存在很多新古典的"塔利班分子"，关于认知、行为和学习的新观点也仍然存在很多模糊不清的地方。但是，振奋人心的是，也有很多各种各样的迹象表明，经济行为微观基础理论正在不断取得进步，对日益丰富的微观基础，我们的曲解越来越少。

参考文献

Aghion, P., and P. Howitt (1992), 'A model of growth through creative destruction', *Econometrica* **60**(2): 323–351.

Akerlof, G. A., and W. T. Dickens (1982), 'The economic consequences of cognitive dissonance', *American Economic Review* **72**(3): 307–319.

Allen, B. (1982a), 'A stochastic interactive model for the diffusion of information', *Journal of Mathematical Sociology* **8**: 265–281.

(1982b), 'Some stochastic processes of interdependent demand and technological diffusion of an innovation exhibiting externalities among adopters', *International Economic Review* **23**: 595–608.

An, M., and N. Kiefer (1995), 'Local externalities and societal adoption of technologies', *Journal of Evolutionary Economics* **5**(2): 103–117.

Anderlini, L., and A. Ianni (1996), 'Path dependence and learning from neighbours', *Games and Economic Behavior* **13**: 141–178.

Andersen, E. S (1994), *Evolutionary Economics: Post-Schumpeterian Contributions*, London: Pinter.

Arifovic, J. (1994), 'Genetic algorithm learning and the cobweb model', *Journal of Economic Dynamics and Control* **18**: 3–28.

Arrow, K. J. (1962), 'The economic implications of learning by doing', *Review of Economic Studies* **29**: 155–173.

Arthur, W. B. (1991), 'On designing economic agents that behave like human agents: a behavioural approach to bounded rationality', *American Economic Review* **81**: 353–370.

(1993), 'On designing artificial agents that behave like human agents', *Journal of Evolutionary Economics* **3**(1): 1–22.

Arthur, W. B., Y. M. Ermoliev and Y. M. Kaniovski (1987), 'Strong laws for a class of path-dependent urn processes', in V. Arkin, A. Shiryayev and R. Wets (eds.), *Proceedings of the International Conference on Stochastic Optimization*, Kiev, 1984, Lecture Notes in Control and Information Sciences no. 81, Berlin: Springer-Verlag, 287–300.

Arthur, W. B., and D. Lane (1993), 'Information contagion', *Structural Change and Economic Dynamics* **4**: 81–104.

Aversi, R., G. Dosi, G. Fagiolo, M. Meacci and C. Olivetti (1999), 'Demand dynamics with socially evolving preferences', *Industrial and Corporate Change* **8**: 353–408.

Bala, V., and S. Goyal (1998), 'Learning from neighbors', *Review of Economic Studies* **65**: 595–621.

Barron, J. N., and M. T. Hannan (1994), 'The impact of economics on contemporary sociology', *Journal of Economic Literature* **32**: 1111–1146.
Bateson, G. (1972), *Steps to an Ecology of Mind*, New York: Ballantine Books.
Berninghaus, S. K., and U. G. Schwalbe (1992), *Learning and Adaptation Processes in Games with a Local Interaction Structure*, Mimeo, University of Bonn.
(1996), 'Evolution, interaction and Nash equilibria', *Journal of Economic Behavior and Organization* **29**: 57–85.
Binmore, K. (1990), *Essays on the Foundations of Game Theory*, Oxford: Blackwell.
Blackwell, D., and L. Dubins (1962), 'Merging of opinions with increasing information', *Annals of Mathematical Statistics* **33**: 882–886.
Blume, L. E. (1993), 'The statistical mechanics of strategic interaction', *Games and Economic Behaviour* **5**: 387–424.
(1995), 'The statistical mechanics of best-response strategy revision', *Games and Economic Behavior* **11**: 111–145.
Borcherding, K., D. L. Larichev and D. M. Messick (eds.) (1990), *Contemporary Issues in Decision Making*, New York: North-Holland.
Bourdieu, P. (1977), *Outline of a Theory of Practice*, Cambridge: Cambridge University Press.
Brock, W. A., and S. N. Durlauf (1995), *Discrete Choice with Social Interactions I: Theory*, Working Paper 9521, Social Systems Research Institute, University of Wisconsin, Madison.
Browning, M., and A. M. Lusardi (1996), 'Household saving: micro theories and micro facts', *Journal of Economic Literature* **34**: 1797–1855.
Bush, R. R., and F. Mosteller (1955), *Stochastic Models for Learning*, New York: Wiley.
Camerer, C. F. (1997), 'Progress in behavioral game theory', *Journal of Economic Perspectives* **11**: 167–188.
Camerer, C. F., and T. H. Ho (1999), 'Experience-weighted attraction in games', *Econometrica* **67**(4): 827–874.
(2004), 'Learning in games', in C. R. Plott and V. L. Smith (eds.), *Handbook of Experimental Economics Results*, Amsterdam and New York: North-Holland.
Casti, J. L. (1992), *Reality Rules*, New York: Wiley.
Chiaromonte, F., and G. Dosi (1993), 'Heterogeneity, competition and macroeconomic dynamics', *Structural Change and Economic Dynamics* **4**: 39–63.
Chiaromonte, F., G. Dosi and L. Orsenigo (1993), 'Innovative learning and institutions in the process of development: on the microfoundations of growth regimes', in R. Thomson (ed.), *Learning and Technological Change*, London: Macmillan, 117–149.
Cohen, M. D., and P. Bacdayan (1994), 'Organizational routines are stored as procedural memory: evidence from a laboratory study', *Organizational Science* **5**: 554–568.
Cohen, M. D., R. Burkhart, G. Dosi, M. Egidi, L. Marengo, M. Warglien, S. G. Winter and B. Coriat (1996), 'Routines and other recurring action patterns of organisations: contemporary research issues', *Industrial and Corporate Change* **5**: 653–698.
Cohen, M. D., J. G. March and J. P. Olsen (1972), 'A garbage can model of organizational choice', *Administrative Sciences Quarterly* **17**: 1–25.
Conlisk, J. (1989), 'An aggregate model of technical change', *Quarterly Journal of Economics* **104**: 787–821.

Coriat, B., and G. Dosi (1995), *Learning How to Govern and Learning How to Solve Problems: On the Co-evolution of Competences, Conflicts and Organizational Routines*, Working Paper WP 95-106, International Institute of Applied Systems Analysis, Laxenburg, Austria.

(1998), 'The institutional embeddedness of economic change: An appraisal of the "evolutionary" and "regulationist" research programmes', in K. Nielsen and E. J. Johnson (eds.), *Institutions and Economic Change*, Cheltenham: Edward Elgar, 3–32.

Cosmides, L., and J. Tooby (1994), 'Better than rational: evolutionary psychology and the invisible hand', *American Economic Review* **84**(2): 327–332.

(1996), 'Are humans good intuitive statisticians after all? Rethinking some conclusions from the literature on judgment and uncertainty', *Cognition* **58**: 187–276.

Cyert, R. M., and J. G. March (1992), *A Behavioral Theory of the Firm*, 2nd edn., Cambridge: Basil Blackwell.

Dalle, J. M. (1993), *Dynamiques d'Adoption, Coordination et Diversité: Le Cas des Standards Technologiques*, Strasbourg: Beta.

(1994a), *Decisions Autonomes et Coexistence des Technologies*, Working Paper 9401, Institut d'Economie et de Politique de l'Energie, Grenoble, France.

(1994b), *Technological Competition, Micro decisions and Diversity*, paper presented at the EUNETIC conference on evolutionary economics of technological change: assessment of results and new frontiers, 6–8 October, Strasbourg.

David, P. A. (1975), *Technical Choice, Innovation and Economic Growth: Essays on American and British Experience in the Nineteenth Century*, Cambridge: Cambridge University Press.

(1985), 'Clio and the economics of QWERTY', *American Economic Review* **75**(2): 332–337.

(1992), 'Path dependence and predictability in dynamic systems with local externalities: a paradigm for historical economics', in D. Foray and C. Freeman (eds.), *Technology and the Wealth of Nations*, London: Pinter, 208–231.

Davidson, P. (1996), 'Reality and economic theory', *Journal of Post-Keynesian Economics*, **18**: 479–508.

Dawkins, R. (1986), *The Blind Watchmaker: Why the Evidence of Evolution Reveals a Universe Without Design*, New York: Norton.

Devetag, M. G. (1999), 'From utilities to mental models: a critical survey on decision rules and cognition in consumer choice', *Industrial and Corporate Change* **8**: 289–351.

Dosi, G. (1984), *Technical Change and Industrial Transformation: The Theory and an Application to the Semiconductor Industry*, London: Macmillan.

(1988), 'Sources, procedures and microeconomic effects of innovation', *Journal of Economic Literature* **26**: 1120–1171.

(1995a), 'Hierarchies, markets and power: some foundational issues on the nature of contemporary economic organisations', *Industrial and Corporate Change* **4**: 1–19.

(1995b), *The Contribution of Economic Theory to the Understanding of a Knowledge-based Economy*, Working Paper WP 95-56, International Institute of Applied Systems Analysis, Laxenburg, Austria.

Dosi, G., and M. Egidi (1991), 'Substantive and procedural uncertainty: an exploration of economic behaviours in changing environments', *Journal of Evolutionary Economics* **1**(2): 145–168.

Dosi, G., Y. M. Ermoliev and Y. M. Kaniovski (1994), 'Generalized urn schemes and technological dynamics', *Journal of Mathematical Economics* **23**: 1–19.

Dosi, G., S. Fabiani, R. Aversi and M. Meacci (1994), 'The dynamics of international differentiation: a multi-country evolutionary model', *Industrial and Corporate Change* **3**: 225–241.

Dosi, G., C. Freeman, R. R. Nelson, G. Silverberg and L. Soete (eds.) (1988), *Technical Change and Economic Theory*, London: Pinter.

Dosi, G., and Y. M. Kaniovski (1994), 'On "badly behaved" dynamics', *Journal of Evolutionary Economics* **4**(2): 93–123.

Dosi, G., and D. Lovallo (1997), 'Rational entrepreneurs or optimistic martyrs? Some considerations on technological regimes, corporate entries, and the evolutionary role of decision biases', in R. Garud, P. R. Nayyar and Z. B. Shapira (eds.), *Technological Innovation: Oversights and Foresights*, Cambridge: Cambridge University Press, 41–70.

Dosi, G., and L. Marengo (1994), 'Toward a theory of organizational competencies', in R. W. England (ed.), *Evolutionary Concepts in Contemporary Economics*, Ann Arbor, MI: University of Michigan Press, 157–178.

Dosi, G., L. Marengo, A. Bassanini and M. Valente (1999), 'Norms as emergent properties of adaptive learning: the case of economic routines', *Journal of Evolutionary Economics* **9**: 5–26.

Dosi, G., O. Marsili, L. Orsenigo and R. Salvatore (1995), 'Learning, market selection and the evolution of industrial structure', *Small Business Economics* **7**: 411–436.

Dosi, G., and J. S. Metcalfe (1991), 'On some notions of irreversibility in economics', in P. Saviotti and J. S. Metcalfe (eds.), *Evolutionary Theories of Economic and Technological Change: Present Status and Future Prospects*, Chur, Switzerland: Harwood Academic, 133–159.

Dosi, G., and R. R. Nelson (1994), 'An introduction to evolutionary theories in economics', *Journal of Evolutionary Economics* **4**(3): 153–172.

Dosi, G., R. R. Nelson and S. G. Winter (eds.) (2000), *The Nature and Dynamics of Organizational Capabilities*, Oxford: Oxford University Press.

Dosi, G., and S. G. Winter (2002), 'Interpreting economic change: evolution, structures and games', in M. Augier and J. G. March (eds.), *The Economics of Choice, Change, and Organizations*, Cheltenham/Northampton: Edward Elgar, 337–353.

Dubois, D., and H. Prade (1988), 'Modelling uncertainty and inductive inference: a survey of recent non-additive probability systems', *Acta Psychologica* **68**: 53–78.

Durlauf, S. N. (1994), 'Path dependence in aggregate output', *Industrial and Corporate Change* **3**: 149–171.

Easley, D., and A. Rustichini (1995), *Choice without Beliefs*, working paper, Center for Operations Research and Economics, Catholic University of Louvain, Louvain-la-Neuve, Belgium.

Edgerton, R. B. (1985), *Rules, Exceptions and Social Order*, Berkeley and Los Angeles: University of California Press.

Egidi, M. (1996), 'Routines, hierarchies of problems, procedural behaviour: some evidence from experiments', in K. J. Arrow, E. Colombatto, M. Perlman and

C. Schmidt (eds.), *The Rational Foundations of Economic Behaviour*, London: Macmillan, 303–333.

Einhorn, H. J., and R. M. Hogarth (1985), 'Ambiguity and uncertainty in probabilistic inference', *Psychological Review* **86**: 433–461.

Eliasson, G. (1985), *The Firm and Financial Markets in the Swedish Micro-to-Macro Model*, working paper, Research Unit of Industrial Economics (IUI), Stockholm.

Elster, J. (1998), 'Emotions and economic theory', *Journal of Economic Literature* **36**: 47–74.

Epstein, J. M., and R. Axtell (1996), *Growing Artificial Societies: Social Science from the Bottom Up*, Washington, DC: Brookings Institution.

Erev, I., and A. E. Roth (1998), 'Predicting how people play games: reinforcement learning in experimental games with unique, mixed strategy equilibria', *American Economic Review* **88**(4): 848–881.

(1999), 'On the role of reinforcement learning in experimental games: the cognitive game theory approach', in D. Bodescu, I. Erev and R. Zwick (eds.), *Games and Human Behavior: Essays in Honor of Amnon Rapoport*, Mahwah, NJ: Lawrence Erlbaum Associates, 53–77.

Ericsson, K. A., and J. Smith (eds.) (1991), *Toward a General Theory of Expertise*, Cambridge: Cambridge University Press.

Estes, W. K. (1950), 'Toward a statistical theory of learning', *Psychological Review* **57**: 94–107.

Feldman, M. (1991), 'On the generic nonconvergence of Bayesian actions and beliefs', *Economic Theory* **1**: 301–321.

Festinger, L. (1957), *A Theory of Cognitive Dissonance*, Stanford, CA: Stanford University Press.

Fisher, R. A. (1930), *The Genetical Theory of Natural Selection*, Oxford: Clarendon Press.

Föllmer, H. (1974), 'Random economies with many interacting agents', *Journal of Mathematical Economics* **24**: 51–62.

Fontana, W., and L. W. Buss (1994), 'What would be conserved if "the tape were played twice"?', *Proceedings of the National Academy of Sciences USA* **91**: 757–761.

(1996), *The Barrier of Objects: From Dynamical Systems to Bounded Organizations*, Working Paper WP 96-27, International Institute for Applied Systems Analysis, Laxenburg, Austria.

Foray, D., and B.-Å. Lundvall (1996), *The Knowledge-based Economy*, Paris: Organisation for Economic Co-operation and Development.

Foster, D., and P. Young (1990), 'Stochastic evolutionary game dynamics', *Theoretical Population Biology* **38**: 219–232.

Freeman, C. (1982), *The Economics of Industrial Innovation*, London: Pinter.

(1994), 'The economics of technical change', *Cambridge Journal of Economics* **18**: 463–514.

Friedman, D. (1991), 'Evolutionary games in economics', *Econometrica* **59**(3): 637–666.

Friedman, M. (1953), *Essays in Positive Economics*, Chicago: University of Chicago Press.

Fudenberg, D., and C. Harris (1992), 'Evolutionary dynamics with aggregate

shocks', *Journal of Economic Theory* **57**: 420–441.
Fudenberg, D., and D. M. Kreps (1993), 'Learning mixed equilibria', *Games and Economic Behaviour* **5**: 320–367.
Fudenberg, D., and D. K. Levine (1995), 'Consistency and cautious fictitious play', *Journal of Economic Dynamics and Control* **19**: 1065–1089.
Geertz, C. (1963), *Peddlers and Princes*, Chicago: University of Chicago Press.
Gigerenzer, G. (2000), *Adaptive Thinking: Rationality in the Real World*, Oxford: Oxford University Press.
Gigerenzer, G., and R. Selten (eds.) (2001), *Bounded Rationality: The Adaptive Toolbox*, Cambridge, MA: MIT Press.
Gigerenzer, G., P. M. Todd and the ABC Research Group (1999), *Simple Heuristics that Make us Smart*, Oxford: Oxford University Press.
Girotto, V., P. N. Johnson-Laird, P. Legrenzi and M. Sonino (2000), 'Reasoning to consistency: how people resolve logical inconsistencies', in L. Garcia-Madruga, M. Carriedo and M. J. Gonzalez-Labra (eds.), *Mental Models in Reasoning*, Madrid: Universidad Nacional de Educación a Distancia, 83–97.
Glaziev, S. Y., and Y. M. Kaniovski (1991), 'Diffusion of innovations under conditions of uncertainty: a stochastic approach', in N. Nakicenovic and A. Grubler (eds.), *Diffusion of Technologies and Social Behaviour*, Berlin: Springer-Verlag, 231–246.
Goffman, E. (1974), *Frame Analysis: An Essay on the Organisation of Experience*, Harmondsworth: Penguin.
Goldvarg, Y., and P. N. Johnson-Laird (2000), 'Illusions in modal reasoning', *Memory & Cognition* **28**: 282–294.
Granovetter, M. S. (1985), 'Economic action and social structure: the problem of embeddedness', *American Journal of Sociology* **51**: 481–510.
Granstrand, O. (ed.) (1994), *The Economics of Technology*, Amsterdam: North-Holland.
Griffin, D., and A. Tversky (1992), 'The weight of evidence and the determinants of confidence', *Cognitive Psychology* **24**: 411–435.
Grimmett, G. (1989), *Percolation*, New York: Springer-Verlag.
Grossman, G. M., and E. Helpman (1991), *Innovation and Growth in the Global Economy*, Cambridge, MA: MIT Press.
Hammersley, J. M., and D. J. A. Welsh (1980), 'Percolation theory and its ramifications', *Contemporary Physics* **21**: 593–605.
Heiner, R. A. (1983), 'The origin of predictable behavior', *American Economic Review* **73**(4): 560–595.
Herrnstein, R. J., and D. Prelec (1991), 'Melioration: a theory of distributed choice', *Journal of Economic Perspectives*, **5**: 137–156.
Herz, A. V. M. (1994), 'Collective phenomena in spatially extended evolutionary games', *Journal of Theoretical Biology* **169**: 65–87.
Hicks, J. R. (1936), *Value and Capital*, Oxford: Oxford University Press.
Hirschman, A. (1965), 'Obstacles to development: a classification and a quasi-vanishing act', *Economic Development and Cultural Change*, **13**: 385–393.
Hodgson, G. M. (1988), *Economics and Institutions: A Manifesto for a Modern Institutional Economics*, Cambridge: Polity Press.
(1993), *Economics and Evolution: Bringing Life Back into Economics*, Cambridge: Polity Press.

Hoffmeister, F., and M. Bäck (1991), *Genetic Algorithms and Evolution Strategies – Similarities and Differences*, Paper on Economics and Evolution no. 9103, European Study Group for Evolutionary Economics.

Holland, J. H., K. J. Holyoak, R. E. Nisbett and P. R. Thagard (eds.) (1986), *Induction: Processes of Inference, Learning and Discovery*, Cambridge, MA: MIT Press.

Hors, I., and F. Lordon (1997), 'About some formalisms of interaction: phase transition models in economics?', *Journal of Evolutionary Economics* 7(4): 355–373.

Huberman, B., and T. Hogg (1995), 'Distributed computation as an economic system', *Journal of Economic Perspectives* **9**: 141–152.

Ioannides, Y. M. (1990), 'Trading uncertainty and market form', *International Economic Review* **31**: 619–638.

Johnson-Laird, P. N. (1983), *Mental Models*, Cambridge, MA: Harvard University Press.

(1993), *The Computer and the Mind*, London: Fontana Press.

(2000), 'The current state of the mental model theory', in J. Garcia-Madruga, M.Carriedo and M. J. Gonzalez-Labra (eds.), *Mental Models in Reasoning*, Madrid: Universidad Nacional de Educación a Distancia, 17–40.

Johnson-Laird, P. N., and R. M. J. Byrne (2000), 'Mental models and pragmatics', *Behavioral and Brain Sciences* **23**: 284–286.

Kahneman, D., J. L. Knetsch and R. H. Thaler (1990), 'Experiment tests of the endowment effect and the Coase theorem', *Journal of Political Economy* **98**(6): 1325–1348.

Kahneman, D., and D. Lovallo (1993), 'Timid choice and bold forecast: a cognitive perspective on risktaking', *Management Science* **39**: 17–31.

Kahneman, D., P. Slovic, and A. Tversky (eds.) (1982), *Judgment under Uncertainty: Heuristics and Biases*, Cambridge: Cambridge University Press.

Kahneman, D., and A. Tversky (1986), 'Rational choice and the framing of decision', *Journal of Business* **59**: 251–278.

Kalai, E., and E. Lehrer (1994), 'Weak and strong merging of opinions', *Journal of Mathematical Economics* **23**: 73–86.

Kandori, M., G. J. Mailath and R. Rob (1993), 'Learning, mutations, and long-run equilibrium in games', *Econometrica* **61**(1): 29–56.

Kaniovski, Y. M., A. V. Kryazhimskii and H. P. Young (1996), *On the Robustness of Stochastic Best-Reply Dynamics in Repeated Games*, Working Paper WP 96-45, International Institute of Applied Systems Analysis, Laxenburg, Austria.

Kaniovski, Y. M., and H. P. Young (1994), 'Learning dynamics in games with stochastic perturbations', *Games and Economic Behavior* **11**: 330–363.

Katona, G. (1951), *Psychological Analysis of Economic Behavior*, New York: McGraw-Hill.

(1968), 'Behavioral and ecological economics, consumer behaviour: theory and findings on expectations and aspirations', *American Economic Review* **58**(2): 19–30.

Katzner, D. W. (1990), 'The firm under conditions of ignorance and historical time', *Journal of Post-Keynesian Economics* **13**: 124–156.

Kauffman, S. A. (1993), *The Origins of Order*, Oxford: Oxford University Press.

Kirman, A. P. (1992), 'Variety: the coexistence of techniques', *Revue d'Economie*

Industrielle **59**: 62–74.
(1993), 'Ants, rationality and recruitment', *Quarterly Journal of Economics*, **108**: 137-156.
(1997), 'The economy as an interactive system', in W. B. Arthur, S. N. Durlauf and D. Lane (eds.), *The Economy as an Evolving Complex System II*, Santa Fe Institute Studies in the Sciences of Complexity, Reading, MA: Addison-Wesley, 491–531.
Kirman, A. P., C. Oddou and S. Weber (1986), 'Stochastic communication and coalition formation', *Econometrica* **54**(1): 129–138.
Kogut, B. (ed.) (1993), *Country Competitiveness: Technology and the Organizing of Work*, Oxford: Oxford University Press.
Koza, J. R. (1993), *Genetic Programming*, Cambridge, MA: MIT Press.
Kreps, D. M. (1996), 'Market, hierarchies and mathematical economic theory', *Industrial and Corporate Change* **5**: 561–595.
Kuran, T. (1987), 'Preference falsification, policy continuity and collective conservatism', *Economic Journal* **387**: 642–655.
(1991), 'Cognitive limitations and preference evolution', *Journal of Institutional and Theoretical Economics* **146**: 241–273.
Kwasnicki, W. (1996), *Knowledge, Innovation and Economy*, Cheltenham: Edward Elgar.
Lakoff, G. (1987), *Women, Fire and Dangerous Things: What Categories Reveal about the Mind*, Chicago: University of Chicago Press.
Lane, D. (1993a), 'Artificial worlds in economics: part 1', *Journal of Evolutionary Economics* **3**(2): 89–107.
(1993b), 'Artificial worlds in economics: part 2', *Journal of Evolutionary Economics* **3**(3): 177–197.
Lane, D., F. Malerba, R. Maxfield and L. Orsenigo (1996), 'Choice and action', *Journal of Evolutionary Economics* **6**(1): 43–75.
Lane, D., and R. Vescovini (1996), 'Decision rules and market share: aggregation in an information contagion model', *Industrial and Corporate Change* **5**: 127–146.
Langton, C. G. (ed.) (1989), *Artificial Life*, Reading, MA: Addison-Wesley.
Langton, C. G., C. Taylor, J. D. Farmer and S. Rasmussen (eds.) (1991), *Artificial Life II*, Reading, MA: Addison-Wesley.
Leibenstein, H. (1950), 'Bandwagon, snob and Veblen effects in the theory of consumer demand', *Quarterly Journal of Economics* **64**: 183–207.
Lesourne, J. (1991), *Economie de l'Ordre et du Désordre*, Paris: Economica.
Levinthal, D. (1996), 'Surviving in Schumpeterian environments', in G. Dosi and F. Malerba (eds.), *Organization and Strategy in the Evolution of the Enterprise*, London: Macmillan, 27–42.
Levinthal, D., and M. Warglien (1999), 'Landscape design: designing for local action in complex worlds', *Organizational Science* **10**: 342–357.
Lewis, A. (1985a), 'On effectively computable realization of choice functions', *Mathematical Social Sciences* **10**: 43–80.
(1985b), 'The minimum degree of recursively representable choice funtions', *Mathematical Social Sciences* **10**: 179–188.
(1986), *Structure and Complexity: The Use of Recursion Theory in the Foundations of Neoclassical Mathematical Economics and the Theory of Games*, mimeo,

Department of Mathematics, Cornell University, Ithaca, NY.

Lindgren, K. (1991), 'Evolutionary phenomena in simple dynamics', in C. G. Langton, C. Taylor, J. D. Farmer and S. Rasmussen (eds.), *Artificial Life II*, Reading, MA: Addison-Wesley, 57–92.

Loewenstein, G., and J. Elster (eds.) (1992), *Choice Over Time*, New York: Russell Sage Foundation.

Lovallo, D. (1996), 'From individual biases to organizational errors', in G. Dosi and F. Malerba (eds.), *Organization and Strategy in the Evolution of Enterprise*, London: Macmillan, 103–124.

Lucas, R. E. (1986), 'Adaptive behavior and economic theory', *Journal of Business* **59**: S401–S426.

Lundvall, B. Å. (ed.) (1995), *National Systems of Innovation: Towards a Theory of Innovation and Interactive Learning*, London: Pinter.

(1996), *The Social Dimension of the Learning Economy*, Working Paper 96-01, Danish Research Unit for Industrial Dynamics, Aalborg, Denmark.

Luria, A. R. (1976), *Cognitive Development: Its Cultural and Social Foundations*, Cambridge, MA: Harvard University Press.

Malerba, F., and L. Orsenigo (1996), 'The dynamics and evolution of industries', *Industrial and Corporate Change* **5**: 51–87.

March, J. G. (1988a), 'Variable risk preference and adaptive aspirations', *Journal of Economic Behavior and Organization* **9**: 5–24.

(1988b), *Decision and Organizations*, Oxford: Basil Blackwell.

(1994), *A Primer on Decision Making: How Decisions Happen*, New York: Free Press.

March, J. G., and H. A. Simon (1958), *Organizations*, New York: Basil Blackwell.

March, J. G., L. S. Sproull and M. Tamuz (1991), 'Learning from samples of one or fewer', *Organization Science* **2**: 1–13.

Marengo, L. (1992), 'Coordination and organizational learning in the firm', *Journal of Evolutionary Economics* **2**: 313–326.

(1996), 'Structure, competences and learning in an adaptive model of the firm', in G. Dosi and F. Malerba (eds.), *Organization and Strategy in the Evolution of the Enterprise*, London: Macmillan, 199–216.

Marengo, L., and N. Lazaric (2000), 'Towards a characterization of assets and knowledge created in technological agreements: some evidence from the automobile-robotics sector', *Industrial and Corporate Change* **9**: 53–86.

Marengo, L., and H. Tordjman (1996), 'Speculation, heterogeneity and learning: a model of exchange rate dynamics', *Kyklos* **47**: 407–438.

Margolis, H. (1987), *Patterns, Thinking and Cognition*, Chicago: University of Chicago Press.

Marimon, R. (1997), 'Learning from learning in economics: towards a theory of the learnable in economics', in D. M. Kreps and K. F. Wallis (eds.), *Advances in Economics and Econometrics: Theory and Applications*, vol. 1, 278–315.

Marimon, R., E. McGrattan and T. J. Sargent (1990), 'Money as a medium of exchange in an economy with artificially intelligent agents', *Journal of Economic Dynamics and Control* **14**: 329–373.

Mayer, R. E. (1992), *Thinking, Problem Solving and Cognition*, New York: W. H. Freeman.

Maynard Smith, J. (1982), *Evolution and the Theory of Games*, Cambridge:

Cambridge University Press.
Metcalfe, J. S. (1994), 'Evolutionary economics and technology policy', *Economic Journal* **425**: 931–944.
Milgram, S. (1974), *Obedience to Authority: An Experimental View*, London: Tavistock Institute.
Milgrom, P., and J. Roberts (1991), 'Adaptive and sophisticated learning in normal form games', *Games and Economic Behaviour* **3**: 82–100.
Montgomery, C. A. (ed.) (1995), *Resource-based and Evolutionary Theories of the Firm*, Dordrecht: Kluwer Academic.
Nelson, R. R. (1987), *Understanding Technical Change as an Evolutionary Process*, Professor Dr F. de Vries Lectures in Economics no. 8 – Theory, Institutions, Policy, Amsterdam: North-Holland.
(ed.) (1993), *National Innovation Systems: A Comparative Study*, Oxford: Oxford University Press.
(1994), 'The coevolution of technology, industrial structure and supporting institutions', *Industrial and Corporate Change* **3**: 47–63.
(1995), 'Recent evolutionary theorizing about economic change', *Journal of Economic Literature* **33**: 48–90.
Nelson, R. R., and S. G. Winter (1982), *An Evolutionary Theory of Economic Change*, Cambridge, MA: Harvard University Press.
Newell, A., and H. A. Simon (1972), *Human Problem Solving*, Englewood Cliffs, NJ: Prentice Hall.
Nowak, M. A., and R. M. May (1992), 'Evolutionary games and spatial chaos', *Nature* **359**: 826–829.
(1993), 'The spatial dilemmas of evolution', *International Journal of Bifurcation and Chaos* **3**: 35–78.
Orléan, A. (1990), 'Le rôle des influences interpersonnelles dans la détermination des cours boursiers', *Revue Economiques*, **41**: 839–868.
(1992), 'Contagion des opinions et fonctionnement des marchés financiers', *Revue Economiques* **43**: 685–697.
Padgett, J. F. (1997), 'The emergence of simple ecologies of skills: a hypercycle approach to economic organization', in W. B. Arthur, S. N. Durlauf, and D. Lane (eds.), *The Economy as an Evolving Complex System II*, Santa Fe Institute Studies in the Science of Complexity, Reading, MA: Addison-Wesley, 199–216.
Palmer, R. G., W. B. Arthur, J. H. Holland, B. LeBaron and P. Tayler (1994), 'Artificial economic life: a simple model of a stockmarket', *Physica D* **75**: 264–274.
Pavitt, K. (1984), 'Sectoral patterns of technical change: towards a taxonomy and a theory', *Research Policy* **13**: 343–373.
Pearl, J. (1984), *Heuristics*, Reading, MA: Addison-Wesley.
Polanyi, K. (1944), *The Great Transformation*, Boston: Beacon Press.
(ed.) (1957), *Trade and Market in the Early Empires*, Glencoe, MN: Free Press.
Posch, M. (1994), *Cycling with a Generalized Urn Scheme and a Learning Algorithm for 2 X 2 Games*, Working Paper WP 94-76, International Institute of Applied Systems Analysis, Laxenburg, Austria.
Purkitt, H. E., and J. W. Dyson (1990), 'Decision making under varying situa-

tional constraints', in K. Borcherding, D. L. Larichev and D. M. Messick (eds.), *Contemporary Issues in Decision Making*, New York: North-Holland, 353–365.

Rabin, M. (1998), 'Psychology and economics', *Journal of Economic Literature* **36**: 11–46.

Riolo, R. L. (1990), *Lookahead Planning and Latent Learning in a Classifier System*, mimeo, University of Michigan.

Rip, A., T. J. Misa and J. Schot (eds) (1995), *Managing Technology in Society*, London: Pinter.

Romer, P. M. (1990), 'Endogenous technological change', *Journal of Political Economy* **98**(5, part 2): S71–S102.

Rosenberg, N. (1976), *Perspectives on Technology*, Cambridge: Cambridge University Press.

(1982), *Inside the Black Box*, Cambridge: Cambridge University Press.

(1994), *Exploring the Black Box: Technology, Economics and History*, Cambridge: Cambridge University Press.

Sargent, T. J. (1993), *Bounded Rationality in Economics*, Oxford: Clarendon Press.

Savage, L. (1954), *The Foundations of Statistics*, New York: Wiley.

Shackle, G. L. S. (1955), *Uncertainty in Economics*, Cambridge: Cambridge University Press.

(1969), *Decision, Order and Time in Human Affairs*, Cambridge: Cambridge University Press.

Shafir, E. B., and A. Tversky (1992), 'Thinking through uncertainty: inconsequential reasoning and choice', *Cognitive Psychology* **24**: 449–474.

Silverberg, G. (1988), 'Modelling economic dynamics and technical change', in G. Dosi, C. Freeman, R. R. Nelson, G. Silverberg and L. Soete (eds.), *Technical Change and Economic Theory*, London, Pinter, 531–559.

Silverberg, G., G. Dosi and L. Orsenigo (1988), 'Innovation, diversity and diffusion: a self-organisation model', *Economic Journal* **393**: 1032–1054.

Silverberg, G., and D. Lehnert (1994), 'Growth fluctuations in an evolutionary model of creative destruction', in G. Silverberg and L. Soete (eds.), *The Economics of Growth and Technical Change*, Cheltenham: Edward Elgar, 74–108.

Silverberg, G., and B. Verspagen (1994), 'Learning, innovation and economic growth: a long-run model of industrial dynamics', *Industrial and Corporate Change* **3**: 199–223.

(1995a), *From the Artificial to the Endogenous: Modeling Evolutionary Adaptation and Economic Growth*, Working Paper WP 95-08, International Institute for Applied Systems Analysis, Laxenburg, Austria.

(1995b), *Evolutionary Theorizing on Economic Growth*, Working Paper WP 95-78, International Institute for Applied Systems Analysis, Laxenburg, Austria.

Simon, H. A. (1976), 'From substantive to procedural rationality', in S. J. Latsis (ed.), *Method and Appraisal in Economics*, Cambridge: Cambridge University Press, 129–148.

(1981), *The Sciences of the Artificial*, Cambridge, MA: MIT Press.

(1986), 'Rationality in psychology and economics', in R. M. Hogart and N. W. Reder (eds.), *Rational Choice*, Chicago: University of Chicago Press, 25–40.

(1988), *Models of Thought*, New Haven, CT: Yale University Press.

Slovic, P., S. Lichtenstein and B. Fischerhof (1989), 'Decision making', in R. J. Herrnstein, G. Lindrey and R. D. Luce (eds.), *Steven's Handbook of Experimental Psychology*, Chichester: Wiley, 673–738.

Smelser, N. J., and R. Swedberg (eds.) (1994), *The Handbook of Economic Sociology*, Princeton, NJ: Princeton University Press.

Sterman, J. D. (1989a), 'Deterministic chaos in an experimental economic system', *Journal of Economic Behavior and Organization* **12**: 1–28.

(1989b), 'Modeling managerial behavior: misperceptions of feedback in a dynamic decision making experiment', *Management Science* **35**: 321–338.

Stoneman, P. (ed.) (1995), *Handbook of the Economics of Innovation and Technological Change*, Oxford: Basil Blackwell.

Suppes, P. (1969), 'Stimulus-response theory of finite automata', *Journal of Mathematical Psychology* **6**: 327–355.

(1995a), *A Survey of Mathematical Learning Theory 1950–1995*, mimeo, Stanford University.

(1995b), *Learning by Doing, or Practice Makes Perfect*, mimeo, Stanford University.

Teece, D. J., and G. Pisano (1994), 'The dynamic capabilities of firms: an introduction', *Industrial and Corporate Change* **3**: 537–555.

Thaler, R. H. (1992), *The Winner's Curse: Paradoxes and Anomalies of Economic Life*, New York: Free Press.

Topol, R. (1991), 'Bubbles and volatility of stock prices: effects of mimetic contagion', *Economic Journal* **407**: 786–800.

Tordjman, H. (1996), *The Formation of Beliefs on Financial Markets: Representativeness and Prototypes*, Working Paper WP 96-87, International Institute of Applied Systems Analysis, Laxenburg, Austria.

Tversky, A., and D. Kahneman (1982), 'Judgments of and by representativeness', in D. Kahneman, P. Slovic and A. Tversky (eds.), *Judgment under Uncertainty: Heuristics and Biases*, Cambridge: Cambridge University Press, 84–98.

Vassilakis, S. (1995), *Accelerating New Product Development by Overcoming Complexity Constraints*, working paper, European University Institute.

Verspagen, B. (1993), *Uneven Growth between Interdependent Economies: An Evolutionary View on Technology Gaps, Trade and Growth*, Aldershot: Avebury.

Vickers, D. (1986), 'Time, ignorance, surprise, and economic decisions', *Journal of Post-Keynesian Economics* **9**: 48–57.

Vriend, N. J. (1995), 'Self-organization of markets: an example of a computational approach', *Computational Economics* **8**: 205–231.

Warglien, M. (1995), 'Hierarchical selection and organizational adaptation', *Industrial and Corporate Change* **4**: 161–185.

Weibull, J. W. (1995), *Evolutionary Game Theory*, Cambridge, MA: MIT Press.

Winter, S. G. (1971), 'Satisficing, selection and the innovative remnant', *Quarterly Journal of Economics* **85**: 237–261.

(1975), 'Optimization and evolution in the theory of the firm', in R. H. Day and T. Groves (eds.), *Adaptive Economic Models*, New York: Academic Press, 73–118.

(1987), 'Knowledge and competence of strategic assets', in D. J. Teece (ed.), *The Competitive Challenge*, Cambridge, MA: Ballinger, 159–184.

(1988), 'Economic natural selection and the theory of the firm', in P. E. Earl (ed.), *Behavioural Economics*, vol. 1, Aldershot: Edward Elgar.
Witt, U. (ed.) (1992), *Explaining Process and Change: Approaches to Evolutionary Economics*, Ann Arbor, MI: University of Michigan Press.
Young, H. P. (1993), 'The evolution of conventions', *Econometrica* **61**(1): 57–84.

第10章　组织变迁的演化观点和企业理论[①]

乌尔里希·威特

1　引　言

抽象地讲，企业的组织形式是一种被谨慎地规划出来、用以协调分工的制度的原型。正因为此，它与广大的非正式制度——最典型的莫过于市场——形成了鲜明的对比，后者是在促进专业化与交换相互协调的过程中同步出现的。实际上，企业与市场之间的这种对比关系正是企业理论的主旨所在。它激发人们去努力解释这两种制度为什么会同时存在、在什么时候会使用何种制度，并进行了大量的讨论。而在解释企业组织的起源方面——即企业是怎样、在何时被创造出来的，其组织形式会随时间的推移如何、在何时发生变化——解释性的工作却做得更少。[②]但是，商业历史表明，企业组织结构及其内部相互作用的变迁是常例而非例外，而这些变迁往往会对企业的绩效产生重大影响（Chandler，1992）。实际上，企业的增长或衰退往往取决于组织变迁是否发生、什么时候发生、得到了什么样的管理。一旦排除了正式制度和非正式制度之间的抽象的、功能性差异问题之后，所留下的主要问题就是组织变迁“为什么”以及会

① 作者感谢 Brian Loasby、Peter Murmann、Bart Nooteboom 和 Klaus Rathe，他们多年来一直持续与我一道进行讨论，本章中的观点正是在这些讨论中形成的。当然，一如往常，文责自负。

② 参见 Foss（2001）。总的来说，这个问题在正式制度的研究中一直是被冷落的对象，相反，在对非正式制度的研究中，演化问题已经引起了更多的关注——至少是在抽象的博弈论方法中是如此；例如，可参见 Binmore（1998）。

"怎样"发生。

组织变迁可能是由外生冲击引致的,例如需求的变动、要素成本或技术的变化等。但是,尽管这样的冲击可能会影响企业形成过程中各种反复出现的组织变迁模式,但是却并不会生成这些模式。相反,系统的模式源自于组织内部因为学习和实验所导致的变化,而组织内部的学习和实验会涉及所有的行为人。这些内生的变化似乎是与成功企业所经历的增长紧密联系在一起的。因此,要研究组织变迁的模式和规律性,就需要有一种能够跟踪整个变迁序列的方法,而该序列可能会延续很长时期(参见 Rathe and Witt,2001)。而比较静态分析法(广泛应用于企业理论)所关注的是两种组织均衡状态之间的——假设的——转换,并不能很好地满足这种要求。因此,就出现了如何将系统的、内生出现的组织变迁概念化的问题。已有文献提出了各种不同的途径。

也许是因为生物学已经成为内生变迁的研究范式(参见 Witt,2003,第 1 章),组织调整及组织转型的模式往往是在生物学类比或隐喻的基础上被概念化的。生物学处理的是自然界中的两种极为不同的内生变迁形式。一种是所谓进化,即物种在其系统演化发展中的适应行为。另一种过程被称为"发展",指的是某物种中的个体在其自身生命周期——即其个体发育——中所发生的机体变化。因此,这些类比式的解释和隐喻在生物学领域中所指的可能是截然不同的过程。实际上,研究者们要么是吸收了达尔文的自然选择概念(参见 Winter,1964;Nelson and Winter,1982;Metcalfe,1998,第 1 部分以及 Levinthal,2000),要么就是借用了发展的生命周期这一隐喻(例如,可以参见 Alfred Marshall,1890,第四册第 12—13 章,他用森林中树木的生命周期来说明他的"代表性个体"概念,并且将发展生物学中的典型方法移植到了经济学中)。[3] 研究者提出了两种根本不同的思路来将组织变迁概念化,这一事实使得人们对经济学内生变迁理论的方法论基础进行了更多的思考。

因此,本章的结构安排如下。第 2 节简要地概括与(静态)企业理论之间的联系。第 3 节对那些借助对达尔文自然选择理论的类比来将内生组织变迁概念化的演化论解释进行回顾。第 4 节继续讨论在有机生命周期隐喻基础上将组织内部变迁——即单一企业内部的发展规律——概念化的研究。考虑到这些方法之间的差异,第 5 节提出了所有内生组织变迁理论——不管它们是否可能会借助隐喻——都需要关注的一些核心问题。在提出这些问题的基础上,第 6 节随后概括介绍了如何把以群体为基础的自然选择理论者的解释,与以类型

③ 当然,个体发育式的隐喻对于企业和行业的发展研究方法而言并不是必要的,Edith Penrose(1959)就已经证明了这一点。她更近一些时候的研究重新点燃了大家对所谓的企业"竞争力观点"的兴趣,参见 Foss(1993,1996)和 Langlois and Robertson(1995)。

学为基础的发展主义的观点二者中的基本元素结合起来,以取得有利的结果。作为说明,第 7 节简要介绍了利用前述得到的各种假设可以预测到的一些典型的组织变迁。第 8 节为结论。

2 企业的"本质"——任何处于演化过程中的事物?

企业组织内部的(以及通过企业组织实现的)分工是建立在雇佣合同的基础上的,而雇佣合同与用来在契约层面上保护专业化和交换的市场合同之间存在显著的差别。当代经济学理论在用其高度抽象的方法来分析生产和交换时,一直长期忽视了这些差异,因此也就将生产的制度框架抛却在了教规之外。只是在企业理论中,经济行为人为什么并在什么时候选择市场交换合同、为什么并在什么时候依赖于企业组织和相应的雇佣合同等问题才获得了恰当的关注(参见 Williamson,1985 和 Coase,1988)。为了将这些问题包括进来,新兴的"新制度经济学"扩展了理论的解释范围。但是,它仍然具有对均衡分析的不变追求,并保留了新古典抽样战略的基本内容。这种做法自有其代价:对制度均衡状态及其最优性的关注使得我们很难从概念上抓住企业内部随时间的推移而不断发生的系统性变化。实际上,在理论对"这个"企业的描述中,一个新成立的小企业和一个大的多部门的公司之间似乎没有什么差别。采用这种方法,我们很难理解,企业从先前的状态变化到后一个状态时,必须要把握好关键的组织转型过程(参见 Chandler,1962、1990、Fransman,1995 和 Murmann,2003 对商业历史的研究)。

为了确定企业(而不是市场)的"本质",新制度主义者所采取的方法选出了三种标志性的问题(参见 Holmström and Roberts,1998 和 Foss,2000)。

① 为什么会存在企业(这是科斯(Coase,1937)提出的创造性问题)? 342

② 哪些因素决定企业的边界,或者,与此相反,哪些活动被留给市场完成(这是典型的"制造还是购买"的决策问题)?

③ 是什么决定了企业的内部组织(这是层级控制和激励结构的问题)?

研究者已经提出的上述问题的各种答案针对的是企业组织的均衡状态,在均衡状态下,激励问题已经得到了解决,交易成本是最小化的,而且各方对不完全的企业关系也意见一致(参见 Alchian and Demsetz,1972 和 Williamson,1996)。有鉴于此,对各种契约风险的预防措施称为企业组织形式的主要决定因素,[④]而保护特定投资免受契约阻挠的努力就成为企业和市场二者间边界的

④ 这个问题可以被解释为代理问题的一个特例;参见 Holmström and Milgrom(1994)。

决定因素(参见 Williamson,1985 和 Hart and Moore,1990)。

当然,要研究企业的本质,这些答案并不是上述三个问题的唯一答案。例如,企业"资源基础"理论或"竞争力"理论都已经提出了一些不同的答案。根据这一理论,企业组织被看做是使用、积累生产活动所需特定知识的有效手段(参见 Foss,1993;Teece *et al.*,1994 和 Montgomery,1995)。与往往是完全不连续的市场交往不同,组织内部的交往是连续的,它允许企业成为"生产性知识的仓库"(Winter,1988)。这显然指的是企业内部运作的一个不同方面,不过它似乎与新制度主义者方法所强调的那些方面是互补的。⑤ 实际上,与企业知识基础相联系的效率方面的考虑往往要求在最后对组织能达到的(均衡)状态进行比较,这种分析类似于对企业抽象"本质"的探讨。

正如引言中所提到的,系统性组织变迁的问题意味着我们需要一种过程导向型的方法。这种方法可能可以提供很少的——如果有的话——一些关于企业"本质"的其他见解。⑥ 因此,将注意力转向组织变迁,意味着打开了企业理论的新篇章,而不是再延续那种争辩。要得到一套启发式的、针对企业组织兴起与变迁的过程导向研究框架,可以采取多种途径。比如已经提到的,可以借助那些受生物学类比和隐喻启发的、内生变迁的分析框架。有一种方法的关键概念就是群体导向的、自然选择的类比。另一种方法的显著特征则是借用了单个有机体的个体发育概念。作为灵感的源泉,这两类生物过程都各自具有某些吸引人的特征,接下来两节的讨论将会展示这些特征。

343

3 企业群体中的选择和演化变迁

现代新达尔文物种进化史理论的分析层面是物种,而物种被定义为是一群进行杂交的有机生物体。活的种群所具有的基因禀赋(基因型)代表的是物种基因库的现状。其基因表现型体现为各类物种中现存的活典型个体的特征——例如身体的大小、形态特征等等。就整个种群而言,不同特征的实现状况可以用对应的频率分布来描述。根据自然选择理论,物种中个体代表的基因

⑤ 知识问题可能可以在企业组织内部而不是依赖市场交易得到更好的解答,而企业也可以更好地保护专门知识不受无约束的传播和第三方之非法利用等的侵害。至于为什么会选择企业这种组织形式,更深层次的原因可能如下:如果没有建立企业,就可能很难或不可能借助契约来取得至关重要的、企业家对他人判断能力的判断(参见 Knight,1921,第 10 章和 Langlois and Cosgel,1993)。另一种解释是,企业的创造可能可以解决创业型企业的产生和发展中的工作动机与心理认同问题,这些问题在普通市场契约中不能得到解答(参见 Witt,1998)。

⑥ 但是,需要注意的是,如果至少可以部分地预期到未来组织变迁的意义,就可能会影响对组织分工的制度形式的选择,例如,在"制造或购买"决策中就会考虑这一点(参见 Langlois,1992 和 Nooteboom,1992)。

编码特征的不同,会影响它们繁殖成功的概率,进而表现为种群中成功繁衍的各代中特征频率分布的系统性变迁。

为了构造一个合适的类比,可以把构成一个行业的一群企业当做是一群进行杂交的有机生物体。企业群体也会表现出各种不同的特征,特别是组织特征,这些可以用相应的频率分布来描述。经验表明,行业中组织特征的多样性会随时间的推移而变化,因此,频率分布也会不断变化。这里的关键在于,这个类比暗示要把这些变化解释为是由发生于组织特征上的选择过程导致的。当然,在这里,并不是生殖竞争中成功的差异性产生了选择效应。[7] 相反,选择效应来自于① 组织中某个组织特征的持续存在(生存)和繁殖所表现出来的差异性以及② 组织间通过模仿来实现扩散之能力的差异。此外,利用相同的类比,组织特征的随机变动可以被解释为组织的突变体,而它会创造出新的变种。生存和模仿比率中的差异倾向于逐渐消除组织特征的多样性,就好像自然选择中繁殖成功比率的差异所完成的那样。 344

上面概略描述过的类比正是理查德·纳尔逊和西德尼·温特(Nelson and Winter, 1982)极具开创性的演化经济学研究中分析企业、行业和市场时所使用的演化方法的基础。从根本上讲,他们把"特征"和企业组织内部相互作用和交流的各种惯例(与常规化了的个体行为不同,后者是与组织惯例联系在一起的,但是其本身并不能确立组织惯例)联系在一起。纳尔逊和温特指出,组织总是必须依赖这种惯例以取得协调。他们用生产规划、计算、价格设定甚至研发资金的分配以及其他作为应用组织惯例的例子。这些惯例被解释为"基因型",而由此得出的企业特定决策被解释为"表现型"。后者可能会或多或少地有利于企业在其市场环境中的整体绩效表现;绩效可以用赢利能力和增长率来衡量。我们似乎可以合理地假定,那些成功地促进了企业增长的组织惯例会在日益成长的企业组织内部得以持续存在,因此,仅是通过扩张,相应的群体中已有的"惯例基因"的相对频率就会得到增加;而且,还有一点也是无须多费唇舌的,即我们也可以假设这样的组织惯例更有可能被行业中的其他企业模仿。可以假定,对于那些导致企业绩效表现低下的决策,则适用于相反的结论。

因此,可以认为,构成行业的企业群体当中的组织惯例库会跟物种的基因库一样发展成熟,尽管两种情形下实际的复制机制会是不同的。这一观点已经被证明是研究资本主义经济中市场竞争过程所产生的结构变化的有力工具(参见 Metcalfe,1994,1998,第1部分)。但是,要想分析企业和行业是如何共同演化的,而不只是找出个别企业中的组织变迁,对不断变化的行业中惯例组合的 345

---

[7] 因为没有生物繁殖过程的对应物,一些作者提出,自然选择的概念使用的基础只是一个隐喻,而不是一个真正的类比。有关这一点的讨论,参见 Geoffrey Hodgson(2001)。

了解,可能会是一种更具说服力的工具。[⑧] 实际上,作为自然选择类比的基础,群体观点很难与个体企业是分析变迁的基本单位这一概念站在同一阵线上。角度的不同可能意味着会对组织变迁的驱动力(agens movens)做出相异的评价。一个相关的例子就是将组织变迁的产生归因于洞察力、目的性以及——更确切地——企业家精神。[⑨]

在自然界的演化过程中,基因变异的起源被认为是一个"盲目的"随机过程。另外,物种的个体代表无法控制它们赖以避免或适应选择压力的基因适应性。变异和选择的作用是严格独立的。自然选择不能创造出新的变种,而已有的变种也不能修改他们的行为库。很明显,企业中组织变迁的发生方式与此不同。当企业绩效低下、甚至面临生存威胁时,企业家往往会积极地去尝试发明新的摆脱困境的方法。实际上,组织中可以观察到的内生变化中,有很重要的一部分可以归因为针对失败和缺点精心创造的补救措施。这就意味着必须要有洞察力、目的性以及企业家判断力作用的空间(参见 Fransman,1999,chap. 1. 4 1)。因此,如果察觉到有适应的需要,企业就能做出反应,改变它们的组织和绩效。在它们依赖组织惯例行事的领域,企业可以通过某种专门制造出来的"基因"突变,来替换或改进那些有缺陷的惯例。简言之,存在于企业外部的选择力量往往只能是那些被看做是"内部"(建立在认知的基础上)选择现象的触发条件。在实现其目标、设想和推测的过程中,企业组织中的人可能会造成企业行为呈现出有规律的、可以预测得到的特征,正如他们在遵守组织惯例时所做的那样。如果对于人们所服务的企业组织具有重大特殊意义的认知内容和态度,通过非正式的交流后会被全社会共享,那这一点就尤为正确。

346

在群体基础的选择主义者方法中,洞察力、目的性和企业家的判断力并没有发挥什么重要作用。相反,该方法强调的是,在较低的组织层次上发生的改

⑧ 企业组织的群体观点在组织生态学方法中被发挥到了极致(参见 Aldrich and Mueller,1982;Hannan and Freeman,1989 和 Hannan and Carroll,1992)。组织生态学并没有把注意力集中在行业的组织惯例库上,而是认为企业群体是在演化之中的。因此,选择的单位就不会是像纳尔逊-温特模型中的那样,是应用于企业中的某个惯例,而是整个企业。组织形式的演化被通过整个企业群体(例如阿根廷的报社群体、北美洲的酿酒企业、曼哈顿的银行或美国的人寿保险公司)的相对规模变化记录下来(参见 Hannan and Carroll,1992)。这些群体中的每一个都被认为是代表着一个同质的、不变的组织形式。因此,这种方法不会去关注一个群体内的企业在成功上的差异,选择效应只是在通过企业开办速率、合并速率、解散速率、结构变迁速率等的复利效应发挥间接作用。因为假定在企业层面上没有组织变迁,所以,就我们目前考虑的问题来说,组织生态学方法的相关性自然是十分有限的。

⑨ 彭罗斯(Penrose, 1959,pp. 31—32)中对企业家精神给出了一个完美的定义,她提到:"企业中的个人或团体提供企业家的服务,而不论他们的职位或职业分类如何。企业家服务就是那些对企业经营的贡献,相关的经营活动包括代表企业引入并接受新观点,特别是有关产品、地点和技术重大变化的新观点、获得新的管理人才、企业行政管理组织中的根本性变革、募集资本金、制订扩张计划、选择扩张途径等。企业家服务与管理服务是迥然相异的,后者主要是执行企业家的观点和建议,并监督现有经营活动。同样的个人可能会、而且往往很可能会同时向企业提供这两种类型的服务。"

进或替代是建立在更高层次的企业层级的组织惯例或惯例集合之基础上的(参见 Nelson and Winter,1982,第5章;Dosi *et al.*,2000 和 Murmann *et al.*,2003)。很明显,事实往往如此,特别是在大的、有层层等级的组织机构中更是如此。不过,惯例的层级越高,由高级组织惯例所引导的变迁就越不可能是由相关管理人员的洞察力和目的性独立完成的。事实上,个人进入的组织决策层次越高,个人解决问题的能力和特定决策者的主观理解力所能产生的影响力也就越大。这个事实不仅意味着需要额外的自由度(如果在不同时期在同样的高层级惯例中涉及不同的人,就可能会对惯例的差异化持续性造成某种影响),而且也需要对整个方法进行扩展。这里的解释工具必须能够处理"内部选择",而要想解释企业内部的领导者的目的、设想、决策态度(以及个体的惯例化行为),内部选择是必需的。[10]

还有一个相关的要点就是激励问题所扮演的角色。由于新制度主义经济学家的注意力可以说已经被这些问题所占据,他们并不太关注以群体为基础的选择主义者的方法。很少有人注意到,在纳尔逊-温特模型中,惯例要发挥作用,就必须在企业成员之间就如何行事建立起可靠的、相互共享的预期。只要惯例允许个人在某个工作层面上发挥自己的判断力,就一定会面临激励问题,而相互共享的预期很可能就取决于该激励问题的解决方式。由于存在"搭便车"和"制衡"现象,组织惯例的功效以及企业的绩效可能要受到损害。这种情形有可能会引起控制和反对搭便车及制衡的行动。调用对抗措施的方式可能是更高层级的干预惯例,也可能会在一定程度上导致组织惯例的重组。但是,即便如此,在这种情形下被引致的制度变迁也仍然是以对激励问题的判断和解决问题的意图为前提的一种反应。正如下文将要提出的,这些问题取决于组织的规模和年龄。它们所产生的系统性的、不断变化的影响可能会导致企业组织的内生发展。

347

4　企业发展的以类型学为基础的有机体隐喻

另外一种在生物学隐喻基础上描述内生组织变迁现象的方法是进行发展式的或个体发育(ontogenetic development)式的解释。这种方法的灵感来自于探索,这与群体导向的选择主义方法形成了鲜明的对比(参见 Foss,2001)。彭罗

---

[10] 他们的认知活动会遵从他们自身的规律性(关于这一点,我们后面还会讨论),后者可以被称为是个体的认知惯例。但是,除了语义之外,认知惯例和组织惯例之间没有任何共同点。此外,没有任何迹象表明,选择隐喻可以用来解释认知过程。尽管人们在感觉、学习和理解时必须善于选择,但是,认知过程的动态模式和约束条件与群体动态中所描述的却大不一样。

斯在其研究中明确地说明了两种方法的区别。作为一位在很早时期就对自然选择的经济学类比提出了批评的学者(Penrose,1952,1953),她提出了这样一套理论,即企业的增长是与内生变迁过程密切联系在一起的(Penrose, 1959)。她的理论的核心概念就是企业的增长是内生变迁的过程。但是,与选择主义者所使用的方法不同,她试图将企业内部的内生变迁构造为"与自然生物过程类似的……发展过程,其中,一系列相互作用的内部变迁会导致规模的增加,与之伴随的是处于增长中的标的物的特征的改变"(Penrose,1959,p. 1)。[11] 也许是因为她很早就拒绝使用自然选择类比,所以,她并没有明确地说明,其所说的"生物过程"实际上指的就是种群中的代表性个体的自身发育——即,某个有机生物体从出生到老化并最终死亡的演化过程。

348

在生物学中,"个体发育"所指的是单个生物体的有规律的、系统性的发展过程——一个表达个体遗传指令的不可逆转的过程(受制于特定的环境条件)。其最容易被观察到的现实结果就是从出生到死亡期间生物体形态的成功变化。对于相同物种的每一个生物体,个体发育会以非常规律的方式不断重复,甚至其时间发生顺序也是规律的。它不仅会造成生物体数量意义上的增长,也会导致生物体结构的性质上的变化——有时,这种性质变化的复杂程度让人瞠目,并远远超出生命周期隐喻所依赖的简单的增长、停滞和衰退过程。[12]

这与作用在基因库层面上(即在群体层面上)的系统演化之间的区别是显而易见的。在处理个体发育和系统发育现象时,这种本体论上的差别也导致了某些方法论上的差异。个体发育过程中,连续发生的形态特征变化具有系统规范的本质,这意味着需要使用类型学的方法。因此,个体发育过程往往是用种群中某个"代表性"个体所经历的不同发展阶段来描述的。其中会适当地涉及对发展过程的解释。除了生理规律之外,对生物体栖息地所具有的典型环境条件下,种群特定的个体发育所具有的适应性价值所做的系统发育假设往往也会起到一定作用。与之形成对照的是,系统发育的过程涉及的是潜在地处于系统性变化中的群体遗传特征的频率分布。对系统发育过程的分析不会从代表性个体的角度出发,而是需要"群体思维",即所使用的方法能够解释选择力量所作用的基因多样性的存在。

---

⑪ 她的理论的基础假设在后来也成为了演化经济学方法的核心:有限理性以及有限却不断增长的知识;采用过程导向的视角而不是均衡导向视角。不过(也许这正意味着两种方法之间的区别),纳尔逊和温特在他们的著作中只提到一次彭罗斯(Nelson and Winter, 1982,p. 36),而且并没有提到她将企业内部的内生变迁过程概念化的特殊方法。

⑫ 一个引人注明的例子即蝴蝶,在其自身发育过程中,它会经历一场完全的蜕变,其中包括四个非常不同的形态阶段:卵、幼虫、蛹和成虫。另外,在每一个阶段中,生物体都会表现出各具特色的成长和成熟模式。哺乳动物在其一生中并不会经历这样的蜕变,但是,从胚胎到幼儿、成年——最终——衰老和腐烂的整个成长历程中,它们的形态也会经历一种程式化的发展过程。

如果说经济学领域中有一种内生变迁的发生适应于类似的发展式解释的话，那么，它可能就是一个单个的企业组织在其预期生存年限中会经历的转型。349 实际上，有许多关于企业生命周期的文献都是建立在与自然界中单个生物体的个体形态发育过程之规律性的类比基础上的。除了在引言中已经提到的马歇尔(1890)之外，还有很多其他学者也做了此类的研究，例如 Mueller(1972)、Greiner(1972)和 Quinn and Cameron(1983)。但是，这种类比也有其问题和局限。可能会遭到的第一个、也是非常基本的质疑就是，为什么应该认为组织变迁会导致定式化的发展模式，例如组织形态的自然演替。因为没有什么能够与会表达自己的基因编码这种一般性的因果关联相比拟，所以，与生命周期隐喻相对应的定式化发展模式应该从何而来也并不明确。第二个问题是，在为生物体形态特征的系统性变化类比寻找经验证据的时候，我们应该着眼于哪些组织特征。发展可能会表现为组织结构或质量的变化(由形态发展来表示)。但是，对于组织结构或质量中的定式化变迁，并不像生物体的发展那样，有某些能吸引眼球的经验证据。

因此，毫不奇怪，对于什么样的类型学才能差强人意地描述企业组织一般发展中的规律性以及特定的有规律的状态之自然演替特征，并没有达成广泛的一致性意见。[13] 无论选择何种类型学，我们几乎都不能指望可以找到能与自然界的对比物在定式顺序和转型时间等方面都相似的规律性。个体企业发展所依赖的内部因素实在是太多了：决策者的能力和偏好、早前投资和绩效所产生的约束条件以及——但并不是最不重要的——好运或歹运。相应的，我们不仅要预期到企业原型发展的程度会有显著的差异，而且要预期到它们在发展的特 350 定阶段会停留的时间也会各不相同。

彭罗斯似乎已经意识到了这一隐喻具有这些无法估量的、因此也是十分有限的价值。在她的著作中，她并没有回答这一点，但是却将组织发展解释为业务成长所要求的组织变迁过程。她所识别出来的规律性实际上可以用任何生物学类比或隐喻来独立表述：生长过程所具有的典型偶然性；组织变迁的常见序贯；在任何时点上，企业增长率而不是其最终规模所受的限制。彭罗斯把所有这些一方面归因于学习和日益增长的管理经验，另一方面则归因于领会及获

[13] 不论如何分类，企业都需要首先被定义为是一种永久性的分析单位。这个条件并不是无足轻重的(Penrose，1959，第2章对这一点进行了大量的讨论)——不仅如此，而且在以企业系统变迁为预设条件的理论中更具有特别的重要性。我们可以在个人、法律及所有权层面上观察到持续性。通常，企业被看做是合法的管理实体(Chandler，1992)。与其组成部分在整个生命周期中并不会发生较大变化的有机生物体不同(可以用一系列可以区别的器官很好地描述)，合法的组织实体的结构可以通过多元化、收购、合并等发生巨大的变化。这就给发展式的分类学制造出了重大的困难：它应该考虑的是企业的某些组成部分的变化，还是整个组织的变化？合法组织实体的某个组成部分在多长期限中可以被认为是一个持续存在的发展单位？更一般地说，如何确定一个生命周期的时间跨度？

取有关企业“生产机会集合”经验的企业家能力。

在她的解释中,组织成长过程中主要的不确定性是在不同扩张阶段满足企业要求的管理能力是否具备(参见 Penrose,1959,第3—5章;假定激励问题和动机冲突不存在)。管理团队所需要的知识——特别是关于企业可用资源的知识——的高度专有性及某种程度上的隐含性使得管理服务本身就成为了一种独特的资源。它们不能在市场上直接以签订契约的方式获得,而是需要通过日常经营活动的实施中所获得的经验来积累。因为企业业务的增长需要事先规划和协调,而这些也需要吸收管理能力,闲置惯例能力的可得性就可能成为进一步扩张所面临的瓶颈。因此,这种可得性就决定了企业的业务在何时可以扩张、进一步增长的哪一种机会可以被抓住。

但是,正是因为内部提供的管理服务也有一种类似学习曲线的东西,管理者所获得的经验越多,对眼下经营活动所需投入的注意力和精力就越少。所以,随着时间的推移,会重新出现闲置的管理能力,进而致使企业从事新的经营活动。企业的增长迟早也会要求管理层的重组。会计核算、经营控制、人力资源等等都会变得更为复杂而难以管理。从某一个特定的点开始,内部管理过程的专门化及其层级间的协调就变得十分必要。如果重组所需的管理资源并不具备(或者,如果企业因为其他的原因没有转型为专业化管理),那么,其扩张过程就会陷入停顿甚至衰退,特别是面临强大的竞争压力时。

351 企业组织在扩张过程中会经历的正常阶段序贯会受到不断变化的企业家洞察力的强烈影响(参见 Penrose,1959,第7—9章)。在任何时点上,企业的管理层对投资和增长机会的集合都有特定的看法。随着对利用企业先前积累的生产资源和知识可以追求的其他前景的理解逐渐积累、增加,这些看法会有所变化。环境的竞争性越强,企业在现有产品和服务市场的赢利水平就越低,企业就更有可能去从事新的项目。这包括引入新技术、进入新市场或并购企业组织的过程。所有这些创新都会再次触发组织去吸收管理能力的适应过程,因此可能会暂时限制企业的进一步增长。尽管组织变迁会发生在企业发展的不同阶段,它们仍然会因此遵循类似的模式。

5 类比之外:组织变迁中的关键问题

正如前面的讨论已经说明的那样,对于什么样的内生组织变迁的概念化才是恰当的,并不是没有争议的。但是,不容否认,这种变迁的确在发生。因此,企业理论必须找到某种能够在理论上解释组织变迁、得出其含义的方法,而在新制度主义方法中,组织变迁在很大程度上是被忽视了的。正因为此,在继续讨论类比的作用之前,我们可能应该暂停一下,仔细想想哪些问题可以称其为问题。能不能更为精确地界定内生组织变迁理论应该研究的问题——而不考虑特定的启发式类比可能会提出什么?很明确,组织变迁会发生在多种层面上,而这些层面上会有很多现象和可能与之有关的问题。因此,如果焦点被从企业的性质转移到组织变迁的特征的话,为了完全客观地对之加以了解,人们可能会试图去找出那些能够替代静态企业理论中标志性问题(a)—(c)的问题(参见 Rathe and Witt,2001)。

因此,现在,我们的问题不再是企业为什么存在,而可能是这样的:

① 企业组织是如何形成的?

与企业组织为什么会成立(即存在)这种问题不同,企业组织是如何创建的这个问题将人们的注意力吸引到了这样一种事实上,即这里需要一种真正的企业家投入。没有企业家的远见、概念和行动,就不可能成立并经营一个企业组织。因此,对组织变迁的动态关注就意味着,必须考虑——正如 Penrose(1959)所提出的那样——企业家在企业组织及其变迁中的作用。在下一节中我们还会回来讨论这一点。 352

一旦企业组织已经被创建,它的进一步发展当然就不仅依赖于企业家的作用是如何施展的。在其投入品和产出品的市场上,企业可能会面临扩张或收缩,因而会受到更多或更少的竞争压力。企业的竞争能力可能会使其具有更多或更少的技术或商业优势。这种影响会对企业的增长带来至关重要的不确定性。但是,它们也可能会影响企业和市场的边界。相应地,前面我们提出的关于何种因素会决定企业的边界这个问题,现在就变成了:

② 企业组织及其所处的市场二者是如何共同演化的,这种共同演化的过程又会如何改变企业和市场之间的边界?

Richard Langlois(1992)和 Langlois and Paul Robertson(1995)为这一问题给出了一些解答。对企业组织的能力,包括其生产知识的需求往往会随时间的推移而改变,例如会因为行业中的技术进步而改变。于是,对企业边界的影响就取决于是否可以更容易地实现能力上的改进:在企业内部实现,或者在市场上以契约的形式获得。带有“系统性”特征的创新要求许多互补性的活动都要进行适应,通过市场交易实现的成本十分高昂,因为教育、劝服并协调各签约企业的成本非常高(Langlois(1992)所谓的“动态交易成本”)。相应地,纵向一体化可能很具吸引力。相反,涉及过程创新及具有“模块”特征的创新时,纵向专业化和生产者网络所带来的动态交易成本可能会较低。

要解释组织变迁,有一个问题特别重要,即企业内部是否存在某些力量在触发变迁,如果是这样,这些力量是什么、什么时候会起作用。可以认为这个问

题与前述制度主义者的第三个标志性问题等价——是什么决定了企业的内部组织,该问题可以如下表述:

③ 组织变迁的决定性因素中有哪些是企业内部因素,它们会触发何种组织转型?

353 Penrose(1959)对这个问题进行了一些讨论,虽然这种讨论并不明显。正如前一节中所称的那样,对她而言,最基本的决定因素存在于企业的增长之中。她将企业解释为一系列可以用做不同用途、生产不同服务的生产性资源的集合。既然企业的生产性活动被认为是由中央管理层规划协调的,那么,企业实际所做的就取决于其企业家和管理层的观念和能力。但是,Penrose 所详细阐述的,实际上并不是企业家的角色,而是在企业扩张过程中,管理服务的质量和可得性的变化所造成的影响。

纳尔逊和温特(Nelson and Winter, 1982)对问题③给出了不同的解答。他们强调创新活动的作用,认为创新活动倾向于改变行业中企业所采用的组织惯例和技术惯例(这样,纳尔逊和温特就同时把问题②和③纳入了考虑的范畴)。实际上,无论是群体选择主义者的观点,还是类型学发展主义的观点,都明确地或暗含地为最后一个问题给出了答案——尽管其方法大相径庭。因此,将①—③这一整套问题放在一起考虑,回到前面几节中的概念之争似乎是可行之途。我们的目标是,找出组织变迁演化理论更为准确的含义,看看——通过观察组织变迁发生的时间顺序——如何将两种方法的见解结合在一起才更有成效。

6 组织起源中的观念、惯例和企业家角色

前面一节中提出来的问题为如何动态扩展企业理论及其对作为基本分析单位的个体企业的关注提供了一些线索。这三个问题①—③持续关注企业从创建到退场整个过程中随时间的推移都发生了些什么,很好地为彼此充当补充。这样,不同的组织变迁就被纳入了一套包罗万象的企业起源和变迁理论中——其基本视角与发展主义观点有很多共同之处。但是,跟个体发育隐喻所提出的观点不同,这里不需要借助于什么严格的、无条件的变迁序列,也不需要采取化约主义者的解释方法,也就不需要像化约主义者那样,忽略每个单独的企业都是嵌在由一群企业构成的社会环境之中,观点、观念、经营实践、组织惯例和技术都可能会扩散这一事实。相反,完善的演化方法几乎肯定不会忽视位于观察及对其他企业实践之模仿之中的组织变迁的源泉,其他企业可以是竞争者、供应商或顾客。

354

尽管基本的动机和机制是互不相同的,但模仿和选择在形式上具有一定的

相似性。模仿学习和选择过程都可以用动态复制模型等加以描述。即便是不采用选择主义者的隐喻，前面讨论过的选择主义方法所给出的动力学对理解组织变迁也可能是有用的。不过，看起来比较值得去做的，应该是将这些过程分解到个体企业的层面上，将个体企业作为企业理论的分析单位。在个体企业层面上，可以很好地分析模仿的动机及其对组织变迁的影响。因此，虽然这两种利用对自然界变化的类比来将组织变迁概念化的方法都不能完全地与企业理论领域中的先决条件相吻合，但是它们的确都提供了一些有效的见解。其原因就在于，在生物学中，群体演化和个体发育是发生在完全不同的时间量程上的截然不同（但却不是毫无联系）的过程，因此，并没有证据支持在企业组织起源和变迁中存在类似的差异。企业行为中的适应过程主要是因为个体企业层面和群体层面上同时进行的学习过程；“演化”和“发展”实际是同时发生的。

从问题①开始看，任何企业组织的起源都是从它创建和早期运作的特定条件开始的。因为由多个个人组成的企业毕竟是组织分工的一种方式，所以需要建立企业内部的协调交互模式。跟通过市场实现分工的情形类似，企业必须依赖于分散在多个行为人身上的知识。这些行为人必须被动员起来，用他们的体力和脑力劳动来为企业的目标及他们所追求的特定路线贡献力量；简言之，所有的个体劳动必须被协调起来。在企业起源的早期阶段——往往是处于组织规模较小、甚至非常小的状况下——能够实现这一点的行为人就是企业家创始人。他们的表现对于塑造企业程序及绩效而言是具有决定性作用的。那些行动有一个重要方面——实际上，是企业组织设立的前提——就是要构想出新的、可能获利的生产与贸易机会。企业理论中往往会忽视这种关键的企业家投入，正如它们会全面忽视企业家角色一样。 355

在其他地方已经有人指出，通过建立并经营企业组织来发现新机会的所有努力都会至少受到某种初级的企业家“商业观念（business conception）”的指引（参见 Witt，1998）。在有限理性的世界中，对从事何种经营的想想、关于如何进行经营的可用知识以及对新获取经验的解读都是建立在商业观念所提供的认知提示（cognitive cues）基础上的。[14] 要在企业内部组织分工，问题就成了：如何才能将企业家的商业观念传递给新雇佣的企业组织成员？如何才能诱使他们采取这种企业观念、并将之作为自己的工作决策基础？这个问题涉及社会认知

---

⑭　认知提示引导选择信息的处理，并控制人们对有关基础记忆的读取（参见 Anderson，2000，第6章及第7章）。认知提示往往会在要解读的决策问题基础之上被组织成为更大的认识框架。因为心智运作能力有限，在任何时点上只能使用一种认知框架，所以，这也意味着，这种框架在使用过程中，其自身在同时也会成为认知思考的对象。约束性和选择性也适用于想象及考虑行动备择选项的能力。一些特定的行动过程正是经过构想以及或深或浅的思考得出的，而其他一些行动活动基本上可以通过想象来得出。

学习过程(参见 Bandura,1986 和 Levine *et al.*,1993)。这里的问题是企业成员之间认知一致性的程度。[15]

企业家可以设计组织惯例,包括将特定任务指派给特定的企业成员。通过监督成员的合规行为,他/她还可以保证企业内部的交互行为呈现一致的形式(实际上,这可能是组织一致性和效率的重要前提)。但是,程序惯例也给企业成员解释新出现的非惯例问题留下了空间。它们也会为采取何种层面的努力来解决这些问题留下空间。因此,协调雇员知识、预期和信念这项任务对于实现组织内部的协调而言至关重要,而并非使用正式设计出来的交互惯例。但是,与程序惯例的情形不同,企业并不能仅是通过发布命令的方法就迫使企业成员采取某种特定的认知框架,例如企业家商业观念。类似的,与惯例的情形不同,监督企业成员是否采用了特定的认知框架是一项极端困难的任务,如果不是不可能的话。实际上,个体认知框架的形成有其自身的规律,其中社会影响力发挥了重要的作用(参见 Bandura,1986,第 2 章)。

356

与其他行为人的交流以及对其他行为人的观察构成了指引个人注意力过程的主要因素。相应的,这也是一个显著的学习之源。通过交流和观察进行的学习越密集、持续时间越长,相关行为人越有可能会逐渐形成集体共有的解读模式以及对事实、假设、实践和技巧的共同的默示知识。(在某种程度上,这些认知上的共性来自于这样一种事实,即在密集交流的团体中,行为人的选择性信息处理过程主要是由同样的主题所占据的,从某种意义上讲,这些主题被平行处理,进而使得其他主题所获得的关注少得多。)观察式学习也是关于如何行为的社会模型——是群体的显著特征——形成的潜在原因。在所有由有规律地相互作用的个人所构成的团体中,特定的行为模式可能会占据上风。团体的成员可以观察到对这些行为模式的遵守和背离。因为团体成员关注的是大致相同的行为模式的有限集合,这些模式有可能会成为社会共同的行为模型。

因为企业组织(或其某些分支)常常会形成一个密集交互的团体,企业成员所采取的观念以及他们经过选择后认为可行的各种行动备择选项——当然,还包括被他们忽视的选项——之间存在共性。此外,因为有密集并持久的交流,企业成员可能会具有某些共同的行为准则,社会共有的行为模型就是一例。企

---

⑮ 经济学中往往会忽视这个问题,特别是在激励冲突和代理人理论研究中,但它对于个人动机及其对激励的接受能力会产生显著的影响(有关的讨论参见 Osterloh and Frey,2000)。在某种认知框架之下想象并考虑行动备择选项,排除了在不同的、可能是机会主义的框架下做同样事情的可能。此外,从动机的角度来看,人们是否认为自己在向一个共同的目标努力会产生显著的不同。如果他们的确认为如此,那么,他们对任务的理解就可能会让他们的注意力更多地集中到如何为了共同目标的实现去解决问题上,而会倾向于忽视对自己私人爱好的追求。在相反的情形下,可以认为个体努力——很难在问题解决行为中看到其身影——的水平可能会受到损害。如果在企业内部,各人追求相互抵触的商业观念,或者,更有甚者,企业成员认为所有人都不是在为共同的目标努力,这种情形就会出现。

业家可能希望能够控制作为社会模型出现的行为。但是,在存在观察式学习的情况下,这一点很难实现,因为非正式交流的进度很难控制。企业家的观念和社会模型可能会受到竞争者认知框架和社会模型的挑战。如果不能阻止这些竞争观念与模型于暗中在企业的非正式交流中占据上风,就可能会对组织的一致性以及企业的绩效产生深远的影响。[16] 为了致力于维持"认知领导力"(cognitive leadership)(Witt,1998),需要特定的社会技巧——例如交流能力、劝说能力和持久性,以及公平性、可靠性和欣赏能力。如果某种观念过于复杂和深奥,或者缺乏合理性,特别是涉及雇员的职业选择、报酬、资格提升和工作条件时,很难想象雇员会被迫采取这种观念。 357

在顾及这些考虑后再来看问题①,一些可供选择的新思路就变得可能了。企业家可能真的会试图获取认知领导力。接下来的问题就是,他/她的社会技巧是否足以施展这种领导力,企业家商业观念的内在特征是否足以让企业成员信服,进而愿意采取该观念。当然,也有可能企业家并没有做出任何获取认知领导力的努力,也许是因为企业家并不认为自己掌握必要的技巧。或者,企业家做过努力,但是在施展其领导力的时候却失败了。在这些情形中,有另外一种经营企业组织的方法。企业家可以试着通过引入监督体系来扭转那种不可避免的、雇员走向不一致、低效率和工作成果下降的趋势——也就是说,通过对所有行动及其结果的事无巨细的监督来实现。这种思路所导致的企业经营模式,似乎是阿门·阿尔奇安和哈罗德·德姆塞茨(Armen Alchian and Harold Demsetz,1972)所认为的企业理论监督方法中唯一可行的一种。

但是,在监督体系基础上经营企业组织要求付出高昂的代价。监督会抑制个人的创造力和解决问题的内在动机(参见 Williams and Yang,1999)。此外,用事无巨细的指引、规定、授权和严格控制来进行协调,会导致摩擦不断,其过程十分缓慢,需要耗费巨大的时间资源。所有这些都可能会降低企业的赢利能力,并抑制其增长前景。不过,企业可能仍然能够在此基础上持续,甚至有可能实现增长。 358

相反,如果企业家努力去获取认知领导力,他/她可能会因为具备充分的个人技巧和有内在吸引力的商业观念而获得成功。如果这样的话,就可能会形成具有松散的层级约束的企业文化、相对于正式组织惯例而言更多的非正式惯例以及大量的内部工作动因。所有这些都能够让组织实现更高水平的成就。而

---

[16] 在小团体中,每个人都可以很容易地掌握其他成员行为的结果,而并不需要花费自行实验所需的精力和成本,因此,要挑战已经确立的社会模型,就需要有一个替代性实验(Bandura,1986,第 7 章)。如果人们观察到实验是成功的,那离经叛道的行为就会对当前占据上风的社会行为模型构成严峻的挑战:可能会导致企业组织成员去认可之前从未考虑过的对选择集合的扩展。因此,观察式的学习可能会导致社会公认的行为准则的削弱,并可能导致对行动知识的重构以及相应的行为调整。

这样的成功会刺激企业经营的扩张。企业组织早晚会同样实现扩张。

7 组织增长和转型:伴随性反馈

企业组织的扩张将会触发一种超越小企业早期阶段的新发展。因此,企业组织的起源问题就自然地过渡到了问题②和③。因篇幅所限,这里只讨论问题③。于是,我们将会问,在企业进一步发展过程中,企业组织将会经历什么类型的转型,什么因素会决定这些变迁是否发生。如同其他地方已经论证过的,组织日渐增长的规模会导致典型的组织转型(参见 Witt,2000)。因此,正如 Penrose(1959)中提到的那样,在这里,增长也被认为是组织变迁的决定因素之一,只是这里的原因跟 Penrose 所给出的并不相同(但并不是不兼容的)。

在企业家冒着商业风险进行创业时,是从一个很小的组织开始的,企业家和雇员之间所有的交互行为都是面对面发生的。大体上来看,企业家可以严密地仔细观察非正式的日程安排效应和社会模型。从某个确定的时间开始,企业人员的扩张开始束缚企业家施展其认知领导力、控制社会学习过程和协调企业成员遵从其商业观念的能力。即便是极具才能的企业家,也必定会面临一个施展能力的上限,在那里,因为个人交互的频率递减,超越了他/她实现所有这些目标的能力。(正是由于这一点,简单地通过增加业务规模和雇员数量并不能扩张草创企业的组织。)这样,伴随着草创成功的企业持续增长,就会达到这样一个点:企业家针对不同意见坚持其商业观念的难度日益增加,他/她也开始越来越难以维持一些支持性的、作为企业组织成员间主导认知体系的社会行为模型。这是一个产生分叉的点,可能会产生一些非传统的组织变迁,其对企业家在组织内部协调中所扮演角色的含义会有巨大差异。

359

当然,还有一种可能的发展是企业家实际上一直在等待,直到他/她施展认知领导力的能力用尽为止。届时,与他/她的商业观念不同的观点会在组织中传播。如果雇员采用了与企业家商业观念互为竞争的认知框架和相应的社会行为模型,或者开始进行机会主义式的思考,就等于是为组织不协调和工作努力的下滑做好了计划。其结果,相较于以前,企业组织的一致性会显著降低,绩效也会大打折扣。如果没有采取对策,赢利能力就会受到负面影响,未来进一步增长的潜力也会被殃及。一直由创始人企业家所领导的草创企业在快速增长和成熟期之后,很有可能会到达这样一个关键阶段,实际中也常常会报告发生了此类情形。一旦这种状况占据上风,企业家就很难——如果不是不可能的话——(重新)获得认知领导力,即便企业规模会因此而缩小。雇员的认知框架已经发生了不可逆转的改变。

但是,企业绩效停滞甚至是衰退的威胁可能会导致企业家做出反应,而不只是固守那种正在加速衰退的认知领导力体系。曾经兴起过的具有松散层级约束的企业文化以及(现在正逐步衰减的)内部工作动因需要进行某种转型。一种可能是转变到上面曾经提到过的企业经营监督体系上去。由于企业组织已经达到了一定规模,这种做法现在可能意味着官僚主义化:企业成员的行为不得不通过由雇佣经理人组成的多少有些复杂的等级森严的组织来控制。这种转型很有可能会伴随许多组织内交互作用的明确成文化以及相应的正式惯例的增加。由此,在有形资产和无形资产(企业特有的能力以及在市场上累积起来的声誉)上的早期投资之收益可以得到保护,已经实现的规模经济也可以由此得以捍卫。但是,正如我们刚刚解释过的那样,交互作用的正式化以及严密等级控制的实施会抑制组织内部的灵活性和创造性。在一套有效的监督体系之下,官僚主义以及日益衰减的内部动因和认知一致性并不一定意味着会损失(静态)效率。但是,它们很可能会妨碍组织应对迅速变化的创新型环境的能力。因此,这种企业能否进一步发展,基本取决于它们能否以及在多长时期内能够通过其所能实现的规模经济来弥补灵活性的缺乏。 360

除了转向监督体系之外,还可以尝试一些其他的企业组织转型方法,其中可能是最重要的一种可以被称为是“企业家职能在企业内部细分”。[17] 这种转型要求由公司组织中各单独部门的经理人来承担企业家施展认知领导力的角色。然后,如果这些经理人熟知企业行动赖以为基础的商业观念,那么,在各个单独的部门中,可能会实现充分的认知一致性。如果这些经理人已经在组织中被社会化,这种情形很有可能会成为现实。但是,正如 Penrose(1959,第9章)曾经强调过的那样,企业内部这种管理资源的可得性可能会成为潜在的瓶颈。如果经理人是从外部雇佣来的(而且在企业环境中的发展需要商业观念的适应),就会出现一项新的、更高级别的企业家任务需要完成,即需要将承担企业家角色的、处于同等地位的经理人(而不是整个组织)协调起来,让他们具有共同的商业观念。要赋予这些承担企业家角色的雇员相应的资源,以供他们自主使用(进而可以让他们在相应的公司组织部门中实现自己的商业观念),这意味着需要创造出单独的责任范围和领导力范围。如前所述,这里也可以通过可靠的、社会共有的认知和动机一致性实现协调。

---

[17] 如果企业家没有预期到或者没有经历过向监督体系或企业组织内部企业家职能细分的转型,他/她仍然会有其他的行动。实际上,我们常常会观察到这种举动:他/她可以将企业销售、让他人接管。在这一点上,可能会出现企业家主动放弃其角色的事实,这意味着企业家职能本身也会遭受专门化——一种企业间的企业家能力分化。一些企业家的专长是创建并将草创业务发展到引人注目的规模。当他们辞去职务、将业务拿来出售的时候,赢利机会被摆在了另一种不同类型的企业家面前:通过实施并坚持其对并购市场上能够实现的协同效应的洞察力重组经济组织结构的专家。这种业务的认知基础可能与擅长从事企业创建与扩大所需的企业家能力截然不同,需要单独对待。

361 亚企业家之间在商业观念上的协调只是对更高层次上的认知一致性和内部动因问题的重复而已。它可能是一个很严重的问题,必须在企业家团体内部通过更高的认知领导力予以解决。如同在其他团体中一样,观察式的学习可能会产生社会共有的认知框架和行为模型。在一个由同等的企业家组成的无等级团体中,这个过程和结果可能完全是自发实现的。如果有一位更高级别的企业家雇佣了从属于他/她的企业家,那么,对他/她而言,能否成功地在企业家团体中指引交流,以有利于传播商业观念,就是至关重要的。这意味着,必须在亚企业家之间再次展示"认知领导力"。同样地,在这里,商业观念和渴望实现的社会模型也很容易受到竞争者框架和模型的侵袭。如果不能通过企业家团体内的交互作用和交流成功地阻挡这种侵袭,就还是可能会给组织的一致性和公司的整体绩效带来深远的影响。

8 结 论

完全成熟的企业演化理论——或者,可能更确切一些,关于企业组织起源和变迁的演化理论——还尚不存在。但是,人们可能已经找出了这样一套理论的一些基本要素。本章通过构造一些标志性的、企业演化理论应该提出的问题,强调了这些要素。本章的讨论表明,将演化在企业组织环境中的含义恰当地概念化,并不是没有疑问的,也不是毫无争议的。选择主义者及对组织变迁的生态解释就与发展主义者的解释相对立。与系统发育论者采取群体导向的角度不同,发展主义者的解释关注的是个体企业的个体发育(生命周期)。所有这些解释都有一个相同的灵感源泉:它们是建立在生物学的类比和从生物学中借来的隐喻基础之上的。已经有人指出,这两类类比都不能完全解释组织变迁的规律性,但是,这两种方法的基本要素可以被整合起来,形成一种综合性的企业演化理论。为了解释我们在企业变迁中观察到的规律性,这套理论必须能够解释企业组织起源中总是被忽视的企业家角色。相应地,还必须关注不断变化的、组织内交互行为的认知基础,它是由增长驱动的组织变迁的一个重要来源。

362 **参考文献**

Alchian, A. A., and H. Demsetz (1972), 'Production, information costs, and economic organization', *American Economic Review* **62**(5): 777–795.

Aldrich, H., and S. Mueller (1982), 'The evolution of organizational forms: technology, coordination and control', in B. M. Staw and L. L. Cummings (eds.), *Research in Organizational Behavior*, vol. IV, Greenwich: JAI Press, 33–88.

Anderson, J. P. (2000), *Cognitive Psychology and Its Implications*, 5th edn., New York: Worth Publishers.

Bandura, A. (1986), *Social Foundations of Thought and Action: A Social Cognitive Theory*, Englewood Cliffs, NJ: Prentice-Hall.

Binmore, K. (1998), *Just Playing*, Cambridge, MA: MIT Press.

Chandler, A. D. (1962), *Strategy and Structure: Chapters in the History of the Industrial Enterprise*, Cambridge, MA: MIT Press.

(1990), *Scale and Scope: The Dynamics of Industrial Capitalism*, Cambridge, MA: Harvard University Press.

(1992), 'Organizational capabilities and the economic history of the industrial enterprise', *Journal of Economic Perspectives* **6**: 79–100.

Coase, R. H. (1937), 'The nature of the firm', *Economica*, New Series **4**: 386–405.

(1988), 'The nature of the firm: origin, meaning, influence', *Journal of Law, Economics and Organization* **4**: 3–47.

Dosi, G., R. R. Nelson and S. G. Winter (2000), 'Introduction: the nature and dynamics of organizational capabilities', in G. Dosi, R. R. Nelson and S. G. Winter (eds.), *The Nature and Dynamics of Organizational Capabilities*, Oxford: Oxford University Press, 1–22.

Foss, N. J. (1993), 'Theories of the firm: contractual and competence perspectives', *Journal of Evolutionary Economics* **3**(2): 127–144.

(1996) 'Capabilities and the theory of the firm', *Revue d'Économie Industrielle* **77**: 7–28.

(2000), 'The theory of the firm: an introduction to themes and contributions', in N. J. Foss (ed.), *The Theory of the Firm: Critical Perspectives on Business and Management*, London: Routledge, xv–lxi.

(2001), 'Evolutionary theories of the firm: reconstruction and relations to contractual theories', in: K. Dopfer (ed.), *Evolutionary Economics – Program and Scope*, Boston: Kluwer Academic Publishers, 317–355.

Fransman, M. (1995), *Japan's Computer and Communications Industry: The Evolution of Industrial Giants and Global Competitiveness*, Oxford: Oxford University Press.

(1999), *Visions of Innovation: The Firm and Japan*, Oxford: Oxford University Press.

Greiner, L. (1972), 'Evolution and revolution as organizations grow', *Harvard Business Review* **50**: 37–46.

Hannan, M. T., and G. R. Carroll (1992), *Dynamics of Organizational Populations: Density, Legitimation, and Competition*, Oxford: Oxford University Press.

Hannan, M. T., and J. Freeman (1989), *Organizational Ecology*, Cambridge, MA: Harvard University Press.

Hart, O., and J. R. Moore (1990), 'Property rights and the nature of the firm', *Journal of Political Economy* **98**(6): 1119–1158.

Hodgson, G. M. (2001), 'Is social evolution Lamarckian or Darwinian?', in J. Laurent and J. Nightingale (eds.), *Darwinism and Evolutionary Economics*, Cheltenham: Edward Elgar, 87–120.

Holmström, B., and P. Milgrom (1994), 'The firm as an incentive system', *American Economic Review* **84**(4): 972–991.

Holmström, B., and J. Roberts (1998), 'The boundaries of the firm revisited', *Journal of Economic Perspectives* **12**(4): 73–94.

Knight, F. H. (1921), *Risk, Uncertainty and Profit*, New York: Harper & Row.

Langlois, R. N. (1992), 'Transaction costs in real time', *Industrial and Corporate Change* **1**: 99–127.

Langlois, R. N., and M. M. Cosgel (1993), 'Frank Knight on risk, uncertainty, and the firm: a new interpretation', *Economic Inquiry* **31**: 456–465.

Langlois, R. N., and P. L. Robertson (1995), *Firms, Markets and Economic Change*, London: Routledge.

Levine, J. M., L. B. Resnick and E. T. Higgins (1993), 'Social foundations of cognition', *Annual Review of Psychology* **44**: 585–612.

Levinthal, D. (2000), 'Organizational capabilities in complex worlds', in G. Dosi, R. R. Nelson and S. G. Winter (eds.), *The Nature and Dynamics of Organizational Capabilities*, Oxford: Oxford University Press, 363–379.

Marshall, A. (1890), *Principles of Economics*, London: Macmillan (8th edn., 1920, London: Macmillan; 9th variorum edn., 1961, London: Macmillan).

Metcalfe, J. S. (1994), 'Competition, Fisher's principle and increasing returns in the selection process', *Journal of Evolutionary Economics* **4**(3): 327–346.

(1998), *Evolutionary Economics and Creative Destruction*, London: Routledge.

Montgomery, C. A. (ed.) (1995), *Resource-based and Evolutionary Theories of the Firm*, Dordrecht: Kluwer Academic Publishers.

Mueller, D. C. (1972) 'A life cycle theory of the firm', *Journal of Industrial Economics* **20**: 199–219.

Murmann, J. P. (2003), *Knowledge and Competitive Advantage: The Coevolution of Firms, Technology, and National Institutions*, Cambridge: Cambridge University Press.

Murmann, J. P., H. Aldrich, D. Levinthal and S. G. Winter (2003), 'Evolutionary thought in management and organization theory at the beginning of the new millennium', *Journal of Management Inquiry* **12**(1): 22–40.

Nelson, R. R., and S. G. Winter (1982), 'An evolutionary theory of economic change', Cambridge, MA: Harvard University Press.

Nooteboom, B. (1992), 'Towards a dynamic theory of transactions', *Journal of Evolutionary Economics* **2**(4): 281–299.

Osterloh, M., and B. S. Frey (2000), 'Motivation, knowledge transfer, and organizational forms', *Organization Science* **11**(5): 538–550.

Penrose, E. T. (1952), 'Biological analogies in the theory of the firm', *American Economic Review* **42**(5): 804–819.

(1953), 'Biological analogies in the theory of the firm: rejoinder', *American Economic Review* **43**(4): 603–609.

(1959), *The Theory of the Growth of the Firm*, Oxford: Basil Blackwell.

Quinn, R. E., and K. Cameron (1983), 'Organizational life cycles and shifting criteria of effectiveness: some preliminary evidence', *Management Science* **29**: 33–51.

Rathe, K., and U. Witt (2001), 'The nature of the firm – static vs. developmental interpretations', *Journal of Management and Governance* **5**: 331–351.

Teece, D. J., R. Rumelt, G. Dosi and S. G. Winter (1994), 'Understanding corporate coherence: theory and evidence', *Journal of Economic Behavior and Organization* **23**: 1–30.

Williams, W. M., and L. T. Yang (1999), 'Organizational creativity', in R. J. Sternberg (ed.), *Handbook of Creativity*, Cambridge: Cambridge University Press, 373–391.

Williamson, O. E. (1985), *The Economic Institutions of Capitalism*, New York: Free Press.

(1996), *The Mechanisms of Governance*, Oxford: Oxford University Press.

Winter, S. G. (1964), 'Economic "natural selection" and the theory of the firm', *Yale Economic Essays* **4**(1): 225–272.

(1988), 'On Coase, competence, and the corporation', *Journal of Law,*

Economics and Organization **4**: 163–180.

Witt, U. (1998), 'Imagination and leadership: the neglected dimension of an evolutionary theory of the firm', *Journal of Economic Behavior and Organization* **35**: 161–177.

(2000), 'Changing cognitive frames – changing organizational forms: an entrepreneurial theory of organizational development', *Industrial and Corporate Change* **9**: 733–755.

(2003), *The Evolving Economy: Essays on the Evolutionary Approach to Economics*, Cheltenham: Edward Elgar.

B 演化中观经济学

第11章 经济演化的自组织观点:统一的范式[1]

约翰·福斯特

1 引 言

演化经济学家一直倾向于在生物学隐喻和类比的基础之上来构造对经济领域中结构性变迁的分析性描述。但是,演化生物学的焦点是选择机制,而这在社会经济背景中的适用性是有限的。正是由于这种局限,一些演化经济学家开始探索一种更关注形态形成过程的观点,即所谓的自组织方法(参见 Foster,1994a)。虽然这种方法来源于一种更为基本的物理学研究层面,即所谓的非均衡热力学,但是却被认为是向那些热衷于用时间序列数据来探索演化变迁的人提供了一种更为有用的分析结构。因此,它不是被当做某种隐喻或类比来使用的;自组织过程发生在科学研究的每一个层面上。然而,生物化学、生物学、社会政治和经济等领域中的自组织全都涉及彼此关联的、但却各不相同的建构过程。例如,如果不使用生物化学的自组织方法,就无法理解经济领域的建构过程,而经济结构中也包含一些与化合物相同的耗散特征。

---

① 本章是昆士兰大学(the University of Queensland)"突发复杂性及经济学中的组织"(the Emergent Complexity and Organization in Economics)研究小组正在进行的研究当中的一部分。我希望在此感谢团队中的成员 David Anthony、Bryan Morgan 和 Pradeep Phillips 所提出的宝贵建议。本章的早前版本曾以论文形式在哥本哈根举行的欧洲演化政治经济学协会年会及凡尔赛大学发表过,在发表过程中得到了很多宝贵的建议,在此也向其表示感谢。特别要感谢 Robert Delorme 和 Martin O'Connor。当然,文责自负。

一般来说,当我们从化学研究前进到经济学研究时,应该在自组织中能量/熵的概念之上附加对知识/复杂性的思考。实际上,需要考虑的问题是,自组织是应该被看做是一种热力学现象,还是一种更一般的过程,而能量和熵之间的相互作用只是其中一个特例,正是问题所在。这个问题是 Daniel Brooks 和 Edward Wiley(1986)最近在演化生物学领域中提出来的,他们的答案不仅与新达尔文主义演化生物学家之间形成鲜明的对立,而且也与热力学家针锋相对。此前在控制论中也出现过同样的问题(例如,可以参见 Atlan,1972),其结果则是导致对系统的看法变成,强调复杂性比对熵的考虑更重要。

368

在经济学中,热力学的观点提供了自组织思想的起点,但是,这种观点却一直被这个学科的主流所忽视,因为其含义跟新古典经济学有些格格不入(参见 Georgescu-Roegen,1971)。因此,经济演化的主流观点往往局限于这样一种论断,即竞争系统的静态描述背后隐藏着某种达尔文机制。虽然实际上新古典经济学至少可以在原则上被看做是跟涉及封闭系统的热力学第一定律(能量守恒定律)相容的,但是,涉及开放系统的热力学第二定律还没有被广泛地用做理解经济学基础的另一种基础。典型的情形是,主流经济学家一直满足于这样一种观点,即理性经济行为人可以应用知识、通过比方说对经济结构的及时维护和替换来抵消熵过程。换言之,其中使用了没有实际经验基础的、很强的知识/信息预设。

非主流经济学家并不支持这一观点。制度主义者,例如 Kenneth Boulding(1981)和 John Gowdy(1992)就曾强调,经济演化中,能量/熵方面的思考是十分重要的,而 Kurt Dopfer(1986)也强调过,经济自组织的核心在于知识/复杂性方面的考虑。奥地利学派对主流经济学家对待知识和复杂性的做法提出了非常有力的批评,他们强调知识的主观特性、经济系统的复杂性和经济过程的演化特征。此外,奥地利学派和制度主义者以同样的方式强调了经济演化中文化因素的重要性。显然,文化不是一种热力学现象,但是,它却构成了共有知识中有组织的复杂性的一种形式,这一点在化学和生物学的研究层面上是不存在的。

奥地利学派和制度主义者对演化过程的描述表明,Brooks 和 Wiley 关于自组织主要是生物学领域中一种信息过程的观点在经济系统中甚至更具说服力。但是,除了制度主义者多普弗(Dopfer,1986)和奥地利学派的乌尔里希·威特(Witt,1991)之外,这两个流派的成员在自组织背景之下的立论很少能够同时包含知识和能量这两种因素。有人认为奥地利学派的“自发秩序”(spontaneous order)观点与自组织概念是平行的,但是,更深入的检视能够显示,这种观点只是一种推测,而不是能够为历史演化过程提供特征化描述的一种抽象概念。在制度主义者这一方,他们对历史过程的“累积因果论”(cumulative causation)式

369

描述来自于阿林·杨格(Allyn Young)、冈纳·缪尔达尔和尼古拉斯·卡尔多(Nicholas Kaldor)等人的研究,其中也有一些在根本上接近于自组织的属性。但是,我们无法在这些观点和自组织方法于战后的突然兴起之间找到任何有力的联系。

本章的目的是想要说明,许多奥地利学派的学者和制度主义者关于经济演化的见解都可以放在自组织方法之中,只要这种自组织方法是完全以经济为导向的。此外,本章还提出,马歇尔新古典经济学也可以被放在这样一种方法中,这与后马歇尔新古典经济学不同,后者被认为无法纳入自组织框架中。本文将说明,如何才能在现有的新熊彼特(neo-Schumpeterian)式的技术变迁通过创新来传播这一论点基础之上,建立符合历史经验数据的、对经济自组织过程的正式描述。因此,本章提出,自组织方法可以为经济过程的研究提供多元的理论框架,而该框架是明确地以历史为背景的,这与后马歇尔新古典经济学不考虑时间因素的做法形成了鲜明的对比。

2 奥地利学派、制度主义者和数学

奥地利学派和制度主义学派的成员各有其独特的经济学研究方法,不过他们所使用的方法都具有相同的预设,即经济行为人是在真实的历史领域中活动的。对奥地利学派来说,这意味着未来的确具有不确定性,他们需要在个人的主观领域中进行经济分析。对于制度主义者来说,历史意味着经济结构时间上的不可逆性,因此,要全面地理解经济领域中人的行为,制度——被认为从其特质来讲是社会政治或文化的——正是他们合适的研究对象。德国"历史"学派,也即美国制度主义的渊源所在,与奥地利学派之间在旧时曾有过多次争论,但这些争论都与历史的相关性无关,其争论点在于,如何才能将经济过程是嵌于历史之中的这一事实纳入经济分析中去。

奥地利学派更倾向于强调历史对个人决策行为的影响,因而可以因之构建经济运用所需的恰当的主观抽象概念。相应产生的交互作用的复杂性被认为将会阻碍对历史过程进行宏观经济学上的正式描述。相反,自发秩序被看做是突发的、并内生于惯例、规范、规章、法律和其他制度中的。另一方面,制度主义者则更偏好从集体的角度来看待制度,倾向于研究团体之间的力量关系,并记载制度形成的历史过程。在他们看来,将个体行为理论化这种做法只是徒劳,因为个体能够在文化和习惯性做法之外进行的选择范围是有限的。 370

这两个学派都明显地表示出了对历史的关心,这导致他们在方法论上的立场被主流经济学家广泛地认为是虚无主义的。奥地利学派拒绝在微观层面和宏观层面上承认经济行为的正式客观表述,进而导致他们被边缘化了。因为没有使用数学这种科学的传统语言,他们被认为是只关心意识形态而并不关心科学的抽象派学者。类似地,制度主义者拒绝承认正式新古典经济理论的有效性,并坚持进行广泛的经验描述,因此被指责为是未经过训练的历史主义者,而历史主义被认为既不是意识形态的东西,也不是科学。

这两个学派之所以会被边缘化,并不是因为他们在理解经济学家所面临的关键问题时缺乏洞察力。相反,承认在各历史时期进行决策时所面临的问题,使得他们看到了结构的不可逆性,并得出了结构变迁的演化观点,这些都产生了许多杰出的研究成果。弗里德里希·冯·哈耶克和缪尔达尔共同获得诺贝尔奖就说明了两方面见解的重要性。尽管将少数派思想流派的边缘化归咎于意识形态方面的考虑看起来是一种十分诱人的做法,但是,只要这些学派中包含着一些"自由市场"的热情支持者,这种做法就很难成功。因为从逻辑来看,这两种学派应该在与主流经济学平行的某个领域存在共识,而自由市场问题正是处于这一领域。

人们已经注意到,这两个学派区别于主流经济学的特征就在于,他们的成员都坚持经济分析应该明确地考虑历史时期。但是,为什么他们关于历史过程中的时间不可逆性(time irreversibility)、结构变迁(structural change)和真实不确定性(true uncertainty)的合理假设,会让战后的主流经济学家们如此不快呢? 371 的确,如果一种新兴科学的倡导者否认他们试图要解释的历史过程中基本特征的重要性,这门学科的前景必然是黯淡的。人们普遍相信,正式的对经济行为的经济人理论更为现实,但其中并不包含这三个特征中的任何一个,所以它并不能回答上述问题。很多新古典经济学家都曾强调过,这样的经济理论并不能用来理解历史过程。相反,问题的答案似乎就在科学讨论所选中的语言——数学当中。如果大家认为经验研究的正确层面是个人,而价格机制是经济协调发生的主要环境,那么,用数学作为演绎之正式手段的"科学"愿望,最终不可避免地会走向新古典经济理论。问题并不在于所选择的经济理论,而是在于所选中的讨论语言,其表达方式有限。我们完全可以选择另外一种不同的经济理论,比如说,强调团体行为,并把收入分配作为被人们所偏好的协调机制,但是,如果仍然用数学作为演绎的基础,完全相同的问题还是会出现。

所有的制度主义者和奥地利学派学者都清楚地认识到,数学这种语言并不足以抓住历史过程的所有三种"演化"特征。要使用数学逻辑,就要求结构是确定的,阿尔弗雷德·马歇尔在将其"机械类比"正式化以做短期的局部用途时,就清楚地理解到了这一点(参见 Marshall,1890 和 Foster,1993)。换言之,对马歇尔来说,正式的新古典数学模型只是一种近似,它们在长期内并不能持续成立,也无法在普遍意义上适应于整个经济。马歇尔意识到,经济系统从本质上而言是处于演化之中的,这一点充分地体现在他多个版本的《经济学原理》中,书中多次提到有关使用新古典经济理论的限制条件和警告。不幸的是,他没有能够完成他许诺要写的第二卷,他本来打算在第二卷中给出一种明确地研究经济行为的演化方法。尽管其中有很多理由,但很明显,有一个很重要的原因是,他不能够用数学的语言来描述经济演化过程。经济学从那时开始就已经被人们眼中的"好"科学的中心——数学语言所束缚了。

从保罗·萨缪尔森的《经济分析基础》(1947)开始,数学逻辑成了经济对话的基石。在他看来(p. xvii)

> 它最终为经济学实现了古诺模型中将瓦尔拉一般均衡方程最大化的牛顿微积分方法的大综合。

此外(p. xviii),

372

> 德布鲁(Debreu)曾经有一次——严肃地——这样跟我说,在日常工作中最充分地使用了数学分析的前沿成果的学科就是现代经济学理论。

吉拉德·德布鲁(Gérard Debreu,1991)对此做出了解释(p. 3):

> 因为没有一个足够可靠的经验基础,经济学理论不得不遵守逻辑讨论的规则,而且必须放弃那些具有内部不一致性的工具。如果某种演绎结构中存在矛盾之处,那它就会变得毫无用处,因为从那个矛盾当中可以完美并直接地推导出任何命题。

数学是经济学讨论中十分受宠的工具,它的优势地位不可避免地会使那些能够方便地用数学加以表述的、不受时间影响的演绎性理论受到偏爱。渐渐地,马歇尔的警告被人们遗忘了,人们开始用历史数据来"检验"那些从不考虑时间因素的数学逻辑中推导出来的假设。我曾经在其他场合中讨论过这种做法会导致的根本性方法论问题,特别是在对待"新凯恩斯"经济分析中,这种问题更为突出(参见 Foster,1994c)。德布鲁(Debreu, 1991,p. 5)明确地说明了广泛采用数学方法给经济学带来的问题。

> 在过去的20年中,经济理论已经被一股看似不可抵挡的潮流推得更远,而数学化所取得的成功只能部分地解释这一现象……(理论家们)所选择的、试图对其加以回答的问题本身受到了他们数学背景的影响。因此,基于这种看法,经济学的一部分如果不是被边缘化的话,也有可能会变成次生的,这种危险是一直存在的。

这正是奥地利学派和制度主义者多年来一直坚持的立场。此外,如果我们将马歇尔作为新古典经济学之父的话,我们就可以说,用马歇尔的观点来看,现代数理经济学理论也不能被打造成新古典的。随着时间的推移,“数学就是经济学”这一错觉已经变得更加难以确定了,因为被经济学使用的数学已经变得更为一般化,开始考虑离散的区间、延迟和非线性。变量倾向于达到的固定的结构均衡,已经从固定的点到固定的曲线(例如极限循环)变为可以预测的多重均衡(例如混沌吸引子)。随后又产生了一种错觉,即认为这种推广会产生对实际经济过程更好的演绎表述,这是因为多重均衡之间的移动看起来似乎与我们在一些经济变量的历史中所观测到的非线性“跳跃”相吻合,而且均衡区域似乎能够囊括我们在历史中所经历的真实的不确定性。

373

但是,不管一个非线性动态数学式有多么复杂,它仍然是对确定性的、定常(time-invariant)结构的描述,因此,其本质是非演化性的。因此,它不能被用来演绎描述历史过程所做的一切。数学式子表示的系统是封闭的,而历史系统是开放的。数学式描述的是一个可逆的、结构固定的确定性过程,而历史过程则包含着不可逆性、结构变迁和真实的不确定性。尽管数学表达式的这些特征可谓是众所周知,但是,非线性动态数学现在已经成为了主流经济分析的演绎工具。Costas Azariadis(1993)的高级研究生课程教科书对这一点做出了最佳注脚,该书声称它涉及的是“跨时宏观经济学”。虽然这个名号十分诱人,但是,我们发现,其分析几乎完全没有涉及历史过程的三个演化特征(时间不可逆性、真实不确定性和结构变迁)。该书的前言甚至指出,掌握了更一般化的演绎数学(带离散区间的微分方程)是现代经济学家的巨大成就,用这种工具还可以进行传统的经济学讨论。但是,任何一位制度主义者或是奥地利学派的学者都会指出,其所给出的仍然只是数学,这种数学作为经济分析的逻辑基础仍然是有缺陷的(参见 Boland,1986)。演绎数学框架的出现是否是逻辑学领域中的一个重大成就,这一点只能由数学家来评判。

数学并不能等同于科学。如果你仔细地分析数学是如何应用于自然科学,例如物理学中的,这一点就会显而易见。物理学是一门实验科学,而数学只是被用来将封闭实验中发现的过程正式化的工具。无论何时,演绎数学都被当做是一种近似,其作用就是对一系列实验控制因子作用下观测到的过程形成系统性的表述。从这个角度来讲,物理学家所关心的,是数学的特定用途。他们对数学系统的一般特点,例如渐近性并不感兴趣,如果最终无解,他们会使用数值法,而这有可能产生具有未知数学属性的解。

德布鲁和萨缪尔森假定在一般情况下,数学的精密性使得它可以在经济学中充当实验的科学替代品,这无疑是错误的。除非数理逻辑的应用是在以经验为基础的科学框架之中,而且其目的只是提供一种合理的近似,否则,数理逻辑

374

就只能是数理逻辑本身而已。另外,这两位杰出的经济学家还犯了一个错误,他们流露出这样一种观点,即除了数学之外,没有其他可以使用的科学方法。马歇尔显然并不这样认为,现代的制度主义者也不赞同这一点,例如杰弗里·霍奇森(Hodgson,1993);现代奥地利学派的学者同样持反对意见,例如 Witt(1991)。科学家们的工作并不是开始于理论领域,而是从——密切地——关注并理解数据开始的。正是从对数据的理解当中,产生了与过程相关的各种假设。经济理论家,例如前面所提到的那两位杰出的代表,却对数据出奇地缺乏兴趣,尽管时间序列数据可以揭示出很多有意义的信息。因此,他们实际上并没有真正地围绕时间序列数据来评价实验的各种可能替代方案。实际上,与很多其他经济理论学家一样,他们一直在试图远离棘手的经验经济学范畴。

理论和数据的脱节,导致经济学中的所谓"历史过程理论"缺乏发展,而这种理论可以直接与历史时间序列数据联系起来。不过,正统学派的理论工作并没有能够在弥补这一严重缺陷上做出突出的贡献。奥地利学派总是避免处理加总数据,制度主义者不喜欢正式的抽象概念,这意味着这些少数学派也没有尽多大努力去发展过程理论。不过,在他们对经济行为富有洞察力的描述中,常常隐藏着一些内含的历史过程理论。例如,在制度主义的理论中,我们对累积因果论有过很多讨论;在奥地利学派的理论中,也有关于自发秩序出现的猜想。这些理论往往没有被正式化,相反,它们讨论的是特定制度结构的演化。

3　自组织方法

大多数现代演化经济学都偏爱使用生物学隐喻和类比(参见 Nelson,1995)。这导致人们将关注的焦点放在了在不同的经济背景下如何正确选用选择机制这个问题上。虽然这类文献很多都很有启发性,但是,对于用过程理论处理历史数据的方法,它们都没有提供什么线索。尽管结构变迁的存在得到了承认,但生物选择模型并没有能够给出什么评估变迁的历史时间量程的方法,也不能通过研究历史数据来区分不同的演化理论。正如约翰·梅纳德·斯密(John Maynard Smith,1982)曾经强调过的那样,演化理论的建构是不受时间影响的。着眼于这一问题,Brooks and Wiley(1986)指出,生物演化的过程应该用一种更为一般化的自组织方法来分析,而自组织方法是建立在热力学第二定律基础之上的,其中囊括了所有生命系统为了在历史长河中生存下来所必须超越的时变过程。在历史中,熵过程是可以被观测到的,因此,可以在熵定律的基础上构建能够体现历史数据的演化过程理论。　375

通过伊利亚·普里高津及其同事的研究(关于他研究的发展历史,参见 Prigogine and Stengers,1984),自组织方法得到了自然科学家的关注。他指出,一个远离热力学均衡的系统,可以通过输入自由能来实现某种程度的自组织,而高熵这种废物的输出,则会相应地创造出结构中的时间不可逆性,同样,也会部分地构成束缚结构发展的约束条件。从本质上看,以这种方式形成的"耗散结构"是巨观(macroscopic)的,因为人们永远无法得知导致这种结构产生的初始条件到底是什么;因此,要理解最终发生的结构化过程,就不能采取微观方法。正是时间不可逆性和巨观边界施加在发展上的巨观极限,使得我们可以识别结构化过程。

Brooks and Wiley(1986)指出,尽管普里高津的自组织理论作为一种结构化理论在生物化学领域成效显著,但是,这套理论以能量作为关注的焦点,并强调外生决定的边界条件,这使其不足以用来理解生物学领域中的自组织。他们认为普里高津的方法针对的是"能量熵系统",而这只是能量是被施加于系统而不是有目的地获取到的一种特例。能量的获取要求必须具备知识的存量,因而可以从知识当中获取信息流。他们认为生物有机体本身就是一种信息流结构,可以控制能量的输入和高熵废物的输入。在这种情形下,历史和与历史相联系的时间不可逆性就变得比在普里高津的理论中更为重要了——结构的形成不再只是一种不可逆转的、向外生边界运动的倾向问题,而是一种没有确定终态的内生的历史过程。

普里高津曾经强调过,结构的形成是一个时间不可逆的过程,这意味着一旦到达了某个确切的边界,该过程就可能出现分叉。Brooks 和 Wiley 从对能量/熵的考虑,转到了对信息/复杂性的关注,因此,他们所给出的是一套历史中的结构化过程理论,这套理论适用于演化复杂性的生物学层次,而不只是生物化学层次。历史初始条件在其中扮演重要角色,而发展过程的历史本身也十分重要。随着时间的推移,有机体不断积累环境所施加给它们的知识,而正是由于这种行为,它们成为特定形式自由能的消费者,并且开始用特定的方法来处理高熵废物。其内部组织程度的增加,基础就在于能量驱动的信息流网络的扩张,这使得生物化学领域中不存在的结构复杂性的增加成为可能。

376

从自组织的角度来看,究其基础,演化过程仍然具有能量/熵过程,但是这些过程现在是由信息/复杂性过程来控制的,这不仅会暂时地阻碍熵定律发挥作用,而且还会因为历史经验的多样性,导致种群、有机体和个人的高度多样性。因此,演化并不是像拉马克主义所宣称的那样,是目的论的,而是取决于历史的,当达到某种边界状态时,传统达尔文式的选择就会受制于历史条件。生物演化和个体发育都可以用生物自组织方法来描述,该方法明显地具有历史特征,因此,它经得起适当历史时期内的历史数据的检查。

4　经济自组织

根据普里高津的构想,生物化学系统中的自组织是一个能量被施加其上、不可逆转的结构化向某种外生决定的极限运动的过程。Brooks 和 Wiley 则认为,在生物学系统中,能量不是被施加其上的,而是通过使用历史经验所赋予的知识而获得的。如果要转到研究非生物类型的社会经济行为,就需要另一种"重大变革"。特别是,在经济系统中,知识不是由历史过程施诸其上的,而是由人们积极地去获取的。人们还会去主动寻找特定类型的知识,以设计那些同时体现信息/复杂性和能量/熵特征的结构。由此产生的经济结构,例如企业,并不只是历史经验的一种反映,它是人们所获取的专业知识以及基于可靠信息对未来所做猜想的产物。增长和发展的边界不再需要仅由历史来决定;一些系统能够预测边界,并且能够调整结构的适应性以超越边界。例如,企业可以获取新知识以形成新的替代投资战略、改变产品组合、转换生产技术,进而可以顺利从一个演化发展阶段转移到下一个。相同的,如果不能获取新知识,就会让企业暴露在历史的动荡以及类似于生物界的挣扎和危机之下。

377

在经济学中应用自组织方法,需要比在生物学中更加强调信息/复杂性,而甚于能量/熵。因此,经济学中的很多重要争论都与我们应如何处理知识存量和信息流这一问题相关,这也就丝毫不令人奇怪了。在数学语言的广泛运用促使知识和信息的概念采取历史上不可能存在的形式(在特定情形下作为某种近似除外)之前,经济自组织方法的初级形态已经以非正式的形态出现了。我们注意到,这些初级形态持续存在于奥地利学派和制度主义的思想之中。但是,Foster(1993)也指出,这种方法甚至存在于马歇尔这位公认的现代新古典经济学之父的思想当中。但是,他并没有能够超出对经济自组织原理的直觉理解。因为不能在演化生物学理论中发现一种对演化过程的正式描述以作为类比甚或是隐喻,他没有能够写出他曾许诺过的关于演化经济学的《经济学原理》第二卷。此外,他也不大可能使用熵定律作为研究起点,因为他认为熵定律体现的是经济进步的反面,而且,在他看来,非均衡热力学还需要在自然科学中继续酝酿。因此,也就不大可能用正式的表达式来解释他针对信息/复杂性在经济演化中的作用所提出的敏锐评论。

从表面上看,将经济自组织和一位推崇数学演绎主义的经济学家联系在一起,与大家关于数学形式主义的看法是相抵触的。但是,关于新古典经济学,我们必须铭记的一点是,马歇尔之所以使之广为流行,是出自于一个特定的目的,即通过使用供求结构来理解价格是如何决定的。他并没有想证明价格理论有助于理解一般意义上的经济现象，而后马歇尔新古典经济学却常常试图证明这一点。马歇尔将他对价格决定过程的分析看做是一种近似，只适用于特定情况下、短时期内的问题。正因为此，我们有必要严格地区分马歇尔新古典经济学和后马歇尔新古典经济学，因为后者所研究的是在不可靠的“长期”内市场的一般均衡。

378 马歇尔的价格理论作为一种近似，有着十分广泛的用途，而约翰·梅纳德·凯恩斯(Keynes，1936)则在宏观经济层面上发展出了一套类似的短期收入决定理论：在宏观经济层面，马歇尔的相对价格效应彼此抵消了，收入/支出之间的联系决定了有效需求。从其理论建构来看，他所建立的有效需求原理仍然是机械的、相对静态的。但是，凯恩斯明显懂得，它仅仅是一种适合做短期研究的近似。它没有、也不能用于研究长期问题，因为，在长期里，演化变迁在支配着经济系统的历史动态过程(参见 Foster，1989)。囿于其直接政策目标和目标经济学家受众，凯恩斯在撰写他的《通论》时，并没有发现发展马歇尔演化观点以处理长期问题的必要性和实用性，只是做了一些非正式的评论。

后马歇尔新古典经济学家认为，长期一般均衡价格机制决定了长期内的经济过程轨迹，数量调整只是短期内由不均衡所导致的运动，他们完全破坏了马歇尔和凯恩斯使用比较静态分析作为合理的短期近似的努力。正如我们已经看到的那样，留给我们的是一个不受时间影响的数学框架，十分便于演绎推理。换句话说，这是数学，而不是经济学。

因此，要想对演化经济学有一个连贯的梳理，就不需要去掉马歇尔的价格理论和凯恩斯的收入理论。我们确有必要做的是，重新恢复马歇尔的研究日程，找出一种新的能够对经济系统中的演化变迁进行科学研究的理论方法。正如我们已经指出的，只要我们承认知识是在结构化的历史过程中获得的，而不是由外力施加的，自组织方法正提供了这样一个框架。同样的，知识本身也构成了复杂的自组织结构。奥地利学派和制度主义者从各自的微观和巨观角度出发，所关注的正是这一点。由此可以得出结论，我们所观测到的经济自组织就是信息复杂性和组织的形成过程。在任何结构中，必须存在能量/熵流，但是它们并不是经济结构中的驱动力，因为它们被控制在信息网络——例如企业精巧的会计制度——之中。

经济自组织中已获得知识和信息的重要性意味着，单从定量的投入-产出379 角度出发，是不可能完全地理解经济过程的。当然，主流的“新”增长理论已经认识到了这一点，他们将技术变迁和人力资本的获得作为导致生产函数发生移动的原因。但是，在内生的自组织面前，产出的增长取决于组织的发展，而不仅仅是技术的变迁或教育水平的提高。后两个过程是解释经济自组织的必要条件,但并不是充分条件。尽管技巧与新观点的缺乏无疑会限定自组织系统的边界,但是,起关键作用的是技巧和知识的同步联合(simultaneous conjunction)——即,它们在某一时点形成组织上的并列。

Foster(1987)提出,革新人(homo creativus)能够抓住历史中经济自组织的这两个维度(知识/技巧)的特征。这样一种建构所强调的事实,是结构化需要增加感性知识存量和交往技巧存量,而其增加会产生出并行的、制造历史时期中的结构所需要的信息流与行动。在经济学领域中,如果能够用货币来衡量创造性活动及其所致结构的价值,相应的结构化过程就会被看做是容易控制的。这些过程受限于能量存量、知识存量和技巧存量,但是,其驱动力却是很难量化而且十分不稳定的,即所谓的渴望(aspiration)。经济学过去就曾经常意识到经济自组织这种根本性的、有远见的驱动力十分重要:凯恩斯根据更早时期的学科传统,将之称为"动物精神"(animal spirits)的产物,而奥地利学派则倾向于称其为"想象力"。它所产生的,是在结构上不稳定的内生结构化过程。正如制度主义者一贯强调的那样,社会、政治和文化力量在渴望的形成过程中都扮演着重要角色。而渴望也是一种心理状态,根据 Tibor Scitovsky(1977)的解释,它会引发压力(tension),而压力会指引行为朝着结构化和目标实现的方向努力。

大体而言,这个过程类似于我们在自然科学中所发现的自组织的例子。二者之间的差异涉及自组织本身的复杂性,在经济学领域中,该复杂性不涉及能量的强加和知识的强加;经济结构中的行为人会主动地去探求能量和知识。因此,渴望并不是像在化学系统中那样,只是简单地希望通过将施加在有组织的物理复杂性上的能量结构化以避免系统瓦解;也不像在生物系统中那样,只是用被施加于系统之上的知识来制造结构。鸟类有筑巢的渴望,并用系统所赋予它们的知识来筑巢。而经济渴望涉及想象中的结构,进而会有对新技巧和新知识的获取。通过想象力和创造力,经济系统可以超越被动赋予之信息所形成的界限。 380

相对于生物自组织而言,经济自组织更多的是由过程内生驱动的。历史仍然会对发展过程的边界产生重要影响,但通过制度所制订的前瞻性计划也会对其产生影响,而后一种机制在生物领域中是完全不存在的。因此,在化学系统中,边界在很大程度上是外生的;在生物系统中,它们开始内生化——从历史意义上讲;而在经济系统中,历史让位给了有意识的、前瞻性的行为。在经济领域,我们并不总是历史的囚徒。例如,Mokyr(1990)利用 Foster(1987)的革新人建构,讨论了经济系统在历史上是如何通过获取并使用新知识和新技巧来避开"制度惯性"式的能量/熵约束和历史约束的。当然,我们可以在历史中找到很多例外情形;一些经济发展阶段就是以危机和社会经济崩溃告终的。但是,即便是此类事件也是与自组织观点相一致的。

那么,这种结构化的内生过程又是否能够用一种可以正式化的经济过程理论来表述,进而可以用来构造时间序列数据模型?如果数据来自于化学实验,那么,就有可能给出一个自组织的正式表述。可以用动态数学来近似地描述向外生边界运动的倾向,而时间不可逆性则可以被用来解释为什么会发生静止状态间的结构转移。这就是赫尔曼·哈肯和 Friedrich Weidlich 等人所创建的"协同科学"。但是,已有人指出(Foster and Wild,1996),因为结构化是内生的,而属于非实验领域的经济时间序列数据是有边界的,这就使得我们不能用动态数学来进行演绎推理。但是,这并不能排除用数学来对自组织结构化的平滑过程进行非演绎抽象的可能。这正是我们现在要探讨的可能性。

5 logistic 扩散方程:演化历史过程理论

内生的结构化过程不可能是一个确定性的、向有稳定的均衡属性的静态过程收敛的过程。但是,Prigogine 和 Stengers(1984)指出,如果用某种增长的同质化测度(homogenous measure)来度量结构化,那么,因自组织而发生的内生结构化可能会随时间的推移呈现出一种特殊的轨迹。这条轨迹可以用 logistic 扩散方程来表示,它呈 S 形,会向边界上的静止状态趋近。因此,自组织方法就可以用来为时间上平滑的结构化过程提供正式的表述,作为对实际中并不平滑的结构化过程的一种抽象,这种表述提供了一种演化历史过程理论。但是,logistic 扩散方程是一种确定性的数学方程,我们知道,它并不能够囊括自组织发展过程向结构不稳定性趋近的趋势。这是因为自组织是一种非均衡的内生过程,而 logistic 却采取了确定性的数学形式。但是,如果我们不是把这一方程用做推理演绎,而且不对其基本的稳定性做任何评判(即,如果我们使用 logistic 方程的连续形式),它仍然可以为结构化的某个平滑阶段提供抽象化的表述。由此,我们就有必要通过引入一些有关准外生效应和自平衡机制的辅助假设来捕捉实际过程围绕上述轨迹的波动。此外,系统的结构完整性必须用未得到解释的残差之行为加以评估。

381

在经济学中,logistic 扩散方程可谓众所周知,至少从 Zvi Griliches(1975)的那篇著名论文发表之后便是如此了;不过,这个方程在有关创新过程的研究中得到的关注最多。新熊彼特主义者采用了奥地利学派和制度主义的思路以及约瑟夫·熊彼特的见解,认为该方程可以描述存在演化变迁时的结构化过程(参见 Andersen,1994,第 3 章)。已经有人进行了很多单独的以及系列的研究,来寻找 logistic 轨迹的特例(参见 Dixon,1994)。正如 Witt(1993)曾经强调过的那样,这样一种研究创新过程的方法与奥地利学派对发明的关注可谓是不谋而合。但是,遵循新熊彼特主义者的评论,例如纳尔逊和温特(Nelson and Winter, 1982)的研究,对这种扩散过程的观测结果也引发了更多的、关于基础演化过程的根本性理论问题。相应的,新熊彼特主义者倾向于把 logistic 扩散方程看做是描述性的而不是理论性的。

曾经有人通过模拟的方法来探索呈非线性 logistic 形状的结构转换的含义,也试图在承认 logistic 扩散方程的前提下,利用 R. A. Fisher 的生态学传统来探讨创新型企业之间(参见 Metcalfe, 1994)的竞争互动会产生的结果,但是,迄今为止,还很难用统计学研究来描述这些互动关系。理论上的考量一直倾向于停留在传统的研究领域,即识别静止状态下导致系统走向新静止状态的转移过程的各种力量。现有的经济学理论已经为该趋势提供了各种合理的解释,例如,应用有限理性来解释为什么会存在扩散过程。确定性的数学演绎也被用来描述稳定均衡状态之间的"非均衡"。还有一些人将 logistic 方程看做是特定的一般非线性动力学的一个数学特例,例如理查德·戴(Richard Day)在他的许多著作中所界定的非线性动力学。同样的,离散区间上的 logistic 方程并不是对非均衡的描述,而是一种具有特定分叉结构的非线性形式。 382

logistic 方程的这些用法并没有把 logistic 扩散方程看做是一种演化变迁条件下的历史过程理论,尽管 logistic 扩散转移在数据中表现得十分明显。相反,关于瞬时静止状态为什么总是会让位于结构中断,却并没有清楚的理论解释,关于这一点,数据所能告诉我们的非常有限。在自然科学中,如果在数据中能反复观察到某个特定的趋势,就可以就该趋势形成理论抽象。此外,如果能够在多种情形下都重复观测到特定趋势,该抽象就具有了公理的特性,从而可以引入并检验其附属的各种假设。

当发生了自组织型的结构化时,该过程倾向于沿 logistic 曲线运动,这是一个"特征事实"。但是,在经济学中,历史数据并不总是会呈现出 logistic 曲线的形状,因为结构化所趋近的边界是在不断变化的,而决定 logistic 曲线斜率的扩散率也可能会随时间的推移而变化。能观测到一个固定的 logistic 曲线,在经济学领域中只是一种特例。一般而言,在经济自组织中,logistic 轨迹与我们在化学反应动力学或者种群生态学中所观察到的并不相同。只要我们承认 logistic 方程是自组织的特征,那么我们就可以着手做一些经济学研究了。我们可以从一系列归纳和演绎中推导出一些经济学假设,并借助边界和扩散系数来引入并检验这些假设。

跟随着 Foster(1994b)和 Foster and Wild(1999a)的思路,考虑下面这个 logistic 曲线家族中的常见成员("Mansfield"变量),其中,X 是结构变量,它会随 383

着时间的推移而不断演化。在经济学研究中,我们常常用货币价值来衡量 X 结构。

$$X_t = X_{t-1}[1 + b(1 - \{X_{t-1}/K\})] + u_t \quad (1)$$

其中,b 是扩散系数或者称结构化系数,K 是承载能力,u_t是误差项。

这条曲线对时间的微分决定了方程(1)中所确定的每单位时间中可以实现的结构化率。

$$(X_t - X_{t-1})/X_{t-1} = b - bX_{t-1}/K + u_t/X_{t-1} \quad (2)$$

或者,近似的,有

$$\ln X_t - \ln X_{t-1} = b - bX_{t-1}/K + e_t \quad (3)$$

其中 $e_t = u_t/X_{t-1}$。方程(3)具有这样一种优势,即它可以用线性方法进行估计,而因为 X 系列的均值会向上漂移,误差项的偏差也可以得到修正。

我们可以认为,方程(1)用抽象的方法对一个自组织经济系统的结构化阶段进行了描述,而该系统具有时间不可逆性,并伴随有结构变迁和真实不确定性。为了更加完整地描述其中所涉及的历史过程,我们必须接受下述扩展形式:

$$\ln X_t - \ln X_{t-1} = [b(\cdots)][1 - \{X_{t-1}/K(\cdots)\}] + e_t \quad (4)$$

现在,b 和 K 本身也成了其他变量的函数。函数 $b(\cdots)$ 中包含了影响扩散系数的各种因素,随着时间的推移,它本身不再是一个常数。$K(\cdots)$ 函数则考虑了能够扩展或收缩我们所研究系统之承载力极限的各种因素。一般而言,函数 $b(\cdots)$ 中所包含的因素,其影响是"短期的",而 $K(\cdots)$ 函数中则包含了决定结构化能趋近的承载力极限的"长期"因素。承载力极限跟"均衡"绝对不是同类概念;事实恰恰相反:如果系统进入了 logistic 曲线的结构化阶段,它不稳定和发生不连续结构转换的可能性就会增加。将 logistic 扩散过程的基础参数内生化,有助于用它来处理经济自组织过程,但是,它对演化过程中所固有的结构不确定性仍然是无能为力。我们可以从自组织方法中得出这样一个结论:若发现某个过程正处在 logistic 方程的"饱和"阶段,那就意味着更有可能出现结构的间断。但是,所估计出来的扩展 logistic 方程中没有得到解释的残差之中一定还留有关键的信息(参见 Foster and Wild,1999b)。

384

6 经济自组织的经济学

经济系统中,由外部施加给自组织的能力和知识极限占据上风,会导致结构的发展能力受限。尽管人类有能力通过应用知识和信息来适应并重新定义经济结构,结构化的基本 logistic 形式仍将会保留。有些时候,用一般性的度量单位,例如货币价值来表示的话,logistic 曲线会发展成为看起来具有显著线性特征的轨迹。在其他时候,则会出现结构惯性,最终导致非线性间断。经济结构化并不是发生在真空里的;从历史中继承来的政治和社会边界会起到决定性的作用。尽管知识并不是强加于经济自组织之上的,许多其他方面的知识仍然会以法律、文化、宗教等形式强制地发挥作用。正因为此,如果没有对这些以及其他的制度因素进行过详尽的研究,就无法进行经济自组织的经验研究。

一旦完成了这些工作,就可以引入经济自组织的经济学,来建立我们感兴趣的历史过程模型了。要建立这样的模型,我们必须首先对方程(4)中的 logistic 表达式进行扩展。经济学思想必须考虑两个问题。第一,哪些经济因素会影响扩散率?第二,哪些经济因素会影响结构化的边界?进入函数 $b(\cdots)$ 和 $K(\cdots)$ 的因素取决于货币估值、交换和契约——即经济知识积聚/传播的基础设施和经济协调的渠道——的存在性,这一点在对法律/制度/文化/宗教背景的初步研究中已经得到了佐证。一般而言,$b(\cdots)$ 中的因素其影响力是短期的,而 $K(\cdots)$ 中的因素则关乎长期。

根据马歇尔的思想,相对价格是会在短期内影响扩散率的经济因素。而根据凯恩斯的学说,收入流会在短期内影响扩散率。如果我们所讨论的时期足够短,因而在该时期内知识和协调的基础设施是相对不变的,那么,有关价格和收入决定的近似的、机械式的比较静态模型应该可以在一定程度上描述扩散率的变化。

当然,要理解 K 的极限则是一项更为困难的任务。因为经济系统的结构和成分是层级式的,子系统的 K 往往会受到更高一级系统的控制。但是,我们已经证明,在各种非经济的限制条件下,经济的 K 实际在很大程度上是人们渴望达到的。因此,宏观上的自觉运动会沿着层次向下,与微观上自觉的渴望联合起来,影响微观的 K。凯恩斯在讨论投资者对商业部门的信心波动及其导致的微观/宏观层面的相互依赖关系时,形象地描述了这一过程。如果暂时性的预期崩溃导致 K 的极限值降低,那么,影响扩散率的相对价格并不能纠正因此而导致的扩散率下降。 385

因为 K 受到很多非经济的且无法度量的因素的影响,我们无法将这样一个变量准确地纳入模型。虽然可以在 logistic 方程中估计这样一个参数,但是,跟许多化学中的例子不同,我们不能认为 K 是固定不变的。不过,在很多情形下,我们有可能会同时发现经济和非经济的变量(例如财富变量和人口数据)与 K 的系统性运动相关。要发现 $K(\cdots)$ 中具有显著作用的变量,看起来是一个经验问题。无法度量的变量的移动,例如监管变化,往往决定了结构化可能会发生的时期;通过制度研究,我们可以识别较不重要的变化并确认其发生的时间,而这些变化也可以被表述为不同类型的"定性移动变量"(qualitative shift variables),在恰当的时候也可以检验其统计上的显著性。

我们已经注意到,方程(4)这一经验表达式的发现,使得我们能够在数据中确认 logistic 关系,而该关系未必一定呈现出 logistic 形式。相应的,这也使得研究者能够把基础的 logistic 形式分离开来,进而确认系统处于结构化的哪个阶段。这对于评估所研究结构在面临外部冲击时的稳定性至关重要。根据 Foster (1985),进入 logistic 曲线饱和阶段的经济结构会面临不稳定和结构间断的问题。如果数据样本达到一定规模,就可以通过检查回归残差的属性来对饱和状态下系统的结构完整性进行更详细的研究。

用这种方法估计并鉴别经过扩展的 logistic 方程,给出了一种评估自组织类型的演化变迁在恰当时期内的时间序列数据中是否存在的相关方法。有关影响结构化率及其极限的各种变量的辅助假设也可以得到检验。重要的是,我们还有可能确定系统所处的结构化阶段,因而可以确定结构间断发生的可能性。386 这种信息对经济预测者和监管者而言十分重要。更一般地讲,这种方法给经济分析带来了一种新的"过程"观点。相反,主流经济学以生产函数和效用函数为核心,而这些效用函数都是静态的表达式。在这些表述中,无论是从系统的运转来看,还是就系统的出现而言,都没有对过程的描述。在短期之外,这种不考虑时间的表述甚至连经济自组织的特例都算不上。

已经有人给出了经济自组织的数学表达式,而且该表达式可以通过统计检验来证实。正式化的危险在于,它为后马歇尔新古典经济学家们提供了一个重新解释数学的机会,他们可能用数学来演绎平滑结构化过程的抽象表达式。这种情况在以前就已经发生过,J. Black(1962)把 Kaldor(1957)的"技术进步"函数重新解释为新古典增长理论的一个特例。只有严格地区分马歇尔新古典近似和后马歇尔新古典数学逻辑,我们才能够避免类似的误读。

马歇尔的边际主义是在时间不可逆的背景下给出的,他对"沉没成本"和短期内资本不变性的讨论强调了这一点。他给出的是一个有用的近似,而不是对经济过程的文字描述。新古典经济学把焦点放在价格理论上,因此也就十分重视替代效应。如果我们像传统新古典经济学家看待偏好那样,认为渴望的集合是外生给定的,那么,在任意时期内,究竟会选择何种结构创造、修复或维护的行为,就取决于相对价格。换句话说,相对价格具有影响系统向某种渴望运动的结构化率或扩散率的能力。这里并没有否认渴望集合本身也会被相对价格所影响的可能性,只不过这种知识很容易受到影响,而很多其他的非价格因素——既包括经济因素也包括非经济因素——的作用更重要。

后马歇尔新古典经济学的主要弱点在于,它假定与外生偏好相比,相对价格是长期规划中最重要的因素。这种不考虑时间因素的理论相对于历史过程而言,只是一个非常糟糕的近似,采用这种理论严重地损害了经济学中价格理论的价值。正如米尔顿·弗里德曼的《价格理论》(Milton Friedman,1962)所理解的,在战后,研究长期的、一般均衡的新古典主义取代了马歇尔新古典主义,而芝加哥学派等所践行的则是马歇尔新古典主义。马歇尔新古典主义传统充分地说明,新古典分析具有说服力的领域是短期内的局部问题,而这实际上也正是新古典经济学最初得以确立其正统地位的源泉。如果能够把这样的经济学嵌入到自组织方法当中,来对长期问题进行演化研究,而不是去处理不考虑时间因素的一般均衡问题,那么,马歇尔新古典经济学就能够在应用经济学中重新找回它曾失去的正统地位。

387

7 结 语

因为可以用货币来衡量结构和过程,所以,在经济学中可以对自组织方法加以量化。既如此,经济结构所呈现出来的货币流就与能量/熵和信息/复杂性过程相类似。经济结构会向能量和知识支付报酬,相应地,这也会耗尽它们的以货币估值的财富存量。而财富存量又可以通过生产对他人有价值的商品和服务这种经济活动得以补充。内部的信息网络由会计系统构成,外部的信息流则由价格来表示。就好像生物有机体会去寻求特定形式的能量那样,经济结构会去寻找能为其提供货币流的、特定类型的顾客。这会带来生物学领域中所不存在的自组织可能性。相应地,种群生态学中用来分析竞争、互利共生和捕食关系的标准交互式 Lotka-Volterra logistic 方程,就必须用其他的 logistic 方程取代——在这种方程中,竞争并不只是简单的“力量对抗”,它可以由相对价格来表示,而相对价格所提供的信息会在“竞争排斥”作用发挥其决定性的、灾难性效应之前促进适应过程。经济协调机制是可以替代力量对抗的文明机制。选择这样的机制本身就是社会内部互利共生的一种形式,这种互利共生机制在社会中自行组织起来,取代了捕食型的力量层级组织,成为实现经济协调的手段。

因为其在每一个研究层面上的特殊性,自组织方法提供了一种本质上是多元论的统一的范式。它可以囊括特定市场条件下价格机制的短期作用的马歇尔新古典近似。它能够把奥地利学派关于主观知识、渴望和不确定性之多样性的思考容纳在内,也可以为自发秩序给出一个明确的过程含义。当然,很多制度主义者的思考也可以被解释为有关自组织的命题。如果经济自组织退化为生物学形式,知识成为强加于系统之上的、力量结构呈现出剥削关系、并且在承载力极限范围内彼此对抗,自组织方法也可以适应于这种情形。从自组织的角度来看,要承认在特定的历史时期内,经济系统可能会被封建主义、马克思主义或资本主义关系所主导,这一点没有丝毫困难。在历史的特定时点上,经济自组织可能会呈现出生物学的甚至是生物化学的特征,对于经济学家而言,理解这种转变会发生的原因非常重要。曾有人指出,识别并估计 logistic 扩散模型对此大有裨益。

388

我们不能把后马歇尔一般均衡新古典主义以及相关的非均衡分析或市场失灵分析整合到自组织框架中去。我们也不能把凯恩斯主义者关于非对称信息或不完全市场的命题纳入自组织框架。所有用来演绎经济过程的多重均衡、均衡曲线和均衡区域等一般属性的非线性微分方程都不容于经济自组织框架。因为,所有这些方法都包含了不考虑时间因素的演绎,其中并不涉及任何有关历史过程的概念。因此,它们只是数学,而不是经济学。但是,我们并不否认,这种演绎系统所代表的无法触及的乌托邦可能会对渴望产生深远的影响,进而影响到经济结构化。想象中的世界,不管是宗教的还是世俗的,都会对真实世界产生或好或坏的影响。而科学家的任务就是把这些世界区分开来,并给出一种理解它们之间相互作用的方法。

参考文献

Andersen, E. S. (1994), *Evolutionary Economics: Post-Schumpeterian Contributions*, London: Pinter.

Atlan, H. (1972), *L'organization biologique et la theorie de l'information*, Paris: Hermann.

Azariadis, C. (1993), *Intertemporal Macroeconomics*, Cambridge: Basil Blackwell.

Black, J. (1962), 'The technical progress function and the production function', *Economica* **29**: 166–170.

Boland, L. A. (1986), *Methodology for a New Microeconomics: The Critical Foundations*, London: Allen & Unwin.

Boulding, K. E. (1981), *Evolutionary Economics*, Beverly Hills and London: Sage.

Brooks, D. R., and E. O. Wiley (1986), *Evolution as Entropy: Toward a Unified Theory of Biology*, Chicago: University of Chicago Press.

Debreu, G. (1991), 'The mathematization of economics', *American Economic Review* **81**(1): 1–7.

Dixon, R. (1994), 'The logistic family of discrete dynamic models', in J. Creedy and V. Martin (eds.), *Chaos and Non-linear Models in Economics: Theory and Applications*, Aldershot: Edward Elgar, 81–105.

Dopfer, K. (1986), 'The histonomic approach to economics: beyond pure theory and pure experience', *Journal of Economic Issues* **20**(4): 989–1010.

Foster, J. (1987), *Evolutionary Macroeconomics*, London: Allen and Unwin.

(1989), 'The macroeconomics of Keynes; an evolutionary perspective', in

J. Pheby (ed.), *New Directions in Post-Keynesian Economics*, Aldershot: Edward Elgar, 124–146.

(1993), 'Economics and the self-organization approach: Alfred Marshall revisited?', *Economic Journal* **419**: 975–991.

(1994a), 'The self-organization approach in economics', in S. P. Burley and J. Foster (eds.), *Economics and Thermodynamics: New Perspectives on Economic Analysis*, Boston: Kluwer Academic Publishers, 183–202.

(1994b), 'The evolutionary macroeconomic approach to econometric modelling: a comparison of sterling and Australian dollar M_3 determination', in R. Delorme and K. Dopfer (eds.), *The Political Economy of Complexity: Evolutionary Approaches to Economic Order and Disorder*, Aldershot: Edward Elgar, 282–301.

(1994c), *Economic Analysis with Time Irreversibilities: The Reintegration of Economics into the Social Sciences*, paper presented at the conference on pluralistic economics, 25–27 March, Bad Boll, Germany.

Foster, J., and P. Wild (1996), 'Economic evolution and the science of synergetics', *Journal of Evolutionary Economics* **6**(3): 239–260.

(1999a), 'Econometric modelling in the presence of evolutionary change', *Cambridge Journal of Economics* **23**(6): 749–770.

(1999b), 'Detecting self-organisational change in economic processes exhibiting logistic growth', *Journal of Evolutionary Economics* **9**(1): 109–133.

Foster, R. (1986), *Innovation: The Attacker's Advantage*, New York: Summit Books.

Friedman, M. (1962), *Price Theory: A Provisional Text*, Chicago: Aldine.

Georgescu-Roegen, N. (1971), *The Entropy Law and the Economic Process*, Cambridge, MA: Harvard University Press.

Gowdy, J. M. (1992), 'Higher selection processes in evolutionary economic change', *Journal of Evolutionary Economics* **2**(1): 1–16.

Griliches, Z. (1957), 'Hybrid corn: an exploration in the economics of technological change', *Econometrica* **25**(4): 501–522.

Hodgson, G. M. (1993), *Economics and Evolution: Bringing Life Back Into Economics*, Cambridge and Ann Arbor, MI: Polity Press and University of Michigan Press.

Kaldor, N. (1957), 'A model of economic growth', *Economic Journal* **268**: 591–624.

Keynes, J. M. (1936), *The General Theory of Employment, Interest and Money*, London: Macmillan.

Marshall, A. (1890), *Principles of Economics*, London: Macmillan (8th edn., 1920, London: Macmillan; 9th variorum edn., 1961, London: Macmillan).

Maynard Smith, J. (1982), *Evolution and the Theory of Games*, Cambridge: Cambridge University Press.

Metcalfe, J. S. (1994), 'Competition, Fisher's principle and increasing returns in the selection process', *Journal of Evolutionary Economics* **4**(3): 327–346.

Mokyr, J. (1990), *The Lever of Riches*, Oxford: Oxford University Press.

Nelson, R. R. (1995), 'Recent evolutionary theorizing about economic change', *Journal of Economic Literature* **33**: 48–90.

Nelson, R. R., and S. G. Winter (1982), *An Evolutionary Theory of Economic Change*, Cambridge, MA: Harvard University Press.

Prigogine, I., and I. Stengers (1984), *Order Out of Chaos: Man's New Dialogue with Nature*, Boulder, CO, and London: New Science Library and Heinemann.

Samuelson, P. A. (1947), *The Foundations of Economic Analysis*, New York: Atheneum.

Scitovsky, T. (1977), *The Joyless Economy*, London: Macmillan.

Witt, U. (1991), 'Reflections on the present state of evolutionary economic theory', in G. M. Hodgson and E. Screpanti (eds.), *Rethinking Economics*, Aldershot: Edward Elgar, 83–102.

(1993), 'Turning Austrian economics into an evolutionary theory', in B. J. Caldwell and S. Boehm (eds.), *Austrian Economics: Tensions and New Directions*, Boston: Kluwer Academic Publishers, 215–236.

第12章 与演化经济学有关的演化概念

J. 斯坦利 · 梅特卡夫

1 引 言

演化论正在复兴;在包括经济学在内的很多学科当中,人们已经不再只是单纯地在学术上尊重和承认某种历史上最重要的科学发展,超越经典的观点大量涌现。对于那些热衷于创新、竞争、增长和发展问题的经济学家而言,不难建立对演化观点的兴趣;在过去的两个世纪甚至更长的时间里,首要的经验事实一直是行为模式的持续变化和转型,而这正是现代经济学的特征。关于这一点,我们有着普遍而有说服力的证据。新活动的创造、已有活动的终结以及继续存在的那些活动的持续变化,就是在许多地方以不同速度发生的各种变迁的标志。在相对较短的时空内,它们在我们的经济世界中所产生的结构性的、性质上的变迁实际是非常显著的——并不亚于经济要件的持续重构和移动。

要整理并理解这些自我转换型的事件、明确经济变迁构成的五彩画卷所代表的意义,有两种演化论的主要方法能够提供有力的框架。我提到的演化具有两层意思,其一是传统的、发展主义的观点,指实体的内部演变;其二是现代的后达尔文主义的观点,指的是实体构成的种群在竞争选择过程的指引下的适应过程。将这两层意思合在一起,就能够让我们对局部到全局的经济变迁有一个全面的理解。在经济学中,已经于近期出现了一些重要的对演化论的评论和综合(例如 Nelson,1995;Andersen,1994;Witt,1993;Hodgson,1993a,1993b;

Dosi,2000 和 Nelson and Winter,2002),我不想再回去探讨那些他们已经做过深
392 入探讨的基础问题。在这一章中,我更想做的事情是把经济学观点和重要的演化概念——那些能描述演化动态的概念,其本身与生物学和相关学科并没有关系——的本质联结起来。至于这些概念被贴上了什么样的标签并不重要;我所关心的是它们的实质,在下文中,我希望能够完成三项相互交织的任务。第一项任务就是向大家证明,一些主要的演化概念——例如发展、选择、差异(variation)、适应性(fitness)和适应(adaption)——如何为经济变迁研究提供有益的帮助。第二项任务是区分演化变迁、选择、分类和随机漂移(stochastic drift)的不同模式,并将创造者作为最佳的演化变迁,因为它与经济创新和竞争过程之间的联系十分紧密。第三项任务——尽管不是那么明确——是证明演化取决于竞争性行为之间的交互和协调,进而取决于市场经济制度的特殊性质。一旦改变了制度框架,我们就一定可以改变经济生活演化的方式。

概括起来,我是想指出,演化思想在经济学中可以取得丰硕的成果,因为它提供了一个理解经济过程中"个体"——无论是人还是组织——的多样性所扮演角色的天然框架。经济演化就存在于人类的多样性和试错性的实验中,它其中包含了一种固有的不可预测性和开放性特征,而这正是个体创造性的直接结果。但是,行为的多样性也受到个人知识和各种规范、传统和其他制度——人们公认会给"自我表达"构成约束的那些要素,由此,我们必须要理解的就是受约束的差异在经济(和社会)变迁中的作用——的约束。经济活动中的差异受到多种制度形式的约束,而这些制度形式也会随时间的推移而不断演化。经济演化理论严重地依赖于制度协调和秩序理论;尽管均衡的概念往往与之相关,但该理论并不依赖于这一概念,而均衡只是被理解为在研系统的一个静止位置。其中隐含的意思在于,市场制度以及这些制度所处的更宽泛的环境会对经济演化的模式和速率产生深刻的影响。

在我们的讨论中,通篇所围绕的核心观点就是,演化为世界变迁提供了一个非均衡的解释(Metcalfe,2001)。由于演化强调的是变迁的结构维度,而结构转型是经济增长的核心事实,所以,它天然地成为分析企业、行业、地区和国家
393 间不断变化的相对重要性的框架。如果假定所有部门和行动都以相同的互为比例的速率扩张,并在这种前提下分析资本主义中的经济增长,就会完全漏掉这一点:经济体的增长是其结构变迁的结果,增长和转型是密不可分的。历史学家已经明确指出了这一点(参见 Landes,1968,Mokyr,1990 和 Freeman and Loucä,2001);经济增长就是被转化为宏观经济变迁的具体的微观经济多样性。当然,将之称为内生增长是完全恰当的,不过,近来文献中广泛讨论的话题并不是内生增长。对于演化经济学家而言,在各种需要研究的问题当中,创新问题

显得十分突出,因为它是演化过程所依赖的差异的基础。

我深刻地意识到,就在我们讨论这些问题的时候,演化论本身正在快速地发展过程中,而自组织和复杂性当中所隐含的意义也开始被整合到现代思想中去(Foster,1993 和 Depew and Weber,1995)。从现在开始,十年之内,演化思想的内容可能会与今天大不相同,但是我认为——无论发生了何种进展——我将要讨论的差异—选择—发展的推理模式的本质不会改变。对经济演化而言尤为如此,而且只要以创新为基础的竞争还是经济自我转型的核心法则,这种推理模式就会持续存在。

本章的大体框架如下。在第2节中,我将会把种群逻辑思维(population thinking)和竞争过程的概念结合在一起,概括地描述一下演化过程所包含的主要要素。在第3节中,我会考虑一系列作为演化论结构之核心要素的概念。在第4节中,我会提出,演化论方法为经济学中的动态理论提供了一种独特的方法——该方法使得动态分析不再需要去识别动态分析所涉及的临近区域中的其他状态。随后,作为结论,对演化和复杂系统之本质二者间的关系给出了一些评论。很快大家就会清楚地发现,经济演化中还有很多有意思的话题,而我并没有提及。这些话题本身是十分重要的,值得在未来对其进行更多的探讨,但是,请允许我只是为各位列出这些话题。它们是:经济演化的福利效应,经济演化在何种程度上可以被称为是"进步的",消费者行为模式演化的方式(从消费中消失的东西跟新增的东西一样有意思),以及发展主义和选择的政策及监管含义。[①]

394

2　种群和竞争过程

2.1　演化过程

演化论文献有一个令人愉悦的特征,那就是,跟经济学一样,其中充满了争辩:红墨水的印迹分布得极其有规律。在所有这些争辩中,围绕的问题往往是与分界线相关的:这场争论是应该围绕相关观点的一个窄范围的核心展开,还是应该对相关概念和事实进行更广范围内的讨论?[②] 在过去的半个世纪中,关于演化过程的差异-选择模式及其在基因型、表现型及更高分析层面上的应用,已经达成了坚实的共识。我将以此作为本章讨论的起点,概略地描述其对经济变迁演化模型的含义。

---

① 关于进步的问题,我在 Metcalfe(2001)中已有论述,该文章是献给 Richard Nelson 的。

② Sober(1984)对其中的许多争议进行了经典的说明。Sober(1993)对之进行了总结,Hull(1988)也对各种存有争议的问题进行了清晰的叙述。

让我们首先从一个有关我所指的演化的抽象命题开始。演化论的主张可以解释特定类型实体共存模式的变化,而这些模式则可以用那些实体间相对重要性的频率指标来衡量。更准确地说,建立在选择过程基础之上的演化论主张,其所关注的是某个确切的种群中特定实体的相对重要性是怎样随时间的推移而变化的:为什么有一些实体消亡了,而其他实体能够得以继续生存,还有一些其他实体会加入种群之中?由此,问题最终是与两种现象有关:生存能力以及比较起来有意义的实体之间增长率的差异。那么,要满足什么样的标准,才可以说不同实体间的比较是有意义的呢?这一标准就是,这些实体是同一种群中的基本要素,因而面临共同的选择压力。

在更深入地探讨这个问题之前,我们应该先写下三种被广泛接受的观点,这些观点合在一起就可以界定演化过程(参见 Lewontin,1974 和 Brandon,1990)。它们是:差异原理——相关种群中的成员至少在一个对选择有显著意义的特征上有差异;遗传原理——存在某些复制机制,从而可以保证随着时间的推移,种群中实体的形式和行为仍然能够得以持续;选择原理——某些实体的特征使其能够更好地适应占据主导地位的演化压力,因此,相对于适应能力较差的实体而言,这些实体在数量上的优势会上升。这些观点的本质就在于,实体会在特定环境中发生相互作用,任何一个实体的区别于其他的增长优势取决于竞争实体的特征以及环境的特定细节。因此,演化变迁包括交互关系中的相互支撑和相互协调。John Endler and Tracey McLellan(1988)更确切地解释了这个问题,他们区分了五种可以界定演化机制的不同过程,如下文所述:

395

- 在种群中的特征池内,通过增加或减少竞争实体或改变现存实体的特征以产生差异的过程;
- 限制并指引行为差异的可能模式的过程;
- 改变种群中不同实体的相对频率的过程;
- 决定前述三种过程控制变迁之比率的过程;
- 决定演化变迁的整体方向的过程。

用经济学的术语来说,第一类过程涵盖了创新的全部范围,包括激进的和渐进的创新,可以是现有企业实现的,也可以是与新企业的创建相联系的,同时还包括决定种群中进入和退出的比率的过程。在这一类型中,"旧"行为模式的消失与"新"行为模式的创造具有相同的重要性。第二类过程指的是行为差异本身是受到控制的,关注它如何集中在技术和组织创新可能的创意空间之中的有限区域内,行为又是怎样不能无限地被修正的。在所有的演化理论中,总是有惯性和约束的一席之地。[3] 第三类过程将我们带到了既有市场条件下的资源配置动态问题上，演化变迁的影响正是通过市场得以传播的。上述列表中的第四类过程和第五类过程涵盖了制度和行为规范的整体框架，而这些制度和规范塑造了创新和市场借以传播变迁的方式。经济史学家 P. K. O'Brien 在对英国和法国农业结构变迁及相应的城市化过程的不同速率进行比较研究时，为最高层次的演化过程给出了一个很好的例子（O'Brien，1996）。他是这样表述自己的核心观点的（p. 214）：

> 发生在法国的结构变迁，在很大程度上是由地理位置禀赋以及从封建王朝中承袭而来的产权系统二者的组合体"预先决定"的。在化学农业和机械农业系统出现之前，这两种约束大大限制了法国人采取英国人在16—19世纪间所采用方法的规模和范围，因此，正如 Count Mirabeau 告诉 Arthur Young 的那样，"英国方式"几乎与法国的情形毫不相关。

因此，创新活动和市场演化是与更广泛的信念和制度环境相适应的，而这种环境决定了其速度和方向，同时其自身及其演化模式也在演化，因为前面所列的各种演化过程之内及之间不同层次上的变化速度各不相同。 396

所有这些当中，最显著的一个特征就是，演化论观点所关注的，不仅是实体本身的变迁模式——可以认为这种模式在本质上是完全固定的，而且还包括这些实体在种群中的相对重要性。Mary Williams（1973）指出，演化过程的这一独特特征正是作用于个体的选择会导致种群结构产生变化的原因，从而很好地说明了这一点。实体集合中的变化不仅仅可以还原为实体本身特征的变化——这一属性使得演化论思想不可避免地具有了整体论的特征。

Richard Lewontin 对两种形式的演化变迁进行了实用的区分：种群结构的差异性变迁（variational change）以及种群中个体元素的转换型变迁（transformational change）（Levins and Lewontin，1985）。当然，任何一套正确的演化理论都要求同时涵盖这两种变迁。变化性变迁明确地是演化式的，但是，如果我们没有种群成员行为的多样性，就不可能体验这种变迁模式；因此，我们需要解释多样性是如何经由转换或发展过程产生的。对演化经济学理论而言，这一点尤为重要，因为演化经济学的前提就是存在可以解释新事物——新活动的出现、已有活动的发展——的不同的创新过程。由此，我们可以很容易地看出，一些有影响力的作者，例如 Ernst Mayr（1982）为什么要把演化归为一个两步骤的过程；多样性是经由一些机制产生的，随后，多样性又被选来在相关种群中产生变迁模式。但是，在经济学领域中，这种看法是一种错误，因为其中涉及三个在逻辑上

---

③ 关于这一问题的详细论述，参见 Ziman（2000）中的文章。

相互分离的步骤:初始差异、选择和改变后的差异,而这种改变是由选择过程中出现的压力、激励和机会所致发展的结果。④

2.2 种群逻辑思维

种群逻辑思维(population thinking)这个短语最早是由 Mayr(1959)发明出来的,其目的是与后来被称为"现代演化综论"(modern evolutionary synthesis)的新思维模式相区分。无论是何种选择类型理论(selection type theory),只要其中包含实体之间的交互关系,而且这种交互关系导致了增长率和生存率的差异,其核心概念就必然是种群逻辑思维(Darden and Cain,1989)。现在,问题的关键在于,选择类型理论关心的是存在差异的行为频率,而不是统一的行为,与类型逻辑思维相比,其重心有显著的偏移。类型逻辑思维关注的是理想类型,在每一类型中,实体都被认为是确定的,可以用有限数量的基本特征——构成该实体之实质的特征——加以识别。根据这种本质主义观点,与理想类型的差异都是因为干扰力量所导致的偶然的失常现象,就像柏拉图洞穴墙壁上总有阴影忽隐忽现那样,只是缺乏信息内容而已。

397

与之相反,种群逻辑思维所关注的焦点是种群内部特征的多样性,而——无意冒犯类型逻辑思维——多样性并不是会掩盖基本事实的无用之物,更确切地说,多样性的广泛分布才是事实,也是演化变迁的先决条件。就像艾利奥特·索伯(Elliott Sober,1984)所说的那样,多样性是演化论中的自然状态,是干扰力量的作用在以选择动态的形式促使生成一致性。类型逻辑思维被推翻了。另外一个同样重要的事实是,种群视角并不需要有一套理论来解释多样性是如何产生的。将多样性作为既定条件并研究其结果便已足够。虽然能有一套关于多样性起源的理论(突变、模仿、创新或者是别的任何东西)这一点很引人入胜,但是,这对种群视角是否一致却并无影响。正因为如此,演化论往往被描述为一种统计理论(Horan,1995),它关注的不是其中的可能性,而是具有确定性特征的实体出现的频率。

由此可以断定,种群特征分布的统计矩——与更高阶特征的均值、方差和协方差、其随时间变化的速度——成为演化变迁速率和方向的天然指标。这种统计解释只是建立在抽象的计算属性基础上,是从个体种群成员的特征中推出来的,但并不与之等同。相关的种群矩只是我们的理论建构,它们被定义为种群中所有成员之特征的适当函数。这样的统计指标是对种群所包含信息的十分方便的总结;它们是很容易就可以得到的描述性总体指标,并不代表任何个

④ 关于经济演化的三阶段属性,请参见 Foster and Metcalfe(2001)中的引言部分。

体。不过,更重要的是,它们是理解变迁动态、将多种不同类型的种群整合在相同的概念框架之中的基础。因此,种群逻辑思维的根本要点就是,确定性系统使得我们可以用统计属性为之提供解释,而提供这种解释的理由就在于它是理解变迁动态的基础。当然,所有这些都不能阻止我们用概率推理(probabilistic reasoning)来解释实体所拥有的选择性特征和作用于实体之上的选择力量;实际上,选择和机会之间的平衡是演化论中长期存在的主题。但是,要让概率推理有意义,我们必须有能写出恰当的概率生成函数的理由;否则,这种概率就缺乏解释意义。 398

使用这种方法会导致我们的重点偏离构成种群之个体的适应能力。选择与实体的变迁是相当一致的,但是它也要求存在一种惯性因素,以使互相竞争的多样性能在一个足够长的时期内维持稳定的形式,从而可以让选择的力量改变它们的相对重要性。如果实体在各个相关维度上都能完全适应,它们的行为一律适应于环境的支配,也就没有了选择作用的范围。但是,特别是在经济和社会领域之中,存在着多种惯性的源泉,可以组织企业或消费者等实体对市场压力做出即时反应。

应该根据什么准则来将某个实体归于特定的种群之中,是种群视角中的一个主要问题。种群是实体的整体,这种集合的本质属性就是,其成员的归属取决于特定的包含原理(principles of inclusion)。很明显,成员必须具有某些共同的特征,但是,它们之间也必须存在一定的差异,从而使得选择成为可能。可以演化的种群一定不是由完全相同的实体构成的。它们可以,例如,拥有一系列性质相同的特征,但是,就不同属性而言,它们在定量程度上又各不相同。但是,是哪些特征呢?让实体具有相同性质的特征集合,是不是绝对必要的呢?我认为,这些问题的答案是“不”。在界定种群成员时,重要的不是它们的特征本身,而是在于它们受到相同的环境和选择压力的影响。成员之间彼此竞争;由于受到共同的选择压力,实体之间又彼此依赖,正是这些把各实体统一到相关种群之中,并顺便确定了对选择具有重要意义的特征。其结果,除非同时确定了相关的选择环境,否则,既不能确定相关种群,也不能确定相关特征。根据这一观点,将同一实体看做是不止一个种群的成员,无疑没有什么不妥之处,当其隶属于一个种群时,它与该种群其他成员面临同一组选择压力;而将之看做是另一个种群的成员时,它又面临另一组不同的压力。同样的,某些实体的定性特征即便与其他实体存在根本性的差异,它们仍然可以在同一种群中竞争。所有这些意味着,对实体的分类不仅依据其属性,而且要看它们是否在共同的环境中竞争这一事实;如果它们受到相同的选择压力,它们就是同一种群的成员。实际上,生物学把种群称为时空总体(spatio-temporal aggregates),其含义也 399

就在于此(Brandon,1990)。

2.3 竞争、合作和选择

长期以来,演化论民间传说中一直有这样一种说法,即达尔文是在读完马尔萨斯的《人口论》之后突然迸发出“生存斗争”(struggle for survival)的想法的。如果这个说法是正确的,它可能就是竞争是一种过程这一观点和演化是由自然选择推进的这一观点二者结构高度相似性的反映。在一开始,我们需要再次重申我们的观点,即演化过程这个概念与其针对任何特定现象集合的应用是完全独立的。演化是生物学中的核心概念这一事实,并不意味着它天生就只能是生物学概念。只要具备了演化过程所要求的条件,演化完全可以发生在其他领域之中。因此,所谓将演化观点应用于经济现象的经济学家,我们可以从演化生物学的讨论中学习,从而更好地理解适应性、适应、选择单位(units of selection)等概念的逻辑状态,而无须全盘吸收与其相关的生物学背景。特别地,这并不意味着经济演化与达尔文主义所关注的演化是相同的,因为二者本就如此。幸运的是,我们并不需要把演化概念局限在生物学和遗传学的语言之中,虽然它们在这些学科中的应用是理论发展的主要源泉。同样让人欣慰的是,生物学中的相关争议与经济学中的争议一样激烈。“适应”这类术语受到的辩驳与“竞争”之类的术语受到的质疑不相上下,这些都是十分有益的。但是,“竞争”在演化论中的含义与其在均衡经济理论中被赋予的含义截然不同。在均衡经济理论中,竞争状态是一种结构性属性,它描述的是特定市场条件下的一种静止状态,往往可以用同质竞争企业的数量概括其特征。而演化竞争所指的,则是一种变迁过程,其动力来自于企业之间的竞争,各企业积极努力地试图实现差异化,探寻能够产生竞争优势的产品和过程特征(Metcalfe,1998)。不言而喻,这种过程观点更适合描述日常的市场现象,这种演化论的特征将其与奥地利学派关于市场经济开放式历史发展的概念联系了起来。因此,从演化论的角度来看,资本主义的一个核心特征就是它的实验性本性——它就是新经济猜想形成及应用的试错式发现过程(Eliasson,1998)。

400

现在,观点上的这种转变所带来的影响是双重的。它将思考的焦点从有代表性的统一行为,换成了对一组不同行为的关注。第二,它强调市场制度作为选择环境的作用,消费者和供给者之间的竞争交互关系就发生在这样的环境里。但是,对市场制度的评价,并不是根据按照既定目标配置既定资源的效率,而是看它们是否可以促进对资源新用途的适应程度,看它们对不断变化之目标的反应能力。市场制度的特别之处就在于,它们对新形式的行动是开放的,而且它们有能力消除过时的行动。市场激励会刺激发展,在市场中,每一个确定的岗位都是开放竞争的。竞争是发生在市场环境中的选择过程,其结果是各种经济变迁,例如发现了新的更好的满足需求的方法,从而取代了过时的方式。市场制度主要是促进经济变迁的制度,因而也主要应该从这个角度来评价市场制度,而不能只是看它按照既定目标配置既定资源的静态效率(Schumpeter,1942)。

当然,在任何一个经济体中都存在一系列多种形式的市场选择,可以是买者和卖者之间的双边交易,也可以是买卖双方更具匿名色彩的交易安排,由专业商人和零售商等中介居间协调、促成交易。在这些安排中,企业的特殊角色就是要决定其所生产产品的性质以及产品的销售价格,而其决策又受到竞争供应商之行为的约束。从这个角度来讲,同质商品以相同价格销售的完全竞争市场无疑是十分有限的情形。一般而言,市场机制运作的好坏,取决于生产者和消费者对其各自需求的了解程度:后者需要明确,针对于特定要求、谁的供应条件最佳;而前者则需要发现给其能力评价最高的消费者。正是因为市场问题在很大程度上是信息问题,用来扩散有关价格和质量知识的可用媒介对于有效的市场安排至关重要。在这点上,技术进步在历史上较为重要的方面之一可能就是新形式的信息传播及储藏媒介的发展了。从印刷品到计算机网络,企业及其消费者在信息丰富的前提下相互作用的成本已经降低了好几个量级,因而促进了更有效率的市场选择过程的出现(Loasby,1996)。 401

在这里有一点十分重要,那就是我所称的资本主义的中心组织悖论(central paradox of capitalism)。一方面,主要通过创新产生的竞争行为是一个几乎完全不协调的发展过程;“个体的”进取心仍然是系统的主要推动力。另一方面,这些竞争的、多种多样的行为又通过市场交往得到了有力的协调,为经济过程给予了某种变化速率和方向。随着时间的推移,“更好的”行动会以一种适宜的方式取代相对及绝对“较差”的行动。而这种过程发生的条件则构成了广义竞争选择与经济发展的经济模型的核心。让我试着把这一命题说得更准确一些。根据企业的竞争状态,我们可以确认起作用的三种主要要素:通过现有产品和生产方法赚取利润的能力;使用所得利润扩展产能以适应市场增长的能力;发展产品范围和生产方法、开发新市场的创新能力。因此,相关的企业选择性特征是多维的,而且是与决策的基础模式相联系的,这种联系还很难打破。但是,如果我们只关注企业多样性的一个维度,可能能够大大加深对问题的理解,而基于传统的理由,让我们以单位成本作为变动的选择特征。

随后,考虑下面这样一个正统的演化竞争世界。有一系列用异质技术来生产同种产品的企业,至于这种现象的起源如何,我们无需关心。用普遍使用的投入品价格来衡量,企业的单位成本不同,单位收益率也不同。每一个企业都把它们的所有利润用来扩大产能，并确定能匹配其产能的增长和自身特定市场之增长的价格。注意，企业确定价格，而市场则促使该信息向潜在的购买者和竞争供应商传递。如果信息的传播是完全的，而消费者在选择竞争企业的产品时又对出售价格的任何差异都足够敏感，我们就有了一个完全的市场和统一的价格。更一般的，如果市场不完全，每一个企业都会根据其单位成本低于竞争企业单位成本的程度，确定一个较低的价格。如果这些假设成立，其结果是，单位成本较低的企业，就会比单位成本更高的竞争对手增长得更快，因此其市场份额也会相应增加。最终，成本绝对水平最低的一家或多家企业就会在市场中占据支配地位。正如每位商人所知，企业为取得垄断地位而竞争。从另一个极端看，收入不足以弥补成本的企业会被迫退出该行业。其中的核心要素就是选择过程的真谛所在：差异化增长、市场集中及退出。

根据单位成本的总体分布来思考这种过程，是一种富有成效的方法：给每一种行动的成本水平指定一个"频率"，使该频率等于该成本在整个市场中的份额。这样，就可以用这种市场份额随时间推移的变化率来衡量经济演化。变迁背后的核心原理，就是我所称的复制者动态（replicator dynanmics，参见 Hofbauer and Sigmund，1988；Vega-Redondo，1996 和 Metcalfe，1998）：市场份额的变化率是跟企业自身增长与群体平均增长率之间的差额成比例的。在正统模型中，增长率的差异是跟企业的单位成本与群体平均单位成本之间的差异成比例的，具体的准确关系取决于市场协调的细节。因此，个体市场地位的变化模式之间存在广泛的多样性，效率高于平均水平的企业会增加其市场份额，而效率低于平均水平的企业会失去其市场份额。在微观层面上，与平均变化率之间的差距会产生复杂的变化模式，频率分布的形状则在不断的重塑之中。因此，看看是不是能为所有这些复杂的变化动态找到一些有用的总结性指标，是一个明智的想法。我们完成这项工作的最明显的方法，就是先理解种群分布的统计矩是如何随时间的推移而变化的。例如，我们有著名的费雪/价格原理（Fisher/Price principle），根据该原理，以市场份额为权重计算的单位成本的加权平均值会随着时间的推移而下降，其下降速率与各活动公司单位成本的方差成比例。[5] 类似的，可以证明，分布的中值会随时间的推移而下降，下降速率与种群中更有效率的那一半的平均单位成本和种群中效率较低的那一半的平均单位成本之间的差额成比例。不过，所有这些演化指标都需要把注意力集中在统计矩上。例如，给定任意单位成本水平，研究与具有该选定成本水平的企业相比，更有效率的企业之产出占总产出的份额（Iwai，1984）。答案很明显：随着时间的推移，这个

[5] 关于价格方差的作用，参见 Andersen（2003）和 Knudsen（2004）等近期文章，也可参阅 Metcalfe（1998）。

比例会逐渐增加至1。在纳尔逊和温特(Nelson and Winter,1982)的开创性研究的基础上,学者们正在致力于发展演化经济动态的正式理论。所有这些定理都体现了相同的一般性要点:选择是与演化变迁相关的;它需要不断地重新审查不同活动的相对重要性——而种群逻辑思维可以很容易地涵盖这一点。在所有这些变迁背后的,是与复制者过程的平均水平之距离中所包含的微观变化。⑥

现在,让我们退后一步,做出评估,巩固我们的想法。很明显,首先一点,也是最重要的一点,这种演化论天生就是增长理论;它围绕的是扩张和收缩的相对与绝对速率。因此,它关注的是企业多么需要增长所需的资源以及它们使用资源的有效性。但是,它不能只是关于企业的。通过对竞争性的出价做出反应,消费者对于特定企业所处市场的增长和衰退,也会产生相同的动态作用。消费者的行为是整个过程中的核心部分,在发展需求演化理论的过程中,我们需要对之更为关注(Witt,2001)。类似的,我们也必须关注市场的制度环境以及该环境是如何随着时间的推移而发展的,因为这种环境决定着企业能够确定的价格,因此也决定了竞争过程的速度。要想理解竞争、增长和经济变迁之间的深刻联系,我们还有一个更好的框架吗?对此,我表示怀疑。

有人说,我们绝对不能够舍弃这一讨论而只是去设想竞争就是一切。竞争可能只是存在于合作的框架中。要让竞争交互关系成为可能,对于制度、私人产权和契约以及博弈规则的框架,必须存在广泛的共识。更具体地说,为了确立行业标准,企业常常会互相合作,而较小的企业团体常常会合作起来——也可能没有消费者的参与——提高创新成功的概率。实际上,作为竞争活动的必然结果,合作的发生相当频繁,因而反垄断权力机构对此特别关注,总是希望能够规范竞争过程。此外,现代国家在演化竞争之条件的决定中起到了核心作用,而且还对防止企业形成卡特尔之类的协议、避免选择过程受到抑制和扭曲至关重要。通过禁止贸易限制或者取消进入壁垒,努力防止企业为获取自身利益而向选择过程施加不公正的影响。现代国家通过支持致力于知识开发的公共机构,协助维护开放的竞争条件,寻找能促成创新、撬动既定市场地位的机遇,不过这个过程在一定程度上不是很透明。从这个角度看,垄断所造成的危害不仅仅在于它所确定的价格会带来超额利润,而且包括会限制可能的创新之源,从而使得现状很难改变。对于竞争而言,没有什么比知识的源泉被垄断在行业中的单个企业手中更糟糕的了。 404

这就带来了一个有趣的问题,即所谓的在竞争环境的残酷与创新使竞争得以持续的条件之间进行权衡取舍。正如Jack Downie(1958)、G. B. Richardson

⑥　更详细的内容,参见Saviotti(1996)、Dosi(2000)、Witt(2003)以及Nelson and Winter(2002),其中有更为广泛的讨论。

(1960)和其他人所指出的那样,过于严酷的竞争环境可能恰恰会产生阻碍产能扩张和创新投资的条件,从而会破坏那些可能会促成竞争过程的发展性行为。因此,稳定特定企业及其顾客和供应商之间联系的契约安排,虽然可能只是临时的,但是却恰恰是竞争过程中的一部分。Richardson(1972,p. 885)对此有着很恰当的表述:"企业组成拍档翩翩起舞,但是,一旦音乐停止,他们就会交换舞伴。"简言之,契约成为竞争过程运转的规则性模块。虽然如此,遵守不恰当协议的企业必然会使其市场地位受损,而过去令人满意的协议之所以会变得不恰当,很可能是因为竞争对手采取了创新行动。

我们的这个简单的正统模型,对本章其余部分做了一个有用的介绍,因为这个模型就蕴涵在一系列演化概念(选择单位、适应性、确定性选择与偶然性、选择与分类、发展和适应)之中,而要展现更广意义上的演化论,这些概念具有重大意义。通过更仔细地研究这些概念,我们可以对演化思想在经济学中的性质和贡献有深刻的理解。这样,我们沿新方向发展传统模型的工作就具有了更坚实的立场。竞争是多维度的,如果我们希望演化模型更为有用,就必须在模型中反映这一点,不过,对于具有演化思想的经济学家而言,能在模型中加入更多的多样性来源,是一种乐趣。让我们开始讨论这些演化概念。

405

3 演化概念

3.1 选择单位

首先考虑演化论发展中的一件核心事情:恰当的选择单位(unit of selection)。在选择过程中,是什么的频率在改变?不管它是什么,都一定是非常独特的,而且是稳定的,拥有能够被选择的各种特征。也许我们可以从个体的人开始,但是,目前的演化经济学却做出了一种不同的选择:选择单位可以是特定的技术或组织实践,也可以是特定的企业。[7]

再回想一下,我们所关心的焦点是处于变化中的、不同经济活动的相对重要性,这就意味着,恰当的选择单位应该是生产活动将某种形式的投入转化为另一种形式的产出的转换过程。乍看上去,这里的选择单位是技术,是某个商品或服务集合的生产方法,它也表示一种特定的行为模式。它可能会伴随着物质和能量的形态转换、物质和能量空间位置的转换以及物质与能量在时间尺度上的转换——或者,简言之,生产、运输和储存。

虽然强调转换过程是恰当的,但是,仅仅如此并不足够。根据博弈的资本

---

⑦ Fleck(2000)中对此也有有趣的论述,该文章将经营单位作为人造的交互作用主体。

规则,转换过程之所以会被激活,只有一个目的:让产出价值超过投入价值。转换不会只是技术上的事情;它一定还取决于经营单位的组织及其目标等事宜。因此,恰当的选择单位是组织与技术的联合体:为某种目标将投入转化为产出的一系列指示。这个联合体由一套指导行为的惯例组成——这些惯例组合起来,构成了特定活动的知识基础。我们把这种联合体称为"经营单位"(business unit)(Nelson and Winter,1982)。在某些情况下,经营单位与企业这个概念具有相同的边界,但是这并不是一般情形。现代企业是所有权单位,而不是转化发生的单位。如果我们在下文中出现了把"经营单位"和"企业"这两个概念等同使用的情形,那纯粹只是为了简化的目的。不过,更一般地讲,经营活动种群的演化跟企业群体的演化是不同的,这一点非常明确。[⑧] 406

若要将不同的经营单位组成一个特定的种群,应该依据什么样的准则呢?现在,这个答案十分明显了:只要它们处于共同的市场压力之下。选择环境即市场环境,包括产品市场和要素市场。在相同的产品市场中竞争的两个经营单位属于同一种群。如果它们的投入来自于不同的要素市场,我们可以进一步说,整个种群包括两个互相作用的子种群。[⑨] 但是,要说市场环境选择了某个经营单位,我们还需要继续深入。以产品市场中的选择为例。被选择的是竞争转换过程的产出——在使用者看来,这种产出具有特定的性能属性,而其属性组合还被赋予了某个价格。产品市场通过很多各具特色的方法来界定选择环境。产品市场涉及特定的顾客群体,包括个人和组织群体。它们具有一定规模,并且有一个总的增长或衰败率。产品市场有一定的制度环境,而制度环境决定它们的效率水平以及整个市场被划分为互相竞争的局部细分市场的程度。制度环境往往通过专业中介——将供给者和消费者联系起来的商人、批发或零售商——的存在来体现。法律和监管框架塑造专业中介,而中介的特征就是不同类型、不同持续期限的合同安排。选择的频率之间存在显著的差异:在某些市场中,选择决策的频率很低(例如在国防设备和民航飞机供货市场上);而在别的市场中,选择过程会持续作用(在很多商品市场中都是如此)。选择的频率可能是稳定的,也可能处于不断的波动之中,其波动方式与我们常用来描述时尚商品市场的运动方式相同。因此,市场选择环境本身就是复杂的制度。要素市场与之类似。在劳动力市场中,我们可以想象工人在互相竞争的经营单位之间选择,看谁提供的工资水平和雇佣条件更为优厚。资本市场和向企业的资金流也是如此;对于哪些企业提供的资本收益率在考虑了其中风险之后最为理想,

⑧　Hannah(1996)对1900年以来企业的演化和生存进行了引人关注的讨论。

⑨　例如我们所熟悉的一个国际贸易模型,不同国家的企业在相同的产品市场中竞争,而其投入则来自于各自的本地要素市场。

投资者会形成自己的观点。与产品市场环境一样，两种类型的要素市场环境都407可以用确定的交换协议、规模、增长、效率、中介的角色、运作及波动的频率等术语来描述。

因此，对经营单位的选择，就是通过将之放置于多种产品和要素选择环境中来完成的。经营单位为了获取消费者而竞争，也为了获得投入品而竞争，竞争的结果是其活动规模相对于其竞争者的变化。其竞争力来自于经营目标、为其所生产产品之设计提供支撑的组织和技术特征以及生产方法。这些特征也为我们试图在经营单位间寻找到多样性提供了有力支撑，并决定了竞争企业的选择特征。

要将上述讨论往前推进一步，一个恰当的框架就是将经营单位理解为从事相应活动的一揽子惯例或者稳定的活动模式。当然，市场机制不会直接在不同的惯例组合之间进行选择。更确切地说，是从惯例组合中得出的特定的产品属性和要素投入使用属性决定了其业务在选择之中的命运，这些绩效特征正是经营单位计划的直接结果。所有的绩效特征都不是完全由特定的某一项惯例所决定的，任何一项惯例都会对多种特征发挥作用。重要的是惯例的整体，正是所有这些惯例集合起来，确定了经营单位的系统属性，即其与众不同的鲜明标志（De Liso and Metcalfe，1996）。[⑩] 因此，我们必须关注惯例的改变，以理解经营单位的各种选择特征随时间推移的发展（Foss and Knudsen，1996）。

在演化论中，与选择单位问题紧密相关的物种问题——作为真实的、更高层次的总体的存在，我们可以识别与其相关的演化力量。为了实现现实的统计目标，经济学家需要定义并识别行业，此时，他们也面临类似的问题。要做的就是把具有共同特征的企业归到同一个行业中去，相应的特征可以是生产的物质基础（棉花业）或产品的类型（棉纺业的棉纱、纺织业的布料）。从实践的角度来看，我们不能确定是否能够做得更好，但是，可以通过另一种不同的演化思路来看待将统一行业中的特定经营单位连接在一起的“黏合剂”。这种思路推崇408的是知识和技巧积累过程中专业化和分工的作用以及获取特定知识和技巧的过程中，其他可能的得到知识和技巧的途径被封锁了这一事实。在学习如何完成某些转换的过程中，也就失去了进行其他转换的能力。例如，钢铁行业中的某个经营单位可以学习其他钢铁制造者在完成类似活动时做了什么；但是，它不能指望可以成功地学到纺织厂所做的事情（参见 Downie，1958 和 Richardson，1972）。根据这一定义，企业是否属于某一行业，其依据是它们全都知道特定的事情，因此行业是按照共识而不是私人知识来界定的。采用这一定义会产生这

⑩ 那些组织必须是为了某个目标而设定的，Bausor（1994）强调了该目标。

样一种结果，即行业和经济种群（economic population）是不同的概念，即使从实践角度看，在某些整体层面上它们可能是重叠的。如上定义，在同一行业中的企业可能在完全不同的种群之中竞争。不应把经济种群和物种混淆起来。

3.2　不同的增长和适应性

我们已经提出，演化过程解释的是种群结构如何随时间的推移而变化、结构怎样成为从相互作用和相互依赖中产生出来的新属性。因此，它不可避免地涉及不同的扩张速率以及种群中相互竞争、相互作用的成员之相对频率的变化等问题。对于"是什么的相对频率在变化"这个问题，我们现在应该有个明确的答案了。相对频率是根据每个转换过程与经营单位之联合体对种群的总活动所做的贡献来定义的；它们可以衡量不同的经济重要性，或者说——我偏爱这种叫法——不同的经济权重。

这个话题可能已经把我们带到了麻烦之中，因为其中涉及适应性之本质的问题——这个概念在演化生物学中一直是非常有争议的，部分原因是它与"适者生存"这个不幸的短语是同义反复。毋庸讳言，如果对适应性有恰当的明确说明，就根本不会出现所谓同义反复的问题。活动扩张或衰退的速率衡量的是经济适应性，在应用于经营单位时，它在某种程度上是由该单位的惯例和目标所决定的。但是，经济适应性的关键属性是，它并不只是经营单位的一个属性，而且是在给定市场环境下从竞争经营单位之间的相互作用中产生的。因此，环境的变化通常会导致种群间经济适应性的重新分布。适应性本来就是由隶属于特定种群所带来的新生的动态特征，它的起因是单个经营单位之间的相互作用。适应性并不会引致任何事：它只是结果（顺便提一下，这也解决了同义反复的问题）。让我们对它的研究再稍微深入一点。 409

对适应性的传统观点建立在差异和选择这两个概念的基础之上的，这一基础在近年间已经得到了扩展，还包括其他两种新概念，扩展后的传统观点已经被用来更充分地阐述演化论，并且被用到了新的领域。这两个新概念定义的是两种独特的过程——复制和相互作用——和不同的特征实体——复制者和相互作用者（interactor）（参见 Dawkins，1986；Hull，1988 和 Harms，1996）。它们直接与适应性和选择单位问题相关。[11] 复制后面所包含的基本要点是随时间的推移持续复制并重复相关的活动。哲学家大卫·霍尔（David Hull，1988，p. 408）

[11] 将复制和相互作用与复制实体及互相作用的实体相区分是十分重要的。我会要求某个实体，如经营单位，同时进行复制和相互作用。关于这些概念之发展及其在文化演化中的应用，可以参见 Plotkin（1994，第3章和第6章）的讨论。Hodgson and Knudsen（2004a）近期发表的文章对其中的区别进行了详细的研究。

将复制者描述为“在连续的复制中使其结构在很大程度上维持完整的实体”。在这里，我们需要谨慎一些，因为生物复制——从本质上讲就是出生过程——绝对不同于经济复制，后者包含着两个相关方面，即知识的增长和活动的增长，我们可以对这两个方面分别进行不同类型的复制。在认识论看来，被复制的是在不断重复的生产及其他活动序贯中完成经营单位之*活动*的能力，而得以传递下来的结构是惯例和习惯的集合——包括正式的和非正式的，系统化了和隐含的，该结构确定了经营单位的运作周期。此外，复制者是活跃的实体；它们所包含的知识结构必须被用来让它们胜任复制者的角色。一般而言，随着时间的推移，被复制的是经营组织的单位、不成文的规定和习惯，而这些则产生了持续经营的特征属性及面对变迁的可能性所表现出来的惯性。因此，复制是一种可以维持并延伸经营单位之运作的生产过程。关于实体 B 在何种情况下是 A 的复制品、哪个实体是复制者单位，进而与我们所定义的经营单位活动直接相关，Kim Sterelny *et al.*（1996）提供了一组有用的标准。如果生产 B 的过程 A 是作为起因存在的，B 所包含的信息及承担的功能都与 A 相似，而 B 参与了某个重复过程并直接导致了 C 的出现，等等，那么，A 和 B 之间就存在着复制关系。基于所有这些原因，我们有理由将经营单位作为选择单位，并将其作为具有复制者属性的选择单位。从这个意义上讲，经营单位从事复制；它们已经建好了复制机制，从而可以确保明天、后天乃至以后都会有生产，而且生产方式都保持着特定的活动模式。随着时间的推移，被复制、被传播并且被使用的，是企业的科学、技术和惯例知识与技巧——维持其能力的模板，用纳尔逊和温特（Nelson and Winter，1982）的话来说，是“惯例的总体”。

410

注意，这并不意味着经营单位的能力不会随着时间的推移而改变。我们并没有假定复制过程是完美无缺的，我们可能会期望，一些有益的错误会被加入惯例之中，而那些不利的错误可能不会被重复，从而有利于转换过程的未来应用。实际上，很多管理活动都伴随着以改进经营绩效为目的的试错行为。通过这种方式，惯例集合的作用本身就会随着时间的推移在一个有复原力的结构中演化。此外，在所有这种渐进式的创新中，天然存在着一种拉马克主义倾向。环境不仅要考验随机性的复制错误，还要考验经营单位功能修改中有目的的各项实验，有利的那些则会被纳入种群内的惯例集合之中。学习是企业的现代能力观点中不可或缺的一部分（Montgomery，1995 和 Foss and Knudsen，1996），而从经验中学习——将好的实践作为所获得的行为结合进来并加以传递——正是拉马克过程的典型特征（Tuomi，1992 和 Laurent and Nightingale，2001）。当然，这也随之产生了以何种方式发现错误并予以纠正并促进实验发生的问题，不过，这些关于新观点和新惯例在内部的出生与选择的问题虽然重要，却不是我们目前所关心的内容。[12]

我们可以允许发生多少变化，但同时仍然保持复制发生在系统的经营单位之中？变迁累积到什么时候会形成一个新的经营单位？我们回答这些问题的方法，是承认复制的基础是处于不同层面上的一揽子概念。处在最高层面的，是界定单位的特定的经营理论、界定转换过程以及服务并利用的市场的概念框架。位于下一层面的，是决定日常活动的所有种种运作惯例。保持经营单位的完整性，意味着要保证经营理论和相关的活动完好无缺。这样，就可以容纳发生在较低层面上的变化，但是，也许不能有太多太快的变化，否则，每天的复制就不可能连贯起来。运作惯例的稳定往往是企业存在的必要条件。注意，这些难题对于选择理论而言并不成为问题；相反，它们是解释那些确定特定选择单位之连续性的实用标准时面临的问题。如果在某个时刻，一种类型的复制者变成了另外一种类型，那就如此吧。

411

大家可能会注意到，这一讨论与遗传（heredity）这一概念不无关系：先辈和后辈之间有足够密切的相关性，否则就不能有演化。这与复制机制的保真性类似。根据同样的精神，经营单位在各生产活动序贯中的行为必须是相关的，而且是密切相关的，绝不是偶然联系；正如 Winter（1964）多年前曾指出的那样，随时间的推移而随机变化的行为，不能称之为是在演化。[13]

接下来我们考虑相互作用这一概念。Hull（1988）将相互作用者定义为第二类基本的演化种类。相互作用者（p. 408；着重部分是我加的）就是"作为一个连贯的整体与其所处环境相互作用的实体，这种相互作用会导致复制出现差异"。如果经营单位在进行复制，那么，是什么在进行相互作用呢？答案仍然是，经营单位及相关的特定行动，表现为生产出的产品及其生产方式。这个答案反映出这样一个事实，即相互竞争以销售产品和相互竞争以获取投入品是经济相互作用的两种基本形式。因为随时间的推移，被复制下来的行动，所以，衡量复制率的一个天然指标就是经营单位活动速率的变化，可以用产出和投入的流转比率来衡量，这就把市场中的相互作用概念和经济适应性联系起来了。从这个角度来讲，复制或适应性之间的差异就是经营单位通过市场过程中的相互作用消耗或收缩其活动的差异比率。因此，索伯的意思就是，存在着产品和生产方法之选择，为生产产品的经营单位进行的选择和为惯例组合进行的选择。或者，用索伯的原话来说，存在着"对象之选择和为属性进行的选择"。"……之

---

[12] 拉马克主义将其自己的问题体现在了演化思想之中；更深入的讨论，参见 Laurent and Nightingale（2001）和 Hodgson and Knudsen（2004b）。所有拉马克主义的论点都面临着如何厘清修正行为的传送机制的困难。在这个主题下，利用生物学类比来解决问题的努力几乎肯定要被误解。

[13] 在演化观点的论证中，解释什么在变化和解释什么没有改变是同样重要的；参见 Loasby（1991）。Cohen *et al.*（1996）将惯例解释为重复出现的行动模式，并对之进行了更深入的讨论。

选择(selection of)”关注的是选择的结果,而“为……进行的选择(selection

412 for)”关注的是选择的原因(Sober,1984,p.100)。在我们讨论的情形中,“原因”是经营单位差异化的行为——惯例,而“结果”则是不同转换活动的差异化扩张速率。

让我们对分类(sorting)和选择加以区别——是 Elisabeth Vrba and Stephen Jay Gould(1986)首次引入的,进而再回到关于适应性的讨论当中。这里的问题是,选择只是分类过程的一种。分类过程可以是任何一种种群成员经历差异化增长的过程,其结果是种群的权重越来越多地被附加于增长最快的实体之上。从这个意义上讲,面对不同的收入需求弹性的市场增长,就是一个为我们所熟悉的分类基础(参见 Pasinetti,1981 和 Leon,1967)。而选择要求得更多。在选择过程中,不同实体的增长率是由种群成员在特定环境下交互作用而相互决定的。相互决定是这里的关键;任何一个实体的适应性不仅是其自身特征和行为的函数,而且是种群中所有其他竞争者特征和行为的函数(Byerly and Michod,1991 和 Brandon,1990)。Lindley Darden and Joseph Cain(1989)对这一点进行了相当好的陈述,他们对选择单位的变异属性和环境中衡量那些变异属性的关键因素进行了区分。选择单位的变异属性是起因,而环境中的各种关键因素对那些变异属性进行评价。适应性本身并不是什么变异属性。因此,适应性就是一些哲学家所谓的“倾向性变量”、条件语句,给定一组特征或变异属性“a”和环境 E,所研究实体的适应性是 g。“a”或 E 的变化及理论可以预测 g 的变化——而其余的,如他们所言,就是演化。换言之,适应性和复制并不是任何一种事物的决定性属性;它是由多样性和选择所决定的、新生出来的结果。这就是市场环境为什么如此重要的原因;市场协调不同经营单位的行为,而相互作用的进行以及经济适应性的决定正是发生在市场环境中。

最后,让我们考虑一下适应性讨论更深入的一个层面,即围绕所谓的对适应性的“倾向性解释”(propensity interpretation)展开的讨论(参见 Millis and Beatty,1979,Sober,1984 和 Brandon,1990)。经济学家会发现自己对这一讨论之主题的很多方面都很熟悉,因为它类似于事后和事前条件之间的区别。根据这种诠释方法,经营单位的适应性是一种事前的概念;它涉及预期的扩张速度或

413 扩张倾向。而已经实现的扩张,亦即产品和要素市场中相互作用的事后结果可能与事前的预测存在相当大的差异,因为解释框架之外的力量会干预其中。因此,记录在案的适应性是预期到和未预期到的结果的某种混合体——选择与干预力量的组合体。干预可能来自于环境所发生的变化,也可能来自于经营单位行为的波动,而这种干预是非系统的,进而导致了种群频率的随机漂移。这就与环境中的扰动以及准确预测世界未来状态的不可能性联系在了一起。区分

系统性和非系统性力量，本意是想避免同义反复，不过，这种区分对于我们目前理解差异化增长可能已经没有什么必要了。

为上述对演化概念的简要研究做一个总结，我们所关注的选择单位是个体经营单位的转换过程（技术和组织惯例的组合）。这些经营单位的行为包括复制和相互作用。因此，采用 Hull 的说法，我们发现，“相互作用者差异化的灭绝和繁殖导致了相关复制者存续期间的差异化”（1988，p.409）。适应性是经营单位的引致属性；它取决于环境和种群中所有经营单位的不同的选择特征。

3.3　生存、适应与适应能力

正如我们所阐明的那样，演化论的独特之处就在于它关注种群中行为差异的存在会产生的动态后果。要解释选择动态，我们不需要去探讨多样性的来源，也不一定要让选择单位在选择中发生变化；正统的演化模型可以是一个在个体层面上静止的模型。另一方面，更深层次的解释则必定要包含种群中行为多样性的来源、行为变化的促进因素和约束。实际上，如果随时间推移，演化是由不断发生的创新维持的，那么，演化必定是一个三阶段的过程。特别地，这是因为我们有很好的理由相信，差异产生于经济过程之中；而差异反映了相关相互作用者和复制者的自转换。在下文中我们会讨论这一点，但我们首先必须简要地处理适应能力（adaptionability）和适应（adaption）的问题。

适应是选择的结果之一，人们常说，适应也意味着在适应最终的环境。好的实体是设计良好的实体；它们具有适合所处环境的特性，而且可以通过适应性测试。经改变后适应环境的实体具有适应的倾向；相对而言，它是一个好的设计。相对而言，适应能力是以恰当的方式适应不断变化环境的潜力；它关注的是在选择环境中对变化做出响应的能力；维护好设计的能力（Toulmin，1981）。这里需要阐明的要点很多，其中有一点绝不是微不足道的，即存在着一种令人遗憾的、用“适应性”来表示一些迥然相异的事物的倾向：一方面，差异化的增长情况；另一方面，差异化的生存情况。 414

区分表示差异化增长情况的适应性和表示差异化生存情况的适应性，相当于是在区分作为过程的适应和作为结果的适应（Bruian，1983）。我们已经用不同经营单位的变化中的活动规模对前者进行了处理，不过有一点很明显，差异化增长要成为可能，首先必须通过生存测试。但是，经营单位的生存是另外一个问题，它涉及与差异化增长不同的考虑。它是生存能力的问题；亏损的经营单位往往不能存活很长时间，因为它们不能适应所处的经济环境。在相关种群中，经济生存能力与生存之间并不需要存在紧密的联系，至少在短期中是如此。那么，应该根据什么规则来断定某个经营单位不具生存能力、正在终结其活动呢？很明显，这些规则是经营单位所处的市场制度环境的一个至关重要的方面。即便经营单位目前是不赢利的，但是它已经聚集了支持经营的各种资源，结果会如何呢？如果我们所讨论的经营单位是某家企业的一部分，而且该企业已经准备用好其他经营单位的活动来向其提供补贴，结果会如何呢？如果政府不能接受破产，并采取注资的方法来维持亏损经营单位的活动，结果又会如何呢？边缘企业的生存是在什么样的时间范围内决定的？这些问题都涉及适应状况(adaptedness)的问题，我所指的适应状况就是因为竞争性的选择，好的经营设计得以生存、差的设计得以消除。这些问题正好是理解市场过程的一部分。如同每个月都有很多新企业创建一样，很多其他企业同时也会遭遇失败。因此，确认其已适应了相关环境的标准在演化经济学的论证中扮演着重要的角色。

只有适应能力是差异化的，那么，上述这些对于演化理论而言都不成为问题。对演化论点具有绝对杀伤力的，是所有选择单位都用同样的方式、针对恰当的信号改变其行为以期适应这种情形。如果这样的话，我们就会看到统一的反应，没有多样性也没有演化。幸运的是，不论是从经验上看还是从概念上讲，都没有任何理由认为经营单位会整齐划一地适应其所察觉到的市场压力。它 415 们未必会察觉到同样的压力，其经营理论也未必会导致他们用系统的方法来对经验证据做出解释。在某种程度上，这涉及“奥林匹亚”理性(Olympian rationality)的局限性和相应的有限能力的实用性(Langlois and Robertson, 1995)。经营单位处在同样的世界里，但是它们各自看到的世界是不同的；它们竭尽所能、希望能够变得理性，但是它们的最优化行为最多只是局部的，而不会是全局最优的。[⑭] 更为基本的是，企业试图通过变得与众不同，并在尽可能长的期间内保护其相对于竞争对手的差异化优势来获取竞争优势，是现代资本主义与生俱来的特征。持续优于竞争对手，是维持出众的赢利能力的唯一途径，而这又将竞争和改进转换过程的激励联系在一起。不幸的是，对经营单位而言，哪些是更好的行为并在未经实验之前并不总是显而易见的；相反，它是需要通过试错来发现的。正如约瑟夫·熊彼特(Schumpeter, 1934)曾经强调过的，对于那些超越了当前经营方式的发展来说尤为如此。对演化论有重要意义的并不仅仅是差异化的适应能力。我们必须同时考虑有限适应能力，至少在选择在结构变迁过程扮演重要角色之时应该如此。我们又一次发现，经验和概念上的考量将我们带到了这个方向。无限的适应能力并非任何一种专业组织——例如经营单位——的特征。[⑮]

---

⑭ 关于“局部”技术进步的概念研究，参见 Antonelli(1995)。

⑮ 对惯性在演化经济模型中作用的讨论，参见 Mathews(1985)和 Winter(1975)。

3.4　决定论和偶然性

在讨论适应性的时候,我们已经间接地表示出了这样一种兴趣,即希望为这一概念赋予概率维度。如果这么做的话,我们会再次遭遇踏入一些在演化论历史上极富争议的领域的危险,即所谓的决定论和偶然性各自在塑造群体变迁中的角色。如果选择是一种在随机世界中进行的确定性过程,那么,这对于我们研究经济演化而言意味着什么呢(参见 Depew and Weber,1995,第1章)?考虑到我们所指的"偶然性"和允许干预选择过程这个条件,它的确意义非凡。为了说明这一点,先回到我们的正统模型,将每一家企业与两枚均质的"硬币"联系起来。在竞争过程中的每一个动作中,都为每一家企业分别投掷这两枚"硬币",其结果被赋予某个固定的值——正的或是负的。一枚硬币会影响选择特征的值,因此,单位成本同时拥有一个确定性和一个随机的成分。另一枚硬币的投掷导致每一家企业的市场份额发生变化,使之与选择过程的复制动态所预测的值有所区别。大体而言,这些会产生大不相同的随机效应,所以我们先看后一种情况。在这里,选择过程中有了噪声,但只要基础选择动态中没有来自内部规模经济或需求从众效应(bandwagon effects)的正反馈,也就仅止于此。如果存在正反馈,其结果就更为重要:有噪声的选择成为历史选择,随之发生的各种随机事件也会通过市场份额与选择特征之间的联系对那些选择特征产生影响。W. Brian Arthur(1989,1994)给出了其可能在简单的选择过程中导致的深刻的变化。 416

现在,我们来考虑第一种情形,即选择特征本身具有一个随机的成分。很明显,这种偶然性效应对于竞争十分重要。但是,这也是重点所在,选择特征——正统模型中的单位成本——中偶然性成分的差异会通过复制过程发生作用。就其产生的影响而言,偶然性和决定论之间并不构成竞争关系;它们彼此促进。此外,对于每一个经营单位而言,重要的不是单个的冲击,而是其所经历的冲击与种群整体经历冲击的平均水平相比起来如何。随机效应完全取决于与复制动态平均模式之间的距离。而且,如果硬币是均质的,我们可以合理地假定偶然性效应会随时间的推移而消失,从而使得选择与确定性特征的分布保持一致。但是,在这里,我们应该十分谨慎,因为我们所面对的是无限的、而非有限的样本。没有什么能够阻止一家企业避免厄运的冲击,而厄运累积起来会足以导致企业的单位成本升高到使其破产的程度,不过,从效率的基本决定性成分的角度来看,这可能是一件好事。正如在生物学中那样,在经济学中,不能完全忽视这种漂移效应。同样,如果处于活跃状态的竞争者的数量很小,那么,种群的平均样本冲击可能会显著地不等于均质硬币前提所暗含的零期望值,从而可能对选择过程产生不可忽视的影响。

尽管存在这些主张,还是必须如实对待它们。任何一种选择论点都有一个基本的特性,那就是选择特征和环境具有时间稳定性。这并不意味着它们是高度固定的,而是说它们的变化是缓慢的,至少相对于选择的速度而言是如此。我们可以把随机效应考虑进来,但是看起来这些效应的差异非常小,以至于决定论可以占据上风——否则,选择就会渐渐变为漂移。

417

3.5 发展、创新和好的设计

对选择理论有一种闻名遐迩的批评意见,即它只是演化理论的一半。选择依赖于竞争实体特征的多样性,但是对于多样性是如何产生的,或者新生出来的事物的本质如何,并没有给出任何解释。虽然选择足以应对关于结果的讨论,但是,要探讨名副其实的演化论,我们就不能够忽视发展过程(Foster and Metcalfe,2001)。至于为何如此,有一个深层次的原因:演化作为一种选择,是在消耗自身的能量;而竞争过程恰恰会损害甚至耗尽不间断的选择所依赖的多样性。如果多样性消失了,选择的空间就会消失,而当某个单独的实体或一组相同实体可以代表整个群体的所有活动时,演化就停止了。在一个由完全相同的实体构成的世界中,我们所讨论的这种演化是不可能出现的。阿尔弗雷德·马歇尔深知,差异性是进步的主要源泉(Marshall,1890)。因此,创新和技术变迁的学生对演化论观点的兴趣是两面的。一方面,这种论点反映出了他们在经验和历史研究中发现的明显的创新多样性,同时,另一方面,他们的研究也可以解释让经济演化之火不灭的过程。

我并不是想提议重新审视我们对创新(很多不同类型的创新,绝对不全是技术性的)的理解或创新发生的多种背景。从演化论的角度来看,创新会导致现有产品和过程选择特征的变化,并在种群中引入全新的产品和过程。其代表形式就是由寻找竞争优势和寻求区别于或优于竞争对手的行为方式——可以是主观认定有区别或更优的,也可以是想象中的——的努力所激发的主动的变动。鉴于需求不断变化这一本质是市场环境发展的主要因素,市场制度中的创新还必须被赋予确定的权重。不过,我希望大家注意的重点是,在经济和社会领域中,这些过程的本质不是随机性的;也就是说,活动、组织和转换过程的发展是受指引的变动。支持这个非达尔文主义的观点至少有三个基本理由。第一个理由很特殊:可能技术的组合设计空间十分广阔,以至于我们不能指望用随机搜寻来解释发展。随机探索是无效率的,它太缓慢,也不能累积,它会产生无穷无尽的古怪而复杂的 Heath Robinson 技术(Dennett,1995)。要进步,我们需要为进步加上边界,并只考虑有限的设计空间区域,因此,对新设计的探索会

418

遵循既定的路径,只是偶尔会跳跃到新的渠道当中去。[16] 第二个理由是,经济演化的本质是三阶段的,这个在之前我们已经提到过。技术和组织知识的积累在很大程度上取决于选择过程中所获经验的累积——其理由十分充分。新的设计由经济和社会标准共同衡量,而不仅仅是由工程学和科学上的有效性来评估,在初次引入的时候,它们往往是不完善的,具有随市场双方经验演化而改进和扩展用途的潜力(Basalla,1988)。不要忘记,聪明的消费者跟聪明的供应商一样,都是创新过程的一部分。因此,演化的第三阶段,即从选择向设计发展反馈的阶段,反映了以经验为基础的学习所具有的内生的试错性,也反映了这样一个事实,即用来支付设计活动成本的资源是按竞争过程的结果来分配和再分配的。

就最后一个方面而言,却存在着一个难题。选择会给当前的有效率者给予相应的奖赏;在相关种群中,存在一些企业,其规模可能会以更快的速度增长,利润份额也会不断增加。这样的企业能够获得的用于创新的资源是不相称的,但是也没有什么可以确保它们具有使其创新超出平均水平所必需的想象力或能力。这就是演化论者为什么大都会强调分散而独立的创新试验源泉之重要性的原因;最有希望获胜者的失败和不知名黑马的成功在创新过程中并不是什么罕见的事情。正如我们在上文中已经指出的那样,竞争集中有一个特别危险的结果,那就是会缩小创新者的范围;这是反垄断权力机构和公共科学与技术政策制定者需要随时关注并警惕的竞争问题。需要牢记的是,很多创新是诱致创新(induced innovation),而正是这一点使得经济演化一定是一个三阶段过程,在该过程中,差异性、选择和发展是互相依赖并互相增强的。

需要指出的最后一点,是关于新的、经过改进的设计发展过程中所受的非经济约束和非社会约束。这些约束之所以会存在,纯粹是因为设计要能够具有适应性,必须同时具备有用性和赢利性。它们的出现,是因为设计过程的内在逻辑,与所使用的材料、所采用的生产方法和所研究人造品的部件的结构本身相关。很多学者(例如 Dosi,1982,Sahal,1985 和 De Liso and Metcalfe,1996)已经找出了设计约束与库恩范式之间的相似性:塑造了这些问题的思想和经验之框架更可能是由实践中的设计者提出的。设计约束在现代演化生物学中也扮演着十分重要的角色(参见 Gould and Lewontin,1979 和 Maynard Smith *et al.*,1985),因此,其在演化经济学中也应如此。从积极的一面来看,约束对设计过程有益;它们可以帮助指出可能的、借以前行的狭窄的道路。从消极的一面来看,它们限制了可能性;它们创造出了互相依赖性,要予以克服,成本一定是十

419

---

[16] 参见 Perkins(2000)和 Stankiewicz(2000)。

分高昂的，而且，它们也是技术和组织发展中的惯性以及对进一步创新之抵制的原因。对于那些具有强系统性成分的活动以及组成部分之间彼此适应的必要性是主要设计约束的活动而言，尤为如此（参见 Henderson and Clark，1990 和 Frankel，1955）。正是出于所有这些原因，将创新看做是根据环境随既定转换过程的正常路线进行的、受到指引的变异，是十分重要的。根本性的新设计结构出现的时间间隔较长，远称不上频繁，而其出现会扩展经济演化的疆域。

虽然要强调变异所受的约束，但是我们也不能完全忽视偶然性在发展过程中的作用，相反，还必须强调偶然性在约束中的作用。创新原本就是无法预测的，根据 Campbell（1960）颇具说服力的判断，创新是盲目的变异，创新者无法知晓其可能产生的所有结果，而只能对之进行设想。引入无法预测的“偶然性”不会造成任何损害，但是，要继续深入的话，我们就应该知道偶然性事件的概率母函数。对于创新而言，这的确是一个苛刻的要求，因为具有一定价值的创新事件各自都有其独特性。而以累积概率构成的形式引入随机漂移作为创新研究的补充，也没有什么坏处。很明显，相当的企业可以享受特征截然不同的创新所带来的好处，没有什么能阻止这一点；毕竟，这也是选择过程的动力所在。当然，盲目变异观点也有缺陷，即它必然意味着广义上的创新活动有“浪费”的特质。某一创新的成功往往会掩盖许多创新的失败，而因为创新实验本质上是试错过程，也就不可能出现许多成功掩盖单个失败的情形。可以预测的创新是一个前后矛盾的说法。从好的一面来看，市场资本主义为广泛的实验提供了可能，并对之予以鼓励。这也是 18 世纪中叶以来发生的伟大的经济变迁所依赖的基本。借用一句名言，“最伟大的创新就是创新的创新”。用理性主义者的效率观点来研究技术进步的人应该充分地注意到这一点。最优的设计是被发现的，而不是由外力赋予的；在本来意义上，它是一个改造适应的过程。在充满了无知和含糊不清的世界中，市场竞争的开放性是现代资本主义最为特殊的演化因素。

420

3.6 演化逻辑的作用范围

在继续之前，为了满足那些认为生物学类比在根本上不适应于经济学或其他任何社会科学的读者，需要给出一两条评论。让他/她先平静下来。我要再次强调，之前我所说的所有内容，其本质上都不是生物学类比；它只能称为演化逻辑。演化论的推论是自成体系的，与生物学家用其形成的各种使用方法完全独立。他们只是先行到达了那里，然后，跟随达尔文的卓越领导，在自然界行为多样性的前提下为动态变迁构造出各种论点。在这里，重要的是多样性、选择和发展——而不是自然界。

更深入地讲，经济世界给了我们一个无限丰富的、应用演化概念的基础。经济演化的速率相对于很多(但不是全部)自然过程而言是极其迅速的，而且经济行为是国际性的，它取决于预期并依赖于记忆，这些事实为行为中新的多样性的产生提供了坚实的基础。实际上，现代资本主义的特征就是，它所利用的正是个人知识中分散且零散的多样性生成的广阔范围。两个面临相同信息的个人可能会认为其各自所知完全不同，因为他们过去的经验不同，或者是具有不同的预期，这会导致他们对信息进行不同的解读。实际上，我们支持不同的理论并通过不同的变形镜来解读信息，对于个人这一概念而言是必需的。因此，经济行为的演化方法可以囊括错误和误差、个体不同程度的无知和他们错误的希望。所有这些都会增加多样性，而鉴于信念取决于过去的经历，它们可能会造成经济过程中深刻且持久的路径依赖。个体和组织团队会学习到，拥有记忆力和想象力是经济事务的不可逆性以及行为中创造性的主要源泉。

我们并不总是能够轻易地把选择环境和选择单位分离开来，这一点不是很明显。经营单位希望向选择环境施加影响以对自身有利，这一点很容易理解，影响市场监管、定义标准、为了关税及其他特权进行游说等等都是经营政治经济学的一部分。这些做法，不管是正直的还是涉及腐败，必然会模糊选择环境和选择单位之间的界限；但它们并没有损毁这一界限。这些复杂的情形会大大扩展经济学演化思想的范围，将我们的注意力吸引到了更为宽阔的、会发生演化的社会文化竞争当中。 421

要理解演化，必须要抓住的基本点是，所有的行为都很重要且值得关注，但是，并不是所有的行为都具有相同的地位。因此，从演化角度出发给出的解释，跟在代表性行为人——即一类行为一致的行为人——基础之上得出的解释同样是截然不同的。在这样一个本质主义者(essentialist)的世界中，变迁只能用代表性行为人的变迁来界定，如果他们保持一致且持续其代表性，那么，所有的一切都必须以相同的方式一致变迁。因此，一般理解，代表性行为人理论排除了所有关于结构性变迁或创新的想法。[17] 此外，从演化论的观点来看，我们不能在事先决定什么具有代表性；相反，它是各个过程运行之后新出现的结果。

现在，我们可能可以清楚地看到，为什么演化经济学家在熊彼特的作品中可以找到如此之多的灵感，因为他所描述的是不断经历结构性变迁的经济世界，企业家不断引入新于(不同于)已有各种的组合，形成了推动变迁的内部驱动力。企业家的行动意味着会有以局部技术变迁形式出现的差异化行为，其结果会扩散到整个经济系统，而熊彼特理论中的很大一部分是在讨论控制创新为

⑰　这并不是要否认代表性行为人理论在其他背景下的有用性。关于代表性行为人所受的非演化性约束，参见 Kirman(1992)。

系统所吸收之速度的速度决定过程。这与生物学本身毫无关系，但是却与演化息息相关。简言之，熊彼特在他关于资本主义发展的理论中，将两种变迁结合在了一起：因企业家引入创新而发生的转换型变迁（transformational change）和市场过程在相互竞争的创新中进行选择而导致的差异型变迁（variational change）。

4 动态过程：一个比较

我将对演化动力学和更广范围中经济学对动态问题的研究进行对比，给出一些简短的评论，以结束上述的讨论。在这样一个简短的解释中提出很多东西，是一种愚蠢的行为，但是，仍然有一些评论是适合此目的的。我们已经围绕市场中行为协调的核心假设建立起了演化方法：这一假设跟竞争均衡经济理论是一致的。如果希望将均衡简单地定义为一种协调的状态，那很好；但是经济理论在把均衡定义为所研究经济系统的平衡位置时走得更远。从演化角度来看，这一步甚至走得太远，因为它避开了是否会存在所设想的平衡状态的问题。鉴于演化系统的发展应该被看做是不受限制的，它们可能会一直远离这样的位置（Metcalfe，2001）。

422

要理解均衡或平衡状态的概念在现代经济学中为什么这样重要，我们必须承认其在经济动态中的核心角色。根据这一思路，均衡是稳定的，非均衡行为会迅速地收敛到平衡状态，正是在这种意义上，均衡的概念才有吸引力。只要特征足够迅速，它们就是经济体中的常态。现在，稳定性分析的核心方法将系统的动态界定在其平衡状态的邻近区域内，从而确立了这些属性。简言之，要研究稳定性，必须首先知道均衡位置及其紧邻的邻域所在。众所周知，这一步骤具有很多缺点。在很大程度上，我们无法判断一个真实的经济体是否处于均衡状态。如果相关的变量在缓慢地变化，其原因可能是系统有强大的惯性，但它还远未达到均衡。另一方面，即便是一直处于均衡的系统，因为其基础在不断变化，进而平衡状态本身也处于迅速变化之中，所以该系统也可能会有非常迅速的变化。我们根本没有什么明显的方法能够辨别这些情形，正如 Franklin Fisher（1983）恰如其分地强调过的那样，我们必须把自己局限在理解模型动态属性的范围之内。在这里，我们经常遇到的困难有四种：第一，非均衡调整的过程往往是随机的，它们一般不是来自于决定均衡状态的那些行为原则。[18] 第二，多重均衡的存在意味着我们在判断何种均衡状态是恰当的时候，没有不武断的

---

[18] 参见 Koopmans（1957）和 Hahn，1987。这一点在一般均衡条件下的价格调整理论中体现得最为明显。Negishi（1982），Fisher（1985，chap. 2）和 Arrow and Hahn（1971，chap. 11）等都是非常出色的研究。

步骤可用。第三,也是更为基本的,只要均衡的变化比导致收敛的非均衡调整的速度更快,这一方法就注定要失败;移动的目标总是在后退。第四,也是最为基本的一点,如果均衡状态取决于内生变量过去的历史,我们就要面对路径依赖的可能,在这种情形下,如果不能确定那些位置是如何达到的,也就不可能界定均衡。[19] 423

我们简单的复制者动力学跟描述均衡点周围之动态的一般方法相比如何呢?最为显著的差别就是,它是与种群平均动态之间的距离,而不是与均衡动态之间的距离。市场份额与产出水平的演化取决于每一家企业当前的行为与当下种群的平均行为之间有多大差异。它与那些个体行为与均衡点所定义的行为之间的差异无关,不管后者是如何定义的。这是一种完全不同的动态调整原则,在理解复制者动力学时可以完全不考虑是否存在某个均衡点(或者说,就此而言,某个有限的循环),也可以不考虑该均衡点的任何变化是大是小、是快是慢。在面临创造性破坏(creative destruction)的系统中,这一点特别重要。例如,如果"最佳"企业的单位成本下降的速度比种群平均水平下降的速度更快,这决不会影响系统的动力学,因为系统动态仍然是由复制者方程来控制的。同样重要的是这样一个事实,即调整速度并不是随机的,它是以企业及其顾客所遵循的行为惯例为基础的。

当然,我们的正统系统将会发现给定行为种群中成本最低的生产者,这意味着该生产者可以被称做经典意义上的"重心"(centre of gravity)。因此,复制者方法与经典的重心概念是完全兼容的;如果数据保持不变,我们的复制者动态就会发现这样一个吸引子。但是,我们得到的结果更强,从而使得我们能够将竞争过程描述为不受限制的开放过程。重心论点最主要的缺陷就在于,它在界定长期位置的时候没有考虑通向这些位置的途径,从而在事实上把资本主义研究者都不想让其保持不变的、所谓知识的状态固定为了常量。尽管创新会改变基础经济数据,但这决不会破坏复制者动态的基础;相反——创新为其提供了更多赖以运转的动力。但是,这的确大大地损坏了不变重心观点的基础。这正是均值矩原理最大的优点。资本主义动力学要求协调;但它们不要求均衡。当然,它们不依赖于长期重心的存在,而我认为这一点正好证明,复制者动态是分析竞争和结构变迁的恰当模型。 424

[19] Joan Robinson(1974)对这一点有大量的讨论。这是动态模型中最强的历史效应形式。在更弱一些的形式中,均衡点的定义可以不依赖于路径,但是却要求根据历史事件来在不同的均衡点之间进行选择;参见 Arthur(1989)。

5 结 语

显然,我并不试图对本章中所提出的各种论点进行一个总结。在某种程度上,我的目的一直是说服读者,经济演化理论并不只是将一般意义上的生物学和特定的达尔文主义中的各种观点生搬硬套地转移到经济学中来,它意味着更多东西。演化是一种独特的推理形式,在本章中,我尝试着想说明它在什么情况下适用于经济制度。

此刻,空气中弥漫着一种演化帝国主义的气息,因为前面所概括的各种概念可以运用于越来越广的学科范围。毫无疑问,这种自信的一部分来自于演化与复杂过程之间、以及演化和自组织之间的联系(参见 Foster,1993;Burley and Foster,1995;Loucä,1997;Allen,2001 和 Potts,2000)。这里的根本性问题是演化系统中创造性的那一面,它们具有实现定量和定性转换的内部能力。它们是以创新和企业家反应为基本系统特征的系统,无需我赘述,均衡理论中既没有考虑创新的作用,也没有对企业家付出应有的重视。这种系统有能力对当前的状态做出多种反应——而这恰恰是现代资本主义的特征。系统持续存在,但是其秩序是不稳定的。它永不停歇,而它永不停歇的根本原因就是,知识是永不停歇的,除此之外别无可能。

这就是经济体为什么在持续演化的根本原因;它们在持续演化,因为私人知识和共识也在演化之中,且不知道均衡状态为何物。差异、选择和发展不仅适应于知识,也适应于经济体,二者之一的演化离不开另一方的演化。它们演化的方式深深地嵌在协调过程的既定结构之中,在协调过程中,市场具有第一位的重要性,但其作用并不是唯一的。协调过程的多样性在“弱”连通的系统中是如何体现的,仍然是演化研究中一个没有得到解决的核心问题(Potts,2000)。这可能仅仅是一个温和的提示,提示我们演化是一个涉及层级和连通性的问题;它既不是“自上而下”的,也不是“自下而上”的,而是更接近于突现和约束之间、经济体不同层面上的差异、选择和发展之间的相互作用。

425

仍然有很多问题需要研究,其中十分重要的一个就是将微观和宏观演化观点联系在一起——如果我们想要弄清楚复杂性及自组织观点对演化论的积极作用的话,这可能是我们所面临的最为严峻的挑战了(参见 Dopfer,Potts and Foster,2004)。关于用演化方法来研究需求和偏好的形成、经济福利的演化概念、奥林匹亚理性和经济演化之间的联系等问题,也还有很多待研究的内容。不管这些观点如何发展,我都依然相信,它们不会偏离多样性的主题,因为多样性是变迁的源头——变迁亦是多样性之源。

致　谢

本章中的大部分材料最早来自于1997年创新与竞争研究中心(Centre for Research on Innovation and Competion, CRIC)的讨论论文,该文章是对我Graz Schumpeter讲座系列的一个发展,以《演化经济学与创造性破坏》一书的形式由Routledge出版。我于1996年间在昆士兰大学经济系任S. W. Brooks研究员期间,对其中的观点做了进一步发展,我非常希望能在此表达自己对那段时期所受到的盛情的诚挚谢意。与昆士兰大学的Clem Tisdell和John Foster以及新英格兰大学与澳大利亚国防学院研讨会与会者的多次谈话,帮助我进一步完善了自己最初的想法。Kurt Dopfer的鼓励对我重新思考原稿是必不可少的。Ronnie Ramlogan以及CRIC和经济与社会研究委员会(Economic and Social Research Council, ESRC)Nexus网络的同事们帮助我进一步发展了各项观点。对所有这些人,我都深怀感激,同时也非常感谢Sharon Dalton在遥远的他乡帮助我整理这些观点。本章的初稿完成于1997年8月,之后演化经济学领域出现了文献的激增,但我并没有花多少力气将其囊括在本章之中。即便如此,我认为文章初稿中观点的主线仍然成立。我特别感谢ESRC对CRIC提供的财务支持,本章正是其资助的研究项目的成果之一。欲联系作者,请写信至stan. metcalfe@man. ac. uk。

426

参考文献

Allen, P. M. (2001), 'Knowledge, ignorance and the evolution of complex systems', in J. Foster and J. S. Metcalfe (eds.), *Frontiers of Evolutionary Economics*, Cheltenham: Edward Elgar.

Andersen, E. S (1994), *Evolutionary Economics: Post-Schumpeterian Contributions*, London: Pinter.

(2003), *Evolutionary Economics: From Joseph Schumpeter's Failed Econometrics and Beyond*, working paper, Danish Research Unit for Industrial Dynamics, University of Aalborg, Denmark.

Antonelli, C. (1995), *The Economics of Localized Technological Change and Industrial Dynamics*, Dordrecht: Kluwer Academic Publishers.

Arrow, K. J., and F. Hahn (1971), *General Competitive Analysis*, Edinburgh: Oliver & Boyd.

Arthur, W. B. (1989), 'Competing technologies, increasing returns and lock-in by historical events', *Economic Journal* **394**: 116–131.

(1994), *Increasing Returns and Path Dependence in the Economy*, Ann Arbor, MI: University of Michigan Press.

Basalla, G. (1988), *The Evolution of Technology*, Cambridge: Cambridge University Press.

Bausor, R. (1994), 'Entreprenuerial imagination, information and the evolution of the firm', in R. W. England (ed.), *Evolutionary Concepts in Contemporary*

Economics, Ann Arbor, MI: University of Michigan Press.

Brandon, R. N. (1990), *Adaptation and Environment*, Princeton, NJ: Princeton University Press.

Burian, R. M. (1983), 'Adaptation', in M. Grene (ed.), *Dimensions of Darwinism*, Cambridge: Cambridge University Press.

Burley, P., and J. Foster (1995), *Economics and Thermodynamics: New Perspectives on Economic Analysis*, Dordrecht: Kluwer Academic Publishers.

Byerly, H. C., and R. E. Michod (1991), 'Fitness and evolutionary explanation', *Biology and Philosophy* **6**: 1–22.

Campbell, D. T. (1960), 'Blind variation and selective retention in creative thought as in other knowledge processes', *Psychological Review* **67**: 380–400. [Reprinted in G. Radnitzky and W. W. Bartley III (eds.) (1987), *Evolutionary Epistemology, Rationality, and the Sociology of Knowledge*, La Salle, IL: Open Court, 91–114.]

Cohen, M., R. Burkhart, G. Dosi, M. Egidi, L. Marengo, M. Warglien, S. G. Winter and B. Coriat (1996), 'Routines and other recurring action patterns of organisations: contemporary research issues', *Industrial and Corporate Change* **5**: 653–698.

Darden, L., and J. A. Cain (1989), 'Selection type theories', *Philosophy of Science* **56**: 106–129.

Dawkins, R. (1986), *The Blind Watchmaker: Why the Evidence of Evolution Reveals a Universe Without Design*, New York: Norton.

De Liso, N., and J. S. Metcalfe (1996), 'On technological systems and technological paradigms: some recent developments in the understanding of technological change', in E. Helmstädter and M. Perlman (eds.), *Behavioural Norms, Technical Progress, and Economic Dynamics*, Ann Arbor, MI: University of Michigan Press.

Dennett, D. (1995), *Darwin's Dangerous Idea*, London: Allen Lane.

Depew, D. J., and B. H. Weber (1995), *Darwinism Evolving: Systems Dynamics and the Genealogy of Natural Selection*, Cambridge, MA: MIT Press.

Dopfer, K., J. Potts and J. Foster (2004), 'Micro-meso-macro', *Journal of Evolutionary Economics* **14**: 263–280.

Dosi, G. (1982), 'Technological paradigms and technological trajectories', *Research Policy* **11**: 147–162.

(2000), *Innovation, Organisation and Economic Dynamics*, Cheltenham: Edward Elgar.

Downie, J. (1958), *The Competitive Process*, London: Duckworth.

Eliasson, G. (1998), 'On the micro foundations of economic growth', in J. Lesourne and A. Orléan (eds.), *Advances in Self-Organization and Evolutionary Economics*, London: Economica.

Endler, J. A., and T. McLellan (1988), 'The process of evolution: towards a new synthesis', *Annual Review of Ecological Systematics* **19**: 395–421.

Fisher, F. M. (1983), *The Disequilibrium Foundations of Equilibrium Economics*, Cambridge: Cambridge University Press.

Fleek, J. (2000), 'Artefact-activity: the coevolution of artefacts, knowledge and organization in technological innovation', in J. Ziman (ed.), *Technological Innovation as an Evolutionary Process*, Cambridge: Cambridge University Press, 248–266.

Foss, N. J., and C. Knudsen (eds.) (1996), *Towards a Competence Theory of the Firm*, London: Routledge.

Foster, J. (1993), 'Economics and the self-organisation approach: Alfred Marshall revisited?', *Economic Journal* **419**: 975–991.

Foster, J., and J. S. Metcalfe (2001), *Frontiers of Evolutionary Economics*, Cheltenham: Edward Elgar.

Frankel, M. (1955), 'Obsolescence and technological change in a maturing economy', *American Economic Review* **45**(3): 296–319.

Freeman, C., and F. Louçã (2001), *As Time Goes By: From the Industrial Revolution to the Information Revolution*, Oxford: Oxford University Press.

Gould, S. J., and R. C. Lewontin (1979), 'The spandrels of San Marco and the Panglossian paradigm: a critique of the adaptionist programme', *Proceedings of the Royal Society* **205**: 581–598.

Hahn, F. (1987), 'Information dynamics and equilibrium', *Scottish Journal of Political Economy* **34**: 321–333.

Hannah, L. (1996), *Marshall's 'Trees' and the 'Global' Forest: Were 'Giant Redwoods' Different?*, mimeo, London School of Economics.

Harms, W. (1996), 'Cultural evolution and the variable phenotypes', *Biology and Philosophy* **11**: 357–375.

Henderson, R., and K. Clark (1990), 'Architectural innovation: the reconfiguration of existing product technologies and the failure of established firms', *Administrative Quarterly Journal* **35**: 9–30.

Hodgson, G. M. (1993a), 'Theories of economic evolution: a preliminary taxonomy', *Manchester School* **61**: 125–143.

(1993b), *Economics and Evolution: Bringing Life Back Into Economics*, Cambridge and Ann Arbor, MI: Polity Press and University of Michigan Press.

Hodgson, G. M., and T. Knudsen (2004a), 'The firm as an interactor: firms as vehicles for habits and routines', *Journal of Evolutionary Economics* **14**: 281–308.

(2004b), *The Limits of Lamarckism Revisited*, mimeo, University of Hertfordshire, Hatfield.

Hofbauer, J., and K. Sigmund (1988), *The Theory of Evolution and Dynamical Systems*, Cambridge: Cambridge University Press.

Horan, B. L. (1995), 'The statistical character of evolutionary theory', *Philosophy of Science* **61**: 76–95.

Hull, D. (1988), *Science as a Process*, Chicago: Chicago University Press.

Iwai, K. (1984), 'Schumpeterian dynamics II: technological progress, firm growth and "Economic Selection"', *Journal of Economic Behavior and Organization* **5**: 321–351.

Kirman, A. P. (1992), 'Whom or what does the representative individual represent?', *Journal of Economic Perspectives* **6**(2): 117–136.

Knudsen, T. (2004), 'General selection theory and economic evolution: the Price equation and the replicator/interactor distinction', *Journal of Economic Methodology* **11**: 147–173.

Koopmans, T. (1957), *Three Essays on the State of Economic Science*, New York: McGraw-Hill.

Landes, D. (1968), *The Unbound Prometheus*, Cambridge: Cambridge University Press.

Langlois, R. N., and P. L. Robertson (1995), *Firms, Markets and Economic Change*, London: Routledge.

Laurent, J., and J. Nightingale (eds.) (2001), *Darwinism and Evolutionary Economics*, Cheltenham: Edward Elgar.

Leon, P. (1967), *Structural Change and Growth in Capitalism*, Baltimore: Johns

Hopkins University Press.

Levins, R., and R. Lewontin (1985), *The Dialectical Biologist*, Cambridge, MA: Harvard University Press.

Lewontin, R. C. (1974), *The Genetic Basis of Evolutionary Change*, New York: Columbia University Press.

Loasby, B. (1991), *Equilibrium and Evolution: An Exploration of Connecting Principles in Economics*, Manchester: Manchester University Press.

(1996), 'The organisation of industry', in N. J. Foss and C. Knudsen (eds.), *Towards a Competence Theory of the Firm*, London: Routledge.

Louçã, F. (1997), *Turbulence in Economics: An Evolutionary Appraisal of Cycles and Complexity in Historical Processes*, Cheltenham: Edward Elgar.

Marshall, A. (1890), *Principles of Economics*, London: Macmillan (8th edn., 1920, London: Macmillan; 9th variorum edn., 1961, London: Macmillan).

Mathews, R. C. O. (1985), 'Darwinism and economic change', in D. Collard and D. Helm (eds.), *Economic Theory and Hicksian Themes*, Oxford: Oxford University Press.

Maynard Smith, J., R. M. Burian, S. A. Kauffman, P. Alberch, J. Campbell, B. Goodwin, R. Lande, D. Raup and L. Wolpert (1985), 'Developmental constraints and evolution', *Quarterly Review of Biology* **60**: 265–287.

Mayr, E. (1959), 'Typological versus population thinking', reprinted in E. Mayr (1976), *Evolution and the Diversity of Life: Selected Essays*, Cambridge, MA: The Belknap Press.

(1982), *The Growth of Biological Thought*, Cambridge, MA: The Belknap Press.

Metcalfe, J. S. (1998), *Evolutionary Economics and Creative Destruction*, London: Routledge.

(2001), 'Institutions and progress', *Industrial and Corporate Change* **10**(3): 561–586.

Mills, S., and J. Beatty (1979), 'The propensity interpretation of fitness', *Philosophy of Science* **46**: 263–288.

Mokyr, J. (1990), *The Lever of Riches*, Oxford: Oxford University Press.

Montgomery, C. A. (ed.) (1995), *Resource-based and Evolutionary Theories of the Firm*, Dordrecht: Kluwer Academic Publishers.

Negishi, T. (1962), 'The stability of a competitive economy: a survey article', *Econometrica* **30**(4): 635–669.

Nelson, R. R. (1995), 'Recent evolutionary theorizing about economic change', *Journal of Economic Literature* **33**: 48–90.

Nelson, R. R., and S. G. Winter (1982), *An Evolutionary Theory of Economic Change*, Cambridge, MA: Harvard University Press.

(2002), 'Evolutionary theorizing in economics', *Journal of Economic Perspectives* **16**: 23–46.

O'Brien, P. K. (1996), 'Path dependency, or why Britain became an industrialised and urbanised economy long before France', *Economic History Review* **49**: 213–249.

Pasinetti, L. L. (1981), *Structural Change and Economic Growth*, Cambridge: Cambridge University Press.

Perkins, D. (2000), 'The evolution of adaptive form', in J. Ziman (ed.), *Technological Innovation as an Evolutionary Process*, Cambridge: Cambridge University Press, 159–173.

Plotkin, H. (1994), *The Nature of Knowledge*, London: Allen Lane.

Potts, J. (2000), *The New Evolutionary Microeconomics: Complexity, Competence and Adaptive Behaviour*, Cheltenham: Edward Elgar.
Richardson, G. B. (1960), *Information and Investment*, Oxford: Oxford University Press.
(1972), 'The organisation of industry', *Economic Journal* **327**: 883–893.
Robinson, J. V. (1974), *History Versus Equilibrium*, Thames Papers in Political Economy, London: Thames Polytechnic.
Sahal, D. (1985), 'Technological guideposts and innovation avenues', *Research Policy* **14**: 61–82.
Saviotti, P. P. (1996), *Technological Evolution and Economic Variety*, Cheltenham: Edward Elgar.
Schumpeter, J. A. (1934), *The Theory of Economic Development: An Inquiry into Profits, Capital, Credit, Interest, and the Business Cycle* (translated by R. Opie from the German edition of 1912), Cambridge, MA: Harvard University Press. [Reprinted 1989 with a new introduction by J. E. Elliott, New Brunswick, NJ: Transaction.]
(1942), *Capitalism, Socialism and Democracy*, New York: Harper & Row.
Sober, E. (1984), *The Nature of Selection*, Cambridge, MA: MIT Press.
(1993), *Philosophy of Biology*, Oxford: Oxford University Press.
Stankiewicz, R. (2000), 'The concept of "design space"', in J. Ziman (ed.), *Technological Innovation as an Evolutionary Process*, Cambridge: Cambridge University Press, 234–247.
Sterelny, K., K. C. Smith and M. Dickison (1996), 'The extended replicator', *Biology and Philosophy* **11**: 377–403.
Toulmin, S. (1981), 'Human adaptation', in U. F. Jenson and R. Harre (eds.), *The Philosophy of Evolution*, London: Hansta Press.
Tuomi, J. (1992), 'Evolutionary synthesis: a search for the strategy', *Philosophy of Science* **59**: 429–438.
Vega-Redondo, F. (1996), *Evolution, Games and Economic Behavior*, Oxford: Oxford University Press.
Vrba, E. S., and S. J. Gould (1986), 'The hierarchical expansion of sorting and selection: sorting and selection cannot be equated', *Paleobiology* **12**:217–228.
Williams, M. B. (1973), 'The logical status of the theory of natural selection and other evolutionary controvérsies', in M. Bunge (ed.), *The Methodological Unity of Science*, Dordrecht: D. Reidel.
Winter, S. G. (1964), 'Economic "natural selection" and the theory of the firm', *Yale Economic Essays* **4**(1): 225–272.
(1975), 'Optimization and evolution in the theory of the firm', in R. Day and T. Groves (eds.), *Adaptive Economic Models*, New York: Academic Press, 73–118.
Witt, U. (ed.) (1993), *Evolutionary Economics*, Aldershot: Edward Elgar.
(ed.) (2001), *Escaping Satiation: The Demand Side of Economic Growth*, Heidelberg: Springer.
(2003), *The Evolving Economy*, Cheltenham: Edward Elgar.
Ziman, J. (ed.) (2000), *Technological Innovation as an Evolutionary Process*, Cambridge: Cambridge University Press.

431

第13章　将社会经济系统理解为演化复杂系统

彼得·艾伦

1　引　言

本章希望着手确立这样一种观点，即把社会经济系统看做是一组演化中的多尺度时空结构的一个组成部分。这些结构的复杂性意味着，任何行为人或代理人所做的决策，都一定是在相当的不确定性之下做出的，而对于每一个人而言，这些不确定性又进一步伴随着行为人或代理人所做出的所有决策间相互作用的各种效果。每一个人、团体、企业、公司、股东甚至观察者都会经历"路径依赖型学习"，其中给定期间内的学习取决于之前所做的决策，因此，上一期间内发生的事情会改变下一期间中被考虑的选择以及被提出的问题。对于具有多个行为人和代理人的系统而言，这会导致多种行为"猜想"和"实验"的差异性演化，其中一些结果是富有成效的，而另外一些则只是徒劳而已。对成功与失败的差异化选择缩小了行为模式的分布范围，宽泛地讲，那些能够在其所处环境中实现自我加强而不会遭到冷遇或敌意的演化轨迹会取得成功。

有人给出了这些现象的数学表达式，该式表明了如何用组合起来的探索性行为和自加强行为在多个层面上的同时作用来刻画人类系统。在经济系统中，向消费者提供的真实产品和服务的特征就是在所有技术概念可以实现的属性间进行的权衡取舍。不断演化以生产并交付这些产品和服务的组织本身就是探索性地将各种可能的可行做法和技术进行加总的产物，每一个组织都是那些被证实可以协作的做法的一个独特的历史建构。这样,组织的内部结构和才能就会产生供应带有特定属性之产品与服务的能力。相应的,消费者会学习如何使用新产品和服务,以便让自己的生活方式适应新出现的机会和难题。所以,我们会看到,处于演化中的经济系统中新出现的结构,其核心就是各种规模的非线性交互,而探索性的变迁会接入正反馈环,导致结果的放大和结构性演化。根据这一新观点,我们可以开始着手列出在这样一个世界中生存可以采取哪些更成功的策略。这些策略承认不确定性是确定的,探索是必需的,并且持变迁是常态这样一种观点,认为成功会导致自满和失败,而失败可能会导致灭绝或者稍后的成功。 432

在更长的时期中,组织的可持续性取决于它成功地参与这一演化博弈的能力,包括功能能力的真实存在以及通过自由探索和用新观点、新行为进行实验产生新功能的能力。在较长的期限中通过恰当的适应性创新进行"反馈"的能力只能被定义为"智力",但这并不是智商所对应的智力的理性、逻辑形式,而是"演化智力"(evolutionary intelligence),它反映的是学习和改变以及即时作为的能力。这些概念表明,复杂性作为理解和处理我们所推动并植根于其中的演化适应性系统的新基础,具有高度的重要性。

2 作为演化复杂系统的社会和经济系统

我之前的论文(Allen,1988,1990,1993,2001)中已经说明了如何将相互作用的多个行为人系统模型化并将之描述为共同演化的复杂系统模型,在这样的复杂系统中,行为人、其交互作用创造出来的结构和他们交换的产品与服务的性质都在演化当中。当然,这比单纯的"经济学"要宽泛得多,因为它是一种一般性的新范式,实际上暗示着"学科简化"(disciplinary reduction)跟其他说法一样虚假。这种新的观点包含了一般意义上的演化过程,适用于我们所面临之现实的社会、文化、经济、技术、心理、哲学等各个方面。当然,我们可以根据自己的意愿把我们的视野仅仅局限在"经济"方面,但是我们不应该忘记,我们可以观察其他现象的"滞后"指标,这些现象包括人、情绪、关系和制度等——这里只提到了其中一部分。如果我们的观点所依赖的基础只是针对现实的一个小的子空间——经济领域——的观察和理论,那么,要认为我们的观点是有用的,可能就需要谨慎一些。其中的基础性原因和解释可能完全是其他因素,而其经济"效应"可能只是延时的波动,或者只是可能会出现的潮汐。 433

Allen(2001)给出了一个竞争企业模型,描述了它们的策略是如何相互作用的,也说明了适应、学习、响应、"理解"当下发生的情况的能力为什么是生存的必要策略。本章提出可以继续发展这些观点,并希望说明复杂系统中嵌套的共同演化是如何与它当前没有占用的维度空间"对话"的,如图 13.1 所示。

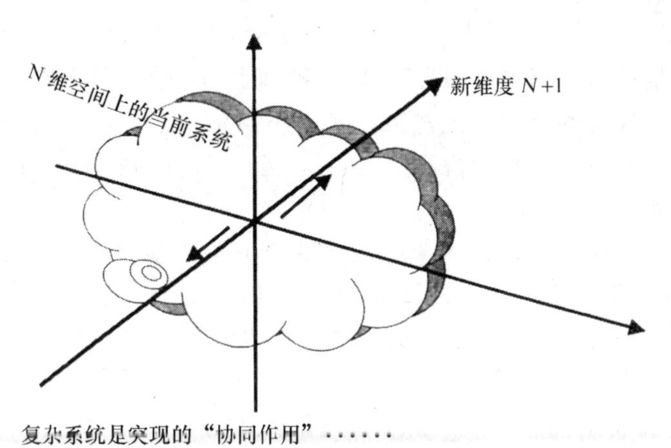

图 13.1　复杂系统的演化

注:复杂系统在结构内部各种不同的可能层面上的演化,是与当下没有活动的方面与因素之间的"对话"。

至于尚未存在于系统之中的事物,笔者早前的一篇文章(Allen,1976)就是将演化观点作为"入侵可能性"(invadability)问题来研究的。从本质上讲,系统其实是其中包括的自加强型的非线性交互作用所产生的暂时的、突发的结构。任意特定的给定系统结构,与出现后会"取消"或改变系统的其他可能的内部行为,以及其他可能的环境因素之间的对话写就了历史。一些事情即便发生了,也不能改变什么,因为有一些竞争过程可以恢复之前的状态;而其他一些事情,一旦开始,就会遇到不断增长的正反馈并被放大,直至被其他一些限制性因素抑制了增长。这样的事件被称为"具有演化意义的一步",在很多经济系统中可能被视为创新。

434

3　共同演化模型

上文中引用过的一些早前发表的文章中,笔者已经明确了一些将复杂的真实情形化简为机械的表达式所必须使用的假设。

1. 我们可以在我们希望"理解"的那一部分世界和其他部分之间划定一条边界。换言之,我们首先假定存在一个"系统"和"环境",我们可以在于环境之中作用的各组成部分的基础之上理解系统的运作。为实用起见,我们还会假设环境是固定的,或者对环境改变的方式做出假设。

2. 我们拥有一套对对象进行分类的规则,从而拥有了针对系统组成部分的相关分类学,使得我们可以理解正在进行的事情。这往往完全是根据直觉来决定的。事实上,我们总是应该从从事某种能够确定重要的主干特征的定性研究开始,然后根据我们对系统的理解与所观察到的实际发生情形之间的比较,再不断地回到这个问题。在有了这两个假设之后,我们就得出了随时间推移其性质不断演化的复杂适应性系统(complex adaptive systems);在本章中,我们将对其做进一步的描述。

3. 第三个假设涉及我们试图理解的事物之下的描述层面,假定作为我们"种群"之基础的个体实体都是彼此相同、处于一般水平的,或者存在多样性,但多样性在任何时间都是围绕平均水平"正态"分布的。根据这一假设,十分微小的多样性被消除了,其可能具有的"演化"效应也同样被消除了。我们创造了对现实的一种以"典型"为基础的简化形式,给出了保持不变、不会演化的机能"类型学"。在进行这一简化假设时,尽管我们有了更简单的表述,但是却牺牲了模型"描述"系统中的演化和学习的能力。有了这三个假设之后,我们就得到了自组织动力学(self-organizing dynamics),它可以自发地在吸引域(attractor basins)中转换,产生不同的运行体系并带来惊奇。

4. 变量的全部行为可以由个体交互事件的光滑平均比率来描述。因此,例如,企业中一组雇员的产出率可以用他们的平均产出率来描述。这一假设(绝不可能是完全符合实际的)消除了"运气"、随机性和噪声的效应,而这些在系统中是真实存在的。基于所有这四项假设的数学表达式所描述的就是机械系统(mechanical system),看似可以完美地"预测"系统的未来,如图13.2 所示。 435

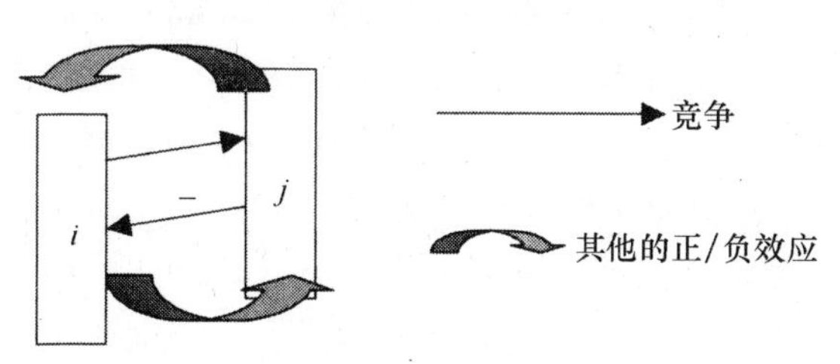

图 13.2　i 和 j 之间的相互作用

注:每一对由类型 i 和 j 组成的可能行为都可能对对方产生多种可能的效应。首先,它们彼此竞争资源。但其次,每一方也可能对另一方产生敌对、中立或者是协同效应。

为了考察可能的行为人或行为种群的演化和共同演化，让我们考虑 20 种可能的行为人类型或行为。在“可能性”空间中，将高度相似的行为从 1 编号到 20，这些行为被认为大多是在彼此竞争，因为它们在系统中占据着同一个小生境。任意两种特定类型的行为人 i 和 j 可能会互相产生某种影响。这种影响可能是积极的，即 j 之行为的副作用可能会在实际上产生有益于 i 的条件或效应。当然，这种效应可能是敌对的，或者实际是中性的，这些结果的可能性均是相等的。类似的，i 也可能对 j 产生积极的、消极的或者是中性的影响。因此，在我们的简单模型中，我们需要对所有 i 和 j 之间的全部可能的交互作用随机赋值。用 fr 表示这些作用的平均强度，$2\times(\text{rnd}-0.5)$ 是 -1 和 $+1$ 之间的随机数字。

由于行为 i 对 j 的实际影响与行为人 i——类型 i 构成的种群——的活动量成比例，这种交互作用只是“潜在”的。类似的，如果 j 不在场，也就没有谁能够感受到 i 所产生的影响。对于 20 种可能类型中的任意一种而言，我们随机选择 i 对 j 和 j 对 i 的可能影响。

$$\text{Interaction}(i,j) = \text{fr}\times 2\times(\text{rnd}-0.5) \tag{1}$$

其中随机的(i, j)是 0 和 1 之间的一个随机数，fr 是交互作用的平均强度。很明显，平均来看，积极的和消极的交互作用（interaction）的数量是相等的。

每一类型的在场行为人都将会经历其他在场的活跃行为人的净效应（net effect）。类似的，它会经由自身的存在影响那些行为人。

436

$$\text{Net effect on } i = \sum_j x(j)\cdot \text{Interaction}(j,i) \tag{2}$$

式中的总和是关于 j 的，其中也考虑了 i，因此，我们所观察的行为不仅在交互影响，而且会对自身产生反作用。这里也会有对基础资源的竞争（competition），我们可以将之表示为

$$\text{Competition}(i) = \sum_j \frac{x(j)}{(1+\rho\text{Distance}(i,j))} \tag{3}$$

其中 ρ 是特征空间中的反距离（inverse distance），参照的是特征空间中的距离(i, j)。换言之，如果距离远远小于 ρ，则竞争非常激烈，但如果距离远远大于 ρ，竞争程度就低，各种活动可以很容易地共存。于是，在任何时间，我们可以绘出系统中现存种群所产生并经历的协同作用及对抗作用的形状。所以，我们可以写出活动 i——种群 x_i——之规模变化的方程。该方程将包括其他现有种群之影响所产生的正负效应，一直是重要影响因素之一的对资源的竞争，以及致错扩散运动（通过此种运动，来自 i 的种群在 $i+1$ 和 $i-1$ 中创造出少量的后代）。

$$\frac{\mathrm{d}x(i)}{\mathrm{d}t} = b\times(fx(i)+0.5\times(1-f)\times x(i-1)+0.5\times(1-f)$$
$$\times x(i+1)\times(1+0.04\times\text{Neteff}(i))\times(1-\text{Competition}(i)/N)$$

$$- m \times x(i) + \text{随机项} \quad (4)$$

其中 f 是繁殖的保真度——即行为被完全传递至新的 x 的精确度。它在 0 和 1 之间变动，而 $1-f$ 衡量的是“探索”邻近行为的强度。b 反映的是活动 $x(i)$ 所产生的增加值或收益。方程(4)中的 0.5 这一项考虑了这样一个事实，即对 i 左右两侧 $i-1$、$i+1$ 行为的探索是相同的，因为只有这样的动态操作才能够揭示其中一种是否可以得到比另外一种更高的回报。增长率反映的是除 $x(i)$ 之外的其他活动的自发存在对 $x(i)$ 的“净效应”（协同作用和对抗作用）。对于任意给定行为，资源(N)是有限的，因此它不能无限增长。$m \times x(i)$ 这一项反映了活动 $x(i)$ 的成本。随机项(stochastic term)描述的是探索新行为时的随机跳跃。

让我们来考虑初始情形的模拟。如果我们最初是从单一活动开始，例如 $x(10)=5$，其他所有的 $x(i)=0$。如果将该活动对 19 种其他可能行为之收益的净效应绘于图中，就可以给出一个简单的一维“形状图”，用以描述在其他活动存在时、会对其产生影响的潜在的协同作用/对抗作用。但是，现在它们并不存在，因为整个系统可能不会意识到这一潜在相互交互作用的形状。 437

考虑这样一种情形，即我们启动行动 $i=10$，以使 $x(i)=10$。会发生什么？如果收益高于成本，它就会增长，而如果没有对其他行为的探索，系统会迅速达到均衡。图 13.3 说明了这一情形。此时并不知道其他活动也是行得通的，也不知道可以进行有利的分工，而其他活动或分工可以带来可能收益的增长，从而在更高级的活动上实现均衡。

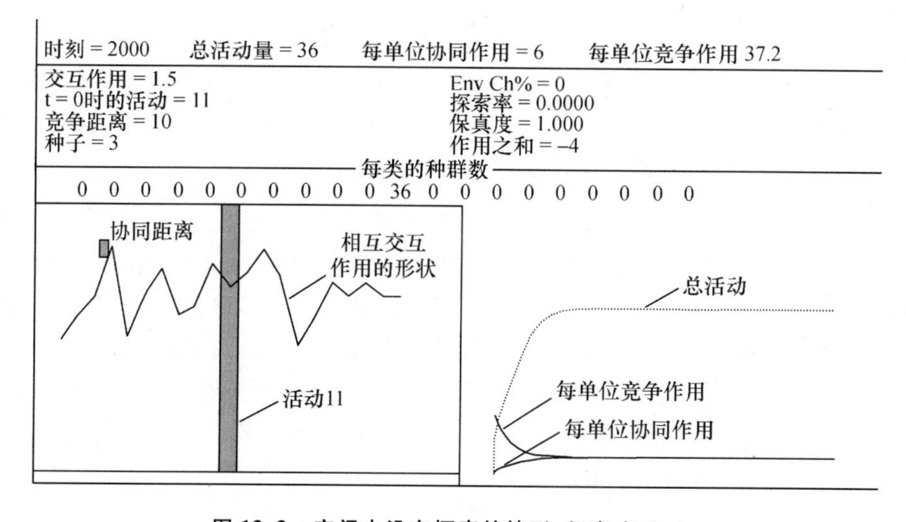

图 13.3　空间中没有探索的情形，保真度 $f=1$，
系统保持同质，但其绩效只能支持 36 位个体的全部活动

如果用同样的隐藏交互对重复相同的模拟活动，并保持相同的初始条件，但是这次有1%被允许在邻近的行动之间进行扩散（缺乏保真度），图13.4描述了其结果。我们看到，系统的绩效增加，可以支撑72位个体构成的种群，每一个体所经历的竞争降低到19，而每一个体经历的互依关系也增加到26。

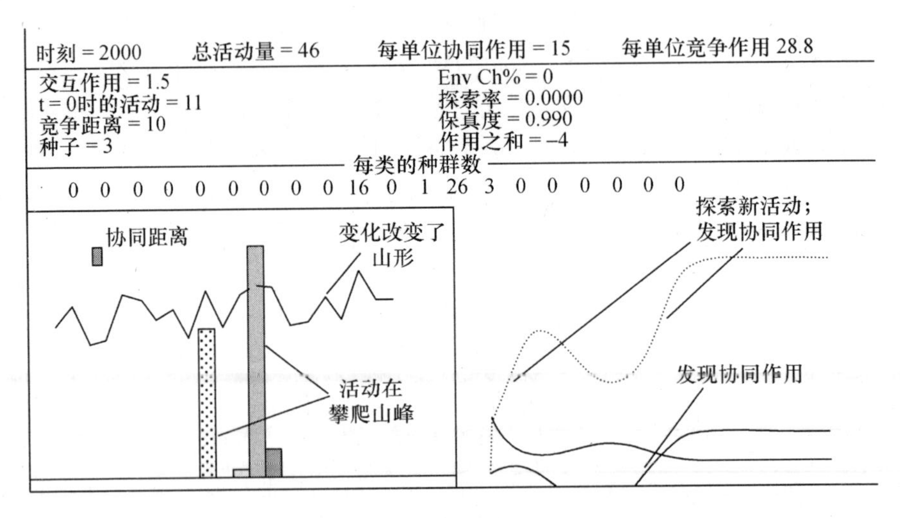

图 13.4　在这里，对邻近可能性的探索导致行动11攀爬至行动10和13；这些结果导致了收益的改善

在这些图中，左下方的图是种群 $x(i)$ 沿纵轴移动的直方图，可能的种群从1到20。总活动是所有种群之和。Symbio/unit 是每一个体的互依关系（正的净效应）总数。这等于 $\left(\sum_{ij} x(i) \times x(j) \times \text{Neteff}(i,j)\right)/\text{Total Population}^2$。Comp/unit 是每一个体竞争关系的总数。

438

在这一模拟中，活动11在一开始就在增长，并且开始“扩散”到类型10和12；随后，类型12扩散到13，行动10和13发现了强烈的协同作用。这通向了更高层次的活动46，并具有了更高的每单位协同作用。然而，在模拟1和2中，系统都达到了均衡，没有发生其他事情。系统“陷入了”惯例之中。

接下来让我们考虑加入“随机项”后的效应，即允许随机探索新活动。此时系统不再被局限于初始活动所处的“山峰”上，我们可以看到，这些探索会让更为成功的、创造新活动组织形式的能力发挥作用，从而产生更高的收益和更高层次的活动（图13.5）。

如果我们允许其中有非常频繁的探索活动，又会发生什么呢？如图13.6所示。

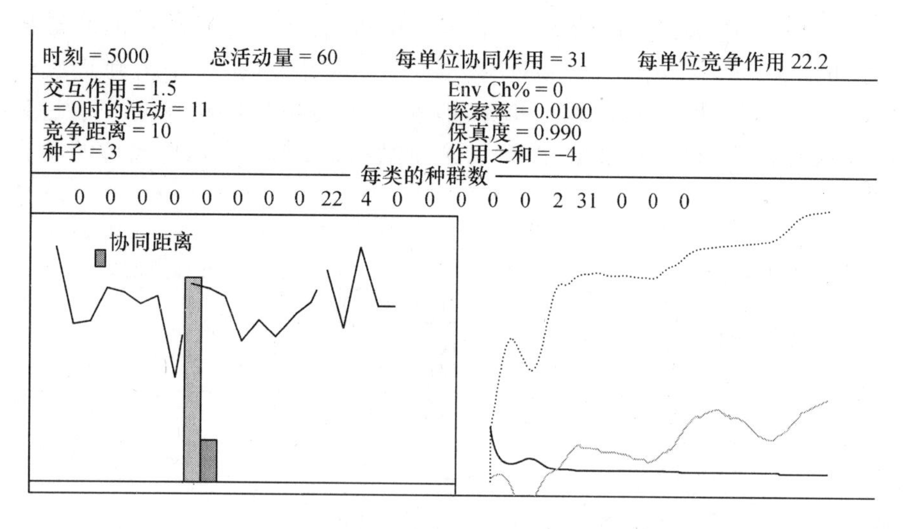

图 13.5　在这里,偶发的随机探索允许系统寻找新的小山并攀爬之;总活动量是 60,每单位的协同作用是 31

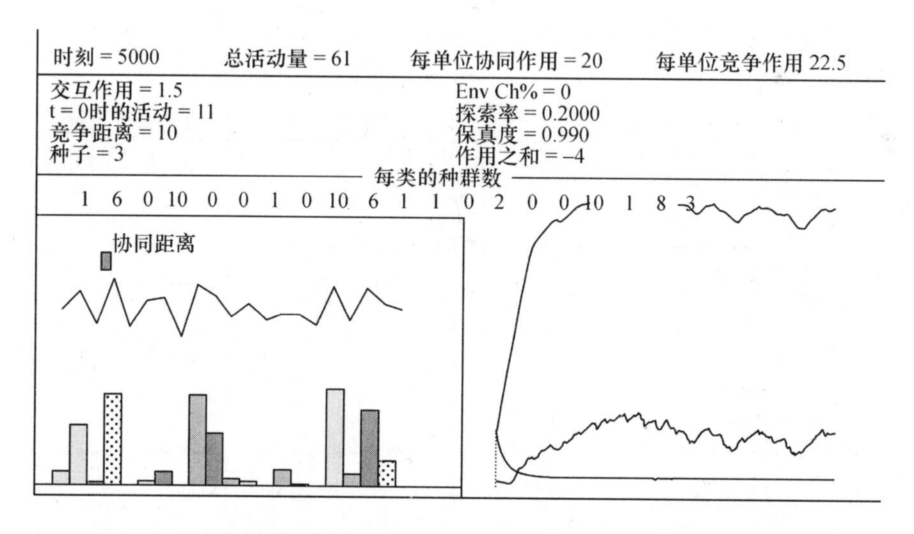

图 13.6　在这里,频繁的探索导致了某种混乱,没有明确地标出精确的协同作用和对抗作用;尽管如此,总活动量很高

如图13.7所示，在时刻5 000，中间值0.01会产生不同的可能的结构吸引子（structural attractors），其中一个是从活动11开始的，另一个则是从活动18开始的。这说明了这样一个事实，即所发现的结构吸引子是“历史依赖的”；未来不会确定性地奔向一个可以预测的结果，而是会因为当前的偶然行动而改变。

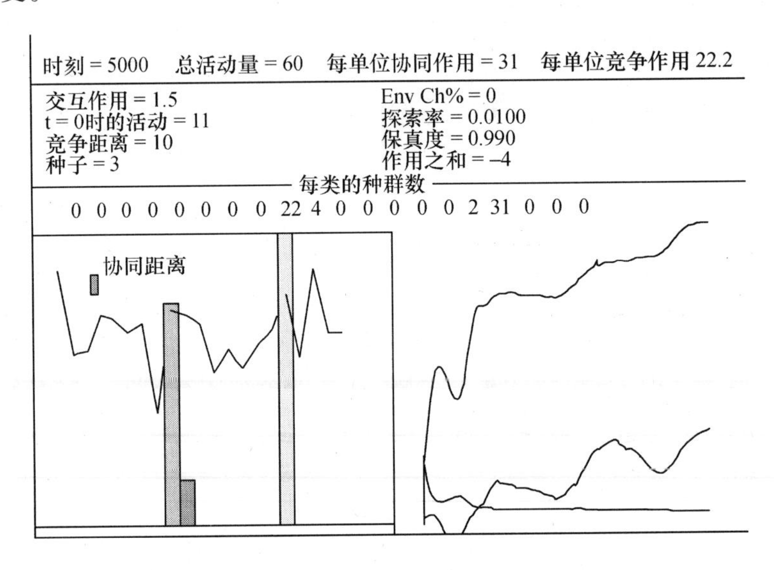

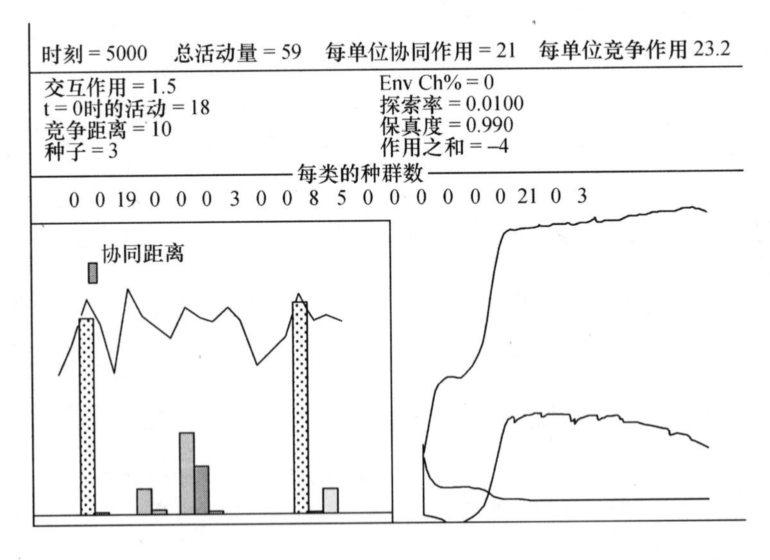

图13.7　采用相同的参数，不同的初始条件会通向不同的结构吸引子

很明显，尽管模拟的历史完全依赖于选定的初始条件和参数，但是，引入学习的探索机制却的确改善了绩效。这使得我们的网络可以发现更好的组织结构。我们可以用其他的随机种子来选择相互交互对（mutual pair interactions）以测试这些结果，我们也可以探索图 13.8 中的其他初始条件。 439 440

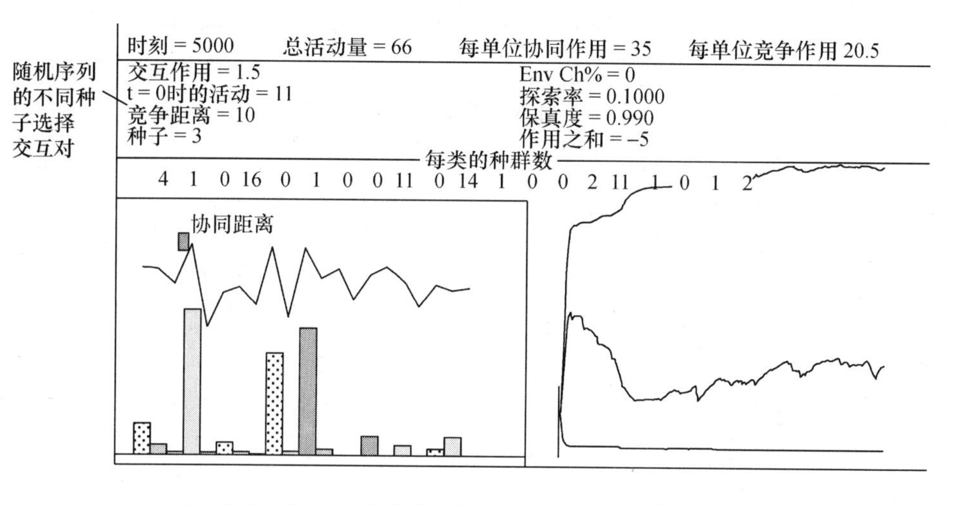

图 13.8　这里系统成功地探索到了一套不同的交互对，从而产生了更高水平的总活动量

这告诉我们，引入学习的关键要素是系统的内部异质性以及探索可能在系统中发现的潜在互补性的能力。这告诉我们，只尝试邻近活动的能力会导致系统“爬山”，改善其绩效，但是系统仍然被局限于它碰巧所处的山峰上。加入一个额外的随机探索项后，系统可以在相当程度上改进其行为，通过结构重组发现新的、更为成功的组织形式。这告诉我们，系统如何学习其内部可能性、如何很好地在特定环境中利用这些可能性。 441

4　结构吸引子

关于这些结果，有多个要点。首先，前述模型十分简单，其结果具有高度的一般性。它告诉我们，如果对于某个系统，我们没有做出假设 3 和 4，即没有去除自然的微小的多样性和真实世界代理人、行为人和对象的特性，那么，我们就可以自动得到如图 13.7 和 13.8 中所示的结构吸引子的实现。结构吸引子这一概念出现于 Mark Strathern 和 James McGlade 的某项合作研究中（最早的文稿是 Nexus 第 3 号工作论文）。这些描述的是互相依赖的行为构成的复杂系统，总体来看，其特征是协同的。它们取得的绩效高于其同质原形（初始状态）的作为，但是与当前的所有“可能”行为相比，多样性较低。换言之，它们表明了一个经过演化的实体不会具备“全部可能的特征”，但是会具有一些彼此适合、能发挥协同作用的特征，从而使其可以在所处的环境中取得成功。它们和 Manfred Eigen 和 Peter Shuster（1979）的研究中提出的超循环突现概念是相对应的，但同时也承认突现集体性特征和维度的重要性。突现出来的结构吸引子（或复杂系统）产生于所采取搜寻的特定历史以及各组成部分之间的潜在协同性。换言之，结构吸引子就是一套具有互相支持、互补特性的、进行交互作用的因素的突现。

442

这些结构吸引子有什么含义呢？

① 特征空间中的“致错”扩散所实施的搜寻会导致最终目标对象的绩效极大地增加。系统的发展以强烈的内部竞争和低水平的共生互依为特征，而不会表现出同质性；系统的发展会产生更高水平的绩效，降低内部竞争、提升协同性。

② 整个过程会导致复杂的、行为人“共同体”的演化，其活动——不论是什么——会对他们自身及其他现有行为人产生正反馈效应。突现“团队”或“共同体”中的正交互作用大于负面作用。

③ 最终的合成体所占用的多样性、维度和特征空间远大于单个种群最初的同质起始结构。但是，相对于所有可能种群会带给系统的多样性、维度和特征空间而言，它又小得多。因此，结构吸引子所代表的，是对所有原则上可能的行动集合的简化形式。它表明，“发现了”一个行为人的子集，其中行为人的特征和维度具有产生正反馈的属性。这与经典的动态吸引子是不同的，后者指的是给定变量集合在长期中遵循的轨迹。在这里，我们的结构吸引子所涉及的，是不仅能共存、而且能在事实上发生协同作用的变量、维度和特征集合的突现。

④ 很明显，一个成功且可持续的系统，是允许行为空间中自由探索搜寻过程并对其予以鼓励的系统。换句话说，可持续性来自于探索并改变的能力。这一过程会产生一个高度合作的系统，其中个体竞争水平低，但正反馈环和协同性很高。换言之，各自追求自身增长的不同种群的自由演化，会导向一个合作甚于竞争的系统。对现代自由市场经济的追求，会使得也要求一个自私竞争占据主导地位的凶狠社会被证明是错误的——至少在简单情形下如此。

最重要的一点是上述模型所表现出来的一般性。很明显，这种状况几乎可以刻画任何一种人类团体——家庭、公司、社区等，但是，只有允许进行探索式学习时，结构吸引子的演化式突现才是可能的。如果我们考虑一种人工品（产生于设计过程的某种产品），也就有一种突现结构吸引子的类似物。为了产生某种总体绩效而以特定方式把不同的成分放在一起，就可以创造出一种产品。

443

但是,该绩效也有几种维度,涉及不同的属性。这些维度相互关联,因此,对某一成分设计上的改变,会影响不同属性空间中的绩效。某些影响可能是更好的,某些则更差。因此,我们的突现结构吸引子涉及如何理解成功的产品是什么、如何获得。显然,成功的产品应该是可以发挥协同作用、具有高于平均水平之绩效的产品。从所有可能的设计和修改方案中,我们搜寻具有可以良好合作的维度与属性的结构吸引子。可以通过研发(R&D)来实现这一点,而研发过程必须效仿我们的上述简单模型中"以图解形式描述"的对可能的修正及概念的探索性调查。

在可能的设计、技术和选择空间中,成功的汽车、飞机、甚至是一个简单的酒杯的设计,就是一个通过搜索过程突现的"结构吸引子"。这告诉我们,尽管"酒杯"本身并不是一个复杂系统,但是,它是由复杂系统生产出来的。复杂系统搜索并发现何种形状、厚度、玻璃成分等的组合会具有互相兼容并令人满意的属性,如图 13.9 所示。生产酒杯的复杂系统的一部分是关于技术和生产过程的,这将生成突现对象的属性。

	重	大容积	优雅	可作装饰	稳定可靠	可用于洗碗机	明亮无瑕疵
重	1	1	-1	0	1	0	-1
大容积	1	1	-1	0	1	0	0
优雅	-1	-1	1	1	-1	-1	1
可作装饰	0	0	1	1	-1	-1	1
稳定可靠	1	1	-1	-1	1	1	-1
可用于洗碗机	0	0	-1	-1	1	1	-1
明亮无瑕疵	-1	0	1	1	-1	-1	1

图 13.9　一种可能的"玻璃杯"之属性的两两交互表,至少有两种备择"结构吸引子"

这就是酒杯的组织形式、技术和技巧基础为什么会随着时间的推移、实际上是通过连续阶段——正如我们前面给出的简单模型那样——演化的原因。

一只酒杯是"圆底酒杯",它重、容量大、稳定可靠,而且可以用洗碗机清洗,另外一只是"葡萄酒杯",优雅、可以作为装饰,而且是用透明如水晶的玻璃制成,但并不稳定而且不能用洗碗机清洗。这个简单、稍微有些想象色彩的例子可以说明很多问题。首先,玻璃饮用容器在最初可能只是会简单地采取技术上"最简单"的路线,造出一只圆底酒杯来。但是,使用者可能会发现,他们手的温度会使酒温热得太厉害,所以就开始寻找这个问题的解决方案。在某个时点上,有人根据直觉发现,与其建议饮酒者戴一双隔热手套,不如给杯子加个"柄",并给这个"柄"加个平底以便让杯子再具备一些稳定性,如图 13.10 所示。

444

这个形状以及握杯子的特殊手势和方法,导致新形式的“优雅”属性的突现。更进一步的发展又发现了,如何塑造杯子上部碗型部分的形状,从而提升其装饰效果。这个设计理念(碗 + 柄 + 台基)可以让所有因素发挥协同作用,表明对新理念的权衡取舍会发现世界中的合适定位,是突现结构吸引子的典型例证。

图 13.10　突现结构吸引子的例子

注:圆底酒杯可能是最先出现的,但是因为这种酒杯会使酒温热,一位天才想出了“葡萄酒杯”的点子,给它加了一个柄和一个平的台基以让杯子稳定。

重点是,尽管我们的模型表明,特征空间的探索会产生绩效提升了的突现对象和系统,但是,我们并不能预测它们是什么,这一点仍然是真实无疑的。上述模型用随机数来选择两两交互组合,所用的方法是无偏的,但实际上,我们面临的真实情形是,这些组合不是“随机的”,而是反映了在研过程和成分的基础物理、心理及行为现实,就如同我们的酒杯的“故事”所阐明的那样。复杂系统的结构演化讨论的是,探索和微扰(perturbation)会如何产生对修正的尝试,而这有时候产生新的具有突现属性的“概念”和结构吸引子。因此,所有特定产品领域的历史都可以被看做是一套演化谱,有新的特质突现,也有旧的特质消失。但实际上,“产品”的演化只是更大的组织和消费者生活方式系统的一个方面,它也会遵循类似的、相关的多重共同演化模式。接下来让我们研究组织演化。

445

5　制造业演化

前面一节已经在理论上说明,特征空间中微小的多样性、对创新概念和活动的试验性尝试会产生突现对象和系统。但是,我们无法预测它们是什么,这一点仍然成立。从数学的角度而言,我们总是可以为一组既定的方程求解,以求出最优绩效时的变量值。但是,我们并不知道当前存在何种变量,正如我们不知道什么样的新“概念”可能会产生新结构吸引子一样,因此,我们并不知道要求解或最优化哪些方程。在企业和组织的演化过程中可以观察到的实践和惯例都在不断变化中,可以用前述与研究“产品”演化的完全相同的方法来研究其变化。我们将会看到一张可以描述经济领域中连续的新实践和创新观点历史的"进化枝图"(显示演化历史的图表)。它将会生成人工品及为其生产提供基础的组织形式的演化历史(参见 Mckelvey,1982,1994;McCarthy,1995 和 McCarthy *et al.*,1997)。让我们研究汽车部门的制造业组织。表 13.1 是制造业组织的 53 种特征。

已经被确认了的组织形式有:

- 古老的手工系统
- 标准化的手工系统
- 现代手工系统
- 新手工系统
- 弹性制造
- 丰田生产系统
- 精益生产者(lean producers)
- 敏捷生产者(agile producers)
- 即时生产(just in time)
- 密集量产者
- 欧式量产者
- 现代量产者
- 伪精益生产者
- 福特制量产者
- 大规模生产者
- 熟练大规模生产者

表 13.1　制造业组织的 53 种特征　446

部件标准化	1
装配时间标准	2
装配线规划	3
手工技巧减少	4
自动化(机器调节的车间)	5
拉动生产系统	6
批量大小的减少	7
拉动采购规划	8
以操作者为基础的机器维护	9
质量循环	10
雇员创新奖励	11
轮岗	12
大批量生产	13

（续 表）

通过分标进行大规模的分包	14
与供应商交换工人	15
社会化培训	16
主动培训计划	17
产品范围缩减	18
自动化(机器调节的车间)	19
多重分包	20
质量系统	21
质量哲学	22
与供应商的应收账款政策	23
弹性多功能职工	24
组装时间缩减	25
Kaizen 变革管理	26
全面质量管理开发	27
100% 取样检查	28
U 形布局	29
预防性维护	30
个别错误纠正	31
工人的顺序依赖	32
生产线平衡	33
团队政策	34
装配线的丰田认证	35
群体与团队	36
工作丰富化	37
制造单元	38
并行工程	39
作业成本法	40
产能过剩	41
产品形式的弹性自动化	42
不同产品的敏捷自动化处理	43
内包	44
移民职工	45
专用自动化	46
分工	47
雇员是系统工具	48
雇员是系统开发者	49
产品焦点	50
平行处理	51
依靠书面规则	52
劳动力的进一步强化	53

447

如果我们研究一下特定特征的共生,就能开始理解不同属性对实际具有的可能的协同性或冲突。

图 13.11 提示我们,突现组织形式背后的"原因"是属性之间隐藏的交互对。在我们的网络模拟中,成功的演化涉及突现协同性的发现和开发,以及对抵触性属性的排斥。为了说明这些模型中所包含的观点,我们可以用图 13.12 中所示的共生矩阵、而不是方程(1)将我们的"交互对"参数化。如果我们这么做了,并考虑了 53 种全部可能的特征行为,而不是像上面那样只考虑 20 种,我们就可以得到一个扩展了的模型,并观察何种组织形式会突现。

448

特征	1	2	3	4	5	6	7	8	9	10	11	12
1	1	1	1	1	1	1	1	1	1	1	1	1
2	0.866667	1	1	1	1	1	1	1	1	1	1	1
3	0.6	0.714286	1	1	1	1	1	1	1	1	1	1
4	0.6	0.714286	1	1	1	1	1	1	1	1	1	1
5	0.333333	0.428571	0.666667	0.666667	1	1	1	1	1	1	1	1
6	-0.06667	0	0.166667	0.166667	0.4	1	1	1	1	1	1	1
7	-0.33333	-0.28571	-0.16667	-0.16667	0	0.428571	1	1	1	0.6	1	1
8	-0.6	-0.57143	-0.5	-0.5	-0.4	-0.14286	0.2	1	0.5	0.2	1	1
9	-0.46667	-0.42857	-0.33333	-0.33333	-0.2	0.142857	0.6	1	1	0.6	1	1
10	-0.33333	-0.28571	-0.16667	-0.16667	0	0.428571	0.6	1	1	1	1	1
11	-0.6	-0.57143	-0.5	-0.5	-0.4	-0.14286	0.2	1	0.5	0.2	1	1
12	-0.6	-0.57143	-0.5	-0.5	-0.4	-0.14286	0.2	1	0.5	0.2	1	1
13	0.733333	0.857143	1	1	1	1	1	1	1	1	1	1
14	-0.33333	-0.28571	-0.16667	-0.16667	0	-0.42857	-0.6	-1	-1	-1	-1	-1
15	-0.73333	-0.71429	-0.66667	-0.66667	-0.6	-0.42857	-0.2	0.333333	0	-0.2	0.333333	0.333333
16	0.6	0.714286	1	1	1	1	1	1	1	1	1	1
17	-0.33333	-0.28571	-0.16667	-0.16667	0	0.428571	0.6	1	1	1	1	1
18	-0.86667	-0.85714	-0.83333	-0.83333	-0.8	-1	-1	-1	-1	-1	-1	-1
19	-0.33333	-0.28571	-0.16667	-0.16667	0	0.428571	0.6	1	1	1	1	1
20	-0.46667	-0.42857	-0.33333	-0.33333	-0.2	-0.42857	-0.6	-1	-1	-1	-1	-1
21	-0.2	-0.14286	0	0	0.2	0.714286	1	1	1	1	1	1
22	-0.33333	-0.28571	-0.16667	-0.16667	0	0.428571	0.6	1	1	1	1	1
23	-0.73333	-0.71429	-0.66667	-0.66667	-0.6	-0.42857	-0.2	0.333333	0	-0.2	0.333333	0.333333
24	-0.33333	-0.28571	-0.16667	-0.16667	0	0.428571	1	1	1	0.6	1	1
25	-0.33333	-0.28571	-0.16667	-0.16667	0	0.428571	1	1	1	0.6	1	1
26	-0.33333	-0.28571	-0.16667	-0.16667	0	0.428571	0.6	1	1	1	1	1
27	-0.6	-0.57143	-0.5	-0.5	-0.4	-0.14286	0.2	1	0.5	0.2	1	1

图 13.11　53 种可能属性在 16 种不同组织形式中的共生

模型从一个手工结构开始,给定其具有特征 1、2、3 和 4。之后,模型试图每隔 500 个时间单位就"推出"新特征。这些特征是随机选定的,推出时采取小的"实验"值 1。有些时候,行为会衰落并消失,有时它又会增长并成为"正式"结构的一部分,进而决定何种创新行为会随后大批进入。在图 13.12 所示的序列中,我们的模型描述了一个特殊的演化故事。表 13.2 对图 13.13 中描述的历史进行了总结。它表明,在初始状态下已有特征 1、2、3 和 4,在特定时间间隔上尝试了其他的创新,以期了解它们是否会"大受欢迎"。"大受欢迎"的前提并不是该实践一定能够在长期内提升总体绩效,而只是要求,对于与其发生交互作用的活动(即它影响的那些活动),应该能洞察到它会使结果更好、更快、更便宜等等。因此,它的基础是对优势的局部感知,因为在短期内,要知道当全部循环和交互作用结束各自的工作时它是否可以产生长期收益是不可能的。这一

448

449

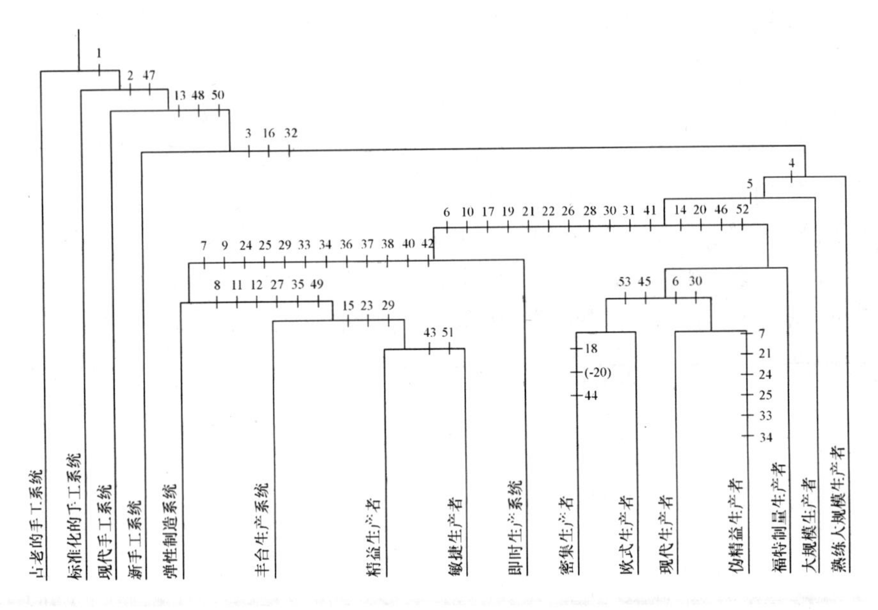

图 13.12 汽车制造组织形式的进化枝图

资料来源:McCarthy *et al.* ,1997。

点十分重要,因为在现实中,要让全部结果得以实现,需要花费很长的时间,在较早的时候,要知道哪种行动或者哪种干扰性决策到底会产生何种结果是不可能的。

表 13.2 描述随时间推移时组织变迁的特定演化事件序列

特 征	时 间	结 果	结 构
1,2,3,4	0	成功	1,2,3,4
43	$T = 500$	成功	1,2,3,4,43
42	$T = 1\,000$	成功	1,2,3,4,43,42
9	$T = 1\,500$	成功	1,2,3,4,43,42,9
48	$T = 2\,000$	成功	1,2,3,4,43,42,9,48
17	$T = 2\,500$	成功	1,2,3,4,43,42,9,48,17
20	$T = 3\,000$	失败	1,2,3,4,43,42,9,48,17
28	$T = 3\,500$	成功	1,2,3,4,43,42,9,48,17,28
14	$T = 4\,000$	失败	1,2,3,4,43,42,9,48,17,28
15	$T = 4\,500$	失败	1,2,3,4,43,42,9,48,17,28
34	$T = 5\,000$	失败	1,2,3,4,43,42,9,48,17,28

（续　表）

特　征	时　间	结　果	结　构
45	$T = 5\,500$	失败	1,2,3,4,43,42,9,48,17,28
45	$T = 6\,000$	失败	1,2,3,4,43,42,9,48,17,28
19	$T = 6\,500$	成功	1,2,3,4,43,42,9,48,17,28,19
13	$T = 7\,000$	成功	1,2,3,4,43,42,9,48,17,28,19,13
15	$T = 7\,500$	失败	1,2,3,4,43,42,9,48,17,28,19,13
38	$T = 8\,000$	失败	1,2,3,4,43,42,9,48,17,28,19,13
5	$T = 8\,500$	成功	1,2,3,4,43,42,9,48,17,28,19,13,5
16	$T = 9\,000$	失败	1,2,3,4,43,42,9,48,17,28,19,13,5
10	$T = 9\,500$	成功	1,2,3,4,43,42,9,48,17,28,19,13,5,10
20	$T = 10\,000$	失败	1,2,3,4,43,42,9,48,17,28,19,13,5,10

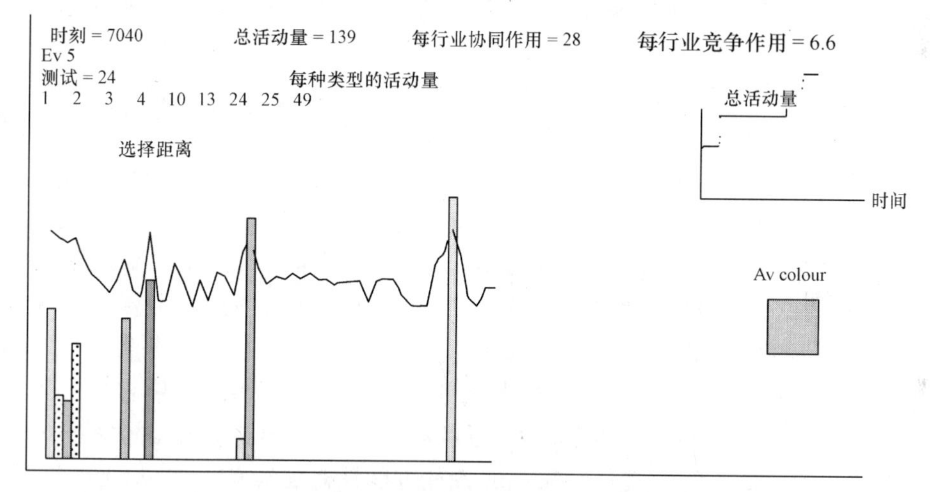

图 13.13　演化模型试图以随机顺序“推出”可能的创新实践；如果它们大批进入，就会改变新系统的“可入侵性”

因此，如果出现某种试验性活动，就会用局部判断来将之放大、将之纳入运行之中，一旦它被整合到组织之中，就会改变随后的新实验中兼容性或冲突的选择规则。

该模型可以描述特定特征是如何以随机方式被加以测试的，该特征也可能无法进入系统。能够大举进入系统的那些特征会改变组织结构的性质，并通过可能性空间产生特定的路径。

不同的模拟会产生不同的结构——一共有 53 种（53 的阶乘，一个非常大的数字）可能的历史！这表明了复杂系统思想中的一个要旨：我们无法从逻辑上或根据理性推理出随后在给定时间会被尝试的探索/创新，因为无法提前知道　450

它们的整体效应。因此，系统可以"选择"要尝试什么，而我们可以用随机数生成器对之进行模仿，以在我们的模拟中做出实际选择。在真实世界中，不同的人对各种选择有不同的偏好，他们之间无疑会产生争辩和讨论，每个人都会用他/她自己所选择的利弊权衡和整体效果的预期作为论据。但是，前一次创新中取得成功的那一部分会根据实际做出的选择来修改进一步变化的选择标准。因此，之前发生的事情，会改变接下来能够大举进入系统的模式（如果它被尝试了的话）。这在技术上被称为"路径依赖"过程，因为未来可能的演化路径受到系统之前所采取的路径的影响。

如果我们对模型可以用那些现实生活中的所见生成的多种不同可能结构进行比较，那么，很显然，由于我们是在有共生和无共生的前提下对图13.12中的"交互矩阵"进行的计算，它们自然会趋向于接近至少这16种已经被观测到的结构。但是，我们必须考虑，人们在演化进行过程中所知多少、哪些遭遇了失败、哪些获得了成功、其中又有多少"运气"的成分。

它也突现出了将复杂系统思想用于实际的一个"问题"。复杂系统理论告诉我们，未来是完全不可预测的，因为系统具有某种内在的自主性，而且会进行路径依赖式的学习。但是，这也意味着，不能证明"现在"（已有的数据）是过去的必然结果，而只能——但愿——是一种可能的结果。因此，可能会有很多种可能的结构有待组织去发现并使其运作，从而使得实际观测到的组织结构只是数百种可能结构中的16种。传统科学所使用的假设是"只有最优者才能生存"，因此，我们能观测到的是一种最优结构，与平均水平只有一些暂时性的偏离。但是，选择是通过与其他参与者之间的交互起作用的，如果它们互不相同——兼顾到一个稍有不同的市场，而且在任何特定时点都是次优的——那么，也就没有什么选择力能够把繁茂的各种可能性修建为单一的、最优的结果。复杂性告诉我们，我们比自己所想象的更为自由，这种自由所给出的多样性就是可持续性、适应性和学习经由发生的机制。

451 这幅图像向我们表明，演化就是结构吸引子发现和突现的过程，它体现了基础组成部分的自然协同和冲突（非线性）。它们的属性和结果难以预料，因此，需要在自由行动个体信念、观点和经验之多样性的基础之上进行真实的探索和实验。

6 关于经济的综合观点

上述讨论过的各种观点说明的是企业之类的组织如何探索可能的功能性创新，其能力如何演化进而导致生存或失败。它们描述了向"可能性空间"的发散性演化扩散,从而为“演化经济学”观点给出了更为完整的解释(参见 Nelson and Winter,1982;Foster and Metcalfe,2001 和 Dopfer,2001)。接下来,每一种过程都被根据所提供产品或服务的“绩效”加以放大或缩减,而“绩效”则取决于它们之间的内部权衡比较以及它在供应网络、零售结构和最终消费者生活方式中遇到或发现的协同性和冲突。

类似的,供应网络、零售结构或不同类型个人生活方式的不同要素中所产生的探索性变迁(exploratory changes)都会通向对可能性的发散性的探索。进而产生的双重选择过程会使之放大或缩减:该过程一方面作用于“内部”(就其内部结构的协同性和冲突而言),另一方面作用于“外部”(所显露出的与其周围各种特征的协同性或冲突)。因此,如果一种新的实践是与既有结构协同的,就可能会“大规模地进入”系统,这又将根据修正后的系统是与环境协同还是冲突而进一步导致系统在其环境中的加强或衰落。因为很难预测新行动突现出来的内部和外部行为,所以,一般无法预料任意给定新行动所产生的收益。这种无知恰恰是探索得以出现的关键因素。对未知的恐惧可能会阻止创新,也可能会在相关行为人未必有所计划时导致不同的创新出现。如果发现内部结构或外部环境有区别,试图模仿另一位行为人就可能会产生截然不同的结果。

在整个经济,实际就是交互要素和结构组成的社会/文化系统中,我们看到的是不同时空规模上的一般性图画,其中,未来的不确定性使得探索性、发散性的活动成为可能,而这些活动进一步被影响与环境交互关系的方法放大或抑制(如图 13.14 所示)。究其本质,这符合耗散结构的早期景象,其存在和扩大取决于对如何获取环境中的能量和物质的“学习”。它们可以形成一个自我加强的互补优势循环,其中,相关环境中的实体和行动者希望能够提供在研系统增长和持续所需的资源。这样,结构作为合作、自加强过程的多标量实体而突现。 452

我们所看到的是一套囊括了演化理论和企业资源基础理论的理论框架。该框架不只适用于企业,而且适用于整体社会经济系统。这就是在某个层面上对可能前景的探索与在其之上和之下两个层面上所产生的不可预知效应之间的复杂系统对话。在特定探索层面的内部与外部受到影响的“权衡比较”或“非线性”之间也有对话。但是,所有层面上都有探索在进行,这一点也是确定无疑的,如图 13.15 所示。除非系统的各个层面都被强加了严格的同质性,否则就一定会有因内部多样性而产生的行为探索。而只有那些能够马上知道哪些实体有效、哪些实体无效的积极行动策略,才会使内部多样性受到抑制。不过,这是不可能发生的,因为过程是动态变化的,要记录相对绩效需要时间。正因为 453

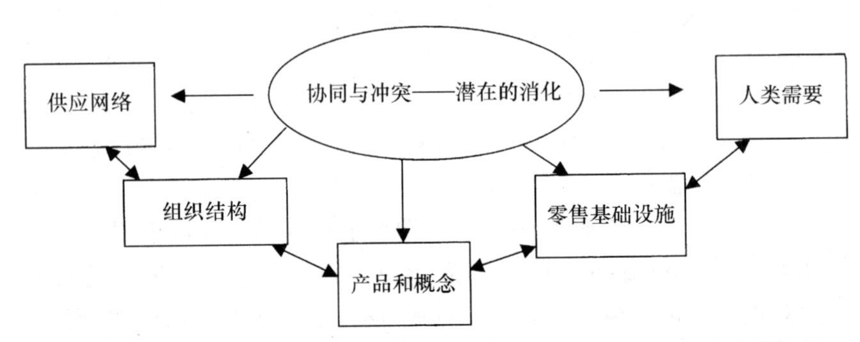

图 13.14　在整个经济中，探索性行为被内部和外部的力量消长放大或抑制

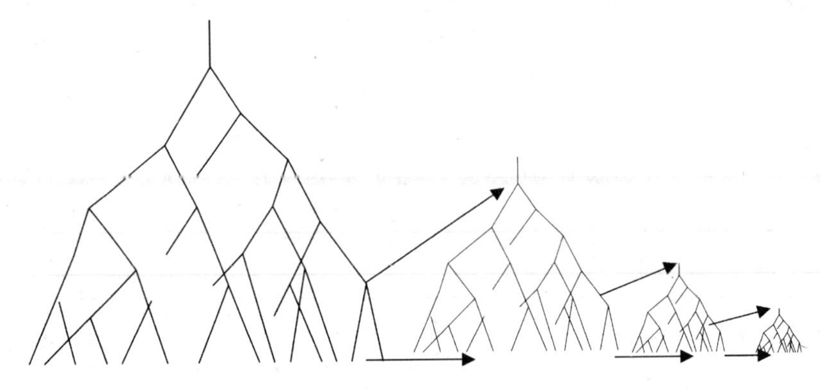

图 13.15　探索和选择的演化过程嵌套在系统中连续的各个层面；
"创新"出现于个别系统中，其环境——背景会对其做出"评判"

此，多元化的行为会占据系统并且在相当长的时期内共存，选择只能逐渐发挥作用。这样，多层次系统就恰好是可以"保护"其较低层次免受即时选择、并允许出现探索通道的结构，它们可以产生足够的多样性，进而最终可以发现能够增长的行为。没有多重层次，选择就会即刻发生作用，也就没有机会去构造与之前行为的显著偏离。

7　可持续性与演化智能

我们对复杂性和社会经济系统行为的新理解所显示出来的一个关键概念就是共同演化（coevolution）——它也是"演化智能"（evolutionary intelligence，EvI）的结果。这可以衡量组织随时间推移而持续存在——成功地共同演化——的倾向。究其本质，它就是社会经济系统的演化潜力。

它反映了系统当前所具有的、适应变化的环境或主动地演化与适应的能力。显然,组织只需要与环境演化得一样快即可,不过,在很多情形下,环境是由能够演化和学习的背景资源(满足系统和人的需要)构成的。因此,可持续性要求至少要具有和竞争组织相当的演化能力。如我们所知,适应能力取决于系统是否拥有足够的"非平均水平的"成分和行为——也就是内部多样性。任何一个特定的系统都位于某个连续统上,而该连续统从一台完美的、在短期内能够非常有效地运转的"机器"开始,一直通向无法界定明确平均水平的无结构实体。因此,适应性的秘密就在于系统中平均水平和非平均水平的实体与行为之间存在着某种恰当的平衡。这种平衡必须能够使"当前"的运作充分良好,从而不会危害当前的生存,而且还应该能够以恰当的频率有效地检验当前的结构,进而使得迅速地适应以及毫无拖延地探索新途径成为可能。演化智能就是在自由和功能束缚之间取得了恰当的平衡!

454

演化智能涵盖了"成功之所需"的其他要点。首先,我们可以说,传统的智商(IQ)概念衡量的是解决当前的理性问题的能力。它可能能够反映在清晰明确的情况下处理理性的、合乎逻辑的重要问题的能力。而"情感智能"和情商(EQ)概念衡量的是与其他参与者建立联系、交互作用,进而组成具有成功的突现属性的团体和团队的能力。人们已经认识到,这对于组织和团体的成功运转具有极高的重要性。Dana Zohar 等人(见 Zohar and Marshall,2001)进一步对灵商(Spiritual Quotient,SQ)进行了讨论,他们指出,灵商指的是人们在其他人的行动中发现"意义"并感觉到自己是"更大的工程"中的一部分,从而可以提升并保持其动力的能力。这也是公司与企业生存中的一个重要因素,每一种都是更基本的生存要素中的有用因素。演化智能包括这些智能的其他形式,因为理性效率、成功的关系和交流、动力等全部——必然——都是可持续系统的一部分。但是,它也反映了实践中组织的内部多样性、混乱和误分类等突出特征,而任何组织——或者,市场、部门或地区——的"结构"总是"恰当"表述的问题。边界永远不是绝对的,交互作用总是比正式结构所要求的多或少。正因为此,系统会偏离"完美机器",能够集中起来、完美地完成一项固定的任务,它在实际上拥有的演化潜力使其可以发现并适应于承担某些新的任务。

演化智能可以用"探索"相对于要探索空间之维度的比率来衡量。究其本质,是能够将实验率和系统所处环境出现新维度(新技术、新市场等等)的速率联系起来。在笔者较早的一篇文章(Allen and McGlade,1987)中,建立起了"演化驱动力"(evolutionary drive)的概念,它阐明了为了让演化发生,致错探索(error-making exploration)是必需的。此外,它将致错的量——探索率和在"适应性形状图"中要攀爬的山峰之"斜率"联系了起来。可以获得的越多,就越值得投

455 资于探索活动，因此，在新的活动领域中，高水平的探索会得到奖赏。不过，随着该领域的成熟，每单位探索投资的平均“收益”就会下降，进而使其吸引力减弱，投资更多地转向活动的绩效效率方面，而探索新领域的投资效应减少。总的来讲，我们可以说上述文章表明，随着某个领域的成熟，成功变革与失败变革的比率会下降，发现全新角度的难度越来越大。探索过程成功的收益与失败后收益的比率是演化的基本“成本”。如果有20%的试验取得了成功并带来了绩效改善，就可能是相当进步的。但是，在一个成熟的领域中，这一水平可能会降低到0.1%，也就是一千次探索中只有一次能够带来绩效的改善或产生一种新产品，此时，演化变迁就是一项非常昂贵的练习，各种努力会因之转向简单的过程改进，以使现有系统更为有效、更为精简。

因此，演化智能的作用是在它开启的新领域中产生自然的“生命周期”。在一开始，大力投资于探索可能是有利可图的，而其所受的唯一限制，就是企业或组织因为从生产转向探索而受到影响的生存能力。但是，随着该领域在相应部门和子部门中的发展，探索的回报率逐渐下降，探索的成本增加，竞争组织开始转而注意提升效率、厉行节约、改善内部过程。这自然标志着不会再有什么超额回报，也预示着市场进入成熟阶段，在进一步的技术和社会演化导致其衰落或消失之前，不会再有什么显著的变化。透过演化智能的这一新视角，我们关注的并不是演化在攀爬山“坡”，而是一幅在更为一般化的维度上的、回报和危险皆未知的图景，关注的是将探索率与新技术、新属性、新需要和新维度的出现速率联系起来。

8 结　论

本章概略地描绘了一套经济社会演化综合理论。它描述了不同类型的人如何将它们的需要导向不同产品和服务需求的特定模式。协同和冲突之间的非线性交互产生了特定的零售结构，进而给出了这些模式，而协同与冲突都显示出成熟的“市场”以及——市场中——不同产品类型和种类之间的互补性。

456 产品本身是作为可以聚集并发生协同作用的各种属性之具体表现而存在的，不同的产品市场会作为属性间内在冲突的产物而自然突现。例如，掌上电脑不可能具有一个真正简单易用的键盘（在已有的设计概念下），因此，笔记本电脑和台式机存在于与掌上电脑不同的市场中。类似的，烤面包机和电话机也分别占据不同的市场，因为用能烤面包的电话机来接听电话，会让你的头发起火。因此，正是各种可能属性之间的“互补性和冲突性”构成了可能产品或服务市场的空间。

在供给一方，组织及其所创造出来的产品和服务的能力，是创造性演化过程的结果，在该过程中，互相兼容的实践组合和结构被建立起来，并在由其他参与者构成的环境中发现并占据不同的小生境。在每一时刻，都很难知道采取某种新实践（例如“最佳”实践）的结果，因为其实际效果不仅取决于组织的内部本质及其所处的环境，而且取决于它已经建立起来的各种关系。因此，尝试新的实践方法和新产品注定是一个探索性的、充满风险的过程。在短期内，只是简单地对已有的实践和产品进行优化、并不冒风险进行某种创新总是更优的。但是，随着时间的推移，如果不进行创新，灭亡就不只是可能的，而且——在实际上——是必然的。

供给网络中的协同性和冲突体现出类似的属性，就像新技术不仅会带来可能的机会，也可能会带来威胁，因此，如果要避免晚些时候遭遇灭亡，可能必须采取新技术和新知识。必须将“人类需求”的潜在推动力和被消费以满足这些需求的产品与服务连接起来，并把技术、结构及组织起来不断演化以产生新反应的组织和它们的不断变化的具体表现形式联系起来。整个系统是一个（不完全的）演化学习系统，其中，人们学习用以花费其时间和收入的不同方式以及这些方式对他们的意义。公司试图理解顾客在追求什么，它们应该如何改变其产品和服务以满足这些需要。它们试图找到实现这一目标所需的新能力和新实践方法，并因此创造出新产品和新服务。这些都在要求采用新技术和新材料，进而导致供给网络中的演化。技术创新、文化演化以及社会压力都会改变能够存在的机会和可能性，并且会改变消费者的愿望和梦想，以及他们的选择和消费模式。

这种看起来似乎是乌托邦式的“永不停止的资本主义”当然并不是画面的全部。不完全的学习过程意味着，决策倾向于反映我们所意识到的维度的短期正面绩效；不过，显然，在复杂系统中会有各种类型的、较不明显的因素可能会受到负面影响，这种负面影响有时会发生在较长的期间，但是也可能马上发生。换言之，我们选择要做什么，取决于“我们在衡量什么”，因此，系统的变迁反映的是我们对那些实际影响我们的因素的有限理解。这是因为我们的行动是建立在我们对所处的复杂系统的有限理解和知识基础之上的；因此，它们的演化就打上了我们特定的无知模式的烙印。因此，我们也许可以通过把“成本”推向“外部”来攫取经济收益，或者通过消费某些实际会在较长期间内伤害我们或我们的社区、地区、臭氧层等的产品来获得即时的满足。 457

复杂系统思想并不是简单地告诉我们，注定要演进到一个未知的、其结果有时充满乐趣、有时又充满痛苦的未来中去。它也告诉我们，不创新、不变革，就会面临衰退和灭亡。这里有两个基本的要点，二者之间有一些细微的矛盾。

其一，一些关于特定情形的模型可以帮助你理解你所坚信正在发生的事情，因而可以理解如何行动对你而言才是最有利的——给定你认为自己所知的内容。其二，由于这种知识极其不确定，备好多种选项、隐藏的多样性和多种解释来应对你所不能理解、不能预期的事物总是更好一些。有一句老话，旅行胜于到达。我们说，复杂系统告诉我们，没有人曾经到达过彼岸，因此，我们最好乐于旅行。

参考文献

Allen, P. M. (1976), 'Evolution, population dynamics and stability', *Proceedings of the National Academy of Sciences* **73**(3): 665–668.

(1988), 'Evolution: why the whole is greater than the sum of its parts', in W. Wolff, C. J. Soeder and F. R. Drepper (eds.), *Ecodynamics*, Berlin: Springer-Verlag.

(1990), 'Why the future is not what it was', *Futures* **22**(4): 555–569.

(1993), 'Evolution: persistent ignorance from continual learning', in R. H. Day and P. Chen (eds.), *Non-linear Dynamics and Evolutionary Economics*, Cambridge: Cambridge University Press, 101–112.

(2001), 'What is complexity science? Knowledge of the limits to knowledge', *Emergence* **3**(1): 24–43.

Allen, P. M., and J. M. McGlade (1987), 'Evolutionary drive: the effect of microscopic diversity, error making and noise', *Foundations of Physics* **17**(7): 723–728.

Dopfer, K. (2001), 'History-friendly theories in economics: reconciling universality and context in evolutionary analysis', in J. Foster and J. S. Metcalfe (eds.), *Frontiers of Evolutionary Economics*, Cheltenham: Edward Elgar.

Eigen, M., and P. Schuster (1979), *The Hypercycle*, Berlin: Springer.

Foster, J., and J. S. Metcalfe (2001), 'Modern evolutionary economics perspectives: an overview', in J. Foster and J. S. Metcalfe (eds.), *Frontiers of Evolutionary Economics*, Cheltenham: Edward Elgar.

McCarthy, I. (1995), 'Manufacturing classifications: lessons from organisational systematics and biological taxonomy', *Journal of Manufacturing and Technology Management – Integrated Manufacturing Systems* **6**(6): 37–49.

McCarthy, I., M. Leseure, K. Ridgeway and N. Fieller (1997), 'Building a manufacturing cladogram', *International Journal of Technology Management* **13**(3): 2269–2296.

McKelvey, B. (1982), *Organizational Systematics*, Berkeley and Los Angeles: University of California Press.

(1994), 'Evolution and organizational science', in J. Baum and J. Singh (eds.), *Evolutionary Dynamics of Organizations*, Oxford: Oxford University Press, 314–326.

Nelson, R. R., and S. G. Winter (1982), *An Evolutionary Theory of Economic Change*, Cambridge, MA: Harvard University Press.

Zohar, D., and I. Marshall (2001), *SQ: Spiritual Intelligence*, London: Bloomsbury.

C 演化宏观经济学

第14章　技术演化观点

461

理查德·R.纳尔逊

1　引　言

研究文化变迁的学者明确地提出了一项论点,即他们所分析的文化的要素受制于演化过程。我所说的“文化”,不仅包括做事的习惯方式,也包括理解及解释哪些是应该做的以及为什么这么做的方法。在大多数场合中,我都在心中将这两方面匹配起来:也就是说,实践是由一组将该实践合理化的论据来支持的。

所谓“演化过程”,我指的是包括了在现有多样性中“选择”机制的变迁过程;有一些力量能够维持被选中的特征,但是也有一些机制会引入新的、对在研演化系统的偏离。要说服别人变迁是经由前述意义上的演化过程发生的,并不需要否认、甚至不需要贬低人的目的性、思想——甚至计算——在指导行动中的作用。实际上,在后面,本章还会强调人的推理、理解和讨论在决定人们所作所为中的重要性。无论如何,变迁是演化的这一论点,的确否认了人们完全预知其所采取行动之后果的能力,也确实强调了,在相当大的程度上,学习是包含了试验以及试验结果反馈的过程的结果。

在笔者早些年前的一篇文章(Nelson,1995)中,我简要地审视了有关科学、法律、商业实践与组织、技术等方面的演化理论文献。在本章中,我会集中讨论技术变迁的演化理论。但是,在专注于这一主题之前,我希望列出这类文化演化理论所具有的一些更具一般性特征。

首先,人类文化演化理论学者具有多种不同的知识背景。一种是动物行为学和社会生物学——这些领域通过内含物(inclusion)来看待动物行为和人类行为,将

462

其看做是达尔文式的生物演化的产物,例如人眼的结构或手的形状。这些学者中,有一些会认为人类文化模式受到人类生物学的严格限制,而且实际上是根据那些模式对人类生存所做的贡献来“选择”的。这里,Charles Lumsden and Edward Wilson(1981)可能是最有名的代表。另外一些人,例如 Luigi Cavalli-Sforza and Marcus Feldman(1981)、Robert Boyd and Peter Richerson(1985)和 William Durham(1991)等都认为生物学“约束”更为松散,而且常常并不承认生物学的内含适应性(inclusive fitness)在推动人类文化的演化这一观点。

另外一个相关但却略有不同的知识基础是演化认识论,在这一理论的一些奠基人眼中,这种理论明确地将人类知识的增长看做是生物演化的自然的、非常富有人性色彩的延伸。Donald Campbell(1960,1974)在这一方面的理论发展中贡献卓著。正如我们将看到的,这一理论派别在技术变迁的演化分析中扮演了十分重要的角色。

这一领域中的其他研究者承认,文化要存在,人类首先需要具备基本的生物资质,同时,他们还强调共识和符号以及人际和代际累积性学习的作用,在他们看来,这些因素使得科学、技术、对人类历史的理解或者法律的演化完全成为另外一回事。更一般地,历史学家、经济学家和其他社会科学家长期使用演化论的语言来描述他们所研究的变迁过程,并没有打算与生物演化建立任何关联。在近些年间,很多社会科学家对语言的使用更为严格,并提出了一套清晰统一的文化变迁演化理论。在本章所关注的领域里,更是明显如此(相关综述,请参见 Nelson,1995)。

科学在演化这一观点已有悠久的传统,近年来的相关作品一方面从 Karl Popper(1968)、另一方面从 Thomas Kuhn(1970)中汲取了一些互相有些抵触的思想。法律在演化这种论点也是由来已久,但是较不连贯。Alfred Chandler(1962,1990)关于企业历史的伟大著作提出了企业组织的演化理论。

近年来,演化经济学的文献总量显著增长,其中很多都遵循了纳尔逊和温特(Nelson and Winter, 1982)所制定的路线,不过一些其他流派也有发展。纳尔逊和温特流派关注的是技术变迁在推动经济增长中的重要作用。在这一理论中,关键的参与者是互相竞争以求占据市场主导地位的营利性企业。但是,在这一理论中还存在着技术团体,其中技术可以共享(参见 Nelson,1995)。本章随后会对这两种思想都进行更深入的讨论。

463

研究文化演化理论的学者被划入不同的阵营,有一些相当重要的原因,本章下一节将在讨论技术进步演化理论时对这些原因进行评价。不过,所有这些学者都具有一些特定的共同观点。其中的核心观点当然就是变迁过程会影响人类文化的面貌,其中包含在现有多样性中进行“选择”的机制和维持已选定特征的力量的机制,同时也有一些机制会向演化系统中引入新的偏离。

各学者似乎也广泛地认同文化演化往往发生于多个不同层面这一命题。如此,新业务实践或制作产品部件的新材料的使用可能会同时在某个特定的经营单位内部、隶属同一企业的不同经营单位之间、行业中的企业间和行业间传播。

因为对这一内容的讨论较少,我希望再回到早前曾介绍过的一个观点上去。我想指出,人类文化诸多方面以及大多数技术的一个重要特征就是,演化的不仅是实践,而且包括相应的见解。一些提出技术处于演化之中的学者专注于其中某个方面,而另外一些则关注另一方面。但是,可以论证,人类实践,特别是技术的演化之所以区别于生态学研究者所关注的动物行为的演化,正是因为现有人类实践普遍是由相当精细复杂的理由或理性支撑的。

上述命题——现有的人类行为是由一组见解或信念予以支撑,或者说为其赋予合理基础的——适用于人类文化的很多方面,从宗教到企业实践、到技术都是如此。但是,可以论证,技术区别于宗教或企业政策之特定领域的标志性特征就是,实际的做法往往会对普遍流行的见解提出尖锐的挑战。

与人类文化的其他方面相比,技术演化的一个显著特征就是变迁的步伐很迅速。显然,这并不适用于技术的所有方面。例如,当今民宅建筑中发生的很多事对于一个世纪之前的建筑师和施工人员而言都是十分熟悉的。但是,另一方面,请再比较一下半导体技术和会计实务中技术变迁的步伐。

464

与人类文化的其他领域相比,技术的进步之所以更为迅速,我想说其中有两个相关联的原因,之前我就已经开始介绍这些原因了。其一是对技术的见解往往会对如何改进实践提出相对较为有力的指引。换句话说,在技术演化中产生"新偏离"的机制会比新的企业实践更有可能发现新的变异形式,这些新形式相对之前已经存在的各种形式有显著的改进。

这里的论点显然不是说,技术专家可以清楚地了解那些能够解决已察觉的问题或做出理想改进的新偏离的准确本质。Walter Vincenti(1994)对于如何减少飞机所受的由固定着陆装置所造成的摩擦力的不同观点之争进行了出色的研究,这一研究是此类想法的一剂良药。实际上,技术变迁演化理论的标志性特征就是不能在事先规划重大的进步。

但是,关于新技术如何出现,我们所知道的跟有关"经营热潮"的文献所显示的差不多。Eric Abrahamson(1996)对导致"质量圈"兴起并一度流行的要点进行了讨论,这篇文献是一个很好的例子。或者,还有一条略有不同的脉络,反映在描述美国汽车公司如何努力理解日本公司在该行业之力量的研究上。这些例子都表明,公司会从一种理论转向另一种理论,从一种可靠的改革转向另一种,其转换方式突出地显示了在这一实践领域中人类理解力的弱点。

需要强调的技术演化的第二个特征就是，选择标准与选择机制往往是清晰、稳定且迅速的。Vincenti(1990,1994)等研究表明，要就竞争技术的优势达成一致意见，往往需要一段相当长的时间。但是，与许多企业实践或法律的很多领域中所包括的含糊、波动且缓慢的选择过程相比，我所熟悉的技术历史中显示出来的选择标准与机制的清晰和迅速是惊人的。

但是，很明显，我在这里所采取的理由是有争议的。随后，我就会转而讨论研究技术变迁的学者之间对这些问题所存在的分歧。

465

2 关于选择标准与机制的不同观点

致力于发展并支持“技术在演化”这一理论的学者，基本可以划分为三个不同的阵营。第一阵营中是技术历史学家，例如 Vincenti(1990)和 George Basalla(1988)等。他们所持的主张是，技术在演化主要是一项可以解释他们所观测到的现象的理论。但是，一旦采取了演化理论，就自然会倾向于与 Campbell 等演化认识论者形成合力。

研究技术的当代社会学家组成了一个迥然不同的阵营，这一点给我留下了深刻的印象。社会学家对于技术进步的兴趣由来已久，社会结构会影响技术演化路径的观点也是如此，因此，在过去的 20 年间，可以看到技术进步的“社会建构”理论十分引人注目。Wiebe Bijker(1995)是这一阵营的优秀发言人。

研究技术进步的经济学家将整个过程看做是一个演化过程，他们构成了第四阵营。* 大体而言(也有例外)，经济学家认为技术在“演化”这一理论与主流经济学的标准有些不一致。尽管如此，他们被认为与其他几个阵营中的成员一样，是在“像经济学家一样思考”。

在不同阵营的学者处理选择或筛选各种技术备选项的过程时，这些区别表现得十分显著。本章随后会讨论将技术的何种方面——实践、见解还是全部——看做是处于演化之中的、有何种重要意义。不过，这里需要注意的是，演化认识论者倾向于认为演化过程主要是想让见解与现实更为适合(但这一点不能完全实现)，而经济学家倾向于关注技术与需要的契合度，技术历史学家和社会学家则不时在这些观点之间摇摆。

选择看来似乎是在多种不同的层面上进行的，而这里的讨论也排除了这一问题。下文将主要关注不同阵营如何在团体或使用者层面看待选择。

提议使用演化理论的技术历史学家有一个标志性特征，即他们认为，对于大多数重要的技术问题而言，存在多种可能的解决方案，只有通过实际的竞争

* 译者注：原文如此。疑为“第三阵营”。

性比较才能决定何种行为最佳。采取“演化认识论者”的观点,需要信奉这样一种观点,即解决技术问题的尝试在某种程度上是“盲目的”。 466

在我看来,关于选择标准甚至所涉及选择机制的准确本质,这一阵营的理论家们并没有表现出任何特定的教条。不过,他们的大多数作品显示,其假设是存在一些(在某种意义上)有价值的、自然的“技术”标准,至于何种备选项为最优,“技术团体”最终会趋于形成一致意见。这种导向部分地反映出,他们关注对技术的理解这一方面,同时,可能他们对依赖自身实力的技术团体非常感兴趣。无论如何,人们在介绍这种理论时常常十分谨慎,不过,其特色就在于技术会随时间的推移而“变好”。

技术演化的社会学家倾向于抨击这种观点,有时甚至带着几分幸灾乐祸、几分轻蔑。这里与该理论观点的前一部分——选择是发挥作用的主要机制——并无关联。问题在于选择机制的本质。社会学家跟演化认识论者和技术历史学家一样,认为其中涉及某种类型的“团体”,但是,他们认为,该团体并不仅仅是由“技术专家”组成的,其范围应该更广。而自然的强制性技术标准这一概念,则被他们强力否决掉了。在他们看来,选择过程的一部分是竞争性利益之间的斗争,一部分是多元化的有效性为了赢得喜爱和关注而举行的运动。在这些过程中,有价值的标准得以确立,这与前述这些过程会参照已有的、“自然”绩效标准集来评价竞争性选项的观点截然不同。

社会建构主义者既不赞同支持自然技术标准的历史学家,也不赞同那些认为有一个市场“在那里”最终进行选择的经济学家。之所以会与后者相区别,一种推断是认为经济学家与其他阵营不同,其技术演化理论中的使用者集合既不同于技术专家团体,也不是技术进步所涉及的其他内部参与者。

经济学中的技术进步演化理论代表着有两个流派汇集到了一起。其中一个流派源自约瑟夫·熊彼特及与其类似的当代经济学家的著作,他们认为,许多行业中的竞争主要是指不同企业各自向市场中引入新产品,而企业的命运在很大程度上就取决于它们的新产品在与其他企业产品的竞争中销售得有多好。 467 另外一个流派则标志着,至少有一些经济学家已经日渐意识到,技术进步似乎的确是通过一个过程实现的,在该过程中存在多样性,随后于多样性中进行系统性选择,然后进一步引入新的多样性。

这些要素合并起来,形成了一套主要研究技术的实践方面的理论,它假定使用者和“市场”会对新技术进行选择。给定市场的标准,与其他相比更为优越的技术会胜出,因为消费者会购买包含该技术的产品,而采用该技术的企业也会比未采用该技术的企业表现得更好。更优技术的应用会得以扩展,不仅是因为采取该技术的企业相对于其他企业会扩张,而且因为其他企业本身也会被吸引而采取该技术。

正如之前我们提到的，这种演化经济理论在部分程度上是演化经济学家为了理解所经历过的一般经济增长模式而付出努力的一部分。它在一定程度上也是“熊彼特主义”关于高技术行业中竞争本质之观念的复苏，在高技术行业中，竞争不仅仅是“价格”竞争，而且主要集中在引进更好的产品上。之所以称这些经济理论是“演化”理论，是考虑到它们认为是创新和事后选择在推动动态过程。但是，进行选择工作的市场在某种意义上就是“在那里”决定哪种备选技术可以存续。它与技术团体不同，后者的工作是促进技术进步。

为了让对比更为鲜明，我们可以说，技术演化理论的所有学者都承认，一种新的技术最终必须被其使用者所接受。技术历史学家倾向于认为技术专家会作为使用者的代理人做出决策。社会建构主义者认为使用者的需求是由一套政治过程决定的，往往会具有一些潮流色彩。经济学家则认为使用者知道他们想要什么，并且最终会执行其选择，至少在分析开始时是如此。

至于所有这些观点，我最终会支持哪一种呢？显然，这里有一些截然不同的选择理论。如果我被迫严格地传承某个立场，我会坚定地依靠这样一种假设，即选择环境往往具有适度的敏锐性和稳定性，在大多数——如果不是全部——技术变迁的场合中，选择标准同时反映出技术的有效性和使用者的需要。但是，我想指出，总体而言，这里的问题并不是哪种理论是正确的、哪种理论是错误的。相反，我坚定地相信，不同的理论适应于不同的场合。自行车不同于飞机。二者也都有别于电动剃须刀和药物。此外，就如同这些例子所表明的，在很多情况下，我们可能会发现，在同一场合、同一时间，有多种选择标准和机制的要素在同时发挥作用。

468

此外，关心的焦点是技术的实践方面还是见解方面会产生很大的区别。现在，我将转而讨论这一问题。

3 既是实践又是见解的技术

如果一套理论将技术变迁看做是严格地关注实践的演化过程，它自然会将对选择的分析指向技术与使用者需要的契合度有多高。关于优越性标准在这一维度上是如何、被谁决定的，技术变迁的研究者可能会有所分歧，但是，我认为，其争论的本质却非常清楚——即在经验上解决或结合各种争论的方法。

由于技术不仅被看做是一种实践，也被看做是一种见解，评估和选择过程也变得更加复杂。在前一方面，选择标准是与使用者之需要的“适合”程度如何，而在后一方面，选择标准是其“解释已观测到的相关事实，以使问题能够得以解决、进步得以实现的能力”。选择过程以及控制这些过程的因素和标准可能存在相当大的差异。就实践而言，过程最终是由使用者或其代理人控制的；就见解而言，技术专家团体握有控制权。其中可能有、也可能没有重叠。

如果使用者团体是多样的，或者技术有许多不同种类的用途，选择可能会保持人造品和技巧的广泛的多样性。另一方面，作为选择结果的见解可能是高度统一的。

如果同时考虑到这两个方面，那么，似乎需要把技术进步理解为共同演化过程。这两个方面演化的模式、它们之间的关系如何，所有这些都是全过程的基本方面。而这些过程在不同领域中，可能会表现地迥然不同。

在任何时点上，技术见解的有效力都是一个核心变量。另外一个核心变量是技术团体对使用者需求的知识，或者其控制或界定使用者需求的能力。如果两种力量都很强，就几乎可以规划技术进步。看起来，这似乎是公共及私人技术政策中至少在某些方面所依赖的假设。不过，技术变迁的经验研究者可以引出很多灾难的例子，其中这些条件被不正确地假设成立了。一般而言，它们并不成立。要开发出新的、更好的人造品和使用技巧，技术总是会涉及相当多的有关技术或使用者反应的不确定性因素——往往二者兼而有之。

469

另一组关键变量涉及新见解的源泉以及新见解得以成功的过程与产生新实践的过程之间的关系。直到近期，在很多领域中甚至是直到现在，见解的主要源泉都是实践经验。因此，迄今为止，许多"发明"的标志性特征都还是那些使用或操作过某项技术的人最有可能是该技术进步的源泉。见解在很大程度上是那些进行交易的人所共有的知识。

当然，现在人们至少在一定程度上"科学地"理解了大多数技术。在某些技术领域，相关科学见解的进步在很大程度上来自于科学的自主发展，但是在大多数领域中并非如此。现今的大多数技术领域都是以应用科学或工程学的势力为标志的，其所从事的事业就是改进与实践相关的见解。这些学科常常会吸收更为基础的科学之成果，但其本身就是由见解组成的。

传统观念常常假定，见解上的进步发生于实践进步之前，并使实践的进步成为可能，而研究技术进步的学者则深知，实际上它常常是一个相反方向的过程，或者该过程是高度交互式的。作为一个科学领域，热力学是在蒸汽机之后发展起来的，其目的就是要理解该项技术，而威廉·肖克莱（William Shockley）关于半导体中的空穴和电子理论的发展，正是晶体管成功得以发明的结果（参见 Nelson，1962），这是见解追随实践的两个经典案例。

工程学和应用科学与时间的紧密关系表明，我们可以对被称为新的或改进了的见解的发展提出更严格的选择标准。它们是否可以解决主流实践中的各种问题或者促成进步，而在没有这种新见解时，问题的解决和进步是不可能的或者是更为困难的？很明显，这种操作性的选择标准给出了实践与见解之演化间的双向联系。

470 指出技术变迁是通过演化过程实现的那些文章，如果承认实践的演化和见解的演化之间存在区别和联系，那么，它们在处理这些关系的方式上就存在非常显著的差异。与上一节中我们所描述的对选择过程之处理上的区别不同，这里的区别与学科背景没有太大关系，主要是因为研究技术进步的学者只是在现在才开始努力研究这些关系。

参考文献

Abrahamson, E. (1996), 'Management fashion', *Academy of Management Review* **21**(1): 254–285.

Basalla, G. (1988), *The Evolution of Technology*, Cambridge: Cambridge University Press.

Bijker, W. (1995), *Bicycles, Bakelites, and Bulbs: Towards a Theory of Sociotechnical Change*, Cambridge, MA: MIT Press.

Boyd, R., and P. J. Richerson (1985), *Culture and the Evolutionary Process*, Chicago: University of Chicago Press.

Campbell, D. T. (1960), 'Blind variation and selective retention in creative thought as in other knowledge processes', *Psychological Review* **67**: 380–400. [Reprinted in G. Radnitzky and W. W. Bartley III (eds.) (1987), *Evolutionary Epistemology, Rationality, and the Sociology of Knowledge*, La Salle, IL: Open Court, 91–114.]

(1974), '"Downward causation" in hierarchically organized biological systems', in F. J. Ayala and T. Dobzhansky (eds.), *Studies in the Philosophy of Biology*, Berkeley and Los Angeles: University of California Press, 179–186.

Cavalli-Sforza, L. L., and M. W. Feldman (1981), *Cultural Transmission and Evolution: A Quantitative Approach*, Princeton, NJ: Princeton University Press.

Chandler, A. D. (1962), *Strategy and Structure: Chapters in the History of the Industrial Enterprise*, Cambridge, MA: MIT Press.

(1990), *Scale and Scope: The Dynamics of Industrial Capitalism*, Cambridge, MA: Harvard University Press.

Demsetz, H. (1967), 'Toward a theory of property rights', *American Economic Review* **57**(2): 347–359.

Durham, W. H. (1991), *Coevolution: Genes, Culture, and Human Diversity*, Stanford, CA: Stanford University Press.

Hull, D. (1988), *Science as a Process*, Chicago: University of Chicago Press.

Kuhn, T. S. (1970), *The Structure of Scientific Revolutions*, Chicago: University of Chicago Press.

Landes, W. M., and R. A. Posner (1987), *The Economic Structure of Tort Law*, Cambridge, MA: Harvard University Press.

Lumsden, C. J., and E. O. Wilson (1981), *Genes, Mind, and Culture*, Cambridge, MA: Harvard University Press.

Nelson, R. R. (1962), 'The link between science and technology: the case of the transistor', in R. R. Nelson (ed.), *The Rate and Direction of Inventive Activity*, Princeton, NJ: Princeton University Press.

Nelson, R. R., and S. G. Winter (1982), *An Evolutionary Theory of Economic Change*, Cambridge, MA: Harvard University Press.
(1995), 'Recent evolutionary theorizing about economic change', *Journal of Economic Literature* **33**: 48–90.
Plotkin, H. C. (1982), *Learning, Development, and Culture: Essays in Evolutionary Epistemology*, New York: Wiley.
Popper, K. R. (1968), *Conjectures and Refutation: The Growth of Scientific Knowledge*, New York: Harper Torchbooks.
Vincenti, W. (1990), *What Engineers Know and How They Know It*, Baltimore: Johns Hopkins University Press.
(1994), 'The retractable airplane landing gear and the Northrop anomaly: variation-selection and the shaping of technology', *Technology and Culture* **35**: 1–33.

第15章 演化经济动力学:持续周期、突破性技术以及经济稳定与复杂性之间的消长

陈 平

1 引言:跨越经济学和生物学之间的鸿沟

阿尔弗雷德·马歇尔曾经评论说,应该认为经济学更接近于生物学而不是力学(Marshall,1890)。生命系统有两个基本特征:生命戒律(live rhythms)和生灭过程(birth/death process)。但是,现有经济学的框架与马歇尔的理想相去甚远:经济秩序被广泛地描述为稳态解加上白噪声。我们能够跨越均衡经济学和演化生物学之间的鸿沟吗?

理论经济学中有两个基本问题:持续经济周期的本质和劳动分工中的多样性。为了研究这些问题,在经济动力学中有两种不同的观点:均衡机械论方法和演化生物学方法。

持续经济周期和长期过剩产能的存在很难用宏观计量经济学中的均衡模型来解释。外部噪声不能维持Frisch模型中的持续周期(参见Chen,1999);根据大数定律,Lucas微观基础模型中的总体波动过于微弱而不能产生宏观经济波动(Lucas,1972;Chen,2002);而随机游走和布朗运动也不能解释宏观经济指标的持续波动(Chen,2001)。亚当·斯密曾经观察到,劳动分工受到

市场规模的限制(Smith,1976)。乔治·斯蒂格勒(George Stigler)指出,上述的斯密定理与斯密"看不见的手"的理论互不兼容(Stigler,1951)。李约瑟(Joseph Needham)提出疑问,为什么资本主义和现代科学出现在西欧而不是中国或其他文明之中(Needham,1954)。劳动分工和公司战略中模式的多样性无法在均衡框架中得到解释。

在我们的分析中,时间尺度对理解经济动态具有重要作用。生灭过程是增长波动的一阶近似。经济周期可以被进一步分解为一个平滑趋势加上色混沌(color chaos)和白噪声。持续周期和结构变迁可以从时频表象中直接观察到。市场份额竞争和技术中的突破性变迁可以用资源约束条件下的 logistic 模型来解释。可以用风险文化和"试中学"的行为模型来研究公司创新战略。logistic 曲线和产品周期可以从市场战略和技术进步中推导得出。劳动分工受到市场规模、资源多样性和环境不确定性的限制。斯密困境可以通过稳定性和复杂性之间的此消彼长关系来解释(Chen,1987)。市场韧性(resilient market)和经济复杂性可以从持续周期和技术的新陈代谢中得到解释。可以直接从较宽范围的时间尺度中直接观察到经济演化和结构变迁,包括产品周期、经济周期和康德拉捷夫(Kondratiev)长波。 473

2　宏观经济动态的内生波动和统计特征:从均衡噪声到持续周期

经济周期的本质是宏观经济学中一个尚未解决的问题。关于经济周期理论有两个学派:外生冲击均衡学派和内生周期非均衡学派。

外生学派建立在四个模型的基础之上:Frisch 的噪声驱动阻尼振子模型、Lucas 的理性预期微观基础模型、宏观经济学和金融理论中的随机游走和布朗运动模型(参见 Frisch,1933;Lucas,1981;Nelson and Plosser,1982 和 Black and Scholes,1973)。内生周期学派则以决定论振子(deterministic oscillators)为代表,包括谐和周期、有限周期和色混沌(Samuelson,1939;Goodwin,1951 和 Chen,1988)。

在本节中,我们将证明均衡模型不能解释宏观经济运动中的巨大波动和持续周期。否认经济混沌存在的思想实验在理论思维上存在根本性缺陷。生灭过程和色混沌模型却都可以为在经济周期中观测到的市场韧性和经济时钟提供更好的解释。

2.1　宏观计量经济学中的哥白尼问题:宏观经济指标的线性和非线性趋势 474

经济增长的非平稳特征为理论经济学和经济物理学提出了一个巨大的挑

战:怎样从演化的经济体中找出某种稳定的模式?我们能否利用数学映射把观察到的复杂运动简化为一些简单的模式?这就是宏观计量经济学中的哥白尼问题。时间尺度在经济周期的观察中起着关键性的作用。

事物的测量和理论不能割裂开来。图 15.1 显示了从不同的观测参照系可以看到的动态模式。在计量经济学中,一阶差分线性滤波器(first differencing,FD)被广泛用于建立经济波动的(短期)均衡景象。由此产生的时间序列是无规律且短程相关的(short-correlated)(图 15.1b)。带有常数漂移项的随机游走模型在宏观计量经济学中也被称为单位根模型(Nelson and Plosser,1982)。在新古典经济增长理论中,长期均衡路径可以表示为一个指数增长或对数线性(log-linear,LL)趋势(Solow,1956)。由此产生的周期是长程相关的(long-correlated),其问题在于测量结果对时间边界的选择比较敏感。

475 FD 和 LL 的中间趋势是一个受 HP(Hodrick-Prescott)滤波器限制的非线性平滑趋势,可以在真实经济周期(RBC)的文献中找到这一趋势(Hodrick and Prescott,1981)。[①] 其相关时间与美国国家经济研究局(NBER)观测得出的经济周期一致,为几年(Chen,1996a)。我们将会证明,与其他两种趋势相比,HP 趋势能够更为可靠地描述中等长度的经济周期。这一发现显示了时间尺度在选择首选参照系时的重要性。

从图 15.1b 中,我们可以看到 FD 序列的短程相关曲线看起来像是随机的,而 HP 周期则看起来与可能由色噪声或色混沌产生的阻尼周期相似。我们所讲的"色"(colour)意味着在观察到的波动中存在一个特征频率。观察到的方差也依赖于观察参照趋势的选择:时间窗口越大,方差越大。LL 趋势代表着整个观察期中最大的时间窗口。FD 代表的是单位时间内最小的时间窗口,其中,宏观经济趋势被完全地忽略掉了。FD 是宏观计量经济学中均衡幻象的根源。HP 意味着经济周期范围内的一个中等的时间窗口。

2.2 经济周期理论中的均衡幻象:大幅度和时序波动带来的挑战

经济周期均衡理论的四个支柱模型可以得出解析解,但是,所有模型在理解持续的经济周期方面都存在根本性困难。一旦存在经济复杂性,有效市场中的普遍理念就会遇到麻烦。

476 2.2.1 噪声驱动周期的 Frisch 幻想:第二种永动机?

Ragnar Frisch 意识到,线性模型在参数变动时稳定性很低(这一问题在

① 爱德华·普雷斯科特(Edward Prescott)在 2001 年美国经济学会(American Economic Association))年会上告诉作者,约翰·冯·诺伊曼(John von Neumann)首次使用了 HP 滤波器;因此,其更准确的名字应该是 VHP 滤波器。

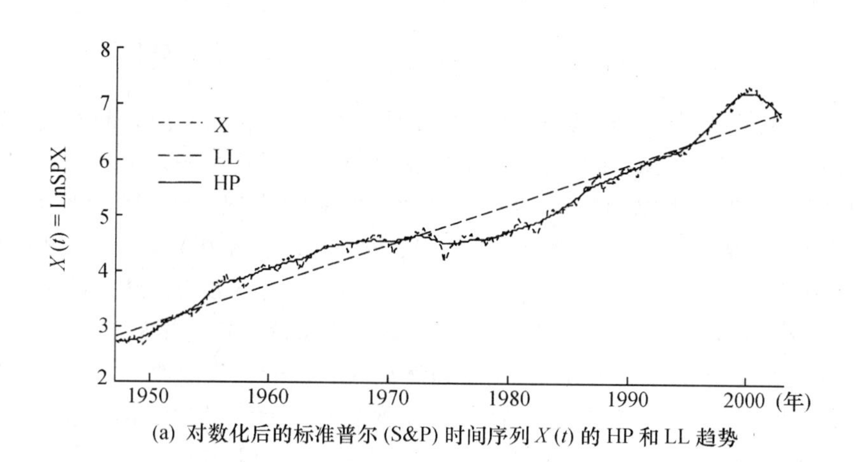

(a) 对数化后的标准普尔 (S&P) 时间序列 $X(t)$ 的 HP 和 LL 趋势

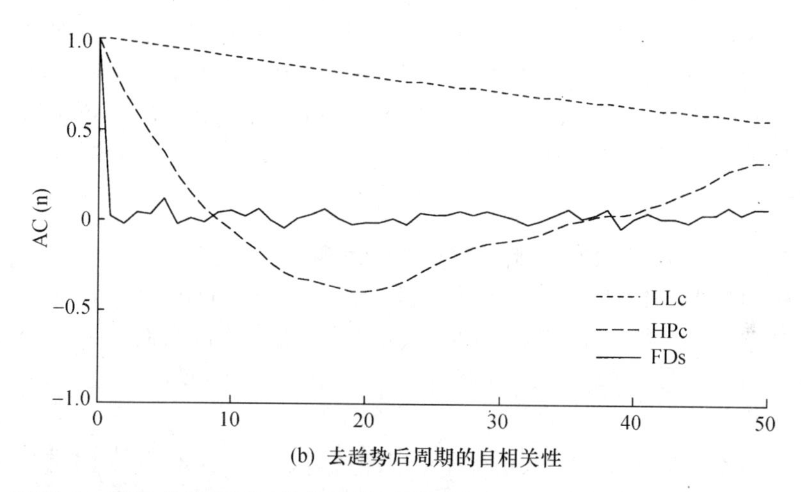

(b) 去趋势后周期的自相关性

图 15.1　SPX 月度序列对数化后的(标准普尔 500 价格指数,1947—2002)的三种剔除趋势方法和去趋势后周期的自相关性,$N=672$

数据来源:yahoo. finance。

3.3.1 节中会进一步讨论)。他设想,连续的随机冲击能够维持持续的周期(Frisch,1933)。均衡经济学家们很快就接受了 Frisch 模型,因为带摩擦的阻尼谐振子模型可以保持市场经济的稳定性。但是,物理学家们在研究和谐布朗运动时否定了 Frisch 的设想,其研究在 Frisch 的论文发表之前已经得出解析解(参见 Uhlenbeck and Ornstein,1930)。

物理学得出的结论与 Frisch 幻想相反:布朗运动下谐振子将以指数方式衰减。随机冲击无法维持持续周期。衰减时间 T_β 和周期 T_r 可以由观察到的自相关函数来估计:

$$\rho(\tau) = \exp\left(-\frac{\tau}{T_\beta}\right)\left[\cos\left(\frac{2\pi\tau}{T_r}\right) + \frac{T_r}{2\pi T_\beta}\sin\left(\frac{2\pi\tau}{T_r}\right)\right] \quad (1)$$

对于取对数后的美国真实 GDP 的布朗振子模型而言，衰减时间的估计取决于观察参照系的选择。美国经济周期在采用 FD 序列或 HP 周期时，分别会于 4 年或 10 年内停止振荡（Chen，1999）。FD 参照系的表现劣于 HP 参照系，因为 FD 周期需要更大的外来噪声源，而外来噪声的标准差比美国真实 GDP 的标准差大 30%。因为美国经济是世界上最大的经济体，我们无法找到推动美国经济周期的外部源泉。很明显，线性振子不可能作为持续周期的模型。

在历史上，Frisch 早在 1934 年就悄然放弃了他的模型。他所许诺发表的论文《从线性算子和紊乱冲击的角度研究变化谐振子》在《计量经济学》期刊（*Econometrica*）第 1 卷第 2、3、4 期（1993 年 4 月、7 月和 10 月号）论文预告栏目中做了三次广告。但是，这篇论文从未在《计量经济学》上发表过，而 Frisch 本人正是计量经济学会新创刊的这一旗舰刊物的编辑。令人惊讶的是，1969 年，Frisch 在他的诺贝尔奖获奖演说中，只字未提他的这个获奖模型（Frisch，1981）。

如果 Frisch 能够用随机冲击产生持续周期，那就意味着存在第二类永动机，这将违背热力学第二定律。

477

2.2.2 Lucas 的微观基础问题和大数定律

新古典学派提出了宏观经济学的微观基础问题。Lucas 认为，家庭层面上的独立波动（例如工作与闲暇之间的跨时替代）会在总体层面上造成巨大的波动（Lucas，1972 和 1981）。他完全忽略了单体问题和多体问题之间的根本区别。

作为一个一阶近似，我们可以将宏观经济看做是一个有 N 个同质行为人的稳态系统。宏观经济可以用其总产出来描述。我们假定企业产出或家庭工作时间的波动服从独立同分布。平均值是 μ，标准差是 σ。根据概率论中的大数定律和中心极限定理，加总后的正产出，其均质为 $N\mu$，方差为 $N\sigma^2$。因此，我们可以用标准差和均值的比率来定义相对偏差（$RD = \psi$），此时要求正值变量的均值不为零。

$$\psi = \frac{\sqrt{\mathrm{VAR}[S_N]}}{\mathrm{mean}[S_N]} = \frac{C}{\sqrt{N}}, \quad 其中\ C = \frac{\rho}{\mu} \quad (2)$$

对于一个存在内部波动的非稳态过程，经济增长的生灭过程会产生类似的结果（Chen，2002）。我们可以定义一个隐含的个数 N^*，它可以从观测到的宏观序列中估计出来：

$$N^* = \frac{1}{\psi^2_{\mathrm{macro}}} = \frac{\mu^2_{\mathrm{macro}}}{\sigma^2_{\mathrm{macro}}} \quad (3)$$

我们可以说,N个统计上独立的正元之总波动的相对偏差,其量级为$\frac{1}{\sqrt{N}}$;基于大数定律和中心极限定理,我们称这一规律为大数法则(principles of large numbers)。对由正值变量构成的一大类系统——例如人口、产出、工作时间和价格——而言,RD是一个很有用的测度。

RD的经验测度取决于观察经济周期的参照系。这里,RD定义为在一个移动的窗口内HP周期的标准差与HP趋势均值的比值,因为HP参照系可以产生与经验数据相符的最大的隐含个数(表15.1)。其他参照系的结果更差。这里,GDPC是以1996年美元计算的美国真实GDP,PCEC96是真实个人消费,GPDIC1是真实国内投资,LBMNU是非农业工时。相对偏差的估计值是1947—2000年间对数化后的数据序列之均值。 478

表15.1　几种宏观经济指标经HP趋势分解后的相对偏差和自由度的隐含个数(1947—2000)

ψ(%)[N^*]	GDPC1Ln	PCECC96Ln	GPDIC1Ln	LBMNULn
HP	0.21[200 000]	0.17[300 000]	1.3[6 000]	0.29[100 000]

宏观指标RD的范围处于0.2%到1%,隐含个数在6 000至200 000之间。我们怎样才能把这些数字和美国经济的实际数据联系起来呢?根据美国人口普查局的数据,1980年,美国共有8 100万个家庭、300万个资产超过10万美元的公司、大约2万家上市公司。如果我们把这些数字和HP趋势的隐含个数相比,可以看到所观测到的宏观指数的隐含个数比家庭或企业个数小几百倍。换句话说,在劳动或生产者市场上所观测到的相对波动至少比微观基础模型所能解释的大20倍。

这些数字的比较有几重含义。

第一,真实经济周期理论中的代表者模型是无效的,因为所观测到的隐含个数远远大于1。

第二,企业或家庭层面上的波动不能解释总产出、总消费、总工时或总投资中的巨大的相对偏差。

第三,金融中介和行业组织可能对较大经济波动的产生起到了关键性的作用,因此大公司和大金融机构的数量与投资中隐含个数的量级比较接近。

如果对Lucas关于商品和闲暇的跨期替代模型进行进一步研究,就会显示出均衡思想中存在的根本缺陷。在Lucas的孤岛经济中,行为人是同质的,他们在理性预期下的信念和行动完全相关。如果这些行为人有选择的个人自由,套利行为将消除个体波动之间的相关性。Lucas指出,政府政策只有在未被预期到的情况下才是有效的。同样,如果理性预期误导其信徒,那么理性预期也无法维持！在一个富有竞争性但却不平等的社会中，利益冲突而不是共同的信念会产生多样性的选择。理性预期假设与 Lucas 所批评的宏观计量经济学一样，自我拆台、弄巧成拙。显然，有效市场、理性预期和微观基础理论没有为经济周期理论提供一个一致的框架。实际上，它们在解释大的经济波动时还是相互矛盾的。

2.2.3 内生机制与统计特性：生灭过程与布朗运动、随机游走

在为随机增长建模时，外生学派是以漂移扩散模型为基础的，该模型在金融理论中也被称为几何布朗运动模型（参见 Black and Scholes，1973）。在经济增长和波动理论中，使用了两种内生波动的随机模型：随机游走模型和生灭过程模型（参见 Nelson and Plosser，1982 和 Chen，2002）。人们普遍认为这三个随机模型描述的是类似的行为。关于几何布朗运动模型在经济动力学中的有效性，几乎没有什么疑问。

在上一节中，我们看到相对偏差对研究微观基础具有基础性的作用。对于观察到的宏观指标，RD 是相当稳定的。在这里，我们进一步比较了三种常见的增长和波动随机模型的 RD。它们的解析解如表 15.2 所示（也可参见 Chen，2001 和 Li，2002）。

表 15.2 线性随机过程的统计特性

类 别	漂移扩散	生灭过程	随机游走
均值	$\sim \exp(rt)$	$\sim \exp(rt)$	$\sim t$
方差	$\sim \exp(2rt)\{e^{\sigma^2 t}-1\}$	$\sim e^{rt}\{e^{rt}-1\}$	$\sim t$
相对偏差 RD	$\sim e^{\frac{\sigma^2}{2}t}\sqrt{(1-e^{-t\sigma^2})}$	$\sim \frac{1}{\sqrt{N_0}}$	$\sim \frac{1}{\sqrt{t}}$

在这里，N_0 是生灭过程中初始微观行为人群体的规模；经济增长率 $r>0$。

从表 15.2 中，我们可以清楚地看到，随机游走模型和布朗运动模型都不能产生持续波动；随机游走随时间的推移而逐渐衰减，而布朗运动随时间的推移会猛增。有意思的是，这两个模型本质上都是代表行为人模型。持续经济波动的特性只能用生灭过程来解释，它是一个增长的群体模型和波动的内生模型。这个结果对宏观经济学和金融理论中的代表性行为人和外生波动的均衡模型构成了根本性的挑战。

2.2.4 货币中性与协调成本：李嘉图方法、Loschmidt 悖论和不平等分配

李嘉图方法（Ricardo device）是一个证实货币中性的假想实验（假想实验一般是以其创造者命名的）。这种方法假定所有企业和家庭所持的现金在一夜之间加倍，而相对价格却并不因此而改变。它意味着所有的供给和需求函数都是

零阶齐次的,这与凯恩斯经济学的基本观点相悖(Leontief,1936)。大卫·李嘉图忽略了不平等社会中的再分配问题。因为李嘉图方法意味着要实行累进的补贴或累退税——这在议会民主中不可能成为立法。李嘉图方法只有在财富均匀分配的原始经济中才会有效果。

经济学中的李嘉图方法与挑战玻尔兹曼(Boltzmann)的H热力学不可逆性定理的洛喜密脱(Loschmidt)可逆悖论非常相似。约瑟夫·洛喜密脱(Josef Loschmidt)指出,根据牛顿定律,通过翻转所有分子的速度就可以回到任何初始状态。这里的问题在于巨大的协调成本。正如玻尔兹曼在1877年指出的,在一个具有大量粒子的大系统中,逆转所有的初始条件几乎是不可能的(Bush,1983)。有关货币混沌的经验和理论证据对货币中性理论提出了挑战(参见Barnett and Chen,1988和Chen,1988)。我们的发现可能会给奥地利学派的内生货币理论以新生。

2.2.5 理性套利和非复制模式:弗里德曼精灵、Maxwell妖精和信息模糊性

弗里德曼精灵(Friedman spirits)是指那些能够在投机市场中清除掉所有制造不稳定的交易者的理性套利者(Friedman,1953)。其隐含的意义是,在竞争市场中不可能存在任何结构,这一点正是有效市场假说的主要论点。

弗里德曼精灵的行为很像均衡热力学中的麦克斯韦尔妖精(Maxwell Demon)。麦克斯韦尔妖精是一个想象中的守门人,其目标就是希望通过在两个装满了运动分子的房间之间操作一扇没有摩擦力的滑动门,进而从均衡状态中创造出非均衡秩序。詹姆斯·克拉克·麦克斯韦尔(James Clerk Maxwell)假定他的妖精对所有分子的速度和位置具有完全信息,这样他就能够只是通过在最恰当的时间开关无质量的阀门就可以让快速运动的分子进入到指定的部分。因此,通过对信息的巧妙使用,麦克斯韦尔妖精可以在无须做功的情况下创造出温差——这一结果与热力学第二定律相反。此种操作不需要任何的信息成本。

弗里德曼精灵和麦克斯韦尔妖精面临着同样的问题,但是其却处于相反的境地。为了消除所有的市场不稳定性,弗里德曼精灵需要完备的信息和无限的资源。但是,因为信息成本的存在,信息有效的市场是不可能存在的(Grossman and Stiglitz,1980)。在财务约束下,弗里德曼精灵会追随大众心理、回避套利风险、放弃负反馈策略,从而创造出不稳定性(DeLong *et al.*,1990)。 481

信息模糊性的问题更为严重。米尔顿·弗里德曼假定,赢家的模仿者能够迅速地复制其取胜模式,从而将边际利润降至零。这种情况只有在可以复制不稳定模式时才能发生。由于不完全信息(只有噪声很大、带有时间延滞的有限

数据)、信息模糊(面对相互冲突的消息和误传信息)、不可预见的事件(例如金融危机和结构的变化)和有限的预测性(存在决定性混沌或小波时),这一要求不可能满足。信息模糊的关键问题不仅与有限理性相关,而且植根于动力学的复杂性(Simon,1957 和 Chen,1993a)。

2.3 生命节律和经济有机体:色混沌与白噪声

有关噪声与混沌的争议暴露出计量经济学的参数分析和非线性动力学在数值检验方面的局限(参见 Chen,1988,1993a,Brock and Sayers,1988 和 Benhabib,1992)。用非稳态经济时间序列来检验决定性混沌,比在实验室中检验稳态数据要困难得多。传统的计量经济学可以检验非线性,却不能检验混沌。这里的关键问题在于,要找出一个能够处理非稳态经济时间序列的恰当的表达式。

在本节中,我们将会引入 Gabor 空间中的 Wigner 转换来分离噪声和周期。我们发现了大量的与生物钟相似的色混沌的证据。

2.3.1 测不准原理和 Gabor 小波

时间和频率的测不准原理(the uncertainty principle)是信号处理的基础。

$$\Delta f \Delta t \geqslant \frac{1}{4\pi} \tag{4}$$

这里,f 是频率,t 是时间。对于 Gaussian 包络的和谐波,会出现最小的不确定性,这种波在信号处理中被称为 Gabor 小波(wavelet),在量子力学中叫相干态(coherent state)这是二维时间-频率 Gabor 空间中进行时间/频率分析的基石。

2.3.2 在时间-频率空间中分离噪声和周期

为了分析时变序列,我们需要引入一种新的分析工具,时间-频率联合分析(参见 Qian and Chen,1996 和 Chen,1996a,1996b)。二维时间-频率点阵空间上的时变滤波器可以被用来分离噪声和周期。其局部基就是 Gabor 小波。图 15.2 中给出了滤波前后的 HP 周期。从图 15.3 的相图中可以清晰地看到经过滤波的 HP 周期的确定性模式。

483 经过滤波的 FSPCOM HP 周期显示出清晰的确定性螺旋模式——这是色混沌的典型特征(这里的色混沌是在连续时间上的非线性振子)。色是指在 Fourier 功率谱上,除了有一个噪声背景之外,还有一个主峰(Chen,1996b)。

2.3.3 带有经济钟的自然实验:演化经济体内在的不稳定性和外部冲击

在新古典经济学家看来,由纯粹的随机过程产生的经济周期全部都是相似的(Lucas,1981)。通过对时间-频率分析的全新观察,我们发现,经济周期并不都是相似的,因为其中存在较强的确定性成分。宏观经济指标的时间-频率模

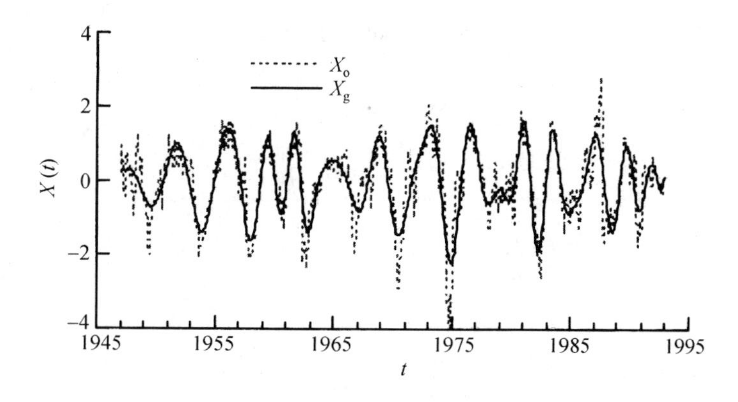

图 15.2　滤波后与原始的 HP 周期(1947—1992)

注：滤波后的 FSPCOM(标准普尔 500 价格指数)HP 周期序列 X_g 十分接近原始的时间序列 X_0。X_g 和 X_0 的相关系数为 0.85，方差之比为 69%。X_g 的相关维数为 2.5。

数据来源：Citibase。

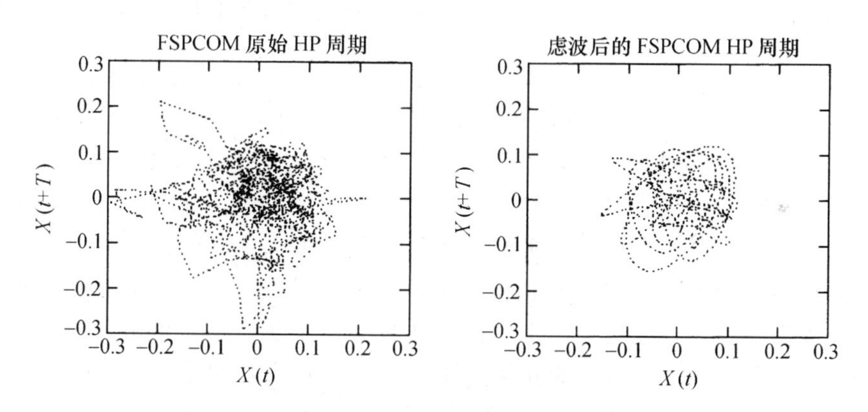

图 15.3　未经滤波(左侧)和经过滤波(右侧)的 FSPCOM HP 周期相图；时滞 T 为 60 个月

式跟具有多重节律的生物有机体类似。其频率路径可以揭示出对经济诊断和政策研究十分有价值的信息(Chen，1996b)。

我们所描绘的经济钟与均衡经济学中的随机游走形成了强烈的对比。我们能否用样本外的检验来区分这两种方法？可能不行，因为非平稳性是应用统计学的主要障碍。不过，对石油价格冲击和股票市场崩溃的“自然实验”表明，时频表象比白噪声表象能揭示出更多的信息(参见图 15.4)。

我们发现的持续周期支持经济周期的生物学观点(Schumpeter，1939)。

除了股票市场指数之外，持续周期还可以在其他经济总量指标的 HP 趋势中广泛地被观察到，包括真实 GDP、消费、国内投资、长期利率、货币供应指数、

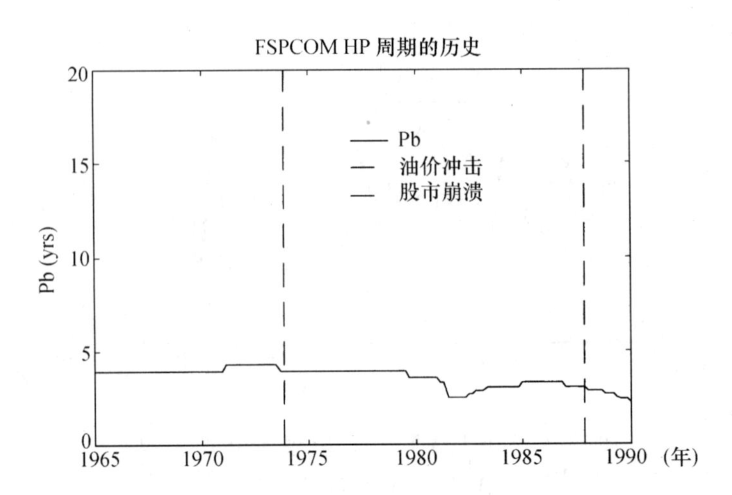

图 15.4　股票市场指标 FSPCOMln(标准普尔 500 价格指数)的 HP 周期,其基本周期 Pb 的时间路径

注:基本周期 Pb 在 1973 年 10 月的石油价格冲击——表示外部冲击——下发生了变化。相反的,1987 年 10 月股市崩溃前后发生的频率变化,表示的是崩溃期间内部的不稳定性。

货币流通速度、消费者价格指数和失业率等(Chen,1996a)。它们的特征周期为 2—10 年——这是 NBER 经济周期的普遍特征。噪声分量为 20%—50%。当然,不是所有的宏观经济指标的表现都跟生物钟一样:短期利率和汇率的噪声就很大。这一信息为宏观经济研究提供了很有价值的指南。

经济指标的频率稳定性是很重要的。令人惊讶的是,市场韧性相当强,大多数特征频率在外来冲击和内部不稳定性之下都表现得非常稳定。1987 年 10 月的股市崩溃导致标准普尔 500 指数在两个月间下跌了 23.1%,但其特征期间仅变化了 6%。

484　经济波动中持续周期的存在是经济色混沌的有力证据。应该指出,"混沌"这个术语给人一种混乱的负面印象;因此,我们使用"色混沌"这个词,它为连续时间中的非线性振子加上了生命节律。"色"代表特征频率,与生物钟类似;这与白噪声不同,后者没有特征频率。

2.3.4　结构不稳定性和市场韧性

市场经济的结构不稳定性很难在线性动力学的框架下进行解释。这个问题可以用萨缪尔森的乘数-加速子模型来说明(Samuelson,1939)。在参数空间中可以看到萨缪尔森模型中周期模式的结构不稳定性(图 15.5)。

可以看到,周期解 PO 在 DO 和 EO 的边界线上只有很低程度的稳定性。在参数空间中,略微偏离 PO 就会导致衰减或爆炸的振荡解。计量经济学中的单

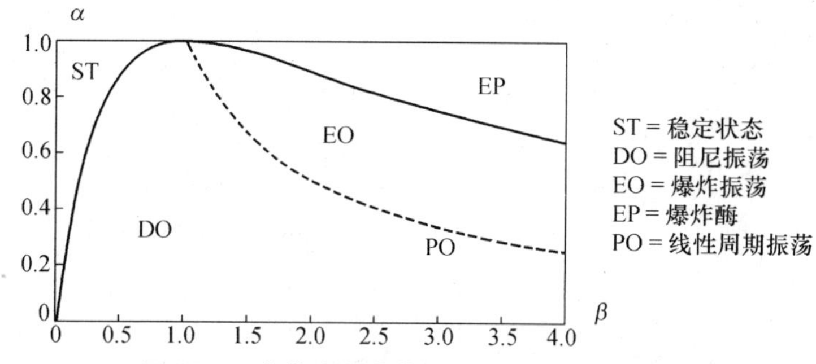

图 15.5　参数空间中萨缪尔森模型的稳定模式

位根模型在单位圆上有类似的边际稳定性(Nelson and Plosser,1982)。结构不稳定的问题对线性模型而言十分普遍。在现实世界中,市场经济在各种冲击下却有很强的韧性。 485

线性模型的结构不稳定问题可以通过引入非线性模型来解决。考虑软边界振子或"高速公路模型"的例子,这可以用一个具有目标下界和上界的差分-微分混合方程来表示(Chen,1988)。反馈控制中的时滞 τ 会导致超调(over-shooting)。

$$\frac{dX(t)}{dt} = aX(t) - bX(t-\tau)e^{-\left[\frac{X(t-\tau)^2}{\sigma^2}\right]} \tag{5}$$

其中 X 是对目标的偏离,τ 是时滞,$\pm\sigma$ 是目标下界和上界。控制目标的软特征可以用非多项式控制函数来描述。

我们可以认为方程(5)的左边是超额供给的变化率,右边有一个线性供给函数和一个非线性需求函数。软边界可以在很多经济机制中观察到,例如货币控制和汇率目标区域。

软边界振子的色混沌模型对结构稳定性和相变("模式转换")有统一的解释(图 15.6)。在外来冲击下,只要参数的变化没有越过模式边界,就可以维持模式的稳定性,因为周期性机制和混沌机制的测度是有限的。当吸引子在参数空间中移动到另一个模式区时,就会发生模式转换。在模式转换中,参数的微小变化就会引发动态模式的跃变。换句话说,在这种情况下,量变会导致质变,即所谓的"噪声诱致的阶段转换"。

486

3　市场份额竞争、过剩产能和创造性破坏:行为动力学和劳动分工中的复杂性之谜

微观经济理论和宏观经济动力学之间存在着一个明显的鸿沟。在微观经济学的阿罗-德布鲁模型中,经济的秩序由固定的点解来表示,但是在宏观经济

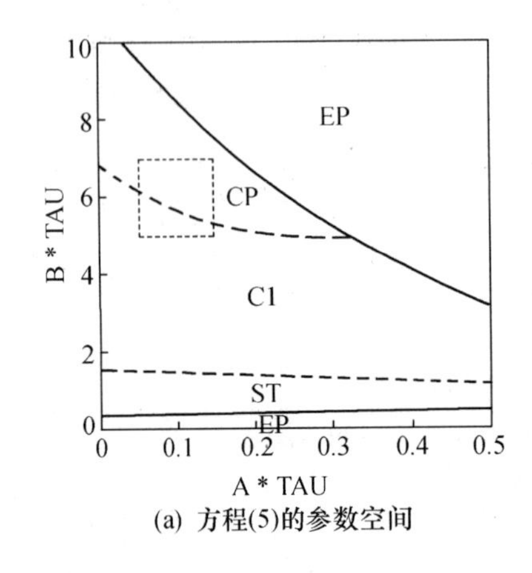

(a) 方程(5)的参数空间

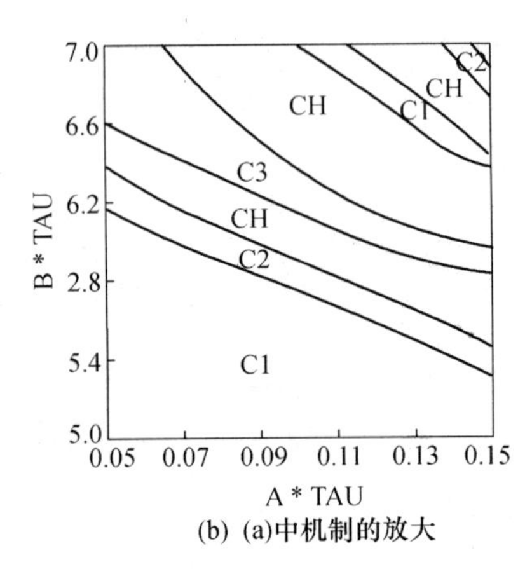

(b) (a)中机制的放大

图 15.6 参数空间中的稳定性模式

注:C1、C2 和 C3 分别是周期 1、周期 2 和周期 3 的极限环解;CH 是连续时间的混沌众数。(b)是对复杂机制 CP 的放大,其中包括极限环和混沌解交替出现的区域。

动态中却会观察到持续的波动。象牙塔中的经济学与现实商业社会之间也存在一个文化鸿沟。在微观经济学中没有产品周期、市场份额竞争和企业家精神,而这些在商业经济学中却是核心问题。

社会分工可以用物种竞争的生物学模型来描述(参见 Houthakker,1956)。从前面对经济周期形式的讨论中,我们看到了支持内生波动和中介结构的有力证据。在本节中,我们将研究经济周期的产业基础,其根源在于市场份额竞争和经济的新陈代谢。在处理宏观经济波动时,凯恩斯主义和新古典经济学都将注意力集中在需求方,但是经济衰退与危机却都根源于供给方的产能过剩。我们将把熊彼特的"创造性破坏"思想与斯密的劳动分工受市场限制的思想综合在一起。基于一般化种群动力学的行为动力学为研究市场份额竞争、突破性技术(disruptive technology)和行业或组织的兴亡提供了一条新的思路。我们可以从复杂科学的角度重新理解斯密困境。

487

3.1 受资源限制的增长和市场份额竞争:突破性技术和经济的新陈代谢

技术进步是产业经济的推动力。技术的生灭和产品生命周期是现代经济的普遍特征。以提高市场份额为目标的行业竞争更多地是由技术而不是价格推动的。产品革命的本质就是开发新的资源——不只是有效地利用现有资源。问题是如何在经济动力学中描述技术的突破性变迁。新古典理论和内生增长理论中的生产函数是规模报酬不变的,技术创新由 RBC 模型中微小的扰动来表示(以随机噪声的形式);它们无法描述一项产业技术的兴衰。

在本节中，我们引入了市场份额竞争的生态学模型。规模经济和范围经济用 logistic 增长的市场规模和可用资源的数量来描述。产品周期和过剩产能可以通过新旧技术的共存来理解。连续的技术小波是宏观经济中不平稳增长和商业周期的最终根源。

3.1.1 logistic 增长和动态规模报酬

在实际商业运作中，边际定价不可能是一个赢家策略。成本加成定价和策略定价是两种广为采用的定价策略（参见 Nagle and Holden，1995）。一般而言，某种产品的利润边际大于零时，其产出和市场份额就会增长。

$$\frac{\mathrm{d}n}{\mathrm{d}t} = nF(p,c) \tag{6a}$$

其中 n 是产出，p 是单位价格，c 是单位成本；产品的利润边界 $(p,c) = (p-c)$。如果产品的市场容量是 N^*，当增长空间 $(N^* - n)$ 降低到零时，利润边界一定会降低到零（Zhang，2003）：

$$F(p,c) = (p-c) = k(N^* - n) \tag{6b}$$

合并(6a)和(6b)，我们会得到 488

$$\frac{\mathrm{d}n}{\mathrm{d}t} = kn(N^* - n) \tag{6c}$$

这就是理论生态学中著名的 logistic（Verhelst）方程（Pianka，1983）。它的解是一条 S 曲线，在管理学中有广泛应用（Porter，1980）。市场容量 N^* 可以被看做是现有技术、人口规模、资源约束和成本结构的函数。与新古典微观经济学不同，在这里，任何实际产品或技术都有市场容量限制。技术进步表现为一系列的技术变迁。因此，技术进步可以用资源上界的突破性变化而不是持续的积累来更好地描述（Christensen，1997）。这里的关键在于增长空间 $(N^* - n)$。只要存在增长空间，利润边界就会大于零，这对于垄断者和小企业而言都是成立的。这就是我们的方法与新古典经济学的根本区别。

在更一般的情形下，设出生（增长）率为 k，死亡（退出）率为 R，logistic 方程的一般形式为

$$\frac{\mathrm{d}n}{\mathrm{d}t} = f(n) = kn(N-n) - Rn = kn(N^* - n) \tag{6d}$$

$$N^* = N - \frac{R}{k} \tag{6e}$$

显然，经济中的市场份额竞争与生物界的生境竞争是一样的，市场容量可以被描述为种群极限或承载能力 N。

在一个分散的市场中，logistic 方程可以用于技术扩散或信息动力学的研究（参见 Griliches，1957 和 Bartholomew，1982）。在学习动力学中，n 是新技术采用

者的数量或已占领市场的规模，$(N-n)$是潜在的采用者数量或未占领市场的规模，k是学习速率，R是遗忘速率。这种观点在后面研究文化取向和公司战略时非常有用。

logistic 曲线具有不同程度的动态规模经济效应。当$0<n<0.5N^*$时，$f''>0$，该模型的动态规模报酬递增；$n>0.5N^*$时，$f''<0$，动态规模报酬递减。对于非对称增长模型而言，反射点可能并不是中点。相反，新古典微观经济学中的生产函数是规模报酬不变的。因此，新古典的企业理论并不能描述规模经济和市场份额竞争。

489

3.1.2 两物种竞争和过剩产能的来源

当存在两种互相竞争的技术时，它们的市场份额可以用各自的资源上界N_1和N_2来刻画。种群动力学中的 Lotka-Volterra 竞争方程可以用来描述有限资源条件下的市场份额竞争（Pianka，1993）。

$$\frac{\mathrm{d}n_1}{\mathrm{d}t}=k_1n_1(N_1-n_1-\beta n_2)-R_1n_1 \tag{7}$$

$$\frac{\mathrm{d}n_2}{\mathrm{d}t}=k_2n_2(N_2-n_2-\beta n_1)-R_2n_2$$

其中n_1和n_2分别是物种（技术或人口）1 和物种 2 的成员总数量（产出）；N_1和N_2是它们的承载能力（或资源约束）；k_1和k_2是它们的增长（学习）率；而R_1和R_2是他们的消失（退出）率；β是资源竞争中的重叠（或竞争）系数（$0\leqslant\beta\leqslant1$）。这组方程可以通过引入有效承载能力$C_i=N_i-\frac{R_i}{k_i}$来加以简化。在该模型中，价格竞争的实质仍然是以市场份额竞争的形式体现的，因为更高的质量或更低的价格意味着更大的市场容量N。

当$\beta=0$时，两个种群之间没有竞争；二者都可以增长到它们的市场极限。没有竞争的企业或行业可以实现自己的全部产能，以占领指定市场份额C。在以下条件下，物种 2 可以取代物种 1，胜出者可以拥有更大的资源容量、更快的学习率或更低的死亡率：

$$\beta\left(N_2-\frac{R_2}{k_2}\right)=\beta C_2>C_1=\left(N_1-\frac{R_1}{k_1}\right) \tag{8}$$

当$0<\beta<1$时，两个物种不可能共存。但是，两个物种所实现的市场份额都会下降。

$$\beta<\frac{C_2}{C_1}<\frac{1}{\beta} \tag{9a}$$

$$n_1^*=\frac{C_1-\beta C_2}{1-\beta^2}<C_1 \tag{9b}$$

$$n_2^* = \frac{C_2 - \beta C_1}{1 - \beta^2} < C_2$$

$$\frac{1}{2}(C_1 + C_2) \leqslant n_1^* + n_2^* = \frac{(C_1 + C_2)}{1 + \beta} \leqslant (C_1 + C_2) \tag{9c}$$

从方程(9c)中,我们发现,在存在对称技术竞争的条件下,过剩产能最多可以增加 50%。过剩产能在不对称竞争条件下可能更高。现在,我们也许可以解决第 2.2.2 节中观察到的谜题了:为什么投资的波动大大高于 GDP 和消费的波动? 过剩产能是由新旧技术的共存引起的,而并不是投机者心理(约翰·梅纳德·凯恩斯将之称为"动物精神)。　490

一个惊人的事实是,美国工业中长期的产能过剩一直保持在大约 18% 的水平,这很难通过竞争理论来理解(Hall,1986)。我们可以计算两个经验案例。在美国,产能过剩 18%,$\beta = 0.22$;1995 年,在中国,产能过剩 36%,$\beta = 0.52$。过剩产能可以作为熊彼特的"创造性破坏"的测度。

3.1.3　Lotka-Volterra 小波和经济增长阶段

图 15.7 给出了方程 7 的数值解。在没有竞争时,物种 1 的增长路径将会是一条 S 曲线。但是,技术 1 所实现的产出看起来像是一条非对称的钟形曲线。这是营销学和管理学文献中产品周期的典型特征(参见 Moore,1995)。我们称之为 Lotka-Volterra 小波,它是技术 2 所提供的竞争的结果。总产出包络线的增长趋势和周期都与宏观经济指数模式酷似。现在我们可以理解为什么时间-频率表述可以很好地描述持续商业周期了,因为非对称钟形曲线与钟形曲线的形状很接近。　491

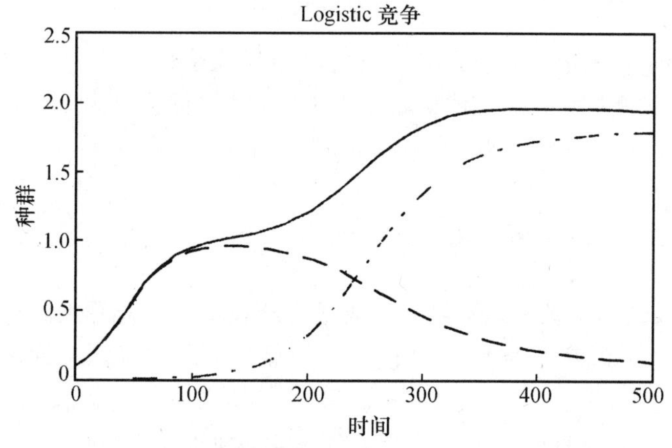

图 15.7　由动态路径方程(7)刻画的阶段型经济增长

注:产出的包络线是竞争物种之和;这里,$\beta = 0.4$,$C_2/C_1 = 2$(单位是任意的)

我们可以把更高的资源上限或更大的市场容量作为产业革命的特征。看似持续的增长可以被分解为一系列阶段性的增长或技术进步中的突破性变迁(参见 Rostow,1990 和 Christensen,1997)。LV 小波的时间尺度可以从产品周期的几个月到康德拉捷夫长波的几十年,取决于历史中所关心的问题。金融危机往往是由新兴技术和其后跟随的投资选择中的分叉触发的。

3.2 行为动力学中的风险态度和企业文化

在均衡金融理论中,金融风险是由投资回报的方差来刻画的;根据定义,理性行为人是风险厌恶型的。在竞争模型中,我们引入了另一种类型的风险:面临未知市场或技术的风险。试中学(learning by trying)概念的灵感来自于熊彼特的企业家精神思想。相互竞争的企业文化可以用它们各自在面临挑战或机遇时的风险态度来刻画。

3.2.1 试中学:风险厌恶与风险偏好行为

文化因素在决策和企业策略中扮演着十分重要的角色;不同的企业文化"个人主义"和风险偏好的程度有很大的差异。在新兴市场或新技术竞争时,风险厌恶策略和风险偏好策略都可以观察到(图 15.8)。从这个角度来讲,关于旧技术的知识的确来自于干中学,这是内生增长理论中的积累过程。但在新市场,知识来自于试中学,而这是演化经济学中的试错过程(Chen,1987,1993b)。

在面临未知市场或未经证实的技术时,风险厌恶的投资者往往会选择从众以最小化其风险,而风险偏好的投资者会率先进发以最大化其机遇。关键问题是:在技术迅速变化、市场不断演化的条件下,哪一种企业文化或市场策略可以取胜或生存下来?

492 最初的 logistic 方程假定退出率不变以描述风险中性行为。我们引入非线性的退出率,它是学习者与种群总数量的比率和行为参数 a 的函数(Chen,1987)。

$$R\left(r,a,\frac{n}{N}\right) = r\left(1 - a\frac{n}{N}\right) \tag{10}$$

其中 $0 < a < 1$。

我们可以认为常数 r 是学习能力或学习新技术的困难程度指标。

因子 a 是风险倾向的度量。如果 $a > 0$,就代表着风险厌恶或保守主义。如果只有少数人进入新市场,退出率就很高。当越来越多的人接受了新技术时,493 退出率就会下降。相反,如果 $a < 0$,就代表风险偏好或个人主义。让 a 在 -1 和 $+1$ 之间波动,我们就有了从极端保守主义者到极端冒险主义者之不同行为的完整图谱。

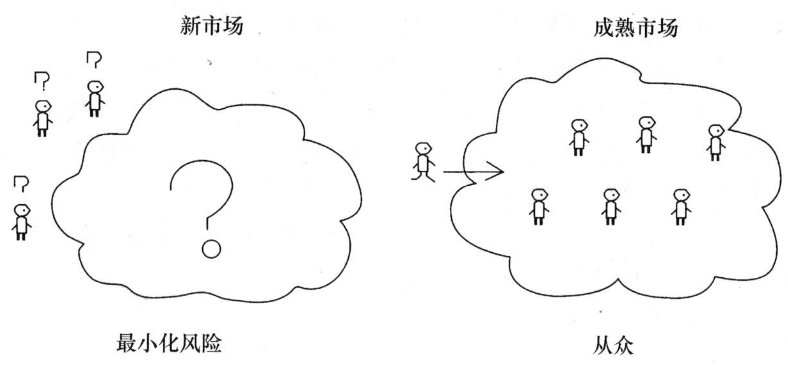

(a) 风险厌恶行为

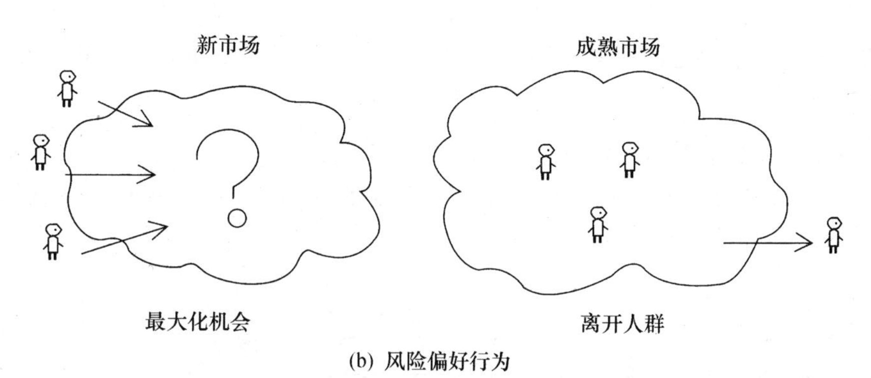

(b) 风险偏好行为

图 15.8　在市场份额和技术进步竞争中的风险厌恶及风险偏好行为

3.2.2　资源节约型和资源消耗型文化

资源使用率的均衡为

$$\frac{n^*}{N} = \frac{\left(1 - \dfrac{r}{Nk}\right)}{\left(1 - \dfrac{ra}{Nk}\right)} \tag{11a}$$

$$n^*_{a<0} < n^*_{a=0} < n^*_{a>0} \tag{11b}$$

保守主义物种($n^*_{a>0}$)的资源使用率高于个人主义物种($n^*_{a<0}$)。与保守主义物种相比,为了维持系统的均衡规模 n^*,个人主义物种需要更大的生存空间。因此,个人主义是资源消耗型文化,而保守主义则是资源节约型文化(Chen,1991,1993b)。

在西方个人主义和东方传统之间可以清晰地看到这一区别。文化上的差异植根于经济结构和生态约束。资源扩张是理解资本主义起源和工业革命的关键(Pomeranz,2000)。

3.2.3 市场容量、资源多样性和规模经济、范围经济

在有 L 个物种的生态系统中，各物种的资源承载量分别是 $N_1, N_2, \cdots, N_L$。范围经济和规模经济可以用互相耦合的 logistic 方程组来描述。在这里，市场容量由资源承载量 N 表示，而范围经济用物种的数量 L 来描述。劳动分工可以用竞争技术的共存来刻画。

让我们先从最简单的情形开始，假定只有两个物种，各自拥有相互竞争的技术和文化（Chen, 1987）。

$$\frac{dn_1}{dt} = k_1 n_1 (N_1 - n_1 - \beta n_2) - r_1 n_1 \left(1 - \frac{a_1 n_1}{N_1}\right) \tag{12}$$

$$\frac{dn_2}{dt} = k_2 n_2 (N_2 - n_2 - \beta n_1) - r_2 n_2 \left(1 - \frac{a_2 n_2}{N_2}\right)$$

这里，n_1 和 n_2 分别是物种 1 和物种 2 中新技术采用者的数量。为简化起见，我们让 $\beta = 1$。

494

3.2.4 后来者的机会与企业家优势

我们可以用第 3.1.2 节中同样的方法求解方程(12)。（物种 2 取代物种 1）的取代条件是

$$C_2 > \frac{\left(1 - \frac{a_2 r_2}{k_2 N_2}\right)}{\beta} C_1 \tag{13}$$

当个人主义物种和保守主义物种相互竞争时，会发生什么呢？如果两个物种的资源相等（$N_1 = N_2$），那么保守主义物种会取代个人主义物种。将式(13)与式(8)相比，当 $\beta \approx 1, 0 < a_2 \approx 1$ 时，即使 $C_2 \leqslant C_1$，来自于保守主义文化的后来者击败个人主义领先者的概率还是会更高。苏联和日本在 20 世纪 50 年代和 70 年代分别赶上了西方就是这样的情形。保守主义文化可以将它们的资源集中在“追赶”博弈上。

因此，个人主义物种在与保守主义物种竞争时，唯一可以采用的生存策略就是开拓更多的资源或学习得更快。如果我们认为企业家精神是风险偏好文化，我们就会得到与熊彼特类似的结论：创造性破坏是资本主义（个人主义）在与社会主义（集体主义）进行竞争时的命脉。一旦创新不能发现新的、更大的资源，个人主义物种就会在现有市场的竞争中输给保守主义者。

3.2.5 进步文化和多元社会

现在，我们看一下共存条件

$$\frac{\beta}{\left(1-\frac{a_1 r_1}{k_1 N_1}\right)} < \frac{N_2-\frac{r_2}{k_2}}{N_1-\frac{r_1}{k_1}} < \frac{1}{\beta}\left(1-\frac{a_2 r_2}{k_2 N_2}\right) \tag{14}$$

从这一式子中可以看出,两个个人主义物种可以共存。在劳动分工和资本主义中,个人主义是多元化和民主的源泉。但是,两个保守主义物种却不能共存;唯一可能出现的结果就是一方取代另一方。

这正如中国历史上的农民战争和朝代更迭。因此,劳动分工不会出现于保守主义社会——这就是对李约瑟之谜的一个理论解答(Chen,1987,1991)。

3.2.6 文化维度和演化热力学

马克斯·韦伯认为资本的积累是新教和资本主义问题的精髓;他同时认为,儒教是市场经济发展的主要障碍(Weber,1930)。我不同意这一观点。强调家庭价值、平等教育和鼓励储蓄的亚洲文化可能是市场经济发展的积极因素,亚洲四小龙的崛起和中国改革的成功就为此提供了有力的证明。1979 年前后之中国的主要区别就是它的开放政策以及作为开放政策结果的进入世界市场之行为。这是笔者从伊利亚·普里高津的演化热力学(Prigogine *et al.*,1972)中学到的最重要的东西。

495

在普里高津看来,有三种类型的秩序:孤立系统中最大的熵(无序)由热力学第二定律控制,其中不存在任何结构;均衡结构(例如水晶)可以存在于与周围环境交换能量的封闭系统中;非均衡秩序只会突现于开放系统中,其中持续的能量流、物质流和信息流会维持耗散结构。毫无疑问,所有生命系统和经济系统本质上都是开放系统。但是,社会演化的基本模式取决于开放程度。西方世界的兴起明显是一部资源扩张的历史,首先是在地理上发现了新大陆,随后是科技革命。相反,中国的内向型生长主要是由于土地的限制和技术停滞(参见 Huang,1985 和 Chen,1991,1993b)。在与现代科技和世界市场接轨后,中国得以扭转了它的内向增长方式。

3.2.7 资源种类和竞争不相容原理

从方程(9)中,我们可以得到理论生物学中著名的"竞争不相容原理"(competition exclusion principle),因为完全的竞争者不可能共存。这意味着物种的数量应该与资源的种类相等。

但是,物种的定义和资源的分割是相当随意的(Pianka,1983)。完全市场理论也有类似的问题。换句话说,在市场均衡模型中,价格的数量应该等于资产的数量。资产市场的均衡被定义为没有套利机会,这意味着线性定价(Ross,1976)。实际上,我们广泛观察到的是非线性定价,其形式包括大批量折扣、信贷配给和歧视定价，所有这些形式都受到市场不确定性、信息不对称和规模经济的影响。

我们的模型克服了这一困难。根据方程(14)，竞争的结果也取决于行为因子 a。因此，物种的数量可能不等于资源的数量。这可能对价格差异化机制提供了可能。

496 ## 3.3 复杂性之谜和斯密困境

在劳动分工的收敛或发散问题上，存在着相互冲突的观点。新古典学派基于最优化和理性，相信市场会收敛(参见 Yang and Borland, 1991 和 Becker and Murphy, 1992)。分工可能是一个带有分叉和不确定性的发散过程，其中的非线性相互作用造成了多峰分布和路径依赖(参见 Chen, 1987, 1992 和 Arthur, 1994)。

有趣的是，古典经济学中的斯密困境(the Smith Dilemma)与理论生态学和复杂科学中的复杂性之谜(complexity puzzle)有关。问题是，增加复杂性是否意味着增加稳定性？一些生物学家认为二者之间是正相关的。"适者生存"的信条似乎意味着最适合的也是最稳定的。但是，数学模拟的结果却显示二者是负相关的。我们称之为复杂性之谜(参见 May, 1974 和 Chen, 1987)。

与一些生物学家和许多经济学家的信念相反，我认为从简单到复杂的演化的确会降低系统的稳定性，但是它同时也会增加系统进一步发展的潜力。我们将这种负相关称为稳定性与复杂性之间的消长理论，或安全与机遇之间的消长。这种消长关系为解决斯密困境提供了一个线索。现在我们将在存在外部冲击的条件下讨论系统的稳定性。

3.3.1 环境冲击下的单一社会及其稳定性

让我们首先从单一物种开始。通过 Langevin 方程和 Fokker-Planck 方程，我们可以研究向承载能力(市场容量) N 施加的一连串随机冲击。最终实现的均衡规模 X_m 会因环境的波动而减少，这可以用冲击的方差来描述：

$$X_m = N\frac{\left(1-\frac{r}{kN}-\frac{k\sigma^2}{2N}\right)}{\left(1-\frac{ra}{kN}\right)}, \quad 当\ \sigma < \sigma_c = \sqrt{\frac{2N}{k}\left(1-\frac{r}{kN}\right)}\ 时 \qquad (15a)$$

$$X_m = 0, \quad 当\ \sigma > \sigma_c = \sqrt{\frac{2N}{k}\left(1-\frac{r}{kN}\right)}\ 时 \qquad (15b)$$

如果在种群数量上存在某个生存阈值，那么，在外部冲击下，保守物种其规模较大，因而得以生存的概率更高。显然，相比位于越南的某个村庄，纽约的世界贸易中心受到炸弹攻击的可能天生就更高。 497

3.3.2 稳定性与复杂性之间的消长和分工的双向演化

与方程(12)对应的 Fokker-Planck 方程可以求得数值解。我们考虑在承载能力上施加一个环境波动,来研究其稳定条件(May,1974)。主要的结果如下。

首先,环境波动会进一步减少均衡状态下的规模。

其次,系统的稳定性会随着物种间竞争的增加而降低。

再次,如果我们比较这样两个系统:一个是由一个保守物种和一个个人主义物种构成的混合系统,另外一个是由两个个人主义物种构成的自由系统;混合系统的稳定性高于自由系统(Chen,1987)。如果我们比较盎格鲁-撒克逊国家的两党制系统和欧洲大陆国家的多党制系统,就可以看到这一结果在实践中的体现。

最后,我们可以看出,分工是一个双向的演化过程。如果环境波动发生在稳定性条件的边界之内,具有更多物种的系统将生存下来;如果波动超越了稳定性阀值,复杂系统会分解为具有更少元素的简单系统。这个结论与劳动分工最优化模型所得出来的结论截然不同(Yang and Borland,1991)。

3.3.3 广义斯密定理:分工受市场容量、资源多样性和环境波动的限制

从上述讨论中,我们对变化环境下的公司结构和比较优势有了一个全新的认识。小的竞争性企业和大的垄断性企业无法在均衡经济学框架之中共存,而斯密困境指出了这样一个难题(参见 Stigler,1951)。在演化经济学中这并不成为问题,因为稳定性与复杂性之间存在消长关系。

为了将演化动力学的新发现整合起来,我提出了这样一条广义斯密定理:*分工受市场容量、资源多样性和环境波动的限制*。以下讨论其应用。

根据广义斯密定理,我们可以很容易地解释几个主要文明的兴衰。中华帝国持续了超过两千年,远远超过罗马帝国和拜占庭帝国。它的结构稳定性植根于自给自足的、以种粮为主的小农经济,劳动分工并不发达。这个系统受到严峻的生态约束、周期性自然灾害和大规模农民战争的影响。另一方面,分工和资本主义起源于西欧,是因为它有丰富的资源、波动较为温和的自然和社会环境。在资源限制和严峻的环境下所采取的精工细作的小农经济,促使中国趋向于内向的自给自足经济。例如,从公元前3世纪一直到19世纪,中国一共发生了13次大规模的战争,导致人口减少了超过三分之一,但是西欧只遭受了一次类似的动荡,即黑死病。中国发生生态危机的频率和密度也大大高于西欧。在13世纪到15世纪,欧洲历史出现了分叉点,黑死病催生了劳动节约式的创新,而香料贸易则推动了地理大发现和全球市场的兴起。这一情形是历史给予李约瑟之谜的回答(Chen,1991)。

498

转型经济表现出来的一些难题也可以用复杂系统理论来理解。苏联经济的崩溃和中国改革的成功是转型经济的两个极端案例。苏联经济采取了过度的国际分工,没有什么调节余地和竞争空间。一旦经济链条中的某一环断裂,东欧的整个体系就会瘫痪。与此相反,中国在计划经济时代实行自给自足的政策,从而在区域经济之间创造出很多潜在的竞争者。当中国打开国门、实行开放政策时,地方保护主义被打破,各地方企业不得不投入到国内和国际市场的竞争当中。竞争性企业的存在是市场自由化取得成功的前提条件。在复杂系统中,足够的冗余是其结构稳定性的必要条件——这对东欧而言很有借鉴意义。

基于复杂性与稳定性之间的消长关系,我们也对企业兼并与破产有了一个新的认识。在产业组织理论中,效率的提高和市场力量常常被认为是兼并的两个主要原因(Carlton and Perloff,1994)。我们现在可以基于机会与稳定性之间的消长关系,为兼并或出售浪潮给出第三个理由。兼并潮一般出现在经济上升时,并在经济下行时结束;相反,公司重组和分拆往往出现在经济萧条时期,因为大公司比较僵硬,适应技术变迁的速度较慢(Weston *et al.*,1998)。

499

4 结论:理解市场韧性和经济复杂性

均衡经济学并没有为经济动态发展出一个一致性的框架。微观经济学是静态理论,无法说明产品周期、市场份额净值、战略创新和过度投资。在宏观经济建模中,利用代表性行为人建立的线性静态模型占据了主导地位,而它们并不能解释经济周期的持续性。计量经济学中的回归方法则忽略了不可积系统和连续时间等关键问题。

基于商业周期的非线性动态模型和分工,我提出了演化经济动力学的生物学框架。从对宏观经济时间序列的经验分析出发,我们有充足的证据证明宏观经济波动的内生性。这一理论研究表明,在对随机增长进行一阶近似时,生灭过程是比布朗运动模型更好的选择(Zeng,2004)。围绕 HP 周期的持续波动可以进一步用软边界谐振子的色混沌决定论模型来更好地描述。产品周期和过剩产能是市场份额竞争的结果。

以生物学的眼光看,经济周期是带有结构稳定性和动态韧性的生命节律。产品周期和商业周期具有相同的时间尺度,从几个月或几年到几十年;例如计算机软件的短周期和铁路建设的长周期。突破性技术是持续经济周期的驱动力。这一观点会根本性地改变我们对经济系统和政府政策的看法。与 Fourier(平面波)变换和脉冲(噪声)表象相比,Gabor 小波表象(或量子力学中的相干态)为演化生态学和经济动力学给出了一个更好的数学表达形式(经济物理学的发展将另作讨论)。表 15.3 总结了均衡机械论方法和演化生物学方法之间的区别。

500

表 15.3　机械论和生物学方法的概念与表现形式

主　题	机械论方法	生物学方法
微观问题	要素成本、边际定价	产品周期、市场份额竞争
宏观问题	稳定性和收敛	非平稳增长和持续周期
数学依据	静态最优化	非线性动力学
微观基础	单体(代表者)	多体问题
检验	回归、预测	自然实验和实验室实验
历史	遍历性(没有记忆)	路径依赖
信息	完美/不完美信息	复杂性、模糊性
决策	个人理性	社会学习
风险	风险厌恶	风险偏好/风险厌恶
策略	最大化利润	机会与风险的平衡
变量	相对价格	市场份额
秩序	供求平衡	技术竞争
技术	固定参数	*S* 曲线
创新	随机冲击	阶段
定价	价格的接受者(完美市场)	策略定价
	价格的制定者(垄断市场)	利润边界和增长空间
分工	不同的商品	技术共存
经济周期	外部冲击	内生周期
增长	布朗运动	生灭过程和小波
趋势参照系	FD,LL,HP	HP
波动	线性周期 + 白噪声	非线性色混沌和白噪声/不规则噪声

预　测	机械论方法	生物学方法
价格	收敛	分化
发展	收敛(Solow)	组织的兴衰
	干中学	试中学
宏观波动	劳动者选择(Lucas)	行业竞争
	技术冲击(RBC)	技术的诞生与灭亡
	货币冲击(Friedman)	过剩产能与过度投资
制度	交易成本、协调成本	稳定性与复杂性之间的消长
社会演化	收敛	演化树的分叉
政策	自由主义(古典)	规则与标准
政府	需求方政策	供给方政策
体制	产权	创新规则

从上述的讨论之中,我们可以看到,这两种方法在某种程度上是互补的。不过,机械论方法可以被看做是更广义的生物学方法框架的一个特殊情况,因为保守系统就是开放系统的一个特例。

在宏观经济问题中，演化方法是几种相互冲突的线性理论的综合。例如，501 新古典学派和凯恩斯学派可以被整合为一个一般性的含有不同时间尺度的宏观动力学：新古典学派主要关注长期，凯恩斯学派关注中期，而金融经济学家强调短期效应。根据我们对宏观经济指标的分解，长期是非线性（HP）平滑趋势，中期是围绕该趋势的持续振荡，短期是持续周期之上的残余噪声。

在微观经济问题中，演化方法可以在需求方的成本分析和供给方的市场份额分析之间建立一种联系。商业研究对产品周期和市场策略的经验观察可以为微观动力学提供一个坚实的基础。

在这些讨论中，“耗散结构”和“自组织”意味着生命系统中更高层次的秩序，例如生命节律、新陈代谢和复杂系统。关于均衡和熵的经典概念只是描述了没有差异化结构的无序状态。如果我们拿复杂科学中的自组织和均衡经济学中由“摩擦”和“刚性”造成的均衡秩序（Coase，1960）进行比较，您可能会觉得，我们关于市场韧性和持续周期的新概念更加适宜。控制论和经济科学中的核心概念就是“负反馈”条件下的稳定性（Wiener，1953）。我们提供“复杂性”和“韧性”这些术语，希望将生命系统和社会系统中的两个方面结合起来：小的外部冲击下的稳定性和大的环境变迁之下的生存能力。这两个特征都可以在复杂动力学的参数空间和 Wigner-Gabor-Qian 所说的时间节律稳定模式中观察到。

我们提出的稳定性与复杂性之间的消长理论以及广义斯密定理可以解释生命和社会系统中的很多现象。我相信，经济科学正面临着从均衡思维到演化范式的大转折。经济动力学方法的功效正期待着未来的研究和实验。

最后，我想引用詹姆斯·布坎南（James Buchanan，1991）对经济学之未来的预测来结束本章：

> 把秩序的产生作为中心思想的这一转变，必然——也许并非必需——会伴随着对均衡模型之关注的减少。动态不平衡条件下的系统属性将会登上舞台的中心，特别是，经济学将会吸收后普里高津时代自发秩序和自组织系统理论发展所产生的影响，这些发展更容易被纳入交换（catallactic）而非最大化的观点……

502 致　谢

我要感谢 William Barnett、Siwei Cheng、Alex Chien、Gregory Chow、Partha Dasgupta、Richard Day、John Doggett、Kurt Dopfer、Fukang Fang、Martin Feldstein、Duncan Foley、James Galbraith、Liutang Gong、Philip Huang、Tehming Huo、David

Kendrick、Finn Kydland、Justin Lin、Leigh McAlister、Douglass North、Qi Ouyang、Xinqino Ping、Shie Qian、Andrew Reati、Linda Reichl、J. Barkley Rosser、Jr. Willi Semmler、Charlotte Shelton、Jianhuai Shi、George Soros、Binghong Wang、Duo Wang、John Warfield、Ulrich Witt、Michael Woodford 和 Victor Zarnowitz 富有启发的讨论。感谢中国自然科学基金(资助代码:79970118)和 George Soros 基金会的资助。

参考文献

Arrow, K. J. (1962), 'The economic implications of learning by doing', *Review of Economic Studies* **29**: 155–173.

Arthur, W. B. (1994), *Increasing Returns and Path Dependence in the Economy,* Ann Arbor, MI: University of Michigan Press.

Barnett, W. A., and P. Chen (1988), 'The aggregation-theoretic monetary aggregates are chaotic and have strange attractors: an econometric application of mathematical chaos', in W. A. Barnett, E. Berndt and H. White (eds.), *Dynamic Economic Modeling*, Cambridge: Cambridge University Press, 199–246.

Bartholomew, D. J. (1982), *Stochastic Models for Social Processes*, 3rd edn., New York: Wiley.

Becker, G. S., and K. M. Murphy (1992), 'The division of labor, coordination costs, and knowledge', *Quarterly Journal of Economics* **107**(4): 1137–1160.

Benhabib, J. (1992), *Cycle and Chaos in Economic Equilibrium*, Princeton, NJ: Princeton University Press.

Black, F., and M. Scholes (1973), 'The pricing of options and corporate liabilities', *Journal of Political Economy* **81**(3): 637–654.

Brock, W. A., and C. Sayers (1988), 'Is the business cycle characterized by deterministic chaos?', *Journal of Monetary Economics* **22**: 71–80.

Brush, S. G. (1983), *Statistical Physics and the Atomic Theory of Matter from Boyle and Newton to Landau and Onsager*, Princeton, NJ: Princeton University Press.

Buchanan, J. M. (1991), 'Economics in the post-socialist century', *Economic Journal* **404**: 15–21.

Carlton, D. W., and J. M. Perloff (1994), *Industrial Organization*, 2nd edn., New York: HarperCollins.

Chen, P. (1987), 'Origin of division of labour and a stochastic mechanism of differentiability', *European Journal of Operation Research* **30**: 246–250.

(1988), 'Empirical and theoretical evidence of monetary chaos', *System Dynamics Review* **4**: 81–108.

(1991), 'Needham's question and China's evolution: cases of nonequilibrium social transition', in G. P. Scott (ed.), *Time, Rhythms, and Chaos in the New Dialogue with Nature*, Ames, IA: Iowa State University Press, 177–198.

(1992), 'Imitation, learning, and communication: central or polarized patterns in collective actions', in A. Babloyantz (ed.), *Self-Organization, Emerging Properties and Learning*, New York: Plenum, 279–286.

(1993a), 'Searching for economic chaos: a challenge to econometric practice and nonlinear tests', in R. H. Day and P. Chen (eds.), *Nonlinear Dynamics and Evolutionary Economics*, Cambridge: Cambridge University Press, 217–253.

(1993b), 'China's challenge to economic orthodoxy: Asian reform as an evolutionary, self-organizing process', *China Economic Review* **4**: 137–142.

(1996a), 'Trends, shocks, persistent cycles in evolving economy: business cycle measurement in time-frequency representation', in W. A. Barnett, A. P. Kirman and M. Salmon (eds.), *Nonlinear Dynamics and Economics*, Cambridge: Cambridge University Press, 307–331.

(1996b), 'Random walk or color chaos on the stock market? Time-frequency analysis of S&P indexes', *Nonlinear Dynamics & Econometrics* **1**(2): 87–103.

(1999), *The Frisch Model of Business Cycles – A Spurious Doctrine, but a Mysterious Success*, Working Paper no. E1999–2007, China Center for Economic Research, Peking University, Beijing.

(2001), *The Nature of Persistent Business Cycles: Random Shocks, Microfoundations, or Color Chaos?*, paper presented at the American Economic Association meeting's session on economic complexity, New Orleans, 7 January.

(2002), 'Microfoundations of macroeconomic fluctuations and the laws of probability theory: the principle of large numbers vs. rational expectations arbitrage', *Journal of Economic Behavior & Organization* **49**: 327–344.

Christensen, C. M. (1997), *The Innovator's Dilemma: When New Technologies Cause Great Firms to Fail*, Boston: Harvard Business School Press.

Coase, R. H. (1960), 'The problem of social cost', *Journal of Law and Economics* 3(1): 1–44.

DeLong, J. B., A. Shleifer, L. H. Summers and R. J. Waldmann (1990), 'Positive feedback investment strategies and destabilizing rational speculation', *Journal of Finance* **45**(2): 379–395.

Friedman, M. (1953), 'The case of flexible exchange rates', in M. Friedman, *Essays in Positive Economics*, Chicago: University of Chicago Press, 157–203.

Frisch, R. (1933), 'Propagation problems and impulse problems in dynamic economics', in K. Koch (ed.), *Economic Essays in Honour of Gustav Cassel*, London: Cass, 171–206.

(1981), 'From Utopian theory to practical applications: the case of econometrics', *American Economic Review* **71**(6): 1–16.

Goodwin, R. M. (1951), 'The non-linear accelerator and the persistence of business cycles', *Econometrica* **19**: 1–17.

Griliches, Z. (1957), 'Hybrid corn: an exploration in the economics of technological change', *Econometrica* **25**(4): 501–522.

Grossman, S., and J. Stiglitz (1980), 'On the impossibility of informationally efficient markets', *American Economic Review* **70**(3): 393–408.

Hall, R. E. (1986), *Chronic Excess Capacity in U.S. Industry*, Working Paper Series no. 1973, National Bureau of Economic Research, Cambridge, MA.

Hodrick, R. J., and E. C. Prescott (1981), *Post-War US Business Cycles: An Empirical Investigation*, Discussion Paper no. 451, Carnegie Mellon University, Pittsburgh.

Houthakker, H. S. (1956), 'Economics and biology: specialization and speciation', *Kyklos* **9**(2): 181–189.

Huang, P. C. C. (1985), *The Peasent Economy and Social Change in North China*, Stanford, CA: Stanford University Press.

Leontief, W. W. (1936), 'The fundamental assumption of Mr Keynes' monetary theory of unemployment', *Quarterly Journal of Economics* **51**: 192–197.

Li, H. J. (2002), *Which Stochastic Process Has Better Description of Micro-foundations of Macroeconomic Fluctuations?*, thesis, Department of Mathematical Finance,

Peking University, Beijing.

Lucas, R. E. (1972), 'Expectations and the neutrality of money', *Journal of Economic Theory* **4**: 103–124.

(1981), *Studies in Business-Cycle Theory*, Cambridge, MA: MIT Press.

Marshall, A. (1890), *Principles of Economics*, London: Macmillan (8th edn., 1920, London: Macmillan; 9th variorum edn., 1961, London: Macmillan).

May, R. M. (1974), *Stability and Complexity in Model Ecosystems*, Princeton, NJ: Princeton University Press.

Moore, G. A. (1995), *Inside the Tornado: Marketing Strategies from Silicon Valley's Cutting Edge*, New York: HarperBusiness.

Nagle, T. T., and R. K. Holden (1995), *The Strategy and Tactics of Pricing: A Guide to Profitable Decision Making*, Englewood Cliffs, NJ: Prentice-Hall.

Needham, J. (1954), *Science and Civilization in China*, vol. I, Cambridge: Cambridge University Press.

Nelson, C. R., and C. I. Plosser (1982), 'Trends and random walks in macro-economic time series: some evidence and implications', *Journal of Monetary Economics* **1**: 139–162.

Pianka, E. R. (1983), *Evolutionary Ecology*, 3rd edn., New York: Harper & Row.

Pomeranz, K. (2000), *The Great Divergence: Europe, China, and the Making of the Modern World Economy*, Princeton, NJ: Princeton University Press.

Porter, M. E. (1980), *Competitive Strategy, Techniques for Analyzing Industries and Competitors*, New York: Free Press.

Prigogine, I., G. Nicolis and A. Babloyantz (1972), 'Thermodynamics of evolution', *Physics Today* **25**(11): 23–28; **25**(12): 38–44.

Qian, S., and D. Chen (1996), *Introduction to Joint Time-Frequency Analysis*, Englewood Cliffs, NJ: Prentice-Hall.

Ross, S. (1976), 'Return, risk, and arbitrage', in I. Friend and J. Bicksler (eds.), *Risk and Return in Finance*, Cambridge, MA: Ballinger, 189–218.

Rostow, W. W. (1990), *The Stages of Economic Growth*, 3rd edn., Oxford: Oxford University Press.

Samuelson, P. A. (1939), 'Interactions between the multiplier analysis and the principle of acceleration', *Review of Economic Statistics* **21**: 75–78.

Schumpeter, J. A. (1939), *Business Cycles: A Theoretical, Historical, and Statistical Analysis of the Capitalist Process*, New York: McGraw-Hill.

Simon, H. (1957), *Models of Man*, New York: Wiley.

Smith, A. (1776), *The Wealth of Nations*, reprinted 1981, Indianapolis: Liberty Classics.

Solow, R. (1956), 'A contribution to the theory of economic growth', *Quarterly Journal of Economics* **70**(1): 65–94.

Stigler, G. J. (1951), 'The division of labor is limited by the extent of the market', *Journal of Political Economy* **59**(3): 185–193.

Uhlenbeck, G. E., and L. S. Ornstein (1930), 'On the theory of Brownian motion', *Physical Review* **36**(3): 823–841.

Weber, M. (1930), *The Protestant Ethic and the Spirit of Capitalism*, London: Allen & Unwin.

Weston, J. F., K. S. Chung and J. A. Siu (1998), *Takeovers, Restructuring, and Corporate Governance*, Englewood Cliffs, NJ: Prentice-Hall.

Wiener, N. (1953), *Cybernetics*, New York: The Technology Press of MIT and Wiley.

Yang, X., and J. Borland (1991), 'A microeconomic mechanism for economic growth', *Journal of Political Economy* **99**(3): 460–482.

Zeng, W. (2004), *Stock Price Fluctuations are Characterized by the Geometric Brownian Motion or the Birth-Death Process?*, thesis, Department of Financial Mathematics, Peking University, Beijing.

Zhang, H. (2003), *Biological Behavior in Firm Competition*, student research note, China Center for Economic Reasearch, Peking University, Beijng.

第 16 章　经济增长的演化理论

格拉尔德·西尔弗贝里
巴特·维斯帕金

1　引　言

尽管至少是在阿尔弗雷德·马歇尔(1890;当代学者对其观点的重述,参见 Hodgson,1993)时代,经济学家就被力劝采纳演化观点,但是,直到最近,对于大部分从事经济学研究的人而言,都缺乏一套建立在明确的演化基础上的正式理论,定量分析也十分缺乏。这种状况在纳尔逊和温特于 20 世纪 60 年代和 70 年代发表其研究(Nelson and Winter,1982 对之进行了总结)后得以改观,其研究将自 Joseph Schumpeter(1934,1942)、Armen Alchian(1950)、Jack Downie(1955)、Josef Steindl(1952)及其他研究者以来的很多概念进行了实际应用并做了扩展。从那以后,很多学者都在这一基础上继续扩展,并沿多个方向把演化经济学的范式做了系统性的延伸。Nelson(1995)对其中的一部分研究进行了总结。

在本章中,我们将对正式的研究技术变迁、经济动态和增长的演化方法进行讨论。在这个过程中,我们不会考虑演化观点在博弈论、学习动力学和有限理性等领域的应用,这些应用属于正在萌芽过程中的新领域,本书的其他部分也讨论了演化观点在组织理论、金融市场、工业组织、经济学、法律和文化之间的关系等领域,本章也不会再予以重复。我们在本章中将集中关注一类特定的、关于增长和动力学的模型,来看看这套用来替代主流新古典方法的新范式是否可行,是否有一套新范式、新观点正在兴起。

认为演化方法可以适用于经济学,实际有两个理由。其一是基于二者之间的相似性以及生物学中常见解释类型的吸引力:两种领域中竞争、创新、变异和选择的形式具有相似性,因此,类似的推理过程可以应用于非生物学领域。在这里,大多数学者都强调,对这一类比不能过于严格,任何在经济领域中寻找基因、有性繁殖、交叉遗传或突变之完全对应物的努力都是徒劳。此外,在生物学中被摒弃的一些演化形式,例如拉马克主义(对已获得特征的继承)在社会经济领域中也许是完全可能的。

507

第二个理由则持更具普遍意义的观点。它指出,正如生物演化曾经经历过各个不同的阶段(原核及真核生命、无性和有性繁殖以及前生命阶段)那样,现代工业社会也只是这一单向过程的一个特定阶段,同样受制于系统的基础规律,即便受到其当前实现形式之特征的制约。由此,经济演化似乎成为更大的演化过程的一个固有的部分,而不仅仅只是类推起来恰巧与特定形式的理由相适应。

我们应该相信何种理由呢? Alfred Lotka(1924)提出用“能量转换者”(energy transformer)的概念来捕捉所有生命形式共有的热力学特征。这与我们后面所说的“耗散系统”十分相似(参见 Nicolis and Prigogine,1977)——即热力学上的开放系统,远离均衡,通过从环境中输入自由能来保持内部组织的高态,消耗能量以实现自我修复和自组织,并将所产生的废物以高熵的形式输出给环境。因此,亨利·亚当斯(Henry Adams,1919)所指出的所谓明显的生命悖论,即复杂结构在热力学第二定律下会突现(即在热力学中的封闭系统中,熵——即无序——必须增加)被超越了。[①] 生命(或者,至少是我们在工业革命之前所知的碳基生命)可以被看做是这种“转换者”的海洋,它们依靠在太阳与地球反射到太空中的低值红外辐射间流动的自由能瀑布生存。[②]

508

根据这一观点,人类文明和早期的生物演化形式的区别就在于,其自组织

① 开放系统(特别是有机生命体)似乎可以通过将熵输出给环境(或者,与此等价的,通过输入“负熵”或自由能——即比周围的热量“质量”更高的能量,该能量可以被转换为机械功)、从而避开热力学第二定律,这一观察结果至少可以追溯到 Ludwig von Bertalaffy(1932)和 Erwin Schrödinger(1945)。

② 因此,Rainer Feistel and Werner Ebeling(1989,p.91)指出:“总结起来,我们可以说,自组织必然是与向外部世界输入熵的可能性相联系的。换句话说,自组织系统需要高值能量的输入,同时也需要输出低值能量。在自组织系统内部,可以观察到有另一种形式高值能力的储备。在我们的星球上,演化过程的能量主要是由‘光子机’(photon mill)与三种层次的太阳-地球-背景辐射注入的(不过,我们也要指出,地质过程是由地核与地表之间的温度梯度推动的)。在宇宙尺度上,演化的一般策略是在由背景辐射形成的无序之海上形成有秩序的岛屿。”

结构的信息载体现在已经获得了体外(Lotka,1945)③形式,而不只是被编码为有机生命体内部的某种形式,如DNA。信息不仅被记载于人类思想——即所谓文化——的无形领域中,而且被记载于由文字和其他的表达形式、文化和工业人造品所构成的更有形的空间内。但是这样一种事实仍然成立,即在由各种信息储存和传播的物理介质所施加的限制之内,演化仍然必须沿着基本的(随机)变异与选择的达尔文主义路线行进。现代社会经济演化之所以复杂,是因为我们必须同时处理由生物学的(DNA)、文化中隐含的(存在于人类个人和团体的心理与肌肉系统中)和能够在文化上系统化的信息传播与变异机制的综合体,而后一类型正变得越来越以机器为基础。

因此,经济增长演化理论的任务可能就是要构造这种多层次演化过程的群体动力学,不仅要考虑到其中人类的因素,而且要考虑到越来越复杂的人工能量和信息转换者形式,后者合起来被经济学家一并称为“资本”。④ 但是,即便我们认为经济是演化过程不可分割的一部分这个更为根本的观点具有一定的有效性,其各种不以DNA为基础的层次的“基因代码”仍然需要被发现。事实上,尽管从20世纪50年代起,生物学对遗传学的分子基础就有了明确的认识,但种群遗传学和演化的正式模型中,仍然需要继续研究很多现象的极端简化形式。⑤ 因此,从实用角度来看,我们是把演化思想作为一种受限制的类比应用于经济学,还是将人类社会的经济学作为一个普遍演化过程中的特定阶段,并没有什么太大区别,只要人们赞同对社会工业过程的“遗传深部结构”的规范描述。⑥ 我们暂时还必须设法应付一些可行的、关于经济演化中所包含的实体与变异与传播机制的宏大的假设,并在有限范围的微观和宏观经济特征事实的基础上对其进行评判。⑦

509

③ 当然,还有另外一个建立在动物神经元系统基础上的体内信息处理层面,Gerald Edelman(1987)假定其根据神经元团体选择运作。这使得有机生命体可以从其生涯中的各种经验中学习;即,它是一种明显具有生存价值的后天获得的特征。但是,直到使得代际传播成为可能的语言和文化产生之前,神经元系统本身并不能作为长期演化的基础,而是仍然必须依赖于DNA介质来生成进一步的发展。

④ 这是肯尼思·博尔丁(Kenneth Boulding, 1978)的主题——不过,作者并没有在正式建模方面做多少努力。

⑤ 因此,人们为了数学处理上的简单起见,常常选择假定无性繁殖而非有性繁殖。

⑥ 但是,二者之间也存在区别,后一种观点强调其中的能量和环境约束。不论其优劣如何,这些在下文的讨论中都不会有什么明显的作用。

⑦ 对其基本形式和各种应用的讨论,请参见Sigmun(1986)和Hofbauer and Sigmund(1988, pp. 145—146)。

2 增长与熊彼特式竞争经济学中的行为基础与正式演化模型:选择

生物学中演化思想的形成是从 R. A. Fisher(1930)开始的,他引入了我们现在所称的"复制者方程"(replicator equation)来表达达尔文适者生存的观点。如果我们考虑一个由 n 个互不相同的竞争"物种"所构成的种群,其相应的适应性可能取决于频率,为 $f_i(x)$,其中 x 为物种 $(x_1, x_2, \cdots, x_n)$ 的相对频率向量,那么,它们的演化可以用下式来描述:

$$\dot{x}_i = x_i(f_i(x) - \bar{f}(x)), \quad i = 1, n, \quad 其中\ \bar{f}(x) = \sum_{i=1}^{n} x_i f_i(x)$$

直觉来看非常简单:适应性高于平均水平的物种,其相对重要性会扩大,而适应性低于平均水平的物种会收缩,平均适应性 $\bar{f}(x)$ 进而会随相对种群权重的变化而变化。如果适应性函数 f_i 是常数,就可以证明,适应性水平最高的物种会取代其他所有物种,平均适应性会单调上升,直至根据下式达到一致:

$$\frac{d\bar{f}}{dx} = \mathrm{var}(f) \geqslant 0$$

其中 $\mathrm{var}(f)$ 是种群适应性以频率加权算得的方差。这样,平均适应性就会通过演化过程(在数学上它被称为 Lyapunov 函数)得以动态最大化。这就是所谓的 Fisher 自然选择基本定理,但是,应该注意,它只对常适应性函数有效。在以频率为基础的选择中,适应性取决于其在种群中的份额,包括物种自身的份额,递增和递减的"收益"可能会混合在一起,因此可能实现多重均衡,也不需要推定数量最大化(关于最大化原则的广泛讨论,参见 Ebeling and Feistel, 1982)。复制者方程只描述了相对份额的变化动态,它发生在单位单纯形 S^n (其中 $\sum_{i=1}^{n} x_i = 1$)、一个 $n-1$ 维的空间中。为了推出绝对种群,有必要引入另外一个描述整体种群层面的方程。Lotka 和 Vito Volterra 在种群 y_i 层面增长方程的基础上给出了另外一种描述(右边是常用的对数线性形式):

$$\dot{y}_i = g_i(y) = r_i y_i + \sum_{j=1}^{n} a_{ij} y_i y_j$$

Josef Hofbauer 给出一项定理,断定 Lotka-Volterra 系统和复制者系统是等价的(参见 Hofbauer and Sigmund, 1988, p. 135)。

大多数演化经济学模型在很大程度上都为函数 f_i 或 g_i 赋予了经济学上的含义,常用市场竞争或差异化的利润率驱动的选择机制来表示。前者一般会定义

510

一个代表产品竞争性的变量，可能是价格、质量、交付延迟、广告及其他变量的组合（例如，可以参见 Silverberg *et al.*，1988 或 Kwasnicki and Kwasnicka，1992）。后者假定各生产者的产品质量和价格是相似的（或服从于某个与我们所研究之演化过程相比，能够迅速达到均衡的动态过程），但是生产的单位成本互不相同，因此企业所实现的利润率不同。如果它们的增长率与利润相关，而这一假定看起来很合理，那么它们的市场份额或产出水平（与生物学模型中的 x_i 和 y_i 相对应）可以分别用复制者方程或 Lotka-Volterra 方程来描述。

我们在本章将要讨论的所有模型都主要关注技术变迁，而技术变迁正是它们所关注的演化过程的核心推动要素。不过，这些模型在其对技术以及技术如何与企业战略和市场相契合等方面的表述上存在相当的差异。可以将它们区分开来的一个主要特征就是看技术是*物化在资本中的*、还是*无实体的*，即技术之绩效的变化是否主要（尽管不一定是完全）取决于对新设备的投资。在前一种情形中，技术的变迁受到有形资本（以及可能的互补要素）投资的高度束缚；而在后一种情形中就不是这样了，它几乎可以是无成本的。但是，即便假定技术变迁是被物化了的，各模型在正式的处理方法上还是存在重要的区别。处理物化性技术变迁的经验方法使用了一个可以追溯到 Wilfred Salter（1960）、Robert Solow（1960）和 Nicholas Kaldor and James Mirrlees（1962）的年份（vintage）的概念，其本质跟国家统计部门用永续盘存法来衡量资本存量差不多。它假定在任何给定的时间都存在唯一一项实践效果最佳的技术，人们向其进行投资。因此，资本存量就包括过去所有尚留有少许残值的投资——即，被囊括进来的年份最早的技术，已经因为在技术上过时和/或折旧而濒临被抛弃的边缘。[8] 总资本存量是这段期间所有年份之和或积分（分别对应离散时间和连续时间的情形），平均技术系数（劳动生产率和资本/产出比）是对应的用年份加权后的总和或积分值。

511

年份资本存量水平可能可以很容易地用数据来计算，但是这样存在两种缺陷，降低了它们的现实性和易处理性。第一，这一方法假定存在唯一一项实践效果最佳的技术，这就排除了在投资前沿上存在多种竞争技术的可能——而这恰恰是大多数演化经济学家和创新扩散研究者所热衷的话题。这一弊端在某种程度上可以通过假定不同技术的多重平行年份结构得到解决，Silverberg *et al.*（1988）就是这样做的。第二个缺陷是，尽管离散时间的年份资本存量可以特别容易地用数据加以计算，但是，当它们是被嵌在带有内源性碎片的动态框架之中时，在数学处理上可能会变得复杂而棘手。会涉及时滞差分或微分方

⑧　除非资本被假定为会以某种预先设定的折旧率呈指数化衰亡，在这种情形下，其生命是无限的，尽管制造年期较为古老的技术会迅速地变得微不足道。

程、甚至年龄结构或种群动态，而除了在极度简单的假设之下，人们对其数学属性的理解，与对常微分或微分方程系统的理解相比，仍然十分薄弱。

J. Stanley Metcalfe(1988)、Katsuhito Iwai(1984a,1984b)、Gennadi Henkin and Victor Polterovich(1991)、Gerald Silverberg and Doris Lehnert(1993,1996)和Silverberg and Bart Verspagen(1994a,1994b,1995,1996)的模型中，虽未明确说明，但也在实际上开拓了一种新方法，可以称之为"准年份"框架(quasi-vintage framework)。该方法根据资本的类型而不是获得资本的日期来标记其"年份"，因此，其服务年限不再起作用了，重要的只是技术的特征(尽管按类型来看的损耗仍然可能是与年限相独立的)。这样，多种性质不同的技术可以同时进入和退出资本存量。此外，要处理准年份结构，只需要使用常微分(或微分)方程而已——这是一个莫大的数学上的简化。但是，实用性和易处理性的增加，也意味着要牺牲按年代顺序追踪技术年份的能力。不过，准年份本身适合用于Cesare Marchetti and Nebojsa(1979)、Nakicenovic(1987)和Arnulf Grübler(1990)所研究过的多重替代动力学，其使用也更为自然。有一种演化观点认为，其本质就恰恰存在于这种替代序列之中(Montroll,1978)，而无论其是否与技术、行为模式或社会结构相关。

512

与物化技术变迁相比，无实体的技术变迁(所谓无实体，至少是说它不能用有形的装备来表现)仍然更像是一个黑箱。它可以存在于人的绩效或组织与社会能力中，但是，关于其根本性质以及是如何积累、存储和更新的，我们可谓知之甚少。干中学(Arrow,1962)是一个标准的现象学方法，可以用描述生产率和累积投资或累积产出之间的关系之幂律(power law)来表示。近年来，这种方法已经成为很多新古典内生增长研究文献的核心。竞争者之间的技术溢出效应也得到了相当多的关注。Silverberg、Giovanni Dosi and Luigi Orsenigo(1988)给出了一种在产业动态框架中将干中学和溢出效应结合在一起的方法，而Giorgio Fagiolo and Dosi(2003)则给出了一个很有意思的内生增长模型，将这些涉及局部相互作用之行为人的因素都整合了进来。这两种现象的净效应常常是某种形式的收益递增，例如采用或聚集、网络外部性等的递增收益(参见Arthur,1988,1994)。在复制者框架中，这意味着适应性方程$f_i(x)$确实取决于频率向量x，会产生多重均衡、阈值现象(threshold phenomena)、锁定等。[9]

---

⑨ W. Brian Arthur、Yuri Ermoliev和Yuri Kaniovski利用Polya罐随机工具研究了收益递增现象，该方法假定有一个无限递增的种群，进而可以产生渐近结果。对于带有随机效应的规模固定的种群，可以用Master或Markov方程方法研究(关于纳尔逊-温特模型的随机形式，参见Ebeling(1980)、Bruckner *et al.*(1994)、特别是Jiménez Montaño and Ebeling(1980))。我们在下文中只会在有限的情形下使用随机工具，确定性的复制者方程可以满足我们的目标。

3 增长与熊彼特式竞争经济学中的行为基础与正式演化模型:创新与学习

513

如果没有全新多样性的持续创造,选择(以及漂移)就失去了作用的基础,演化也很快就会走到尽头。这对于增长模型而言尤为关键,因为技术变迁的持续性在其中占据了首要位置,尽管其他方面很可能会收敛到稳定的静态模式。因此,必须对企业个体及整体如何实现创新予以高度的关注。大体而言,大多数学者都认为,创新模型应该是随机的,这样才能反映努力和结果之联系的不确定性。不过,关于如何实现这一点,在细节上可能存在很大的差别。纳尔逊和温特给出的方法堪称经典,本章随后会更详细地予以介绍。纳尔逊和温特将技术和行为规则/策略全部归于惯例概念之下。在他们的模型之中,技术变迁是无实体的,所以,这种等价可能是值得采纳的,因为对于企业的全部资本存量来说,此时技术的变化只需要花费采纳创新或模仿搜索所必需的成本——本身没有投资或培训。就整个经济体而言,存在着关于技术的学习,但企业本身完全是缺乏才智的,它们只是根据给定的搜索和投资规则来运作,而这些规则不能根据实验的结果来修订。但是,企业要经受选择,这是它偶然发现的技术所产生的结果。这个模型有一点很独特,即如果完全照字面的意思应用赫伯特·西蒙的满意(satisficing)概念,就意味着企业只有在其绩效不尽如人意的时候才会采取创新搜索。[⑩]

最初的纳尔逊和温特模型中对搜寻活动和进入进行了有趣的描述,温特(Winter, 1984)[⑪]对之进行了介绍,其中,企业被分为两类:以创新为主或以模仿为主。此外,还引入了技术体制(regime)的概念(可以追溯到熊彼特甚至更早),而这种体制取决于技术进步的源泉是在企业之外(例如,从公开可得的科学知识库中获得),还是通过自身累积的技术能力实现技术进步。这些体制被称为企业家式的(entrepreneurial)和惯例化的(routinized),是由特定参数背景外生赋予的。尽管企业可能是属于前述两种类型的,但是没有哪种类型的企业能够学习。相反,市场根据技术体制来在两种类型的企业之间进行选择。新企业的进入在企业家式的技术体制中受到激励,在此处的作用比大多数演化模型中为其赋予的单纯的支持性角色重要得多。

514

⑩ 与之相反,在 Silverberg and Verspagen 模型中,企业对其绩效越满意,其在行为上进行模仿的概率就会越大。

⑪ 对这一模型的讨论可以称之为行业动态学,它描述的不是整个经济体范围的增长,尽管其基本假设并没有排除对后者的分析。

在演化博弈论文献中(例如,可参见 Kandori *et al.*,1993 和 Young,1993),基于选择/突变动态的学习开始变得重要起来,但是,鲜见它进入一般经济学研究的演化模型。Silverberg and Verspagen(1994a,1994b,1995,1996)借鉴演化策略研究(参见 Schwefel,1995),进行了改变这种情形的第一次尝试。在这里,突变是围绕当前策略的局部现象,模仿的概率是对当前绩效的不满意度和被模仿企业规模的增函数。与纳尔逊和温特所开创的传统不同,策略和技术是被分开来研究的。学习算法只被用于企业的研发支出策略;它们的技术绩效也就遵循这些决策和市场反馈的有些复杂的模式。这样,就有可能执行从实际商业实践中点滴收集起来的简单的有限理性决策原则,例如目标研发与总投资之比、或研发与销售量之比、或者二者的组合。

遗传算法和分类系统作为人工模拟行为人(artificial agents)的学习机制,在近些年也得到了许多青睐。[12] 尽管这些更直接地指向了遗传特征以生物 DNA 的方式进行的离散遗传机制,社会科学家对此感觉也许并不舒服,但是,也可以用不可知论为指导,只是将它们用做算法工具,以便为学习留出空间,而不是用它们来解释学习实际上是怎么进行的。David Lane(1993a,1993b)指出,人工经济学(artificial economics)建模哲学的一个目标就是整理出人工模拟行为人之间经济交往的基本网络,这些行为人在初始时对所处环境的知识为空白,但是具有较为精密的学习能力;另一个目标就是想看看是哪些类型的市场、制度和技术会得到发展,建模者会尽可能不对其发展可能性抱有成见。在 Robert Axtell 和 Joshua Epstein 的糖域(sugarscape)模型(参见 Axtell and Epstein,1995 和 Epstein and Axtell,1996)中,已经在一定程度上运用了这些思路,其研究与生物学领域中人工模拟的世界运动非常类似(参见 Langton,1989 和 Langton *et al.*,1992)。这也产生了一种经济建模的新形式,即我们所说的基于主体的计算经济学(agent-based computational economics,ACE;参见 Tesfatsion,2002)。尽管这一研究方向在复制理论的大旗下引起了很多人的兴奋之情,但是,它并没有能够避免许多被大肆宣传的科学趋势所遭受的同样命运,也遭到了怀疑者的激烈反对(参见 Horgan,1995)。不管怎样,在下文中,我们的讨论将会限定在那些植根于经济学传统的模型,这些模型所研究的都是长期以来人们在经验上很感兴趣的问题。

515

⑫ 关于基本理论和方法,参见 Booker *et al.* (1989)和 Goldberg(1989),在 Dawid(1999)、Holland and Miller(1991)、Kwasnicki and Kwasnicka(1992)和 Lane(1993a,1993b)中可以找到其在经济学方面的一些应用。

4　演化增长模型概述

在本节中，我们将讨论几个增长模型之间的异同之处，这些模型都是在过去几十年间，在我们已经列出的各种演化原理的基础上发展起来的。[13] 第一个要讨论的模型是纳尔逊和温特(1982)提出的。该模型可以被看做是第一个演化增长模型，本讨论之后的部分也会表明，它可以被看做是这一领域中的先驱。纳尔逊和温特模型具有明确的微观经济基础，其中对企业寻找更先进技术的行为做了设定。因为具有不同搜寻行为以及不同技术水平的多个企业同时存在，从而产生出复杂性，纳尔逊和温特模型基本是用计算机模拟的方法来分析的。

演化经济学中一类较新的模型遵循了纳尔逊和温特模型关于采用微观经济基础的观点。因此，这些模型也需要使用计算机模拟来进行分析。这一类模型的主要贡献是引入了对技术更为现实的表述方式，扩展了纳尔逊和温特的初始建构，一些模型将分析扩展到了多国框架之中，另一些模型则把演化原理扩展到了行为策略问题，而不仅仅是技术变迁问题。

第二大类演化增长模型并没有像纳尔逊和温特所建议的那样建立在明确的微观经济基础上，至少在为个体企业建模时是如此。因此，这一类论文与纳尔逊和温特模型的相似度较低。没有明确考虑微观经济模型的主要原因似乎是希望能够让模型在分析时更容易处理，或者是让模拟模型的复杂性处于可控范围之内，因此可以使模型的扩展——例如，扩展到多国背景——对封闭经济体更系统的分析等更为容易。　516

因为第二类文献并没有明确地显示是基于何种特定的方法，它们必定要比第一类文献差异性更大。不过仍然有可能在其中发现两种普遍性的方法。两个子类型之间的分界线就是解析解和计算机模拟之间的区别。

我们讨论演化增长理论领域中的这些不同方法，指导方针有四点。前三点与我们曾经讨论过的演化过程的三项基本原则相对应：种群（一般是企业或不同的国家或技术）的异质性、种群中产生新事物的机制（突变，往往是以技术创新的形式出现）以及选择（与种群所处的经济环境有关）。我们要讨论的最后一点是模型的经济学解释或者说结果。

有一类特别的模型，我们很难把它们归为本文体系中的某一类，它们的目

---

[13] 我们之前讨论的论文，绝对没有穷尽"演化增长理论"的文献。但是，如果我们明确地将分析的核心范围限定在具有明确的"种群视角"的数学模型，我们可以说，已经列出的文献至少涵盖了最著名的作品。

标是模拟实际的经验经济。这类模型的例子包括瑞典 MOSES 模型和维斯帕金建立的荷兰经济模型(2001)。后者代表的是以投入-产出经济学为基础的模型,但同时也应用了描述外国和本国商品市场的复制者动力学。瑞典 MOSES 模型是一个从微观到宏观的模型,对个体企业行为的描述与纳尔逊和温特模型采用了同样的思路;随后,这些微观行为的结果被加总为宏观数据,所用的数据同时包括现有企业和模拟企业的数据。Eliasson(1977,1991)对 MOSES 模型的基本形式进行了描述。最近一些时候,Ballor and Taymaz(2001)为该模型中加入了人力资本,并分析了不同类型的培训政策对增长的影响。

4.1 纳尔逊和温特模型

我们的讨论首先从对纳尔逊和温特(Nelson and Winter, 1982, part IV)所述模型的简要总结开始,该模型可以看做是演化增长模型领域的开山之作。[14] 这一模型(简称为 NWM)在本章以下部分将会被作为基准情形。

517

在 NWM 中,异质性是用企业来定义的。企业使用生产技术,而生产技术用固定的劳动和资本系数来描述(分别是 a_L 和 a_K)。产出是均质的,所以我们的模型纯粹是过程创新模型。[15] 因此,企业生产遵循的是 Leontief 生产函数,其中没有考虑劳动和资本之间的替代性。随着时间的推移,技术变迁可能会产生偏误(即,a_L和 a_K的变化不是成比例的),这种现象有些类似于产生了劳动和资本之间的替代(这是本模型的一项关键结果;在下文中我们会回来讨论这一点)。

新事物的产生是企业搜寻活动的结果。搜寻是在一个既有技术(即 a_K和 a_L的组合)的(给定的而且是有限的)集合中进行的。在任何时点上,该集合中的一些可用技术是已知的,而另外一些仍然需要在未来去发现。搜寻活动是由随机行为决定的,即企业只有在收益率低于一个随意给出的水平 16% 时才会从事搜寻活动。变异或搜寻过程可能会采取两种不同的形式:局部搜寻或模仿。在第一种情形中,企业会去搜寻新的、但是还未被发现的技术。每一种尚未被发现的技术被企业发现的概率会随其与现有技术之间的距离线性递减(所以才有"局部搜寻"这个术语)。通过变换距离函数的偏度,可以向搜寻过程中引入劳动或资本偏差。在第二种搜寻过程——模仿中,企业会去搜索其他企业现在正在使用、但自己还没有将之用于生产过程的技术。因此,这种搜寻过程不会产生严格的总体意义上的新事物;相反,它会在微观经济层面上产生新东西。模仿成功的概率与每一技术在产出中的份额成比例。

假定一家企业正从事搜寻活动(即其收益率小于 16%),那么它只能进行

---

⑭ 纳尔逊和温特(Nelson and Winter,1982)中的讨论主要是围绕 Nelson *et al.* (1976)更早时期的一篇论文展开的。

⑮ Alexander Gerybadze(1982)将 NWM 扩展到了产品创新的情形。

一种类型的搜寻。被采取的搜寻活动的类型是随机事件,每一类型对应的概率是固定的。如果搜寻过程取得了成功(即企业发现了新技术),只要预期收益率高于当前水平,它就会采纳新技术。对资本和劳动系数真实值的预期可能会出现失误。

经济中新事物的另一个来源是原先没有从事生产的企业的进入。这种企业可以用"空"企业的概念来描述,其资本存量为零,但却在积极进行搜寻过程。518 如果这样一个"空"企业发现了一种预期收益率在16%以上的技术,它就有25%的概率会真的进入市场。如果市场进入的确发生了,就会随机为它选定一个资本存量值。

因此,选择过程主要是受技术收益率驱动的。收益率取决于(真实)工资率,后者是外生的劳动力供给和内生的劳动力需求的函数。劳动力需求是产出的函数,而产出又取决于资本存量和目前所使用的技术。对资本的净投资等于企业的利润(减去它必须支付的红利,它占一个固定的比例)减去折旧(以固定速率折旧)。利润不足会导致负投资,即亏损企业发现其资本存量会缩减。这样,选择会同时作用于企业和生产技术,我们可以认为企业是表现型,而技术是基因型。

跟我们这里所讨论的大多数模型类似,要得出NWM的含义,就必须用计算机进行模拟。用索洛(Solow,1957)关于美国在20世纪上半叶全要素生产率数据校准该模型,可以生成以下变量的总时间路径:资本、劳动力投入、产出(GDP)和工资(或产出中劳动力的比重)。纳尔逊和温特(Nelson and Winter, 1982)的分析只限于16次,其中四个主要参数(创新的局部性、对模仿搜寻的重视程度、红利和局部搜寻的劳动节约偏差)在高态和低态之间变动。

纳尔逊和温特主要研究了这些时间序列是否在广义上与索洛实际观测到的结果相对应。所得出这个问题的答案是肯定的,他们随后详细地指出,"即便演化理论不能为……宏观现象提供一致性的解释,也不能仅因为此就不再考虑这一理论"(1982,p.226)。更确切地说,他们指出,尽管索洛(以及后来延续了这一传统的文献)给出的关于经济增长的新古典理论和NWM都能够解释相同的经验趋势,但是,这两种观点中所隐含的因果机制是大不相同的(p.227):

> 新古典理论对于长期内生产率变化的解释……建立在"沿着"现有生产函数"移动"和平移到新的生产函数之间的明确区别上。在演化理论中……则没有生产函数……我们认为……新古典范式内部的"增长核算"之争不仅在经验上很难处理,在概念上也很麻烦。

519 透过模拟和经验数据在广义性质上的相似性,纳尔逊和温特得到了一些关于四个参数变化之效应的有趣结论。他们发现,搜寻局部性的降低会导致技术变迁值提高、资本/劳动比提高、市场集中度下降。如果搜寻偏向于模仿其他企业(而不是对新技术的局部搜寻),会导致资本/劳动比提高、市场集中度下降。资本成本(红利)越高,技术变迁值越低,资本/劳动比也越低。最后,劳动节约型的技术变迁会导致资本/劳动比提高。从纳尔逊和温特给出的演化理论观点出发,所有这些效应(通过对模拟结果进行回归得到的)都可以得到一些可以接受的解释。

因此,NWM 似乎能够给出两类结果。第一类结果——有一种“极简主义”的观点,即演化模型可以在一套“合理的”微观经济理论(即解释在微观层面上观测到的企业异质性的理论)基础上解释有关经济增长的宏观事实。[16] 虽然这是一个有用的结论,但是,我们至少有两种理由不能放心地将之作为演化增长模型进一步发展的唯一基础。第一,研究科学发展的更为“实证”的方法要求演化理论能够给出自己的新结果,而不只是与新古典理论的结果相对照,即便后者至今为止在经济学论著中仍然占据主导地位。第二,NWM 的经验检验特别针对一套单一的数据——即索洛所使用的数据。在 20 世纪 70 年代的各种事件(例如生产率下降或生产率悖论)发生之后,纳尔逊和温特建立模型时期最主要的经济增长的特征事实已经不再是毫无争议的了。

NWM 的第二类结果——即模型中四个主要参数之间的联系和宏观经济预测——可以被看做是寻找更为“实证”的方法的初次尝试。但是,也许有一点比这些结果还重要,即该模型的范式作用,但这一点在各种介绍中并未被重视。正如我们在下文中即将看到的,NWM 为很多更为精细的、能够将经济增长作为演化过程进行分析的模型打好了基础,后者使用更为准确的假设和模型结构,所得到的结论也不再只是与 20 世纪 50 年代得出的“特征事实”相似了。这些更新的模型修正 NWM 的一些方法涉及变异和模仿过程的内生化,并将模型推广到了不同国家的企业会相互作用,以及企业之间存在投入-产出联系等情形。不过,大多数此类模型都有一个共同的基础,那就是 NWM,这一点非常明显。

520

4.2 演化“宏观模型”

也许 NWM 最重要的一面就是它具有明确的微观经济基础。如同上面所指出的,这似乎是关于其结果最重要的结论。在众多受 NWM 启发而出现的演化增长模型中,有一些具有明确的微观基础,但也有一些模型只是在宏观经济层

---

[16] 关于这一问题更为广泛的讨论,也可参见 Nelson(1995)。文献中已多次指出,用总产出函数来核算增长可能会使得结果跟与总量相矛盾的异质企业构成的微观经济、乃至一些荒诞的基础生产函数高度适应,但这种高适应性带有欺骗性。参见 Houthakker(1956)、Phelps-Brown(1957)、McCombie(1987)、Shaikh(1974,1980,1990)、Simon and Levy(1963)和 Simon(1979)。

面上构造的。这里的讨论将从介绍后一类模型的要点开始。在下一小节中将会讨论具有微观经济基础的模型。本小节所研究的模型来自于 John Conlisk (1989;CON)、Metcalfe(1988;MET)、Verspagen(1993,VER)和 Silverberg and Lehnert(1993,1996;SL)。

这些模型中的前两个可以得到解析解,而后两个模型则像 NWM 那样需要用计算机模拟进行分析。相对于 NWM 的丰富图景而言,有解析解的模型必定要进行大量的简化;而 NWM 已经成为下面将要讨论的第二组演化增长模型的某种标准。在 CON 模型中,这些简化走得太远,以至于人们对于该模型是否仍然真的是演化模型这一点产生了争议。不过,正如下文即将说明的,演化理论中的一些最重要的假设和结果在 CON 模型中仍然成立,因此我们会毫不犹豫地在这里与其他模型一道介绍它。为了得出解析解而进行的必要的抽象不应该被教条地看做是将模型排除于演化理论之外的原因。这一学科感兴趣的是研究可以进行解析之范围的边界,并在同时通过模拟技巧研究更复杂的模型。

CON、MET 和 SL 模型中对异质性之作用的假设非常相似。在所有这三个模型中,生产技术都是最为基本的存在。这些技术在技术水平方面存在差异,而劳动生产率是技术水平的唯一指标。这是选择所作用的异质性的主要来源。在 VER 模型中,异质性发生在国家内部的各部门之间——即部门是最小的分析单位。各部门的区别在于它们所生产的产品不同,而这些产品在不同的国家可能会具有不同的收入弹性,而作为技术指标的劳动生产率也有不同。 521

新事物生成的方式在这一组模型中差异最大。MET 模型所用的方法最为简单,它假定新事物不存在。为了使模型易于处理,分析被限定在给定技术集合上的选择过程中。VER 模型中的假设只是稍微复杂一点,它认为技术进步完全是确定性的,并明确其为"Kaldor-Verdoorn"过程,该过程强调"干中学"和动态规模经济。尽管这个过程中产出增长的"收益"会逐渐消失,但一般来看,产出增长率越高,生产率增长得越快。

CON 和 SL 模型中新事物的生产过程更符合演化论的传统。这些模型采用随机机制,新技术是从随机分布中产生的。在 CON 中,劳动生产率的增长服从正态分布,其均值为正;在 SL 模型中,创新服从时齐或非时齐的泊松过程。在 SL 模型中,只要出现了创新,新生产技术就会被指定一个劳动生产率,该值等于 $(1+a)$ 乘以当前主要的实践效果最佳技术的生产率,其中 a 是内生的固定常数。

在这一组模型中,选择是十分关键的。在这方面,CON 模型提供了最为简单的表述;它根据生产率对各项技术进行了排序。[17] 在任意一个时点上,搜寻过程都是建立在该排序的前 n 项技术基础之上的;新技术所服从分布的均值是这前 n 项技术的加权平均。这意味着,“既然新的工厂技术是建立在过去的创新性工厂的基础之上,而不是以过去工厂的平均水平为基础,生产率会提高。如果没有随机性,所有的工厂都是相似的;这样,也就没有了能够引致增长的创新性工厂。因此,随机项是必不可少的”(Conlisk,1989,p. 794)。

在 VER 模型中,选择机制可以用复制者方程来描述,来自不同国家的各个部门以生产成本为基础相互竞争(假定利润为零)。生产成本是该部门技术水平、工资率和汇率的函数。工资取决于生产率的增长率和失业率,而汇率会在长期内缓慢地调整以实现国家之间的购买力平价。复制者方程并没有明确的经济性基础,只是简短地提到了消费者(在生产者之间没有质量差异的条件下)偏好价格最低的产品、这些长期偏好的调整又十分缓慢这一观点。在总量层面上,VER 模型中的选择是各部门在总消费中所占份额的函数,而该份额会根据不同国家的真实收入弹性演化。

522

最后,SL 和 MET 模型中的选择机制非常类似。在这些模型中,用明确的经济理论得出了复制者机制。在两类模型中,利润是选择的驱动力。面对整个经济体范围内的工资水平和产出价格水平,具有不同劳动生产率的技术会产生不同的利润率。模型假定利润会被重新投资于系统的技术中,[18]因此,生产率高于平均水平的技术,其产能份额会增加。

在 SL 模型中,真实工资是失业率的函数,有效需求对其并无影响(产出总是等于产能)。这种模型实质上就是 Richard Goodwin(1967)的多技术版本。在 MET 模型中,名义工资是给定的,产出价格由供求关系决定。需求曲线是外生给定的,而供给曲线是将不同生产技术加总得出的,并假定各种技术都以工资率和劳动生产率决定的成本水平供应所有产品。供求曲线的交点决定产出价格。假定成本水平高于当前产出价格的所有技术都会被剔除出市场。新的技术从供给曲线的较低端进入,从而可以获得高利润率。

尽管这一组“总量”演化模型的结构十分相似,但是不同模型的结果却不尽相同。在假定技术进步实际是随机的(见上文)这一条件下,Conlisk 表明,CON 经济的总量增长率是三个变量的函数:新工厂(可以被解释为创新的平均规模)

---

[17] Conlisk 模型中的技术可以按照两种不同的方式进行排序。第一种方法是根据它们在任意时点上的实际生产率排序。因此劳动生产率部分取决于资本的折旧,所以该模型中技术的劳动生产率会在其存在期间内变化。技术也可以根据其发明时的生产率水平进行排序。这正是本文讨论的排序方法。

[18] 事实上,在 SL 模型中,有一定比例的利润被重新配置到了更具效率的技术上。因此,更为先进的技术能够吸引到高于其对应比例的总利润。但是,尽管这可能会加速选择,但是对选择过程的作用而言并不是实质性的。

生产率分布的标准差、储蓄率(其定义与传统有些不一致)和新知识的扩散速度。此外,通过改变技术变迁细节的一些假设,CON模型模拟了新古典学派增长模型中的三种标准技术变迁,发现第一种和第三种要素对增长不会再产生任何影响(它们是专门针对模型的"演化"技术变迁的)。但是,可以在不同模型建构之间比较储蓄率的影响。Conlisk发现,如果使用纯粹的外生技术变迁(如索洛模型)或肯尼思·阿罗(Kenneth Arrow,1962)或保罗·罗默(Paul Romer,1986)模型中关于"干中学"的描述,储蓄率就不会影响(长期的)经济增长。这一结果在标准新古典增长理论中是众所周知的,它实际上把这些模型和他的更具演化理论背景的模型区分了开来。 523

本节所讨论的另外一种分析模型——MET模型并不是以取得这样明确的结果为目标的,相反,其目标似乎是说明一种可能的选择机制对开放经济增长模式的作用。因为为了得出一个解析解,它采取了很多简化假设(例如各国占世界总需求的份额是不变的,名义工资和汇率也是固定的),很难将其结果和实际经验趋势联系起来。尽管如此,该模型清晰地表明,一个国家在世界总需求中所占份额及其技术水平是在如何影响贸易平衡和经济体的增长率。显然,在这个模型中,增长取决于经济体的开放程度和竞争性。这些力量的长期结果是,技术水平更为先进的国家在世界产出中的份额所占比例会趋近于1,尽管技术较为落后国家的产出可能仍然是正的。另外,利用比较静态分析,该模型可以预测货币贬值或保护性关税等事件的效应。

可以认为,VER模型试图分析的问题与MET模型一样,但是,VER模型更强调技术变迁、工资和汇率的长期动态,而不只关注调整的过程。维斯帕金(Verspagen)用模拟来分析不同国家技术竞争力差异、或不同国家需求模式不同的影响。因为这个模型是多部门的,所以就产生了内生专业化模式的问题,国家的技术绩效取决于其专业化水平。技术竞争力的区别又会对失业率和工资率产生影响,这又会反作用于竞争力。究其本质,该模型强调了专业化和增长之间的相互作用,结果表明,在一个各部门和各国家的技术潜力存在差异的世界中,不同国家增长率的差异可能会持续存在,但是却无法准确地加以预测(因为模型是非线性的)。 524

根据SL模型的预测,技术变迁率会遵循一个复杂的模式,其中一个$1/f^{a}$噪声特性的长期波动会占支配地位,尽管随机投入只是白(Poissonian)噪声而已。技术变迁及其模拟所生成的增长的时间序列可以用谱分析进行分解,以便将其分解为不同频率的和谐振动。结果是以谱密度的对数值与振动频率对数值为坐标轴所绘出的图形中一条向下倾斜的线性曲线,即所谓$1/f^{a}$噪声,西尔弗贝里(Silverberg)和Lehnert将之解释为某种形式的长波或Kondratiev波,其既不是严格周期性的，也不是随机游走。事实上，他们指出，这些序列具有决定性混沌的特征，从而在短期内的预测与随机序列更为准确。他们把这一发现称为“演化混沌”。此外，技术替代同样表现出连续以 logistic 形式在经济体内外扩散的模式，经验研究文献中已经多次显示出这一点。

总结起来，这些模型中最重要的共同因素也许就是部门、技术或国家之间在技术上的差异。选择过程会不断改变这些差异，而无论这些差异是如何定义的，在所有这四个模型中，它们都是经济增长的驱动力。显然，尽管这些模型在其处理经济增长的方法中全都使用了很多一般性的演化原理，但是，并不存在一套标准的假设；也就不会产生什么相同的结果。

4.3 演化“微观模型”：追随 NWM 的脚步

我们对近期经济增长演化模型的讨论集中在很多与原始 NWM 相似的模型上，这些模型都建立在明确的企业行为微观经济理论上。本小节的讨论仍然围绕四个主题进行：异质性、新事物的产生（突变）、选择和分析的经济结果。我们要讨论的模型包括 Francesca Chiaromonte and Dosi（1993；CD）、Dosi *et al.*（1994；DEA）、Fagiolo and Dosi（2002；FD）和 Silverberg and Verspagen（1994a，1994b，1996；SV）。

所有这四个模型都跟 NWM 一样，假定技术上的差异是企业间异质性的主要源泉。它们也追随 NWM 的脚步，将过程创新作为唯一的技术进步形式，进而使用劳动和资本系数来刻画技术。SV 模型采用了 SL 模型中处理物化在资本中的技术变迁的形式（我们在前面称之为准年份结构），假定每一家企业在任何一个时点上都会应用多种生产技术。在 CD、DEA 和 FD 模型中，则是用一个唯一的劳动系数来刻画企业。DEA 明确地采用了开放经济的观点，其中企业在不同部门和不同国家中运作（主要用不同的劳动力市场和汇率来刻画）。企业位于母国，当它们为不同国家的市场服务时，商品就会流出，这被算做是出口。

525

所有这四个模型实际都承认异质性的第二个来源，即企业间行为的差异。在 FD 和 SV 模型中，行为差异是研发策略上的不同，而在 DEA 和 CD 模型中，企业策略也可以被扩展到定价决策（加成定价），但是对于异质性或选择对这些策略的影响，尚无系统性的研究。在 CD 模型中，定价策略建立在对需求的预期基础上，这种预期在不同企业之间也可能会有差异。因此，这些模型中的企业可以用它们的技术能力（以投入系数的形式体现）和经济策略来刻画，而这些因素决定了它们会在新技术的搜寻中投入多少资源、它们会如何为产品定价。

在 NWM 中，局部搜寻和模仿是企业产生新事物的两种途径。这正是我们在这里所讨论的较新模型开始扩展原 NWM 方法的地方。在 CD 模型中，搜寻过程发生在一个复杂的二维空间。该空间的一个维度对应的是“类型学”,或者说“技术范式”,其正式定义是生产一单位特定类型的产能的劳动系数。在每一类型中,用单位产能生产同质消费品的劳动系数是二维空间的另一个维度。在CD模型中,企业要么生产“机器”(每一台机器都对应二维平面上的一组坐标),要么生产消费品(即,它们将机器作为投入品)。平面本身的演化以及个体企业在平面中实现的特定轨迹都是复杂的随机过程,建立在很多关于技术累积性的假设和模型已实现历史的基础上。

在DEA中,搜寻空间更类似于NWM,创新的概率取决于受雇从事研发活动的人数,而如果创新发生,生产力的提高也是随机事件。在CD模型中,经济中两个部门的创新过程不同。在第一个部门,即生产资本品的部门,创新是否成功,是由与DEA模型类似的随机过程决定的,即成功与否取决于研发工作者的数量。一旦创新成功,就会随机选定一个新资本品的生产率。在第二个部门,即消费品部门,企业针对每一种可用的资本品类型都具备某个技巧水平。这个技巧水平会通过学习过程而演化,并同时具有公共和私人特征(即,使用某种特定类型资本品的企业不仅会改进自身,而且会改进公开可得的、使用该机器的工作技巧)。企业不能准确地预测它们的技巧水平,而是会低估或高估该水平,此偏差是系统性的。实际劳动生产率是资本品特征和企业技巧水平的函数。消费品部门的企业会最大化一个涉及劳动生产率、价格和积压订单的函数,并由此选择想要使用的资本品。

526

在FD模型中,搜寻发生在一个二维的点阵上,可行的技术以外生给定的概率占据了部分点,而基础生产率会随所在点与原点的距离递增。如果企业决定探索该空间,而不只是开发它已经占据的点(该点是由该企业特定的前期概率决定的),它就会开始随机地从一个点到另一个点地在点阵中行进,直到它发现更优的点为止,每一期都会产生搜寻成本并放弃相应的产出。有很多互相竞争的结果丰富了这一模型。第一,已实现的生产率会随着开发某一点的行为人之数量的增加而增加,反映采用规模具有递增收益。第二,企业会收发信号以交流它们当前的生产率。如果企业决定模仿一项现有技术,它从附近一个开发得更密集的点接到信号的概率,一定高于从远处开发得尚不充分的点接到信号的概率。因此,模型中将探索/开发困境和信息扩散结合在了一起。

在SV模型中,企业也会投资于研发,创新的概率趋近于它们的研发努力。创新发生后,就会以与SL模型中相同的方式被引入。位于经济体内最佳实践前沿之后的企业实现创新(即采用下一项技术,以使它们更接近前沿而不是改进前沿本身)的概率,比它们目前位于前沿上时所实现创新的概率更高。这反映的是技术知识在企业间的扩散——即技术溢出。但是,他们仍然假定,这种

527 形式的技术追赶也需要落后企业进行研发投资,因此这并不是无成本的。SV模型与DEA和CD模型的区别就在于,前者考虑到了研发策略本身的演化——换句话说,行为的学习。在CD和DEA模型中,企业的研发和定价策略在其整个生命期间中都是固定不变的。在SV模型中,这些策略都会切实经历选择、突变和模仿过程,因此演化发生在两个层面上。[19] 该模型中假定企业在每一期中都会以一定的(小)概率改变其研发策略(策略的突变)。策略突变发生,企业会在其现有策略的基础上加上一个随机增量,而该增量服从均值为零的正态分布。这样,策略突变就是一个局部过程,企业在参数空间中大幅度跳跃的概率跟小。企业模仿其他企业研发策略的概率是会变化的,它会随企业成功指标,即企业的增长率递减,其结果是,落后企业比成功企业(反映出令人满意的行为)更有可能进行模仿。至于哪一家企业会被模仿,也是一个随机过程,被模仿的概率等于市场份额。在DEA模型中,创新的概率趋近于过去与当前研发工作人员的数量。成功的创新将会让企业的生产率向前随机迈进一步。

除了FD之外,在其他所有模型中,选择都是根据复制者过程进行的;其中行为人的寿命是无限的,只是生产率有所不同。在SV中,该过程基本与SL中的一样(如前),这意味着会有一条Phillips曲线来决定真实工资率,而企业扩张其产能的速率等于它们的总(取各技术的平均值)利润率。因此,这里有一个捕食过程(predator-prey process),更有效率的技术倾向于扩大其市场份额,使用这些技术的企业会更迅速地增长。只要企业的市场份额低于某一阀值,企业就会退出,带有随机特征的新企业就会取代旧企业的位置。

在CD和DEA中,选择过程可以用复制者方程描述,它并没有明确地以哪个理论为基础,就像上一节中讨论过的VER模型那样。(DEA中的)价格和汇率是这些模型中竞争性的决定变量。因此,技术竞争力(劳动生产率)、经济体的总量特征如工资以及其他行为变量(定价规则)都会直接影响竞争性。在CD

528 中,企业的竞争性也取决于积压订单(即上一期未实现的需求)。考虑到市场的总规模,从复制者方程中得出的市场份额被解释为实际的生产水平,它是内生于该模型的。市场的总规模是总需求和总供给的最小值。[20] 总需求可以根据总工资账目(DEA和CD中的消费品部门)或企业对机器的总需求(CD中的资本品部门)得出。

SV模型中对参数空间进行了相对系统的搜寻,但这绝不全面。他们得出了三种不同类型的结果。第一,他们发现,如果技术机会(将企业的研发/资本比

---

[19] 在Silverberg and Verspagen(1996)中,企业是由两种不同的研发策略之组合来刻画的:一项策略瞄准研发/总投资之比,另一项则针对研发/销售额之比。

[20] 对于供给小于需求时会发生什么,CD和DEA都没有进行深入讨论。

与创新成功的概率相联系)的值足够高,企业就会在一个相当的调整期间后趋向于采取一个共同的研发策略。[21] 在这个系统的长期演化均衡上,研发策略会收敛到明确的值(系统会在这些值周围随机波动),而这些值与在先进国家之高技术行业中的世界观测值相当接近。在这种状态下,经济体的增长率可以用 SL 中的 $1/f^{\alpha}$ 噪声来描述。第二,SV 发现,将经济体初始化为具有零研发策略的状态,向均衡策略的收敛过程会让经济体经历不同的增长阶段。可以用不同的研发水平、增长率和市场集中模式按以下顺序来描述这些阶段的特征。在初始时,经济体中的研发水平和技术进步都很低,是接近垄断的体制结构(垄断企业会在多少有些规律的时间间隔后被不同的企业替换)。经过一个所有变量的中间值状态后,长期的研发均衡表现为低的市场集中度(企业以几乎均等的规模分布)和高的技术变化率。最后,SV 发现,变换技术机会、研发溢出、研发策略的突变和模仿率等这类参数,导致的技术进步和市场集中度水平的系统变化与我们的经济直觉是一致的。

DEA 和 CD 中的讨论较不系统,而且并没有就模型参数值和结果之间的关系得出清晰的结论。事实上,Chiaromonte 和 Dosi 只给出了一个特定过程的结果,Dosi *et al.* 也没有对其他过程给出什么信息。这两篇论文都没有给出多过程中不同参数集合或具有不同随机种子的相同参数集合的系统总结性统计数据。[22] 认识到这些结果从本质上讲只是"初步的",下面这些似乎是 CD 模型的主要结果。延续了纳尔逊和温特开创的传统,他们非常关注让结果的解释在经验上可靠,但是他们的结果建立在更为复杂的微观经济基础上(与主流理论相比)(p. 56):

529

> 只能说生成的收入和平均生产率序列似乎是"可靠的"(……):我们假定加总后的动力学可能会表现出与经验观察类似的经济计量属性。就像使用"真实经济周期模型"时那样,我们无法区分生成的时间序列中暂时性的(周期性的)和永久性的(趋势)成分。但是,与以前的模型不同,在这里,创新并没有采取外生随机冲击的形式,而是由行为人本身内生地生成的。

这样,尽管演化模型已经得到了发展(从 NWM 到 CD),"反主流模型"也是如此(从索洛模型到真实经济周期模型和内生增长模型),但是,这并没有改变

[21] 新古典内生增长理论也得出了类似的结论,可以对二者进行比较,参见 Aghion and Howitt (1992)。

[22] DEA 指出,"我们给出的结果似乎对于相当广泛的参数变化范围来讲都是可靠的"(p. 235),但却没有给出相应的统计数据来支持这一命题,也没有明确这个变化范围到底有多"广泛"。CD 讨论了一项特别的结果,并声称它"适应于我们所尝试过的大多数模拟情形"(p. 58)。

其他事情。

虽然 DEA 在一定程度上强调其结果的这一属性,但他们的主要兴趣还是不同国家之间增长率的差异。他们发现,在他们的模型结果所说明的 55 个国家所经历的特定过程中,人均 GDP 水平表现出显著的发散趋势,并用将人均 GDP 增长率和该变量初始水平相联系的线性函数形式检验了这一结论,结果表现出显著的正斜率。通过使用"后选择偏差"并只对期间末跻身发达之列的国家进行检验,它们得到了一个负的系数(表明收敛),但是,这个结果在统计上并不显著。[23] 考虑到长期内可用的经验证据和大规模的跨国数据库,尚不明确模拟数据的这一属性是否与现实密切对应。研究经验"收敛"的大多数学者都发现在 1950—1973 年间,一组相对发达的经济体会表现出显著的收敛趋势。如果国家样本更大(例如,将非洲国家包括在内),发散趋势就可能会占据上风。还有一点也很明显,即对相对富裕的那组国家,在较早的时候,收敛的趋势即便存在,也要弱得多。[24] 因此,DEA 的结果似乎是与特定时期(第二次世界大战之前)的经验相符的,但是未必与战后在 OECD 国家中所观察到的强收敛期相容。

530

Fagiolo 和 Dosi 将增长作为参数丛的函数进行了大量的分析,无可否认,该函数相当复杂,包括了大量重要的、彼此竞争的因素。他们的主要结果表明,搜寻和扩散参数取中值时可以实现有力的自持续增长,增长率与人口规模(这与很多新古典内生增长模型不同)和所产生样本路径的时间序列属性相独立。FD 表明,要实现长期增长,必须实现探索和开发之间的平衡,并超越参数空间中的阈值。

5 作为经济增长驱动力的演化、历史和偶然性:实现综合的尝试

在列出了众多"演化增长理论"文献的假设和结果之后,是时候问这样一个问题了:这个学科对我们理解经济增长现象是否有所增益?我们已经看到,很多演化增长模型的结果都不是很明确,它们不能为哪些因素在增长过程中扮演何种决策提供有洞察力的见解。与增长理论中的其他方法,例如拥有高度实用的增长核算"工具箱"的新古典模型相比,乍看上去,似乎不能从演化模型中学到什么东西。

纳尔逊和温特(Nelson and Winter, 1982)已经强调过,阐明主流模型所提供

---

[23] 这一实验似乎是从 J. Bradford DeLong(1988)对 William Baumol(1986)的批评演变而来的,他与之前及之后的很多学者一起,估计了 DEA 所检验的收敛方程。

[24] 例如,对收敛之争的进一步描述,可以参见 Verspagen(1995)。

的精确性在某种程度上只是一个幻影，是演化模型的目标之一。纳尔逊和温特指出，如果采用一个以异质企业、非均衡和有限理性为关键成分的微观经济框架，就不能清晰地得出这些模型中主要变量之间的因果关系。这一观点的含义毫无疑问是十分深远的。它的重要性也许并不完全在于其对主流理论持批评态度，它认为经济增长模型完全不能在确切的因果关系基础上进行准确的预测。纳尔逊（Nelson, 1995, pp. 85—86）中的一段话很好地说明了这一观点： 531

> 毫无疑问，加上了这种复杂性，人们最终往往会得出一套不可能进行准确的预测或高度依赖于某种特定偶然性的理论，如果理论中含有多重的或迅速变动的均衡，或者在该理论中，系统可能会远离均衡，那么，除了相当特殊的情况以外，情形都会如此。因此，演化理论不能只是比均衡理论更复杂。它的预测和解释的明确性可能会较低。面对这一批评，演化理论的倡导者可能会答复说，简单的理论具有明显的解释力，但这实际上只是假象而已……这样一种框架会帮助我们看到并更好地理解经济现实的复杂性……但是，它不会消除复杂性。

纳尔逊似乎是在说，上面概略地叙述过的很多模型都不能准确地进行预测和解释，而这是无法更改的事实，我们必须完全接受。尽管我们赞同这种推理思路，但是，我们还是想指出，演化增长理论实际还是有办法更积极地处理纳尔逊所提出的“复杂性”之挑战。我们建议回到演化生物学那场有关“机会和必然性”的古老的讨论之中。

这场争论是由 Jacques Monod（1970）提起的，其目的是探究采用演化观点会带来的后果，因为在演化过程中，会有基因突变、选择环境的随机变化（例如认为陨星导致了地球上恐龙的灭绝，现在这一点已经众所周知了）等随机事件影响“我们所知道的生活”的一般特征。用史蒂芬·杰伊·古尔德（Stephen Jay Gould）的话来说，问题是，“如果这卷带子被播放了两次”，地球上生物的多样性是否会有所不同。[25] 只要涉及机会和偶然性，问题的答案就一定是肯定的“是”：如果演化完全取决于随机事件，那么，从严格意义上讲，可能出现的自然史的数量是无限的，在我们所想象的实验中，没有理由会有哪一种会出现得比其他种类更频繁。

依此类推到经济学和技术史中，问题就是，如果这卷带子被播放两次，纺织技术的创新和动力机器还会是在技术上促成工业革命的主要因素吗？如果是这样，英国还会是这样一场革命的发源地吗？将这一推理再往前推进一步，大

---

[25] 参见 Fontana and Buss（1994），他们在一个抽象的自组织演化模型中讨论了 Gould 所提出的问题。

萧条还会发生吗？在第二次世界大战之后，一定会有像美国这样的经济体突起并迅速占据经济和技术上的优势、并在世界的部分领域出现持续的追赶和一体化吗？

532

经济历史学家对这种事件的解释建立在特定的历史环境基础上，与各时期内更为普遍的因果机制并没有明显的联系。例如，Angus Maddison(1991)指出，特定的制度和政策因素导致现代世界自1820年以来经历了一连串的增长阶段。尽管Maddison并没有详细地讨论这些因素背后的因果机制，但是，这些因素很明显带有相当程度的偶然性，这使得我们很难从经济学的角度对其进行解释。

但是，生物学的讨论也显示出，更为系统的因素在演化过程中具有重要的作用，这也提出了一些"历史"比其他历史更有可能发生这一假设。Walter Fontana and Leo Bass(1994)更进了一步，他们指出，生物生命具有一些特定的特征，似乎对于模型的不同随机化形式而言都是常见且可靠的。他们认为，"可以认为，如果带子被播放两遍，这些特征……还是会再次出现"(p. 757)。因此，"机会"和"必然性"之间的双重关系导致了这样一种世界观，即确切的结果和因果机制具有很大的不确定性，但是，历史的随机性也有一定的限度。于是，基本的SV模型及由之导出的各种模型都指出，确定的研发值和对特定策略性惯例的特殊偏好是机会和必然性过程的突发结果。事实上，相较于等量的确定性成分，学习模型中的随机成分实际上可以减少可能结果的数量(参见Foster and Young,1990和Young,1993)。

我们讨论过的演化增长模型几乎全部以随机技术变迁作为经济增长的驱动力。在许多模型中，该随机过程在经历了选择过程之后的一个结果就是可能的"经济史"范围很广，而其中一些似乎与实际经验观察的"特征事实"相符。尽管这些结论常常被用来支持"极简主义"的立场，认为演化理论不仅可以解释主流理论所解释过的现象，而且有更为现实的(Nelson,1995,p. 67)微观经济基础，但是，我们想说的是，这一方法应该沿着生物学中"机会和必然性"之争论的思路继续扩展。

如此看来，演化增长模型所预测之结果的可能范围必须更为准确，要能列出模拟实验中所生成的历史过程的一般性特征。例如，在DEA所建议的一个关于增长率国际差异的模型中，主要的问题应该是，在什么情况下会产生带宽还算"窄"的结果——例如，不同国家人均GDP的变异系数值波动的范围较小。无可否认，这样一种方法对于我们理解经济史中的特定时间并没有多大帮助。它不能告诉我们，为什么工业革命会发生在英国，为什么在20世纪70年代中期之后会出现生产率的下滑。但是，演化理论不能识别出可以解释这些事实的

533

清晰的因果机制,而该方法却一定可以为我们提供一套有力的分析工具,让这一领域比现有的结果更进一步。

将SV模型扩展到国际经济范围,我们就已经沿着这些思路向前迈出了第一步(Silverberg and Verspagen,1995)。我们证明,要生成可靠的、与经验观察结果类似的、关于国际经济和技术领导者的模拟时间序列,只需要一套相当简单的假设。我们认为,尽管这项工作仍然只是预备性的,但它表明,战后的赶超浪潮之类的历史事件可以被看做是与增长率国际差异演化模型相容的。任何特殊的事件序列都不能说是稳定可靠的,唯有时间序列的 $1/f^{\alpha}$ 噪声模式除外,只要我们等待的时间足够长,总是会产生这种模式。换言之,我们所说的是,尽管会受到“随机”事件的影响,例如美国在20世纪大部分时期的领导地位,但是如果我们能“把带子播放第二遍”,还是能够看到类似的模式。为了促使这场演化理论之争中的其他研究者在未来也采取类似的观点,很明显,我们需要在方法论问题——例如,关于解析解的模拟实验的状态、对计算机模拟所产生结果的统计估值等——上做更多的工作。

最后,演化增长模型和不同理论视角——例如新古典理论或(后)凯恩斯主义方法——对经济增长之看法之间的关系问题仍然没有得到解决。我们已经看到,演化理论家无论新老都倾向于将他们的结果与新古典增长理论家的结论互相比照。循着上述“机会和必然性”之争的逻辑,我们想说,将两种观点进行比较,用处并不很大。我们强调过的演化理论的可能方向意味着,演化模拟模型的结果与传统模型得出的结果分属不同类型。正如牛顿力学在相对论发展起来之后仍然有用一样,我们心目中的演化理论所得出来的结果,一定会说在某些情形下新古典学派的预测是有用的,但是,它们也会描绘出一幅更广阔的场景,在其中,经济增长过程中历史的偶然性和特定的不变的演化特征最为突出。 534

如果将经典凯恩斯主义的主题——需求的作用——加入演化增长模型之中,可以得到更富有成效的综合。演化增长模型中尚未大范围地探讨这一主题。近年来有人试图从演化理论的角度来分析需求,在《演化经济学期刊》(*Journal of Evolutionary Economics*)的一期特刊上发表了一系列论文(例如,可以参加Andersen,2001;Saviotti,2001;Metcalfe,2001和Witt,2001)。虽然这些论文都对需求问题的重要方面进行了阐述,但是,仍然缺乏一个从演化理论角度描述需求在经济增长中之作用的全面的模型。

参考文献

Adams, H. (1919), *The Degradation of the Democratic Dogma*, reprinted 1969, New York: Harper & Row.

Aghion, P., and P. Howitt (1992), 'A model of growth through creative destruction', *Econometrica* **60**(2): 323–351.

Alchian, A. A. (1950), 'Uncertainty, evolution and economic theory', *Journal of Political Economy* **58**(3): 211–221. [Reprinted in U. Witt (ed.) (1993), *Evolutionary Economics*, Aldershot: Edward Elgar.]

Andersen, E. S. (2001), 'Satiation in an evolutionary model of structural economic dynamics', *Journal of Evolutionary Economics* **11**(1): 134–164.

Arrow, K. J. (1962), 'The economic implications of learning by doing', *Review of Economic Studies* **29**: 155–173.

Arthur, W. B. (1988), 'Self-reinforcing mechanisms in economics', in P. W. Anderson, K. J. Arrow and D. Pines (eds.), *The Economy as an Evolving Complex System*, Reading, MA: Addison-Wesley, 9–33.

(1994), *Increasing Returns and Path Dependence in the Economy*, Ann Arbor, MI: University of Michigan Press.

Axtell, R., and J. M. Epstein (1995), 'Agent-based modeling: understanding our creations', *Bulletin of the Santa Fe Institute* (winter): 28–32.

Ballot, G., and E. Taymaz (2001), 'Training policies and economic growth in an evolutionary world', *Structural Change and Economic Dynamics* **12**: 311–329.

Baumol, W. J. (1986), 'Productivity growth, convergence, and welfare: what the long-run data show', *American Economic Review* **76**(5): 1072–1085.

Bertalanffy, L. von (1932), *Theoretische Biologie*, vol. I, Berlin: Borntraeger.

Booker, L., D. Goldberg and J. Holland (1989), 'Classifier systems and genetic algorithms', in J. Carbonell (ed.), *Machine Learning: Paradigms and Methods*, Cambridge, MA: MIT Press.

Boulding, K. E. (1978), *Ecodynamics: A New Theory of Societal Evolution*, Beverly Hills and London: Sage.

(1981), *Evolutionary Economics*, Beverly Hills and London: Sage.

Bruckner, E., W. Ebeling, M. A. Jiménez Montaño and A. Scharnhorst (1994), 'Hyperselection and innovation described by a stochastic model of technological evolution', in L. Leydesdorff and P. van den Besselaar (eds.), *Evolutionary Economics and Chaos Theory*, London: Pinter, 79–90.

Chiaromonte, F., and G. Dosi (1993), 'Heterogeneity, competition and macroeconomic dynamics', *Structural Change and Economic Dynamics* **4**: 39–63.

Conlisk, J. (1989), 'An aggregate model of technical change', *Quarterly Journal of Economics* **104**: 787–821.

Dawid, H. (1999), *Adaptive Learning by Genetic Algorithms: Analytical Results and Applications to Economic Models*, revised 2nd edn., Berlin: Springer-Verlag.

DeLong, J. B. (1988), 'Productivity growth, convergence and welfare: comment', *American Economic Review* **78**(5): 1138–1154.

Dosi, G., S. Fabiani, R. Aversi and M. Meacci (1994), 'The dynamics of international differentiation: a multi-country evolutionary model', *Industrial and Corporate Change* **3**: 225–241.

Downie, J. (1955), *The Competitve Process*, London: Duckworth.

Ebeling, W., and R. Feistel (1982), *Physik der Selbstorganisation und Evolution*, Berlin: Akademie-Verlag.

Edelman, G. M. (1987), *Neural Darwinism: The Theory of Neuronal Group Selection*, New York: Basic Books.
Eliasson, G. (1977), 'Competition and market processes in a simulation model of the Swedish economy', *American Economic Review* **67**(1): 277–281.
(1991), 'Modelling the experimentally organized economy', *Journal of Economic Behavior and Organization* **16**: 163–182.
Epstein, J. M., and R. Axtell (1996), *Growing Artificial Societies: Social Science from the Bottom up*, Washington, DC: Brookings Institution.
Fagiolo, G., and G. Dosi (2003), 'Exploitation, exploration and innovation in a model of endogenous growth with locally interacting agents', *Structural Change and Economic Dynamics*, **14**(3): 237–273.
Feistel, R., and W. Ebeling (1989), *Evolution of Complex Systems*, Berlin: VEB Deutscher Verlag der Wissenschaften.
Fisher, R. A. (1930), *The Genetical Theory of Natural Selection*, Oxford: Clarendon Press.
Fontana, W., and L. W. Buss (1994), "What would be conserved if 'the tape were played twice'", *Proceedings of the National Academy of Sciences, USA* **91**: 757–761.
Foster, D., and H. P. Young (1990), 'Stochastic evolutionary game dynamics', *Theoretical Population Biology* **38**: 219–232.
Gerybadze, A. (1982), *Innovation, Wettbewerb und Evolution*, Tübingen, Germany: Mohr.
Goldberg, D. (1989), *Genetic Algorithms in Search, Optimization, and Machine Learning*, Reading, MA: Addison-Wesley.
Goodwin, R. M. (1967), 'A growth cycle', in C. H. Feinstein (ed.), *Socialism, Capitalism and Economic Growth*, London: Macmillan, 54–58.
Grübler, A. (1990), *The Rise and Decline of Infrastructures: Dynamics of Evolution and Technological Change in Transport*, Heidelberg: Physica-Verlag.
Henkin, G. M., and V. M. Polterovich (1991), 'Schumpeterian dynamics as a non-linear wave theory', *Journal of Mathematical Economics* **20**: 551–590.
Hodgson, G. M. (1993), *Economics and Evolution: Bringing Life Back into Economics*, Cambridge: Polity Press.
Hofbauer, J., and K. Sigmund (1988), *The Theory of Evolution and Dynamical Systems*, Cambridge: Cambridge University Press.
Holland, J. H., and J. H. Miller (1991), 'Artificial adaptive agents in economic theory', *American Economic Review* **81**(2): 363–370.
Horgan, J. (1995), 'From complexity to perplexity', *Scientific American* (June): 74–79.
Houthakker, H. S. (1956), 'The Pareto distribution and the Cobb-Douglas production function in activity analysis', *Review of Economic Studies* **23**: 27–31.
Iwai, K. (1984a), 'Schumpeterian dynamics I: an evolutionary model of innovation and imitation', *Journal of Economic Behavior and Organization* **5**: 159–190.
(1984b), 'Schumpeterian dynamics II: technological progress, firm growth and "Economic Selection"', *Journal of Economic Behavior and Organization* **5**: 321–351.
Jiménez Montaño, M. A., and W. Ebeling (1980), 'A stochastic evolutionary model of technological change', *Collective Phenomena* **3**: 107–114.
Kaldor, N., and J. A. Mirrlees (1962), 'A new model of economic growth', *Review*

of Economic Studies **29**: 174–192.
Kandori, M., G. J. Mailath and R. Rob (1993), 'Learning, mutations, and long-run equilibrium in games', *Econometrica* **61**(1): 29–56.
Kwasnicki, W., and H. Kwasnicka (1992), 'Market, innovation, competition: an evolutionary model of industrial dynamics', *Journal of Economic Behavior and Organization* **19**: 343–368.
Lane, D. (1993a), 'Artificial worlds in economics: part I', *Journal of Evolutionary Economics* **3**(2): 89–107.
(1993b), 'Artificial worlds in economics: part II', *Journal of Evolutionary Economics* **3**(3): 177–197.
Langton, C. G. (ed.) (1989), *Artificial Life*, Reading, MA: Addison-Wesley.
Langton, C. G., C. Taylor, J. D. Farmer and S. Rasmussen (eds.) (1992), *Artificial Life II*, Reading, MA: Addison-Wesley.
Lotka, A. J. (1924), *Elements of Mathematical Biology*, reprinted 1956, New York: Dover.
(1945), 'The law of evolution as a maximal principle', *Human Biology* **17**: 167–194.
Maddison, A. (1991), *Dynamic Forces in Capitalist Development: A Long-Run Comparative View*, Oxford: Oxford University Press.
Marchetti, C., and N. Nakicenovic (1979), *The Dynamics of Energy Systems and the Logistic Substitution Model*, Research Report 79–13, International Institute for Applied Systems Analysis, Laxenburg, Austria.
Marshall, A. (1890), *Principles of Economics*, London: Macmillan (8th edn., 1920, London: Macmillan; 9th variorum edn., 1961, London: Macmillan).
McCombie, J. S. L. (1987), 'Does the aggregate production function imply anything about the laws of production? A note on the Simon and Shaikh critiques', *Applied Economics* **19**: 1121–1136.
Metcalfe, J. S. (1988), *Trade Technology and Evolutionary Change*, mimeo, University of Manchester.
(2001), 'Consumption, preferences and the evolutionary agenda', *Journal of Evolutionary Economics* **11**(1): 37–58.
Monod, J. L. (1970), *Le Hasard et la Nécessité*, Paris: Seuil.
Montroll, E. W. (1978), 'Social dynamics and the quantifying of social forces', *Proceedings of the National Academy of Sciences, USA* **75**: 4633–4637.
Nakicenovic, N. (1987), 'Technological substitution and long waves in the USA', in T. Vasko (ed.), *The Long-Wave Debate*, Berlin: Springer-Verlag, 76–103.
Nelson, R. R. (1995), 'Recent evolutionary theorizing about economic change', *Journal of Economic Literature* **33**: 48–90.
Nelson, R. R., and S. G. Winter (1982), *An Evolutionary Theory of Economic Change*, Cambridge, MA: Harvard University Press.
Nelson, R. R., S. G. Winter and H. L. Schuette (1976), 'Technical change in an evolutionary model', *Quarterly Journal of Economics* **90**: 90–118.
Nicolis, G., and I. Prigogine (1977), *Self-Organization in Non-Equilibrium Systems*, New York: Wiley-Interscience.
Phelps-Brown, E. H. (1957), 'The meaning of the fitted Cobb-Douglas function', *Quarterly Journal of Economics* **71**: 546–560.
Romer, P. M. (1986), 'Increasing returns and long-run growth', *Journal of Political Economy*, **94**(5): 1002–1037.
Salter, W. E. G. (1960), *Productivity and Technical Change*, Cambridge:

Cambridge University Press.
Saviotti, P. P. (2001), 'Variety, growth and demand', *Journal of Evolutionary Economics* **11**(1): 119–142.
Schrödinger, E., 1945, *What is Life? The Physical Aspect of the Living Cell*, Cambridge: Cambridge University Press.
Schumpeter, J. A. (1934), *The Theory of Economic Development: An Inquiry into Profits, Capital, Credit, Interest, and the Business Cycle* (translated by R. Opie from the German edition of 1912), Cambridge, MA: Harvard University Press. [Reprinted in 1989 with a new introduction by J. E. Elliott, New Brunswick, NJ: Transaction.]
(1942), *Capitalism, Socialism and Democracy*, New York: Harper & Row.
Schwefel, H. P. (1995), *Evolution and Optimum Seeking*, New York: Wiley.
Shaikh, A. (1974), 'Laws of production and laws of algebra. The humbug production function: a comment', *Review of Economics and Statistics* **56**: 115–120.
(1980), 'Laws of production and laws of algebra: humbug II', in E. J. Nell (ed.), *Growth, Profits, and Property: Essays on the Revival of Political Economy*, Cambridge: Cambridge University Press, 80–95.
(1990), 'Humbug production function', in J. Eatwell, M. Milgate and P. Newman (eds.), *The New Palgrave: Capital Theory*, London: Macmillan, 191–194.
Sigmund, K. (1986), 'A survey of replicator equations', in J. L. Casti and A. Karlqvist (eds.), *Complexity, Language and Life: Mathematical Approaches*, Berlin: Springer-Verlag.
Silverberg, G., G. Dosi and L. Orsenigo (1988), 'Innovation, diversity and diffusion: a self-organisation model', *Economic Journal* **393**: 1032–1054.
Silverberg, G., and D. Lehnert (1993), 'Long waves and "evolutionary chaos" in a simple Schumpeterian model of embodied technical change', *Structural Change and Economic Dynamics* **4**: 9–37.
(1996), 'Evolutionary chaos: growth fluctuations in a Schumpeterian model of creative destruction', in W. A. Barnett, A. Kirman and M. Salmon (eds.), *Nonlinear Dynamics in Economics*, Cambridge: Cambridge University Press, 45–74.
Silverberg, G., and B. Verspagen (1994a), 'Learning, innovation and economic growth: a long-run model of industrial dynamics', *Industrial and Corporate Change* **3**: 199–223.
(1994b), 'Collective learning, innovation and growth in a boundedly rational, evolutionary world', *Journal of Evolutionary Economics* **4**(3): 207–226.
(1995), 'An evolutionary model of long-term cyclical variations of catching up and falling behind', *Journal of Evolutionary Economics* **5**(3): 209–227.
(1996), 'From the artificial to the endogenous: modelling evolutionary adaptation and economic growth', in E. Helmstädter and M. Perlman (eds.), *Behavorial Norms, Technological Progress and Economic Dynamics: Studies in Schumpeterian Economics*, Ann Arbor, MI: University of Michigan Press, 331–371.
Simon, H. A. (1979), 'On parsimonious explanations of production relations', *Scandinavian Journal of Economics* **81**: 459–474.
Simon, H. A., and F. K. Levy (1963), 'A note on the Cobb–Douglas production function', *Review of Economic Studies* **30**: 93–94.
Solow, R. M. (1957), 'Technical change and the aggregate production function', *Review of Economics and Statistics* **39**: 312–320.

(1960), 'Investment and technical progress', in K. J. Arrow, S. Karlin and P. Suppes (eds.), *Mathematical Methods in the Social Sciences*, Stanford, CA: Stanford University Press, 89–104.

Steindl, J. (1952), *Maturity and Stagnation in American Capitalism*, New York: Monthly Review Press.

Tesfatsion, L. (2002), 'Agent-based computational economics: growing economics from the bottom up', *Artificial Life* **8**: 55–82.

Verspagen, B. (1993), *Uneven Growth between Interdependent Economies: An Evolutionary View on Technology Gaps, Trade and Growth*, Aldershot: Avebury.

(1995), 'Convergence in the world economy: a broad historical overview', *Structural Change and Economic Dynamics* **6**: 143–166.

(2001), 'Evolutionary macroeconomics: a synthesis between neo-Schumpeterian and post-Keynesian lines of thought', *Electronic Journal of Evolutionary Modeling and Economic Dynamics*, http://www.e-jemed.org/1007/index.php.

Winter, S. G. (1984), 'Schumpeterian competition in alternative technological regimes', *Journal of Economic Behavior and Organization* **5**: 137–158.

Witt, U. (2001), 'Learning to consume – a theory of wants and the growth of demand', *Journal of Evolutionary Economics* **11**(1): 23–36.

Young, H. P. (1993), 'The evolution of conventions', *Econometrica* **61**(1): 57–84.

主题索引